**MUTAÇÕES** ENTRE DOIS MUNDOS

**SERVIÇO SOCIAL DO COMÉRCIO**
Administração Regional no Estado de São Paulo

**Presidente do Conselho Regional**
Abram Szajman
**Diretor Regional**
Danilo Santos de Miranda

**Conselho Editorial**
Ivan Giannini
Joel Naimayer Padula
Luiz Deoclécio Massaro Galina
Sérgio José Battistelli

**Edições Sesc São Paulo**
*Gerente* Marcos Lepiscopo
*Gerente adjunta* Isabel M. M. Alexandre
*Coordenação editorial* Clívia Ramiro, Cristianne Lameirinha, Francis Manzoni
*Produção editorial* Antonio Carlos Vilela
*Coordenação gráfica* Katia Verissimo
*Produção gráfica* Fabio Pinotti
*Coordenação de comunicação* Bruna Zarnoviec Daniel

Antonio Cicero • David Lapoujade • Eugênio Bucci • Francis Wolff • Francisco Bosco • Franklin Leopoldo e Silva • Frédéric Gros • Guilherme Wisnik • Jean-Pierre Dupuy • João Carlos Salles • Jorge Coli • Luiz Alberto Oliveira • Marcelo Coelho • Marcelo Jasmin • Maria Rita Kehl • Marilena Chaui • Newton Bignotto • Olgária Matos • Oswaldo Giacoia Junior • Pascal Dibie • Pedro Duarte • Renato Lessa • Vladimir Safatle

# MUTAÇÕES
# ENTRE DOIS MUNDOS

ADAUTO NOVAES (ORG.)

© Adauto Novaes, 2017
© Edições Sesc São Paulo, 2017
Todos os direitos reservados

*Tradução*
Paulo Neves, Ana Maria Szapiro

*Preparação*
Silvana Vieira

*Revisão*
Beatriz de Freitas Moreira, Maiara Gouveia

*Capa*
Moema Cavalcanti

*Diagramação*
Negrito Produção Editorial

Artepensamento

*Diretor*
Adauto Novaes

---

M98   Mutações: entre dois mundos / Organização de Adauto Novaes.
— São Paulo: Edições Sesc São Paulo, 2017.
504 p. il.

ISBN 978-85-9493-052-1

1. Filosofia. 2. Mutações. 3. Ética. 4. Condição humana. 5. Contemporaneidade. I. Título. II. Subtítulo. III. Novaes, Adauto.

CDD 121

---

**Edições Sesc São Paulo**
Rua Cantagalo, 74 – 13º/14º andar
03319-000 – São Paulo SP Brasil
Tel.: 55 11 2227-6500
edicoes@edicoes.sescsp.org.br
sescsp.org.br/edicoes
/edicoessescsp

*A Antonio Candido.*

**Obras organizadas por Adauto Novaes**

*Anos 70* (1979)
*O nacional e o popular na cultura brasileira – música, cinema, televisão, teatro, literatura e seminários* (1982)
*Um país no ar – televisão* (1986)
*Os sentidos da paixão* (1987)
*O olhar* (1988)
*O desejo* (1990)
*Rede imaginária – televisão e democracia* (1991)
*Ética* (1992)
*Tempo e História* (1992) / Ganhador do Prêmio Jabuti
*Artepensamento* (1994)
*Libertinos libertários* (1996)
*A crise da razão* (1996)
*A descoberta do homem e do mundo* (1998)
*A outra margem do Ocidente* (1999)
*O avesso da liberdade* (2002)
*O homem-máquina* (2003)
*A crise do Estado-nação* (2003)
*Civilização e barbárie* (2004)
*Muito além do espetáculo* (2004)
*Poetas que pensaram o mundo* (2005)
*Anos 70* (segunda edição – 2005)
*Oito visões da América Latina* (2006)
*O silêncio dos intelectuais* (2006)
*L'autre rive de l'Occident* (2006)
*Les aventures de la raison politique* (2006)
*Ensaios sobre o medo* (2007)
*O esquecimento da política* (2007)
*Mutações: ensaios sobre as novas configurações do mundo* (2008)
*Vida vício virtude* (2009)
*Mutações: a condição humana* (2009)
*Mutações: a experiência do pensamento* (2010)
*Mutações: a invenção das crenças* (2011)
*Mutações: elogio à preguiça* (2012) / Ganhador do Prêmio Jabuti
*Mutações: o futuro não é mais o que era* (2013)
*Mutações: o silêncio e a prosa do mundo* (2014)
*Mutações: fontes passionais da violência* (2015) / Ganhador do Prêmio Jabuti
*Mutações: o novo espírito utópico* (2016)

## Agradecimentos

A Danilo Santos de Miranda, José Jacinto de Amaral, Celise Niero, Alain Bourdon, Alice Toulemonde, André Scoralick, João Paulo Cunha, Agostinho Resende Neves, Luis Eguinoa, Hermano Taruma, Pedro Hasselmann, Thiago Novaes, Ricardo Bello e Marcellus Schnell.

Os ensaios deste livro foram originalmente escritos para o ciclo de conferências *Mutações: entre dois mundos,* concebido e realizado pelo Centro de Estudos Artepensamento em 2016. O ciclo aconteceu no Rio de Janeiro, em Belo Horizonte, São Paulo, Brasília, Salvador e Curitiba com o patrocínio da Petrobrás e apoios culturais de: Banco do Desenvolvimento de Minas Gerais, Sesc São Paulo, Sesc Paraná, Embaixada da França, Institut Français, Universidade Federal da Bahia e Fundação Biblioteca Nacional. O curso foi reconhecido como Extensão Universitária pelo Fórum de Ciência e Cultura da Universidade Federal do Rio de Janeiro.

# Sumário

11　Apresentação
　　Exercício do pensamento crítico
　　DANILO SANTOS DE MIRANDA

13　Trinta anos de experiências do pensamento
　　ADAUTO NOVAES

29　A amizade
　　FRANCIS WOLFF

47　Os sentidos da paixão
　　Liberdade: afastar as paixões de tristeza
　　MARILENA CHAUI

69　O olhar
　　A visão de Deus e o olhar dos homens: uma leitura
　　wittgensteiniana do problema de Molyneux
　　JOÃO CARLOS SALLES

83　O desejo
　　A depressão e o desejo saciado
　　MARIA RITA KEHL

93　Ética
　　Da ética à antiética: notas para compreender a supremacia
　　da violência
　　FRANKLIN LEOPOLDO E SILVA

- 113 Tempo e história
  MARCELO JASMIN
- 135 Artepensamento
  Homero e a essência da poesia
  ANTONIO CICERO
- 153 Libertinos libertários
  O que foi feito dos libertinos?
  PASCAL DIBIE
- 169 A crise da razão
  OSWALDO GIACOIA JUNIOR
- 189 A outra margem do Ocidente
  Nos limites do mundo
  DAVID LAPOUJADE
- 203 O homem-máquina
  O amor na era digital
  FRANCISCO BOSCO
- 237 Civilização e barbárie
  Nós, os bárbaros
  NEWTON BIGNOTTO
- 257 Muito além do espetáculo
  A mutação do capitalismo (ou simplesmente $e = k^i$)
  EUGÊNIO BUCCI
- 279 O silêncio dos intelectuais
  Os intelectuais, entre o silêncio e a irrelevância
  MARCELO COELHO
- 295 Congresso internacional do medo
  Pânico e terror sagrado: sobre algumas figuras do medo
  JEAN-PIERRE DUPUY
- 313 O esquecimento da política
  A obediência e o esquecimento do político
  FRÉDÉRIC GROS
- 323 Novas configurações do mundo
  O que fazer nas mutações?
  LUIZ ALBERTO OLIVEIRA

345   Vida vício virtude
Para além da sexualidade: Foucault e a liberdade
como autopertencimento
VLADIMIR SAFATLE

371   A condição humana
PEDRO DUARTE

389   A experiência do pensamento
A sociedade à prova da promessa: as aporias do estrangeiro
OLGÁRIA MATOS

419   A invenção das crenças
Processo e antropologia da crença
RENATO LESSA

457   O futuro não é mais o que era
Entre o trabalho e o labor: o devir aldeia das cidades
GUILHERME WISNIK

477   Fontes passionais da violência
JORGE COLI

487   Sobre os autores
497   Índice onomástico

# Apresentação
## Exercício do pensamento crítico
Danilo Santos de Miranda

*Diretor Regional do Sesc São Paulo*

Esta edição especial comemora uma dupla efeméride: *Entre dois mundos* se destaca por ser o décimo livro da série *Mutações*, publicada pelas Edições Sesc anualmente desde 2008, e também por marcar os trinta anos da realização dos ciclos de conferências e publicações organizados por Adauto Novaes.

Nessas três décadas, esses livros e conferências reuniram pensadores em torno de temas tão diversificados quanto o tempo e a história, os sentidos da paixão, a arte, o desejo, o olhar, civilização e barbárie, a crise da razão, vícios e virtudes, a ética e outros, tão capitais quanto estes.

Há dez anos os livros da série *Mutações* buscam discutir e contextualizar as mudanças e crises sociais e éticas advindas das novas configurações do mundo, em que a tecnociência e a fugacidade das relações eletronicamente mediadas muitas vezes se sobressaem em relação à experiência do pensamento. Desde então, essas reflexões só fizeram crescer e se firmar como extremamente atuais e urgentes. Foram discutidos e questionados desde a condição humana, as crenças que nos movem, o trabalho e a preguiça, o silêncio e a prosa, nossas projeções de futuro e configurações da violência, até as noções de utopia ao longo da história.

Neste ano em que os ensaístas da coletânea foram convidados, cada um, a refletir sobre um tema central da série *Mutações* ou dos outros ciclos organizados por Adauto Novaes nesses trinta anos, evocamos o conceito de heterotopia, criado por Michel Foucault. O filósofo francês afirma que "estamos na época do simultâneo, estamos na época da justaposição, do próximo e do longínquo, do lado a lado, do disperso. Estamos em um momento em que o mundo se experimenta [...] como uma rede que religa pontos e que entrecruza sua trama". Neste contexto, as heterotopias "são espécies de contraposicionamentos, espécies de utopias efetivamente realizadas nas quais [...] todos os outros posicionamentos reais que se podem encontrar no interior da cultura estão ao mesmo tempo representados, contestados e invertidos[1]".

É nesse sentido que o Sesc se propõe, por meio de sua diversificada programação, abrir espaços para utopias. A continuidade de projetos e livros tão longevos quanto a parceria desenvolvida com Adauto Novaes vem se somar à manutenção de espaços como esses, que constituem foros privilegiados para o exercício do pensamento crítico.

---

1. Michel Foucault, "1984 – Outros espaços", em *Estética: literatura e pintura, música e cinema*, Rio de Janeiro: Forense Universitária, 2009, pp. 412, 416.

# Trinta anos de experiências do pensamento
Adauto Novaes

> *Eu disse um dia e talvez com razão: da antiga cultura restará apenas um monte de escombros, um monte de cinzas, mas haverá espíritos que flutuarão sobre essas cinzas.*
>
> Ludwig Wittgenstein

**A RETOMADA**

O décimo volume da série *Mutações* é, ao mesmo tempo, uma retomada e um desvio das ideias anteriores. Ao propormos a volta aos temas discutidos ao longo de trinta anos de ciclos, queremos dar um sentido preciso à ideia de *retomada*. Ou seja, o trabalho do pensamento é muito mais que uma resposta aos fatos. Ele é uma construção permanente e delicada. Nietzsche nos mostra, no ensaio "Verdade e mentira no sentido extramoral", que o homem constrói um domo conceitual infinitamente complicado sobre fundações moventes "semelhantes a uma teia de aranha tão fina que pode seguir a corrente do fluxo que a leva, mas tão resistente que não pode ser dispersada pelo vento". Os ensaístas deste livro foram, pois, convidados a voltar às "fundações moventes", remando muitas vezes em sentido contrário ao fluxo das correntes. A proposta de *Entre dois mundos* consiste em ir ao impensado através dos vestígios de coisas pensadas ao longo desses trinta anos. Ou, como nos relembra Maurice Merleau-Ponty, pensar o novo é partir em busca do que se esconde entre o significado e a significação explícita. Ao longo desta trajetória, percorremos vários temas importantes: *Os sentidos da paixão, O olhar, O desejo, O esquecimento da política*, *Ética*, *Tempo e história*, *Poetas que pensaram o mundo*, *Civilização e barbárie*, entre outros. Mas, como alerta ainda Merleau-Ponty:

> Nada, nenhum lado da coisa se mostra a não ser escondendo ativamente os outros [...]. O invisível é o relevo e a profundidade do visível. [...] Não é, pois, o irrefletido que contesta a reflexão, é a reflexão que se contesta a si mesma, porque seu esforço de retomada, de posse, de interiorização ou imanência só tem por definição sentido em relação a um termo já dado...

Ou seja, pensar é criar movimentos do espírito sobre si mesmo, o que leva a revelar "segredos" a partir da própria negação. Isso não quer dizer que as ideias trazidas pelas conferências dos ciclos anteriores estão superadas pelos novos acontecimentos: elas apenas se tornam frágeis se permanecerem presas a si mesmas; ganham mais certeza, mais potência de transformação, se sempre se apresentarem como passagem. Eis a incansável "luta das ideias contra os signos e dos signos contra as ideias", como escreveu Paul Valéry.

## OS DESVIOS

A era dos fatos técnicos, porém, nos convida a pensar os *desvios* que nos levam muito além do movimento permanente das ideias: a era das transformações rápidas cria certa instabilidade e fraqueza do trabalho do espírito, o que leva boa parte dos pensadores a reconhecer que as mutações tecnocientíficas conduzem a um tipo de barbárie de nova espécie que pode ser definida como a era do *vazio do pensamento*. Cego e impotente, armado apenas de velhos conceitos, só resta ao espírito – entendido como inteligência e potência de transformação – ir às coisas para desvendar o novo mundo e tentar desfazer a desordem infligida ao próprio espírito. Eis um movimento que nos dá a pensar: se, como diz Alain, "pensar é certamente retirar-se do mundo e, em certo sentido, recusar o mundo", de imediato ele insiste em afirmar que fora dos objetos do mundo nada pensamos. Com essa aparente contradição, Alain quer apenas evidenciar que não se pode fixar o movimento do pensamento nem perceber ingenuamente as coisas. O movimento do pensamento se dá nesta conjugação: entrar no mundo mas duvidar das coisas do mundo tais como elas se apresentam. O trabalho do espírito é isto: associar e dissociar toda a ordem de fenômenos, julgar e, principalmente, fugir do hábito e da repetição. Ora, a ciência e a técnica impõem hoje a repetição como estilo de vida. Basta prestarmos um pouco de atenção ao nosso cotidiano: racionalista, frio, repetitivo, metódico e pouquíssimo espaço dedicado ao imaginário. Contra o automatismo de todo gênero, é preciso recorrer às hipóteses teóricas e ao uso do possível. Como escreve Valéry, não podemos nos representar *"o que existe, tal como existe,* sem misturar ao real um conjunto de noções, apreensões, repugnâncias, associações". Uma sociedade que abole o pensamento – as *coisas vagas,* como escreveu o poeta – não teria como resistir à desordem e ao caos que se manifestam na instabilidade essencial na política, na sensibilidade ética, nas mentalidades, nos costumes, nos valores, na maneira de viver, na condição de existência, enfim, em todas as áreas da atividade humana. Seríamos pouca coisa sem a ajuda do pensamento e "nossos espíritos, desocupados", escreve Paul Valéry, "feneceriam se as abstrações e as hipóteses e pretensos problemas metafísicos não povoassem de seres e imagens sem objetos nossas profundezas e nossas trevas naturais". O que nos cerca hoje não está distante das "trevas naturais".

Os ensaios de *Entre dois mundos* trabalham nos dois sentidos: retomada e desvio do pensamento.

## MUTAÇÕES SILENCIOSAS

Ao longo de trinta anos foram publicados mais de oitocentos ensaios, muitos deles gestados na sombra e no silêncio impostos no Brasil quando, em meio à incerteza, surgiam os primeiros sinais de uma transformação também silenciosa: a década de 1980 viu o fim de uma era. Os sinais do mundo da tecnociência já eram latentes, mas não tocavam nossos sentidos e nossa consciência da maneira explícita como acontece hoje. Eram apenas esboços imperceptíveis e quase invisíveis para nós. O filósofo francês Henri Bergson usa uma imagem que podemos adaptar à nossa pouca visão do que acontecia na época: a de uma fotografia que não foi ainda mergulhada no banho no qual ela se revelará. Era preciso criar esse revelador.

Lemos no prefácio da *Fenomenologia do espírito* de Hegel o que é, para nós, a passagem entre dois mundos:

> Da mesma maneira que, na criança, após longa nutrição silenciosa, o primeiro sopro da respiração rompe – por meio de um salto qualitativo – o caráter de um progresso que não era senão acréscimo, e assim a criança nasce, assim o espírito que se forma, por uma lenta e silenciosa maturação, acede à sua nova figura, desagrega sucessivamente as parcelas do edifício que constituía seu antigo mundo. Apenas sintomas isolados indicam que o antigo mundo está sendo abalado; a frivolidade, o tédio que se instalam em tudo o que existe, o vago pressentimento de algo desconhecido, enquanto sinais precursores indicam que uma nova realidade começa a se instaurar. Este esfacelamento progressivo, que não altera a fisionomia global, é interrompido por um aparecimento que, como um raio, instala de um só golpe a figura do mundo novo.

O que nos resta é tentar responder ao enigma: o que é aniquilado e o que é conservado na mutação. Somos herdeiros de que história?

É certo que vivemos entre dois mundos, um que não acabou inteiramente e outro que não começou inteiramente. Nessa ambivalência, antes éramos adeptos do pensamento humanista, mesmo que Michel Foucault já falasse do fim do humanismo. Não imaginávamos o surgimento do que se convencionou chamar de pós-humano. Para nós, o homem ainda era o sujeito da história. Não ouvíamos com atenção o que o filósofo Günther Anders dizia sobre a obsolescência do homem. Mas suas hipóteses iam muito além: a técnica tornou-se o sujeito da história, "o que é confirmado de maneira espantosa pelo fato de o ser e o não ser da humanidade depender, a partir de agora, do desenvolvimento da técnica e de sua aplicação". Não pensávamos em reabilitar o velho mundo, apenas repensá-lo, sem negar o legado prodigioso de Mallarmé, Freud, Schöenberg, Musil, Bergson, Marx, Einstein (e a relatividade restrita), Valéry, Proust, Wittgenstein, Sartre, Foucault... Quando nos lembramos de uma coisa que desapareceu, pensamos que vestígios dela ainda podem sobreviver. Mas, como escreve Hermann Lotze, citado por Walter Benjamin nas *Passagens*, é certo que a história, no seu conjunto, "produz menos uma impressão perfeitamente edificante e mais uma impressão essencialmente melancólica". Lotze vai além no enigma daquilo que já pedia para ser pensado: "O progresso da ciência não é, imediatamente [...] um progresso da humanidade; ele o seria se a acumulação de conhecimentos verdadeiros tivesse uma participação dos homens e uma visão clara de suas grandes linhas". Mas como pensar em um mundo que sobrevivia entre o cortejo de coisas em decadência e os potentes esforços de outro mundo que queria nascer? Na década de 1980, nosso problema era que, sem abrir mão das mais brilhantes contribuições do pensamento antigo, do Renascimento e dos ideais iluministas, tendíamos a recorrer, na fraqueza evidente em que vivíamos, a certa visão de humanismo, na crença, não propriamente de poder curar a decadência, como escreveu Robert Musil, mas de contorná-la. Nem mesmo levávamos em conta as duas propostas descritas pelo filósofo Badiou no livro *Le siècle*:

> O século foi pensado simultaneamente como fim, esgotamento, decadência e como começo absoluto. Parte do problema do século é a conjunção dessas duas convicções. Digamos de outra maneira: o século se concebeu a si mesmo como niilismo, mas igualmente como afirmação dionisíaca. Dependendo do momento, parece agir sob duas máximas: uma (hoje, por exemplo) é de renúncia, resignação, mal menor, moderação, fim da humanidade como espiritualidade, crítica das "grandes narrativas". A outra, que domina o "pequeno século", entre 1917 e os anos 1980, retoma de Nietzsche a vontade de "dividir em duas a história do mundo"; propõe um começo radical e a formação de uma humanidade reconciliada.

O humanismo pedia assim para ser repensado. O anti-humanismo radical também, como veremos mais adiante.

Havia outro problema que, de certa maneira, ainda persiste: era preciso criticar uma tendência dos intelectuais que se dedicavam ao "diálogo mudo do pensamento com o próprio pensamento", porque aí encontramos pouca coisa; agindo assim, eles se recusavam a ver o mundo tal e qual. É certo que existem, entre eles, bons intérpretes da filosofia passada. Acontece que é preciso também ir às coisas para extrair delas novos pensamentos. Por fim, como nos ensina Alain, um pensamento sem objeto é um "pensamento sem regras, tagarelice apenas, da mesma maneira que uma experiência sem julgamento jamais pode tocar as coisas".

Outro problema a discutir: não mais preservamos a consciência das operações do espírito. Estaria o espírito se tornando coisa supérflua, como propõe Valéry? Chegamos, enfim, ao prometido *artifício diabólico* (domínio da tecnociência) que, no lugar de espiritualizar a matéria, mecaniza o espírito? Questão difícil de ser abordada se sabemos que a tradição (Hegel) nos ensina que o espírito sempre se salvou do naufrágio através da história, das artes, da religião e da filosofia. Talvez tal seja o caso hoje: o espírito se salva da massa do mundo técnico, da história natural dos nossos dias. Através das obras de arte e de pensamento, o espírito se faz ver.

Mais ainda: como enfrentar o abandono de uma das grandes conquistas da civilização moderna que foi a convivência – nem sempre pacífica, é verdade – da multiplicidade de doutrinas e ideais? Como síntese, Valéry nota que antes "ninguém poderia ignorar, em meio a altas temperaturas intelectuais, que havia sempre mais de uma resposta para qualquer questão especulativa", e até isso se perdeu. Reina hoje o elogio do pensamento único.

Entre tantas questões, outra já se anunciava nessa mutação silenciosa: novos conhecimentos trazidos pela ciência e pela técnica fechavam o caminho da busca individual e da percepção. Um exemplo simples, quase ingênuo, mas que pode ser expandido para outras áreas: não é mais necessário olhar para o céu e as nuvens porque a resposta – vai chover, vai fazer sol – está dada no celular. Não é mais necessário buscar os sinais no céu! Quando a previsão falha, não é mais a nossa impotência diante da natureza que é posta em questão e sim a máquina. A linguagem ordinária dos sentidos dá lugar à linguagem da máquina. Ou, como observa Valéry, essa relação com a máquina é um "pacto comparável a terríveis engajamentos que liga o sistema nervoso aos demônios sutis da classe dos tóxicos. E quanto mais a máquina nos parece útil, mais ela se torna; quanto mais ela se torna útil, mais nos tornamos *incompletos,* incapazes de nos privar dela".

É certo que isso dispensa o espírito da tarefa difícil de prever e libera a percepção de buscar as causas. Agir assim não é sem consequências: eis os indícios da nova religião fatalista, que domina hoje quase todas as nossas ações e elimina a espera, a fantasia, a surpresa. E que principalmente tende a abolir o enigma das nossas primeiras *verdades*, cujas significações concretas nos escapam, e dos nossos primeiros e humanos erros, nossas experiências errantes, cálculos que nos levam a tentar pensar, pois é assim que se pensa, "lançando pontes sobre abismos", como ensina Alain. Nada mais nos espanta, nem conseguimos ser mais ou menos que nós mesmos.

Esse era o cenário que se desenhava trinta anos atrás.

## OS SENTIDOS E O ESQUECIMENTO DA POLÍTICA

Sabemos que as paixões não cessam de dar objetos aos nossos pensamentos, e assim surgiu o primeiro ciclo: *Os sentidos da paixão*. Era a primeira crítica ao dogmatismo que define as paixões apenas como coisas ilusórias e irracionais. Isso cria falsa independência dos diversos movimentos do espírito, de modo a negligenciar um dos aspectos mais caros ao tema, que é, nas palavras de Alain, "a relação da imaginação com os estados e movimentos do corpo", bem como a relação conflituosa das paixões e da imaginação com o pensamento. Aqui vale lembrar de um dos aforismos de Robert Musil: "A mais radical psicologia dos afetos é também a mais livremente inventiva". Ele conclui de maneira provocativa: "A vida é regrada sobre afetos e não sobre ideias! Conforme a aparição das ideias em forma de afetos". A experiência, a observação e o julgamento rigoroso nos livram dos erros da imaginação uma vez que a percepção só se distingue da imaginação através dos laços de todas as nossas experiências pensadas. Mas é um jogo sem fim:

> Na percepção mais rigorosa, a imaginação circula sempre; a cada momento, ela se mostra e é eliminada através de uma busca realizada, ou mesmo de uma pequena mudança do observador e, enfim, por um julgamento firme. O valor deste julgamento firme aparece principalmente no jogo das paixões: por exemplo, à noite, quando o medo nos espreita. Mesmo, durante o dia, quando os deuses correm de árvore em árvore. Podemos até entender isso: somos tão ágeis para julgar, partimos de indícios tão frágeis, que nossa percepção verdadeira transforma se em luta contínua contra erros de acrobacia. Vê se que não é preciso ir longe em busca da fonte de nossos devaneios (Alain, em *Les passions et la sagesse*).

Sabemos que o homem é inteiramente paixão. Recorremos, na época, ao que diz Descartes no seu tratado sobre o tema: "As paixões estão na alma ainda que elas sejam do corpo". Tomemos como exemplo a paixão do medo, um dos temas abordados no ciclo *Os sentidos da paixão*. Como nos diz ainda Alain, jamais olhamos com atenção "esta emoção, que é o estado nascente de qualquer emoção [...] não existe coragem sem medo, nem amor sem medo, enfim, nem sublime sem medo". O que provoca medo no medo é o que ele anuncia. O trabalho do pensamento consiste, pois, em regrar os desejos, as ambições, os temores; é preciso conhecer as paixões e suas causas para criar a arte de dominá-las. Buscar o controle das falsas percepções e ao mesmo tempo interrogar os hábitos, as injunções políticas, a ordem moral que nos levam a erros de interpretação da realidade e de nós mesmos. Começar assim a série de conferências consistia em ir à origem pensada das paixões que nos dominam. Nota-se, como observa Alain, que a filosofia é estritamente uma ética, e, por isso mesmo, uma espécie de conhecimento universal que, por seus objetivos, "diferencia-se, por seus fins, dos conhecimentos que têm como objeto satisfazer nossas paixões".

Depois das paixões veio o ciclo *O olhar* – cuja proposta é simples: ver é mais do que o que se vê. Era, por exemplo, preciso ver as grandes transformações que aconteciam. O problema é que muitas vezes somos capazes de ver a mudança, mas incapazes de perceber o que acontece.

O terceiro ciclo desse começo foi *O desejo*. E então as incertezas do momento nos levaram a outras reflexões: *Ética, Tempo e história, Libertinos libertários, A crise da razão, O avesso da liberdade, O homem-máquina, A crise do Estado-nação, Civilização e barbárie, Muito além do espetáculo, Poetas que pensaram o mundo, O silêncio dos intelectuais, Ensaios sobre o medo, O esquecimento da política* etc.

Assim nasceram os ciclos de conferências que reuniram centenas de pensadores de diversas concepções e tendências, uma verdadeira comunidade de amigos. A amizade foi nosso princípio. Seguimos o conselho de Bergson:

> Um pensador antigo disse que, em uma república na qual todos os cidadãos fossem amigos da ciência e da especulação filosófica, todos seriam amigos uns dos outros. Ele não queria dizer com isso que a ciência põe

fim às discussões e às lutas, mas sim que a discussão perde a acidez e a luta sua violência quando elas se dão entre ideias puras. Porque a ideia, no fundo, é amiga da ideia, mesmo da ideia contrária [...]

## DA CRISE À MUTAÇÃO

A passagem para o segundo momento se deu naturalmente, ao percebermos a expressão clara de uma mutação antes silenciosa na sua manifestação. Passamos então a observar com mais evidência que, a partir dos anos 1980, não mais existia área da atividade humana – política, costumes, mentalidades, artes, ética etc. – que não estivesse sujeita a uma grande mutação produzida pela tecnociência, pela biotecnologia e pelo universo digital. Antes, podíamos recorrer ao termo *crise* para designar o que pedia transformação. As crises – pôr em crítica – são constituídas de múltiplas concepções que se rivalizam e que dão valor dialógico às sociedades. Por isso, elas apontavam mudanças ocultas no interior de um mesmo processo. Já as mutações são passagens de um estado das coisas a outro. As transformações são contínuas nas coisas e em nós mesmos. Mas só percebemos as mutações se produzimos, através da percepção e do pensamento, um encontro entre as transformações das coisas com as transformações de nós mesmos. Interpreto de maneira livre – certamente muito diferente do sentido que lhe pretendia conferir Bergson – a imagem de dois trens correndo lado a lado na mesma velocidade e na mesma direção, o que daria a impressão de imobilidade que permitiria a dois passageiros, cada um em um trem, darem-se as mãos. Acontece que as transformações das coisas e da consciência se dão em tempos muito diferentes. As *coisas* técnicas andam hoje em velocidade incontrolável, e nossa percepção, a política e a interpretação da história ocorrem lentamente. Enquanto o *material da vida* passa por profundas e imediatas transformações, as convenções fundamentais da sociedade,

> [...] os costumes, as leis civis, o direito público, as noções, as entidades, os mitos essenciais que compreendemos sob os termos de Moral, de Política e de História permanecem quase intactos em aparência. Eles são mais ou menos depreciados aos olhos da inteligência, que arruína sua substância metafísica, mas preserva sua potência prática e mesmo

afetiva. Pode-se dizer que eles perdem seu sentido e guardam sua força (Paul Valéry).

## ENTRE A ORDEM E A DESORDEM

*A crise do espírito*, ensaio de autoria de Valéry, resume bem nossa perplexidade. Ele trata da morte da civilização e de um Hamlet intelectual que, sucumbido ao peso das descobertas, sente o tédio de retomar o passado e a loucura de querer renovar sempre. "Ele vacila entre dois abismos, porque dois perigos não cessam de ameaçar o mundo: a ordem e a desordem." Hamlet toma um crânio ilustre:

> Este foi *Lionardo*. Ele inventou o homem voador, mas este homem voador não serviu precisamente às intenções do inventor: sabemos que o homem voador, montado no seu grande cisne (*"il grande uccello sopra del dosso del suo magnio cecero"*) tem em nossos dias outras funções que não a de colher a neve no cimo das montanhas para jogá-la, nos dias de calor, nas calçadas das cidades [...] E este outro crânio é o de *Leibniz*, que sonhou com a paz universal. E este foi *Kant, Kant qui genuit Hegel, qui genuit Marx, qui genuit...* Hamlet não sabe o que fazer com todos esses crânios.

Esse é nosso cenário, que nos remete a outro problema: antes, as mutações eram precedidas de grandes ideais políticos e artísticos, que davam sentido a criações de obras de arte e obras de pensamento – eram mutações pensadas que legaram às gerações posteriores novos ideais humanistas. Pensemos, por exemplo, na passagem do Renascimento ou do Iluminismo; mas as mutações que vivemos hoje são passagens sem pensamento que nos deixam à deriva, caminhos pouco visíveis, abertos não propriamente pelo pensamento mas pelo pragmatismo da técnica. Nesse cenário, as ideias tornam-se impotentes, e a difusão dessa crença é, como nos alerta Musil, um dos sintomas do declínio do ideal da razão, desfigurada também pelo liberalismo político. Assim, não sabemos dizer onde estamos nem para onde vamos. Entramos de costas em um novo e estranho mundo, inteiramente outro, que tende a apagar os vestígios do passado e que não nos dá muita certeza do futuro. Herdamos, antes, enigmas. Em 1987, o poeta Yves Bonnefoy descreve assim o fim de uma era no poema *Ce qui fut sans lumière*:

> E já que ao cair da noite a ave de Minerva
> alça o seu voo, é o momento de falar de vós,
> caminhos que vos apagais desta terra vítima.
> Fostes a evidência, agora não sois mais do que
> o enigma. Inscrevíeis o tempo na eternidade,
> sois só passado agora, ali, onde a terra finda,
> diante de nós, como a borda abrupta de uma falésia[1].

O desafio de pensar essas transformações é imenso e pede conhecimento de todas as ordens. Mais: é enorme a dificuldade de perceber o que acontece em seu estado bruto e inaugural porque ainda estamos muito próximos dos acontecimentos. Outra imagem de Paul Valéry é perfeita para expressar a dificuldade que enfrentamos desde os primeiros ciclos sobre as mutações: "Os físicos nos ensinam que, em um forno incandescente, se nossos olhos pudessem subsistir, eles veriam – nada".

Mesmo assim, entramos na aventura do ver.

## MUTAÇÕES, ANO 10

Até agora foram dez ciclos sobre as mutações: *Novas configurações do mundo; Vida vício virtude; A condição humana; A experiência do pensamento; A invenção das crenças; Elogio à preguiça; O futuro não é mais o que era; O silêncio e a prosa do mundo; Fontes passionais da violência* e *O novo espírito utópico*.

Muitas foram as hipóteses que serviram de ponto de partida para o trabalho de pensamento sobre as mutações, das quais uma se destaca: é como se a *vontade de poder* tomasse um rumo diferente. O que Nietzsche define como vontade de poder e encarna, de início, no *criador* – o poeta, o pensador – toma outro rumo no próprio Nietzsche, o que nos leva a pensar de maneira pouco convencional hoje: o sujeito da história não

---

1. Puisque c'est à la tombée de la nuit que prend son vol/ l'oiseau de Minerve, c'est le moment de parler de vous,/ chemins qui vous effacez de cette terre victime./ Vous avez été l'évidence, vous n'êtes plus que/ l'énigme. Vous inscriviez le temps dans l'éternité, vous/ n'êtes que du passé maintenant, par où la terre finit, là,/ devant nous, comme un bord abrupt de falaise.

seria mais o homem, e sim a técnica. O livre espírito seria uma figura de transição. O homem das Luzes, que antes andava com prudência, na realidade, segundo comentário de Eugen Fink,

> lança-se além de toda realidade fixa, sem fronteiras, cuja desconfiança e frieza significam apenas o Não que abre caminho a um Sim que virá. As Luzes de Nietzsche exercem-se também contra elas mesmas, não acreditam ingenuamente na razão, no progresso, na ciência. A ciência é para elas apenas um meio para pôr em questão a religião e a metafísica, a arte e a moral.

Uma citação de um dos aforismos publicado sob o título *Vontade de poder* não deixa dúvidas:

> Você sabe o que é o mundo para mim? É preciso que o mostre em meu espelho? Este mundo: uma massa enorme de força, sem começo nem fim... eterna criação de si, eterna destruição de si, "além do bem e do mal", sem finalidade... Você quer um nome para esse mundo, uma solução para todo o seu enigma? [...] Esse mundo é a vontade de potência – e nada mais. E você é essa vontade de potência – e nada mais.

Por fim, outro fragmento que nos esclarece e que lemos como uma previsão do que acontece: "O que é grande no homem é que ele é uma ponte, não um fim; o que nele é amado é que ele é uma passagem e um declínio" (Zaratustra). Seria uma referência à possibilidade suprema do homem de lançar a ponte do humano ao pós-humano? Vivemos uma contradição entre a ciência-saber e a ciência-poder. É inegável o domínio da ciência-poder.

Günther Anders, filósofo alemão que foi o mais implacável crítico da civilização técnica americana e escreveu dois livros sobre a obsolescência do homem, vai além ao afirmar o que os pós-humanos tomam hoje como verdade: a ciência como vontade de poder. Chega mesmo a anunciar que:

> Enquanto a guerra nuclear significa o aniquilamento dos seres vivos, entre eles o homem, a "clonagem" significa o aniquilamento da espécie humana para a produção de novos tipos humanos. A questão que põe a

antropologia filosófica, a da "essência do homem" [...] mesmo se fosse para rejeitá-la radicalmente respondendo que "a essência do homem consiste em não ter essência", essa questão poderia perder todo o sentido se o homem fosse utilizado *ad libitum* como matéria-prima.

Somos semelhantes a Deus, conclui Anders, mas, na realidade, no sentido negativo, pois não se trata de *creatio ex nihilo*, mas antes passamos a ser "capazes de uma total *reductio ad nihil*, uma vez que, como destruidores, tornamo-nos verdadeiramente onipotentes [...]. Podemos fazer desaparecer o conjunto da humanidade e do mundo humano". Eis um argumento forte da vontade de poder ligada à ciência e à biotecnologia. O que é, enfim, este homem que, além das transformações biológicas, procura abolir o espírito ou, na melhor das hipóteses, transformá-lo em coisa supérflua, como advertiu o poeta Valéry?

## O QUE FAZER TRINTA ANOS DEPOIS?

Passados trinta anos, voltemos, pois, o olhar para nossa trajetória inicial, seguindo o preceito primordial do pensamento: a retomada daquilo que já foi pensado. O pensado guarda sempre um tesouro latente de sombras e lacunas. Ainda mais quando o pensamento é cercado de tantas mutações, muitas delas à revelia do próprio pensamento porque produzidas pela tecnociência. Assim, entendemos Alain ao nos dizer que pensar é dizer não. Isso porque o filósofo trabalha com coisas incertas, que vêm à expressão em meio a tantas outras expressões silenciadas. Às vezes temos a sensação de que os conceitos estão defasados. É certo que o pensamento acumulado guarda consistência. Mas, sem renegar as preciosas contribuições dos pensadores que participaram dos ciclos, voltemos a pensar de outra maneira os temas inicialmente propostos, de *Os sentidos da paixão* (1986) a *O novo espírito utópico* (2016). É este o tema do ciclo *Mutações – Entre dois mundos: 30 anos de experiência do pensamento*. As mutações nos pedem para repensar os próprios conceitos. Os antigos já não dão mais conta de explicar a nova realidade.

Eis algumas questões discutidas nos ciclos de conferências e retrabalhadas pelas *Mutações*:

*Os sentidos da paixão*. Tomemos, como exemplo, a questão posta por Günther Anders no ensaio *O ódio*, na era do irrefreável desenvolvimento técnico. Os militares que lançaram bombas em Hiroshima ou os que hoje manipulam os drones "se atribuem mesmo uma atitude virtuosa, talvez cristã, ao realizar suas 'missões' sem ódio [...]. Quanto mais distante está o inimigo, mais difícil e mais improvável se torna 'natural' o nascimento do ódio". Seriam ações desapaixonadas? Eis uma questão que pede resposta.

*O olhar*. É certo que somos dominados por imagens na televisão, nas ruas, principalmente no celular e nos computadores (4 bilhões de *vídeos* são acessados por dia em todo o mundo), mas elas são vistas na velocidade de um foguete. É um olhar sem vontade de ver e sem desejo de pensar diante do desaparecimento da ideia de duração. Ora, como já foi dito, ver é mais do que o que se vê. Wittgenstein indica outro problema bem mais comum: a contradição entre a compreensão do objeto e o que os homens *querem* ver. Daí o problema: "O que está mais próximo pode justamente tornar-se o que existe de mais difícil de compreender. Não é uma dificuldade do entendimento, mas uma dificuldade que diz respeito à vontade, que é preciso superar".

*O desejo*. Somos uma sociedade que tende a abolir os desejos (os afetos, a amizade, a liberdade ou mesmo a sexualidade em seu sentido mais amplo e não apenas natural)? O ser, como consciência de si, pressupõe o desejo, como nos lembra Kojève. Contra o simples conhecimento que mantém o homem em uma quietude passiva, diz ele, "o Desejo o torna inquieto e o leva à ação [...]. Para que haja consciência de si, é preciso pois que o Desejo recaia sobre um objeto não natural, sobre algo que supere a realidade dada. Ora, a única coisa que supera este real dado é o próprio Desejo". Assim, o Desejo é diferente da coisa desejada. Assim é o desejo de liberdade, que é muito mais do que a liberdade como coisa conquistada.

*Libertinos libertários*. O etnólogo Pascal Dibie fala da nova realidade nos domínios da sexualidade. Estaríamos entrando em nova fase libertina ou simplesmente na abolição da sedução e do desejo? Desejar é saber o que se deseja, a menos que se queira permanecer nas *trevas naturais*. Lemos em Hegel que "a liberdade pede que o sujeito consciente de si não deixe subsistir sua naturalidade". Ou, como escreve Alain, "o ser que não tem consciência não tem desejo porque ele não é dividido".

O *desejo*, como tudo no mundo hoje, teria se transformado em coisa mecânica que recai apenas sobre um *objeto* natural, como se tende a pensar? Ou será que, desde que a sociedade de consumo se instalou profundamente, o sexo, como a Coca-Cola e as férias, tornou-se *produto* a consumir apenas pelo prazer do consumo? Seria o coito "o último lugar de natureza pura (bruta) em um mundo artificializado e urbanizado", segundo um psicanalista? Um pouco talvez entre os mais velhos, mas parece que o sexo, sua prática, para os jovens, entrou no âmbito da comunicação da *globosfera*, alternando entre virtual e realização. Então, a presença, nossa presença, torna-se secundária a tudo o que fazemos. É isso aí: basta uma rápida pesquisa no *smartphone*, no *Tinder*, no *Adolf*, no *OKCupid*, no *Happn* ou no *IceBreaker*, alguns aplicativos que funcionam por geolocalização, para ver quais homens, quais mulheres estão à disposição com o mesmo desejo de realização imediata... Encontro para uma bebida em um lugar público, vai-se à casa de um ou a um motel, uma hora de diversão sem troca de telefone, apenas uma *trepada*. Um *fast sex*... Na França, em 2015, 38% dos usuários de *sites* para encontros desse tipo admitiram buscar aventuras sem dia seguinte. Não é preciso se tocar para gozar. (Dados extraídos da revista *Le nouvel observateur*.)

*O esquecimento da política*. É certo que um dos pressupostos fundamentais da mutação política está no papel atribuído à tecnociência. Sobre o assunto, uma das conclusões a que chega o filósofo alemão Martin Heidegger, sujeita a muitas e contraditórias interpretações pela sua radicalidade, dá a pensar: "É para mim uma questão decisiva hoje: como um sistema político – e qual – pode, de maneira geral, ser coordenado na era da técnica. Não sei responder a esta questão. Não estou convencido de que seja a democracia". A ciência e a técnica produziram, na política e no pensamento, aquilo que os teóricos definem como o mundo da especialização. As sínteses teóricas permitiram, durante séculos, grandes realizações, mas hoje, com a crise dos ideais políticos, restam apenas as desvantagens de uma *democracia dos fatos*. A definição é de Robert Musil:

> A política, tal como a entendemos em nossos dias, é o contrário absoluto do idealismo, quase sua perversão; ao levar em consideração apenas os fatos, "o homem que especula por baixo sobre seu semelhante e que se intitula político realista só tem por reais as baixezas humanas, única

coisa que considera confiável; ele não trabalha com a persuasão, apenas com a força e a dissimulação.

Outro filósofo, nosso contemporâneo, e participante de todos os ciclos sobre as mutações, vai além na observação: para Jean-Pierre Dupuy, é presunção fatal acreditar que a técnica, que tomou o lugar do sagrado, do teatro e da democracia, poderá desempenhar o mesmo papel que eles desempenhavam na época em que a capacidade de agir dizia respeito apenas às relações humanas.

Francis Wolff dá sua interpretação: os utópicos de ontem foram substituídos pelos especialistas de hoje. Não disputamos mais os fins políticos, afirma Wolff, discutimos, sim, os meios e os fins técnicos.

O domínio da técnica sobre a política leva à perda dos fundamentos políticos, isto é, daquilo que a filosofia política criou e recriou ao longo da história como resposta às interrogações levantadas pelo advento da sociedade, ou melhor, a ideia e a prática que definem a sociedade como origem da lei e dos direitos. Era o momento em que a *práxis* tinha uma relação estreita com os princípios teóricos, muitas vezes para negá-los. Hoje, vivemos aquilo que já se definiu como *o princípio do sem princípio*. Mais: sendo apenas partes da vida social, a economia, a privatização da vida pública, a religião, o moralismo e a eficiência técnica procuram ocupar o lugar da política de maneira totalizante. É a escandalosa e inconsequente busca da hegemonia de uma dessas variantes sobre a política. Essa tendência dominante hoje abole muitos princípios políticos. Como observa o filósofo Newton Bignotto, retomando Hannah Arendt, parecemos condenados a oscilar entre democracias apáticas, comandadas exclusivamente pelas forças de mercado, e regimes autoritários. Enfim, como fica a prática da representação política quando sabemos que os partidos e os sindicatos perdem força diante das novas formas de comunicação e (des)organização através dos meios eletrônicos?

Essas são apenas algumas questões, tratadas em livros anteriores, que mostram que o novo mundo exige novos pensamentos.

Por fim, última observação: dedicamos este livro aos mais de trezentos conferencistas que participaram dessa trajetória. Por razões que não exigem explicação, decidimos começar com um ensaio sobre a amizade.

# A amizade[1]
Francis Wolff

Gostaria de abrir esta conferência, e este ciclo, com uma declaração pessoal. Vim pela primeira vez ao Brasil em outubro de 1980, para trabalhar. Jovem professor francês, orgulhava-me de ter sido recrutado para ensinar no prestigioso departamento de filosofia da Universidade de São Paulo. Vivi em São Paulo mais de quatro anos: conheci o fim da ditadura militar, as grandes manifestações das Diretas Já! e a volta à democracia. Mas o trabalho durou pouco e retornei à França no final de 1984. Eu havia me tornado fã deste país. Sua lembrança me perseguia. Assim, durante longos anos, voltei com frequência ao Brasil. Eu viera por necessidade, retornava por amor: a força viril dos seus ritmos, a sensualidade feminina de suas melodias, o formidável desenvolvimento de sua democracia, seus progressos contra as desigualdades sociais, o calor de seus habitantes e, principalmente, seu jeito tão particular de resolver os problemas mais espinhosos da maneira mais astuciosa e inesperada – por tudo isso me apaixonei. Mas vocês sabem como é o amor! Todo amor comporta tempestades: entre amantes há sempre altos e baixos. Às vezes me entusiasmava pelo progresso rápido da democracia ou da sociedade, mas ele era seguido de uma regressão tão brusca que me desanimava. Em alguns momentos meu zelo amoroso crescia a ponto de fazer-me um prosélito, enaltecendo com alarde este maravilhoso país; em outros momentos, me enfurecia em voz baixa contra suas traições de amante. Entre mim e o

---

1. Tradução de Paulo Neves.

Brasil era uma verdadeira história de amor, cheia de reviravoltas, entrecortada de impulsos excessivos e despeitos profundos. Eu viera pelo trabalho, retornava por amor, mas a todo instante havia o risco da ruptura amorosa. O que faz que eu volte, desde então, todo ano com constância? Não é nem a necessidade, que desapareceu; nem a paixão, muito incerta; mas algo mais agradável que a primeira e mais estável que a segunda: a amizade. Amizade por este país, do qual me sinto agora cúmplice, que me comove como um irmão e que eu olho com indulgência. Amizade por todos aqueles que conheci e que passaram pelo filtro de 36 anos. Amizade, sobretudo, por Adauto Novaes, pela generosidade de sua pessoa e a constância do seu trabalho. Por isso, quando mais uma vez ele me convidou para abrir seu novo ciclo *Mutações*, que comemora trinta anos de suas séries de conferências, trinta anos de *experiências do pensamento*, aceitei com presteza a honra que me fazia. Mas quando, além disso, ele me propôs falar sobre a amizade, fiquei realmente comovido. Sim, a amizade é o que me liga a este país, para além de todas as necessidades e todas as paixões. Sim, a amizade é o que nos reúne fielmente, Adauto e eu, para além de todas as admirações recíprocas e todos os engajamentos no trabalho comum.

**AMIZADE E ÉTICA**

A amizade, portanto. Antes de tentar defini-la, gostaria de começar por uma questão que parecerá muito afastada. O que define para nós, na época moderna, o problema moral? São questões como: de que maneira devemos tratar outrem? Quais são nossos deveres para com os outros seres humanos, nossos semelhantes, nossos próximos, o próximo em geral? A esse tipo de questão pode-se responder com virtudes como a beneficência, a indulgência, a generosidade, a bondade etc. Em suma, o altruísmo. Ao contrário, as ações, os pensamentos e as condutas centrados em nós mesmos, os comportamentos egoístas, não podem ser morais. Eles procedem de uma atitude que pode ser necessária e mesmo salutar para nossa preservação ou nosso bem-estar, mas não são considerados morais. Para nós, modernos, a moral começa quando agimos pensando nos outros, não em nós mesmos.

Nesse tipo de problemática moral, há um grande problema subjacente – e é o que se vê na mais importante obra moral da época moderna, a de Kant. É a questão da felicidade. Agir bem é bom, mas não gera um bem. Se o homem moral deve primeiro pensar nos outros antes de pensar em si mesmo, ele deve deixar a busca de seu próprio bem em segundo plano, deve sacrificar sua própria felicidade.

Ora, há (ou melhor, havia, na filosofia antiga) uma maneira absolutamente oposta de colocar o problema moral. Era justamente por meio de questões do tipo: como ser feliz? Qual conduta é a mais propícia ao nosso florescimento? Como nos realizarmos da melhor maneira? Como fazer para nos tornarmos seres humanos acabados? Nossas virtudes, nessa problemática, chamam-se coragem, resolução, temperança, domínio de si, magnanimidade etc. Elas são centradas em nós mesmos, são autocentradas.

É essa problemática que encontramos na maior obra moral da Antiguidade, a *Ética a Nicômaco*, de Aristóteles. Toda a investigação de Aristóteles está focalizada nesta questão: como atingir o maior bem propriamente humano? Como tornar-se plena e soberanamente um homem? A resposta de Aristóteles é complexa. Para simplificar, pode-se dizer que, para Aristóteles, o florescimento de si consiste em realizar a tarefa mais própria do homem. Qual é essa tarefa? Não pode ser o simples fato de viver, que é comum a todos os viventes. Deve ser o fato de viver em conformidade com a faculdade humana mais elevada, a razão, e segundo a virtude racional mais elevada: prudência ou sabedoria[2].

Nessa ética antiga, o que vem a ser a moral no sentido em que entendemos hoje a relação com os outros? Ela se acha concentrada em duas virtudes particulares essenciais às quais Aristóteles reserva suas explanações mais longas e elaboradas: a justiça e a amizade.

Eis o que é curioso. Na justiça não se busca seu próprio bem, mas o bem de todos. Se, numa partilha, eu buscasse apenas o meu bem, tomaria tudo para mim, não buscaria a partilha mais equitativa de todas. Mas, para Aristóteles, não se pode ser feliz sem ser equitativo, portanto, sem buscar fazer ações justas.

Chegamos à amizade. Nova surpresa. É curioso que ela seja uma virtude. Mas, para Aristóteles, é uma virtude no sentido de que não se poderia ser um homem acabado sem amigos. "Sem amigos", ele escreve,

---

2. Aristóteles, *Éthique à Nicomaque*, livre i, ch. 6.

"nenhum homem escolheria viver, ainda que tivesse todos os bens do mundo[3]." Imagine-se sozinho, abandonado, deixado a si mesmo, sem ninguém a quem falar ou a quem se confiar, sem ninguém a querer bem, sem ninguém que o compreenda... Você poderia ser feliz? A resposta é evidente: não. Sem amigos, um homem seria o mais infeliz dos homens. Portanto, o homem feliz tem amigos e, se possível, numerosos e fiéis.

No entanto, essa ideia contraria a representação que os gregos faziam da felicidade mais elevada. É onde encontramos um paradoxo, ou melhor, uma série de contradições engendradas pelas relações estranhas da amizade e da felicidade.

## AMIZADE E FELICIDADE

Ser perfeitamente feliz, para os antigos e particularmente para Aristóteles, é ser acabado, autossuficiente. É ser como um sábio que não tem necessidade de nada. Ou melhor: é ser como um deus que não precisa de ninguém. É ter atingido um estado de satisfação completa de todos os desejos (ser sem desejo); é ser totalmente autônomo (ser sem falta); é mesmo ser perfeitamente independente (ser como um deus vivo). Logo, se um homem fosse realmente feliz, ele não teria necessidade de nada nem de ninguém, portanto, não teria amigos, bastar-se-ia a si mesmo. Qual é essa falta, nele, que o lança em direção a outro? Que insatisfação o impede de se sentir bem quando sozinho, de se contentar em ser ele mesmo, de não estar apenas em relação consigo? Que secreto aguilhão o impede de ser feliz? Como dizia Pascal: "Toda a infelicidade dos homens vem de uma única coisa, que é não saber ficar em repouso num quarto[4]". Se um homem fosse feliz, perfeitamente feliz, ele seria *autárcico*, autossuficiente, completo com aquilo que ele é ou possui, sem depender dos outros, daquilo que eles são ou possuem. Essa é a definição necessária do homem feliz.

Eis, portanto, o paradoxo: por um lado, não se pode ser feliz sem amigos; por outro, um homem perfeitamente feliz não precisa de amigos. Tal é o problema que Aristóteles enfrenta no capítulo 9 do livro IX de sua *Ética a Nicômaco*.

---

3. *Ibidem*, livre VIII, ch. 1.
4. Blaise Pascal, *Pensées*, Lafuma 136.

Há um meio evidente de sair da dificuldade. Dir-se-ia, por exemplo: o homem feliz tem amigos e é precisamente por isso que ele é feliz; o homem não pode ser feliz sem amigos, como tampouco poderia sê-lo se fosse doente ou miserável. Isso prova que a amizade é um componente da felicidade, nem mais nem menos que a saúde ou a riqueza. O homem feliz se sente bem, vive na abastança e tem muitos amigos: são os chamados *bens exteriores* indispensáveis à felicidade. O homem feliz é completo, justamente graças a seus amigos.

Assim a contradição se resolveria: o homem feliz tem amigos; mas não é porque é feliz que tem amigos, e sim porque tem amigos que é feliz.

Acontece que a primeira contradição engendra outra. Se o amigo é, como a riqueza ou a saúde, um dos bens exteriores necessários ao homem feliz, não serão nossos amigos apenas seres que nos são úteis? Se temos *necessidade* de amigos, em que são eles *amigos*?

Se o amigo é aquele do qual se tem necessidade, então ele nos é simplesmente útil, um simples meio de que nos servimos – e não mais um ser a amar por ele mesmo. Que resta do amigo, se não é por ele mesmo que o amamos, mas apenas por sua utilidade? Temos necessidade dos outros, do encanador para consertar um vazamento, do padeiro para fazer o pão, dos vizinhos para pequenos serviços cotidianos; a necessidade que se tem deles não impede as boas relações sociais, nem mesmo a cortesia: "Até logo, e mais uma vez obrigado!". Mas o amigo é algo mais. Nada se espera dele e, sobretudo, nenhum "favor em troca". O amigo dos dias felizes é justamente aquele que se ama porque, diferentemente dos outros, nenhum laço de utilidade ou de necessidade nos prende a ele. Essa é mesmo a única autêntica e pura definição do amigo, do amigo puro e autêntico.

"Estamos presos na roda", como diria Montaigne. O homem completo não tem necessidade de amigos e se basta a si mesmo, mas só pode ser completo pela amizade que o liga a outros. O amigo verdadeiro é aquele que nos é indispensável, mas só pode ser amigo com a condição de não ser necessário. A primeira contradição não se resolve senão nos lançando na segunda que, por sua vez, nos remete de volta à primeira etc.

O que significam para a amizade e para a felicidade essas contradições? O que elas implicam para a definição do ser humano?

Para tentar responder a tais perguntas, convém definir precisamente a amizade.

## O QUE É A AMIZADE?

Ela é, evidentemente, uma relação com outrem. Mas não uma relação qualquer.

Trata-se de uma relação *eletiva*: com tal pessoa porque é a pessoa que ela é. A amizade é uma relação singular com o amigo enquanto *este* amigo, esta pessoa em particular, ela e não outra. Meu amigo não é qualquer um para mim, e eu não sou qualquer um para ele. Como disse Montaigne, a propósito de sua amizade com La Boétie: "De resto, o que chamamos ordinariamente de amigos e de amizades não são senão convivências e familiaridades atadas por alguma ocasião ou comodidade, por meio da qual nossas almas se entretêm. [...] [Mas] se me pressionarem a dizer por que eu o amava, sinto que isso só se pode exprimir respondendo: 'Porque era ele, porque era eu'[5]".

Por que Adauto é meu amigo? Por que sou amigo dele? Porque ele é Adauto e porque eu sou Francis.

Mas não basta dizer que o amigo é uma relação singular e única entre dois indivíduos únicos e singulares. É preciso também dizer que essa relação deve ser *escolhida* por um e pelo outro. A vida social nos obriga a ter constantemente relações *ocasionais* com muitas pessoas que não escolhemos: a vizinha suada no ônibus, o vizinho que berra no estádio, o vendedor de pipocas tagarela na rua. Para garantir a paz social, convém que essas relações não sejam ruins: é tudo o que pedimos a elas. Há casos também em que somos forçados a ter relações *regulares* com as mesmas pessoas, que tampouco escolhemos: o colega de classe, o colega de trabalho, o vizinho do mesmo andar etc. A fim de garantir a serenidade da coletividade, da empresa ou da vizinhança, convém que essas relações sejam *boas*: "Bom dia, como vai? Posso ajudá-lo?". Tanto num caso como no outro, todas essas pessoas nos são impostas pelo acaso, e, portanto, não há razão nenhuma para que sejamos amigos – mesmo que isso seja sempre possível. É desejável ter boas relações com os vizinhos ou os colegas, mas só excepcionalmente temos com eles relações amicais.

A amizade, portanto, é uma relação singular escolhida. Ela se distingue, como acabamos de ver, das relações singulares não escolhidas.

---

5. Michel de Montaigne, "De l'amitié", *Essais*, livre I, ch. 28.

Mas se distingue também das relações *universais* nas quais *não se deve* escolher. Tomemos, por exemplo, o que na religião cristã se chama de caridade (isto é, o amor ao próximo) ou *ágape*. É o que os filósofos antigos chamavam de "simpatia universal", ou o que um kantiano chamaria de "sentimento pela humanidade". Pois bem, a caridade nos prescreve tratar todas as pessoas do mesmo modo, com o mesmo *amor*, sem distinção: todo humano deve ser para qualquer outro um *próximo*, e um próximo igual a qualquer outro. Ou seja, a caridade não é amical porque ela se dirige a todos os homens, considerados como semelhantes. Digamos de maneira inversa: a amizade não é caritativa porque reserva um tratamento de favor aos que ela liga.

Outro exemplo: a justiça nos prescreve tratar todos os outros, não de maneira igual com o mesmo amor, mas à proporção do que eles são ou do que fazem. De fato, a justiça consiste sempre em aplicar uma fórmula do gênero: "A cada um segundo seu $x$", $x$ sendo variável conforme as situações. É um princípio de proporcionalidade. Assim, é justo tratar melhor aquele que o merece, e pior aquele que se conduz mal – punindo-o, por exemplo. É justo que seja mais bem pago, ou mais bem recompensado, aquele que trabalha mais ou que trabalha melhor. É justo que, no exame, tenha uma nota melhor o estudante que fez um dever melhor. Ou seja, a justiça não conhece a amizade: seria injusto o professor dar uma nota melhor ao estudante do qual é amigo; seria injusto o juiz não punir o culpado porque é seu amigo. A justiça exige a estrita imparcialidade. A justiça não deve ser amical.

A amizade não obedece a nenhuma regra universal, como a caridade, que nos prescreve tratar todos os homens de maneira igual; ou como a justiça, que nos prescreve tratá-los proporcionalmente a seus méritos e de maneira imparcial – a justiça é cega, dizem, e é assim que é representada: uma balança na mão e uma venda nos olhos. Mas a amizade não nos prescreve absolutamente nada: ela não é um dever. Acaso eu deveria ser amigo, por pura caridade ou por justiça, desse indivíduo que me é indiferente? Seria absurdo. A amizade não é nem caritativa nem justa. Ela é mesmo injusta. Pois tudo opõe a amizade e a justiça. Tratar alguém como amigo é ser injusto em relação aos outros – é favoritismo; inversamente, tratar o amigo como um sujeito qualquer é trair sua amizade. Daí tantos conflitos de deveres: devo ao amigo porque é ele, ou devo a todos igualmente? Por um lado, se não trato o amigo como amigo, ele que me pediu um pequeno serviço, uma ajuda, um "jeitinho" para ele ou para seu filho, me arrisco a ser acusado de deslealdade: "Faça isso por mim, por favor, como amigo!" ("Ô Antonico, vou lhe pedir um favor,/ Que só depende da sua boa vontade./ É necessária uma viração pro Nestor,/ Que está vivendo em grande dificuldade"). Mas, por outro lado, há casos em que, se presto esse serviço, me arrisco a ser acusado de parcialidade e, portanto, de injustiça – pensemos em todas as circunstâncias sociais, profissionais, políticas; pensemos no professor, no juiz, no árbitro, no empregador, no ministro que devem (ou melhor, que *deveriam*), para permanecer justos, em conformidade com sua função, não levar em conta de modo nenhum suas amizades.

O amigo, portanto, não é nem o vizinho (com quem ser cortês), nem o concidadão (com quem ser justo), nem o próximo (com quem ser caridoso). O amigo não é qualquer um, eu o escolhi, nós nos escolhemos. É a *outra metade*, segundo uma bela fórmula que remonta a Aristóteles, infelizmente transformada em clichê. Isso não significa em absoluto alguém que se assemelha a mim, como se acredita com frequência. O amigo é antes aquele que me ajuda a mostrar-me como sou. Confiando-me a ele, compreendo a mim mesmo. Sem amigo a quem contar o que sinto, eu não poderia perceber claramente o que se passa comigo, uma vez que, para ele e por ele, consigo formular o que sinto a mim mesmo. Sem amigo eu não poderia saber lucidamente o que penso, não poderia distanciar-me do que faço nem compreender plenamente o que vivo. O amigo me permite não ficar imediatamente "colado" em meus atos, mas *tomar consciência* de por que ajo, ao tentar explicar-lhe. Vivo uma segunda vez os melhores momentos de minha vida contando-os a ele, desembaraço-me dos maus pensamentos ou de minhas piores lembranças confiando-os a ele. A palavra ao amigo e a palavra do amigo são as mediações reflexivas entre mim e mim mesmo. Em *A grande moral*, Aristóteles escreve: "Assim como, quando queremos ver nosso rosto, vemo-lo ao olhar um espelho, assim também, quando queremos conhecer a nós mesmos, conhecemo-nos ao olhar um amigo[6]". O amigo é, pois, um espelho pelo qual compreendo o que sou ao me ver sob seu olhar.

---

6. Aristóteles, *La Grande morale*, II, 15.

Eis por que o amigo é um *outro eu-mesmo*. Sem esse outro, eu seria *eu*, mas não completamente *eu-mesmo*. O amigo é como eu, embora sendo totalmente outro. Se não fosse totalmente outro, ele me seria indiferente. Se fosse apenas como eu, não me permitiria distanciar-me de mim. Por um lado, absolutizo a diferença do amigo comigo mesmo. Ao pensar no amigo, em Adauto, por exemplo, digo-me: "Ele é diferente de mim, por isso quero seu conselho, seu julgamento, ou apenas seu ouvido atento ou seu espírito benevolente". Mas, por outro lado, ao pensar no amigo, em Adauto, por exemplo, projeto-me nele para abolir toda diferença. Digo-me: "Ele é como eu, ele me compreende, sou como ele, eu o compreendo". O amigo é ao mesmo tempo totalmente outro e perfeitamente o mesmo.

Tal é, portanto, o traço essencial da amizade: é uma relação única e escolhida com um outro eu-mesmo. As outras características da amizade se deduzem dessa.

O amigo sente alegria na companhia do amigo, tal é o segundo traço. Os amigos gostam de falar juntos de tudo e de nada. Compartilham impressões fugazes ou convicções profundas; vivem juntos momentos de exaltação ou de dúvida; trocam suas pequenas felicidades ou suas grandes infelicidades. Como se oferecessem presentes, fazem confidências sobre si mesmos ou sobre os outros. Por exemplo, falam em voz baixa no meio dos outros para se isolar deles.

A amizade, enfim (terceiro traço), é um motivo de ação: o amigo se preocupa com o amigo. E preocupa-se por amizade, isto é, por ele, o amigo, e não por interesse por si mesmo. O amigo procura fazer o bem ao amigo, ajudá-lo, socorrê-lo, assisti-lo, consolá-lo. Mas o amigo não se contenta em querer bem ao amigo. Procura agir em favor do bem, não do seu, mas do *dele*. A amizade se prova e se comprova em atos.

Assim definimos a amizade: relação eletiva com um outro si-mesmo, cuja companhia nos alegra e a quem nos comprazemos de fazer o bem.

Mas não são esses também os traços do amor?

De fato, distinguimos a amizade das relações sociais necessárias (o vizinho ou o colega) e das relações humanas universais (a caridade e a justiça). Resta-nos distingui-la do amor.

## AMIZADE E AMOR

À primeira vista, pode-se dizer que o amor se distingue da amizade por um traço essencial: o desejo. O amor seria uma espécie de amizade desejante ou de desejo amical.

Com efeito, parece que se encontram no amor os três traços constitutivos da amizade. O amor é também uma relação eletiva com o amado – porque é ele ou porque é ela. O ser amado não é qualquer ser. O amante quer compartilhar com o amado pequenos nadas ou grandes confidências. Busca sua presença. Procura fazer-lhe o bem.

No entanto, todos sabem que o enamorado difere do amigo num ponto essencial: o desejo – físico, carnal, sexual.

O enamorado deseja tocar o amado, beijar seu rosto ou suas mãos, estreitá-lo nos braços, envolvê-lo, acariciá-lo e, afinal, *"fazer* amor" com ele – como diz essa feliz expressão. O sentimento amoroso tende necessariamente a se realizar num ato, o ato de amor, justamente. Não há amor sem Eros. Uma amizade sem desejo nada tem de amor, é uma amizade. Mas o mesmo se dá no sentido inverso. Um desejo sem amizade é um desejo, nada mais: não é amor. Pois é possível desejar intensamente um desconhecido ou uma pessoa que se detesta ou despreza. Há *chamados para o sexo* que podem ser agradáveis, mas que ninguém chamaria de amor.

Em realidade, o desejo é ambíguo. Se é acompanhado de uma dimensão amical, o desejo é a mais bela das coisas; mas, sem essa dimensão, pode às vezes se tornar a pior coisa do mundo. De fato, há estupros que são uma manifestação indiscutível, embora criminosa, do desejo sexual, especialmente masculino, mas que são a negação mesma do amor. O amor tem, portanto, uma dimensão amical e uma dimensão desejante, mas nem a amizade nem o desejo são o amor.

Essa análise, porém, é insuficiente. Falta um terceiro componente essencial do amor, ausente da amizade: além do desejo, existe a paixão.

Definimos a paixão como um estado afetivo intenso focalizado numa coisa (o dinheiro, os carros, a música), numa atividade (o jogo, a paquera, o futebol) ou numa pessoa – no caso se trata de uma pessoa –, que se apodera do espírito de um sujeito a despeito de sua vontade e de sua razão. "Ele está gamado", dizem – a expressão é familiar mas apropriada. Tal é a vertente negativa da paixão: ela aliena o espírito. Mas possui também uma vertente positiva: a paixão não é apenas alienante; ela reforça a potência vital, colore todo estado de alma e realça toda emoção. Ela orienta os pensamentos e determina os atos mais extravagantes, assim como os mais exaltantes. Faz a pessoa lúcida, extralúcida e, ao mesmo tempo, completamente cega. A paixão se mede no espaço e no tempo, inclusive em quilômetros por hora. Quantos quilômetros posso percorrer em uma hora para reencontrar o objeto de minha paixão? Quantas horas por dia seu pensamento me ocupa? Por quanto tempo posso esperar uma resposta a uma carta ou ao WhatsApp? O domínio do outro se mede ora por sua presença, ora por sua ausência. A paixão – isso é bem conhecido – invade, rói, devora suas vítimas alegres. Pois se o amigo é outro eu-mesmo, a paixão é o contrário: é *eu enquanto outro*. Como disse Alain, "a paixão é eu; e é mais forte do que eu⁷". Quando alguém se reconhece nela, não reconhece mais a si mesmo.

Mas assim como o desejo é ambíguo se privado de amizade, o mesmo se dá com a paixão. Pois a paixão por uma pessoa não é por si só amor; pode-se *odiar* apaixonadamente alguém até a obsessão: pensemos nas grandes figuras do ódio, como Medeia, que, por ódio obsessivo a seu marido Jasão, chega a matar os próprios filhos; pensemos nos invejosos apaixonados e obcecados, como a prima Bette de Balzac, doentiamente ciumenta e rancorosa, que se obstina em fazer a infelicidade dos outros. Eis aí uma paixão por outrem em estado puro. E eis o que pode ser uma paixão quando nela não entra nenhum componente amical. É preciso, pois, que a paixão tenha uma cor de amizade ou de desejo para que se fale de amor. Há o passional no amor, mas a paixão não é amor.

Assim, o amor se distingue da amizade porque tem uma dimensão desejante e passional. Para que haja amor, é preciso que os três componentes, amizade, desejo, paixão, se misturem e se fundam em maior ou menor grau, pois nenhum deles tomado à parte é amor.

Mas com isso, ao mesmo tempo, aprendemos um pouco mais sobre a amizade. A amizade não tem nem dimensão desejante nem dimensão passional. Ela traz a alegria em presença do amigo, ela causa nostalgia ou saudade em sua ausência, mas, ao contrário do amor passional, não se acompanha de obsessão devoradora. O amigo busca fazer o bem ao

---

7. Alain, "Des passions", *Propos sur le bonheur* (1925, 1928), ch. VI.

amigo, mas a amizade é desinteressada, ao contrário do desejo, que, necessariamente, quer se satisfazer pela posse do amado. A amizade está assim dispensada da ambiguidade do desejo e da paixão amorosa, portanto, privada de seus aspectos negativos. Mas, inversamente, a amizade é o que colore positivamente o desejo ou a paixão amorosa. Retirem do amor toda dimensão amical: o parceiro sexual poderá se tornar um objeto e o amado um inimigo, como nos grandes ciúmes ou na violência conjugal. A amizade não é o amor, pois é sem desejo e sem paixão; no entanto, é um componente essencial sem o qual o amor se transforma em seu contrário.

Inversamente, se o amical se mistura ao desejo sexual, este pode se tornar aspiração à fusão física de dois *eus*, um eu e outro eu-mesmo. E então pode haver ternura. Enamorado, o sexo não é mais a necessidade de possuir outra pessoa, é desejo amável de unir-se a *esse outro* que é ele próprio *como eu*, um sujeito de desejo. É aspiração a fazer um outro todo com o outro eu-mesmo. É esse componente amical do amor que explica as atenções eróticas canhestras ou os embaraços respeitosos dos namorados iniciantes. A amizade é sem desejo, no entanto, é um componente essencial do desejo, sem o qual ele se torna violência.

Mas seria absurdo definir o amor como uma espécie de amizade à qual se acrescentam o desejo e a paixão, porque seria implicitamente definir a amizade como uma espécie de amor em que falta alguma coisa. Ora, à amizade não falta nada, justamente! E é o que explica sua estabilidade por oposição à precariedade do amor. Vejamos por quê.

## A AMIZADE COMO RELAÇÃO ÉTICA

Na verdade, a amizade não pode ser um gênero do qual o amor seria uma espécie, por uma razão simples mas de consequências consideráveis: a amizade é por definição uma relação recíproca, o amor é conceitualmente de sentido único.

Pois o essencial é isto: para ser amigos, é preciso que os dois o sejam. Por outro lado, pode-se estar enamorado sozinho. Você pode *querer* ser o amigo de alguém, mas não pode *ser* o amigo desse alguém sem que ele o seja também de você. (Mesmo no Facebook, só se pode ser "amigo", embora num sentido bastante degradado do termo, daquele ou daquela que se aceita como "amigo".) Inversamente, você pode amar alguém sem que essa pessoa lhe ame. Não há sentido em dizer-me amigo de quem ignora que é meu amigo, ao passo que posso estar enamorado de quem o ignora, de quem não está enamorado de mim ou de quem ama outra pessoa. Um amigo sem amigo é uma contradição de termos, mas um enamorado não amado é uma situação banal e um dos temas privilegiados tanto da tragédia como da farsa. Aliás, em amizade não há termo que corresponda ao adjetivo "enamorado".

Dos três componentes do amor – amizade, desejo, paixão – apenas o amical é essencialmente recíproco, e essa é uma das razões da fragilidade do amor. Os outros dois só podem ser recíprocos por acidente (feliz, certamente). Em outras palavras, é evidentemente possível desejar quem me deseja ou me apaixonar por quem está apaixonado por mim, mas depende da sorte! Isso não está inscrito no conceito de desejo ou de paixão. Você desejar $X$ não é razão alguma para que $X$ lhe deseje. Você é bonito? Tem outros títulos de desejabilidade a fazer valer? Está apaixonado por $Y$ por essa ou aquela razão, seja porque lhe parece admirável ou por outro motivo racional qualquer, seja porque é vesgo (para retomar um exemplo de Descartes[8]) ou outro motivo irracional qualquer, mas não há razão alguma para que ele ache você admirável ou interessante. Ao contrário, a ligação de amizade é de mútua escolha. Faz parte do conceito de amizade o não podermos ser amigo de quem não é nosso amigo. Poderia eu dizer-me amigo de Adauto se Adauto não fosse meu amigo? Trata-se de algo necessariamente recíproco, mesmo não sendo necessariamente simétrico: às vezes um admira mais o outro, às vezes um tem mais necessidade do outro, às vezes um se confia mais ao outro. As relações amicais assimétricas são frequentes; uma relação amical não recíproca é impossível.

Isso tem uma consequência considerável que nos permitirá esclarecer o problema ético. Uma vez que a amizade é por definição recíproca, há uma *ética* da amizade e uma virtude que se deduz dessa reciprocidade: a lealdade. Trair um amigo é romper o contrato moral implícito da amizade, pois ela se confunde com essa relação mesma. Todos sentimos que a traição de um amigo é, do ponto de vista moral, a pior de todas. Não é

---

8. Descartes, Lettre à Chanut, 6 juin 1647.

necessariamente a que mais faz sofrer, mas é a mais condenável e a mais abjeta. É mais fácil perdoar o amado que o amigo, pois se pode continuar amando o infiel, mas não se pode mais ser amigo do amigo desleal.

Por sua vez, não há ética do amor. Há virtudes, certamente, mas não há normas. A lealdade é a virtude da amizade, mas não do amor – cujas virtudes se nomeiam em geral doçura, paciência, compreensão, indulgência, desapego de interesses, devoção, abnegação, sacrifício etc., virtudes todas elas de sentido único, justamente.

Sendo o amor só acidentalmente uma relação, não se pode ser infiel ou desleal em relação ao amado enquanto amado. Por certo podem-se trair compromissos com quem quer que seja, inclusive o amado! Isso é sempre uma conduta odiosa, ainda mais quando ofende ou fere. Mas nada no próprio amor obriga o amante enquanto amante, a não ser, justamente, a dimensão amical do amor, que compromete o amante na lealdade que define a amizade. Esta também incita o amante a desejar fazer bem ao amado e a fazê-lo efetivamente. Mas se ele deixa de desejá-lo, e portanto de fazê-lo porque deixa de amar, não há nada aí que infrinja alguma ética.

Em realidade, o que explica a estabilidade da amizade em oposição à precariedade do amor é outro traço – uma característica ontológica. A amizade é uma *relação*; a paixão é um *estado*; o desejo é uma *disposição*. Na amizade, o outro é um "outro eu". Na paixão, o outro está em mim. No desejo, o eu está voltado para o outro. Mas, sobretudo, a amizade, o desejo e a paixão não têm a mesma proveniência antropológica.

O desejo vem longinquamente do mundo das necessidades naturais (o acasalamento), do qual é a expressão propriamente humana. Com efeito, para haver o humano é preciso mais que o instinto biológico de reprodução dos seres vivos, é preciso o *desejo*, o qual não existe sem fantasmas, sem representações, sem leis, sem tabus, sem frustrações, sem violência às vezes, sem beleza também, pois no fundo do desejo humano há alguma aspiração ao belo.

A paixão, por sua vez, vem do mundo das emoções, é o afeto sob sua forma obsedante. A que mundo humano ela pertence? Para haver o humano, é preciso mais que emoções, que motivam as ações de muitos animais; é preciso mais que apegos a territórios, a objetos ou a congêneres, como os bichos: é preciso *paixões* que levem os humanos a se alçar acima de seus próprios interesses e a agir por uma ideia, às vezes contra eles mesmos e com frequência contra toda a razão.

E a amizade, de onde vem? A amizade pertence ao mundo da socialização humana, do qual é a realização afetiva elementar e a mais perfeita. Pois, para haver o humano, é preciso mais que o gregarismo animal, mais que a necessidade dos outros ou que a ligação biológica entre aparentados: é preciso a socialidade propriamente humana. Com efeito, não há humanidade sem uma comunidade de trocas recíprocas, que pode ser de três espécies.

Há, primeiro, a realidade da comunidade política (a cidade) – que deveria ligar a *fraternidade dos concidadãos* e deveria ser ligada pela ideia de justiça. Isso não significa que toda comunidade política é justa! De forma alguma. Significa apenas que a justiça é o bem próprio a que toda comunidade política deveria visar. É a virtude política por excelência.

Mas essa comunidade está encerrada entre outras duas: uma comunidade máxima e uma comunidade mínima. A comunidade máxima é a própria humanidade, e deveria ser ligada pela ideia universalizável segundo a qual todo ser humano deve poder ser, para qualquer outro ser humano, um semelhante – ou seja, a caridade ou a simpatia universal. É o laço que nos liga implicitamente a todos os homens de maneira igual. Isso não significa que todos os homens se sintam ligados entre si por esse amor ao próximo ou esse humanismo universalista! De forma alguma. Significa que ele define o bem propriamente moral, aquele a que deveríamos visar em todas as nossas relações humanas. É a virtude ética por excelência.

A comunidade política também é limitada, embaixo, por uma comunidade mínima, a que reúne dois seres que se escolheram reciprocamente, sem desejo e sem paixão. É a amizade. Ela é a relação eletiva entre aqueles que são um para o outro, não concidadãos na cidade idealmente justa nem semelhantes na comunidade humana, mas um *outro eu* que permite a cada um ser plenamente ele mesmo. E a virtude que lhe corresponde é a lealdade.

Das três relações sociais propriamente humanas, a amizade é a menor e a mais perfeita.

Definimos assim e delimitamos a amizade. Distinguimo-la da justiça, da caridade, do amor, do desejo e da paixão. E podemos agora compreender por que ela é a mais robusta e a mais estável das relações humanas.

O que fragiliza a comunidade política é que a justiça permanece um ideal sempre visado e raramente atingido, porque não há realidade política que subsista sem a força de um *poder*: o poder de alguns (certos homens, certos grupos, certa classe) sobre outros. Ora, o poder político é, por hipótese, não recíproco e, portanto, dificilmente está a serviço da justiça para todos. O poder é com frequência corrompido pela busca de proveitos pessoais, e, quando há preocupação com outrem, não é por justiça, mas (infelizmente!) por amizade, a dos "pequenos arranjos entre amigos", uma amizade na maioria das vezes *interessada* – a chamada corrupção.

O que fragiliza a comunidade humana é que o humanismo universalista permanece um ideal sempre a ser visado moralmente e que raramente se atinge, porque esbarra sempre, no melhor dos casos, nas fronteiras políticas (o nacionalismo) e, no pior dos casos, nas discriminações e segregações de todo tipo, de raça, religião, orientação sexual, gênero etc.

O que fragiliza o amor é que ele é feito de três tendências – desejo, paixão, amizade – que jamais podem se harmonizar por completo. Ora é o desejo que prevalece, e ele é raramente altruísta; ora é a paixão, e ela é raramente razoável; ora é a amizade, mas então o amor propriamente dito corre o risco de extinguir-se. É verdade que os três componentes imiscíveis do amor são também as fontes dos maiores prazeres. A paixão traz a vivacidade; o desejo, seus gozos. Mas a amizade traz a alegria, que é o mais sereno dos prazeres.

É também o que faz da amizade a relação humana mais estável e a mais perfeita, e de sua virtude, a lealdade, a excelência mais real, ao contrário da justiça e da caridade, que permanecem ideais inatingíveis.

Podemos agora resolver as contradições iniciais da amizade e da felicidade que nos serviram de ponto de partida.

## AMIZADE E FELICIDADE (O RETORNO)

O homem feliz não tem necessidade de ninguém, caso contrário seria dependente; e como ser feliz se se depende do que quer que seja? No entanto, ele tem necessidade de amigos, caso contrário não poderia se sentir nem se ver feliz. O amigo, portanto, não é um *outro*, pois então seria um obstáculo à liberdade – à autarcia – do homem feliz; o amigo não é *si-mesmo*, pois então não poderia servir de ponto de apoio exterior à consciência reflexiva da felicidade. A amizade não é nem relação consigo (evidentemente!) nem relação com um outro – enquanto outro.

A amizade não é nenhuma dessas duas relações – nem comigo nem com outros, mas sim com outro como eu. Pois com o amigo não se está nem sozinho como um deus, nem com os outros como na cidade; com o amigo se está, diz Epicuro, "como um deus [mas] entre os homens[9]". Na amizade não se vive nem de pura contemplação das coisas ou de si mesmo, nem de trocas com os homens da cidade ou com os homens em geral. Vive-se das alegrias estáveis, ao alcance dos simples seres humanos que somos. Pois o que é o homem, ele que não é nem um deus nem um lobo para o homem? O homem é *um ser que pode ter amigos*.

Eis aí, talvez, o que nos define, todos nós. Eis aí o que basta à nossa felicidade, modestamente humana, seja nos dias felizes, seja nos dias infelizes. Eis aí, também, o que nos reuniu esta noite e o que nos reunirá, Adauto e eu, ainda por muito tempo. Trinta anos mais?

---

9. Epicuro, *Lettre à Ménécée*, 135.

# Os sentidos da paixão
## Liberdade: afastar as paixões de tristeza
Marilena Chaui

A filosofia de Espinosa é uma ética da alegria, da felicidade, do contentamento intelectual e da liberdade individual e política. Na abertura de uma de suas primeiras obras, o *Tratado da emenda do intelecto*, o filósofo escreve:

> [...] tendo eu visto que todas coisas de que me arreceava ou temia não continham em si nada de bom nem de mau senão enquanto o ânimo se deixava abalar por elas, decidi, enfim, indagar se existia algo que fosse um bem verdadeiro, comunicável e pelo qual unicamente, afastado tudo o mais, o ânimo fosse afetado; mais ainda, se existia algo que, uma vez encontrado e adquirido, me desse eternamente a fruição de uma alegria contínua e suprema[1].

O escopo de Espinosa é não apenas buscar os meios para adquirir a força de ânimo – pois somente deste depende a qualidade das coisas desejadas –, como ainda esforçar-se "para que muitos também a adquiram", pois "faz parte de minha felicidade" compartilhar com outros o verdadeiro bem e "formar uma sociedade tal que a maioria possa chegar a ele facilmente."[2]

★ ★ ★

---

1. B. Espinosa, *Tratado da emenda do intelecto*, § 1. Campinas: Unicamp, 2015.
2. *Ibidem*.

Espinosa parte de um conceito muito preciso, o de substância, isto é, de um ser que existe em si e por si mesmo, que é conhecido em si e por si mesmo e sem o qual nada existe nem pode ser conhecido. Toda substância é substância por ser causa de si mesma (causa de sua essência, de sua existência e da inteligibilidade de ambas) e, ao causar-se a si mesma, causa a existência e a essência de todos os seres do universo. Existente em si e por si, essência absolutamente complexa, a substância absolutamente infinita é potência absoluta de autoprodução e de produção de todas as coisas. Há, portanto, uma única e mesma substância absolutamente infinita constituindo o universo inteiro. *Essa substância é Deus*.

Ao causar-se a si mesmo, fazendo existir sua própria essência, Deus faz existir todas as coisas singulares que O exprimem porque são efeitos de Sua potência infinita. Em outras palavras, a existência da substância absolutamente infinita é, simultaneamente, a existência de tudo o que sua potência gera e produz: Deus é *causa eficiente imanente* de todos os seres que seguem necessariamente de sua essência absolutamente infinita, não se separa deles, e sim exprime-se neles, e eles O exprimem.

Há duas maneiras de ser e de existir: a da substância com seus infinitos atributos infinitos – o que existe em si e por si – e a dos efeitos imanentes à substância – o que existe em outro e por meio de outro. A esta segunda maneira de existir, Espinosa dá o nome de *modos da substância*. À substância e seus atributos, enquanto atividade infinita que produz a totalidade do real, Espinosa dá o nome de *natureza naturante*. À totalidade dos modos produzidos pelos atributos, designa com o nome de *natureza naturada*. Graças à causalidade imanente, a totalidade constituída pela natureza naturante e pela natureza naturada é a unidade eterna e infinita cujo nome é Deus. A imanência está concentrada na expressão célebre: *"Deus sive Natura"* – "Deus, ou seja, a Natureza".

Porque a substância é a unidade causal infinitamente complexa produtora de si mesma e de todas as coisas, sua ação se realiza diferenciadamente, pois cada um de seus constituintes é uma ordem de realidade distinta das outras, e cada um deles em simultâneo com os outros produz efeitos próprios e exprime de maneira própria a ação comum do todo. Dessas infinitas ordens de realidade nós conhecemos duas: a extensão ou a ordem de realidade das coisas extensas, isto é, a natureza física, e o pensamento ou a ordem de realidade da natureza psíquica. A atividade da extensão infinita dá origem às leis da natureza física e aos corpos; a do pensamento infinito, às ideias e à sua ordem e concatenação. Assim, a ação dos constituintes da substância única produz regiões diferenciadas de realidade, campos diferenciados de entes singulares, mas essas regiões ou campos exprimem sempre o mesmo ser ou a mesma substância. Corpos e ideias são modos e, como tais, efeitos imanentes dos constituintes de uma só e mesma substância internamente diferenciada, e por isso um corpo e a ideia desse corpo são uma só e a mesma coisa que se exprime de duas maneiras.

O ser humano é um modo finito da substância absolutamente infinita ou uma expressão determinada da potência imanente de Deus. É um modo singular finito de dois constituintes da essência da substância absolutamente infinita – a extensão e o pensamento –, uma maneira de ser singular, constituída pela mesma unidade complexa que a de sua causa imanente, possuindo a mesma natureza que ela: pela ação do pensamento, é uma mente; pela ação da extensão, um corpo.

O corpo humano é uma singularidade extremamente complexa, constituída por uma diversidade e pluralidade de corpos duros, moles e fluidos relacionados entre si pelo equilíbrio de suas proporções de movimento e repouso. É uma unidade estruturada: não é um agregado de partes, mas unidade de conjunto e equilíbrio de ações internas interligadas de órgãos, é, portanto, um *indivíduo*. Sobretudo, é um indivíduo dinâmico. Em primeiro lugar, porque a extensão espinosana é uma energia universal ou atividade infinita, e, em segundo, porque o equilíbrio interno de cada corpo é obtido por mudanças internas contínuas e por relações externas contínuas, formando um sistema de ações e reações, que se transforma sem perder a identidade toda vez e sempre que for conservada a proporção de movimento e repouso entre seus constituintes. Isto significa que o corpo não é uma unidade isolada que entraria em relação com outras unidades isoladas, mas é um ser originariamente e essencialmente relacional: é constituído por relações internas entre os corpúsculos que formam suas partes e seus órgãos e pelas relações entre eles, assim como por relações externas com outros corpos ou por *afecções*, isto é, pela capacidade de afetar outros corpos e ser por eles afetado sem se destruir, regenerando-se, transformando-se e conservando-se graças às relações com outros. O corpo humano, sistema dinâmico complexo de movimentos internos e externos, não só está exposto à ação de todos os outros corpos exteriores que o rodeiam e dos quais precisa para conservar-se, regenerar-se e transformar-se, como ele próprio é necessário à conservação, regeneração e transformação de outros corpos. Um corpo humano é tanto mais forte, mais potente, mais apto à conservação, à regeneração e à transformação, quanto mais ricas e complexas forem suas relações com outros corpos, isto é, quanto mais amplo e complexo for o sistema das afecções corporais.

O que é a mente humana?

A tradição recebeu dois legados: o platônico, que define a alma como o piloto no navio, isto é, uma entidade alojada numa outra para comandá-la, mantendo-se à distância dessa outra que simplesmente lhe serve de morada temporária; e o legado aristotélico, que define o corpo como *órganon*, isto é, instrumento da alma, que dele se vale para agir no mundo e relacionar-se com as coisas. Espinosa subverte essa dupla tradição. Assim como o corpo é um modo finito que exprime a potência da extensão infinita de Deus, assim também a mente humana é um modo finito singular que exprime a potência do pensamento infinito de Deus. Extensão e pensamento são duas atividades simultâneas de uma única substância que se exprime de duas maneiras diferentes, ou seja, corpos e mentes. Isto significa que a comunicação entre corpo e mente está dada de princípio – ambos são expressões simultâneas de uma só e mesma substância – e, de outro lado, que a singularidade do ser humano como unidade de um corpo e de uma mente é imediata – a união não é algo que lhes acontece, mas aquilo que um corpo e uma mente são quando são corpo e mente humanos. Porque são efeitos simultâneos da ação de uma única substância, corpo e mente não estão, como sempre afirmara a tradição, numa relação hierárquica, em que a mente seria superior ao corpo. O ser humano, como a substância, da qual é um efeito imanente, é a unidade de duas ordens de realidade de potência igual e internamente articuladas e cuja unidade se exprime diferenciadamente pelas operações corporais e psíquicas.

A mente é uma potência pensante. Pensar é afirmar ou negar alguma coisa, afirmando ou negando sua ideia. É ter consciência de alguma coisa e ser consciente de alguma coisa. Isto significa que a mente, como potência pensante, está natural e essencialmente ligada aos objetos que constituem os conteúdos ou as significações de suas ideias, os seus ideados. É da natureza da mente estar internamente ligada a seu objeto porque ela não é senão atividade de pensá-lo. A mente é uma ideia (atividade pensante) que tem ou produz ideias (conteúdos ou significações pensados, os ideados). Se assim é, podemos avaliar a revolução espinosana ao definir e demonstrar que a *mente é ideia de seu corpo*.

O corpo *constitui* o objeto atual da mente, ou seja, é da natureza da mente estar ligada internamente ao seu corpo porque ela é a atividade de pensá-lo e ele é o objeto pensado por ela. Todavia, a mente não é apenas a consciência de seu corpo e tudo quanto nele acontece, mas é também consciente de si, ou seja, é ideia de si mesma como ideia de seu corpo ou *consciente de si ao ser consciente de seu corpo*. Consciência significa: a mente humana reconhece seu corpo próprio no objeto que a constitui e nesse conhecimento reconhece a si mesma como ato de pensá-lo e de pensar-se.

Que significa dizer que a mente é ideia ou consciência de seu corpo? Ela não é ideia de uma máquina corporal observada de fora e sobre a qual formaria representações. Explica Espinosa: ela *é* ideia das *afecções corporais*. Em outras palavras, a mente é consciência dos movimentos, das mudanças, das ações e reações de seu corpo na relação com outros corpos, das mudanças no equilíbrio interno de seu corpo sob a ação das causas externas e internas. A *mente é consciência da vida de seu corpo e consciência de ser consciente disso*.

No entanto, não nos precipitemos. Dizer que a mente é ideia das afecções de seu corpo e que só é ideia de si por meio delas não significa, de maneira nenhuma, que por isso ela seria e teria imediatamente um conhecimento verdadeiro de seu corpo e de si mesma. Pelo contrário. Espinosa distingue entre ser cônscia de seu corpo e ser o conhecimento verdadeiro de seu corpo. A mente vive num conhecimento confuso de seu corpo e de si. Vive imaginariamente.

Afetando outros corpos e sendo por eles afetado de inúmeras maneiras, o corpo produz imagens de si (visuais, táteis, sonoras, olfativas, gustativas) a partir da maneira como é afetado pelos demais corpos e da maneira como os afeta. Imaginar exprime a primeira forma da intercorporeidade, aquela na qual a imagem do corpo e de sua vida é formada pela imagem que os demais corpos oferecem do nosso e que nosso corpo forma deles. Por nascer do sistema das afecções corporais, a imagem é instantânea e momentânea, volátil, fugaz e dispersa, não oferecendo a duração contínua da vida do próprio corpo, mas instantes fragmentados dela. A imagem é o campo da experiência vivida como relação imediata com o mundo. Consciente do corpo através dessas imagens, a mente o representa por meio delas, tendo por isso um conhecimento inadequado ou imaginativo dele, isto é, não o conhece tal como é em si mesmo, nem tal como é a sua vida própria, mas o pensa segundo imagens externas que ele recebe ou forma na relação intercorporal. A mente pensa seu corpo e a si mesma a partir da ação causal exercida sobre nosso corpo pelos outros corpos e pelo nosso sobre eles. Por esse motivo, na experiência imediata, ela também não possui uma ideia verdadeira dos corpos exteriores, pois os conhece segundo as imagens que seu corpo deles forma a partir das imagens que eles formaram dele, de sorte que há espelhamento dele neles e deles nele, e é isto o objeto atual que constitui o ser da mente.

Em si mesma, uma imagem nunca é falsa, pois exprime uma operação corporal necessária, determinada por causas anatômicas, fisiológicas e pelas leis naturais da física. Assim, por exemplo, é verdadeiro e necessário que sempre vemos os objetos distantes como menores do que realmente são. Presente ou passada, uma imagem é uma vivência corporal, uma experiência dos dados imediatos da percepção em conformidade com as leis físicas e fisiológicas que regem os acontecimentos perceptivos.

Todo o problema trazido pelas imagens decorre do fato de que ignoramos suas causas reais e verdadeiras: de fato, uma imagem nasce na ignorância de sua causa real e verdadeira e, por esse motivo, leva a mente a fabricar causas imaginárias para o que se passa em seu corpo, nos demais corpos e nela mesma, enredando-se num tecido de explicações ilusórias sobre si, sobre seu corpo e sobre o mundo porque explicações parciais, nascidas da ignorância das verdadeiras causas. A ideia imaginativa é o esforço da mente para associar, diferenciar, generalizar e relacionar fragmentos percebidos confusamente, criando conexões entre imagens para com elas orientar-se no mundo. A mente é consciente dessa vivência e a exprime numa *ideia imaginativa*.

A distinção entre a imagem corporal e a ideia mental levou a tradição a afirmar que a mente está impedida do conhecimento verdadeiro de seu corpo, de si e do mundo enquanto permanecer ligada ao corpo, onde se encontraria como encarcerada numa prisão. Muito pelo contrário, afirma

Espinosa, trata-se de encontrar o ponto de intersecção entre o conhecimento perceptivo e o conhecimento intelectual, sem que este exclua aquele. Ou, como lemos na Parte II da *Ética*, imaginar (ou seja, perceber por meio de imagens) é uma potência do corpo todas as vezes em que sabemos que estamos imaginando – *vejo* o Sol menor do que a Terra, mas *sei* que essa percepção possui causas necessárias e que, de fato, astronomicamente, o Sol é maior do que Terra. A unidade do corpo e da mente que constituem um ser humano singular significa que o aumento da potência corporal é também aumento da potência psíquica ou intelectual:

> Digo de maneira geral que quanto mais um corpo é mais apto do que outros para fazer ou padecer muitas coisas simultaneamente, tanto mais a sua mente é mais apta do que outras para perceber muitas coisas simultaneamente; e quanto mais as ações de um corpo dependem somente dele próprio, e quanto menos outros corpos concorrem com ele para agir, tanto mais apta é a sua mente para entender distintamente[3].

A aptidão corporal para a pluralidade simultânea de percepções é também aptidão mental ou psíquica para a pluralidade simultânea de ideias. A distinção espinosana não é feita entre a aptidão corporal (defeituosa ou falsa) e a psíquica (correta e verdadeira), e sim entre a potência do corpo quando o que nele se passa depende de causas externas e sua potência para ser por si mesmo a causa interna das afecções ou percepções; e, da mesma maneira, a distinção se estabelece entre a potência da mente quando depende de causas externas e sua potência quando depende exclusiva e inteiramente de sua força interna. Em outras palavras, um corpo e uma mente são menos potentes quando determinados por causas externas e muito mais potentes quando determinados internamente por sua própria força.

Assim, longe de afirmar, como faria a tradição, que o conhecimento verdadeiro depende de um afastamento da mente em relação ao corpo, Espinosa demonstra que, pelo contrário, será aprofundando essa relação que a mente realizará sua potência pensante. Para compreendermos como e por que isso acontece, Espinosa distingue entre duas maneiras

---

3. Idem, *Ética*, São Paulo: Edusp, 2016.

fundamentais da relação do corpo e da mente com o mundo e entre si, conforme sejam determinados por causas externas ou sejam autodeterminados por causas internas. Essa distinção é denominada por Espinosa diferença entre a *ordem comum da natureza* e a *ordem necessária da natureza*. Quando a mente percebe segundo a ordem comum da natureza, é determinada do exterior, considera isto ou aquilo conforme o encontro acidental das coisas; quando conhece segundo a ordem necessária da natureza, ela considera simultaneamente várias coisas, conhece realmente as semelhanças que existem entre elas, as suas diferenças e as suas oposições. Espinosa afirma na Parte II da *Ética*: "todas as vezes, com efeito, que ela é interiormente disposta desta ou daquela maneira, então considera as coisas clara e distintamente[4]".

A distinção entre a mente externamente determinada e internamente disposta é a chave para compreendermos a ideia espinosana de liberdade.

Para isso vamos nos acercar do lugar e da forma fundamental da relação entre a mente e o corpo, isto é, a *vida afetiva*.

\* \* \*

Uma das originalidades da ética espinosana está no fato de que Espinosa não começa, como a maioria dos filósofos, definindo a paixão, mas os *afetos*, entre os quais alguns são paixões e outros, ações do corpo e da mente. Por essência e por natureza somos originariamente seres afetivos. As vivências corporais e psíquicas são afetos, e estes podem ser paixões ou ações.

Como expressões finitas da substância absolutamente infinita, nosso corpo e nossa mente são potências de existir e de agir, potências de autoconservação que Espinosa, seguindo a terminologia do século XVII, denomina *conatus*. Este é a potência interna de autoperseveração na existência que toda essência singular ou todo ser singular possui porque é expressão da potência infinita da substância. Os humanos, como os demais seres singulares, são *conatus*, com a peculiaridade de que somente os humanos são conscientes de ser uma potência ou um esforço de perseveração na existência. Sendo uma força interna para existir e conservar-se na existência, o *conatus* é uma força interna positiva ou afirmativa, intrinsecamente

4. *Ibidem*.

indestrutível, pois nenhum ser busca a autodestruição, e a morte é o que lhe vem do exterior, jamais do interior.

No corpo, o *conatus* se chama *apetite*, na mente, *desejo*, isto é, a percepção ou consciência do apetite. Visto que somos *conatus* e que este é desejo, Espinosa afirma que *a essência do ser humano é desejo*.

Na vida corporal, uma afecção pode aumentar ou diminuir, favorecer ou prejudicar a potência do corpo. Tal afecção é o *afeto*. Visto que a mente é ideia de seu corpo e ideia dessa ideia (ou consciência de si), ela forma ideias dos afetos corporais, ou seja, experimenta psiquicamente os afetos, ou aquilo que aumenta ou diminui, favorece ou prejudica sua potência de pensar. Assim, por natureza, somos originariamente seres afetivos, e a relação originária da mente com seu corpo e de ambos com o mundo é a relação afetiva. Eis a definição espinosana do afeto: "Por afeto entendo as afecções do corpo pelas quais a potência de agir do próprio corpo é aumentada ou diminuída, favorecida ou coibida, e simultaneamente as ideias dessas afecções[5]".

Nessa definição, dois aspectos merecem ser ressaltados: o primeiro é a afirmação de que o afeto é um aumento ou uma diminuição da potência do corpo; o segundo é o emprego do advérbio *simultaneamente* para se referir ao afeto na mente, ou seja, o que se passa no corpo simultaneamente se passa na mente. Assim, uma vez que esta é ideia de seu corpo e ideia dessa ideia (ou a consciência de si), e que os acontecimentos corporais e psíquicos são simultâneos, precisamos concluir que o que aumenta a potência de agir do corpo também aumenta a da mente, e o que diminui ou bloqueia a potência de agir do corpo também diminui ou bloqueia a da mente. Longe, portanto, de considerar que a expansão da potência corporal corresponderia a uma diminuição da potência psíquica (é isto, por exemplo, a ideia religiosa de pecado e vício) e que seria preciso a diminuição da potência do corpo para que a da mente aumentasse (donde a ideia religiosa de mortificação do corpo), Espinosa afirma o contrário: ambos aumentam e diminuem juntos em simultâneo.

O *conatus* é uma causa interna que produz efeitos necessários internos e externos. Todavia, lembremos a distinção entre estar externamente determinado por outras coisas, pessoas e forças e estar internamente

---

5. *Ibidem*, Parte III, Definição 3.

disposto em conformidade com as leis necessárias de nossa natureza ou de nossa essência.

Por que corpo e mente podem estar externamente determinados? Porque somos seres finitos rodeados de inúmeros outros, que são, como nós, potências de existir com as quais interagimos necessariamente. Isso significa, antes de tudo, que nosso *conatus* opera passivamente quando somos causas eficientes parciais dos efeitos que se produzem em nós e fora de nós porque a outra parte da causalidade é realizada por forças externas a nós – são os afetos enquanto *paixões*.

Em contrapartida, somos ativos ou agimos quando somos internamente causa eficiente total dos efeitos que se produzem em nós e fora de nós. Somos passivos quando somos causas parciais dos afetos – estes são paixões. Somos ativos quando somos causas eficientes totais dos afetos – estes são *ações*.

Por esse motivo Espinosa introduz uma nova distinção: a distinção entre ser *causa inadequada* e ser *causa adequada* de ideias e afetos. Quando externamente determinados, o que se passa em nós depende de causas externas e por isso somos causa inadequada do que nos acontece. Ao contrário, quando o que nos acontece depende exclusivamente de nossa potência interna, somos a causa completa ou total do que sentimos, pensamos e fazemos. Ser causa inadequada é ser passivo; ser causa adequada é ser ativo.

Nosso ser é definido pela intensidade maior ou menor da força para existir, isto é, de nosso *conatus* – no caso do corpo, trata-se da força maior ou menor para afetar outros corpos e ser afetado por eles; no caso da mente, da força maior ou menor para pensar. A variação da intensidade da potência para existir depende da qualidade de nosso desejo e, portanto, da maneira como nos relacionamos com as forças externas, que são sempre muito mais numerosas e mais poderosas do que a nossa. O movimento do desejo aumenta ou diminui conforme a natureza do desejado, e conforme este seja ou não conseguido, havendo ou não satisfação. É neste ponto preciso que Espinosa introduz os conceitos que explicam a variação da intensidade da força vital do corpo e da mente ao definir os *três afetos primários*, dos quais nascem todos os outros: a *alegria*, ou o sentimento que temos do aumento de nossa força para existir e agir, ou da forte realização de nosso ser; a *tristeza*, ou o sentimento que temos da diminuição de nossa força para existir e agir, ou da fraca realização de nosso ser; e o *desejo*, ou o sentimento que nos determina a existir e agir de uma maneira determinada, podendo ser alegre ou triste. Todos os afetos são expressões determinadas dos três afetos originários.

Alegria e tristeza são operações nas quais passamos a uma perfeição maior ou menor, ou seja, pelas quais a potência de existir de um humano aumenta ou diminui. Em outras palavras, os afetos não são simples emoções, mas acontecimentos vitais e medidas da variação de nossa capacidade para existir e agir. Quando a alegria é acompanhada de uma causa externa, chama-se amor; quando a tristeza é acompanhada de uma causa externa, chama-se ódio; quando o desejo é alegre, chama-se contentamento; quando triste, frustração.

Acerquemo-nos da passividade afetiva.

Na vida imaginativa, os afetos são *paixões*. Estas, diz Espinosa, não são vícios nem pecados, nem desordem nem doença, mas efeitos necessários de sermos uma parte finita da natureza circundada por um número ilimitado de outras que, mais poderosas e mais numerosas que nós, exercem poder sobre nós. Em outras palavras, porque somos finitos e seres originariamente corporais, *somos* relação com tudo quanto nos rodeia, e isto que nos rodeia são também causas ou forças que atuam sobre nós. A passividade, isto é, o poderio de forças externas sobre nós, é natural e originária. Além disso, como vimos, a relação originária do corpo com o mundo é a imagem, e a da mente com o corpo e o mundo, a ideia imaginativa. A paixão ou a passividade natural possui, assim, três causas: a necessidade natural do apetite e do desejo de objetos para sua satisfação; a força das causas externas maior que a nossa; e a vida imaginária, que nos dirige cegamente ao mundo, esperando encontrar satisfação no consumo e apropriação das imagens das coisas, dos outros e de nós mesmos. Por isso, na paixão somos causa parcial de nossos apetites e de nossos desejos, isto é, somos apenas parcialmente causa do que sentimos, fazemos e desejamos, pois a causa mais forte e poderosa é a imagem das coisas, dos outros e de nós mesmos, portanto, a exterioridade causal é mais forte e mais poderosa que a interioridade causal corporal e psíquica. Escreve Espinosa: "Somos passivos, ou padecemos, na medida em que somos uma parte da Natureza que não pode se conceber a si mesma e sem as outras[6]".

6. *Ibidem*, Parte IV, Proposição 2.

Qual a originalidade de Espinosa? A tradição filosófica define a paixão e a ação como termos reversíveis e recíprocos: a ação está referida ao termo do qual parte uma operação; a paixão, ao termo em que a operação incide. Eis por que se fala na paixão da alma como ação do corpo e na paixão do corpo como ação da alma. Assim, a um corpo ativo corresponderia uma alma passiva, e a uma alma ativa, um corpo passivo. A originalidade de Espinosa está em romper radicalmente com essa concepção.

Paixão e ação, explica ele, não são termos reversíveis, mas intrinsecamente distintos, e, visto que a mente é consciência de seu corpo e de si, ambos são passivos ou ativos conjuntamente ou em simultâneo. Assim, pela primeira vez, em toda a história da filosofia, *corpo e mente são ativos ou passivos juntos e por inteiro*, em igualdade de condições e sem relação hierárquica entre eles. Nem o corpo comanda a mente (na paixão) nem a mente comanda o corpo (na ação). A mente vale e pode o que vale e pode seu corpo. O corpo vale e pode o que vale e pode sua mente. Por isso mesmo Espinosa demonstra que uma ideia verdadeira, simplesmente por ser verdadeira, jamais vence uma paixão. Somente uma paixão vence outra paixão, se for mais forte e contrária a ela.

A distinção tradicional entre ação e paixão (ou entre um corpo ativo com uma alma passiva e uma alma ativa com um corpo passivo) levou a tradição filosófica a atribuir à liberdade da vontade a causa de ambas: na paixão, a vontade se submeteria aos apetites e impulsos, tornando-se viciosa; na ação, a vontade exerceria seu poder livre para dominar e comandar o corpo, quando é guiada pela razão para realizar fins racionalmente definidos como bons, tornando-se virtuosa. A tradição inventou a moral ascética e a moral dos fins e valores como paradigmas externos a serem voluntariamente obedecidos pelo agente. Novamente, Espinosa rompe com essa tradição: não há coisas boas ou más em si mesmas (bom e mau não são coisas nem correspondem a qualidades que existiriam nas próprias coisas); e bem e mal não são fins nem valores que a razão impõe à vontade livre para que seja virtuosa. Bom ou bem é tudo quanto aumente a força de nosso *conatus*; mau ou mal, tudo quanto a diminua. Por isso algo não é desejado por nós por ser bom, mas é bom porque o desejamos. Eis por que a ética de Espinosa não investiga coisas boas e más, e sim o que há de bom ou de mau *nos afetos*.

Os afetos são nossa maneira natural e originária de viver. Os afetos passivos ou paixões não são vícios, doenças, perturbações da alma. A naturalidade das paixões, porém, não significa que seus efeitos sejam necessariamente positivos, e por isso é preciso investigar o que nelas há de bom ou de mau. Espinosa demonstra que, na maioria das vezes, a paixão aumenta imaginariamente a intensidade de nossa potência e a diminui realmente. O aumento imaginário da força para existir e sua diminuição real é o que Espinosa chama de *servidão humana*.

A servidão não resulta dos afetos, mas dos afetos passivos ou das paixões. E não de todas elas em qualquer circunstância, mas da força de algumas delas sobre outras em certas circunstâncias. Passividade significa ser determinado a existir, desejar, pensar a partir das imagens exteriores que operam como causas de nossos apetites e desejos. A servidão é o momento em que a força interna do *conatus*, tendo-se tornado excessivamente enfraquecida sob a ação das forças externas, submete-se a elas imaginando submetê-las. Ilusão de força na fraqueza interior extrema, a servidão é deixar-se habitar pela exterioridade, deixar-se governar por ela e, mais do que isso, Espinosa a define literalmente como *alienação*: o indivíduo passivo-passional é servo de causas exteriores, está sob o poder de um outro, *alienus*. Não só não reconhecemos o poderio externo que nos domina, mas o desejamos e nos identificamos com ele. A marca da servidão é levar o desejo à forma-limite: a carência insaciável que busca interminavelmente a satisfação fora de si, num outro imaginário.

Entre seus vários efeitos, a servidão produz dois de consequências gigantescas: do lado do indivíduo, coloca-o em contradição consigo mesmo, levando-o a confundir exterior e interior, perdendo a referência de seu *conatus* e, justamente por isso, provocando sua própria destruição, como no caso do ciúme, da autoabjeção e do suicídio; do lado da vida intersubjetiva, torna cada um contrário a todos os outros, em luta contra todos os outros, temendo e odiando todos os outros, cada qual imaginando satisfazer seu desejo com a destruição do outro, percebido como obstáculo aos apetites e desejos de cada um e de todos os outros.

Espinosa demonstra que, em qualquer circunstância, seja na paixão, seja na ação, seja na alegria, seja na tristeza, nosso *conatus* sempre realiza uma mesma operação, qual seja, buscar relações com o que nos fortalece e desfazer os laços com o que nos enfraquece. Todo o trabalho do *conatus* consiste em conservar a proporção interna ao corpo, variando a intensidade dessa proporção conforme nossa vida nos faz seres cada vez mais complexos. A vida do corpo e da mente é uma intensa troca de relações internas e externas que conserva a individualidade como proporção dos constituintes, de sorte que essa troca aumenta com o aumento de nossas capacidades corporais e psíquicas no curso de nossa experiência. Assim, o *conatus* resiste à destruição e opera não só para a conservação, mas para o aumento das capacidades vitais de nosso corpo e de nossa mente.

Embora a busca do que nos fortalece e o afastamento do que nos enfraquece sejam uma lei natural que não sofre nenhuma exceção, isso não significa que, em todas as circunstâncias, saibamos efetivamente o que nos fortalece e o que nos enfraquece. Pelo contrário, é próprio da vida passional imaginativa enganar-se. Esse engano, porém, não é um defeito de nosso intelecto nem muito menos uma perversão de uma suposta vontade viciosa que se inclinaria inexoravelmente para o mal. O engano decorre das condições em que se encontra nosso corpo e, com ele, nossa mente, e esse engano produz um engano de comportamento e de intensificação do *conatus*. Na paixão, o afeto, como vimos, é determinado pela potência de causas externas. Por outro lado, sabemos que nosso corpo e nossa mente são sistemas de vivências afetivas. Ora, essa vivência é natural e inicialmente imaginativa e imaginária porque a ideia que temos de nosso corpo não nos vem dele, e sim da imagem que os outros corpos dele possuem e nos enviam como num espelho. Ao mesmo tempo, a vivência que temos dos outros corpos também não nos vem diretamente deles, mas de suas imagens formadas por nosso corpo. Isso significa que, dependendo das condições de nosso corpo, ele buscará outros cuja imagem *pareça* aumentar sua força vital, sem poder se dar conta de que eles a diminuirão em vez de aumentá-la; da mesma maneira, nosso corpo poderá afastar-se de outros que efetivamente o regeneram e fortalecem, imaginando-os como enfraquecedores e adversários. Por que esse engano é possível? Por que na busca da alegria vamos rumo à tristeza? Por dois motivos principais: em primeiro lugar, porque o equilíbrio dinâmico de nosso corpo precisa ser incessantemente refeito e conservado em decorrência do poder das forças exteriores sobre nós; em segundo, porque, em nossa mente, alegria e tristeza nunca aparecem em estado puro ou nuas, mas combinadas sob a forma de afetos variados. É assim que a alegria causada por um outro chama-se amor, e a tristeza causada por um outro chama-se ódio. A alegria pela expectativa de um bem futuro chama-se esperança, a tristeza pela expectativa de um mal futuro, medo.

Alegria, tristeza e desejo combinam-se em múltiplas formas dando origem a inumeráveis afetos, ainda que cada um dos três afetos originários forme um sistema com sua lógica própria. Em outras palavras, num sistema de alegria, as paixões tristes serão incorporadas de tal maneira que as forçaremos a operar como se pudessem aumentar nossa força vital, e, ao contrário, num sistema de tristeza, as paixões alegres serão incorporadas de tal maneira que as forçaremos a operar como se devessem diminuir nossa força vital, ainda que imaginemos estar assim aumentando-a. Exatamente porque afetos alegres, tristes e desejantes se entrecruzam e se entrelaçam de formas múltiplas e variadas, Espinosa afirma que não possuímos um número suficiente de palavras para exprimir todos os afetos possíveis, pois são combinações infinitas de afetos alegres, tristes e desejantes. Para alguns afetos tristes possuímos nomes, e Espinosa os nomeia: ódio, aversão, medo, ciúme, desespero, remorso, arrependimento, comiseração, autocomiseração, autoabjeção, humildade, modéstia, inveja, pudor. Espinosa nomeia também alguns dos desejos tristes: frustração, cólera, vingança, crueldade, temor, pusilanimidade, consternação. E nomeia também alguns afetos e desejos alegres: amor, generosidade, glória, esperança, gratidão, segurança, devoção, estima, misericórdia, benevolência, coragem, força de ânimo. No entanto, paixões e desejos tristes tendem a combinar-se com paixões e desejos alegres, formando a trama cerrada do mundo afetivo imaginário, faltando-nos nomes e palavras para nomear todos os afetos assim produzidos. Essa combinação incessante de alegrias, tristezas, desejos alegres e tristes indica que nosso ser é constituído por um sistema de forças de intensidades distintas, ou seja, nossa potência é perpassada pelo jogo interno de intensidades fortes (alegria e desejos alegres) e fracas (tristeza e desejos tristes), e é exatamente essa multiplicidade de intensidades que nos permite vencer afetos tristes por alegres, mas também oscilar incessantemente entre alegrias e tristezas.

Qual a causa dessa oscilação entre alegria e tristeza? Nosso corpo é um sistema complexo de afecções, seja as que se produzem nele pela ação de outros corpos, seja as que ele produz em outros corpos; vimos também que a mente percebe todas essas afecções e está apta a um grande número de ideias quanto mais complexa for a vivência corporal. No entanto, embora nosso corpo seja afetado de múltiplas e diferentes maneiras simultâneas pelos outros corpos, estes nunca o afetam por inteiro, e sim partes dele. Por isso mesmo é natural que um mesmo corpo exterior nos afete de maneira diferente conforme a parte de nosso corpo afetada por ele, assim como é natural que diferentes corpos exteriores possam nos afetar da mesma maneira, dependendo das partes do nosso que afetem. É justamente por isso que um mesmo corpo exterior pode afetar de alegria uma parte de nosso corpo e de tristeza outra, assim como diferentes corpos exteriores podem todos afetar de alegria nosso corpo, dependendo das partes que afetem, ou de tristeza, também conforme as partes de nosso corpo que afetem. E nosso corpo pode fazer o mesmo com os outros corpos. Isso explica a infinita variedade e combinação de afetos que vivenciamos, pois dependem das partes de nosso corpo afetadas por outros corpos e afetando diferentes partes deles. É também por isso que nosso *conatus* pode enganar-se ao buscar outros corpos, buscando como causa de alegria um corpo que, na realidade, pode ser causa de tristeza, e vice-versa. É ainda por essa razão que podemos nos tornar obsessivos: a obsessão é esquecermos o todo de nosso corpo para nos deleitarmos ou nos afligirmos com uma única parte dele, aquela fortemente afetada de alegria ou de tristeza. Assim, um afeto é *bom* quando afeta de alegria parte de nosso corpo e de nossa mente, e é *mau* quando nos faz esquecer o todo de nosso corpo e de nossa mente, levando ao enfraquecimento de ambos, porque uma única parte ou apenas algumas partes de nosso corpo e de nossa mente estão satisfeitos.

Como nas paixões se mesclam partes alegres e partes tristes, somos contrários a nós mesmos e contrários uns aos outros, e é essa contrariedade que incita nosso *conatus* a vencê-la em busca da concordância interna de nosso ser e da concordância com os outros.

Acerquemo-nos da atividade afetiva.

Espinosa indaga: como sair do imaginário passional sem sair dos afetos, pois estes definem nossa essência? Como passar da passividade à atividade ou da paixão à ação sem abandonar os afetos? Em suma, como nos tornarmos causa interna total dos efeitos daquilo que se passa em nós?

Essas indagações são fundamentais porque Espinosa demonstra na Parte IV da *Ética* que um afeto não é destruído, afastado ou modificado quando dele temos ideia verdadeira, pois esta nada pode contra aquele. A destruição, o afastamento ou a mudança de um afeto se realiza pelo confronto com outro mais forte que ele e contrário a ele. É nesse sentido que as paixões tristes são mais fracas que as alegres e contrárias a elas, assim como os desejos tristes são mais fracos que os alegres e contrários a eles. A inovação trazida por Espinosa consiste em demonstrar que a passagem da paixão à ação se realiza, portanto, como lógica das forças afetivas ou como dinâmica afetiva, e não como comando intelectual sobre a vontade para que esta possa dominar os afetos.

★ ★ ★

A chave da ética espinosana encontra-se na afirmação de que a potência de existir e de autoconservar-se é o fundamento primeiro e único da virtude, palavra empregada por Espinosa não no sentido moral de valor e modelo a ser seguido, mas em seu sentido etimológico de força interna (em latim, *virtus* pertence à família de *vis*, força).

A virtude do corpo é ser afetado e poder afetar outros corpos de inúmeras maneiras simultâneas, pois, como vimos, o corpo é um indivíduo que se define tanto pelas relações internas de equilíbrio de seus órgãos quanto pelas relações de harmonia com os demais corpos, sendo por eles alimentado, revitalizado e fazendo o mesmo para eles.

A virtude da mente, seu *conatus* próprio, é pensar, e sua força interior dependerá, portanto, de sua capacidade para interpretar as imagens de seu corpo e dos corpos exteriores, passando delas às ideias adequadas propriamente ditas, das quais ela é a única causa; em suma, passar da condição de causa inadequada à de causa adequada exige passarmos das ideias imaginativas às ideias verdadeiras, visto que, para nossa mente, conhecer é agir e agir é conhecer.

Como se dá a relação entre a razão e o afeto?

Um desejo só se encontra em nossa mente ao mesmo tempo que a ideia da coisa desejada. Na paixão, a coisa desejada surge na imagem de um fim externo; na ação, como ideia posta internamente por nosso próprio ato de desejar e, portanto, como algo de que nos reconhecemos como causa, interpretando o que se passa em nós e adquirindo a ideia verdadeira de nós mesmos e do desejado. *E é no interior do próprio desejo que esse desenvolvimento intelectual ou essa mudança acontece.*

Em outras palavras, a virtude é, por um lado, um movimento e um processo de interiorização da causalidade – ser causa interna dos apetites, dos desejos e das ideias – e, por outro, a instauração de nova relação com a exterioridade, quando esta deixa de ser sentida como ameaçadora ou como supressão de carências imaginárias. Isso significa que a possibilidade da ética encontra-se, portanto, na possibilidade de fortalecer o *conatus* para que se torne causa interna total dos apetites e imagens do corpo e dos desejos e ideias da mente. A originalidade de Espinosa está em considerar que essa possibilidade e esse processo são dados pelos próprios afetos, e não sem eles ou contra eles, ou, como explica o filósofo na Parte IV da *Ética*: "O verdadeiro conhecimento do bom e do mau, enquanto verdadeiro, não pode refrear nenhum afeto senão somente enquanto é considerado um afeto[7]".

Em outras palavras, *um conhecimento verdadeiro só pode agir sobre os afetos, passivos ou ativos, se ele próprio for um afeto*. Somente uma *razão desejante e alegre* tem força sobre as paixões. É, pois, a dimensão afetiva das ideias ou do conhecimento o que lhes permite intervir no campo afetivo.

Ora, a ideia verdadeira do bom consiste em compreendê-lo como o que aumenta a potência de existir e agir, enquanto a ideia verdadeira do mau, em compreendê-lo como diminuição dessa potência. Dessa maneira, o conhecimento verdadeiro do bom e do mau nos afetos, por ser uma ação da mente (e não uma paixão), será mais forte do que a ignorância. Esse conhecimento verdadeiro nos ensina que a alegria e todos os afetos dela derivados, mesmo quando passiva, é o sentimento do aumento da força para existir. Em outras palavras, a força do *conatus* aumenta na alegria e nos desejos alegres e, inversamente, diminui na tristeza e nos desejos tristes. Por isso, explica Espinosa, o desejo que nasce da alegria é mais forte do que o desejo que nasce da tristeza.

Sabemos que uma paixão não é vencida por uma ideia verdadeira, mas por uma outra paixão contrária e mais forte. Espinosa nos mostra que a alegria e o desejo nascido da alegria (e, portanto, o desejo nascido de todos os afetos de alegria, como o amor, a amizade, a generosidade, o contentamento, a força de ânimo, a benevolência, a gratidão, a glória) são as paixões mais fortes. A vida ética começa, assim, no interior das paixões

---

7. *Ibidem*, Parte IV.

pelo fortalecimento das mais fortes e enfraquecimento das mais fracas, isto é, de todas as formas da tristeza e dos desejos nascidos da tristeza (ódio, medo, ambição, orgulho, humildade, modéstia, ciúme, avareza, vingança, remorso, arrependimento, inveja). Uma tristeza intensa é uma paixão fraca; uma alegria intensa, uma paixão forte, pois fraco e forte se referem à qualidade do *conatus* ou da potência de ser e agir, enquanto a intensidade se refere ao grau dessa potência. Passar dos desejos tristes aos alegres é passar da fraqueza à força.

Como se dá o processo de passagem da passividade à atividade, da servidão à liberdade?

O processo liberador é iniciado no interior das paixões. À medida que as paixões tristes vão sendo afastadas e as alegres vão sendo reforçadas, a força de nossa potência de existir aumenta, de sorte que a alegria e o desejo dela nascido tendem, pouco a pouco, a diminuir nossa passividade e preparar-nos para a atividade.

O primeiro instante da atividade é sentido como um afeto decisivo: quando, para nossa mente, pensar e conhecer for sentido como o mais forte dos afetos, o mais forte desejo e a mais forte alegria, um salto qualitativo tem lugar, pois descobrimos a essência de nossa mente e sua virtude no instante mesmo em que a paixão de pensar nos lança para a ação de pensar, pois, escreve Espinosa, "quando a mente contempla a si própria e sua potência de agir, alegra-se". É o momento em que descobrimos a diferença entre a potência imaginante do corpo e a potência pensante da mente e, simultaneamente, compreendemos que os pensamentos se encadeiam na mente exatamente como as imagens se encadeiam no corpo, mas que uma ideia difere de uma imagem porque é o conhecimento verdadeiro das causas das imagens e das ideias, conhecimento verdadeiro da essência do corpo e da mente, conhecimento verdadeiro da relação entre ambos e deles com o todo da natureza.

A mente internamente disposta separa um afeto de sua causa externa e o liga a outros pensamentos, encadeando-o segundo sua lógica e potência pensante, formando de todos os afetos um conceito claro e distinto, conceito ou ideia que é o próprio afeto. Em outras palavras, voltando-se para si e para seu corpo, a mente realiza uma *reflexão* na qual ela *interpreta* as afecções de seu corpo e seus próprios afetos, isto é, os compreende afetiva e intelectualmente. Por isso, na Parte v da *Ética*, dedicada à liberdade, Espinosa demonstra que "um afeto está tanto mais em nosso poder e a mente dele padece tanto menos quanto mais é por nós conhecido[8]".

"Quem compreende clara e distintamente seus afetos, alegra-se", escreve o filósofo. Compreender os afetos não significa simplesmente reconhecê-los como naturais e necessários, mas aumentar a potência de existir e de agir, graças exatamente a essa compreensão. Esse aumento – ou a alegria – tem como causa a própria mente quando internamente disposta, ou seja, quando pelas leis necessárias de sua natureza ela é causa interna, total e completa (causa adequada) de suas ideias e afetos.

Assim, a ética não é senão o movimento de reflexão, isto é, o movimento de interiorização no qual a mente interpreta seus afetos e os de seu corpo, afastando as causas externas imaginárias e descobrindo-se e a seu corpo como causas reais dos apetites e desejos. A possibilidade da ação reflexiva da mente encontra-se, portanto, na estrutura da própria afetividade: é o desejo da alegria que a impulsiona rumo ao conhecimento e à ação. Pensamos e agimos não contra os afetos, mas graças a eles.

Visto que a mente é consciência de seu corpo, quanto mais apto for seu corpo para a pluralidade e complexidade das afecções e dos afetos, quanto mais capaz da pluralidade simultânea de afecções ou percepções, mais ativa será a mente, que, finalmente, poderá compreender-se como ideia da ideia de seu corpo, isto é, como poder reflexivo que alcança pelo pensamento o sentido de si mesma, de seu corpo, do mundo e da natureza inteira. A reflexão como interiorização e interpretação das causas reais e do sentido verdadeiro da vida afetiva é, assim, uma liberação que nos faz chegar à liberdade.

Certamente, entre os aspectos mais surpreendentes e perturbadores da ética de Espinosa está a afirmação de que a liberdade não é o ato voluntário oposto à necessidade que rege a realidade inteira.

De fato, a tradição filosófica sempre distinguiu entre o necessário – o que opera em toda parte e em todo tempo sempre da mesma maneira e sem intervenção humana – e o possível – aquilo que pode existir dependendo da ação humana voluntária. Em outras palavras, sempre opôs o que opera por necessidade e o que age por vontade: a primeira determina o curso das coisas de maneira tal que exclui a possibilidade de escolha; a

---

8. *Ibidem*, Parte v.

segunda, ao contrário, é própria da ação humana como um poder para escolher entre alternativas possíveis.

Espinosa abandona e critica essa oposição, afirmando a identidade entre o necessário e o livre. Demonstra ele que, sendo nossa mente a consciência que temos de nosso corpo, aquele que tem um corpo apto à pluralidade de ações e afetos simultâneos tem também uma mente apta à pluralidade de ideias e afetos simultâneos, de maneira que a liberdade humana, deixando de identificar-se com o exercício do livre-arbítrio entendido como escolha voluntária entre alternativas possíveis, é *nossa potência interna para a pluralidade simultânea de operações corporais, ideias e sentimentos quando dependem exclusivamente das leis necessárias de nossa natureza*. Capacidade para o múltiplo simultâneo ou potência para o *plura simul*, a liberdade não se encontra na distância entre mim e mim mesma, distância que, usando a razão e a vontade, eu procuraria preencher com algo que não sou eu mesma, isto é, com o objeto de uma escolha ou com um fim. Ao contrário, a liberdade é a proximidade máxima de mim comigo mesma, a identidade do que sou e do que posso.

Dizemos que um ser é livre quando, pela necessidade interna de sua essência e de sua potência, nele se identifica sua maneira de existir, de ser e de agir. A liberdade não é um ato de escolha voluntária nem ausência de causa (ou uma ação sem causa), mas, como explica Espinosa:

> Um humano é livre na exata medida em que tem o poder para existir e agir segundo as leis da natureza humana [...], a liberdade não se confunde com a contingência. E porque a liberdade é uma virtude ou perfeição, tudo quanto no homem decorre da impotência não pode ser imputado à liberdade[9]. Assim, quando consideramos um ser humano como livre não podemos dizer que o é porque pode deixar de pensar ou porque possa preferir um mal a um bem [...]. Portanto, aquele que existe e age por uma necessidade de sua própria natureza, age livremente[10].

A liberdade não é livre-arbítrio da vontade – seja esta divina ou humana –, mas a ação que segue necessariamente das leis da essência do agente,

---

9. Ou seja, o pecado não pode ser um ato de liberdade, pois é uma paixão e não uma ação.
10. B. Espinosa, *Tratado político*, Capítulo II, §§ 7 e 11, Lisboa: Círculo de Leitores, 2008.

ou, em outras palavras, a liberdade não é a escolha entre alternativas externas possíveis, mas a autodeterminação do agente em conformidade com sua essência. Eis por que Espinosa introduz a enigmática expressão *livre necessidade*, com que indica que liberdade e necessidade não se opõem e que a primeira pressupõe a segunda.

Na paixão e na servidão, os humanos são contrários a si mesmos e contrários uns aos outros, cada qual cobiçando como o maior de todos os bens a posse de um outro humano, pois o desejo passional mais intenso não é o da posse de bens possuídos por outros, mas o desejo de apropriar-se do outro e tornar-se objeto do desejo do outro. O bem supremo da vida servil exclui os demais de sua fruição. Em contrapartida, na liberdade os humanos se descobrem como concordantes e, sobretudo, que sua força para existir e agir aumenta quando existem e agem em comum, de sorte que o bem supremo da vida afetiva e intelectual livres é justamente o que buscava o jovem Espinosa quando, na abertura do *Tratado da emenda do intelecto*, escreveu que buscava "um bem verdadeiro capaz de comunicar-se a todos".

# O olhar
## A visão de Deus e o olhar dos homens: uma leitura wittgensteiniana do problema de Molyneux
João Carlos Salles

1. Fosse o mundo perfeito, José Américo Motta Pessanha, já falecido, deveria fazer a conferência sobre "O olhar". Em 1987, José Américo encantou a todos nós com as telas de Monet e, de todos os palestrantes brasileiros da área de filosofia, era quem, com mais facilidade, nos fazia levitar. Como a medida da perfeição é uma ameaça e tão precioso esse tema, porquanto a visão parece ser o *locus* clássico da organização da experiência em nossa cultura, quis logo justificar e defender meu direito. E pude ver que, por outras razões, se me cabia algum tema, destinava-me especialmente ao desse ciclo. Afinal, a percepção tem sido uma de minhas obsessões.

Justificando minha predileção, vou lhes mostrar logo o contexto e, depois, o mote desta exposição. Primeiro, o contexto. Lembro-lhes ser a história da filosofia o vocabulário comum aos filósofos. Estes têm de se haver com modos de organização da experiência, estando a realidade em linha de conta apenas talvez indiretamente. Por isso, dizemos bem que nosso alvo é o sentido, as condições do ser verdadeiro, e não a verdade ela própria, com a qual pensam lidar os cientistas. Nesse campo, o contexto, o contorno de minha reflexão é o deslocamento que percebo na obra de Wittgenstein (e na história da filosofia) de um sistema de modalidades muito forte e pretensamente universal para um sistema de modalidades, digamos, mais generoso com a história. Um sistema forte define uma verdade necessária, uma verdade de razão, como aquela verdadeira em todos os mundos possíveis, fazendo assim coincidir necessidade e universalidade. Na formulação clássica, Deus poderia contrariar as leis da física, mas não as da lógica. Ou, como afirma o primeiro Wittgenstein, explicitando e explicando essa ideia: "Já foi dito que Deus poderia criar tudo, salvo o que contrariasse as leis lógicas. – É que não seríamos capazes de dizer como pareceria um mundo 'ilógico'[1]".

Em um sistema assim forte, se *p* (uma proposição) é possível, então é necessário que *p* seja possível. Um sistema gramatical que, ao contrário, compreenda a historicidade da razão, não faz coincidir necessário e universal. E Wittgenstein sabe terem força de necessidade, no interior de uma gramática (assim como o tem no interior de uma cultura), "verdades" que todavia podem não valer em outros contextos gramaticais, em outros mundos, em outras organizações da experiência, estranhamente possíveis.

Esse é, pois, o contexto teórico desta exposição: como Wittgenstein, na travessia de sua obra, desdobrando-a sobre si mesma, desloca o olhar da amarração férrea e atemporal entre necessário e universal, supostamente própria da lógica, para a invenção gramatical da necessidade, para o modo como a necessidade passa a comprometer-se com o mundo. Uma proposição gramatical tem isso de misterioso. Ela não deixa de ser uma construção e, entretanto, comporta necessidade. Se ela é perspectiva e, não obstante essa dádiva mundana, comporta necessidade, a proposição gramatical expressa um claro perspectivismo, mas sem relativismo, com o que afastamos um "vale tudo" na organização da experiência, pois aceitamos tocar e entender o mundo apenas através de nossa estrutura gramatical, de margens de liberdade postas e dispostas por relações mais amplas entre nossa linguagem e o mundo.

O mote da fala, por sua feita, é antigo. Dei-me conta mesmo de que o primeiro texto que publiquei em um suplemento literário, em 1990, comporta o inteiro tema desta fala, que posso resumir como a oposição entre a visão de Deus e o olhar dos homens. Foi um texto sobre a melhor, ou a mais icônica, de todas as histórias em quadrinhos, *Os olhos do gato*, de Moebius e Jodorowski. Se vocês não conhecem esse livro, a palestra já lhes servirá como uma admoestação. Precisam sair à cata dele, uma vez terminada a fala. Para terem uma ideia da ênfase com que o recomendo, escrevi então que esse livro justificaria o direito de existência de uma li-

---

1. Ludwig Wittgenstein, *Tractatus logico-philosophicus*, São Paulo: Edusp, 2001.

teratura em quadrinhos, assim como "Campo de flores", de Drummond, justificaria o potencial filosófico da literatura em língua portuguesa. Ela é, a meu juízo, a história em quadrinhos levada a seu próprio limite, pois se beneficia da materialidade da própria página, de um plano bidimensional, da estrutura de campo e contracampo (página esquerda e página direita, no caso), e se torna comentário, metalinguagem de si mesma:

> Ao tematizar um jogo que exercita, fazendo objeto seu o brincar de ver, multiplica-o à beira quase da vertigem. Desse modo, torna-se metalírica do quadro, da arte sequencial, do olhar, como um *voyeur* superior ao medo de ser observado.
> A janela, lugar da visão de quem não enxerga, é estilizada, disfarça-se, é moldura, quadro aplicado sobre quadro, cidade habitando outra cidade, como um deus tatuado nas costas de um outro deus[2].

A história desenha a oposição entre a *visão*, em sentido forte, e o *olhar*. Digamos assim, a visão é conhecimento, o olhar é opinião. A visão é própria dos deuses; o olhar, coisa humana. A visão representa a ligação modal forte entre universal e necessário, enquanto o olhar representa esse laço mais tênue e insidioso de quem mira, espia, investiga, guarda, examina, sonda, consulta, fita, encara, julga. É verdade que usamos o verbo ver em quase todos esses mesmos sentidos, que parecem seus derivados. Peço-lhes, entretanto, que aceitem essa distinção (que trairei talvez vez ou outra) entre a visão de Deus e o olhar dos homens. Assim, a visão é própria não do ponto de vista, mas da ausência de ponto de vista de Deus, enquanto o olhar é sempre perspectivo – ao menos, na tradição ocidental. O livro de Moebius e Jodorowski narraria, então, algo como o esforço de um quase Deus por tornar-se humano. Com essa figura cega que tudo parece ver, com esse cego soberano que acompanha e orienta o voo da ave Meduz e que cola por instantes os olhos arrancados de um gato em seu rosto, temos a encenação de um conto teológico, ao modo do mais forte apelo literário de nossa tradição, qual seja, a narrativa de um Deus que oferece seu próprio filho em sacrifício, retratada aqui na evidência que procura o ponto de vista, na visão que busca ser olhar.

2. João Carlos Salles, "Linguagem e mundo em *Les Yeux du Chat*", *A Tarde*, Caderno Cultural, 29 dez. 1990.

Estamos ainda no contexto e no mote de nossa fala[3]. A palestra não começou ainda. Registro que, em 1990, falei mais sobre a forma de *Os olhos do gato*. Agora, depois de muito Wittgenstein, passo a falar de seu conteúdo, do sentido mais profundo dessa oposição entre a visão e o olhar, ou seja, passo a tecer considerações wittgensteinianas sobre a gramática do ver. E o faço associando a reflexão de Wittgenstein ao pano de fundo da história da filosofia, no caso, ao principal programa de investigação epistemológica do século XVIII, o problema de Molyneux, capaz de mobilizar os maiores nomes da filosofia. Acredito que, indiretamente, a obra de Wittgenstein seja capaz de colocar sua colher torta nesse preparo requintado.

A distinção antiga entre ver e olhar, que leva à vertigem da confrontação entre linguagem-objeto e metalinguagem, entre sujeito e mundo, entre a visão e o olhar, tornou-se recorrente para mim. De certa forma, permito-me fazer uma retomada do tema da visão, tal como ocorreu em minha produção teórica, ao longo dos anos, articulando-o agora a uma defesa extrema de um perspectivismo, que é talvez a virtude definidora do que podemos chamar de conhecimento.

Ao ver tudo, antecipo, Deus nada vê. E seu conhecimento absoluto é conhecimento nenhum, pois sabe as coisas ao fazê-las, assim como as águas de uma barragem rompida conhecem uma cidade enquanto a destroem. Por outro lado, cabe lembrar: "Há muitas coisas terríveis (espantosas), mas nenhuma é mais terrível (espantosa) que o homem[4]". Talvez não seja exatamente assim, mas enfim só há o terrível e o formidável, e mesmo o maravilhoso, para o homem. Ver é agir, mas isso se o ver é humano, se é enfim olhar.

2. Em 1688 e, depois, em 1693, William Molyneux formula para John Locke, em uma pergunta, um *experimento de pensamento*: um homem nascido cego, que aprendera a distinguir pelo tato e a nomear uma esfera e um cubo de similar tamanho e matéria, poderia discernir qual a esfera e qual o cubo, e nomeá-los, antes de tocá-los, pelo simples e imediato olhar, caso e quando passasse a ver?

---

3. O texto conserva muito do tom oral da exposição, em particular no diálogo com o público, que se traduz na oscilação entre a primeira pessoa do singular e a do plural.
4. Sirvo-me aqui, tensionando-a, da forte tradução proposta por Álvaro Vieira Pinto para o célebre verso da *Antígona*, de Sófocles. Cf. Álvaro Vieira Pinto, *O conceito de tecnologia*, volume 1, Rio de Janeiro: Contraponto, 2005, p. 31.

Tal experimento de pensamento tornou-se logo célebre pela divulgação e tentativa inicial de resposta de Locke. Segundo Cassirer, esse passou a ser o problema central da teoria do conhecimento e da psicologia do século XVIII, por meio do qual procuravam decidir "se o sentido, enquanto tal, é capaz de construir para nossa consciência a forma do mundo das coisas ou se necessita da colaboração de outras forças psíquicas e quais seriam elas[5]". Um fio condutor, então, para um programa produtivo de investigação filosófica, em torno do qual se decidiria – permitam-me formular assim – o problema da unidade da experiência, cifrada na pergunta pela equivalência entre as verdades do tato e as da visão.

Ora, ter um programa de investigação assim definido é raro em filosofia. Uma pergunta precisa e, em tese, unívoca, que filósofos diferentes se disponham a responder, isso parece, mais que raro, quase uma impossibilidade. Em geral, o filósofo constrói seu próprio universo, respira da atmosfera que ele próprio cria, cabendo-nos inclusive suspeitar que, apesar de a pergunta parecer clara e unívoca, ao ser tragada por grandes filósofos, ela logo adquiriu significados sutilmente distintos. Afinal, com ela, decidimos nossa compreensão sobre o significado do ver, sobre o que, afinal, concordamos que seja *ver*. Vamos conceder, contudo, que tenhamos uma base comum, em torno da qual as diferenças se destilam.

Claro que tenho minha resposta. Mas vou convidá-los a não dizer apressadamente que sim ou que não. Para minha felicidade, experimentos científicos recentes corroboram minha resposta. Isso, porém, pouco importa, pois acredito mesmo que, se há alguma resposta filosoficamente relevante, ela não pode ser dada por um experimento científico. Assim como uma crença só pode ser enfrentada por outras crenças, um experimento de pensamento só pode ser questionado por outro experimento de pensamento, ou coisa pensada semelhante. Além disso, em filosofia, sabemos bem, a resposta não é o mais importante, mas antes a capacidade de estabelecer nosso próprio vocabulário ao formularmos ou enfrentarmos perguntas desafiadoras.

Sintam-se, portanto, à vontade para continuar dizendo que sim, ou seja, que o cego vai identificar de imediato qual é o cubo e qual a esfera.

---

5. Ernst Cassirer, *Filosofía de la ilustración*, México: Fondo de Cultura Económica, 1950, p. 129. [Tradução do autor.]

Estarão na boa companhia de Leibniz, Diderot, Reid e mesmo de Kant. Sintam-se, porém, também à vontade para continuar dizendo não, ou seja, que o cego, mesmo não sendo burro, não conseguiria, sem o trato de uma nova experiência, fazer a ligação entre a experiência anterior do tato e a experiência nova da visão. Juntar-se-iam então a Berkeley, Locke, Condillac. Pode até parecer haver um número mais acanhado de filósofos neste lado, embora seja, acredito, o correto. De todo modo, trata-se de uma disputa de gigantes no século XVIII, e uma disputa que inclusive ajudou a demarcar o que seriam empirismo e idealismo. E a questão nada tem de óbvia. Quem se apressou julgando simples a resposta, repense um pouco e mesmo tente advogar a posição contrária – procedimento, aliás, dos mais adequados em filosofia, evitando-se o dogmatismo e a intolerância dos que pretendem ser, a qualquer preço, mais amigos da verdade do que da procura de sentido.

3. O problema nos faz pensar distintas multiplicidades lógicas, a envolvida no tato e a envolvida na visão, e nos faz decidir se há ou não uma linguagem anterior às duas respectivas linguagens, a do tato e a da visão, de sorte que haveria, ou não, um solo de pensamento, um espaçamento comum e prévio, no qual a experiência teria sua possibilidade antes de ser efetivamente experiência. Com o problema, tendem a se distinguir respostas mais idealistas (respostas afirmativas) de respostas mais empiristas (as negativas). O problema, então, uma vez explorado, parece denunciar que somos prisioneiros de uma imagem cartesiana, a que faz reduzir a visão a uma medida antes própria do tato, a saber, à extensão, como se também pelos olhos nosso esforço e destino fosse o de agarrar o mensurável e estabelecer distâncias. Para o tato, não há distância. A pessoa se desloca para tocar o objeto, não lhe bastando apertar os olhos. Já para a visão, caso sozinha, não corrigida pela experiência, a distância é um mistério, ou um escândalo: "É claro que a distância não pode ser percebida imediatamente por ela mesma; pois ela não é senão uma linha do objeto a nós. A distância termina em um ponto; nós não sentimos a não ser esse ponto, e esteja esse objeto a mil léguas ou esteja a um pé de distância, esse ponto é sempre o mesmo[6]".

---

6. Voltaire, *Elementos da filosofia de Newton*, Campinas: Editora da Unicamp, 1996, pp. 100 ss.

A ligação entre os sentidos e a unidade da experiência nada tem de evidente, salvo se fizermos uma prévia opção filosófica; e permanece a indagação de Voltaire acerca de se os sentidos se comunicam, partilham sua medidas, ou se o coche que escuto do meu quarto, aquele que vejo da minha janela e aquele em que porventura entro permanecerão irremediavelmente três objetos distintos.

A observação sobre distância e perspectiva já nos ajuda a chamar a atenção para alguns aspectos. Vejamos a representação acima, um desenho de esfera e cubo. Ora, é uma representação bidimensional de objetos, um truque para os olhos, pois para o tato seriam aqui lisos e idênticos esfera e cubo, sendo de duvidar até que constituam duas unidades. Temos sombreamentos que "sabemos" não fazer parte dos objetos representados, sendo todavia condição de sua representação como tridimensionais. A visão é aqui iludida para corresponder ao tato, deste afastando-se contudo. É como se a perspectiva fosse uma torção na dimensão dos fenômenos, de tal sorte que produza uma distância que os olhos mesmos não são capazes de perceber. "Sabemos", por assim dizer. Sem experiência, não saberíamos, por exemplo, que a parte mais luminosa é, não obstante a diferença, uma técnica de representação de uma mesma cor (qualquer que seja), não se apartando essa parte do resto do "objeto". Sem experiência, não teríamos esse jogo de luz e sombra como indicador de volume e de unidade, jogo bastante distinto das indicações de volume e unidade que são próprias do tato.

Aqueles então que imaginavam ser trivial o reconhecimento de cubo e esfera, aqueles que, por sinal, imaginam a matriz do conhecimento como um reconhecer, como o conduzir uma experiência nova a uma experiência anterior, podem surpreender-se com as dimensões múltiplas do problema. Facilmente perceberão que toda adjetivação utilizada para indicar volumes dados à visão é completamente distinta da rugosidade ou não rugosidade disposta ao tato. A organização da experiência que nos faz ver dois objetos, sendo essa organização espontânea ou provocada por uma inferência, estrutura-se por uma lógica bastante distinta daquela, espontânea ou inferencial, de que tomaríamos ciência ao tocá-los.

Quando formulado, o problema de Molyneux era estritamente um experimento de pensamento. Com o tempo, porém, passou a ser possível um tratamento experimental, passou a ser possível operar pessoas com cataratas congênitas, com opacidade na retina, e eis que procuraram alguns uma resposta científica para uma questão filosófica. Que os experimentos não decidissem terminantemente, que apresentassem resultados diversos e contraditórios, isso já fazia sugerir que a resposta negativa fosse a mais provável. Recentemente, foi conduzido um experimento mais bem controlado, com formas a serem reconhecidas e driblando qualquer dificuldade advinda de jogos de nomeação, que poderiam induzir uma resposta inadequada. A margem de acerto em um experimento conduzido com cinco pessoas, de crianças a adolescentes, foi de apenas 58%, ou seja, uma margem semelhante à que se conseguiria por mero "chute"; e, logo, estaria cientificamente comprovado que o cego, ao adquirir visão, não distinguiria *ipso facto* objetos percebidos outrora pelo tato, embora com o passar dos dias, com a experiência adquirida da ligação, a margem de acerto logo se aproximasse dos 100%. Ou seja, o cego sozinho, sem a frequentação dos sentidos que só a experiência pode dar, não pode conferir unidade a percepções atuais e passadas, a percepções oriundas antes do tato e as agora possíveis pela visão, não recuperada, mas adquirida. Conhecer, portanto, não é primacialmente reconhecer.

Os resultados da mais bem conduzida experiência científica até o momento sugerem, pois, uma resposta negativa. Quem recupera a visão, conclui a equipe de cientistas, não parece poder transferir seu conhecimento de formas dadas ao tato para o campo visual[7]. Com efeito, uma

---

7. Cf. P. Sinha *et al.*, "The Newly Sighted Fail to Match Seen With Felt", *Nature: Neuroscience*, vol. 14, n. 5, 2011.

forma pontuda para o tato não é da mesma natureza de uma aresta para a visão, que não são assim comensuráveis. Leibniz, todavia, por exemplo, poderia continuar resistindo à mais forte evidência científica. Há uma propriedade lógica, uma multiplicidade calculável, anterior ao que vemos ou tocamos, e essa unidade de cubo a cubo, de esfera a esfera, seria dada antes de qualquer experiência, como se da definição essencial do círculo e da esfera pudesse resultar tanto o que vemos quanto o que tocamos, em todos os momentos futuros e ainda inéditos. Uma estrutura se anteciparia às categorias e as tornaria semelhantes, assim como o aprendizado da adição a tornaria dada em todo o sempre e para todas as contas ainda não feitas, ou como se aprendêssemos desde sempre o significado do azul para toda e qualquer ocorrência cromática, e mesmo já soubéssemos azul o que, em um quadro pontilhista de Seurat, é azul sem ter talvez de azul um pigmento sequer.

4. Que não seja simples o problema, mostra-o bem o seu desdobrar-se em múltiplas dimensões. Ao olhar a representação bidimensional de cubo e esfera, notamos que a mente filosófica poderia, com distinções finas, encontrar uma primeira dimensão de sensações não organizadas, na qual, por exemplo, não saberíamos se as sombras projetadas fariam ou não parte do objeto a ser visto. Se temos uma unidade, ou duas, ou várias. Se a distinção de tons corresponde à conformação de volumes. Nada parece dado a olhos inocentes. E sempre separamos no visível algo que não está dado, e apartamos ou jungimos, sempre ativamente, no sentido de o ver ser sempre um pensar, pelo qual, olhando essa forma da esquerda, podemos dizer que vemos enfim uma esfera, que aliás não está ali, pois é somente um desenho. Nenhuma razão no percebido nos levaria a julgar assim, e essa todavia é toda a razão do percebido. Sem acariciarmos com o tato a esfera, tampouco haveria por que tornar uno um objeto que a razão divide em luz e sombra.

Em seguida, poderíamos analisar a própria operação de organização e indagar se espontânea ou fruto de alguma inferência. Também, ao ter completada essa operação, não estaria dado se singular e única a figura ou se, já doentes dos olhos, a tomaríamos por instanciação de um conceito, como o seria pálido o sol apenas por ser chamado de sol para um Alberto Caeiro, e se assim a esfera que unifico com os olhos alude às que antes tocara, quando ainda cego. Os problemas, portanto, se multiplicam na própria compreensão do que está em jogo, se trabalho de lógica ou de psicologia. Por isso mesmo, o programa não se esgota, e a pergunta de Molyneux continua fascinante, mas julgo que a podemos responder, ou alimentar o programa com mais uma resposta, recorrendo não a um experimento científico, mas sim ao confronto com outro experimento de pensamento.

Temos aqui um questionamento de uma modalidade forte. Vamos recorrer a Wittgenstein. Estou dizendo que conhecer não é reconhecer, com isso estou tentando dizer, no novo universo de modalidades, que o modelo platônico de conhecimento deve ser abandonado. Esse modelo seria satisfatório para a visão de Deus, em que necessário e universal coincidem, mas não para o olhar dos homens, cujas medidas de necessidades nunca deixam de ser perspectivas e gramaticais. Deus, afinal, e apenas Ele, se antecipa aos cubos e esferas que "toca" ou "vê", exatamente por não tocá-los nem vê-los, em sentido estrito. Antecipadamente, Deus não conheceria (no sentido que podemos dar a *conhecer*), mas sim saberia como cubos ou esferas apareceriam em todas as ocorrências, inclusive as dadas a outros sentidos, em todas as circunstâncias e distorções possíveis, em todas as combinações, como "conheceria" o jogo de xadrez por ter jogado antecipadamente todas as partidas possíveis, não havendo para Ele novidade alguma ou sequer desafios e surpresas. Para nós, ao contrário, o mundo se nos antecipa, a nossos olhares e toques humanos. Nós não nos antecipamos a ele, é talvez a resposta do segundo Wittgenstein, com a condição de que não sejamos apenas o resultado de forças causais, mas sim que teçamos, em atos ligados a palavras, as condições gramaticais de organização da experiência.

Vejamos então nosso ponto, tendo relembrado o contexto de deslocamento de modalidades que importa para nossa resposta[8]. Assim como opiniões só entram em linha de conta com outras opiniões, também experimentos conceituais se esclarecem ou se dissolvem por meio de outros

---

8. É fácil inferir que, na verdade, não há uma resposta wittgensteiniana, mas sim duas, a depender do modo como compreendamos a articulação de modalidades e, em específico, a relação entre o espaço lógico e os espaços subordinados das cores, dos sons, do tato etc. Talvez assim a resposta correspondente ao Wittgenstein do *Tractatus* deva ter o sabor leibniziano de uma analogia interna entre os espaçamentos, enquanto o Wittgenstein das *Investigações* reiteraria, como estamos fazendo, a distinção entre os jogos de linguagem próprios da visão e os característicos do tato.

experimentos conceituais. Gostaria, assim, de apresentar a demonstração de uma resposta negativa ao problema de Molyneux da percepção de cubos e esferas, mas uma resposta dada por meio de outro experimento, o de Müller-Lyer.

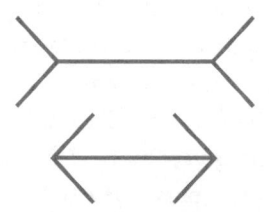

Em vez, porém, de fazer uma experiência com crianças cegas, façamos uma experiência com vocês leitores que ora veem a figura acima, para ilustrar, onde não pareceria que a devêssemos buscar, que a resposta só pode ser negativa. Ou seja, que o espaçamento do tato é radicalmente diferente do espaçamento lógico da visão. E essa me parece uma resposta bem wittgensteiniana, embora não a encontremos à letra em seus textos.

Se veem e são honestos, certamente dirão que, nisso que veem dessa célebre figura de Müller-Lyer, a linha superior é maior que a linha inferior. Isso é uma questão de visão e, quero crer, de honestidade. Se lhes pedir, entretanto, que peguem uma régua e meçam os dois segmentos (experiência claramente tátil), concluirão que são iguais. Com esse saber, entretanto, não passaremos a *ver* que são iguais. Não conseguiremos trair a ilusão de Müller-Lyer, isso está além de nossa força de vontade, por mais que as saibamos iguais. Significa isso, então, que não existe experiência anterior à experiência. Não existe experiência, para nós humanos, sem os artifícios perspectivos pelos quais ligamos nomes a objetos, palavras a coisas, e decidimos o que enfim nos é dado ver. Ou seja, não vemos sem jogos de linguagem específicos. Por isso, para o jogo de medir, usando réguas e outros artefatos, são idênticos. Para o jogo de ver, de ver como, de deliciar-se com a visão, de fazer comparações ópticas e perspectivas, eles são diferentes. Em sendo assim, por haver espaçamentos diferentes, por evidenciar-nos sua irredutibilidade, a ilusão de Müller-Lyer ajuda-nos a dar uma resposta negativa ao problema de Molyneux.

5. Não quer dizer que o cego não vá acertar ou que esteja sendo desonesto ao chutar uma resposta. Quer dizer apenas que não é certo, que não se demonstra a prévia organização do sensível, como anterior ao próprio sensível. Simplesmente, não é necessário que veja. Pode dizer com sentido que sim ou que não. E aqui pouco importa a porcentagem de acerto. Para a filosofia, a possibilidade de resposta significativa é tudo. O efetivo não é o mais importante, acertar com a verdade pura e simples não é o mais importante, mas sim o sentido da verdade dos dois espaçamentos. O filósofo aqui, à diferença talvez de um espírito cientificizante, deve optar por um relógio que sempre está atrasado, que nunca acerta com a verdade, mas sempre a persegue e dela se aproxima, a um relógio parado, que acerta com a verdade duas vezes ao dia.

Tomemos mais um experimento, para salientarmos um traço essencialmente perspectivo da visão. O que vemos? Uma moça ou uma velha[9]?

9. Desenho do cartunista W. E. Hill (1915).

A organização do sensível não é inocente, e temos instruções expressivas, agarradas em uma linguagem, para fazer ver, quer moça, quer velha – ou para fazer ver, para discernir um cubo de uma esfera. Para quem vê a moça, podemos dar uma instrução: veja então o queixo da moça como nariz da velha; veja sua gargantilha como uma boca. Para quem vê a velha, podemos indicar: vejam então o olho da velha como a orelha da moça; seu nariz como um queixo. Logo, facilmente, alternaremos de moça a velha e de velha a moça. Entretanto, se honestos, devemos admitir que não veremos simultaneamente velha e moça. A visão conjunta, talvez própria de um Deus, não seria como nosso olhar, que nota aspectos, vê *como*, seleciona, acolhe instruções, banha-se e aviva-se em linguagens. Não organizamos a experiência, inclusive de notar aspectos, à revelia do modo como o mundo é entretecido na linguagem. E não podemos deixar de ver como, não podemos ver simultaneamente, pois elas, moça e velha, para nosso olhar, não estão juntas, apesar de estarem no mesmo quadro.

Deus é o lugar da evidência. Para colher todos os objetos e perceber todos os aspectos a um só tempo, paradoxalmente, Deus desdenha o sensível. Por isso talvez precise às vezes de nossos olhos, como a personagem de Moebius e Jodorowski, que deseja apenas brincar de ver e, em um final impactante e cruel, pede à ave Meduz que lhe traga, da próxima vez, os olhos de uma criança. Por outro lado, podemos ousar dizer que, em nosso sentido ao menos, Deus não consegue *ver* a ilusão de Müller-Lyer. Racional e fraco dos olhos, desdenha a dimensão ilusória do sensível, que decifraria internamente. Deus tampouco vê alternadamente moça e velha. Entretanto, se as vê simultaneamente e, por definição, tem como limite apenas a contradição, Deus é cego para o aspecto. E apenas nessa sua cegueira Deus vê dispostos inteiros e todos os fios da história, todas as possibilidades, que não são efetividade alguma e, logo, nenhuma história.

Os que almejam o ponto de vista de Deus têm no tato a medida, como se em algum tempo imemorial precisassem tocar as coisas, como a afastar as teias do sensível. É como se afastassem os predicados de Sócrates que o faziam sujo, gordo e feio, mas sobretudo ateniense, para agarrá-lo em sua substância todavia inefável e deveras intangível. Aceitar a perspectiva é saber que, humanos, para aprendermos o significado de uma palavra, não precisamos já tê-la empregada em todos os casos, porque do contrário correria o risco de alguma contradição.

A contradição, afinal, é um obstáculo para os deuses, mas é um alimento para os homens – ao menos, para os homens que aceitam o jogo de luz e sombra, de calor e fuga, tão próprio da carne do mundo. Conhecimento é uma forma de ação. Vemos com mãos e também com palavras. Logo, é interior a uma gramática, pela qual se ligam fragmentos de linguagem e pedaços do mundo. Em sendo assim, não basta *ver*, se não *vemos como*, se não temos critérios e coordenadas para o que vemos. E tudo ver é antes nada ver, cabendo lembrar que só a interdição nos constitui, só a perspectiva nos oferece também a margem de liberdade própria do olhar.

# O desejo
## A depressão e o desejo saciado
Maria Rita Kehl

Não é difícil entender que o depressivo sofre de uma espécie de abulia psíquica. Uma rápida e superficial observação é capaz de revelar que o depressivo não sofre por não conseguir obter aquilo que deseja, mas, sim, o que é pior, por não desejar nada.

É fácil reconhecer a apatia do depressivo: aquele que não se anima diante de nenhuma dádiva. Lembram-se dos antigos contos de fada? Existe uma sabedoria naquelas velhas histórias em que o personagem depressivo nunca era o pobre pai de família com dificuldades para alimentar seus filhos. Nos contos infantis o personagem depressivo é sempre um rei: aquele que tem tudo, a quem todos os súditos querem servir, a quem os outros reis querem presentear com tesouros e objetos exóticos. Esse rei vive triste: os melhores manjares, as mulheres mais belas, os tesouros mais raros não conseguem deixá-lo feliz. O rei das histórias de fadas não é o personagem a quem tudo falta: é o personagem saciado.

Sim, a depressão se parece com o tédio; ou melhor, o tédio é um dos sintomas da depressão. É claro que não se deve confundir qualquer momento de tédio – a criança no banco de trás do carro parado em um congestionamento/o adulto em uma fila de banco que não anda/a mulher que escuta a conversa sempre igual de um marido que ela não deseja mais (ou vice versa) com depressão. Mas se o tédio se prolonga, se nada anima o entediado, temos aí um quadro depressivo.

Quando escrevia *O tempo e o cão – a atualidade das depressões*, alguém (entre as muitas pessoas que me ajudaram a pensar no tema) me apresentou o resultado de uma pesquisa do instituto inglês King's College, segundo a qual as crianças de "agenda cheia" sofriam com mais frequência de episódios depressivos do que aquelas a quem os pais, talvez por falta de recursos, não podiam oferecer tantas atividades extraescolares. As depressões infantis estavam mais associadas ao excesso do que à falta. Crianças que, além da escola obrigatória, eram levadas a estudar outra língua, fazer natação, balé, futebol – crianças de agenda cheia, sem tempo para brincar ou mesmo ficar à toa, sem nada para fazer – estavam mais sujeitas a se deprimir.

O que faltava a essas crianças a quem os pais, certamente amorosos, queriam oferecer tantas coisas para preencher seu tempo e aprimorar sua formação? Em primeiro lugar: tempo livre. Tempo para imaginar e inventar. A mãe das invenções talvez seja a necessidade; mas seu pai certamente é o ócio. Em segundo lugar, e não necessariamente nessa ordem, talvez essas crianças saciadas-deprimidas sofram de *falta da falta*. A quem nada falta, não é dado desejar. E nada é mais triste nesta vida do que não desejar.

No aniversário de trinta anos dos grandes ciclos de conferência promovidos pelo Adauto Novaes, volto ao tema do desejo. Desta vez, articulado a um dos grandes enigmas do século XXI: o do aumento das depressões em um mundo onde que as pessoas são assoladas por objetos, ofertas, imagens, sonhos prontos. A depressão é o desejo saciado.

## O SUJEITO E O DESEJO

Em psicanálise, é importante diferenciar o sujeito e o indivíduo. Indivíduo, palavra que remete a *não dividido*, seria o exato oposto de sujeito. Se nos apresentamos na vida social, perante os outros, como indivíduos – portadores de um nome e de alguns atributos (profissão, gênero, estado civil, idade etc.) que nos diferenciam diante dos outros – isso não significa que sejamos *unos*. O sujeito, para a psicanálise, é, por definição, dividido: a instância psíquica do inconsciente, que se revelou a Freud através dos lapsos, dos atos falhos, dos sintomas, das fantasias e dos sonhos de seus pacientes, está fora do domínio egoico do indivíduo. A divisão subjetiva faz parte da condição humana – ou, pelo menos, da subjetividade moderna[1]

---

1. Discuto essa questão em meu livro *Sobre ética e psicanálise*, São Paulo: Companhia das Letras, 2001.

Em termos gerais, a palavra *inconsciente* designa o estado de uma representação mental que está fora do alcance da consciência. Mas há uma diferença estrutural entre o que está fora da consciência por alguma circunstância banal – memórias muito antigas, assuntos atuais nos quais não estamos pensando no momento – e o que está fora da consciência por estar *recalcado*. O inconsciente é formado pelo conjunto das representações recalcadas; Freud denominou pré-consciente o estado das representações das quais nos esquecemos temporariamente (ninguém pensa em tudo ao mesmo tempo o tempo todo), mas que podem vir à mente com pouco esforço. Sem angústia. A angústia sinaliza a iminência do retorno do recalcado.

Acontece que, ainda nos termos da psicanálise freudiana, o desejo é, por definição, inconsciente. Aquilo a que chamamos comumente de desejo – voltado a um objeto, a uma comida de sabor delicioso, a um namorado ou namorada – não tem o mesmo estatuto do desejo na psicanálise. Podemos chamá-los de objetos das nossas fantasias conscientes, das nossas vontades, ambições, carências, gulas. O objeto do desejo é outra coisa. O objeto do desejo está ligado à condição universal da falta – pelo menos no sujeito neurótico, que para a psicanálise é o sujeito "normal" (ou outros seriam o perverso e o psicótico, dos quais não vou tratar aqui).

Ser um sujeito a quem falta completude é o melhor que se pode esperar, do ponto de vista da psicanálise. O filhote do homem e da mulher tem a experiência de completude somente no útero materno, onde de fato o feto e a mãe estão ligados, sem interrupções nem faltas, até o momento do parto. Vir ao mundo é desfazer a unidade com o corpo materno. É claro que essa perda de completude não se revela de imediato à criança. É comum escutarmos, de parentes e amigos, que o bebê recém-nascido parece "muito bonzinho" porque não chora ou chora só quando tem fome. Isso dura alguns dias; é que o bebê sadio demora um pouco para *descobrir que nasceu*. A experiência de unidade com o corpo da mãe prolonga-se por alguns dias, até que a fome, eventualmente o frio ou outras formas de desconforto comecem a assolar o pequeno corpo que não tem nenhum recurso para se defender ou se satisfazer a não ser – chorar. A partir de agora a criança "calminha" começa a manifestar suas insatisfações de maneira cada vez mais veemente. Pronto: acabou-se a paz dos primeiros dias. Inicia-se, para a mãe ou o cuidador responsável, a longa fase de tentar entender o que *falta* ao serzinho recém-chegado ao mundo.

Dizem que chorar é bom para fortalecer os pulmões; pode ser. Acrescento que é bom também para fortalecer o embrião de sujeito presente no *infans*. Embrião de sujeito, sim, uma vez que, para a psicanálise, o sujeito é sempre dividido – *grosso modo*, entre a consciência e o inconsciente – através de um processo que se dá aos poucos, durante a primeira infância, e se completa depois do atravessamento do complexo de Édipo. É quando a criança perde de vez a ilusão de que um dia voltará a se unir de forma indissolúvel ao corpo materno do qual se separou ao nascer. É uma forma esquemática de se resumir a travessia edípica, mas preserva o essencial: se iniciamos a existência embrionária, e por um longo tempo, em estado de perfeita completude (fase em que os parentes e amigos elogiam o bebê "bonzinho"), há um momento em que a insuficiência se manifesta. As tais cólicas dos três meses podem até acontecer; mas a criança, com ou sem cólicas, há de chorar porque se angustia com sua incompletude. Ela não reconhece, por exemplo, o alarme do aparelho digestivo diante da falta de alimento: apenas grita de desconforto, até que a mãe, ou alguma substituta, venha a lhe oferecer alimento. Em um pequeno ensaio luminoso chamado "Os dois princípios do funcionamento mental" (1911), Freud nos oferece um modelo da formação do aparelho psíquico a partir justamente do *intervalo de tempo* entre o alarme corporal disparado pela fome (que nos primeiros dias a criança não tem como entender) e a chegada salvadora do seio materno ou da mamadeira.

O esquema freudiano não é difícil de entender. Depois de algumas horas, ou dias, em que o recém-nascido ainda está alimentado pelo líquido amniótico, seu pequeno corpo é assolado por um desconforto desconhecido: a fome. A criança grita, por reflexo; a mãe comparece e alimenta o bebê. Aos poucos, a experiência da fome-choro-leite se inscreve no psiquismo como uma forma rudimentar de linguagem; o grito da criança é sua primeira forma de potência. Faz comparecer a mãe! Traz o leite que anula o terrível desconforto da fome! O reflexo do choro se transforma em linguagem. O bebê já não é tão desamparado como no início: ele dispõe de um recurso que convoca a mãe. Seu choro é também o exercício da pequena potência que traz a mãe de volta.

Mas a fome, ou a falta do leite, não é idêntica ao desejo. As necessidades corporais, assim como os recursos vitais para satisfazê-las, participam do circuito da *pulsão*. O desejo não se instaura a partir das necessidades corporais, e sim através daquilo que denominamos *falta-a-ser*. A incompletude do ser. O *infans*, filhote de homem, não se dá conta de que nasceu logo após ser expulso do corpo materno. O tal "bebê bonzinho" ainda não sabe que "nasceu". Ele ainda se sente completo, formando uma unidade com o corpo materno. Aos poucos, a ausência da mãe, ou as pequenas demoras da mãe, consolidam no *infans* a experiência de separação iniciada no parto. Não é apenas de fome que se trata: o que a criança perde, e *precisa perder* para evoluir como sujeito, é seu lugar de objeto absoluto do desejo materno.

Não é tão difícil quanto parece. Uma mãe "suficientemente boa" (a expressão é de Bruno Bettelheim) é aquela para quem o filho, ao contrário do que rezam as crenças populares, *não é o centro do mundo*. Ou melhor: se nos primeiros dias ou semanas depois do parto o universo afetivo da mãe gira em torno do bebê, aos poucos outros interesses, ou seus antigos interesses (a começar pelo pai da criança, se ele existir), voltam a ocupar uma parte de seus investimentos libidinais. Às vezes a mãe deixa a criança de lado por alguns minutos por necessidade; mas às vezes deixa *porque quer*. Porque o amor não é, nem deve ser, absoluto. A mãe quer conversar por um tempinho com um ser humano adulto; quer fazer amor com seu marido, se ele estiver por perto; quer sair na rua; quer ir, pela primeira vez depois de meses, ao cinema... A mulher que se tornou mãe descobre, não sem espanto, que a maternidade não recobriu todos os outros aspectos de sua existência. Sorte do filho: essa é a mãe que vai deixá-lo um pouco *em falta*. A mãe que vai introduzir em seu incipiente cenário mental a experiência da falta. Falta de quê? Falta-a-ser, diz Lacan. Não é a falta do leite, ou do acalanto, do conforto, do carinho; outros cuidadores carinhosos podem proporcionar isso ao bebê. O que a criança perde – e é necessário que perca – à medida que a mãe se volta aos poucos para outros interesses (excluo aqui o mais dramático dos casos, responsável pela psicose melancólica, o da mãe que *não se interessa pela criança*), não é nem o amparo materno nem, menos ainda, seu amor. O que a criança perde é seu estatuto de objeto absoluto desse amor. Ou, antes ainda: a condição fusional com o corpo e a psique materna.

Vocês já devem ter adivinhado o quanto essa perda é fundamental para que o *infans* se transforme em um *sujeito*.

Em primeiro lugar: sujeito é o oposto de objeto. O bebê deixa de ser o objeto que completa sua mãe (mesmo que continue a ser um objeto amado, por vezes o mais amado de todos) para se transformar, aos poucos, em um ser *separado* da fusão primordial.

Nós, humanos, somos seres vivos desadaptados da natureza. Já perceberam isso? Um bezerro recém-nascido em poucas horas se ergue nas perninhas bambas e busca as tetas da vaca; o mesmo para todos os outros mamíferos. E a vaca estará lá para isso. É instintivo – ainda que, do ponto de vista de nossa cultura, observemos o instinto do mamífero pela lente do amor.

Mas há uma segunda passagem a ser feita para que o bebê humano se transforme em um sujeito. Não basta que a mãe possibilite à criança a experiência da fome, que aos poucos há de ajudá-lo a descobrir a potência do grito, embrião da linguagem. É importante que a mãe tenha outros objetos de interesse além de seu bebê; e que depois dos primeiros dias, ou semanas, de enamoramento absoluto, ela se volte também para esses outros objetos. Para efeitos de simplificação, chamemos o primeiro desses outros objetos de *pai*. Pois é: o modelo mais frequente de família pressupõe o casamento por amor entre um homem e uma mulher. Mais dia, menos dia, o pai haverá de rivalizar com "sua majestade, o bebê" pelo amor de sua mulher; ou talvez o encantamento da maternidade aos poucos se frature um pouco (nem tudo são alegrias nesse campo, como muitas leitoras devem saber), e a mãe, recuperada das agruras do parto, volte a sentir desejo por seu homem – esse mesmo desejo, aliás, que fez acontecer a gravidez.

O importante é que, no horizonte da criança, surja um rival. Um objeto que já existia ali, mas que para ela não tinha nenhuma importância até que se apresentou como rival. Alguém capaz de dividir o interesse da mãe; alguém capaz de revelar ao bebê que ele não é "tudo" para ela (perda sofrida essa – tanto que voltamos a buscar esse estatuto, de ser "tudo" para alguém, na paixão amorosa; que dura um tempo limitado e depois, no melhor dos casos, se transforma em amor normal). O pai é o primeiro objeto de ciúme do bebê – nem precisamos evocar a intrusão terrível do novo irmãozinho. É claro que o bebê compete com o pai pelas atenções da mãe. Só que é provável que esse rival assustador, de voz grossa e grandão, ame seu filho também; por que os textos psicanalíticos sobre os ciúmes infantis contemplam tão pouco essa possibilidade? A entrada do pai no universo pulsional e afetivo do bebê não vem apenas lhe roubar o amor da mãe: vem lhe trazer um amor novo, outra forma de amor, outro corpo, outro cheiro, outras demandas pulsionais. O pai brinca, o pai fala com seu rebento, o pai pega a criança quando a mãe já está cansada e não consegue fazê-la dormir (meu pai dançava samba comigo quando eu estava insone; pena que eu não me lembre disso). Assim, o mesmo ser que rouba um pouco as atenções que a mãe dedica ao bebê vem lhe trazer uma nova experiência de conforto, de carinho, de amor. Refiro-me ao que acontece em famílias "suficientemente boas". Não precisam ser perfeitas. Melhor que não sejam.

Bem, com pai ou sem pai – há mães solteiras, há jovens mães viúvas, há mães divorciadas desde cedo – o fato é que a criança precisa perder um pouco da plenitude inicial para se tornar – o quê? Desejante. Ou, dito de outra maneira: a criança precisa cair de seu lugar de objeto absoluto do desejo do outro (materno) para se tornar – o quê? Sujeito. Sujeito de um desejo. Desejo de quê? Desejo de ser aquilo que deixou de ser.

Não é paradoxal nossa condição humana? Precisamos *ter sido* o objeto privilegiado do desejo do outro, mas só para cair desse lugar e conservar a marca nostálgica dessa falta-a-ser; aí se inaugura a fonte de nossa potência subjetiva, que é o desejo de voltar a ser o que perdemos. Só que nunca mais seremos completos: a perfeição só retorna na morte (a um morto não falta mais nada). Seremos, isto sim, *desejantes de completude*. E quanta coisa os humanos fizeram movidos por esse desejo. Potes de barro, campos floridos, catedrais, sinfonias, sambas, alta-costura, tricô, invenções tecnológicas, desenhos, ciência, guerras, cidades inteiras. O desejo é nosso motor; mas desejo de quê? Ainda que nas sociedades industriais contemporâneas se fale muito em objeto do desejo (na verdade, se trata apenas de objetos de consumo), freudianamente, o objeto do desejo não existe. Ele perdeu-se – para sempre! quando o bebê deixou de ser o objeto mais importante do desejo de sua mãe. Ainda bem. É melhor ser alegre que ser triste e é melhor ser sujeito do que objeto.

## SACIEDADE E DEPRESSÃO

O final do século XX e o início do XXI foram marcados por um aumento quase epidêmico das depressões. Deixo de fora de meu argumento o aspecto iatrogênico desse fato: muitos e muitos casos de diagnósticos de depressão ocorrem por efeito do empenho da indústria farmacêutica em vender antidepressivos. Nesse início do século XXI, a indústria farmacêutica vem crescendo no contrafluxo do capitalismo em crise. Quanto mais crise, desemprego, desesperança, utopias fracassadas, quanto mais figuras como Trump e Temer vêm revelar que as últimas utopias terminaram como farsas, mais poderosos se tornam os fabricantes de medicamentos; entre estes, os antidepressivos figuram na linha de frente das vendas (e dos lucros).

É estranho e também decepcionante pensar que a tal da sociedade de consumo foi a resposta cínica e bem-sucedida do "mercado" aos anseios dos jovens que se manifestaram por mais prazer e liberdade na Europa e nos Estados Unidos no final da década de 1960 (e também na América Latina, mas aqui a luta por liberdade nos impunha combater ditaduras sanguinárias). Essa decepção se apresentou a mim de forma quase anedótica. Em 1980, quando ainda lutávamos pelo fim da ditadura (por um lado) e pelo amor livre e a vida comunitária (por outro), eu me deparei com um *outdoor* gigante colocado, por acaso ou ironia, bem na entrada da USP. A clássica imagem do jovem com seu violão que saía de casa para descobrir o mundo de carona em um vagão de trem de carga era acompanhada do *slogan* da US Top: *Liberdade é uma calça velha, azul e desbotada*. Pronto: o anseio de minha geração havia se transformado em valor agregado de uma mercadoria. De muitas mercadorias.

Hoje a "juventude liberada" é uma imagem caricata usada em propagandas de cerveja, roupas, carros, motos, chocolates, cartões de crédito e o que mais se possa imaginar. A falta-a-ser, essa falta que move o sujeito a desejar e desejar enquanto viver, nos é apresentada como atestado de nossa insuficiência: nada que um cartão de crédito não possa resolver.

Muita coisa melhorou na vida dos jovens e adolescentes. A começar pela liberdade sexual e pela menor submissão às autoridades de tradição, família e propriedade. Mas, para além da ganância da indústria farmacêutica que "vende" diagnósticos de depressão para vender remédios, me parece evidente a relação entre o aumento das depressões e o assédio permanente de imagens e de objetos que se oferecem como capazes de saciar nosso desejo.

Se eles são capazes de nos saciar? Claro que não; o desejo não é desejo de coisas, é desejo de *ser*. Mas a sedução dos objetos confunde o sujeito, desorienta o longo caminho humano de busca por (alguma) satisfação. Buscamos e buscamos e buscamos no "mercado" objetos que entulham nossas vidas, mas não têm poder de criar um sentido para elas. Enchemos nossos filhos e netos de objetos atraentes que eles abandonam, entediados, porque já não sabem brincar. Para brincar é necessário fantasiar, para fantasiar é necessário ansiar por alguma coisa no mínimo inatingível – quando não, impossível. Nossas crianças não sabem brincar porque os brinquedos tecnológicos brincam sozinhos; no máximo, treinam o arco reflexo de estímulo-resposta nos jogos eletrônicos que exigem cada vez mais velocidade de parte do jogador.

Ou não: confiemos na potência da infância. As crianças entediadas hão de inventar travessuras, como os personagens de Monteiro Lobato nas tardes de chuva, no Sítio do Picapau Amarelo. As crianças de agenda cheia (escola, inglês, natação, televisão) hão de buscar nas brechas algum espaço para aquela maluca que mora no sótão, chamada imaginação. O desejo nunca se sacia por muito tempo com o mesmo objeto. Em 2016, os jovens secundaristas que ocuparam as escolas públicas que o governador de São Paulo queria desativar para economizar dinheiro do Estado (por que sempre se pensa em economizar em cultura e educação para salvar o capitalismo de suas crises?), demonstraram uma potência combativa e também *criativa* que parecia perdida.

A depressão pode ser efeito do desejo saciado, mas o desejo nunca fica saciado o tempo todo. É possível que o mercado não dê conta da imensidão dessa demanda.

# Ética
## Da ética à antiética: notas para compreender a supremacia da violência
Franklin Leopoldo e Silva

> *No fundo, o mal na violência deriva precisamente não de que ele destrói o direito, mas sim de que ele o cria.*
>
> J. P. Sartre

A palavra grega *éthos*, da qual deriva *ética*, traz na *noção* correspondente importantes aspectos de significação, que nos ajudam a entender a presença e a ausência da ética nos domínios da subjetividade e da intersubjetividade. Talvez o significado mais abrangente indique o *éthos* como o modo de habitar o mundo, isto é, a maneira pela qual o ser humano está em seu mundo – o que já nos deixa entrever a reciprocidade entre *éthos* e *sujeito ético*: as duas instâncias se constituem reciprocamente, pois é necessário supor alguma correspondência entre as disposições do sujeito e as condições de seu ser-no-mundo. Assim, a ética pode ser compreendida como a emergência do humano – ou da humanidade – tanto do ponto de vista da universalidade da condição (que se revela como constância no agir) quanto no que concerne à singularidade do indivíduo, isto é, como ele se vai constituindo em seus "hábitos", ou em sua experiência específica da condição universal. Em suma, a ética é um modo de viver, que se conjuga, no "animal racional", com o modo de pensar a vida, isto é, a modalidade de *ser* que em nós ocorre como *existir*[1].

---

1. Ver, a respeito, as considerações fundamentais de Henrique Cláudio de Lima Vaz, *Escritos de filosofia: Introdução à ética filosófica*, 2 vols., São Paulo: Loyola, 1999-2000.

O que está implicado nesse modo peculiar de ser designado como *existência ética*? Além dos vários aspectos implícitos nas características que mencionamos acima, devemos mencionar algo de especial interesse no contexto dessas considerações: o modo humano de habitar o mundo, de *abrigar-se* nele, de modo a *perseverar no ser*, acontece segundo a *existência contingente*, de forma que a continuidade da existência se dá como um *processo* que, tendo como aspectos constitutivos a contingência e a liberdade, não poderia aparecer, pelo menos para nós, seus protagonistas, como uma totalidade necessária em seu decurso. Neste sentido, o termo *totalização*, utilizado por Sartre para indicar, ao mesmo tempo, a *impossibilidade* de entender a totalidade – analiticamente constituída – e a *possibilidade* de compreender o processo de existir – em seu curso dialético – é a melhor forma de designar a existência *histórica*, isto é, a temporalidade histórica como a constituição processual da subjetividade e da intersubjetividade[2]. Assim, tanto a subjetividade quanto a intersubjetividade em sua significação ético-política pertencem ao domínio indeterminado no qual os sujeitos podem se reconhecer (e os outros) no entrelaçamento complexo das instâncias da universalidade e da singularidade.

Decorre dessa situação que o *reconhecimento ético* propiciado pela universalidade do *éthos* exige, constitutivamente, a experiência da reciprocidade dos indivíduos singulares enquanto participantes da condição ética universal – *éthos*. O indivíduo só pode reconhecer-se em sua condição ética quando entra em contato com a forma universal de habitar eticamente o mundo. E como esse mundo habitado não é apenas natural, mas também significativo, histórico e valorativo, isto é, humano, a *significação* ética como *realidade* vivida só pode aparecer na forma comum de habitar, isto é, a partir da estrutura existencial do ser-com-outros[3]. Assim se torna possível passar de uma descrição ontológica do ser-no-mundo para a compreensão da comunidade ética historicamente constituída a partir das possibilidades de intersubjetividade. Tais possibilidades nunca ficaram muito claras para as filosofias clássicas do sujeito e as dificuldades permaneceram para o estilo contemporâneo de reflexão: como é possível

---

2. Cf. J.-P. Sartre, *Questão de método*, São Paulo: Difel, 1966; e *Crítica da razão dialética* precedido por *Questão de método*, Rio de Janeiro: DP&A, 2002.
3. Cf. Martin Heidegger, *Ser e tempo*, Campinas/Petrópolis: Edunicamp/Vozes, 2012, especialmente o quarto capítulo, pp. 333 ss. Cf., também, J.-P. Sartre, *O ser e o nada*, Petrópolis: Vozes, 2001, pp. 287 ss.

entender a relação entre comunidade e liberdade, ou entre o sentido comum de existência e a consciência de si? No limite – e isto ocorre desde Descartes como consequência do *cogito* – não seria possível reconhecer a existência do outro com a mesma certeza com que reconheço a minha. Seria preciso, para tanto, superar a oposição ontológica entre sujeito e objeto e tentar estabelecer uma relação ética sujeito/sujeito – eu/outro. No caso clássico (*cogito* cartesiano) a origem da dificuldade está na impossibilidade de estabelecer a mesma certeza para o conhecimento de si e para o conhecimento do outro. O solipsismo decorre, então, da constituição subjetiva do conhecimento.

Por isso, após a vigência dominante do paradigma analítico de conhecimento, tornou-se legítimo e oportuno perguntar pela possibilidade de um reconhecimento de si e do outro que não passe pelos parâmetros do conhecimento (ao menos cartesiano) e que possa, assim, constituir um horizonte de reconhecimento ético. Naturalmente, a superação da hegemonia do conhecimento teórico permanece, ainda na atualidade, uma perspectiva difícil de se impor. O que, no entanto, se pode notar, é que, para certas linhas de pensamento, o vivido e o histórico aparecem como algo a ser considerado nas relações com o mundo e com os outros. A elaboração conceitual em sua lógica estrita, a categorização exata das condições de possibilidade de conhecimento e a exclusividade da racionalidade analítica passaram a ser questionadas na modernidade tardia e na contemporaneidade[4], em grande parte devido aos impasses decorrentes das contradições da experiência histórica mais recente, o que tem levado à abertura de novos caminhos em que o reconhecimento de si e dos outros não pode evitar a consideração da dramaticidade histórica e existencial – antes deve partir dela. Talvez possamos enunciar o problema da seguinte maneira: o reconhecimento de si e do outro já não pode se pautar pelo parâmetro essencialista e por uma correspondente racionalidade exclusivamente analítica, porque não se trata de reconhecer-se e o outro em termos de *natureza*, mas em termos de condição e de situação, isto é, a partir da *história*. É a tendência que se esboça já a partir de Hegel.

---

4. Cf. Maurice Merleau-Ponty, *Phénomenologie de la perception*, Paris: Gallimard, 1946, especialmente a Introdução, pp. 9 ss.

Ainda assim, para que a questão do reconhecimento se apresente como nitidamente *ética*, seria preciso que a relação entre lógica e dialética, vigente em Hegel, fosse decididamente substituída pela relação entre história e dialética: em outros termos, seria preciso pôr em questão o papel do determinismo numa concepção contingente da história. Não seria a contingência o requisito para que a história (e, assim, a realidade humana) fosse vista como *radicalmente* dialética? É nesse sentido que a questão do reconhecimento e o problema da liberdade se aproximam e podem vir a se esclarecer mutuamente nas formas de colocação. O conhecimento do outro nos moldes de uma demonstração de sua existência não é condição para o reconhecimento. E não é de forma alguma estranho afirmar que o conhecimento não é condição para o reconhecimento, porque, neste contexto, não se trata do conhecimento apodítico, probatório, demonstrativo e objetivamente determinado. Trata-se, antes, de uma posição pré-reflexiva do outro na irredutibilidade de sua existência, que antecede a elucidação de seu ser. Por isso, o reconhecimento tem a ver muito mais com a aceitação daquele que aparece (a emergência do outro) do que com a sua *identificação*. O que significa também que o reconhecimento do outro não depende de minha identidade (reconhecimento de mim), mas as duas coisas se dão simultaneamente: reconheço o outro e me reconheço ao reconhecê-lo. A própria identidade (identificação) é um *processo* intersubjetivo. Por isso não é tão fácil dizer que a intersubjetividade decorre da subjetividade ou vice-versa. A decisão pode ser tomada no âmbito do conhecimento, porque na versão clássica a subjetividade é fundamento do conhecimento; mas nada seria mais inadequado do que colocar o sujeito como fundamento das relações éticas; os impasses e a crise contemporânea são, de alguma forma, heranças dessa perspectiva[5].

Isso porque o reconhecimento é sempre reconhecimento da diferença: a minha identidade é a minha diferença em relação ao outro e a diferença do outro é a sua identidade. Não é possível admitir nenhuma singularidade sem essa espécie de dialética das diferenças. De fato, a busca

---

5. Como mostra Emmanuel Lévinas ao longo de toda a sua obra, que consiste basicamente na proposta de uma superação da prerrogativa moderna da subjetividade e da adoção de um paradigma, radicalmente ético, da constituição de si pelo outro. Cf., entre outros textos, *Totalidade e infinito*, Lisboa: Edições 70, 2011, especialmente a Seção III, pp. 181 ss.

do fundamento pode levar à absolutização da singularidade, precisamente daquela individualidade que aparece como referência tendencialmente única para a consideração de todas as outras. Ora, as singularidades somente existem num regime de equilíbrio instável das diferenças, que podem então conviver de modo solidário ou de forma hostil. Não é possível estabelecer *a priori* a minha reação ao outro, porque o contato pré-reflexivo não ocorre sob condições de possibilidade: ou é real ou não é nada. Essa é a razão pela qual por vezes nos surpreendemos com nossas próprias reações aos outros: descobrimos em nós camadas ocultas de intolerância e de hostilidade que nos incomodam porque não lhes aquilatávamos as possibilidades, e então dizemos: este sou eu?, e procuramos, apesar de tudo, justificar os gestos e as condutas. Essa é também a razão pela qual tantos liberam o ódio e fazem dele critério de relações, sejam políticas, religiosas, profissionais ou outras.

Podemos dizer, então, que o reconhecimento somente acontece num contexto de intersubjetividade admitido como pluralidade e diferenciação. A princípio, nada mais óbvio, desde que aceitemos que a sociabilidade é característica do *animal político*. Entretanto, e assim como a razão e a fala, quase tudo que convimos ser natural, ou mesmo essencial, mostra-se na realidade vivida difícil e até raro. Talvez seja por isso que nos preocupamos tanto com *princípios*, sobretudo na vida ética e política. As revoluções se fazem em nome de princípios que são rapidamente esquecidos, se é que alguma vez alguém teve a intenção de colocá-los em prática. As promessas de reforma ética, religiosa, política, econômica etc. só são efetivamente levadas a sério por pessoas extraordinariamente ingênuas ou desgraçadamente honestas. Em suma, a esfera das relações humanas é, cada vez mais, formal, a ponto de qualquer atitude autêntica parecer algo fora de lugar. Por isso a linguagem intersubjetiva, notadamente aquela usada em público, está completamente constituída de palavras desgastadas e anuladas em seu significado. O discurso é vazio porque reflete o vazio da ética e da política que deveriam alimentá-lo e sustentá-lo. Eis-nos então diante de uma forte contradição entre princípios e fatos e de uma total falta de correspondência entre valores e ações. Consequentemente, as condições lógicas e o conteúdo material do que se faz dificilmente decorrem de juízos eticamente estruturados. O maior problema do mundo laico não é a descrença, mas o excesso de crença dogmática na utilidade imediata das coisas, algo que se expressa em profissões de fé, na realidade, na tecnociência e na razão. Por isso, a condição para acreditar em alguém é torná-lo tão claro, distinto e imediato como uma coisa considerada a partir de sua objetividade inerte. E a grande contradição é que, quanto mais aceitamos alguém em sua complexidade de pessoa, mais difícil se torna *conhecê-lo* e crer em sua *verdade* determinada.

A distância entre os fatos e os valores, bem como a presença totalitária dos fatos e a ditadura do imediatismo, constituem e justificam uma situação de total desenraizamento ético e político, que é a melhor descrição da realidade humana em sua condição contemporânea.

Esse divórcio significa que, por entre os caminhos e descaminhos da modernidade, a história teria derrotado a ética? O conflito hegeliano das consciências[6] pode ser lido como a impossibilidade do triunfo completo de uma sobre a outra – e a interdependência dramática do senhor e do escravo; mas pode ser interpretado também como uma competição pelo reconhecimento, o que de modo algum pode ser visto como o desfecho do impasse da intersubjetividade. A subjetividade seria uma forma de opressão, e a objetividade seria a designação lógica da condição de sujeição.

É por isso que, entre a aceitação racional de princípios ético-políticos e a prática das ações que deles dariam testemunhos, media um espaço que tende a ser visto como utopia, e a palavra é usada neste caso com o sentido predominante da impossibilidade, ou, ao menos, como aquilo que pode ser pensado, mas que não poderia ser realizado. É possível praticar a igualdade, a fraternidade e a liberdade? É possível viver de acordo com os direitos à vida e à propriedade *dos outros*? É possível um reconhecimento ativo das diferenças a ponto de fazer daquele que não sou eu o polo constituinte dos meus juízos e das minhas ações? É possível a experiência de uma práxis orientada pelo princípio universal da dignidade? O paradoxo é que, ainda que nos julguemos moralmente obrigados a responder afirmativamente a todas essas perguntas, sabemos, de alguma forma, que não agimos assim e que, aparentemente, é como se não pudéssemos fazer aquilo que sabemos que devemos fazer. Ademais, quando olhamos

---

6. Cf. Hegel, *La Phénomenologie de l'esprit*, Paris: Auibier, 1941, pp. 145 ss.

em torno de nós, principalmente para as esferas política e financeira, o espetáculo de degradação ética é tão evidente que corremos o risco de naturalizá-lo. É a partir daí que nos ocorre a pergunta: haverá alguma situação em que o mal seja justificável? Em que os meios se imporiam em vista de fins, sem que tivéssemos a oportunidade de discernir, isto é, de subordinar as nossas intenções morais, em todos os casos, àquilo que, num passado que se vai tornando remoto, foi chamado de *retidão*?

A relação complicada entre conhecimento e ética, que já abordamos, persiste em seus impasses e aporias. Tomemos ainda uma vez os exemplos das bandeiras das revoluções modernas, isto é, a aparente intenção de reinstaurar a política. Tanto aqueles que prepararam a Revolução Francesa quanto aqueles que a fizeram, *sabiam*, em princípio, o que é a *fraternidade*. Tal conhecimento motivou as tentativas de transformação, mas não foi suficiente para sustentá-la. Poderíamos até mesmo dizer que a fraternidade foi tanto menos exercida quanto mais se insistia em sua necessidade teórico-política. O que não se deve apenas às contradições relativas à vida histórica, mas provavelmente a uma impossibilidade constitutiva de passar do saber, do conhecimento, à convicção, ou da elaboração conceitual à orientação da vida. De modo geral, esse é o contexto em que se coloca a oposição, ou pelo menos a diferença, entre razão e fé – ou entre a condição intelectual de possibilidade e o impulso da convicção, talvez as "razões" do coração.

Sabemos que Max Weber tratou, no contexto da moralidade social, de um "tipo" de *ética da fraternidade*, buscando, na superação das diversas modalidades de relação com o "próximo", o sentido universalista da fraternidade[7]. Ao passar das situações éticas em que a relação de fraternidade seria praticada de modo particular (família, grupo, nacionalidade), vai-se também superando os sentidos mais estritos de reconhecimento em direção ao alcance universal da relação ética. Desde já é preciso que se diga que a universalidade da ética não significa ultrapassar as particularidades concretas das situações de relação para atingir um sentido geral e abstrato em que todas as relações caberiam logicamente. Deveria ser óbvio que, no plano ético, não se trata nunca da extensão lógica de um conceito, mas do alcance de uma experiência afetiva, assim como não se trata do

---

7. Cf. Max Weber, *Economia e sociedade*, vol. 1, Brasília: Editora da UnB, 2000, pp. 385 ss.

conhecimento e da observância formal de preceitos, mas de quanto a realidade concreta da relação nos toca e nos move à ação[8].

É nesse sentido que tocamos agora num ponto tão relevante quanto delicado, e que se poderia designar, imperfeitamente, como a parábola bíblica como a afirmação cristã da universalidade. Vejamos, muito esquematicamente, o que isso significa, por via de uma referência sumária ao exemplo privilegiado de fraternidade que é a parábola do bom samaritano (Lucas 10, 25-37), e o valor paradigmático da narrativa provém do alcance do *reconhecimento* que ali acontece. Assim, a parábola nos proporciona o entendimento da diferença entre o *conhecimento* da lei e a *práxis* da lei. Os especialistas da lei, os legistas, conhecem a lei e reconhecem a necessidade da observância da norma. Mas o reconhecimento da lei é o reconhecimento do conteúdo ou da normatividade? Em outras palavras, o conhecimento da lei se esgota em sua formalidade legislativa ou deve incluir as *referências* da lei – não apenas a lei em si, mas aquilo e aqueles a que ela se refere como sua finalidade? Em suma, além do conhecimento da lei em si mesma, é preciso o compromisso com as referências da lei. Assim, é possível conhecer a lei e não cumpri-la efetivamente.

É o que ocorre com o sacerdote e o levita: conhecem a lei e não têm dúvidas quanto à necessidade de sua observação, mas isso não gera neles alguma *atitude* de compromisso, como se a observância da lei consistisse num conhecimento externo às referências da norma. Ora, tais referências são Deus e o próximo: "amarás o senhor teu Deus e a teu próximo como a ti mesmo". O legista que interroga Jesus não ousa perguntar quem é Deus, mas questiona acerca de "quem é meu próximo?". Caberia talvez perguntar por que os dois preceitos estão juntos: amarás a Deus *e* ao próximo. Não será porque o reconhecimento de Deus e do próximo estariam estritamente relacionados? A transcendência pode ser definida como uma distância que afasta e aproxima; a transcendência de Deus nos indica a *diferença* (a nossa finitude ante a infinitude de Deus) e a transcendência do próximo nos indica que o outro, qualquer que ele seja, em sua diferença, nunca estará tão longe que venha a perder sua condição de proximidade. Portanto, o próximo é o outro, mas não de modo determinado e definido,

---

8. Cf. Lafayette Pozzoli, "Reconhecimento e fraternidade", disponível em: <http://www.uca.edu.ar/uca/common/grupo57/files/reconhecimento_e_fraternidade.pdf>, acesso em: mar. 2017.

como seria a resposta talvez esperada pelo legista. Se assim fosse, a determinação do próximo poderia excluir o outro. Por isso Jesus não responde *definindo* o próximo, mas mostrando quem ele é, em sua indeterminação, isto é, em sua universalidade[9].

Para o sacerdote e para o levita, *próximo* é um conceito jurídico, e a pergunta do legista indica a dificuldade de reconhecer o próximo, para além de sua existência de direito. Pelo contrário, a lei é *conhecida*, pois ele a recita com exatidão, embora talvez não fosse capaz de reconhecê-la em seu significado ou espírito. A possibilidade de conhecer a letra da lei e permanecer alheio ao seu espírito constitui, sempre, a grande dificuldade no âmbito do reconhecimento intersubjetivo. No caso da parábola, o sacerdote e o levita nem sequer se *aproximam* para constatar (ou não) a presença do próximo. Mesmo de longe, já *sabem* que ele não corresponde à acepção jurídica de próximo: "Viram, mas não reconheceram"[10]. E quais são os sinais indicadores de que ele não seria, *literalmente*, o próximo? Ele encarna a carência: ferido, só, abandonado, sofredor, incapaz; mas não é reconhecido como digno de solidariedade porque não se enquadra num grupo restrito. O fator mais relevante para a sua exclusão é a sua condição de *estrangeiro*. O homem caído é, portanto, um *estranho* em relação a esse estrangeiro, o que provavelmente não acontece *entre* o homem caído e aqueles que passaram adiante. O reconhecimento do próximo e o ato de se aproximar de alguém são dois gestos indiscerníveis e absolutamente necessários, em sua identidade, para a práxis da fraternidade; para superar a "visão" física e intelectual do próximo. Assim, não é a afinidade religiosa, geográfica, cultural ou política que determinam a fraternidade, e é nisso que se encontra a *universalidade* que a narrativa afirma. A lei prevê o acolhimento do excluído: do órfão, da viúva e do estrangeiro, mas a referência do preceito é particularizada de modo que ele valha apenas para os "iguais" e, assim, faço pelo outro o que espero que ele faria por mim. Nessa ética da permuta, o desvalido não tem lugar, pois nada tem a oferecer. Ele não pode mostrar aquilo que o faria conhecido como parceiro.

Sendo assim, quando um estrangeiro reconhece um estranho, o que ele reconhece no outro? Nenhuma afinidade específica, nenhum traço

---

9. A respeito do assunto, acompanhamos as considerações de Joachim Jeremias, *As parábolas de Jesus*, São Paulo: Paulinas, 1976.
10. L. Pozzoli, *op. cit.*, p. 3.

particular de união, nenhuma característica comum definida. Mas há algo que o *comove*: "moveu-se de compaixão" (Lucas 10, 18). O movimento da alma é inteiramente livre e autônomo, mas é ao mesmo tempo profundamente motivado pela *condição comum*, que antecede e transcende qualquer traço determinado de semelhança. Independentemente da reação do estranho, o movimento da alma do estrangeiro o encontra num regime de comunidade *humana* totalmente indeterminado no âmbito das lógicas de pertencimento. E ao movimento da alma seguem-se os gestos concretos de auxílio, solidariedade e cuidado. A relação entre os dois homens é de diferença: aquele que ainda desfruta de sua integridade física vê no outro a carência e a vulnerabilidade *em ato*, e reconhece, nessa situação, a carência e a vulnerabilidade como *condição comum*. Nesse sentido, a diferença no plano da singularidade revela a semelhança no plano da universalidade. E não é apenas porque o que acontece com o outro poderia acontecer comigo, mas sim porque, independentemente do que acontece e das circunstâncias específicas, eu e o outro habitamos o mesmo mundo e partilhamos as mesmas possibilidades. Por isso, "toda qualificação ulterior é irrelevante"[11], para mim e para ele, diante de um encontro que singulariza a universalidade da relação fraterna e a mostra de modo concreto.

As dificuldades inerentes ao reconhecimento que se desdobram, notadamente, por toda a história da filosofia moderna, vinculam-se, ao que tudo indica, à dependência que o reconhecimento ético mantém em relação à necessidade epistemológica da determinação cognitiva para a admissão (fundamentada) da *realidade* do que quer que seja. Com efeito, coisas, pessoas, relações necessitam da legitimidade conferida pela representação intelectual, pois, como afirmou Descartes, o intelecto é a *essência* da realidade humana, e tudo o mais são modos (acidentais) de sua manifestação. Ora, se, como vimos, o reconhecimento (ético) passa antes pela emoção e pela comoção do que pelo conhecimento, não é surpreendente que a *realidade da relação*, em seu teor existencial e experiencial – e não lógico – tenha dado ocasião a tantos impasses. Sobretudo se, do ponto de vista das filosofias da subjetividade, a relação se dá entre consciências e deve ser determinada pela consciência do sujeito. Por isso,

---

11. *Ibidem*, p. 4.

Honneth pode afirmar que, a partir da concepção hegeliana do conflito das consciências, a *luta pelo reconhecimento* ocorre no domínio da *filosofia da consciência*, o que significa um outro plano de eticidade calcada na alteridade[12]. Em outras palavras, a superação do impasse cartesiano que resultaria no solipsismo deu-se pela interiorização da possibilidade do reconhecimento e pelo conflito como testemunho do outro e da alteridade. A alteridade, considerada como *reação* dos sujeitos um ao outro, só pode acontecer em situação de conflito. Chega-se, assim, a uma reciprocidade, mas conflituosa e problemática em sua universalidade se vista somente como intersubjetividade, por assim dizer, restrita ao célebre modelo hegeliano, que parece destinado preponderantemente à individualização.

Ora, segundo Honneth, seria preciso entender a luta pelo reconhecimento como processo social: a individualização deveria derivar desse processo, que seria então inseparável da dinâmica da *comunitarização*. Seria talvez necessário diferenciar esse processo da relação orgânica entre indivíduo e comunidade, presente em Hegel, já que, ao que tudo indica, Honneth pretende, justamente, enfatizar a primazia da dinâmica social no desdobramento da individualização. Somente assim se poderia fazer da política um instrumento que impeça os conflitos em suas consequências destrutivas, sem apelar para o totalitarismo hobbesiano ou para uma justificativa maquiaveliana do poder. É como se o caráter constitutivo do conflito das consciências na experiência de alteridade fosse muito mais derivado de uma concepção solipsista ou monádica do *cogito*, do que de possibilidades realizáveis a partir da emergência social da subjetividade. Ou seja, é preciso pensar numa instância prévia à pluralidade dos sujeitos como condição, ao menos de direito, do reconhecimento – mas isso num contexto em que a subjetividade predomina e é vista como fundamento. Dir-se-ia que a comunidade *não pode* ser fundamento da individualidade, como se supõe que fosse o caso na Grécia, mas, por outro lado, a individualidade *não deve* ser o fundamento da comunidade. De alguma forma, a concepção de Hegel teria a intenção de superar essa alternativa[13]. Mas, de modo geral e esquematicamente, pode se dizer que, de Maquiavel a

---

12. Axel Honneth, *Luta por reconhecimento: a gramática moral dos conflitos sociais*, São Paulo: Editora 34, 2003, p. 63. Cf. também, para uma visão mais geral, Rurion Melo (org.), *A teoria crítica de Axel Honneth: reconhecimento, liberdade e justiça*, São Paulo: Saraiva, 2013.
13. A. Honneth, *op. cit.*, p. 65.

Habermas, o teor sócio-histórico da racionalidade ético-política nunca teria sido devidamente valorizado. Não apenas na esfera da metafísica, mas também no plano da lógica transcendental, da dialética e mesmo da razão comunicativa, de alguma forma a normatividade, em suas várias acepções, sempre se teria sobreposto à articulação histórica. Assim, em seus últimos trabalhos, notadamente em *O direito da liberdade*, o autor teria privilegiado uma discussão das relações ancorada no desenvolvimento histórico em suas configurações específicas[14]. Com isso os vínculos entre liberdade, história e ética incidem de forma mais esclarecedora sobre a questão do reconhecimento.

Ora, se a liberdade passa a desempenhar a função de condição do reconhecimento, temos uma outra articulação entre as dimensões subjetiva/individual e social/objetiva. Se buscarmos a eticidade no âmbito da filosofia do direito, como o faz Honneth, veremos que a questão política da democracia (*eticidade democrática*) se destaca, pois é nessa direção que se pode pensar (e praticar) socialmente a justiça. "Uma das maiores limitações que sofre a filosofia política contemporânea é a sua separação de uma análise social e, com isso, a fixação em puros princípios normativos[15]." O reconhecimento de si e do outro como prática da justiça inclui obrigatoriamente os vínculos entre teoria da justiça e teoria social. Relação que não pode ser simplesmente descrita, mas que deve ser permanentemente reconstruída de forma crítica. Tanto o reconhecimento quanto a justiça só fazem sentido se forem consideradas em seu enraizamento social, num regime de liberdade concreta. Assim se passa, finalmente, do eu ao nós. É curioso notar que o esforço de Honneth, aparentemente desenvolvido para superar o caráter especulativo da filosofia política, reintegrando a subjetividade ética à objetividade histórica, não chega, ao que tudo indica, à articulação da complexidade do reconhecimento concreto. O leitor sente a falta, tanto na *Luta pelo reconhecimento* quanto em *O direito da liberdade*, de maior precisão e aprofundamento das instâncias institucionais que deveriam fazer parte do processo de reconhecimento, isto é, de uma experiência social da intersubjetividade. Talvez por isso a insistência na dimensão social, sem dúvida pertinente e

---

14. Cf. Filipe Campello, "Do reconhecimento à liberdade social: sobre o 'direito da liberdade' de Axel Honneth", *Cadernos de Ética e Filosofia Política*, nº 23, São Paulo: FFLCH-USP, 2013, p. 186.
15. Axel Honneth, *O direito da liberdade*, *apud* Filipe Campello, *op. cit.*, p. 188.

oportuna, não resulta no esclarecimento da relação efetivamente dialética entre sujeito/indivíduo e a coletividade em seu caráter ativo, que até há algum tempo podíamos chamar de *sociedade civil*. Essa lacuna – se assim podemos dizer – restringe, de alguma forma, a compreensão e a ação da relação com os outros. Por exemplo, é verdadeiro dizer que a relação com os outros não se dá apenas nos âmbitos da família, da escola e do trabalho: no entanto, se não lograrmos discernir a vivência da liberdade em cada uma dessas instâncias, não alcançaremos uma compreensão suficiente do exercício social da liberdade, cuja preparação, realização, êxito ou fracasso acontece por meio das instituições que interferem no processo de subjetivação e socialização.

Assim, o mérito de ter chamado a atenção para a multiplicidade complexa do processo de reconhecimento não se prolonga, em Honneth, numa visão suficientemente aprofundada da articulação dialética entre indivíduo e sociedade. Nesse sentido, permanece o risco da limitação do reconhecimento a um cálculo moral de perfil utilitarista, a uma solidariedade de estilo durkheimiano e a uma certa objetivação da esfera pública. Tudo isso é, provavelmente, consequência de não se ter escapado inteiramente do império da norma (e, consequentemente, talvez, de uma *gramática dos conflitos sociais*), embora se possa duvidar dessa possibilidade.

Se os conflitos não ocorrem apenas entre as consciências em busca da hegemonia e se a forma e o conteúdo da luta pelo reconhecimento é dependente da esfera social em que os indivíduos atuam e, principalmente, do modo como a organização da sociedade interfere na atuação do indivíduo e molda, em grande parte, o processo e os resultados da subjetivação, então seria preciso buscar, na interação dessas causas, os motivos sócio-históricos da indiferença, da exclusão, da discriminação e da extraordinária perversão dos princípios de liberdade, igualdade e fraternidade, responsável pela degeneração dos ideais iluministas na violência já contemporânea à proclamação das expectativas de autonomia. Seria, pois, nessa direção que se deveria buscar alguma possibilidade de compreender essa mutação, suficientemente radical para que pudéssemos passar da *ética à antiética*. Para que a *fraternidade* seja, para nós, apenas um termo trivial ou uma fórmula vazia, e a *violência* seja, pelo contrário, uma realidade tão contundente que experimentamos por vezes dificuldades para atingi-la no efetivo horror de seu significado, o que faz, um tanto paradoxalmente, que as duas palavras sejam usadas com a mesma leviandade e irresponsabilidade. Note-se que não se trata apenas de apontar as causas sociais da violência, já exaustivamente examinadas e conhecidas de todos, tanto daqueles que lhes conferem primazia absoluta e mesmo exclusividade, quanto daqueles que negam a elas algum grau de importância na dinâmica dos conflitos. Atente-se para o que diz Adauto Novaes: "Alain nos adverte: se quisermos tratar com seriedade a questão da violência, devemos levar em conta a diferença entre as 'causas ocasionais e as causas permanentes', isto é, ver a diferença entre os *acontecimentos* (causas ocasionais) e as *instituições*[16]".

O que já dissemos até aqui deveria ser suficiente para indicar que não se trata de articular causas e efeitos, nos moldes de uma análise objetiva de um fenômeno externo e extrínseco. A violência é um fenômeno que nos concerne independentemente da participação direta que nele possamos ter, como vítima ou algoz. Por mais indiferentes que nos mostremos, sabemos, no fundo, que mais cedo ou mais tarde a violência nos atingirá, ou perceberemos, com incômoda clareza, que ela já nos atingiu – *e que já a vivemos*. A consideração da violência em termos de exterioridade é fruto de um conhecimento superficial da realidade e, sobretudo, de um déficit de experiência pelo qual nossa hipocrisia é responsável, por exemplo, quando transfiguramos a sociedade dividida em dois mundos que apenas eventualmente se comunicam, como duas realidades independentes. A mutação a que nos referimos acima diz respeito, sobretudo, à expansão e onipresença da violência, em suas formas antigas e em suas novas configurações que já não nos escapam porque já não nos é possível viver à distância delas. A mutação não permite que expliquemos objetivamente a violência, porque a sociedade tornou-se *intrinsecamente* violenta. A violência não é acidental, mas essencial a uma sociedade que optou politicamente pela via da exclusão, fazendo com que a ordem e a justiça aconteçam sempre mediadas pela força e, portanto, pela repressão. Ela é interior a nós, no sentido subjetivo; mas é interior também à organização institucional da sociedade. A violência pode ser vista como consequência necessária da opção pela força como critério da ordem e da justiça. Tra-

---

16. Adauto Novaes, "Causas acidentais e causas permanentes da violência", apresentação do ciclo de conferências "Violência Interior", realizado na Escola de Oficiais da Polícia Militar do Rio de Janeiro.

ta-se da conhecida relação de consequência entre repressão e civilização, tematizada por Foucault e, antes dele, por Freud e Nietzsche[17]. A questão é: devemos aceitar o diagnóstico desses pensadores como justificativa da necessidade do uso da força, tanto no âmbito privado quanto na esfera pública? Em outros termos, dizer que a sociedade atual é intrinsecamente violenta seria o mesmo que afirmar que força e violência seriam elementos essencialmente constitutivos da vida social? Hobbes afirmou: "Sem a espada, os pactos não passam de palavras sem força, que não dão a mínima segurança a ninguém[18]". Nesse sentido, só pode assumir a responsabilidade pela paz aquele que pode dispor indiscriminadamente da força, uma vez que a força legalizada (ou a violência como monopólio do Estado) não é mais do que a afirmação da lei e da força, já que o "arcabouço jurídico" somente funciona se imposto.

É notável (além de muito atual) que a opção pela submissão completa a uma autoridade totalitária – a renúncia à liberdade – seja considerada por Hobbes como uma escolha racional e inteiramente justificada se o objetivo for a paz. A necessidade da força e o monopólio estatal da violência aparecem como fundamentais pelo menos nesses dois momentos relevantes da história política: em Hobbes e em Weber. Poderíamos contrapor a essa concepção o liberalismo de Locke, para quem a instância decisiva de poder é sempre o povo, que pode destituir o poder institucional – executivo e legislativo – quando este já não atender mais às necessidades e aos direitos dos cidadãos. Dir-se-ia então que o Estado existe para preservar a liberdade, e não para restringi-la. Mas, de fato, entre a vida, a liberdade e a propriedade, direitos naturais, é o último que detém a prerrogativa, e os demais são regulados por ele. Dito de modo mais direto, a vida e a liberdade *valem* relativamente ao patrimônio dos indivíduos, razão pela qual o Estado tem o dever primordial de defender a propriedade. Ela não é acidental ou ocasional, não é um mero efeito da condição política de cidadão, mas sim aquilo que constitui propriamente a natureza da vida política, de tal modo que se pode dizer que preservar a liberdade é exatamente o mesmo que defender a propriedade. Não é necessário comentar muito acerca das consequências éticas dessa posição porque a prevalência

---

17. Michel Foucault, *Nietzsche, Freud e Marx – Theatrum philosophicum*, São Paulo: Princípio, 1997.
18. Thomas Hobbes, *Leviatã*, São Paulo: Abril, 1980, p. 123.

total do *ter* sobre o *ser* é, sem dúvida, o traço mais nítido da introjeção subjetiva e coletiva da essência do capitalismo. O caráter trivial que a *vida* assume no contexto da violência contemporânea está certamente vinculado ao estatuto relativo da vida em relação à propriedade, o que ocorre também na relação entre propriedade e liberdade. Não há dúvida de que o grau da liberdade que o indivíduo pode desfrutar está diretamente ligado à quantidade de patrimônio de que dispõe: a propriedade é um *bem* superior porque garante o uso e fruição de outros *bens*, entre os quais a vida e a liberdade.

A administração de uma sociedade que se constitui por tais parâmetros exige vigilância e segurança para que a ordem seja mantida, vigorando também uma acepção de justiça diretamente vinculada à ordem sistêmica necessária à defesa da propriedade. Isso significa uma escala bem determinada de valores: a justiça decorre da ordem e a ela se subordina; a liberdade e a vida serão ou não preservadas conforme a garantia que a propriedade possa oferecer para tanto. A prevalência da propriedade indica que a sociedade não está pautada por valores éticos, mas funcionalmente organizada segundo a divisão e a ordenação econômica. Como já foi observado muitas vezes, o capitalismo não é somente um sistema econômico, mas um modo de vida materialmente ordenado por uma noção patrimonial de valor, o que incide diretamente sobre a questão do reconhecimento e reitera a necessidade de recolocá-la a partir da ética. Com efeito, os critérios de reconhecimento, quando dizem respeito à dimensão do *ter* mais do que à dimensão do *ser*, já não dizem respeito à *pessoa*, mas tão somente às condições de eficácia econômica das unidades de produção, que os economistas costumam chamar, significativamente, de *atores* em *cenários*. Políticas públicas de segurança levam em conta a conduta provável de atores em cenários sociais, a partir dos *papéis* que devem representar segundo um roteiro sociopolítico elaborado e previsto em conformidade com as exigências da divisão social de classes, em que a diferença se traduz em submissão ou dominação. Daí a necessidade de que a questão do reconhecimento seja colocada de modo social e histórico, mas de acordo com a complexidade inerente à relação dialética entre o singular e o universal. O mesmo se pode dizer da justiça – sobretudo quando mostra de forma mais clara a ambiguidade inerente à sua natureza de *poder*.

E isso porque poder e força, apesar de estarem obviamente associados, beneficiam-se de um mascaramento pelo qual se atribui aos poderes políticos a isenção, e, ao poder judiciário, a neutralidade. Essa é a razão pela qual até hoje se aceita com relativa naturalidade a tese weberiana do monopólio estatal da violência: presume-se que o uso da força pelo Estado, ocorrendo na dimensão pública, seria um uso desinteressado. Mas não é preciso muita acuidade de visão para entender que o Estado atua segundo interesses que se desdobram com vantagem em relação aos demais agentes políticos. Por isso não se pode comparar o monopólio estatal da força com o poder de Deus, como sugere a comparação hobbesiana entre o Deus imortal e o deus mortal. O Estado pode ser aparelhado; Deus, em princípio, não poderia sê-lo, mas as Igrejas, como sabemos, se prestam muito bem a isso. Assim se justifica o reparo:

> Compreende-se que a análise weberiana sobre o monopólio legítimo da violência, tomado como fundamento primordial do Estado, deve ser questionada não apenas em razão de sua inadequação ao contexto democrático, mas, sobretudo, devido a fatores que se impõem na sociedade contemporânea contrariando esta tese, além de sua ineficácia como fundamento único para a garantia do direito à segurança. Registre-se aqui a fragilidade dos Estados contemporâneos diante da aceleração do processo de globalização da economia, sobretudo quando aparece minado pela globalização do crime[19].

A crítica coloca em destaque pelo menos dois aspectos importantes, embora não tratados com frequência nos estudos de filosofia política:

1. A relação entre o Estado forte e a segurança do cidadão. Não existe conexão "necessária" entre os dois elementos. O que se observa historicamente é que o domínio e o controle exercidos pelo Estado forte colocam o cidadão à mercê do poder, e suas únicas garantias seriam o conformismo e a obediência. A ausência de reconhecimento da cidadania e mesmo da humanidade é a característica principal da

---

19. Lúcia Lemos, "A política de segurança pública entre o monopólio da força e os direitos humanos", tese de doutorado, Universidade Federal de Pernambuco, 2010, p. 94.

relação entre o indivíduo e o poder, razão pela qual ele não pode ser considerado um *sujeito político*. Sua sobrevivência ocorre na medida em que a violência do poder se exerce *de fato sobre os outros*, o que significa que *ele mesmo* também é, por *direito de estado*, uma vítima em potencial da arbitrariedade.

2. O monopólio da força significa o direito à violência legitimado pelas razões de Estado. Só o Estado, isto é, o poder, pode exercer a violência amparado pelo direito. Nesse sentido, cessa qualquer interlocução política entre o indivíduo e o poder, porque toda diferença é anulada, e o direito está apenas do lado do poder. Quando o indivíduo discorda e eventualmente contesta a situação, trata-se de um *fato* desprovido de legalidade e que deve, por isso, ser evitado e reprimido. Quando a repressão se torna a base da manutenção do poder e da ordem, o Estado não é respeitado, mas sim temido. Ora, a justiça é para ser respeitada ou temida? Os direitos estão distribuídos entre os cidadãos ou concentrados no Estado? O critério de igualdade política, social e econômica é instituído pelo Estado ou está intrinsecamente ligado à cidadania e à humanidade?

O que está implicado nas duas observações acima, como consequência do que vimos até aqui, é que a articulação dialética entre indivíduo e sociedade, ou subjetivo e objetivo, passa por um equilíbrio, que pode ser instável, entre a singularidade individual e subjetiva e a universalidade social e objetiva. O que vincula as duas instâncias, mantendo rigorosamente a diferença entre elas, é a ideia de cidadania como individualidade comunitária. Note-se que uma das lições a serem aprendidas com a *polis* grega é que a comunidade não consiste apenas num agrupamento de indivíduos, e que o cidadão não se define apenas como um elemento particular num contexto geral. A pertinência recíproca torna a realidade política mais complexa: o indivíduo é *comunitário*, e a comunidade é *individualizante*. Isso significa que o indivíduo-cidadão não é apenas um ser natural, mas uma construção ou autoconstrução política; e a comunidade não corresponde apenas à necessidade de cooperação para a sobrevivência dos indivíduos, mas à realização intersubjetiva da humanidade, ou à expressão do *éthos*.

É a consideração do *éthos*, ou a experiência ética de existir humanamente que se exprime no *respeito*, que transcende muito a observância da norma (o respeito à lei), e somente se efetiva quando capta a realidade ética da pessoa. Assim, a exigência do respeito à lei é, via de regra, um requisito da sociabilidade funcional, e não de uma comunidade de pessoas ou cidadãos. Por isso, esse tipo de "respeito" se presta a toda sorte de mentiras, falsidades, hipocrisias e transgressões, como é o caso da representação política em seu processo de degeneração, mas que se observa também de modo geral na dissolução ética do sujeito e da sociedade.

Assim esperamos ter indicado pelo menos algumas linhas que permitam avaliar o extraordinário estreitamento do horizonte de compreensão das noções que deveriam compor a vida ética, a ponto de se poder falar, sem grande espanto, do próprio desaparecimento da ética, ou de sua inutilidade na consecução dos objetivos que orientam a vida contemporânea, individual e coletivamente. Diante do desaparecimento de critérios éticos, não é surpreendente que a violência se tenha tornado trivial e ocupe tanto espaço na esfera das relações humanas, de modo explícito, implícito ou latente. E, assim, que o direito à vida se tenha banalizado em proporção direta com o enaltecimento do direito à propriedade. E que o direito à liberdade tenha sido absorvido pela funcionalidade normativa da vida administrada. Enfim, de todos os lados os poderes se organizam e se armam não para o exercício político do reconhecimento pela diferenciação, mas para o aumento contínuo da intensidade do "poder de fogo", já que o resultado esperado da violência parece ser a única expectativa das vidas provisórias e vazias no *deserto do real*. O poder não é, talvez nunca tenha sido, um meio de promover o bem comum, na forma da democracia. O poder tornou-se um fim em si mesmo e, portanto, precisa ser preservado por via de todas as formas possíveis de violência. As notas aqui apresentadas buscaram os fatores que permitiriam compreender essa mutação.

# Tempo e história
Marcelo Jasmin

> *Nenhuma história universal conduziu do selvagem ao homem civilizado; muito provavelmente há uma que leva da funda à bomba atômica.*
>
> T. ADORNO

Parece não haver nada, no horizonte de expectativas imaginadas nesta década e meia de século XXI, que desminta a afirmação pessimista de Adorno em sua *Dialética negativa*. Mesmo que mantenhamos ativa a crença de que a crítica da razão e do progresso são condições para o avanço da *Aufklärung*, os sinais de um progresso geral e persistente da humanidade (tal como concebido no âmbito dos iluminismos europeus e das filosofias da história e, portanto, distinto dos progressos particulares e localizados, da tecnologia, da ciência etc.) parecem desaparecidos, para dizermos o mínimo. Significa dizer que aquelas noções de tempo e de história que acompanharam as modernidades esclarecidas e liberais, assim como as perspectivas hegemônicas do socialismo do século passado, têm nos ajudado pouco na descrição e na compreensão do passado e do presente e ainda menos na previsão ou prescrição do futuro humano plausível ou desejável como faziam tais modernidades. Embora se leia muita historiografia hoje, as funções do conhecimento histórico parecem apontar antes para a erudição, para a detecção de permanências e mudanças, para a investigação da alteridade e da diferença e para o deleite da leitura do que para a orientação do agir ou o vislumbre do que se deve esperar ou do que poderá vir adiante. Apesar da rapidez com que a indústria da tecnologia de ponta apresenta os seus novos produtos e da inédita velocidade de obsolescência dos mesmos, há pouco a esperar no sentido de uma alteração qualitativa das relações políticas, sociais e morais. Como se tal mudança acelerada tivesse se tornado rotina e repetição.

Em inícios do século passado, intelectuais como Georges Sorel e Walter Benjamin imaginaram a possibilidade da interrupção do tempo e da história do capitalismo a partir da destruição e da catástrofe, seja pelo mito da *greve proletária geral* (Sorel), seja por algo assemelhado à *violência divina*[1]. Entre nós, hoje, a catástrofe parece ter se integrado ao horizonte de uma "normalidade" incômoda, de um cotidiano prenhe da experiência e da memória da guerra, do genocídio, do terror, da matança hodierna em nossas cidades, dos horrores diários veiculados na instantaneidade dos atuais meios de comunicação. Os seriados de TV trazem muitos e novos bandidos, "homens do mal" admirados não exatamente pelo que fazem, não propriamente por seus crimes, mas talvez, como dizia Sorel a respeito dos personagens do "grande criminoso", por revelarem às avessas as amarras da ordem moral e a hipocrisia que ela nos exige para continuarmos a *suportar* a vida, como dissera Freud no eclodir da Primeira Guerra Mundial[2].

Quando se acreditava que o tempo era o da repetição ou da circularidade, a história teve a função de ensinar através dos seus exemplos, guiando os seres humanos no presente de incertezas, dando-lhes alguma segurança em relação ao futuro pela remissão incessante às narrativas dos feitos dos antepassados, vitoriosos ou fracassados. Quando se concebeu o tempo como uma linha infinita pela qual transcorria um processo consistente de mudanças que deixava o passado para trás, a história foi alçada ao patamar de ciência da humanidade, ganhou unidade ontológica, direção e significado, tornando-se a principal responsável por indicar os caminhos para um futuro mais ou menos seguro, por vezes redentor. Sem linha nem círculo, o tempo de hoje parece combinar a latência inultrapassável do

---

1. Georges Sorel, *Reflexões sobre a violência*, São Paulo: Martins Fontes, 1992; Walter Benjamin, "Para uma crítica da violência", in: Walter Benjamin, *Escritos sobre mito e linguagem (1915-1921)*, São Paulo: Duas Cidades/Editora 34, 2013, pp. 121-30.
2. Sigmund Freud, "Considerações atuais sobre a guerra e a morte", in: Sigmund Freud, *Introdução ao narcisismo: estudos de metapsicologia e outros textos (1914-1916)*, Obras completas, vol. 12, São Paulo: Companhia das Letras, 2010, pp. 209-46.

"bárbaro" ou do "primitivo" – como antípodas do "civilizado" – com os raios velozes de uma tecnologia renovada sem fim e sem significado. As mutações contemporâneas da história se dão num espaço dividido com a memória e com o testemunho, e as tecnologias do registro da imagem, do som e do movimento inundam o presente de passado, reivindicando, talvez, a nossa atenção para modos não convencionais ao historiador. Nas últimas três ou quatro décadas ficamos mais "convencidos da ironia da história, ou da violência de seus movimentos de aceleração do que da evidência de seu sentido", como afirmara Nicole Loraux no ciclo de conferências *Tempo e história*, organizado por Adauto Novaes em 1992, e que celebramos neste texto[3].

★ ★ ★

O convite de Adauto Novaes para participar deste ciclo de conferências que comemora trinta anos de intensa atividade de pensamento, reflexão e crítica, para tratar do tema "Tempo e história", foi para mim uma grande honra e a reafirmação de uma amizade intelectual que tem proporcionado uma experiência de diálogo crítico, polifônico, instigante e desafiador rara no mundo acadêmico e intelectual de hoje. E se foi com muita alegria que aceitei o convite, é também com grande respeito e com algum temor que participo dessa obra de trinta anos com uma pequena contribuição ao concerto de vozes que compõem esse patrimônio cultural justamente elogiado por Antonio Candido no pequeno texto em homenagem a Adauto Novaes que se publicou no caderno de resumos do presente ciclo.

Ao reler os artigos daquele livro publicado pela Companhia das Letras e que registrava o resultado do ciclo de palestras daquele ano de 1992, refiz uma viagem maravilhosa por entre as palavras de José Américo Pessanha, Nicole Loraux, Catherine Darbo-Pechanski, Gerd Bornheim, Claude Lefort, Benedito Nunes, Franklin Leopoldo, José Leite Lopes, Olgária Matos, Newton Bignotto, Miguel Abensour e tantos outros textos que avaliavam os mais diferentes aspectos da discussão teórica acerca do tempo e da história, assim como a crítica das efemérides do momento: os

---

3. Nicole Loraux, "Elogio do anacronismo", *in:* Adauto Novaes (org.), *Tempo e história*, São Paulo: Companhia das Letras, 1992, pp. 57-70.

marcos da Semana de Arte de 1922 e do modernismo, de 1792 e do Terror revolucionário francês, e de 1492, o registro da descoberta da América pelos europeus ou o da invasão europeia das terras indígenas americanas, a depender da narrativa a que se recorresse.

O primeiro impulso quis elaborar uma espécie de balanço das questões que, desde então, vêm se desenvolvendo no campo dos estudos da teoria da história e, especialmente, em sua relação com o tempo, mas felizmente logo percebi a desmesura de lidar sinteticamente com as mutações pelas quais estamos passando desde aquele ano de 1992, ao mesmo tempo tão perto e tão longe do nosso aqui e agora. Em 1992, a queda do Muro de Berlim e a desmontagem do comunismo soviético ainda eram novidades, e Francis Fukuyama publicava o seu livro então altamente provocador, *O fim da história e o último homem*, no qual proclamava a vitória final do capitalismo mundial e da democracia representativa sobre o comunismo e, consequentemente, o encerramento da dialética que fizera mover os conflitos e a história desde o final do século XVIII. O capitalismo parecia se renovar, e, embora ainda não existisse o euro como moeda única europeia, a sua ideia já recebera aprovação. Boris Yeltsin lutava contra o Soviete Supremo pelas reformas, enquanto Milošević era sagrado, pela segunda vez, presidente da Sérvia. Bill Clinton se elegia presidente nos Estados Unidos pela primeira vez, e o que um dia conhecemos como Tchecoslováquia viveu o seu último ano de existência como um país unificado. Naquele ano de 1992, o então tenente-coronel Hugo Chávez fracassava na sua tentativa de tomar o poder político na Venezuela por via militar. No Rio de Janeiro se reunia a conferência sobre o meio ambiente, a ECO-92, mas as Olimpíadas aconteciam em Barcelona. Na cidade de São Paulo assistimos aterrorizados ao massacre na penitenciária do Carandiru (no ano seguinte viveríamos a chacina da Candelária no Rio, mas ainda não o sabíamos). O *impeachment*, no Brasil, era o de Fernando Collor de Mello.

Muita coisa aconteceu de lá para cá, e uma lista minimamente consistente levaria dias para ser lida, mas ainda assim deixaria a impressão de sua incompletude. Certamente não poderíamos deixar de lembrar a radical reconfiguração do mapa nacional do Centro e do Leste europeus, as guerras étnicas que pareceram reemergir do fundo da história, os atentados de 11 de Setembro e as represálias com as guerras do Iraque e do Afeganistão. No Brasil seria impossível esquecer que um operário foi eleito presidente do Brasil por um Partido dos Trabalhadores, e que na América do Sul movimentos originados à esquerda prometeram renovar o quadro social e político também na Argentina, na Bolívia, no Equador e na Venezuela. Que outros marcos escolheríamos para traçar, como pedrinhas, os caminhos trilhados pelas populações no Brasil e no mundo? E como fazê-lo sem cair nos tradicionais vieses raciais, nacionais, de gênero ou religiosos que vêm sendo sistematicamente denunciados na elaboração dessas cronologias e de todo tipo de história universal? Parece que hoje uma perspectiva abrangente exigiria a reencarnação daquele judeu errante, Ahasverus, condenado a vagar eternamente pelos eventos do mundo e que seria, no dizer de Kracauer, o único a ter "um conhecimento de primeira mão dos desenvolvimentos e transições, porque só ele, em toda a história, teria tido a oportunidade não intencionada de experimentar o processo do devir e da decadência[4]". Esse mesmo Ahasverus, contudo, condenado a mover-se incessantemente e a nada esquecer, "carregado com seu fardo de recordações, memória viva do passado do qual é infeliz guardião", tornou-se objeto de nossa compaixão, pois, como nos assevera o historiador italiano Enzo Traverso, "não encarna nenhuma sabedoria, nenhuma memória virtuosa e educadora, mas unicamente um tempo cronológico homogêneo e vazio[5]".

Excesso de erudição e tempo homogêneo por muitas vezes se combinaram. Em meados do século XVIII, Voltaire escrevia contra uma perspectiva erudita de uma história coletora de fatos sem fim e reivindicava que a razão humana buscasse um *fio condutor* sob os eventos registrados pela história, de modo que ao acúmulo de informações deveria substituir-se uma *filosofia da história*, um pensamento que buscasse um significado para as épocas e para o desenrolar da história humana, escapando, simultaneamente, dos excessos detalhistas, do acúmulo sem fim da informação e da ausência de propósito da história humana. Todavia, o próprio Voltaire nutria certo ceticismo acerca desse sonho iluminista que ele formulava conceitualmente pela primeira vez. É exemplar, nesse sentido, o primeiro capítulo d'*O século de Luís XIV*, em que o *philosophe* estabelece quais seriam as grandes épocas da humanidade. A Grécia clássica, a Roma imperial e

---

4. Siegfried Kracauer, *Historia: Las últimas cosas antes de las últimas*, Buenos Aires: Las Cuarenta, 2010, p. 189.
5. Enzo Traverso, *El pasado, instrucciones de uso – Historia, memoria, política*, Buenos Aires: Prometeo Libros, 2011, p. 39. [Tradução minha nesse e nos demais trechos citados dessa obra.]

republicana, o Renascimento italiano e a época de Luís XIV. Contudo, as três primeiras teriam sido sucedidas por períodos de trevas, de decadência, de catástrofe cultural, de involução do saber e das ciências. O período macedônico, a Idade Média e as guerras de religião na Europa demonstravam que os progressos alcançados nos períodos antecedentes não haviam sido sustentáveis, embora vistos do momento em que Voltaire escreve o conjunto pudesse sugerir um avanço mais ou menos consistente, embora sofrido, da razão humana[6].

Para nós, neste início de século XXI, a busca de um sentido, uma direção e um significado para a história humana parece inteiramente inacessível, se não incompreensível. Entre nós, esse sonho não é passível de ser levado adiante com serenidade. Escolho, então, no período que nos separa daquele início dos anos 1990, dois fragmentos dentre os tantos eventos significativos que me parecem importar à pesquisa das mutações e sem os quais, penso, teríamos dificuldade de nos reconhecermos no mundo de hoje: em 1990, dois anos antes daquele seminário, foi instalada a primeira rede de telefonia celular no Brasil, na cidade do Rio de Janeiro; e em 1995, três anos após o seminário, foi liberado o uso comercial da internet. Significa dizer, por exemplo, que não tínhamos, de modo acessível à população em geral, nem *e-mail*, nem Facebook, nem páginas digitais ou jornais *on-line*. Penso que não precisamos de muito mais para descobrirmos como nos transformamos de repente: de lá para cá, no mundo inteiro, o enorme desenvolvimento da instantaneidade e da globalização da informação alcançou o que, comparativamente, nos parece ser o seu paroxismo, embora provavelmente não o seja, e uma quantidade sem precedentes de *bits* invadiram os nossos lares, nossos locais de trabalho e de lazer, primeiro pelas telas televisivas e logo em seguida através de nossos computadores e telefones celulares, 24 horas por dia, qualquer que seja o dia, sem descanso e quase sem respiração.

Penso que essas referências básicas são suficientes para nos darmos conta do quão relativas são as nossas medidas temporais. Ninguém poderia responder ao certo se é pouco ou muito esse tempo que se passou entre 1992 e 2016. A resposta tradicional, métrica, espacial – que afirmaria matematicamente que se passaram 24 anos – não nos diz muita coisa de

---

6. Voltaire, *Le siècle de Louis XIV*, vol. 1, Paris: Garnier-Flammarion, 1966.

relevante sobre o que pode interessar às questões da história e do tempo. Henri Bergson e Martin Heidegger, na primeira parte do século XX, já chamaram a nossa atenção para as dificuldades de se lidar com o tempo através de medidas espaciais, métricas, e termos como intensidade, duração, instantaneidade, historicidade e simultaneidade se difundiram na tentativa de dar conta dos fenômenos temporais cuja comensurabilidade se mostrava, no mínimo, problemática.

É verdade que quando comparamos esses vinte e poucos anos a outros períodos da história conhecida, percebemos que vivemos uma aceleração inédita do tempo, cujo parentesco mais próximo seria com a Revolução Industrial europeia de finais do século XVIII e inícios do XIX, embora permaneçam as dificuldades da comparação. De todo modo, naquele momento, vários dos processos que experimentamos hoje ganharam impulso e intensidade, como a integração mundial sem precedentes de todas as esferas da vida, a sensação da aceleração crescente do tempo, associada à radical redução das distâncias do mundo: Ocidente, Oriente, África, todos os continentes e todas as regiões nunca pareceram estar tão próximos de nós e entre si. Tempo e espaço, duas categorias sem as quais não se pode falar em história, se transformaram radicalmente. As expectativas de futuro que tínhamos em nossos horizontes do possível em 1992 não se realizaram como se podia então prever, de modo que o presente visto daqui em grande parte não se coaduna com o futuro visto de lá. Fukuyama reviu a sua tese em tom autocrítico. Não há segurança na transmissão da experiência anterior para as gerações futuras. Parece que vivemos uma espécie de fragmentação dos tempos históricos na qual cada geração tem um acesso direto, imediato, ao que a ela se apresenta sem que possa se beneficiar da preparação e do aprendizado transmitidos pela sabedoria e pela tradição. Sobre isso, aliás, já nos alertava Walter Benjamin, logo após a Primeira Guerra Mundial, na sua distinção entre a *experiência vivida* diretamente na emergência mesma do momento (*Erlebnis*) e a *experiência transmitida* (*Erfahrung*) pela linguagem ao longo das gerações.

★ ★ ★

É muito difícil afirmarmos com precisão a partir de quando passamos a viver sob essa nova relação com o tempo. Alguns historiadores nos lembram que ainda nos anos 1960 a juventude no Ocidente estava prenhe de projetos generosos de futuro, e tais esperanças só viriam a esmorecer definitivamente com o fim do comunismo e a consolidação de um fosso entre o contemporâneo e as crenças na continuidade e no progresso da história. Outros pensadores, na esteira de Walter Benjamin, observaram retrospectivamente essa descontinuidade dos tempos históricos e a dificuldade de estabelecermos um nexo significativo entre os eventos da história mundial, ao longo de todo o século passado, e viram na Primeira Guerra Mundial a experiência que "questionou quase todos os supostos básicos sobre a natureza do tempo histórico", aí incluída a suposição de que haveria "continuidade da história humana"[7].

Como afirmou recentemente o historiador Lucian Hölscher, com quem tendo a concordar neste ponto:

> A aceitação da ideia de que o tempo histórico é descontínuo foi uma consequência necessária das experiências históricas que mudaram a compreensão europeia da história durante e após a Primeira Guerra Mundial. Mesmo hoje, um século depois, esta mudança não pode ser revista sem danos aos que a sofreram e aprenderam com ela. Defender a continuidade do tempo histórico implicaria negar as experiências dos que passaram pelas atrocidades da guerra; daqueles que foram iludidos por suas crenças na justiça divina e no progresso da cultura, da civilização e da natureza humana. Para a maior parte dos contemporâneos [dos anos 1920], o mundo após a guerra não tinha mais nada a ver com quaisquer noções de futuro anteriores a ela. O futuro daquele passado [antes da guerra] não era propriamente este presente [depois da guerra], e do mesmo modo que mudara o futuro, também mudara o passado [...]. A guerra fez mais do que marcar o fim de uma época e o começo de outra: ela pôs fim a um modo de pensar acerca da história, um modo de conceituar o tempo[8].

A sequência dos eventos do século XX não deixaria de alimentar essa descontinuidade. Provavelmente, a consequência mais duradoura dessas

---

7. Lucian Hölscher, "Mysteries of Historical Order: Ruptures, Simultaneity and the relationship of the Past, the Present and the Future", in: Chris Lorenz; Berber Bevernage (eds.), *Breaking up Time: Negotiating the Borders Between Present, Past and Future*, Göttingen/Bristol, Vandenhoeck & Ruprecht, 2013, p. 138.
8. Ibidem. [Tradução minha nesse e nos demais trechos citados dessa obra.]

rupturas foi o que poderíamos chamar de *desnaturalização* do tempo, uma consciência progressiva de que aquilo que chamamos tempo não se resume a um dado natural e cosmológico. O tempo ganhou complexidade, profundidade, historicidade e se transformou em objeto de estudo dos historiadores, especialmente após a Segunda Guerra Mundial. A relação entre presente, passado e futuro deixou de ser vista como a sequência cronológica neutra para ganhar densidade em "estratos do tempo[9]".

Mas não foi apenas a partir dessa experiência da ruptura temporal que a história perdeu a sua unidade épica – como história universal que narrava a totalidade ordenada da aventura humana na Terra – e se fragmentou no século xx. As sucessivas experiências catastróficas do último século puseram na linha de frente da observação historiadora o tema do trauma, da "ferida psíquica que não cura" e que parece estar na origem da inundação de memória a que assistimos nas sociedades ocidentais no último terço daquele século. Nas palavras da egiptóloga e professora de estudos literários Aleida Assmann:

> As conquistas assassinas e as guerras destrutivas dos impérios e nações ocidentais constituem um passado "quente" [*hot past*] que não desaparece automaticamente em virtude da mera passagem do tempo, mas permanece presente nas terras ensanguentadas [*bloodlands*] da Europa e de toda parte do mundo. Quando chegamos ao trauma não há divisão entre o reino da experiência e o horizonte de expectativa; pelo contrário, passado, presente e futuro se fundem de vários modos. Por isso, esses crimes contra a humanidade, como hoje os chamamos, não desapareceram silenciosamente mas reapareceram nos anos 1980 e 1990 com um impacto impressionante. Junto com o retorno de passados traumáticos, testemunhamos uma dramática alteração no paradigma da escrita da história, na qual a perspectiva das vítimas pôs em xeque aquela dos vencedores. Vivemos agora num mundo em que, por todo o globo, as vítimas do colonialismo, da escravidão, do holocausto, das guerras mundiais, dos genocídios, das ditaduras, do *apartheid* e de outros crimes contra a humanidade elevam as suas vozes

---

9. Reinhart Koselleck, *Estratos do tempo – Estudos sobre história*, Rio de Janeiro: Contraponto/puc-Rio, 2014.

para contar a história de seu ponto de vista e reclamar por uma nova perspectiva da história[10].

Nesse contexto traumático, o passado não pode ser identificado ao conjunto asséptico de fatos subsumíveis à pesquisa acadêmica, como gostariam de concebê-lo algumas das perspectivas mais científicas da historiografia dos séculos passados. O passado, através da memória e do trauma, é reiteradamente reconectado com o presente a partir de laços políticos, morais e afetivos que exigem a identificação de responsabilidades criminosas, reparações de vários tipos e mesmo julgamentos posteriores com pedidos de condenação e prisão.

Como afirmou outro historiador contemporâneo, Chris Lorenz: "A suposição de que um presente 'quente' [hot present] vai se transformar em um passado frio [cold past] é a estrutura temporal favorita daqueles que preferem deixar o passado descansar. Com frequência, é o quadro temporal preferido por aqueles que têm de temer a sentença da lei[11]".

A noção de crimes imprescritíveis fez o seu caminho por essa via e muitas vezes se reivindicou a participação dos historiadores em comissões da verdade, nos processos de justiça de transição e em julgamentos políticos. As linhas de separação entre a verdade histórica produzida pela compreensão dos eventos do passado e a decisão jurídica voltada para a imputação de responsabilidade e condenação criminosa tornaram-se, por vezes, perigosamente tênues.

★ ★ ★

Temos, então, aqui, duas dimensões significativas das mutações que o tema da história vem sofrendo nestes últimos anos. De um lado, a percepção de como o passado tem se tornado tão presente e tão plural em nossos cotidianos – um fenômeno especialmente visível na invasão da memória no espaço público e na forte politização do passado; de outro, a radical desnaturalização do tempo e das relações entre passado, presente e futuro – especialmente visível na florescente história do tempo e na reflexão historiográfica acerca da temporalidade.

10. Aleida Assmann, "Transformations of the Modern Time Regime", in: Chris Lorenz; Berber Bevernage (eds.), op. cit., p. 53.
11. Citado por A. Assmann, op. cit., p. 54.

Tenho duas hipóteses para indicar. A primeira é a de que essa emergência e a politização da memória, que implicam uma forte presença do passado em nossos cotidianos, têm representado um desafio aos cânones de uma historiografia acostumada à noção de que o objeto do historiador seria o *passado em si*, algo que não é mais e, como tal, deveria ser posto à distância metodológica e compreendido de um ponto de vista afastado que viabilizasse a suspensão, ainda que temporária, do juízo. Nesse contexto de emergência da memória no espaço público, especialmente na difusão midiática, em enorme velocidade, de imagens e recordações, de testemunhos autênticos, mas também de versões falsas e irresponsáveis, a memória coloniza a imaginação pública e ameaça se confundir com a história. A segunda hipótese é a de que a reflexão teórica e historiográfica contemporânea acerca da pluralidade dos regimes temporais oferece um caminho profícuo, se não profilático, para lidar com a presença do passado em tempos contemporâneos e avaliar as nossas dificuldades em lidar com o futuro. Num contexto de "passado quente" a *expertise* historiográfica na crítica das fontes e nas várias formas de contextualização se tornam ainda mais imprescindíveis.

★ ★ ★

O tema da memória tem sido exaustivamente discutido, dentro e fora do mundo acadêmico, e seria necessário um longo excurso acerca das suas relações com a história para pormos o problema em termos minimamente rigorosos, o que não se pode fazer aqui. Recorro a alguns poucos elementos relativos ao dilema acima referido, elaborados a partir de leituras diversas, com especial atenção às ponderações do já citado Enzo Traverso que me parecem conseguir o difícil equilíbrio entre a necessidade de incorporar as memórias e seus fundamentos subjetivos ao relato da história e a incontornável insistência no caráter crítico do trabalho historiográfico e de seu compromisso com o factual e o verdadeiro.

Extraída da experiência vivida, no sentido de Walter Benjamin, a memória é eminentemente pessoal e subjetiva em sua primeira enunciação. Nasce do que assistimos, sofremos, vivemos, de fatos de que fomos testemunhas e mesmo atores, e resulta das impressões que tais vivências gravaram em nosso espírito. É nesse sentido primário que podemos dizer que a memória é qualitativa e singular, não se preocupando com comparações ou contextualizações. "O portador de uma memória não necessita de provas. O relato do passado de um testemunho – sempre e quando não seja um mentiroso consciente – sempre será a sua verdade, ou seja, a imagem do passado depositada nele[12]." Mas sabemos também que essa impressão inicial, mesmo quando duradoura, não se fixa definitivamente, e vai sendo reelaborada à medida que vivemos, ressignificamos nossas experiências, as racionalizamos numa narrativa sempre aberta e revista em função do que experimentamos e dos inevitáveis lapsos derivados ou não do trauma.

> [A memória] se parece mais com uma obra aberta [...] se modifica diariamente graças ao esquecimento que nos atinge, para reaparecer depois, por vezes muito depois, tecida de uma forma distinta daquela da primeira recordação. O tempo não apenas erode e debilita a recordação. A memória é uma construção, sempre filtrada por conhecimentos adquiridos posteriormente, graças às reflexões que se seguem aos acontecimentos, graças a outras experiências que se superpõem à primeira e modificam a recordação[13].

Seria correto afirmar que a história – enquanto conhecimento cientificamente orientado – também sofre de males semelhantes, pois revê o passado à luz de novas experiências presentes, de pensamentos antes impensáveis, de descobertas acerca da vida em geral. A revelação de documentos antigos até então desconhecidos ou a divulgação de novas memórias atuais acerca de fatos passados também transforma a historiografia numa espécie de obra aberta. A memória, ou melhor, as memórias trazidas pelos novos testemunhos tendem a humanizar a história, a enriquecê-la com a trama da experiência vivida, a revelar verdades que dificilmente seriam acessíveis pelas tradicionais vias documentais, como nos casos notórios da tortura de prisioneiros ou dos campos de extermínio. Para usar a metáfora de Chris Lorenz, a verdade testemunhada pela memória dá calor à história, lhe dá alma, humaniza.

Contudo,

---

12. E. Traverso, *op. cit.*, p. 22.
13. *Ibidem.*

Se semelhante "contaminação" da historiografia por parte da memória revelou-se extremamente frutífera, não se deve [...] ocultar uma constatação metodológica tão banal quanto essencial, a saber, que a memória singulariza a história, na medida em que é profundamente subjetiva, seletiva [absoluta, eu diria] e, com frequência, desrespeitosa das escansões cronológicas e indiferente a reconstruções [mais abrangentes]. Sua percepção do passado só pode ser irredutivelmente singular[14].

Por isso, se o historiador tem por obrigação incorporar tais memórias como fontes em sua documentação e explorá-las cuidadosamente, tem também o dever de não se submeter a elas no sentido de confundir a verdade do testemunho com a verdade do relato histórico.

[O historiador] não tem o direito de transformar a singularidade desta [ou daquela] memória num prisma normativo de escrita da história. Sua tarefa consiste, sobretudo, em inscrever esta singularidade da experiência vivida em um contexto histórico, tratando de esclarecer as causas, as condições, as estruturas, a dinâmica do conjunto. Isto significa aprender com a memória ao mesmo tempo em que a examina e a submete a um processo de verificação objetiva, empírica, documental, fática, assinalando, se necessário, as suas contradições e armadilhas[15].

Não se trata aqui de reviver formulações clássicas do positivismo ou negar as muitas inscrições mais ou menos subjetivas do trabalho dos historiadores ou dos juízos emitidos por eles, mas de manter ativa a distinção entre um conhecimento crítico e racionalmente construído pelo historiador, que exige uma disposição compreensiva e polifônica em relação às vozes do passado – o que não deve ser confundido com justificativa –, e as afirmações também verdadeiras que derivam do ponto de vista da experiência vivida[16].

14. *Ibidem*, p. 24.
15. *Ibidem*.
16. Para ouvirmos, uma vez mais, a perspectiva de Traverso: "O historiador sofre os condicionamentos de um contexto social, cultural e nacional. Não escapa das influências de suas recordações pessoais nem daquelas de um saber herdado, das quais pode tentar se liberar, não por negá-las, mas fazendo um esforço de estabelecer uma distância crítica. Nesta perspectiva, sua tarefa consiste não em tentar evacuar

Nesse sentido, parece-me que é tarefa do historiador trazer as memórias para dentro de sua investigação, incorporá-las em sua análise, aprender seus conteúdos, criticá-los e pô-los num contexto polêmico que permita a visualização das muitas possibilidades e sensibilidades humanas investidas neste ou naquele momento. Significa abrir mão daquele discurso unívoco, certeiro, que pretendia uma narrativa definitiva do que realmente aconteceu, e reconhecer a polifonia da história, a agonia de seus personagens, a multiplicidade do sofrimento humano presente nos conflitos e nas misérias em que se enredam os nossos contemporâneos como os nossos antepassados. Significa, ainda, reconhecer que a dor, os testemunhos e os traumas dos próprios historiadores são parte integrante de sua atividade profissional.

★ ★ ★

A mesma impossibilidade de um discurso unívoco da história se apresenta quando revisitamos as muitas noções de futuro que a historiografia investiga pela história dos regimes temporais e, especialmente, pelo reconhecimento de que nos horizontes de expectativas que reconhecemos em cada período histórico as esperanças de futuro ali manifestas poucas vezes se realizaram naquilo que aconteceu na sequência temporal. O que se imaginou, num dado momento, que iria acontecer mais adiante não se confunde com os demais tempos presentes que se sucederam, indicando uma dialética fascinante entre expectativa e realização.

O tempo não é coisa que se defina de modo claro e distinto. O que chamamos tempo é tanto a condição de toda experiência, como também uma variedade de formas culturais de conceber o decorrer da vida em geral e da vida humana em particular. A historiografia, o trabalho dos historiadores, resulta sempre numa operação contra o tempo no sentido de apostar na preservação intelectual daquilo que, como fenômeno, está fadado ao desaparecimento. Mas os modos pelos quais grupos humanos e sociedades inteiras conceberam o que o tempo é, o que faz conosco e o que podemos fazer com ele, não foram sempre os mesmos.

a memória – pessoal, individual ou coletiva – mas em pô-la a distância e inscrevê-la em um conjunto histórico mais vasto". *Ibidem*, p. 33.

Quando Heródoto ou Tucídides produziam a imortalização dos feitos humanos pela operação dos relatos históricos, no século v a.C., supunham que a utilidade de seu conhecimento estava no caráter exemplar das histórias que forneceriam paradigmas de conduta aos que viessem a agir em qualquer outro presente no futuro. Supunham a existência de um certo *continuum* temporal no qual as circunstâncias futuras seriam análogas àquelas que narravam. Imaginavam um futuro semelhante ao seu próprio presente e ao seu passado, de modo que as lições que apresentavam em seus relatos serviriam para sempre. Certamente não podiam conhecer o futuro, mas imaginavam, concebiam, esperavam que o futuro fosse como o presente, povoado por homens e mulheres semelhantes aos que conheciam, por circunstâncias análogas, por batalhas que se espelhariam naquelas por eles narradas.

Cícero chamou essa história de *mestra da vida* porque suas narrativas ensinavam aos homens, independentemente do tempo em que vivessem, como se conduzir em cada circunstância presente, política ou guerreira. Acostumamo-nos a ouvir que os antigos concebiam o tempo ciclicamente, o que não sei se é a melhor maneira de nos referirmos a essas concepções na historiografia clássica, mas há, certamente, um tempo da repetição dos eventos e das circunstâncias em que os seres humanos se encontram. Não era suposto que as coisas seguissem sempre numa mesma ordem, numa sequência eternamente idêntica a si mesma, embora possamos encontrar essa figura do tempo, por exemplo, no ciclo das formas de governo tal como descrito na história de Políbio. Mas acreditava-se tanto numa certa regularidade dos modos de vida, como na estabilidade da própria natureza do homem, o que viabilizava a imaginação de uma estrutura temporal na qual a projeção do futuro estava colonizada pelo que já acontecera. O "horizonte de expectativas", para usarmos as categorias meta-históricas de Reinhart Koselleck, aparecia colonizado pelo "espaço de experiências"[17].

Bem diferente seria a experiência temporal dos modernos e, com ela, as suas concepções acerca do que a história é ou do que se pode fazer dela e com ela. Se há algo que as filosofias históricas da modernida-

---

17. Reinhart Koselleck, *Futuro passado – Contribuição à semântica dos tempos históricos*, Rio de Janeiro: Contraponto/PUC-Rio, 2006.

de acreditavam ter descoberto era que a história humana não se repetia indefinidamente porque havia algo inscrito na natureza humana que a fazia transformar o mundo de modo permanente e em novas direções até então desconhecidas. As concepções de homem nessa modernidade, especialmente a partir do século XVIII europeu, apreendem um ser humano dotado do que Ernst Cassirer chamou de *libido sciendi*, uma energia jamais satisfeita de querer sempre saber mais, que se adequa à faculdade da perfectibilidade que impulsiona os seres humanos para o esclarecimento de todas as coisas[18]. Retornamos à referência feita anteriormente aos iluminismos europeus e sua busca, sob as muitas histórias relatadas, daquele fio condutor que viabilizaria a filosofia da história, pensada por Voltaire em seu *Ensaio sobre os costumes*, que forneceria um sentido à totalidade da aventura humana na Terra.

Os olhares iluministas não se interessavam mais pelas histórias no plural, cada uma delas dotada de uma exemplaridade específica que poderia servir de orientação para a ação humana num futuro qualquer. Tratava-se aqui da história universal, de uma história só, enunciada no singular coletivo, grafada em várias línguas com letra maiúscula, e que reunia os diversos momentos da vida humana num único processo de desenvolvimento da humanidade, das cavernas ao contemporâneo, da barbárie à civilização, como se acreditou naquele final de século XVIII. Vislumbrou-se outra experiência muito diferente da história, tanto o objeto como o seu conhecimento, e outra sensibilidade temporal que não se coadunava com a repetição mas, sim, com a mudança permanente e com o progresso. Poderia haver, sim, repetições e involuções, mas não eram estas as prioridades do olhar do historiador filósofo do Iluminismo. Pelo contrário, a sua atenção estará voltada para aquelas transformações fundamentais que alteraram a própria condição humana, os modos de vida e as circunstâncias em que se encontram os seres humanos a cada momento do tempo.

Falamos aqui, com frequência, de um tempo linear, uma seta apontada para o infinito na direção de um *télos* sempre aperfeiçoável, seja a liberdade, a igualdade ou a felicidade. Todavia, essa metáfora da linha não deve nos enganar. Não se concebiam processos sem reviravoltas, como

---

18. Ernst Cassirer, *A filosofia do Iluminismo*, Campinas: Editora da Unicamp, 1994.

se o espírito não encontrasse resistência e retrocesso em sua caminhada em direção à autodeterminação ou à autoconsciência. Pelo contrário, o processo histórico universal aparecia carregado de lutas encarniçadas, de retornos a condições anteriores do saber, de involuções e de revoluções, como já se referiu a respeito de Voltaire. O resultado da pesquisa esclarecida, no entanto, como no caso de Adam Smith e Adam Ferguson, entre outros escoceses que conceberam o que chamaram de história natural da humanidade, era a determinação de uma sequência de etapas que a humanidade teria passado ao longo dos milênios de sua existência e que revelaria padrões consistentes de desenvolvimento na divisão social do trabalho, passando por várias revoluções, que representariam os progressos na autonomia da espécie humana em relação à natureza. Nesse contexto, apesar dos manifestos ceticismos, o tempo ganhou atributos ausentes no modelo antigo, especialmente o caráter de portador da mudança permanente em direção a um futuro promissor.

Há pouco disso entre nós hoje. Aprendemos a olhar para o futuro de outros modos, mas também aprendemos a compreender como os horizontes de futuro de épocas passadas não se confundem com os nossos. É no mínimo curioso observarmos a heterogeneidade do que aparecia como legítimo no caminho para o futuro melhor naqueles dias do Iluminismo e as nossas certezas humanistas acerca dos direitos humanos, por exemplo.

Exemplifico o ponto com duas passagens retiradas das histórias dos suplícios físicos a que eram submetidos os criminosos à época da *Enciclopédia* e da discussão, à época da Revolução Francesa, das virtudes da guilhotina como forma privilegiada para a execução de criminosos, ambas trabalhadas pelo historiador e teórico da arte Daniel Arasse, em livro intitulado *A guilhotina e o imaginário do Terror*[19]. A primeira delas refere-se ao verbete "Anatomia", redigido em "boa lógica filosófica" pelo bom Diderot para a *Enciclopédia*, no qual o *philosophe* defende a tese de que o suplício dos criminosos deveria ser feito por vivissecção, sem anestesia à época, é claro, substituindo-se a roda de suplícios, a fogueira e o cadafalso pelo anfiteatro médico, de modo que cirurgiões e anatomistas pudessem retirar dessas experiências os progressos da ciência.

---

19. Daniel Arasse, *La guillotine et l'imaginaire de la Terreur*, Paris: Flammarion, 1987.

A anatomia, a medicina e a cirurgia não encontrariam vantagens nessa condição? Quanto aos criminosos, não há um que prefira a morte certa a uma operação dolorosa; e quem, para não ser executado, não se submeteria à injeção de licores no sangue, ou à transfusão deste fluido, e não permitiria que lhe amputassem a coxa na articulação, ou que lhe removessem o baço, ou que lhe retirassem uma porção qualquer do cérebro, ou que fossem ligadas as suas artérias mamárias e epigástricas, ou serrada uma porção de dois ou três pedaços, ou cortado seu intestino ali onde se ligam a parte superior e a inferior, ou que lhe abrissem o esôfago, ou se ligassem os vasos espermáticos sem envolver o nervo, ou ensaiar qualquer outra operação em qualquer outra víscera. As vantagens desses ensaios são suficientes para aqueles que sabem se contentar com a razão [...][20].

Como nota Arasse, Diderot não cogita a abolição do suplício ou o abrandamento das penas, como pensaríamos ser uma atitude progressista hoje. O que ele propõe é "rentabilizar" o suplício, fazê-lo contribuir para o progresso da razão filantrópica, em nome da humanidade. Afinal, pergunta-se Diderot no mesmo verbete: "O que é a humanidade senão uma disposição habitual do coração a empregar as nossas faculdades a benefício do gênero humano? Isto posto, o que há de desumano na dissecação de um malvado?"[21]. O que ali se propunha, com detalhes anatômicos, como medida humanitária a benefício de todos, seria qualificado como tortura e desumanidade pelos nossos manuais mais conservadores. Mas a separação dos horizontes mentais e temporais entre as épocas, trabalho obrigatório para a historiografia, mas nem sempre para a memória, nos permitiria compreender os sentidos próprios que Diderot e seu contexto atribuíam às noções de humanidade, filantropia, ciência etc.

A segunda referência que ilustra o questionamento da continuidade entre o que lá se considerava progresso e o que vinculamos hoje a essa palavra está na história da guilhotina, tão associada à Revolução Francesa e ao Terror. Não preciso insistir que ela não foi uma invenção francesa, nem que não foi exclusividade da revolução, nem que o médico – que fora jesuí-

20. Ibidem.
21. Ibidem.

ta – Joseph-Ignace Guillotin não foi o seu inventor, nem que esse senhor não foi executado na sua suposta invenção. Nada disso aconteceu, embora a memória difusa nos faça acreditar ainda hoje em todas essas coisas.

*Monsieur* Guillotin era um homem de preocupações humanitárias. Aos 50 anos propôs ao rei a petição dos cidadãos parisienses que reivindicava, para o terceiro estado, um número de deputados no mínimo igual ao dos demais estados. Foi eleito deputado em 1789 e participou do grupo daqueles que reclamavam, "quando não a abolição da pena de morte, pelo menos o abrandamento das penas e o fim dos suplícios[22]". A discussão humanitária e progressista que levara à adoção da guilhotina pela revolução já se arrastava havia décadas. Num concurso organizado pela Sociedade dos Cidadãos de Neuchâtel, em 1777, Marat apresentara o seu *Plano de legislação criminal*, cujo mote era conciliar a certeza do castigo com a sua suavidade. Nele lemos que "[a]s penas raramente devem ser capitais [...]. E mesmo nos casos mais graves (liberticídio, parricídio, fratricídio, assassinato de um amigo ou de um benfeitor) [...] que a morte seja suave [*douce* no original][23]".

Nesse contexto, a ideia de Guillotin era simplesmente aprimorar tecnicamente um método de execução já utilizado na Itália, na Inglaterra, na Alemanha, e mesmo na França, e cujas maiores virtudes humanitárias se mostravam num triplo sentido: por um lado, o mecanismo de lâmina afiada era muito mais eficiente em seu desígnio do que o uso de machados ou espadas por parte de carrascos – a velocidade e a precisão da decepagem evitaria o suplício cruel, anulando a dor; em segundo lugar, se promoveria uma humanização do público espectador que deixaria de participar dos horrores prolongados dos tradicionais suplícios da morte pública, sendo esta agora reduzida ao rápido espirrar do sangue e à coleta da cabeça ao cesto; finalmente, se aboliria também a figura ancestral do carrasco e a relação direta, corpo a corpo, entre este e o condenado, para substituí-las pela "simples mecânica", pela mediação impessoal de uma máquina que exigia apenas um acionador qualquer (como posteriormente na cadeira elétrica ou na injeção letal)[24]

---

22. D. Arasse, *op. cit.* [Tradução minha nesse e nos demais trechos citados dessa obra.]
23. *Ibidem*.
24. Ao lermos "A sociologia do carrasco" de Roger Caillois, escrita em 1939 após a morte do carrasco

Vale ainda lembrar que tal aproximação entre eficiência da execução e suavidade da morte – que seria associada à velocidade e à precisão da guilhotina – estivera, antes da revolução, reservada aos nobres que, quando condenados à morte, tinham direito a ser executados pela lâmina de espada ou à *mannaia*, e não pelo machado. As propostas de humanização da execução, de Marat a Guillotin, eram, portanto, também um libelo igualitário, e o uso generalizado da guilhotina seria mais um passo na abolição dos privilégios nobiliárquicos, o "privilégio aristocrático da decapitação". "Ao propor um emprego igualitário da máquina, Guillotin anula[va] esse privilégio[25]".

Se naquele fim de século XVIII podemos surpreender na adoção da guilhotina uma suavização dos suplícios compreendida como progresso da humanidade, vista daqui aparece como origem de uma mutação perversa. Como notou Enzo Traverso em seu livro sobre a violência nazista:

> Por trás do espetáculo e da festa do massacre, a guilhotina oculta o início de um giro histórico pelo qual a revolução industrial entra no campo da pena capital. A execução mecanizada, serializada, logo deixará de ser um espetáculo, uma liturgia do sofrimento, para se converter num procedimento técnico do assassinato em cadeia, impessoal, eficaz, silencioso e rápido. O resultado [aqui a expressão é de Wolfgang Sofsky] é a desumanização da morte[26].

Não é ocioso lembrar que a guilhotina ainda foi usada na execução de condenados franceses ao longo dos séculos XIX e XX, até o dia 10 de setembro de 1977, quando decapitou, em Marselha, o tunisiano Hamida Djandoubi, acusado de torturar e assassinar uma menina. A guilhotina, que a memória difusa nos faz associar ao passado longínquo, embora ainda "morno" da Revolução Francesa, só veio a ser aposentada definitivamente em 1981, com a abolição da pena de morte naquele país. Estranhamos essa informação quando nos damos conta de que, ainda num passado tão recente, um mecanismo tão bárbaro de assassinato pelo Es-

---

francês Anatole Deibler, vemos como as esperanças de Guillotin acerca da abolição dessa figura não se realizaram tão cedo naquele país. Ver Roger Caillois, *Instinct et société*, Genève: Gonthier, 1964, pp. 11-34.
25. D. Arasse, *op. cit.*, p. 33.
26. E. Traverso, *La violencia nazi: Una genealogía europea*, México: Fondo de Cultura Económica, 2003, p. 32.

tado pudesse estar ativo na civilizada França. Mas esta é mais uma dessas peças que o tempo e a história nos pregam e nos fazem ver como são enganosas as nossas sensações temporais derivadas do desejo de deixar para trás o que nos provoca dor e pânico e aquilo que alimenta nossos traumas. Contudo, essa estranha proximidade com um passado menos remoto do que parece à primeira vista talvez se torne menos extravagante quando presenciamos, em pleno ano de 2016, a vitória de um candidato republicano à presidência dos Estados Unidos com a mais retrógrada das plataformas eleitorais e a força com a qual movimentos nacionalistas e fascistas europeus têm renascido para se apresentarem como um futuro possível para as nossas combalidas esperanças no século XXI.

# Artepensamento
## Homero e a essência da poesia
Antonio Cicero

*Para Fernando Muniz*

1

No ensaio de Heidegger "Hölderlin e a essência da poesia", que termina com a sétima estrofe do poema *Brod und Wein* ("Pão e vinho"), lê-se a pergunta *"und wozu Dichter in dürftiger Zeit?"* ("e para que poetas em tempo de indigência?"). Conhecem-se bem as razões pelas quais Heidegger considerava a modernidade um tempo de indigência. Se, segundo ele, a metafísica antiga tinha efetivamente esquecido o ser, ao reduzi-lo a um ente fundamental ou supremo, a metafísica moderna completara esse esquecimento, ao transformar o homem no único sujeito.

"O homem", diz Heidegger, "torna-se aquele ente sobre o qual todo ente se funda, no modo do seu ser e da sua verdade[1]." Com isso, "o ente na sua totalidade é tomado de tal maneira que só é ente na medida em que é posto como tal pelo homem que o representa e produz[2]". O ente na sua totalidade passa a ser mero objeto relativo a esse sujeito. A verdade se reduz à certeza do sujeito. É como meros objetos que todos os entes – inclusive os próprios sujeitos humanos – passam a ser considerados. Dessa maneira, nada tem valor em si, de modo que se instala o mais completo

---

1. Martin Heidegger, "Die Zeit des Weltbildes", *in:* Martin Heidegger, *Holzwege*, Frankfurt am Main: Vittorio Klostermann, 1952, p. 81.
2. *Ibidem*, p. 82.

niilismo, no sentido de Nietzsche, que Heidegger resume na frase: "Os valores supremos se desvalorizam". Na verdade, Heidegger, nesse ponto, vai mais longe do que Nietzsche, tomando a própria problemática dos valores como já derivada da metafísica da subjetividade.

Nessa situação, também a obra de arte se põe como um *objeto* para um *sujeito*. Para a consideração da obra de arte, é determinante a relação sujeito-objeto, no que diz respeito à sensibilidade[3]. Diz Heidegger:

> Quase desde a mesma época em que começou uma consideração própria sobre a arte e os artistas, ela é chamada de consideração estética. A estética toma a obra de arte como um objeto e, precisamente, como o objeto da *aísthesis*, isto é, da apreensão sensível no sentido amplo. Hoje, chama-se a essa apreensão vivência [*Erlebnis*]. [...] Tudo é vivência. Mas talvez a vivência seja o elemento em que a arte morre[4].

Contra a estética, Heidegger, que toma a essência da arte como sendo a poesia, afirma que a essência da poesia "é a instauração da verdade. *Instaurar* entendemos aqui num sentido tríplice: instaurar como doar, instaurar como fundar, instaurar como iniciar[5]". Como observa Benedito Nunes, "não é, pois, a simples relação entre sujeito e objeto que se estabelece entre mim e a obra, mas uma relação participante, de envolvimento num contexto[6]". A palavra *verdade* deve ser interpretada no sentido que Heidegger atribui à palavra grega *aletheia*, que é o de desvelamento ou desocultamento. "A poesia", afirma ele também, "é o nomear instaurador dos deuses e da essência das coisas[7]". Não se trata, segundo pensa, "de um dizer arbitrário, mas daquele através do qual em primeiro lugar se abre tudo aquilo com que lidamos e de que tratamos na linguagem cotidiana[8]". É assim porque "o poeta está entre aqueles – os deuses – e este – o povo[9]".

---

3. *Idem*, "Der Wille zur Macht als Kunst", in: Martin Heidegger, *Nietzsche*, vol. 1, Pfullingen: Neske, 1961, p. 93.
4. *Ibidem*, p. 66.
5. *Idem*, "Der Ursprung des Kunstwerkes", in: Martin Heidegger, *Holzwege, op. cit.*, p. 62.
6. Benedito Nunes. "Poética do pensamento", in: Adauto Novaes (org.). *Artepensamento*. São Paulo: Companhia das Letras, 1994.
7. M. Heidegger, "Hölderlin und das Wesen der Dichtung", in: Martin Heidegger, *Erläuterungen zu Hölderlins Dichtung*, Frankfurt am Main: Vittorio Klostermann, 1951, p. 39.
8. *Ibidem*, p. 40.
9. *Ibidem*, p. 43.

Em tempo de indigência, ser poeta significa, nessa perspectiva, "cantando, prestar atenção ao rastro dos deuses que fugiram[10]".

A disciplina da estética foi batizada com tal nome no século XVIII. Entretanto, Heidegger chama a atenção para o fato de que, mesmo antes disso, já na Antiguidade, passara a haver algo como uma estética entre os gregos, "no momento em que a grande arte, mas também a grande filosofia grega chegam ao fim[11]".

Pois bem, lembrando que, no ensaio acima citado, "Hölderlin e a essência da poesia", Heidegger observa que, conquanto tenha escolhido falar da essência da poesia a partir da obra de Hölderlin, essa essência se realiza também, e de modo até mais rico, em Homero ou Sófocles, Virgílio ou Dante, Shakespeare ou Goethe[12], proponho aqui consultar os poemas de Homero justamente em relação à estética. Se, como quer Heidegger, a consideração estética da obra de arte surge no momento em que a grande arte grega chega ao fim, então Homero e o seu mundo não poderiam tê-la conhecido. Vejamos.

2

A concepção de Heidegger segundo a qual o poeta é um intermediário entre os deuses e o povo – ou, pelo menos, entre os deuses e o público – é certamente expressa pelo próprio Homero, ao invocar, desde o início de cada um dos seus poemas, as Musas. Homero pretende relatar ao seu público aquilo que lhe é confiado por essas deusas.

São famosos os versos da *Teogonia* em que Hesíodo conta a origem das Musas, inspiradoras dos poetas, ou melhor, dos *aedos*, para usar a expressão que ele e Homero empregavam: "Pariu-as na Pieria, unindo-se ao Pai Cronos, Memória, senhora das colinas de Eleutera, como esquecimento dos males e descanso das aflições[13]". Também no *Hino homérico*

---

10. Idem, "Der Ursprung des Kunstwerkes", *op. cit.*, p. 251.
11. *Ibidem*, p. 95.
12. Idem, "Hölderlin und das Wesen der Dichtung", *op. cit.*, p. 33.
13. Μοῦσαι Ὀλυμπιάδες, κοῦραι Διὸς αἰγιόχοιο. τὰς ἐν Πιερίῃ Κρονίδῃ τέκε πατρὶ μιγεῖσα Μνημοσύνη, γουνοῖσιν Ἐλευθῆρος μεδέουσα, λησμοσύνην τε κακῶν ἄμπαυμά τε μερμηράων. Hesíodo, *Teogonia*, México: Universidad Autónoma de México, 1978, vv. 52 ss.

*a Hermes*, mais tardio que os poemas de Hesíodo, atribui-se a mesma filiação às Musas[14].

O nome grego da deusa Memória é, como se sabe, Mnēmosynē. Não se sabe se Hesíodo inventou a afinidade entre as Musas e a Memória ou se ele estava apenas a explicitar uma afinidade já reconhecida. É mais provável a segunda hipótese. Talvez se possa tomar como uma indicação disso o fato relatado por Plutarco de que em muitos lugares, como em Quio, as Musas eram chamadas de *Mneíai*, isto é, lembranças[15].

## 3

Como não podia deixar de ser, a filiação materna das Musas produziu inúmeras especulações sobre como os gregos arcaicos concebiam seus poemas épicos – ou, como eles diziam, *êpea* (plural de *epos*, que quer dizer palavra, poema, discurso reiterável). A hipótese mais comum, baseada também no fato de que a *Ilíada* pretende relatar feitos passados durante a Guerra de Troia, é que os *êpea* tinham a função de seletivamente preservar a memória de uma comunidade. Eric Havelock apresenta uma modalidade dessa concepção quando diz que

> a epopeia [...] deve ser considerada em primeiro lugar não como um ato de criação mas como um ato de lembrança e recordação. Sua musa protetora é de fato Mnēmosynē, que simboliza não apenas a memória considerada como um fenômeno mental mas antes o ato total da lembrança, recordação, memorialização [*memorialising*] e memorização que se obtém no verso épico[16].

---

14. Homero, "In Mercurium", *in:* T. Allen (ed.), *The Homeric Hymns*, Oxford: Clarendon Press, 1936, v. 429.
15. Plutarco, "Quaestiones conviviales ix", *in:* Plutarco, *Moralia*, vol. ix, Cambridge, Mass.: Harvard University Press, 1993, p. 266.
16. Eric. A. Havelock, *Preface to Plato*, Cambridge, Mass.: Harvard University Press, 1963, p. 91. Observe-se porém que, em texto escrito quase vinte anos mais tarde, Havelock reconhece que "a memória oral trata primariamente do presente, coleta e recoleta o que está sendo feito agora ou o que é adequado à situação presente. Relata as instituições do presente, não as do passado". Cf. E. A. Havelock, "The Oral and the Written Word: A Reappraisal", *in:* E. A. Havelock, , *The Literate Revolution in Greece and its Consequences*, New Jersey: Princeton University Press, 1982, p. 23.

A ideia de que os *êpea* constituíam a enciclopédia da cultura oral é um desenvolvimento dessa concepção[17].

Contudo, esse modo de considerar os *êpea* é incompatível com o fato de que, na mesma *Teogonia*, as Musas também se vangloriam de saber dizer muitas mentiras semelhantes à verdade[18], num verso que praticamente repete o verso da *Odisseia*, em que Homero atribui a Odisseu essa mesma capacidade de dizer mentiras verossímeis[19]. Sem a capacidade de mentir ou inventar, como se teriam elas tornado as parteiras do – nas palavras de Nietzsche – "esplêndido nascimento onírico dos deuses olímpicos[20]"? E como, sem isso, poderiam proporcionar a seus ouvintes o "esquecimento dos males e descanso das aflições" para os quais, segundo Hesíodo, foram concebidas por Zeus e Mnēmosynē[21]? A Memória de que falam os poetas orais primários está a serviço do esquecimento, e não da história.

A própria ocasião da apresentação do aedo nada tem de pedagógica ou solene, pois consiste num banquete. Leia-se, por exemplo, como Homero descreve a ocasião em que o aedo Demódoco se apresenta, no festim que Alcínoo preparou para Odisseu:

> Encheram-se de homens os pórticos, os pátios e os aposentos. Eram muitos, jovens e velhos. Para eles, Alcínoo sacrificou doze carneiros, oito javalis de presas brancas e dois bois cambaleantes. Esfolaram-nos e os temperaram, preparando um delicioso banquete.
> 
> Aproximou-se o arauto, guiando o fiel aedo, a quem a Musa ama muito, e a quem deu do bem e do mal. Privou-o da vista, mas deu-lhe o doce cantar. Para ele, Potónoo, o arauto, colocou um trono tauxiado de prata no meio dos convivas, encostado numa alta pilastra, pendurou num cabide a lira sonora sobre a cabeça do aedo, e lhe mostrou como alcançá-la com as mãos. Ao lado dele pôs um paneiro, uma bela mesa e uma taça de vinho, para que bebesse quando o coração desejasse. Eles

---

17. Idem, *Preface to Plato*, op. cit., p. 27.
18. ἴδμεν ψεύδεα πολλὰ λέγειν ἐτύμοισιν ὁμοῖα. Hesíodo, op. cit., v. 27.
19. ἴσκε ψεύδεα πολλὰ λέγων ἐτύμοισιν ὁμοῖα. Homero, *Odyssée*, Paris: Les Belles Lettres, 1924, xix, 203.
20. Friedrich Nietzsche, "Die Geburt der Tragödie aus dem Geiste der Musik", in: H. H. Holz (ed.), *Friedrich Nietzsche. Studienausgabe in 4 Bänden*, Frankfurt: Fischer, 1968.
21. τὰς ἐν Πιερίῃ Κρονίδῃ τέκε πατρὶ μιγεῖσα ' Μνημοσύνη, γουνοῖσιν ' Ἐλευθῆρος μεδέουσα, ' λησμοσύνην τε κακῶν ἄμπαυμά τε μερμηράων. Hesíodo, op. cit., vv. 53-5.

lançaram as mãos aos quitutes preparados. Contudo, quando tiveram o bastante de bebida e comida, a Musa moveu o aedo a cantar as glórias dos heróis[22].

Será preciso dizer que a tais convidados, em tais circunstâncias, a função do aedo não é proporcionar uma lição de história?

Outra afirmação, contida na *Odisseia*, que parece incompatível com a tese da pretensa historicidade é a de que as canções mais elogiadas pelos seres humanos são as mais recentes que tenham ouvido[23].

Mas há uma razão mais profunda para se duvidar de que Mnēmosynē tenha a ver com o passado histórico. É que não há, numa cultura oral primária, como separar a memória da imaginação. Na verdade, a noção da inextricabilidade entre a memória e a imaginação não ocorre apenas nas culturas orais. Aristóteles mesmo considerava que a memória pertence à mesma parte da alma à qual pertence a imaginação[24]. Na Idade Média, Tomás de Aquino o segue, nesse ponto[25]. Ainda no início da Idade Moderna, Hobbes afirma que "a imaginação e a memória são apenas uma coisa que, por diversas considerações, tem diversos nomes[26]". A razão disso é o reconhecimento de que, no pensamento humano, a memória e a imaginação do indivíduo não se distinguem senão em grau.

Quanto à memória coletiva, porém, há uma enorme diferença entre o que se dá na cultura oral e o que se dá na cultura escrita. Nesta, podemos classificar as fontes escritas em primárias e secundárias, julgar a autenti-

---

22. πλῆντο δ᾽ ἄρ᾽ αἴθουσαί τε καὶ ἕρκεα καὶ δόμοι ἀνδρῶν [ἀγρομένων· πολλοὶ δ᾽ ἄρ᾽ ἔσαν, νέοι ἠδὲ παλαιοί.]᾽ τοῖσιν δ᾽᾽ Ἀλκίνοος δυοκαίδεκα μῆλ᾽ ἱέρευσεν, ὀκτὼ δ᾽ ἀργιόδοντας ὕας, δύο δ᾽ εἰλίποδας βοῦς·᾽ τοὺς δέρον ἀμφί θ᾽ ἕπον, τετύκοντό τε δαῖτ᾽ ἐρατεινήν.᾽ κῆρυξ δ᾽ ἐγγύθεν ἦλθεν ἄγων ἐρίηρον ἀοιδόν,᾽ τὸν περὶ Μοῦσ᾽ ἐφίλησε, δίδου δ᾽ ἀγαθόν τε κακόν τε·᾽ ὀφθαλμῶν μὲν ἄμερσε, δίδου δ᾽ ἡδεῖαν ἀοιδήν.᾽ τῷ δ᾽ ἄρα Ποντόνοος θῆκε θρόνον ἀργυρόηλον᾽ μέσσῳ δαιτυμόνων, πρὸς κίονα μακρὸν ἐρείσας·᾽ κὰδ δ᾽ ἐκ πασσαλόφι κρέμασεν φόρμιγγα λίγειαν᾽ αὐτοῦ ὑπὲρ κεφαλῆς καὶ ἐπέφραδε χερσὶν ἑλέσθαι·᾽ κῆρυξ· παρ δ᾽ ἐτίθει κάνεον καλήν τε τρά πεζαν,᾽ πὰρ δὲ δέπας οἴνοιο, πιεῖν ὅτε θυμὸς ἀνώγοι.᾽ οἱ δ᾽ ἐπ᾽ ὀνείαθ᾽ ἑτοῖμα προκείμενα χεῖρας ἰαλλον·᾽ αὐτὰρ ἐπεὶ πόσιος καὶ ἐδητύος ἐξ ἔρον ἔντο,᾽ Μοῦσ᾽ ἄρ᾽ ἀοιδὸν ἀνῆκεν ἀειδέ μεναι κλέα ἀνδρῶν. Homero, *op. cit.*, viii, 57-73.
23. τὴν γὰρ ἀοιδὴν μᾶλλον ἐπικλείουσ᾽ ἄνθρωποι, / ἥ τις ἀϊόντεσσι νεωτάτη ἀμφιπέληται. *Ibidem*, i, 351-2.
24. Aristóteles, "De memoria et reminiscentia", 450a, in: I. Bekker; O. Gigon, (eds.), *Opera*, vol. 1, Berlin: Walter de Gruyter, 1960, pp. 24 70.
25. Tomás de Aquino, "In IV sententiarum", in: R. Busa (ed.), *Opera omnia*, Genova: Marietti, 1950, Quaestio 3, articulus 3.
26. Thomas Hobbes, *Leviathan*, Cambridge: Cambridge University Press, 1996.

cidade de umas e outras a partir de considerações filológicas e estilísticas e discriminar o que pertence à memória e o que pertence à imaginação à luz do vasto conhecimento armazenado e disponível de arqueologia, história, antropologia, etnografia, geografia, biologia e, em princípio, de todo o conhecimento científico acumulado que possa ser relevante à nossa investigação. Tudo isso está, em princípio, vitualmente presente à nossa apreciação.

Já na cultura oral, os ouvintes de um aedo só têm presente ante si o próprio discurso épico que escutam. Fora disso, cada um deles tem a memória mais ou menos vaga de outras apresentações do mesmo ou de outros aedos, sendo que a memória de cada um deles jamais é idêntica à dos outros. Além disso, eles não têm como compará-las com o próprio *epos* que está sendo dito, nem no momento em que o escutam (do contrário interromperiam a escuta), nem após a escuta, pois então ele já não estará presente. Em tais circunstâncias, podem-se julgar apenas duas coisas: a aparente concordância do discurso que se está a ouvir com outros, ouvidos no passado e já parcialmente esquecidos; e, também em comparação com esses, a aparente e relativa beleza e verossimilhança do *epos* em curso. Não havendo como efetivamente julgar a veracidade dos diferentes relatos, é claro que a beleza e a verossimilhança são as qualidades mais importantes para o ouvinte. A memória não se separa da imaginação.

**4**

Outra interpretação da genealogia das Musas era a de que a Memória se referisse menos à história do que aos próprios poemas. Supondo-se que, na cultura oral, os aedos ou cantores repetissem sempre os mesmos poemas, memorizados e reiterados geração após geração, interpretava-se a Memória como a Memorização: esta seria a verdadeira mãe das Musas. Havelock exemplifica também essa posição, pois acredita que, numa cultura oral, a memorização seja o caminho para a preservação seletiva da memória da comunidade. Assim, segundo ele, as Musas "não são as filhas da inspiração ou da invenção, mas basicamente da memorização. Seu papel central não é criar mas preservar"[27].

---

27. E. Havelock, *Preface to Plato, op. cit.*, p. 100.

Entretanto, os pesquisadores norte-americanos Milman Parry e Alfred Lord, e o pesquisador esloveno Matija Murko, estudando os poetas épicos orais da Iugoslávia que, na década de 1920, trabalhavam em condições análogas às de Homero, descobriram que, embora eles afirmassem repetir sempre os mesmos poemas, palavra por palavra, na verdade jamais agiam assim. "Os cantores", conta Murko sobre os poetas pertencentes à tradição épica oral da Iugoslávia moderna, "não têm texto estabelecido, recriam sempre as suas canções, embora afirmem fazê-las sempre iguais ou apresentá-las como as 'captaram' ou 'ouviram'[28]". Falando a respeito de dois cantores da mesma tradição, Zogic e Makic, Lord mostra que ambos "enfatizam que cantariam a canção exatamente como a ouviram, Zogic jactando-se até de que, vinte anos depois, cantaria a canção do mesmo modo ('palavra por palavra, linha por linha')", e explica que "Zogic aprendeu de Makic a canção em questão [...]. Não a aprendeu palavra por palavra e linha por linha, e, no entanto, as duas canções são versões reconhecíveis da mesma história. Não são, porém, tão parecidas que possam ser consideradas 'exatamente iguais'[29]". Na verdade, segundo o mesmo autor,

> qualquer canção particular é diferente na boca de cada um dos seus cantores. Se a considerarmos no pensamento de um único cantor durante os anos em que ele a canta, descobriremos ser diferente em diferentes estágios de sua carreira. A clareza dos contornos de uma canção dependerá de quantas vezes ele a cantou; se é uma parte estabelecida do seu repertório, ou apenas uma canção que canta ocasionalmente. A extensão da canção também é importante, pois uma canção curta por natureza tenderá a tornar-se tanto mais estável quanto mais for cantada[30].

Observemos que a palavra *palavra* significa uma coisa para quem conhece a escrita e outra coisa para quem a desconhece.

De todo modo, a observação da poesia oral iugoslava ocasionou a elaboração do conceito de *composition in performance*, composição durante a recitação, ou, se quisermos, durante a apresentação, que manifesta o

---

28. Hermann Fränkel, *Dichtung und Philosophie des frühens Griechentums*, München: Beck, 1993, p. 17.
29. Alfred B. Lord, *The Singer of Tales*, Cambridge, Mass.: Harvard University Press, 1968, p. 28.
30. *Ibidem*, p. 100.

fato de que não há diferença entre o ato através do qual o cantor apresenta determinada canção e o ato através do qual ele a compõe, pois a apresentação consiste numa recriação[31].

Para poder improvisar desse modo, o cantor épico necessita dispor de certos recursos linguísticos que lhe permitam, obedecendo à métrica tradicional, improvisar fluentemente. A poesia épica grega emprega o hexâmetro dactílico, em que cada verso contém seis pés, cada um dos quais sendo composto por uma sílaba longa seguida por duas sílabas breves ou, ocasionalmente, por outra sílaba longa. Um desses recursos são as *fórmulas*. Trata-se de sintagmas ou, como as define Parry, expressões que, usadas sob as mesmas condições métricas, exprimem uma ideia essencial[32]. Por exemplo, em vez de empregar simplesmente, como de hábito, a palavra ἠοῦς para dizer "de madrugada", Homero muitas vezes prefere o verso ἦμος δ᾽ ἠριγένεια φάνη ῥοδοδάκτυλος᾽ Ἠώς ("mal raiou a filha da manhã, Aurora de róseos dedos"), que, sendo um hexâmetro dactílico, diz a mesma coisa. Ou, para preencher um hexâmetro dactílico, ele frequentemente usa seus famosos epítetos, no lugar de dizer simplesmente o nome de um deus ou um herói. Assim, por exemplo, em vez de Ὀδυσσεύς (Odisseu) *tout court*, ele pode preferir, se lhe for metricamente mais conveniente usar, ao final do verso que está pronunciando, πολύ τλας διὸς Ὀδυσσεύς (atribulado, divino Odisseu).

Desse modo, o aedo dispõe não apenas do vocabulário atômico tradicional, mas também de um vocabulário molecular, que são as fórmulas. Pode-se dizer que seus discursos poéticos são construídos num idioma[33] que possui a peculiaridade extraordinária, sublinhada por Barry Powell, de ser falado por poucos membros da comunidade – os aedos –, mas que é entendido por todo o mundo[34]. Doravante o chamarei de *idioma hexamétrico*. Assim como não há diferença entre a composição e a reiteração de uma canção, tampouco há diferença entre o cantor e o compositor. Cada vez que o cantor canta uma canção, ele a recompõe; e o compositor não compõe senão quando canta uma canção.

31. *Ibidem*, p. 13.
32. Milman Parry, *The Making of Homeric Verse*, Oxford: Oxford University Press, 1987.
33. A. B. Lord, *op. cit.*, p. 35.
34. Barry B. Powell, *Homer and the Origin of the Greek Alphabet*, Cambridge, Mass.: Cambridge University Press, 1991, p. 224.

Foi somente depois da invenção da escrita que se tornou relativamente comum a memorização da *Ilíada* e da *Odisseia*. No século IV a.C., por exemplo, eram os rapsodos, conhecedores da escrita, como Íon, personagem do diálogo homônimo de Platão, que memorizavam longos trechos dos poemas homéricos. Ao contrário da palavra *aedo*, a própria palavra *rapsodo* é pós-homérica, logo, posterior à introdução da escrita.

Antes, como diz Lord,

> as canções sempre estiveram em fluxo e se cristalizavam para cada cantor somente quando ele se sentava ante uma audiência e lhe contava a história. Era uma velha história que ouvira de outros, mas aquela maneira de contar era dele mesmo [...] Ele deve tê-la cantado muitas vezes antes e muitas vezes depois daquelas ocasiões momentosas que nos deram a *Ilíada* e a *Odisseia*. E então ocorreu um dos grandes eventos na história cultural do Ocidente, a escritura da *Ilíada* e da *Odisseia*, de Homero[35].

Se isso é verdade – e é forçoso reconhecer que hoje nenhuma outra hipótese se aproxima dessa em plausibilidade –, então os versos da *Ilíada* que nos chegaram constituem apenas uma das versões desse poema; e o mesmo ocorre com os da *Odisseia*. Essas versões não derivam de nenhum *original*, pois a oposição entre o original e o derivado não existe na cultura oral. "Cada apresentação", diz Lord, "é uma canção diferente, pois cada apresentação é singular, e cada apresentação tem a assinatura do seu poeta cantor [...]. A audiência sabe que é dele porque o vê em frente[36]."

Isso significa que num período longo como, digamos, o que vai da juventude à velhice de um poeta, as mudanças foram provavelmente bastante grandes. Que dizer das diferenças entre diferentes poetas, contemporâneos seus ou não? Não há dúvida de que os próprios poetas e também o seu público se davam conta de que eram consideráveis as diferenças entre uma apresentação e outra.

O fato é que não se sustenta nem a tese de que Mnēmosynē se refere propriamente ao passado, nem a tese de que se refere propriamente à memorização. Por outro lado, nenhuma das duas teses parece ser totalmente falsa.

35. A. B. Lord, *op. cit.*
36. *Ibidem*, p. 4.

No que diz respeito à memorização, deve-se levar em conta que, como a maestria na articulação do idioma hexamétrico – que funciona como uma matriz epopeica – depende entre outras coisas da pronta capacidade de mobilização de uma memória que, idealmente, tenha memorizado (decorado, posto no coração) todas as fórmulas, todo o vocabulário molecular tradicional, é evidente que se encontram inextricavelmente mesclados na reiteração os aspectos mnemônicos com os criativos, e os inovadores com os tradicionais. Assim também, as Musas não deixam de ser invocadas no catálogo das naus do segundo livro da *Ilíada*, quando se trata de recitar uma grande lista de nomes, lugares e epítetos, certamente memorizados.

Tampouco a tese de que o *epos* preserva a memória da comunidade pode ser considerada inteiramente falsa. Devemos, porém, fazer a ressalva de que o que a cultura oral entende por memória não é o que nós chamamos de tal. Não sendo, como vimos, capaz de separar claramente a imaginação, por um lado, e a memória de longo prazo, isto é, a memória coletiva, por outro, a cultura oral se refere sempre a um passado mítico, logo, plástico. Além disso, a autoridade de um *epos* é tanto maior para o ouvinte da cultura oral quanto mais impressionante e inesquecível, isto é, quanto mais *memorável* ele lhe parece. E, na cultura oral, é sem dúvida em consequência da memorabilidade de um *epos* que os *mythoi* – as histórias que ele conta – também se tornam memoráveis e repetidos.

5

Trata-se aqui de um ponto crucial. Tudo leva a crer que o bardo considera as Musas filhas da memória, não em primeiro lugar porque os *êpea* que elas inspiram guardem a memória de outras coisas, nem porque sejam memorizados, mas porque os tem por *memoráveis*. Com efeito, a palavra *mnēma*, de onde vem Mnēmosynē, significa, em Homero, memento ou memorial. Assim, na *Ilíada*, "*mnēma* dos funerais de Pátroclo" significa "memorial dos funerais de Pátroclo". Em Heródoto, a palavra Mnēmosyna significa monumento, isto é, aquilo que tem a finalidade de perpetuar a memória de alguma coisa[37].

37. Heródoto, *Historias*, México: Universidad Autónoma de México, 1976, p. 148.

A prioridade da memorabilidade com relação à memória é não somente conservada, mas expressamente reconhecida e até reivindicada pelos poetas líricos, inclusive pelos que já pertenciam à cultura escrita. É assim que eles por vezes se jactavam de que a memorabilidade dos seus poemas conferia memorabilidade também aos temas e, em particular, às pessoas de que tratavam. Safo, por exemplo, como observa Aelius Aristides, gabava-se, perante certas mulheres consideradas bem-afortunadas, de que, graças às Musas, era, no fundo, mais venturosa e invejável do que aquelas, pois não seria esquecida nem mesmo depois de morta[38].

Píndaro diz ter para si que "a fama de Odisseu excedeu seu sofrimento graças às doces palavras de Homero[39]". Assim também, segundo ele, "conhecemos a fama de Nestor e Sarpédon, o lício, graças aos versos ressoantes que sábios compositores lhes prepararam. A virtude ganha longa vida pelas canções gloriosas[40]". Por outro lado, quando "destituídos de canções, os grandes e poderosos feitos são cobertos de obscuridade; contudo, somente se consegue um espelho que reflita os grandes feitos de um modo: quando, graças à brilhante Mnēmosynē, encontra-se nas palavras de canções famosas a recompensa pelos sofrimentos[41]". Do mesmo modo, o poeta Íbico diz ao tirano Polícrates que a canção que lhe faz e a fama que tem conferirá também a este fama imortal[42].

## 6

Mas, voltando a Homero e Hesíodo, falta-nos considerar outra questão. Por que o poeta oral faz questão de atribuir a memorabilidade dos

---

38. Aelius Aristides, Peri\ tou= parafqe/gmatoj, in: W. Dindorf, (ed.), *Aristides*, vol. 2, Leipzig: Reimer, 1829, p. 508. Provavelmente ele se referia a um poema de Safo do qual hoje nos resta apenas um fragmento: o n° 55. Cf. Safo, in: D. A. Campbell (ed.), *Greek Lyric*, vol. 1, Cambridge, Mass.: Harvard University Press, 1982, p. 98.
39. ἐγὼ δὲ πλέον· ἔλπομαι λόγον Ὀδυσσέος ἢ πάθαν διὰ τὸν ἁδυεπῆ γενέσθ· Ὅμηρον. Píndaro, "Nemean vii", in: J. Sandys, (ed.), *The Odes of Pindar*, Cambridge, Mass.: Harvard University Press, 1937, p. 382, vv. 20-1.
40. Νέστορα καὶ Λύκιον Σαρπηδόν·, ἀνθρώπων φάτις,· ἐξ ἐπέων κελαδεννῶν, τέκτονες οἷα σοφοὶ ἅρμοσαν, γινώσκομεν· ἁ δ᾽ ἀρετὰ κλειναῖς ἀοιδαῖς χρόνια τελέθει· παύροις δὲ πράξασθ᾽ εὐμαρές. Idem, "Pythian iii", in: J. Sandys, (ed.), *op. cit.*, p. 194, vv. 112-5.
41. ταὶ μεγάλαι γὰρ ἀλκαί σκότον πολὺν ὕμνων ἔχοντι δεόμεναι· ἔργοις δὲ καλοῖς ἔσοπτρον ἴσαμεν ἑνὶ σὺν τρόπῳ, εἰ Μνημοσύνας ἕκατι λιπαράμπυκος # εὕρηται ἄποινα μόχθων κλυταῖς ἐπέων ἀοιδαῖς. Idem, "Nemean vii", *op. cit.*, p. 380, vv. 12-16.
42. καὶ σύ, Πολύκρατες, κλέος ἄφθιτον ἐξεῖς ὡς κατ᾽ ἀοιδὰν καὶ ἐμὸν κλέος. Íbico, "Fragmenta", in: D. L. Page, (ed.), *Poetae melici graeci*, Oxford: Clarendon Press, 1962, fr.1a, 47.

seus poemas às divindades, e não a si próprio? Por que não os atribui, digamos, à sua própria habilidade, ou ao seu próprio gênio? Digo "faz questão" de propósito, pois, com o mito de Tâmiris, o trácio, Homero me parece terminantemente impor a si próprio a proibição de se tomar por autossuficiente.

Tâmiris era um poeta exímio. Em seus dias de glória, ele fora amante de Jacinto, um rapaz tão belo que, mais tarde, provocou a paixão de duas divindades: a do próprio Apolo e a de Zéfiro, o vento ocidental. Aliás, o episódio dessa rivalidade divina pelo amor de um mortal resulta trágico: quando Apolo ensinava Jacinto a atirar discos, Zéfiro, enciumado, soprou um desses discos para a testa de Jacinto, que morreu, enquanto, do seu sangue jorrado, nascia a flor do mesmo nome. Mas, antes disso, acontecera que Tâmiris, confiante em seu talento, desafiara as próprias Musas para um duelo musical. Como, naturalmente, perdeu, as Musas lhe retiraram toda a visão e o talento.

Volto à pergunta que fiz antes de mencionar Tâmiris. Por que o aedo faz questão de atribuir a memorabilidade dos seus poemas às divindades, e não a si próprio? É certamente convincente a célebre descrição que Platão, no *Íon*, atribui a Sócrates do entusiasmo do poeta: a Musa – que entusiasma o poeta, que entusiasma o rapsodo, que entusiasma seu público – é por ele comparada a um magneto que atrai e magnetiza um anel de ferro que, por sua vez, atrairá muitos outros anéis de ferro[43]. A nossa experiência contemporânea com apresentações de música – seja de música erudita, seja de *rock*, seja de samba, seja de *pop*, seja de *jazz*, seja de flamenco etc. – permite-nos saber, além disso, que, quando tudo dá certo, o entusiasmo do *performer* contagia a plateia, e o entusiasmo desta, por sua vez, confirma e aumenta o entusiasmo dele[44].

Mas penso que a verossimilhança psicológica não é suficiente como explicação. As Musas têm outras atribuições. Uma delas me parece ser significada pela cegueira de Homero. Esta indica que aquilo que o aedo canta não se origina da sua visão ou do seu testemunho pessoal. É por isso que não é preciso que ele tenha estado presente à Guerra de Troia

---

43. Platão, "Io", in: J. Burnet (ed.), *Platonis opera*, vol. 3, Oxford: Clarendon Press, 1903, 533 c-d.
44. É claro que, se não fosse a arte – *téchne* – que Sócrates, nesse trecho, despreza, o *performer* não dominaria a língua poética e/ou musical; e que, sem dominar a língua poética e/ou musical, ele não seria capaz de se entusiasmar ou de entusiasmar os outros.

para dela fazer o seu tema. As verdades ou mentiras que acaso cante não se originam nele mesmo, mas provêm da divindade.

Ao mesmo tempo, essa associação com a divindade enobrece o aedo. Assim, Odisseu, que é nobre, diz a Demódoco, o aedo dos feácios: "louvo-te acima de todos os mortais: ou te ensinou a Musa, filha de Zeus, ou Apolo; pois cantas em ordem perfeita a sorte dos aqueus, o quanto fizeram e passaram, e o quanto sofreram os aqueus, como se lá tenhas estado ou escutado de outro[45]".

O aedo passa a ser não apenas o discípulo, mas o favorito das deusas. De certo modo, ele descende delas. Pela voz de Odisseu, generaliza-se a relação das Musas a toda a "raça" – *phýlon* – dos aedos, que, por isso, devem ser honrados: "entre todos os homens da Terra", segundo ele, "os aedos merecem honra e respeito, pois a eles a Musa, que ama a raça dos aedos, ensinou[46]".

É assim que, como já vimos, o poeta conquista uma liberdade extraordinária. Nas palavras de Luciano de Samosata, "é pura a liberdade do poeta e só uma lei vale para ele: a aparência. Pois ele é inspirado e possuído pelas Musas[47]". Se as palavras do poeta se originassem dele próprio, ele jamais teria conquistado semelhante liberdade. Entende-se, assim, a verdadeira razão da proibição da pretensão à autossuficiência, imposta pelo poeta a si próprio.

Uma das condições necessárias dessa liberdade é, naturalmente, o fato de não haver nenhuma ortodoxia à qual o aedo ou seu público devam conformar-se. Por não temerem alguma censura eclesiástica, por serem livres de qualquer obrigação de obedecer a doutrinas religiosas ou teológicas, por viverem numa cultura que não possui nem Igreja, nem livros sagrados, nem castas de sacerdotes ou escribas a reivindicar o monopólio do saber legítimo (pois nada disso existia na Grécia arcaica), o aedo, que vive e transita por diferentes cidades-estados em que os cidadãos gozam de relativa liberdade (pelo menos em comparação com os súditos do despotismo oriental), esse aedo – precisamente ao abdicar à pretensão da criação individual e ao se declarar o discípulo e o reiterador do discurso

---

45. Homero, *op. cit.*, viii, 487-91.
46. *Ibidem*, viii, 478-81.
47. Luciano de Samosata, "Quomodo historia conscribenda sit", in: K. Kilburn (ed.), *Lucian*, vol. 6, Cambridge, Mass.: Harvard University Press, 1968, § 8.

das Musas ou de Apolo – conquista uma liberdade aparentemente sem paralelo na Antiguidade.

Segundo Arnold Hauser, o "espírito sem lei e irreverente" dos príncipes aqueus da idade heroica deve-se ao fato de que eles eram piratas e saqueadores que haviam obtido uma série fulminante de vitórias sobre povos muito mais civilizados. Com isso, emanciparam-se de sua religião ancestral, ao mesmo tempo em que desprezavam as religiões dos povos conquistados, exatamente por serem religiões de povos conquistados. Tornaram-se assim individualistas, acima de toda tradição e lei[48].

## 7

Observar-se-á uma circularidade inegável no fato de que quem legitima a fala do aedo sejam as Musas, mas quem garante a existência das Musas seja o aedo. Só a evidência de que o aedo esteja possuído pela divindade quebra tal círculo. Estar possuído por essas divindades, porém, não significa estar possesso, no sentido de furioso, convulsionante ou estrebuchante. De qualquer modo, tudo isso poderia ser imposto. A natureza da evidência de que as Musas possuem o aedo é sugerida pelos seguintes versos de Teógnis: "Musas e Graças, filhas de Zeus, que uma vez, tendo vindo ao noivado de Cadmos, cantastes um belo *epos*: *o belo é nosso, o não belo não é nosso*: esse *epos* passou por bocas imortais[49]". Ou seja, todo o belo e unicamente o belo passa pelos lábios imortais dessas deusas.

A beleza dos poemas é a prova de sua origem divina, e sua origem divina legitima a liberdade do poeta. Eis por que a beleza é a qualidade realmente almejada pelo aedo. Por direito, seus poemas são belos por serem divinos; de fato, porém, são divinos por serem belos. Logo, a primeira preocupação do aedo não é fazer o poema *verdadeiro*, mas o poema belo; e a primeira exigência de seu público não é escutar um poema *verdadeiro*, mas um poema cuja origem se encontra na dimensão da divindade ou, o

---

48. Arnold Hauser, *The Social History of Art*, New York: Vintage Books, 1951, p. 58.
49. Μοῦσαι καὶ Χάριτες, κοῦραι Διός, αἵ ποτε Κάδμου ἐς γάμον ἐλθοῦσαι καλὸν ἀείσατ' ἔπος, 'ὅττι καλόν, φίλον ἐστί· τὸ δ' οὐ καλὸν οὐ φίλον ἐστί,' τοῦτ' ἔπος ἀθανάτων ἦλθε διὰ στομά των. Teógnis, in: J. Carrière, (ed.). *Théognis: poèmes élégiaques*, Paris: Les Belles Lettres, 1975, l. 15, p. 58.

que dá no mesmo, um poema que lhes dê prazer estético, pois o "cantor divino" é o que "delicia ao cantar"[50].

Eric Havelock, cujas intuições sobre a originalidade do alfabeto grego são entretanto admiráveis, errou redondamente ao insistir que "o poeta [Homero] era em primeira instância o escriba e erudito e jurista, e somente num sentido secundário o artista e o *showman* da sociedade [grega][51]". Às vezes tem-se a impressão de que Havelock e outros estudiosos querem ver nos poemas homéricos uma espécie de Bíblia oral dos gregos, sem a qual eles não conseguiriam conservar sua identidade cultural. Ora, justamente a primazia do ponto de vista estético e a ausência de uma religião institucionalizada e monopolista são condição da assombrosa originalidade, fecundidade e liberdade da cultura grega oral.

De todo modo, a *verdade* é relegada a segundo plano, o que, de novo, lembra as famosas palavras das Musas a Hesíodo: "sabemos dizer muitas mentiras parecidas com verdades, mas também sabemos, quando queremos, cantar coisas verdadeiras". Da mesma maneira, a moral fica evidentemente em segundo plano nos poemas. Na verdade, tornou-se proverbial a amoralidade dos deuses homéricos. Em vários e deliciosos episódios da *Ilíada* e da *Odisseia*, até os maiores deuses, inclusive Zeus, são tratados de modo irônico e burlesco. Nas descrições homéricas, como já observamos, as apresentações dos aedos ocorrem sempre durante um banquete, enquanto o vinho é bebido não só pela plateia silenciosa[52], mas pelo próprio poeta, "quando o coração o incita". A finalidade dessas apresentações é inequivocamente o prazer estético, a delícia que os aedos proporcionam ao cantar. Assim o porcariço Eumeu compara o fascínio de Odisseu ao de um aedo: "Como quando um homem, contemplando um aedo que aprendeu com os deuses a cantar poemas encantadores, quer ouvi-lo para sempre, quando quer que cante, assim, sentado no salão, ele me encantou[53]".

Uma vez que o puro esplendor da canção constitui a prova decisiva da sua autoria divina, todas as considerações morais ou religiosas se

---

50. Homero, *op. cit.*, xvii, 382.
51. A. E. Havelock, *Preface to Plato*, *op. cit.*, p. 94.
52. Homero, *op. cit.*, i, 340.
53. ὡς δ' ὅτ' ἀοιδὸν ἀνὴρ ποτιδέρκεται, ὅς τε θεῶν ἒξ ἀείδῃ δεδαὼς ἔπε' ἱμερόεντα βροτοῖσι,' τοῦ δ' ἄμοτον μεμάασιν ἀκουέμεν, ὁππότ' ἀείδῃ' ὣς ἐμὲ κεῖνος ἔθελγε παρήμενος ἐν μεγάροισι.
*Ibidem*, xvii, 518-21.

subordinam nela às considerações propriamente estéticas. Se, como diz Goethe, os gregos sonharam mais esplendidamente o sonho da vida[54], é porque – agora sou eu que o digo – sonharam sonhos de poetas, e não de profetas, pastores ou sacerdotes.

Em suma: a beleza do poema épico – sua qualidade estética – prova a origem divina do poema, e a origem divina do poema confere relativa liberdade – autonomia – à poesia, logo, ao poeta, para cantar "por onde quer que o coração o incite a cantar[55]", sem nenhuma consideração para com a verdade, a ética ou a utilidade. Sua única consideração é precisamente estética.

Não posso, portanto, deixar de discordar de Heidegger, quando ele afirma que a consideração estética da obra de arte somente se manifesta "no momento em que a grande arte, mas também a grande filosofia grega chegam ao fim". Longe disso, é desde o princípio da grande arte grega, isto é, desde o princípio da poesia épica, que se anunciam tanto a consideração estética da obra de arte quanto a aspiração à autonomia da arte que, entretanto, só se realizariam de modo plenamente consciente na época moderna.

---

54. J. W. Goethe; Max Hecker (ed.), *Maximen und Reflexionen*, Weimar: Goethe-Gesellschaft, 1907, p. 65.
55. 'τῷ γάρ ῥα θεὸς περ δῶκεν ἀοιδὴν' τέρπειν, ὅππῃ θυμὸς ἐποτρύνῃσιν ἀείδειν.' Homero, *op. cit.*, viii, 44-5.

## Libertinos libertários
## O que foi feito dos libertinos?[1]
Pascal Dibie

O que foi feito dos libertinos? Estranha pergunta, dirão vocês, que não deveria ser colocada, considerando que quem faz essa pergunta se sente ainda (mas muito discretamente) no campo dos libertinos, ou seja, no campo da cultura europeia e mesmo mundial, a julgar pelos exemplos que darei a seguir. Libertinos houve, há e haverá ainda em toda parte, estou certo disso, nem que seja ao ler e reler os programas que há trinta anos animam, a partir da clarividência de Adauto Novaes, os ciclos de conferências produzidos por Artepensamento – termo já em si mesmo libertino! Ciclos dos quais tive a chance de participar, com todos os intelectuais que se ligaram a eles, desde aquele dia de julho de 1991 em que, ao desembarcar em São Paulo, fui levado por Adauto para participar no Masp do ciclo "Ética", no qual, a partir do meu livro *O quarto de dormir: um estudo etnológico* e diante de um público considerável, precisei refletir nada menos que sobre a questão da ética na cama. Receio que isso tenha me incitado a fazer minha estreia de verdadeiro libertino. Não imaginem que sou adepto da libertinagem sexual; entendam antes que naquele dia me juntei ao grupo de Artepensamento que, sob a batuta de Adauto Novaes, nos obriga, de trinta anos para cá, a ser e a assumir ser pensadores de nosso tempo. A amizade forte que desde então nos une, nos impele também à alta exigência de sermos apaixonados por independência, de resistirmos a toda coerção, de nunca nos afastarmos da honestidade inte-

---

1. Tradução de Paulo Neves.

lectual e de buscarmos sem trégua refletir sobre o mundo que prossegue à nossa volta, a fim de nele lançar algumas luzes novas, nem que sejam apenas clarões.

Assim, é por ocasião dessas gozosas conferências de agosto-setembro--outubro que nós, os amigos de Adauto – virou uma confraria –, tentamos com inteira liberdade e libertinagem fazer um balanço para saber em que ponto estamos, nós e o saber contemporâneo.

Volto então à minha primeira participação nesses ciclos para dizer que, tendo o tempo libertino feito sua obra, fui convidado em 1996 para vir falar sobre *Libertinos libertários*. Devo dizer que estava ainda "aquecido" pela questão da libertinagem. Dessa vez acabava de editar e prefaciar as *Obras eróticas* do veneziano Baffo[2]. Vocês encontrarão traços e explicações delas em minha comunicação intitulada "Zorzi Baffo ou nomear as coisas"[3]. Os libertinos, portanto, avançam com toda a liberdade e não sem riscos na história da humanidade pensante e da "bem-pensante", que quer nos fazer acreditar que haveria "mal pensantes", como veremos.

Já que o contexto internacional me obriga, gostaria de lembrar que há "libertinos" em todas as culturas, a começar pela teocracia muçulmana em plena ofensiva hoje. Convém saber que, já na morte do Profeta (ano de 632), alguns se perguntaram se não era o caso de continuar apenas seu empreendimento político, não o religioso. Questão que Ernest Renan voltou a colocar em seu tempo, lembrando que "a maior parte dos filósofos árabes eram heterodoxos ou descrentes". E diz mais: Averróis pode ser considerado um racionalista. Quanto a Al-Farabi, espírito enciclopédico, ele queria eliminar do mundo a ideia de Providência e assegurava que "somente a razão permite realizar a plenitude do humano". O grande médico Avicena não se absteve sobre essa questão da racionalidade. Na verdade, os grandes filósofos árabes se valiam de Aristóteles e de Platão "mais firmemente que do Profeta, e pensam que nenhuma religião possui a verdade [...]. Para eles, não há religião senão a fundada no espírito crítico[4]". Étiemble nos diz que na China também

---

2. Zorzi Baffo, *Oeuvres érotiques*, Cadeilhan: Zulma, 1994.
3. Adauto Novaes (org.), *Libertinos libertários*, São Paulo: Companhia das Letras, 1996, pp. 83-192.
4. Citado por René Étiemble, "Libertinage", *Encyclopaedia Universalis*, vol. 9, p. 988.

houve no século III, no final da dinastia Han, quando o império estava bastante desorganizado ou mesmo anárquico, um grande movimento de libertinagem. Ele nos fala de certo Liu-Ling que escreveu em sua vida um único poema, um "Elogio ao vinho", e que recebia seus visitantes nu, dizendo-lhes: "Minha casa é o céu e a terra; este quarto é a minha ceroula. Quem vos mandou, senhores, entrar na minha ceroula?". Do mesmo modo, Wang Yan e seus amigos nudistas praticavam uma linguagem refinada, o *qingtang* (ts'ing t'an), conversação pura e elegante, ou seja, uma libertinagem, zombando das funções públicas e se ocupando apenas do Vazio misterioso. Étiemble conclui seu artigo sobre a libertinagem perguntando se, "em sua prisão materialista, o Cristo, que fundou o homem sobre o amor e a liberdade, não voltaria a ser o que foi em seu tempo, se o foi: *um elemento subversivo, revolucionário, um libertino*, e, por essa razão, crucificado[5]". Os monoteísmos, por essência, não amam a diversidade, mas tampouco conseguem impedir completamente a independência de espírito.

Acredito que em todas as épocas houve famílias de espírito que não estiveram de acordo com seu século e sua religião, não hesitando em criticá-los. Se remontarmos às origens do protestantismo, saberemos que ele comporta, entre suas manifestações diversas, uma revolta da consciência individual contra a ingerência da autoridade em assuntos da fé, mas sobretudo coloca a questão de saber com que direito uma autoridade pode se impor às consciências. Paul Hazard, em *A crise da consciência europeia, 1680-1715*[6], se pergunta quem fixará o ponto onde cessa a ortodoxia e a heterodoxia começa. Ele mostra que o socinianismo (heresia de Fausto Sozzini na Polônia, no século XVI) colocou essa questão, permitindo a seus adeptos a passagem da religião cristã, vista apenas como uma filosofia puramente moral, ao racionalismo. De fato, chegava o tempo da heterodoxia, dos indisciplinados, dos rebeldes que, sob o reinado de Luís XIV na França, esperavam na sombra e no silêncio o sinal de liberação a ser dado. Com eles, os exegetas, os cientistas, os filósofos recusariam aceitar a tradição sem controlá-la; os "racionais" chegavam.

---

5. Ibidem.
6. Paul Hazard, *La crise de la conscience européenne, 1680-1715*, 2 vols., Col. Idées/NRF, Paris: Fayard, 1961. [Ed. bras.: *A crise da consciência europeia, 1680-1715*, Rio de Janeiro: UFRJ, 2015.]

Da Holanda, da Inglaterra, da Alemanha, da Itália, da França, de toda parte, zelosos, intrépidos e ativos, esses homens novos se perguntavam, como Fontenelle:

> [...] se nos desfizermos dos olhos do hábito, é impossível não ficar assombrado de ver toda a antiga história de um povo que não passa de um monte de quimeras, devaneios e absurdos [...]. Somos loucos um pouco diferentes dos que frequentam os prostíbulos. Nenhum se importa de saber qual é a loucura do vizinho ou dos que estiveram no quarto antes dele; para nós é importante saber. O espírito humano é menos propenso ao erro quando sabe o quanto e de quantas maneiras é capaz de errar, e nunca se terá estudado suficientemente a história de nossos desvios[7].

De início são os libertinos ingleses, como William Temple, que buscam a felicidade numa vida epicuriana, e os franceses que, após a morte de Luís XIV, sob a Regência, dão livre curso a um epicurismo prático. Homens como Gassendi darão aos libertinos uma dignidade filosófica que, ao transformar-se, vai conduzi-los ao século das Luzes.

Surge a libertinagem, que, originalmente, é uma "licença de espírito que rejeita as crenças religiosas", mas que, adquirindo acepções cada vez menos definidas, se afasta um pouco do procedimento filosófico. Busca-se substituir o gassendismo *démodé* e um tanto sinistro por um "gosto de viver voluptuosamente, evocando assim uma liberdade dupla, a do espírito e a dos sentidos, o tempo estando em via de transformar esses dois caracteres[8]". Chega-se a Voltaire e à frivolidade, ao mesmo tempo com uma aproximação do corpo físico e um ganho em liberdade de comportamento.

Servindo-se do amor, era de bom-tom para um libertino forçar o íntimo da pessoa escolhida, a fim de assegurar o triunfo de sua fantasia à custa de sua presa. Isso significa que nada devia ficar no segredo dos corações nem permanecer contido na sombra das alcovas. É a relação do indivíduo com o mundo que se transforma. Robert Abirached sublinha, com razão, que na libertinagem

---

7. *Ibidem*, pp. 75-6.
8. *Ibidem*, p. 173.

[...] o que se faz às escondidas deve ser conhecido por um máximo de pessoas; sem o público, seu soberano juiz, o libertino não existe. Uma rede de olhares segue seu menor deslocamento e espreita cada movimento do seu rosto. Se um detalhe porventura escapa a esses permanentes espectadores, ele imediatamente se encarrega de lhes informar: a indiscrição é uma obrigação absoluta para o sedutor consciente do que vale[9].

Poderíamos refletir sobre o fato de que os colegiais franceses têm ainda no currículo *As ligações perigosas* (1782), de Choderlos de Laclos e que, em matéria de educação erótica, lhes pedem para ler essencialmente essa obra libertina muito francesa. Seria muito interessante saber o que um adolescente ou uma adolescente de hoje tirará desse romance, no qual a esgrima amorosa ali praticada joga com os equívocos de mulheres de princípios (que perdem sempre) e o domínio da situação está sempre do lado dos homens, na maioria das vezes dândis (que ganham sempre).

Para descobrir os romances notórios do gênero, remeto ao grande especialista, hoje desaparecido, Raymond Trousson, que nos acompanhou por ocasião do ciclo *Libertinos libertários* e a quem se deve esta suma que é *Romans libertins du XVIII<sup>e</sup> siècle* [Romances libertinos do século XVIII][10]. Ele passa em revista todos esses autores, grandes psicólogos de seu tempo, que acreditavam na existência de uma natureza humana geral e codificável pela observação da experiência, a ponto de fazerem disso um método, partindo do princípio de que "não existe sentimento que não se traduza em sensação, nem sensação que não se exteriorize em gesto físico[11]".

O libertino tem um cientista dentro dele, está sempre convencido de que, graças ao seu controle psicológico (que o levaria a uma espécie de ascese), pode controlar sua própria vida e eliminar tudo o que é desconhecido ou indefinível, ao contrário do comum dos mortais, cujos sentimentos são sempre dominados por ignorância, covardia, medo ou cegueira. Para ele, o exercício exato da linguagem é um artigo essencial

---

9. Robert Abirached, "Libertins", *Encyclopaedia Universalis, op. cit.*, vol. 9. Ver também *O ferrolho*, quadro do pintor francês Fragonard.
10. Paris: Laffont, 1993.
11. R. Abirached, *op. cit.*

do programa dos verdadeiros sedutores. Quando fiz a apresentação sobre a obra de Zorzi Baffo[12], eu não disse outra coisa.

Quero mencionar aqui minha experiência pessoal e meu encontro em 1991 com a sociedade Amici di Baffo, em Veneza.

Enviado a Veneza por um mecenas – coisa extremamente rara, mas que acontece – para não fazer outra coisa senão imaginar uma "viagem libertina" única (entenda-se: filosoficamente libertina), tive a oportunidade incrível de me aproximar de uma parte da sociedade veneziana ainda inscrita na verdadeira cultura libertina herdada do século XVIII. Literatura viva em livrarias com edições limitadas de Zorzi Baffo; filme erótico num cinema no centro de Veneza, com mulheres em peles de *vison*, homens em casacos de astracã, filme intitulado *Cosi fan tutte*, história de um vendedor de cuecas em que as cenas principais se passam sob uma citação de Baffo; carnaval diante da casa de Baffo, situada em Campo San Maurizio; retrato do poeta na rua, diante de butiques; atores engajados em nome da poesia *"baronne"* (bandida) que circulava e ainda circula em Veneza de boca em boca. Mais ainda: provocação libertina disfarçando-se ora em vulva feminina ora em falo – disfarces que ainda hoje, mesmo em Veneza, são proibidos por lei. Em suma, descobri a presença forte de Baffo e dos libertinos até mesmo nos símbolos da *miraculosissima civitas* contemporânea.

Para voltar ao personagem libertino e mais precisamente à libertinagem, seguindo e alimentando sua ação pelo pensamento e pela difusão desse pensamento baseado no desejo e no prazer, permitam-me citar um trecho do prefácio que escrevi para a edição francesa:

> Baffo não fará nenhuma concessão, mas é preciso saber que, mesmo se descreve o "baixo", é do "alto" que ele fala. Dizem-me que seu veneziano é tão claro que faz sobressair todas as partes obscuras; inimigo das metáforas, ele põe tudo a descoberto, nomeia sem jamais constranger, descreve sem subentender e devolve a visão aos cegos. Baffo jamais esquece o impensável, sabendo que nesse domínio tudo se pratica. Convence, por suas descrições, de que não há nada de sujo em si, nada de sujo em nós. Nele, a tentação é sem medo, e isso tem por sinônimo a

---

12. Zorzi Baffo, *op. cit.*

alegria, o prazer. Quando aceitamos viver o "proibido", o sórdido desaparece. O homem que não mata seus sonhos amará sempre, e quem não nega seu corpo "foderá" sempre, nos diz Baffo [...][13].

No prefácio à edição da Pléiade de *Romanciers libertins du XVIII$^e$ siècle*, que, aliás, esqueceu (?) a obra de Zorzi Baffo, a reabilitação dos libertinos é feita mediante a edulcoração e até mesmo a negação de tudo o que permitia ver neles – negativamente, é verdade – um movimento em luta aberta ou, na maioria das vezes, subterrânea contra a religião e a civilização cristãs. "Todo elemento subversivo no plano da religião e dos costumes é abafado, apagado", observa Jean-Pierre Cavaillé, "de modo que a categoria permite integrar autores tradicionalmente apresentados e, sobretudo, que se definem eles mesmos como os piores inimigos da libertinagem: Pascal em primeiro lugar, e até Fénelon[14]".

No entanto, o autor parte de uma constatação: "Não teria a categoria da libertinagem", ele pergunta, "servido para lançar à margem da história escritores e escritos, e para manter quimicamente puro o século mais grosseiramente idealizado da nossa história?". Qual é então o outro ramo da alternativa? Ele se apoia, erroneamente, na simples invocação encantatória do conceito de crise: "Por muito tempo quiseram nos fazer acreditar que o século XVII era o século da certeza: na verdade, é o século da crise[15]". Os manuais que destacam o classicismo não permitem pensar a passagem do século XVI ao XVIII, na qual, a nosso ver, houve mais que uma crise, houve uma mutação.

A figura do libertino, quando não relacionada ao passado nem ao futuro, mas apenas considerada em seu século, é, para boa parte da historiografia, basicamente negativa. Cavaillé observa que, no encadeamento dos trabalhos produzidos pelos libertinos, é espantoso ver o quanto esse objeto de pesquisa pôde suscitar o desprezo e mesmo a aversão daqueles que o estudavam. A explicação deve ser buscada nas obsessões sociais de grupos universitários entre o final do século XIX e a primeira metade do século XX. "Aliás, estes podiam se reconhecer em ideologias opostas e fazer

---

13. *Ibidem*.
14. J.P. Cavaillé, "Les libertins, l'envers du grand siècle", *Cahier du Centre de Recherches Historiques*, 28-29, 2002, disponível em: <https://ccrh.revues.org/842>, acesso em: mar. 2017.
15. *Ibidem*.

o mesmo julgamento negativo sobre a cultura libertina, pois fantasmas de ordem moral idênticos animavam os que projetavam no Grande Século sua nostalgia do antigo regime e os fervorosos defensores de uma república virtuosa e regenerada[16]." Para estes últimos, o século XVII está associado tanto ao despotismo e à corrupção moral quanto à visão positiva de uma cultura clássica, alheia às licenças da libertinagem.

A posição mais extrema e reveladora é a que vê no libertino uma espécie de antecipação do socialista revolucionário e internacionalista. Mas o campo republicano está também obcecado pela questão da anarquia moral e intelectual representada, a seu ver, pela libertinagem. Ele sempre tende a uma elucidação ideológica do aparecimento da categoria do libertino como categoria negativa, apesar de seu desejo intempestivo de mudança e de seu discurso persistente sobre a laicidade. No entanto, por trás da cintilação da linguagem de bom-tom se projeta a sombra da libertinagem, ao mesmo tempo inquietante e fatal para o poder. A linguagem libertina ainda não desapareceu, muito pelo contrário, e um autor como Musset (1810-1857) é um bom exemplo. Sua libertinagem literária permite entender e reler de outro modo títulos aparentemente convenientes como "Um capricho", "É preciso que uma porta seja aberta ou fechada" ou "Não se deve jurar nada", nos quais Oscar Wilde, libertino britânico como poucos[17], vai se inspirar diretamente para escrever *A importância de ser honesto*; eles têm o frescor e o sentido profundo libertino que sempre souberam driblar a censura e as subserviências. O paradoxo, diz Frank Lestringuant, é que "essa palavra que diz a liberdade do desejo e a insolência da verdade com uma sutil indecência vai triunfar na época do Segundo Império, em pleno período de ordem moral e de conformismo religioso[18]".

Deixo os libertinos do século XIX se arranjarem com as espetaculares "festas imperiais"[19] e continuarem seu programa e a prática da uma libertinagem comedida sob as três repúblicas sucessivas que virão a seguir. Na verdade, os verdadeiros libertinos tornam-se mais difíceis de identificar.

16. *Ibidem*.
17. A quem o Petit Palais dedicou a exposição "Oscar Wilde, l'impertinent absolu", realizada em 2016.
18. Frank Lestringuant, prefácio à obra de Valentina Ponzetto, *Musset ou la nostalgie libertine*, Genève: Droz, 2007.
19. Cf. catálogo da exposição "Spectaculaire Second Empire, 1852-1870", Paris: Musée d'Orsay, 2016.

Após a Primeira Guerra Mundial eles se aliaram ou se abrigaram por trás do movimento surrealista.

Quanto a hoje, não duvido que eles existam ainda, mas sou levado enfim a colocar a questão para este século XXI recém-iniciado: O que foi feito dos libertinos? Ou como se pode ser libertino hoje? Ou, para ser mais preciso: há ainda um lugar para os libertinos em nosso universo cibernético chaveado? Onde encontrar agora uma retificação, um reajustamento ou uma reinversão da avaliação negativa dos libertinos como passageiros clandestinos? Podem-se ler listas heteróclitas de pessoas, *corpus* bastante incoerente de textos, mas diante desse "excesso" resta ainda a questão de saber se o libertino do século XVII existiu de fato ou se ele é apenas um fantasma. Nos trabalhos de história das ideias e de história intelectual, raros são os que se interessam por sua inserção no século, colocando a questão do contexto social, político e cultural da cultura reputada libertina. Mais raros são os que pensam que ainda exista alguma, o pensamento único se amalgamando em torno da volta a uma moral puritana, como acontece com frequência em tempos de crise. Dir-se-ia que os hiper-racionais ganharam, mas que o epicurismo prático, que parece não obstante ser a palavra de ordem de nossa sociedade globalizada, não tem mais função. Mais do que o corpo, é a relação filosófica com o universo que foi erradicada, substituída por sistemas e programas de acesso ao mundo inteiramente novos e que não dependem mais do humano, como há anos buscamos decifrar no ciclo *Mutações* da Artepensamento[20]. Trata-se de outro jogo, ou melhor, de outro desafio, tentar escapar da ganga dos sistemas de hiper e intracomunicação que comprimem nossos crânios. Isso nos obriga a mudar nossa linguagem e nossa maneira de pensar, a abandonar todo projeto de libertinagem, arrastado na velocidade dos sistemas computacionais que nos lançam fora de qualquer decisão, sabendo que esses sistemas são 4 milhões de vezes mais rápidos que nossos sistemas nervosos de hominídeos[21].

Bernard Stiegler, um dos pensadores da mutação atual, fala de *disrupção*. A disrupção, ele escreve, "é o que vai mais rápido que qualquer

---

20. Cf. Guy Dutheil, "Le voyage coquin se fait une place dans le tourisme", *Le Monde*, 26 nov. 2016, disponível em: <http://www.lemonde.fr/economie/article/2016/11/26/les-voyages-pour-les-libertins-excitent-les-convoitises_5038448_3234.html>, acesso em: mar. 2017.
21. Bernard Stiegler, *Dans la disruption: Comment ne pas devenir fou?*, Paris: Les liens qui libèrent, 2016.

vontade, tanto individual quanto coletiva, tanto dos consumidores quanto dos 'dirigentes' políticos ou econômicos[22]". Assim como arrasta em velocidade os indivíduos através de desordens digitais ou de perfis a partir dos quais satisfaz "desejos" que nunca foram expressos, e que em realidade são substitutos gregários que privam os indivíduos de sua própria existência precedendo sempre suas vontades, as quais, por sua vez, ela esvazia de sentido ao mesmo tempo em que alimenta os modelos da *data economy*, a disrupção também arrasta em velocidade as organizações sociais que só conseguem apreendê-la quando já virou passado: sempre tarde demais.

Nesse antropoceno nascente (a ideia de uma era antropocena ainda não foi homologada pelos geólogos, mas tem um sentido em antropologia: corresponderia a uma época da história da Terra que começou quando as atividades humanas tiveram um impacto global significativo sobre o ecossistema terrestre, nele deixando traços indeléveis, e onde não deveríamos estar se não tivéssemos duplicado e cuspido de volta o que é natural à própria natureza, da qual esquecemos que fazemos parte integralmente), nos vemos num estágio extremo da racionalização. Estamos à beira de nos excluirmos da história da Terra, e nossa vontade de ser e de pensar se esfuma a ponto de aceitarmos uma relação branca com o mundo e o outro.

"Sucede que não desejamos mais nos comunicar nem nos projetar no tempo, nem mesmo participar do presente", escreve David Le Breton em seu ensaio *Disparaître de soi, une tentation contemporaine* [Desaparecer de si, uma tentação contemporânea][23]. A brancura, como *paixão de ausência*, é esse estado particular fora dos movimentos de vínculo social no qual desaparece um tempo, mas do qual, paradoxalmente, sente-se hoje necessidade para continuar a viver. É essa estranha vontade de apagamento ante a obrigação de individualizar-se, esse "abandono" para escapar ao que se tornou demasiado incômodo, diante da ameaça agora visível de vivermos todos juntos, mas separadamente, uma vida impessoal.

Há indubitavelmente uma *ruptura antropológica* nas mudanças que afetam hoje a relação de cada um consigo, com seu corpo e com os outros. Escreve Marcel Gauchet:

---

22. *Ibidem*.
23. Paris: Métailié, 2015.

No mundo contemporâneo, estamos diante de fenômenos de subjetivação absolutamente inéditos, em grande parte criados pelo universo tecnológico dentro do qual evoluímos. [...] O corpo não representa mais um obstáculo para a parte interior, invisível, psíquica de nós mesmos. Agora o corpo é o que se vive no interior. Vive-se globalmente como um corpo de bem-estar, até mesmo exclusivamente como um corpo de bem-estar[24].

"O novo poder exorbitante de que vamos dispor é o de intervir na própria escrita da vida", acrescenta Joel de Rosnay[25]. Isto para dizer aos libertinos que o corpo não é mais o que era, que acabou o corpo como instrumento do pecado e como portador e representante do fardo da alma. Em realidade, sob pretexto de modelar o corpo, estamos negando-o. Para onde foi a espessura da carne? Os corpos que nos mostram hoje são corpos em esforço no jogo ou no gozo: corpos de esportistas, de atores pornográficos... Mas o corpo vivo de dentro, esse corpo da sensibilidade, da sensação que se experimenta, se pensa, se fala, se evoca, condições que fazem da vida uma experiência encarnada, onde está? Onde esse corpo do homem pode ainda produzir mundo, sociedade, civilização?

O tempo digital propõe-se "fazer memória de tudo". Na proposição do princípio de extensão universal, há algum programa libertino que leve a imaginar que cada um possa colocar à disposição de todos o que ele vê e, em troca, descobrir o mundo através de uma infinidade de outros olhares que não o dele? Jean-Pierre Dupuy nos diz que a inteligência artificial não visa à antropomorfização da máquina, mas à mecanização do humano: "O homem já é pensado como uma máquina! Pensar é tarefa da máquina. Para que nos manipulemos ao máximo, é preciso então reduzirmo-nos à condição de nossos computadores[26]". Há inclusive projetos digitais que consideram a extensão do dispositivo à audição, ao tato, ao paladar e mesmo ao olfato. Aqui não se trata mais do Marquês de Sade, para quem o corpo de cada um pertence a todos. A coisa vai mais longe: são as sensações de cada um que devem pertencer a todos! O que se esboça é o nascimento de um sujeito humano sem fronteiras íntimas, um sujeito

---

24. M. Gauchet, citado em B. Stiegler, *op. cit.*, p. 62.
25. J. de Rosnay, citado em B. Stiegler, *op. cit.*, p. 63.
26. Citado em M. Atlan; R. P. Droit, *Humain*, Paris: Flammarion, 2012, p. 145.

coletivo que compartilha suas sensações com todos e que descobre as dos outros. Mais a ideia de reunir, em programas como *Total Recall* ou *Eye Top*, a totalidade dos arquivos na vida de cada um dos humanos, para sempre. A ideia não é nova, "o sonho de Condorcet de equacionar o homem" foi inclusive preparado no Chile em 1972, sob o nome de projeto *cybersyn*. Não chegou a ser posto em prática, mas seu princípio seria instalar uma verdadeira *datacracia* em que todas as decisões seriam tomadas por algoritmos que governam totalmente, totalitariamente, o funcionamento de nossa vida cotidiana[27]. Essa memória gigantesca que seria inapagável e visitável indefinidamente, que acarretaria uma grande indiferença para com o passado, esse voyeurismo permanente e total, é a própria internet, inventada justamente para nada esquecer e para reter tudo sobre todos[28]!

Cioran, do tempo da escrita literária, já dizia: "Tudo o que você escreve será retido contra você". Bernard Stiegler mostra que, com o tempo digital, se transpôs um degrau fundamental; daqui por diante "cada um é seguido por aquilo que mostrou, disse, publicou[29]". Nossa época se tornou disruptiva,

> precisamente porque não dá nenhum lugar ao segundo tempo (uma época é nomeada quando terminou e substituída por outra época, nada mais é limitado) nem, portanto, a nenhum pensamento: dá lugar apenas a um vazio absoluto do pensamento, a uma *kenosis*[30], despojamento de uma radicalidade tal que o próprio Hegel foi incapaz de antecipar. Ao contrário, foi o que Nietzsche viu chegar "a passo de pomba" como a prova do niilismo[31].

A unidade moral que permitia fazer sociedade em lugar e época é agora uma heteromoral que faz de nossas vidas confrontos constantes, dos quais toda ideia de equilíbrio é proscrita. Sabemos cada vez menos nomear o que nos acontece, cada um agitado por um "narcisismo das pequenas diferenças[32]" que nada mais tem a ver com os "narcisismos sociais"

27. Cf. o jornal *Libération* de 2 de outubro de 2016.
28. B. Stiegler, *op. cit.*, pp. 319-321.
29. B. Stiegler, *op. cit.*, pp. 319 21.
30. Palavra grega empregada pela teologia cristã com o sentido de esvaziamento da vontade própria. [N.T.]
31. B. Stiegler, *op. cit.*, pp. 319-21.
32. *Ibidem*.

que permitiam idealizar e fazer cultura juntos perante outras culturas. O que fazer quando o *nós*, que era evidente, não faz mais sentido para ninguém, a não ser nas margens reacionárias religiosas e/ou comunitárias? O poeta Bernard Noël lembra, no *Monologue du nous* [Monólogo do nós]:

> [...] a barrela das ilusões nos era mais útil que sua decomposição [...]. Há muito deveríamos ter dado um lugar ao durável, mas a sedução sempre se mostrou mais imediatamente eficaz [...]. Logo deixamos de cantar, sem compreender de início que o engajamento não é como um comércio, e que as leis deste último provocam apenas excitações efêmeras. [...] Queríamos iniciar o compartilhamento e a reflexão num espaço imperceptivelmente orientado por informações concebidas para intensificar o egoísmo e satisfazer seus desejos imediatos[33].

Aceitamos ser sós, constata Bernard Noël, porque muitos o são, mas "essa maioria não compreendeu que havia entrado no coração do absurdo, isto é, que ela não tem mais meio algum de agir, pois não é o que acredita ser, donde essa tomada de consciência amarga[34]", da qual me faço aqui o porta-voz. Constatação duplamente amarga porque a ela se acrescenta o desejo de mudar a situação, quando sabemos que não somos mais nós que temos o poder de criá-la. Não nos resta senão negar nosso *nós*, fechar os olhos, cerrar os dentes, fazer silêncio e tentar "resistir" diante do abismo que se abre diante de nós. "Receio que não se faça do desespero um laço combativo. Então 'nós' se pergunta o que o compõe e sente a ameaça de um desmembramento[35]."

Dito isso, não vivemos ou não podemos ainda integrar completamente uma ausência de época que contém apenas a ideia de um pós-humano, isto é, de um tempo sem necessidade de ser ritualizado e limitado para ser vivido, porque sem tempo real, medido fora do calendário, microcalculado e, portanto, inutilizável para a nossa dimensão. São as medidas, na verdade, que se comprimem, alucinam, viram máquina. "A ideia de ausência de época", escreve Stiegler, "é antes de tudo a destruição consumada de todo poder simbólico e de todo processo positivo de identifi-

---

33. Bernard Noël, *Monologue du nous*, Paris: Éditions POL, 2015.
34. *Ibidem*.
35. *Ibidem*.

cação³⁶". Trata-se de uma verdadeira desfiliação do homem de si mesmo, que engendra uma identificação negativa que, nas suas formas extremas, produz a loucura mortífera na ausência de época³⁷.

Desde *Libertinos libertários* em 1996, as coisas e os pontos de vista, até mesmo nossas maneiras de vida, foram radicalmente subvertidos. Denegação, mal-estar, submissão, mentiras deliberadas de governos democráticos, grosseria, barbárie se tornaram nosso cotidiano. A crise da consciência europeia deu lugar à crise da consciência mundial; nossos intelectuais são agora os economistas para quem tudo se calcula em porcentagem e em rentabilidade – portanto, em exclusão; nosso modo de vida está, ele próprio, ligado aos modos sem vida. Em suma, neste antropoceno, puro produto da atividade humana, o que estava por viver foi vivido e, "nessa ausência de época [em que] os cínicos praticam a loucura refletida", há de fato pouco espaço para um libertino – se isso ainda tem algum sentido.

Se a libertinagem buscava embalar os sentidos e os corpos, o embalo contemporâneo é acelerado demais para que qualquer programa, qualquer processo lento e refletido de sedução, que não seja comercial, possa se produzir³⁸. Nossa realidade moral não tem mais razão de ser, senão como a expressão puritana de um mundo no qual a humanidade acaba por soterrar o devir do homem, agora em des-vir.

"Do pé da favorita ao joelho de Jacques", para retomar uma expressão de Jean Starobinski³⁹, as situações narrativas, que tanto compraziam os libertinos quando diziam respeito ao corpo, não têm mais lugar por falta de tempo, de desejo de contar e de afagar, e por simples gosto de prazeres variados⁴⁰.

No mundo da internet que nos invade a grande velocidade, há uma tamanha impetuosidade que seus programas se sucederam no curtíssimo espaço de tempo de 1.0 (leia-se "um ponto zero"): início da internet; 2.0: nativo digital; 3.0: *web* semântica; 4.0: *web* simbiótica – 30 bilhões de

36. *Ibidem*, p. 274.
37. *Ibidem*, p. 275.
38. Na América, uma quinzena de "cruzeiros libertinos" é organizada todo ano. Um novo *site*, Swingsy.fr – contração de *swinger* (cambista) – aproveita essa moda de sexo embarcado. Esses *desire cruises* rendem cerca de 20 bilhões de dólares no mundo. Compreende-se que um novo *site* libertino se crie a cada semana na Europa. Mas a meca da libertinagem continua sendo Cap d'Agde, no Sul da França. Cf. *Le Monde*, 27-28 de novembro de 2016.
39. J. Starobinski, *Diderot, un diable de ramage*, Paris: Gallimard, 2012.
40. *Ibidem*, p. 85.

objetos conectados, 40% da população mundial conectada 24 horas/dia; 5.0: o homem encartado: internet na pele com os chips RFID [identificação por radiofrequência]; 6.0: inteligência artificial... Todos os territórios estão agora desencantados da internet. O mundo é unicamente mercado/mercadoria. O homem, consumidor obrigado literalmente a *dé-penser*[41], deve agora aceitar que o mundo virtual é o seu verdadeiro mundo.

Talvez eu me engane, mas afinal Diderot, que também estava à espreita dos grandes rumores de seu século e viu despontar o tempo da "ciência econômica", além de pressentir um destino funesto para a filosofia, escreveu:

> As pessoas se tornam prudentes e insípidas, fazem o elogio do presente, relatam cada pequeno momento de sua existência e de sua duração; o sentimento de imortalidade e o respeito à posteridade são palavras vazias de sentido que fazem sorrir de piedade. Todos querem gozar, antes que chegue o dilúvio. Dissertam, examinam, sentem, raciocinam muito, passam tudo pelo crivo escrupuloso do método, da lógica e mesmo da verdade. Assim, o que será das artes, que têm por base o exagero e a mentira, entre homens sempre ocupados com a realidade e inimigos por profissão dos fantasmas da imaginação, que seu sopro faz desaparecer[42]?

Diderot se insurge contra o que, na evolução dos costumes e das ideias, obstruiu as formas expansivas, entusiastas, do sentimento e do pensamento. Essa nostalgia, tanto para ele quanto para nós, se dirige contra uma nova arte de gozar que a cada dia se retrai em seus impulsos e, "simultaneamente", observa Starobinski, "contra uma nova lógica associada, ela também, a uma medida curta da realidade[43]". Outra moral do prazer e outra atividade da razão estão surgindo, sobre as quais não temos influência alguma[44].

---

41. "Não pensar", mas também "gastar", conforme o verbo francês *dépenser*. [N.T.]
42. Denis Diderot, *Essais sur la peinture*, citado em J. Starobinski, *op. cit.*, p. 358.
43. J. Starobinski, *op. cit.*
44. Cf. P. Dibie, "A sexualidade como utopia", in: Adauto Novaes (org.), *Mutações: o novo espírito utópico*, São Paulo: Edições Sesc SP, 2016.

Assim como Diderot, vejo-me desarmado diante do apetite dos prazeres fugazes, da tirania da razão fria; é a identidade mesma do que me criei, meu sonho alimentado e concretizado, que se desfaz. Isso seguramente tem a ver com os libertinos e com o ensaio que escrevi há alguns anos "contra as ciências frias[45]". Devo superar a secura a que estou condenado em curto prazo com a estrita aplicação das regras racionais da *datacracia* que cresce a cada dia, que se impõem como "verdade" para além do humano, isto é, para além do agora demasiado simples pensamento humano. Que filósofo, que escritor, que pintor, que artista não tem vontade de comover? É o programa de nossa vida. Hoje minha única virtude é não ser virtual. Mas como trazer de volta os libertinos nesse pântano social globalizado onde não sabemos mais o que devemos ser nem o que representamos aos olhos dos outros, onde a imagem do humano proposta existe apenas fixada em celebridades de papel glacê?

Então o libertino seria aquele que resiste à crença na máquina, que sabe que o saber desoculta e, também, que é pelo desvio, pela exterioridade que se poderá ainda falar do interior de si mesmo e desenvolver "devaneios calóricos" à Diderot; sonhos que poderiam partir do pé da favorita ao joelho de Jacques, cujo prazer primeiro é a pura escuta do outro e de si, ouvindo o outro nos escutar... até fazer coincidir o tudo e o nada, e lembrar que o libertino nunca se mostra senão mostrando e mostrado.

---

45. Subtítulo em P. Dibie, *La passion du regard: essai contre les sciences froides*, Paris: Metailié, 1998.

# A crise da razão
Oswaldo Giacoia Junior

Imenso é o desafio – e quase paralisante – de ousar refletir, mais uma vez, no enquadramento temático e filosófico do ciclo *Mutações*, a crise da razão. O que mais poderia ser acrescentado ao livro prodigioso que Adauto Novaes editou, com esse mesmo título, em 1996? E, no entanto, o sintagma *crise da razão* continua a nos desafiar, a mobilizar energias para novas tentativas de interpretação de seu significado. Afinal, no horizonte de *Mutações*, estamos autorizados e, mais que isso, concitados a um atrevimento e risco maiores. Portanto, ao invés de principiar por uma resenha ou retomada do livro de 1996, penso que a melhor estratégia seria dirigir nossa atenção para o que ainda não foi suficientemente meditado tanto antes quanto depois da publicação daquele livro memorável.

Sabemos que uma das acepções mais antigas da palavra *crise* é originária do léxico da medicina hipocrática, no qual indica um ponto culminante, uma manifestação aguda e também um momento de transformação decisiva no curso de uma enfermidade, servindo, portanto semiologicamente, como signo de orientação para um diagnóstico, que pode ou não ser favorável à cura. A partir dessa acepção originária, e aplicando esse significado à sociedade e à história, a palavra *crise* assume a significação ampliada de transformação decisiva em qualquer aspecto relevante da vida humana.

Uma crise da razão, no sentido acima mencionado, anuncia-se, em nossos dias, sobretudo sob a égide das ciências e das tecnologias, pois o vértice principal pelo qual olhamos o mundo é determinado por elas. Na modernidade, as ciências estão interligadas, de modo decisivo, com todas as formas de organização da vida e da cultura: na economia, na indústria, na educação, no direito, na política, na administração, no mercado financeiro, em todos os meios de comunicação, nas artes, na filosofia e também nas guerras. Podemos dizer que nossa cosmovisão atual delineia--se a partir das perspectivas da física, da química, da biologia, da genética, das neurociências, dos estudos de inteligência artificial, da robótica, da cibernética e da nanotecnologia.

Essa constelação produz uma figura que sugere a efetiva realização da supremacia humana sobre as demais criaturas do universo ainda que o humano tenha hoje que dividir o espaço com seus próprios produtos, por exemplo, com máquinas inteligentes, que ameaçam destroná-lo. Uma perturbação que afeta essa constelação anuncia-se então inevitavelmente como dolorosa ferida narcísica, pois nela haurimos nossa autocompreensão enquanto homens modernos.

É por isso que o progresso das ciências sempre esteve tão imbricado com as perspectivas de realização do ser humano. Uma crise instalada no âmbito da racionalidade científica afeta, portanto, não apenas a realização atual da humanidade, mas também a esfera inteira de seus ideais. É o que podemos constatar pelo testemunho de um cientista como Werner Heisenberg, para quem a dominação técnico-científica da natureza só se confronta com algum limite quando as explicações científicas da realidade não recobrem mais aquelas do mundo religioso e cultural. Nessas condições, o mais provável é que as concepções religiosas e culturais do mundo tenham de se acomodar às teorias científicas do que o contrário. Tendo isso em vista, o filósofo Martin Heidegger, em sua correspondência com o físico Heisenberg, pergunta-se pela essência da moderna ciência, em sua relação com o homem e seus poderes, pois é sobre essa relação que precisamos hoje em dia, antes de tudo, alcançar alguma clareza:

> Meditando o sentido desse processo, percebe-se que no mundo ocidental e nas épocas de sua história a ciência desenvolveu um poder que não se pode encontrar em nenhum outro lugar da Terra, e que está em via de estender-se por todo o globo terrestre. É a ciência apenas algo feito pelo homem, que se alçou a tal dominação, de modo que se po-

deria pensar que a vontade humana ou a decisão de alguma comissão poderia um dia também novamente desmontá-la? Ou será que impera aqui um destino maior? Será que algo mais do que um simples querer conhecer, de parte do homem, domina a ciência? Assim é, de fato. Outra coisa impera. Mas esta outra coisa se esconde de nós, enquanto ficamos dependentes das representações habituais da ciência[1].

Em tais circunstâncias, a pergunta pelo futuro do humano não pode prescindir hoje de uma reflexão aprofundada tanto sobre a ciência quanto sobre as consequências éticas, sociais, políticas e culturais de seu desenvolvimento, uma vez que por meio dele produziu-se não apenas uma alteração substancial de nossa cosmovisão, mas também uma mudança radical na autocompreensão ética da espécie humana. Desse modo, refletir filosoficamente sobre a ciência e a técnica em nossos dias, de modo a manter aberto o horizonte do pensamento para os desdobramentos éticos que podem resultar desse tipo de reflexão, implica também a necessidade de considerar limites éticos ao progresso tecnológico, como forma de evitar consequências potencialmente catastróficas desse desenvolvimento – por exemplo, o desastre ecológico, a desertificação do planeta, o apocalipse nuclear, a clonagem humana pela engenharia genética e o hibridismo transumanista do *homo roboticus*.

Desde Isaac Newton sabemos que a física não tem mais como finalidade a *explicação da natureza*; em vez de explicação dos fenômenos, a física teria como meta encontrar um formalismo matemático capaz de produzir resultados experimentais significativos, com base nos quais os cientistas poderiam ordenar e prever metodicamente aquilo que seria observado (ou não) na experiência. O caráter sistemático dos procedimentos científicos permitiria dominar processos de conhecimento, construir aparelhos técnicos com modos de funcionamento rigorosamente previstos e dirigidos para fins essencialmente utilitários. Nessas condições, não pode mais ser sustentado o ideal teórico de plena objetividade – a saber, o conhecimento científico entendido como descrição neutra e objetiva de processos que ocorrem na natureza. Se a física clássica já operava com

---

[1]. Martin Heidegger, "Wissenschaft und Besinnung", *in:* Martin Heidegger, *Vorträge und Aufsätze*, Pfullingen: Günther Neske, 1985, pp. 41 ss. [Ed. bras.: *Ensaios e conferências*, Petrópolis: Vozes, 2002.]

essa autocompreensão, esta se tornou muito mais aguda com a física atômica contemporânea.

Werner Heisenberg descreveu, nos termos seguintes, o dilema cada vez mais atual de uma realidade física que se dissolve numa simbologia matemática:

> Portanto, a pergunta sobre se essas partículas existem "em si" não pode mais ser colocada desta forma, pois nós, sempre, só podemos falar sobre processos [*Vorgänge*] que ocorrem quando o comportamento dessas partículas elementares pode ser inferido por meio da ação recíproca das mesmas com alguns outros sistemas físicos, por exemplo, aparelhos de medida. A representação da realidade objetiva das partículas elementares volatilizou-se, portanto, de uma maneira digna de nota, não na névoa de alguma nova, obscura e ainda incompreendida representação da realidade, mas na clareza transparente de uma matemática que não exibe mais o comportamento das partículas elementares, mas nosso conhecimento desse comportamento. O físico atômico tem de se conformar com que sua ciência seja apenas um elo na infinita cadeia das confrontações do homem com a natureza, que ela, porém, simplesmente não pode falar da natureza "em si"[2].

A intervenção humana, sob a forma de procedimentos teóricos e metodológicos, com seus modelos matemáticos de objetivação e processos físicos de experimentação, tornou-se um *elemento constitutivo essencial* de todo e qualquer conhecimento da realidade. Os próprios físicos de há muito têm desenvolvido uma consistente reflexão a esse respeito. Para um cientista como Heisenberg, talvez não seja exagero dizermos que, pela primeira vez, o ser humano não tem nenhum adversário significativo além de si mesmo, de modo que, partindo das transformações no campo da física, as mudanças básicas na ciência moderna têm de ser consideradas como expressões de transformações no próprio modo de existência das sociedades humanas, que afetam, portanto, todo e qualquer domínio de vida.

---

2. Werner Heisenberg, "Das Naturbild der heutigen Physik", *in:* Bayerische Akademie der schönen Künste (Hrg.), *Die Künste im technischen Zeitalter*, 8. Aufl. 1956, Darmstadt: Wissenschaftliche Buchgesellschaft, pp. 31-47.

Quando, partindo da situação da moderna ciência da natureza, tentamos avançar tateando para os fundamentos que foram postos em movimento, temos a impressão de que não simplificamos demasiado grosseiramente as relações quando dizemos que, pela primeira vez no curso da história, o homem está postado sobre esta Terra unicamente diante de si mesmo, que ele não encontra mais nenhum outro parceiro ou adversário. Isso vale, primeiramente, de uma maneira totalmente banal, na luta do homem contra os perigos externos. Antes, o homem era ameaçado por animais selvagens, doenças, fome, frio e outras potências da natureza, e nesse combate todo alargamento da técnica significava um fortalecimento da posição do homem, portanto, um progresso. Em nosso tempo, no qual a Terra se torna sempre mais densamente povoada, a limitação das possibilidades de vida, e com isso a ameaça, vem em primeira linha da parte dos outros homens, que também fazem valer seu direito aos bens da Terra. Nessa disputa, porém, o alargamento da técnica não precisa mais ser nenhum progresso. A sentença de acordo com a qual o homem é confrontado unicamente consigo mesmo vale, porém, particularmente na era da técnica, num sentido ainda muito mais amplo[3].

Dada essa alteração radical no modo de produção do conhecimento científico, a operatividade tornou-se palavra de ordem, de modo que a importância quase metafísica da mobilização é o espetáculo a que assistimos desde o início do século passado, no qual a natureza se anuncia de alguma maneira calculável como um sistema de informações que funcionam como variáveis de cálculo. O sujeito, enquanto operador dos experimentos e dos sistemas, insere-se numa objetividade que, de maneira cada vez mais indisfarçada, é estruturada através da mediação da aparelhagem experimental, de forma que tanto a subjetividade passa então a pertencer agora expressamente à objetividade, quanto, inversamente, a objetividade passa a incluir elementos de subjetividade, sendo dotada, por exemplo, de uma linguagem própria e até mesmo de intencionalidade. A cadeia produtiva sustentada pela tecnociência insere em suas engrenagens inclusive aquele que, até hoje, fora considerado o sujeito ativo desse processo. Pro-

---

3. *Ibidem.*

duz-se, com isso, uma profunda desestabilização de tudo o que é natural, já que agora, sob o nome de *natureza*, é preciso contar também todos os constituintes do próprio sujeito humano, seu sistema nervoso, seu código genético, a estrutura e o funcionamento de seu órgão cerebral, seus órgãos sensitivos visuais e auditivos, seus sistemas de comunicação, suas linguagens e sistemas de signos, suas organizações de vida em grupo etc.

Como Heidegger já antevia, com a sobreposição ou acavalamento do sujeito e do objeto, não é possível manter o clássico ideal de autarquia e controle humano dos processos de conhecimento. Uma vez que a antiga crença na autonomia cai em desuso, mesmo na representação que os próprios *experts*, os cientistas, fazem a respeito de seu *métier*, então seria o caso de considerar se o prognóstico de Jean-François Lyotard não seria, de fato, instrutivo sobre nossa condição atual: de acordo com Lyotard, o homem talvez não seja mais do que um nó mais sofisticado na interação geral das radiações que constituem o universo. Não seria, então, esse mesmo diagnóstico uma injunção imperiosa para refletir filosoficamente sobre o que caracteriza a ciência e a técnica em nossos dias, de modo a manter aberto o horizonte do pensamento para os desdobramentos éticos que delas podem resultar?

Penso que sim – e um exemplo ilustrativo talvez possa ser mencionado, nesse contexto, com a possibilidade bastante concreta da instrumentalização da base somática da personalidade humana. Uma perspectiva como esta, que, de resto, é bastante realista, chocou a consciência moral de um filósofo como Jürgen Habermas. Refletindo sobre a necessidade de impor limites éticos à eugenia positiva, franqueada por experimentos biogenéticos de ponta, Habermas considera, com razão, que as pesquisas com embriões e genoma poderiam abrir caminho para uma produção tecnológico-industrial da vida, que ultrapassa todos os limites restritivos determinados pelo interesse terapêutico em identificar, prevenir e/ou tratar eficazmente patologias geneticamente causadas.

Um dos riscos maiores da virtual "fabricação" do *design* humano seria a possibilidade de submeter o patrimônio genético de seres humanos à lógica e à dinâmica de preferências narcisistas individuais, ao arbítrio de consumidores habilitados para atuar como agentes num mercado florescente e virtualmente ilimitado. O que poderia resultar desse tipo de mobilização, dá efetivamente muito a pensar:

Quando, depois da transição para o pluralismo tolerado das cosmovisões, as imagens de mundo religiosas e metafísicas perderam sua cogência universal, nós (ou a maioria de nós) não nos tornamos nem cínicos frios, nem relativistas indiferentes, porque nos mantivemos apegados ao código binário de juízos morais corretos e falsos – e *quisemos fazê-lo*. Restabelecemos as práticas do mundo da vida e da comunidade política sobre premissas da moral racional e dos direitos humanos, porque elas oferecem uma base comum para uma existência humanamente digna, para além das diferenças de cosmovisões. Talvez a resistência afetiva contra uma temida modificação na identidade da espécie se deixe hoje esclarecer – e justificar – a partir de semelhantes motivos[4].

À sombra dessa erosão das imagens religiosas e metafísicas, que até hoje embasaram a autocompreensão ética da humanidade, medram as perspectivas pós e transumanas de superação do ser humano. Uma nova singularidade não apenas bate à nossa porta – ela já ingressou em nossa morada.

> A singularidade nos permitirá transcender as limitações de nossos corpos biológicos e cérebros. Conquistaremos poderes sobre nossos destinos. Nossa mortalidade estará em nossas mãos. Seremos capazes de viver tanto quanto quisermos (uma afirmação sutilmente diferente de dizer que viveremos para sempre). Compreenderemos inteiramente o pensamento humano, e estenderemos e expandiremos seu alcance. No final deste século, a porção não biológica de nossa inteligência será trilhões e trilhões de vezes mais poderosa do que a desamparada inteligência humana [...]. A singularidade representará a fusão de nosso pensamento e existência biológica com nossa tecnologia, resultando num mundo que é ainda humano, mas que transcende nossas raízes biológicas[5].

O cenário traçado por esse transumanismo comporta inequivocamente um componente biopolítico de prodigiosa envergadura, pois ele

---

4. Jürgen Habermas, *Die Zukunft der menschlichen Natur. Auf dem Weg zu einer liberalen Eugenik?*, Frankfurt-/M: Suhrkamp Verlag, 2001, p. 125. [Ed. bras.: *O futuro da natureza humana: a caminho de uma eugenia liberal?*, São Paulo: Martins Fontes, 2004.]
5. Raymond Kurzweil, *The Singularity is Near. When Humans Transcende Biology*, New York: Viking/Penguin, 2005, p. 23.

nos instala num limiar epocal em que teríamos que tomar decisões de longo alcance, tanto no espaço quanto no tempo, decisões concernentes ao futuro da humanidade, colocado, nessas circunstâncias, em situação de risco e perigo extremos. Este já era, aliás, o sentido principal da resposta que o filósofo Peter Sloterdijk endereçava à carta de Martin Heidegger sobre o humanismo:

> É a marca da era técnica e antropotécnica que os homens mais e mais se encontrem no lado ativo ou subjetivo da seleção, ainda que não precisem ter se dirigido voluntariamente para o papel de selecionador. Pode-se ademais constatar: há um desconforto no poder de escolha, e em breve será uma opção pela inocência recusar-se explicitamente a exercer o poder de seleção que de fato se obteve. Mas tão logo poderes de conhecimento se desenvolvam positivamente em um campo, as pessoas farão uma má figura se – como na época de uma anterior incapacidade – quiserem deixar agir em seu lugar um poder mais elevado, seja ele Deus, o acaso, ou os outros. Já que as meras recusas ou abdicações costumam falhar devido a sua esterilidade, será provavelmente importante, no futuro, assumir de forma ativa o jogo e formular um código das antropotécnicas. Tal código também alteraria retroativamente o significado do humanismo clássico – pois com ele ficaria explícito e assentado que a *humanitas* não inclui só a amizade do ser humano pelo ser humano; ela implica também – e de maneira crescentemente explícita – que homem representa o mais alto poder para o homem[6].

Gostaria de retomar esse repto à luz da filosofia de Friedrich Nietzsche para, com auxílio dela, aprofundar a reflexão sobre a crise da razão, que nele se faz presente; até mesmo porque Nietzsche foi um refinado especialista em diagnosticar crises da razão. Ao fazê-lo, tomo como ponto de partida um fragmento inédito – datado da primavera-verão de 1883 – no qual Nietzsche dava expressão reflexiva ao impulso que o teria levado, com intensa admiração e cuidado, ao exame crítico das obras de Kant e Schopenhauer: o que o motivou a esse exame foi ter compreendido

---

6. Peter Sloterdijk, *Regras para o parque humano: uma resposta à carta de Heidegger sobre o humanismo*, São Paulo: Estação Liberdade, 2000, pp. 44 ss.

que, na obra desses pensadores, estaria em curso uma *profunda crise da racionalidade*, que Nietzsche entendia como uma "autoaniquilação [*Selbstvernichtung*] do conhecimento científico[7]". O paradoxo presente nessa figura de autodestruição por excesso de realização consiste em que, nesse movimento, a ciência, em virtude de uma coerção interna, seria inexoravelmente conduzida, pela lógica de seus próprios valores e exigências, até a extração de suas mais extremas consequências, vindo, então, a ultrapassar seus próprios limites. Nietzsche interpreta esse movimento como um processo necessário de autoexame e autocrítica da racionalidade lógica, que culmina na denúncia do delírio de onipotência que a anima. Segundo a análise de Nietzsche, este delírio teria vindo à luz, pela primeira vez na história do Ocidente, com Sócrates.

Nietzsche tem em vista a pretensão racional, que em Sócrates assumiria uma dimensão desmesurada, de tornar conceitualmente *compreensível* a inteira existência do mundo e do homem – e, com isso, fazer com que estas pudessem aparecer como teoricamente *justificadas*. O que Nietzsche denuncia é uma ilusão de onipotência que se enraíza na história da metafísica, implantada numa "profunda *representação delirante*, que pela primeira vez veio ao mundo na pessoa de Sócrates – aquela crença inabalável de que, seguindo o fio condutor da causalidade, o pensar alcança até os abismos mais profundos do ser, e que o pensar é capaz não somente de conhecer o ser, mas até de *corrigi-lo*[8]".

Nietzsche detecta nesse processo uma imbricação reversível entre lucidez e delírio, emancipação e compulsão. Para ele, a força que, do interior, anima o progresso da razão esclarecida é haurida numa *Wahnvorstellung*, ou seja, numa obscura potência, que afinal acaba forçada a revelar sua verdadeira natureza: "Mas agora a ciência, aguilhoada por sua vigorosa ilusão, corre pressurosa e irrefreável até aqueles limites, nos quais fracassa seu otimismo, oculto na essência da lógica". Como resultado desse processo, vê-se "como a lógica, chegando a esses limites, enrosca-se sobre si mesma e finalmente morde a própria cauda[9]".

---

7. Friedrich Nietzsche, "Nachgelassene Fragmente", *in:* G. Colli und M. Montinari (Hrg.), *Sämtliche Werke. Kritische Studienausgabe*, Band 10, Berlin/New York/München: de Gruyter/DTB, 1980, pp. 237 ss.
8. *Idem*, "Die Geburt der Tragödie", *in:* G. Colli und M. Montinari (Hrg.), *op. cit.*, Band I, pp. 92 ss (§ 15).
9. *Ibidem*.

Nietzsche reconstitui arqueogenealogicamente um movimento de oposição interna, atuante na racionalidade científica, em cujo desdobramento esta se encaminha, *motu proprio*, em direção à perempção de sua hegemonia e absoluto domínio – pois, confrontada com suas consequências extremas, a cultura assentada no princípio da cientificidade passa a recuar diante de suas próprias virtualidades. Nesse recuo, ela não pode deixar de sucumbir, tão logo comece a se tornar *ilógica*, isto é, a recusar as próprias inevitáveis conclusões, na tentativa de eludir a lógica de seus próprios valores.

> Enquanto o infortúnio que dormita no seio da cultura teórica começa, pouco a pouco, a angustiar o homem moderno, e este, inquieto, recorre a certos meios para conjurar o perigo, retirando-os do tesouro de sua experiência, sem acreditar, mesmo, realmente em tais meios; enquanto o homem moderno começa, portanto, a pressentir suas próprias consequências, algumas naturezas grandes, voltadas para o universal, souberam utilizar com incrível sensatez o arsenal da própria ciência, para mostrar os limites e o caráter condicionado do conhecimento em geral, e, com isso, negar decididamente a pretensão da ciência de possuir validade e finalidade universal; e no curso dessa demonstração foi reconhecida pela primeira vez, enquanto tal, aquela representação delirante que, guiada pela mão pela causalidade, arroga-se a pretensão de poder perscrutar a essência mais íntima das coisas[10].

Ao fio condutor da genealogia de Nietzsche, nosso olhar alcança, portanto, os primórdios daquela exigência incondicional de verdade e pretensão científica, aquela injunção a conhecer as coisas até o fim, de transformar integralmente os fenômenos em cadeias de conceitos, perscrutar a essência íntima das coisas, de modo a poder não somente compreender o ser, desvendar todos os seus enigmas, mas também, além disso, ser capaz de *corrigi-lo*[11]. A crise da racionalidade lógica não constitui, para Nietzsche, um fenômeno recente na história da razão ocidental. Ao contrário, esta é proveniente de uma *hybris* originária que, em Sócrates, fez-se figura do

---

10. *Ibidem*, pp. 109 ss (§ 18).
11. *Idem*, "Nachgelassene Fragmente", *op. cit.*, pp. 239 ss.

mundo, e ainda palpita e anima nossas fantasias futuristas, formando o núcleo arcaico da utopia pós-moderna.

Em momentos de crise, no limiar de grandes transformações históricas, a razão obstina-se na busca de conceitos capazes de proporcionar referenciais de sentido e orientação, e é justamente então que a crise se faz sentir de maneira mais aguda. É necessário, antes de tudo, compreender e situar-se em meio à desestabilização – o que provoca o fenômeno que o filósofo Reinhart Kosellek denominou "batalha semântica para definir, manter ou impor posições filosóficas, políticas e sociais[12]".

É num cenário como este que a contribuição de Nietzsche demonstra-se atual e fecunda. Pois aquilo com que temos de nos defrontar é uma combinação de crise, crítica, decisão e exigência de sentido, isto é, com um fenômeno bem característico do componente sociobiopolítico-cultural da crise da razão. O espaço que separa as experiências culturalmente relevantes do conjunto de expectativa para novos projetos faz colapsar os grandes significantes que temos à mão, de modo que estes não conseguem mais dar conta dos fatos observados na realidade imediata. Rompe-se, assim, o equilíbrio entre os espaços de experiência e os horizontes de esperança, e, nesse cenário, os conceitos buscados atuam tanto como um elemento de promessa e expectativa de realização, quanto abrigam uma correspondente desconfiança e decepção em relação às formas de representação ainda subsistentes, mas já agonizantes.

Essa é a atmosfera própria para mutações de grande envergadura: na área socioeconômica, por exemplo, podemos vislumbrar a possibilidade teórica e prática da erradicação da miséria, contrastada, na área biomédica, pela instrumentalização do genoma. Politicamente, podemos cogitar planos de paz perpétua, compensados, aporeticamente, pela ameaça macabra de destruição apocalíptica do planeta, pela produção de armas capazes de escolher e destruir autonomamente seus próprios alvos. A crise da razão mostra-se não apenas na iminência do *homo roboticus*, mas com o extermínio possível da espécie humana, já que se tornou difícil impor limites precisos para processos de transformação em cuja dinâmica autonomizada nos encontramos imersos.

---

12. R. Koselleck, *Future Past*, New York: Columbia University Press, 2004, pp. 83 ss. [Ed. bras.: *Futuro passado: Contribuição à semântica dos tempos históricos*, Rio de Janeiro: Contraponto, 2006.]

A genealogia de Nietzsche não nos auxilia apenas no vetor retrospectivo de sentido. Com ela, podemos avançar também prospectivamente. No final de sua vida lúcida, em seus *Ditirambos de Dionísio*, Nietzsche exprimiu, num verso enigmático, um *insight* filosófico fundamental: "O deserto cresce: ai daquele que abriga desertos" *("Die Wüste wächst: weh dem, der Wüsten birgt"*[13]). Abrigar desertos parece-me ser uma marca da *conditio humana: abrigamos em nós perigosos desertos*, e nesses ermos medra nossa *hybris*, tanto nossa grandeza quanto nossa tragédia, ambas abissais: pois esses desertos são o território em que fazemos nossas experiências cruciais.

Para Nietzsche, o homem, dentre todos os outros, é o animal

> mais doente, inseguro, inconstante, indeterminado que qualquer outro animal, não há dúvida – ele é o animal doente: de onde vem isso? É certo que ele também ousou, inovou, resistiu, desafiou o destino mais do que todos os outros animais reunidos: ele, o grande experimentador de si mesmo, o insatisfeito, insaciado, que luta pelo último domínio com o animal, a natureza, e os deuses – ele, o ainda não domado, o eternamente futuro, que não encontra sossego de uma força própria que o impele, de modo que seu futuro, uma espora, mergulha implacável na carne de todo presente: – como não seria um tão rico e corajoso animal também o mais exposto ao perigo, o mais longa e profundamente enfermo entre todos os animais enfermos?[14].

Somos levados a pensar que a crise da racionalidade é também a realização integral de sua própria lógica, um resultado da *hybris* de Prometeu. Na modernidade, um traço marcante dessa crise consiste em que nossa forma de habitar o mundo só se produz como *transgressão*:

> Híbris é hoje nossa atitude para com a natureza, nossa violentação da natureza com ajuda das máquinas e da tão irrefletida inventividade dos engenheiros e técnicos; híbris é nossa atitude para com Deus, quero dizer, para com uma presumível aranha de propósito e moralidade por

---

13. F. Nietzsche, "Dyonisos-Dithyramben", in: G. Colli und M. Montinari (Hrg.), *op.cit.*, Band VI, p. 381. [Ed. bras.: *O anticristo/Ditirambos de Dionísio*, São Paulo: Companhia das Letras, 2007.] O verso retoma uma das passagens conclusivas da Parte III de *Assim Falou Zaratustra*.
14. Idem, *Genealogia da moral*, São Paulo: Companhia das Letras, 1998, pp. 110 ss (III, 13).

trás da grande tela e teia da causalidade – híbris é nossa atitude para com *nós mesmos*, pois fazemos conosco experimentos que não nos permitiríamos fazer com nenhum animal, e alegres e curiosos, vivisseccionamos nossa alma: que nos importa ainda a "salvação" da alma[15]!

Se toda crise engendra uma instância de decisão, então a crise da razão contemporânea traz à luz um desconcertante paradoxo: a saber, que a decisão maior já foi tomada de há muito e continua a ser tomada a cada dia; ela consiste no *próprio processo de hominização*, no devir humano do animal homem, que "não é um fato que se deu de uma vez para sempre, mas um evento sempre em curso, que decide, a cada vez e em cada indivíduo, acerca do humano e do animal, da natureza e da história, da vida e da morte[16]".

Portanto, como discerniu muito bem Giorgio Agamben, em perspectiva crítica, a antropogênese é uma figura permanente da história – a despeito de todos os nossos esforços fracassados de elisão e obliteração desse fato. O devir homem, a transfiguração do hominídeo pulsional em *zoon politikón*, no animal que possui a linguagem, *é* a própria crise, pois é um processo de mutação permanente, no qual decisões epocais nunca deixaram de ser tomadas.

> As potências históricas tradicionais – poesia, religião, filosofia – que, tanto na perspectiva de Hegel-Kojève como na de Heidegger, mantinham desperto o destino histórico-político dos povos –, foram transformadas, há algum tempo, em espetáculos culturais e em experiências privadas, tendo perdido toda eficácia histórica. Frente a esse eclipse, a única tarefa que, no entanto, parece conservar alguma seriedade é a de tomar a cargo e realizar a "gestão integral" da vida biológica – quer dizer, da própria animalidade do homem. Genoma, economia global, ideologia humanitária são as três faces solidárias desse processo no qual a humanidade pré-histórica parece assumir sua fisiologia como último e impolítico mandato[17].

---

15. *Ibidem*, pp. 102 ss (III, 9).
16. Giorgio Agamben, *Lo Abierto. El hombre y el animal*, Buenos Aires: Adriana Hidalgo Editora, 2006, p. 145. [Ed. bras.: *O aberto: o homem e o animal*, Rio de Janeiro: Civilização Brasileira, 2002.]
17. *Ibidem*, p. 141.

O homem é, desde sempre, o animal produtor de suas condições de existência, e estas se dão nas coordenadas permanentemente cambiantes da história e da cultura. A antropologia filosófica e cultural de Nietzsche estabelece um circuito extremamente cerrado entre a condição existencial do homem, a racionalidade científica e a vontade de poder. Esse circuito é também a instância antropogênica de produção de crises permanentes. Na modernidade, a dinâmica desse processo é determinada, em grande medida, pela ctônica potência da ciência e na tecnologia, que, como força produtiva, rivaliza com a natureza e os deuses, e vige tanto na *physis* quanto na *polis*. A crítica de Nietzsche à razão não é, de modo algum, um refúgio no irracionalismo, nem fatalismo de resignação.

Com extraordinária lucidez e penetração, a genealogia de Nietzsche instala a razão numa crise perpétua, pois que nela a racionalidade é inseparável da autocrítica, o que leva o pensamento à necessidade permanente de pensar contra si mesmo, de renunciar ao consolo de convicções últimas e definitivas, de abrir sempre novos horizontes de futuro. Crítica e crise são instâncias que se exigem e complementam: crítico é o momento do julgamento e da tomada de decisão por alternativas colocadas no horizonte da teoria e da práxis. Crise é a própria tensão entre os opostos que habita o humano. Daí a relação visceral entre a crise, a crítica e as mutações.

A esse respeito, uma ciência como a antropologia de Arnold Gehlen está muito mais próxima da filosofia de Nietzsche do que poderia parecer à primeira vista. Para Gehlen, as primitivas instituições da cultura são os meios pelos quais a humanidade leva a termo sua própria estabilização, tornando-se capaz de proteger e conservar o resultado das experiências coletivas acumuladas contra os efeitos corrosivos do decurso do tempo. Instituições são dispositivos de formação e transformação do humano na história, por meio dos quais se fixa e se estabiliza o homem durante longos períodos de tempo:

> Somente por meio de instituições o homem se torna efetivo, duradouro, regulável, quase automático e previsível [...]. Essa essencial função que alivia o peso (*Entlastungsfunktion*) das motivações subjetivas e das improvisações permanentes, função que é inerente a todas as instituições, é uma das mais prodigiosas características culturais,

pois essa estabilização se enraíza no próprio coração de nossas posições culturais[18].

O animal não fixado é também, paradoxalmente, aquele que sempre empreende a própria estabilização provisória – o homem está sempre, em si mesmo, sobrecarregado com a tarefa de configuração de seu excedente pulsional, problema que nunca pode ser completamente resolvido, ou melhor, só pode ser tratado contemporaneamente com a tarefa de sua própria vida e por meio de seu próprio agir. Por causa disso, as instituições e as formas culturais de vida são componentes de atividades humanas fundamentais, que preservam o que foi consolidado na história, mas também fornecem as bases para as grandes transformações pelas quais o homem dá forma ao excedente pulsional que o constitui – que o singulariza como não circunscrito a nenhum meio ambiente, mas aberto ao universo. Por causa disso, a humanidade, desde sua pré-história, representa uma série de "experiências consigo mesmo, em graus até então inexistentes, como no Neolítico e na era atômica[19]".

Peter Sloterdijk tem razão quando escreve:

> Nietzsche – que leu com atenção Darwin e São Paulo – julga perceber, atrás do desanuviado horizonte da domesticação escolar dos homens, um segundo horizonte, este mais sombrio. Ele fareja um espaço no qual lutas inevitáveis começarão a travar-se sobre o direcionamento da criação dos seres humanos – e é nesse espaço que se mostra a outra face, a face velada da clareira. Quando Zaratustra atravessa a cidade na qual tudo ficou menor, ele se apercebe do resultado de uma política de criação até então próspera e indiscutível: os homens conseguiram – assim lhe parece –, com ajuda de uma hábil combinação de ética e genética, criar-se a si mesmos para serem menores. Eles próprios se submeteram à domesticação e puseram em prática sobre si mesmos uma seleção direcionada para produzir uma sociabilidade à maneira de animais domésticos[20].

---

18. Arnold Gehlen, *Urmensch und Spätkultur*, 3ª ed., Frankfurt/M: Athenaion, 1975, p. 88.
19. *Ibidem*, p. 42.
20. P. Sloterdijk, *op. cit.*, pp. 39 ss.

Tendo diante de nós o panorama que pode ser divisado com auxílio da genealogia de Nietzsche, torna-se pertinente e urgente perguntar: não seria toda essa agitação prodigiosamente loquaz a propósito de crise e de transformações escatológicas também algo a ser interpretado, na chave de uma semiótica dos afetos, como sintoma, prenhe de sentidos, de um ominoso e persistente mal-estar na cultura?

Se os autênticos frutos da razão – as ciências e as tecnologias – não se deixam mais interpretar satisfatoriamente como realizações situadas no plano das "ideias", ou como "simples meios" que podem ser empregados ou não, de acordo com parâmetros de deliberação e controle racional, impostos pela vontade humana orientada por valores, isso ocorre porque a atualização do potencial tecnocientífico tornou-se condição de possibilidade de existência e desenvolvimento de nossas sociedades. Portanto, elas tornaram-se forças produtivas determinantes dos caminhos pelos quais se decide a vida e a morte dos seres humanos no planeta Terra, e não somente de seres humanos e suas futuras gerações. Em face disso, é preciso não perder de vista que, na esfera de pensamento e ação em que se situam tais forças, entra em jogo também o imensurável espectro das paixões, desejos, interesses estratégicos e conflitos de várias ordens, o que torna muito difícil equacionar em termos de controle plenamente racional – ele mesmo técnico, ainda que seja na forma das tecnologias sociopolíticas – os rumos do desenvolvimento da tecnociência. Esse é um dos aspectos mais preocupantes do cenário em que se desenrola hoje o drama epocal da crise da razão.

Que alternativas poderiam nos auxiliar nesse impasse? Como orientar-se no pensamento, uma vez constatada a perda de confiança ingênua numa concepção simplista, meramente instrumental e antropológica da tecnociência, que, de resto, já fora diagnosticada pela filosofia da técnica de Martin Heidegger? Como Hans Jonas demonstrou, mais recentemente, a tecnociência dispõe de potencial suficiente para colonizar e colocar a serviço de sua própria dinâmica todas as formas até hoje conhecidas de organização da vida social e política. Jonas conclama à criação de um novo sentimento coletivo de responsabilidade e temor – nos termos de sua heurística do medo – evocando uma postura de prudência e cautela que talvez nos auxiliasse a conquistar uma potência de segundo grau, um poder de renúncia ao delírio de onipotência tecnológico.

Como quer que seja, a urgência da crise atual parece não permitir nem tolerar mais que a questão seja colocada em termos de autarquia das possibilidades humanas de controle racional dos progressos da tecnociência. Assim colocada, a própria questão parece hoje fora do lugar. Em 1955, Heidegger já advertia: nenhum indivíduo, nenhum grupo humano, nenhuma comissão de relevantes estadistas, pesquisadores ou técnicos, nenhuma conferência de dirigentes da economia e da indústria consegue frear ou direcionar o curso histórico da época atômica.

> Quando tiver êxito o domínio da energia atômica, e esse êxito ocorrerá, então se iniciará um desenvolvimento totalmente novo do mundo técnico. Em todos os âmbitos da existência, o homem estará sempre mais estreitamente cercado pelas forças dos aparelhos técnicos e dos autômatos. As forças que por toda parte e a toda hora requisitam o homem sob uma forma qualquer de aparelhos e dispositivos técnicos, que o acorrentam, empurram-no e constrangem – essas potências, já desde longo tempo, cresceram acima da vontade humana e de sua capacidade de decisão, porque elas não foram feitas pelo homem[21].

A filosofia não tem receitas nem planos de ação; indignação retórica e ativismo político fazem parte da mobilização total pelo pensamento calculatório. O que resta seria resgatar para o pensamento meditativo um papel determinante[22].

Embora modesta, esta é uma das possibilidades em jogo, a ser contrastada com a heurística do temor de Hans Jonas. Num texto tardio, significativamente intitulado *Gelassenheit*, Heidegger expressa, porém, sua confiança na potência silenciosa da meditação. Embora não tenha a mesma eficácia instrumental do cálculo logístico, a meditação preocupada não deixaria de ser determinante, nem se esgotaria em mera prostração reverente diante do império dos fatos; a palavra *serenidade* não é, para Heidegger, sinônimo de conformismo. Com ela, o filósofo da Floresta Negra tem em vista um pensamento e um agir amadurecidos, liberados da insânia compulsiva dominante na esfera pública contemporânea.

---

21. Martin Heidegger, *Gelassenheit*, Pfullingen: Günther Neske, 1992, p. 19.
22. *Ibidem*, pp. 20 ss.

Podemos e devemos, no entanto, também levar em consideração o extremo oposto e colocar sob suspeita toda tendência à demonização da técnica. Ao invés de nos deixarmos paralisar, temerosos diante de uma perspectiva de desenvolvimento autônomo das tecnociências como uma fatalidade inexorável a abater-se, com a força do destino, sobre uma humanidade resignada à perempção por obra de suas próprias criações, não seria mais urgente perguntar, com o filósofo francês Gérard Lebrun, se "ainda não seria cristão, uma vez mais, este sombrio ressentimento que [nos] leva a odiar a mais perigosa, mas também a mais inventiva, a mais jovem das vontades de potência?[23]". Não seria necessário endossar o otimismo desenfreado do transumanismo contemporâneo, mas a indagação de Lebrun permanece sempre atual e produtiva, em sua provocativa e instigante ironia, afinal, como ele afirma, não se prega moral a uma potência.

Além disso, numa perspectiva de filosofia política, poderíamos perguntar também se as utopias cibernéticas não seriam uma autêntica distopia, isto é, um projeto de transformação do pensamento em ultrassofisticado sistema de processamento de informações. E, se for assim, não estaria em curso um inusitado fetichismo pós-moderno, a ofuscar a visão para projetos de transformação cultural e refundação da solidariedade política? É o que pensa o filósofo espanhol César Rendueles, para quem uma *economia do conhecimento*, restrita às tecnologias de informação e comunicação, seria tanto uma modalidade nova de determinismo tecnológico quanto um sucedâneo ideológico da antiga panaceia universal para a resolução de todos os problemas da humanidade: da fome e poluição globais ao desemprego estrutural, da catástrofe ecológica aos impasses atuais da democracia. O efeito mais deletério do fetiche seria a *redução de nossas expectativas sociopolíticas*.

> O socialismo projetava ao futuro a construção do novo vínculo social. Seria o resultado de nossa imaginação política e de imensas comoções sociais. A pós-modernidade nos assegura que esse futuro já está aqui, a única decisão que se deve tomar para desfrutá-lo é escolher entre Android e iPhone. O que a tradição revolucionária resolvera falsamente em termos utópicos, os *geeks* consideram falsamente transformado em

---

23. Gérard Lebrun, "O poder da ciência", *Ensaios de Opinião*, vol. 5, Rio de Janeiro: Inúbia, 1977, p. 50.

termos ideológicos. A utopia do homem novo já é desnecessária, basta baixar um gerenciador de *torrents*[24].

Já outro filósofo francês contemporâneo, Gilles-Gaston Granger, autor de um livro notável, sugestivamente intitulado *A razão,* conclui essa obra com a seguinte parábola:

> Um viajante conta que, nas florestas do Equador, vivem tribos indígenas sem contato com os civilizados. Chegam um dia em seu domínio centenas de caminhões, de escavadoras, de *bulldozers* que, para uma companhia petrolífera, abrem estradas, perfuram poços, subvertem a floresta. Eis como os índios, estupefatos, explicam entre si o fenômeno: "Animais novos, disseram eles, surgiram. Domesticaram os homens, que lhes obedecem e os servem como escravos. E os homens brancos os alimentam e abrem-lhes caminhos através da floresta [...]"[25].

Se, à vista desse panorama, recorremos a Nietzsche, é porque esse mestre da suspeita nos ajuda a perguntar se não nos defrontaríamos então com um processo em ação, que não é neutro nem inocente, mas com o qual se conduz um ensaio de rebaixamento de expectativa em termos do futuro humano, um experimento de alcance planetário, levado a efeito por uma figura anônima e coletiva da vontade de poder, com o objetivo de realizar uma gestão integral da vida humana – uma administração global de todos os seus recursos e *performances*?

Todas essas perguntas têm em vista processos complexos e direcionam o pensamento em sentidos marcadamente diferentes, mas brotam do mesmo solo crítico sobre o qual nos assentamos. Nietzsche chamava a nossa atenção para o fato de que as casas que construímos na modernidade cultural só podem abrigar homens pequenos. Ora, o *éthos* é o nome filosófico das moradas no interior nas quais habitamos em nosso existir no mundo. *Ethos antropo daimon,* já dizia Heráclito: o *éthos* é a casa do homem. Num mundo onde a utilidade, a valorização, o aproveitamento e a mobilização repetem-se compulsoriamente como o *mesmo* que abrigamos

---

[24]. César Rendueles, *Sociofobia: mudança política na era da utopia digital,* São Paulo: Edições Sesc São Paulo, 2016, p. 41.
[25]. Gilles-Gaston Granger, *A razão,* 2ª ed., São Paulo: Difel, 1969, p. 124.

em nós, como um deserto, não seria urgente perguntar, com Nietzsche, por uma alternativa radical: por uma paradoxal utilidade do inútil, necessidade do que não serve para nada, pela condição humana de pobreza do riquíssimo? Do resgate daquela dimensão originária da *poiesis*, da criação inteiramente gratuita e autossuficiente, que a arte e a filosofia expressam de modo tão intenso, como uma das possíveis linhas de fuga em direção a uma nova grandeza também para o homem contemporâneo?

Uma degeneração pós-moderna do homem é possível, sem dúvida. Não nos esqueçamos que a grande decisão tomada na antropogênese é um evento continuado em cada momento crítico de nossa história. E ninguém mais do que Nietzsche levou até as últimas consequências essa possibilidade de *degeneração global da humanidade*. É precisamente tendo-a em vista que ele escreve: "Quem já refletiu nessa possibilidade até o fim, conhece um nojo a mais que os outros homens – e também talvez uma nova *tarefa*![26]". Essa nova tarefa é, também ela, uma possibilidade, que surge a partir da exigência de pensar filosoficamente as mutações como signo rememorativo, diagnóstico e prognóstico na história humana.

---

26. F. Nietzsche, *Além do bem e do mal*, São Paulo: Companhia das Letras, 2005, p. 92 (aforismo 203).

# A outra margem do Ocidente
## Nos limites do mundo[1]
David Lapoujade

A ideia, com Adauto, era homenagear um dos ciclos de conferência que tinha por título "A outra margem do Ocidente" (e que abordava, na época, sobretudo as relações históricas, as "trocas" entre Velho e Novo Mundo). Contudo, em vez de retomar a questão do Ocidente, era preciso transformá-la para aplicá-la ao nosso mundo. A questão torna-se então quase poética, pois interroga "a outra margem do mundo". Mas que sentido dar a essa fórmula? Ela não deixa de ter relação com a questão da utopia que um ciclo recente de *Mutações* explorou, já que se trata de saber se, no extremo do mundo no qual vivemos, há outro mundo. Mas para isso temos já de atingir o "extremo do mundo". E esse mundo tem um limite?

Ouvimos a toda hora falar de globalização. Falam-nos de um mundo sem fronteiras, sem limites. E esse mundo é o do capitalismo. Pois o capitalismo é sem limites, exceto os que ele mesmo se fixa e que não cessa de deslocar e de ultrapassar, como esses escritórios com divisórias portáteis que devemos imaginar, no caso presente, em perpétuo deslocamento. Seus meios são múltiplos e sempre inovadores, graças a seus avanços tecnológicos, graças à "liberalização" crescente das políticas econômicas, fiscais, graças ainda à circulação cada vez mais fluida, mais rápida, dos fluxos monetários, dos bens e das pessoas. Cada avanço num domínio permite um avanço noutro, de modo que todos esses fatores se reforçam mutuamente, favorecendo uma expansão sem limites. Faz-se o retrato

1. Tradução de Paulo Neves.

de um mundo globalizado; mas seria mais justo dizer que o capitalismo é que engloba o mundo. Ele faz da Terra um globo, envolvendo-o em suas redes e em seus circuitos. Ele se apropria das energias do mundo e as redistribui segundo suas novas redes. Seu desenvolvimento é tal que parece, de fato, não ter limite algum. Eis aí um quadro que todos nós conhecemos, com as variações afetivas que o acompanham e que vão da esperança ao desespero, do encantamento à deploração profunda. A tonalidade com que falamos desse englobamento da Terra depende da maneira pela qual somos afetados por ele.

A partir desse quadro geral muito sumário, gostaria de colocar três questões que giram em torno da noção de limite, a cada vez sob um ângulo distinto.

A *primeira* questão é: o que se passou para que o capitalismo seja visto agora como sem limite? O que havia, antes, que o "limitava", ainda que ele já sonhasse estender-se e sua expansão fosse mundial? Em outros termos, que limites ele rompeu ou venceu? A *segunda* questão: não é verdade, igualmente, que neste mundo agora sem limite há regulamentações, quadros, imperativos e limitações cada vez mais numerosos? Sem limite exterior, o capitalismo não cessa de multiplicar os limites para assegurar as condições de seu bom funcionamento. Mas esses são limites que ele mesmo dita. Assim haveria uma *terceira* questão: há um mundo fora do capitalismo? Há um mundo na outra margem do mundo?

Antes de começar, esclareço que se trata apenas de indicar aqui pistas de reflexão: o assunto é muito amplo para ser abrangido por essas questões.

## PRIMEIRA QUESTÃO

Começo pela primeira, sobre o que havia *antes* do capitalismo. Antes do capitalismo havia um mundo, mas não era ainda englobado, ou não ainda globalizado. Por quê? Não se pode invocar apenas a ausência de meios técnicos, há outras razões. De certa maneira, a globalização era impedida por outras forças presentes. Podemos seguir aqui a hipótese de Braudel que observa bem vastas redes se desenvolvendo com o aparecimento das grandes cidades, especialmente cidades portuárias italianas como Gênova ou Veneza (depois Amsterdã). As cidades desenvolvem verdadeiros circuitos que fazem transitar através do mundo as mercadorias, que elas redistribuem nos países atrasados. Os meios técnicos não fazem falta, há os bancos, o desenvolvimento das técnicas marítimas, as primeiras concentrações de capitais, as primeiras oficinas, a ponto de se poder falar de período pré-capitalista (ou mesmo pré-industrial). Tudo está aí, no entanto, o englobamento não aconteceu.

E o que é que impediu que se desenvolvesse essa primeira tentativa de englobamento? A hipótese do historiador Fernand Braudel em seu livro volumoso que reconstitui a longa história da formação do capitalismo é a seguinte: *foi o desenvolvimento dos Estados*[2]. São eles que, para se desenvolver, se apropriam da rede das cidades e suas riquezas. Ora, o Estado não funciona de modo algum da mesma maneira que as cidades. Como diz Braudel, as cidades visam à riqueza, enquanto os Estados visam ao poder. Mais ainda, os Estados não desenvolvem circuitos através do mundo. Eles se apropriam de territórios a partir dos quais constroem a abstração de um espaço geométrico (a terra), espaço no qual exercem sua soberania. Na Europa, por exemplo, os aparelhos de Estado suplantam progressivamente o mosaico das estruturas feudais (e de seus poderes locais) para assentar a soberania de um poder central sobre o conjunto de uma terra com limites definidos. Pode-se dizer que eles englobam de fato uma terra, mas é, justamente, uma terra limitada. Jamais o Estado quer englobar a terra inteira, mesmo que lhe aconteça de querer estender-se (caso contrário, entra-se na lógica do império, que é de outra natureza). O território submetido à soberania do Estado é necessariamente limitado.

Mas justamente o limite territorial se revela um objeto de disputa considerável; ele é a marca ou o traçado do poder soberano, um dos sinais de seu poderio que se dirige não apenas aos súditos/cidadãos, mas aos outros Estados. Há certamente outras formas de poder, mas o poder soberano se reconhece no fato de traçar um território cujo limite é, de direito, intransponível. Transpô-lo constitui uma verdadeira declaração de guerra, no sentido próprio e no figurado. Transpor o limite legitima o uso da força, pois é uma ofensa feita à soberania do Estado. Os Estados fazem guerras nas quais o limite desempenha um papel crucial, pois é ele

---

2. Fernand Braudel, *Civilisation matérielle, économie et capitalisme — Le Temps du monde*, tome III. Paris: Armand Colin, 1979, pp. 245 e 391-400.

que decide a política militar. "Há limites que não se devem transpor", conhecemos todos essa frase, mas o que importa é a legitimidade soberana que ela implica ou suscita. Ela é inseparável de um investimento simbólico e libidinal considerável.

Como se chama esse investimento? Que nome lhe dar? Todos o conhecem: é a *propriedade*. A propriedade delimita um domínio no qual reina soberanamente (como mestre) seu possuidor (ou proprietário). A propriedade não é apenas a posse; é um direito, o enunciado de um direito de possuir este ou aquele corpo. Como o diz Rousseau no século XVIII, na célebre abertura do *Discurso sobre a origem da desigualdade entre os homens*: "O primeiro que, tendo cercado um terreno, ousou dizer: isto é meu, e encontrou gente bastante simples para acreditar nele, foi o verdadeiro fundador da sociedade civil". E, aliás, no interior do Estado, a terra se distribui em propriedades públicas e privadas (com frequência, seguindo o traçado de antigas territorialidades) que são zonas de soberanias secundárias, derivadas, em seu modelo, daquele do Estado em relação ao país. A terra é quadriculada pelos limites da propriedade privada que o Estado engloba no interior de limites soberanos (os do reino ou da nação).

Ora, esses limites anteriores ao capitalismo, o que eles limitam? São o limite de quê? O que eles limitam são, antes de tudo, corpos. Reencontramos uma velha definição do limite como *limite dos corpos*. Já os gregos diziam do corpo que ele se define por seu limite próprio. O que define um corpo é o limite que ele *é* enquanto desenhado no espaço, isto é, enquanto forma (por oposição à desordem do ilimitado, que é informe). O limite designa, portanto, a propriedade de um corpo, mas com a condição de observar que isso vale para toda espécie de corpo, os corpos orgânicos individuais, mas também os sociais, corpos da nação, corpos dos funcionários, corpo burocrático, corpo social. "Esse corpo me pertence, ele é meu." Todos esses corpos são submetidos a limites que os definem como corpo e propriedade de um Estado, de um reino ou de um indivíduo.

O que o capitalismo ultrapassa, em primeiro lugar, são todos esses limites que acabo de lembrar em linhas gerais. Diferentemente dos Estados que são, por assim dizer, fixados pela terra que eles governam, o capitalismo não tem limites territoriais, reterritorializantes. Ele é desde o início multinacional ou apátrida. Pois o problema dos Estados é que eles formam, justamente, um corpo social relativamente fixo, e a distribuição das propriedades privadas é um meio, entre outros, de sedentarizar os cidadãos. Segundo Deleuze e Guattari em *Mil platôs*, a lógica do Estado é a da sedentaridade, mas isso se deve em parte aos corpos sociais que eles constituem e que são pesados e difíceis de deslocar. Por mais poderosos e vastos que sejam, os Estados são imobilizados por todos os corpos sociais que eles governam, corpos de funcionários, corpo burocrático, corpo social e, evidentemente, o corpo da terra sobre a qual reinam. É quase um problema de física social. O limite dos Estados é o peso de seus corpos.

Com o capitalismo aparecem fluxos de trabalhadores, uma mão de obra móvel (e barata) que não está mais ligada à terra, fluxos monetários e fluxos de matérias que dependem agora de uma acumulação de capitais. Se o capitalismo é sem limite, é primeiramente no sentido de que ele não encontra limite territorial. Se trava combates, não são mais combates pela conquista ou a defesa de uma terra, mas sim em favor da extensão de um mercado. Como o dizem Deleuze e Guattari, o capitalismo não está ligado à terra, ele é totalmente indiferente à terra e aos territórios. Para retomar um termo que eles inventaram, o capitalismo é um processo de desterritorialização; ele se arranca da terra e arranca a terra dela mesma, arranca as populações da terra e dos territórios para fazê-las servir ao capital e só a ele. Seu corpo – a saber, o dinheiro abstrato – não é um corpo como os outros[3]. Não é um corpo limitado, orgânico. Não é mais um corpo finito, limitado no espaço e territorializado; o corpo do dinheiro é um corpo fluido, abstrato, que circula através dos corpos criados, inclusive e sobretudo aqueles que ele mesmo cria (novos corpos de trabalhadores, mas também fábricas, entrepostos etc., como novos tipos de corpos físico-sociais). Em outros termos, para o capitalismo os corpos não são mais um limite.

Ou melhor, o limite dos corpos é doravante o que se deve explorar; é preciso levar os corpos ao seu limite em função de uma produtividade que se tornou primordial, essencial. Os corpos se tornam o objeto de uma exploração máxima. De certa maneira, o corpo do capital – a saber, o dinheiro abstrato – não é um corpo como os outros. Não é um corpo limitado, orgânico; é antes um corpo fluido que passa através dos corpos sólidos, que os impele a seus limites respectivos (produtividade, guerras

---

3. Gilles Deleuze e Felix Guattari, *Mille plateaux*, Paris: Minuit, pp. 34, 460 e 479.

mundiais, exploração produtivista das máquinas, emigração) e que, sobretudo, se alimenta da exploração deles, como um vampiro. Ou seja, o que o Estado sedentariza por necessidade, o capitalismo o desterritorializa para se estender e favorecer sua expansão.

Que ninguém se engane: isso não quer dizer que o capitalismo não teve necessidade de corpos sociais ou de estruturas sedentárias. Ele inclusive se propagou através delas. Se o Estado produz e inventa corpos (sociedade civil, nação), o capitalismo também os cria – associando-se com o Estado; assim a oficina, depois a fábrica e hoje a empresa (enquanto o Estado, por seu lado, constrói escolas e prisões, como mostrou Foucault em *Vigiar e punir*). Foucault vê aí a base comum de um poder que o século XIX manifesta de maneira ostensiva: é o poder disciplinar que se pode definir aqui, por comodidade, como a constituição de corpos produtivos no interior de limites definidos.

Mas convém lembrar que, paralelamente, o capitalismo tem necessidade de corpos móveis. É nas populações submetidas às migrações forçadas, provocadas por fome, miséria, desemprego; é nas deslocalizações que ele obtém as forças de trabalho que necessita para se estender (mesmo que crie emprego e infraestruturas que permitem todos esses movimentos de populações, de bens, de matérias). Nunca antes na história tinha havido tanta migração, e os progressos no domínio dos transportes e das comunicações não explicam tudo. A lógica do capitalismo não é, nunca é apenas uma lógica local de sedentarização. Ela é sempre já desterritorializante, expansionista e globalizante.

Mas o que faz que se possa dizer *hoje* (mais ainda que ontem) que o capitalismo é sem limite? É que o capitalismo, no seu esforço de desterritorialização, acaba por se *liberar dos próprios corpos*. O que significa isto, liberar-se dos corpos? É a nova invenção da empresa. Sabe-se hoje que a nova tendência das empresas consiste em não mais produzir os produtos que ela, não obstante, vende. Sua finalidade não é mais a produtividade, mas somente a venda, isto é, o marketing. Em outros termos, a ponta avançada do capitalismo tende a se livrar dos corpos produtivos, em vez de explorá-los. A maior parte das novas grandes empresas não possuem sequer os meios de produção que utilizam (o chamado capital fixo), pois isso é ainda um meio de territorializar, de imobilizar o capital, de impedir as mutações necessárias para uma adaptação cada vez mais rápida.

Quanto mais uma empresa se estende, tanto menos seu capital se fixa em equipamentos pesados ditos industriais e tanto menos ela é produtiva. Ela tampouco possui armazéns nem administra os estoques; não possui sequer uma grande parte de seus assalariados, que, cada vez mais, dependem de firmas terceirizadas. É como se ela se livrasse dos corpos e se desmaterializasse.

O limite que o capitalismo ultrapassa, portanto, é o dos corpos sociais, materiais, industriais, que ainda há pouco o obstruíam. As empresas não produzem mais os corpos que elas vendem; o que elas produzem e vendem por sua conta são conceitos (por exemplo, o *universo* de uma marca, já que as marcas são doravante "universos"). Elas se apropriam do imaterial. Uma empresa vive do conceito da marca que ela desenvolve, estende e faz variar. Mas o que são esses conceitos que substituem os corpos e os produtos clássicos? Idealmente, um conceito é um conjunto de serviços variados, desenvolvidos em redes, interconectados – ou, ainda, proposições de experiências (destinadas a se imiscuir no interior das nossas e, com o tempo, a substituí-las). As marcas não vendem mais produtos, mas universos cujos acesso e serviços elas comercializam. É nesse sentido que se pode falar de um capitalismo pós-industrial ou mesmo imaterial.

Isso quer dizer que os corpos desapareceram? Não, mas sua definição mudou. O que importa num corpo não é mais sua produtividade. O que assegurava sua produtividade era sua massa e sua força. Um corpo são *forças* produtivas, tanto para o capitalismo quanto para os sindicatos que, por seu lado, formam corpos maciços de protesto ou de resistência numa manifestação. Como utilizar a força dos corpos? É a questão que os dois campos se colocam, se podemos dizer. De certa maneira, o corpo se define por sua *resistência* nos dois sentidos do termo. Ele resiste a uma pesada carga de trabalho (assim como se fala de resistência dos materiais), ao mesmo tempo em que, por sua força e sua massa, pode opor uma resistência aos poderosos que o exploram. Com isso toda relação se define como *relação de forças*. É o que faz que tenhamos há muito concebido a relação com os poderes como relação de forças. Não se trata de dizer que essa dimensão desapareceu ou que daqui por diante não tem futuro, longe disso; mas ela não entra mais nos projetos do capitalismo mais avançado.

É que o corpo agora se define de outro modo. Ele não é mais força e massa, capacidade de resistência. Tornou-se inteiramente *informação*. O que importa num corpo (seja um corpo individual ou um corpo coletivo) são as informações que ele veicula, pois é disso que se trata agora de se apropriar. Isso vale para quem está conectado a uma rede e fornece dados sobre seu comportamento e o conjunto de sua existência, dados que se tornam comercializáveis ou são vendidos com a finalidade de favorecer estratégias de venda; mas vale igualmente – e talvez ainda mais – para os corpos biológicos. É o caso de sementes que se tornam a propriedade exclusiva de grandes grupos biotecnológicos (tanto assim que nos Estados Unidos, por exemplo, não é mais possível replantar os grãos oriundos de uma colheita anterior; é preciso necessariamente passar por um grupo agroalimentar e comprar as sementes autorizadas da colheita seguinte, para não se expor a processos judiciais). Mas é também o caso de nossas próprias moléculas que se tornam a propriedade de grupos farmacêuticos que as exploram. O que se obtém de um corpo, agora, são seus dados informacionais e não mais sua força produtiva. Os corpos não têm mais a densidade de uma massa ou a profundidade da força, eles têm a transparência das imagens médicas. Pois o que se trata de vender ou de explorar são, precisamente, informações, isto é, dados imateriais.

É o que ilustra o célebre caso de John Moore, que, em 1976, teve uma forma rara de câncer do baço. Ao cabo de sete anos, o médico que o salvou (Dr. Golde) lhe pede para assinar um formulário de consentimento de umas trinta páginas. Ele descobre então que esse médico e uma sociedade de biotecnologia chamada Genetics fizeram um pedido de patenteamento das células do baço do paciente (cujos tecidos secretavam uma proteína que facilita a produção de glóbulos brancos, que são agentes anticancerígenos eficazes). Moore os ataca na justiça. O veredicto histórico pronunciado pela Corte Suprema da Califórnia testemunha a mutação de que falamos: ela não reconhece a John Moore nenhum direito de propriedade sobre suas células "para não prejudicar a pesquisa médica, restringindo o acesso aos materiais necessários[4]", afirma o veredicto. Não se trata mais de se apropriar do corpo do paciente nem mesmo de fazer dele uma cobaia ou um objeto de experimentação: trata-se de patentear as

---

4. Jeremy Rifkin, *L'Âge de l'accès*, Paris : La Découverte, 2005, p. 95.

informações de certas células para em seguida comercializá-las. Os corpos se tornam pacotes de informações e fontes de patenteamento potenciais. De certo modo, pode-se dizer que o nosso corpo nos pertence, mas os séculos XIX e XX compravam sua força (de trabalho), enquanto o século XXI compra suas informações.

Então, sim, o capitalismo pode englobar tudo, pois não é mais retido por nenhum corpo e por nenhuma máquina (concebida como capital fixo). Ele extrai informações através do fluxo dos corpos, quer se trate de corpos naturais, de corpos industriais, políticos ou culturais. É uma verdadeira estratégia de extração. Devemos então dizer que esse capitalismo é imaterial, por oposição ao capitalismo que explorava a força dos corpos num espaço real? O elemento no qual ele circula é menos o imaterial (termo bastante vago) que o que se pode chamar provisoriamente, na falta de termo melhor, o *software* (num sentido mais amplo que a programação informática). E o *software* funciona, ele mesmo, num *espaço virtual* que reúne todos os componentes necessários para a produção de corpos reais, os quais podem estar a milhares de quilômetros uns dos outros no espaço real. É o que vemos no caso de uma marca-conceito que envolve todas as empresas terceirizadas que trabalham para ela, em função do conceito, do universo que ela cria; é o caso também do sistema de franquias que dá uma universalidade de fato ou ubiquidade a uma marca. Eles pertencem ao espaço virtual do conceito que lhes é copresente. O espaço real e suas distâncias não são mais um obstáculo, pois tudo se passa num espaço virtual sem distância que engloba o espaço real num conceito (ciberespaço), levando em conta as redes que permitem esse englobamento.

O ideal é quase um conglomerado de empresas que criam um mundo no qual só precisamos "escolher" as experiências que queremos viver – seguindo certos conceitos – e assiná-las. "Vocês não terão mais necessidade de sair de nossos conceitos que são outros tantos universos a explorar, atenderemos todas as necessidades, todos os desejos (dispomos dos dados para isso)." É um mundo que contém tudo o que precisamos no mundo exterior, portanto, deve substituir o mundo exterior. Eis aí a ausência de limite: idealmente, ele substitui toda a exterioridade do mundo. Não existe mais nada fora. Não há mais limite porque não há mais outro mundo.

**SEGUNDA QUESTÃO**

Chego agora à segunda questão que diz respeito aos limites *internos* que o capitalismo fixa, isto é, os limites no interior do mundo cujos contornos acabo de traçar em linhas gerais. Pois vocês notarão que, para que esses mundos se proponham a nós, é preciso curvar-se a certos imperativos, o que se descobre sobretudo quando se quer sair deles. Descobre-se o mundo das *condições* contratuais, de todas as regulamentações jurídicas, que faz que sejamos despojados de qualquer poder sobre esse universo. É a assinatura que não se pode desfazer, as incompatibilidades que nos impedem de fazer comunicar universos distintos, os novos contratos de trabalho que nos privam de todo recurso. Como se fosse fácil entrar num mundo, mas difícil sair dele sem ser totalmente despojado. Tem-se a impressão de que estar conectado é ser assinante. Chegou-se a falar de uma era do acesso, mas isso com a condição de se permanecer silencioso sobre a impossibilidade de sair sem ser em seguida *totalmente* desconectado e, por assim dizer, excluído de um campo de interações sociais, pessoais, profissionais etc. São os limites que se apresentam tão logo se sai dos percursos programados por esses mundos. Essa transformação do capitalismo é inseparável de novas normas jurídicas, novas licenças, novos códigos de trabalho. Assistimos a uma transformação incessante dos direitos sociais e cívicos, das liberdades individuais e coletivas.

Como se explica essa acumulação quase infinita de regulamentações, essa burocracia demencial que atinge tanto as populações quanto a circulação dos bens, dos materiais, dos corpos vivos e dos serviços? Isso sem contar os novos limites territoriais. Não penso aqui nas novas fronteiras (de 25 anos para cá, mais de 30 mil quilômetros de novas fronteiras internacionais apareceram no planeta), mas em todas as normas de segurança, portais magnéticos, controle de identidades, fichas a preencher, informações a dar antes de entrar em certos locais ou para ter acesso a alguns *sites*. Não são mais propriedades privadas, mas espaços ou zonas regulamentadas que multiplicam os limites a fim de obter informações sobre os fluxos em circulação. Compreende-se bem por que todos esses limites aparecem. É que, por um lado, há cada vez mais fluxos de toda espécie, mas, por outro, é preciso controlá-los para redistribuí-los. Como diz Deleuze, não vivemos mais em sociedades disciplinares (embora elas o sejam ainda violentamente), vivemos em sociedades de controle[5]. É preciso controlar os fluxos. Não interrompê-los, mas controlar seu conteúdo, isto é, ter informações sobre eles. O limite consiste agora, sobretudo, em obter informações. Não entrem aqui a não ser dando informações que os identifiquem. Como diz ainda Deleuze, não somos mais indivíduos com uma assinatura individual, somos pacotes de dados.

Os limites tornam-se então aqueles no interior dos quais os fluxos podem escoar "livremente". Eles atuam como portais ou controles de acesso. Paralelamente, definem os novos direitos, as novas condições de vida dos indivíduos no interior desse mundo em fluxo. São todos os limites que cada um encontra diariamente em seu trabalho, em seus direitos sociais, cívicos, em sua liberdade – liberdade tanto mais enquadrada quanto os comportamentos são o objeto de uma vigilância, de um controle incessantes. Nunca dispusemos de tantas informações sobre o conjunto das atividades humanas, animais, terrestres. Disso resulta correlativamente um enquadramento jurídico e normativo cada vez maior através de uma burocracia crescente. São múltiplos sistemas de proteção, não proteção dos indivíduos, mas contra todos os riscos que uma sociedade, um serviço ou uma empresa podem correr. A ideia de que a informação é uma proteção contra um risco (nem que seja o risco de ignorar a informação) é uma das mais presentes hoje. O modelo atual da informação é o alerta ou o alarme. Ora, a noção de proteção é ainda mais flutuante (mais englobante) que a de segurança. Pode-se querer proteger tudo, portanto, exercer um controle em todos os domínios. Desse ponto de vista, assistimos a uma regulamentação sem precedentes que diz respeito não só às pessoas, mas aos bens, à exploração das matérias-primas, aos serviços. A lista, a bem dizer, é interminável.

## TERCEIRA QUESTÃO

Se nos ativermos a esses dois aspectos, teremos a impressão de que não há nada fora do capitalismo e de que a terceira questão não faz muito sentido. Eu recordo: há um mundo fora do capitalismo? Pode-se formular a questão de outro modo: há um mundo que não seja capturado nessa

---

5. Gilles Deleuze, *Pourparlers*, Paris: Minuit, 2003, pp. 243-4.

universal comercialização, comprometido por ela, de uma maneira ou de outra? Levando em conta o que precede, parece não haver nada fora do capitalismo. Ou deveríamos dizê-lo de outro modo: o capitalismo não vê nada fora do seu mundo, a não ser as imagens-clichê de uma natureza ou de povos preservados (mas, por quanto tempo ainda? – é a questão que acompanha melancolicamente essas imagens desde o início) como reservas naturais, transformadas em santuários, destinadas de qualquer modo a desaparecer. O capitalismo não sabe produzir senão clichês.

Mas, em realidade, há um mundo fora do capitalismo. São todas as populações que são "inúteis" para seu funcionamento e sua expansão; são todos aqueles largados à sua sorte, dos quais nem se pode dizer que estão excluídos do mundo capitalista; simplesmente não se enquadram mais nele. Não se trata de eliminá-los, trata-se apenas de empurrá-los para fora. Mas essas populações são também certas forças que temos em nós e que expulsamos, a fim de entrar ou de permanecer nos quadros que as empresas e o novo mundo social nos impõem.

Então se descobre que o capitalismo tem, de fato, limites. Mas esses limites não são da mesma natureza que os precedentes. Não são mais limites *internos*, relativos, como o são as regulamentações, os quadros econômicos, jurídicos e sociais que podemos chamar de limites *inclusivos*. Inclusivos porque definem as normas que se aplicam às condutas, aos bens, aos fluxos de materiais, e que têm por função nos incluir nos universos de que falávamos. Mas o outro limite, o que lança fora todos aqueles que as normas não integram mais, convém chamá-lo de limite *exclusivo*. Qual a diferença entre os dois? São muitas, mas me limitarei a uma só: é que eles não são portadores do mesmo direito.

No primeiro caso, o direito é um direito positivo no sentido de que enquadra ou regulamenta as transações financeiras, os contratos de trabalho; uma parte relativa cabe ao Estado através do "contrato" social que o liga a seus cidadãos. Claro que esses direitos são inseparáveis de um conjunto de sanções e de punições que constituem seu reverso repressivo. Pode-se deplorá-los, contestá-los, obter sua evolução, mas não sua supressão; eles asseguram o caráter coercitivo das normas. Não há normas sem sanções eventuais, o que permite assentar sua força política e social e conferir-lhes uma legitimidade. Mas essa repressão se exerce no interior dos limites das sociedades capitalistas. Ela não nos faz sair deles.

No caso do limite exclusivo, já não lidamos mais com o mesmo direito nem com o mesmo exercício da força. O direito pode tornar-se um direito de vida ou de morte. Não se trata apenas de eliminar (e não mais julgar) indivíduos considerados como criminosos (comprovados ou potenciais), mas de isolar os indivíduos em zonas de não direito, do outro lado de um limite agora intransponível. Esse direito consiste em tirar os indivíduos de toda zona de direito, de toda sociedade. Literalmente, eles estão fora. São fora da lei (*outlaws*). O que significa a ausência de direito? Significa que não se pode mais reivindicar nenhum direito. Pode-se apenas reivindicar o direito de viver. Mas se o poder é agora, segundo a hipótese de Foucault, um *biopoder* que tem por objeto a "vida" dos indivíduos, a vida, ao escapar à sua "gestão" biopolítica, se degrada em sobrevivência nos meios desérticos ou abandonados: estepes, florestas, favelas, *no man's land*, zonas industriais abandonadas, campos de refugiados etc.

Em realidade, sai-se da humanidade (e multiplicam-se as imagens de acampamentos onde indivíduos vivem "como animais", em condições inumanas) e não se tem mais acesso aos direitos elementares concedidos à humanidade. Os indivíduos não são mais reconhecidos como humanos, no sentido de que seu direito à vida não é tão "sagrado" quanto para os que vivem "protegidos" no interior do sistema capitalista. Eles não estão mais cobertos pelo biopoder; ao contrário, são definidos como uma ameaça para os que estão do outro lado do limite. Isso nada tem de abstrato. Todo aquele que sai do sistema capitalista conhece essa luta pela sobrevivência e enfrenta os limites que o rechaçam ou o mantêm sempre fora. São os países ricos que não querem acolher os migrantes, as grandes cidades que rechaçam a miséria para as favelas, toda uma periferia miserável em torno das sociedades capitalistas amedrontadas com os que vivem fora, do outro lado do limite, eventualmente interessadas apenas na mão de obra barata que eles fornecem em caso de necessidade.

Percebe-se bem o que tal limite encarna. Ele exprime uma alternativa exclusiva: capitalismo ou morte – seja morte rápida ou lenta, interminável, seja morte social, econômica, cívica, ou tudo isso ao mesmo tempo. É uma espécie de chantagem imunda em que não se tem outra escolha senão aceitar trabalhos precários, mal pagos, em condições de vida que se confundem com as da sobrevivência. Sob muitos aspectos, estamos próximos da descrição que faz Giorgio Agamben do traçado do limite no Império Romano, num texto sobre Kafka[6]. O limite dos domínios imperiais, tal como o traçava o agrimensor romano, era uma questão considerável. O agrimensor era criador de direito, tinha uma função sagrada. Podia mesmo ter direito de vida ou morte sobre quem transgredisse o limite. Talvez o capitalismo reencontre algo desse limite imperial, exceto que não o fundamenta mais em razões astronômicas ou cosmológicas como no tempo do Império Romano, mas em razões econômicas ou geoestratégicas. Para além desse limite, sua vida não é mais garantida. Você está numa zona de não direito onde o que se chama de biopoder desaparece. Você é subtraído a esse "cuidado" tão particular que é também o dos Estados e empresas que garantem o bem de seus cidadãos e clientes. Não apenas é expulso do espaço virtual que o capitalismo desdobra e estende sobre o espaço real que ele engloba, mas sai também de sua temporalidade. Torna-se a imagem de um anacronismo, de um mundo que imaginam findo: aquele de um corpo que luta, com outros, num espaço real para viver e sobreviver. Anacrônico, mas também obsoleto como o são os dejetos, os detritos, os materiais usados. Essa exclusão mostra o imperialismo do capitalismo. É nas fronteiras do "seu" mundo que o reconhecemos, mais ainda, se é possível dizer, que em seu englobamento da terra.

Mas essas imagens, por portadoras de real que sejam, são ainda imagens. Elas têm uma função no interior mesmo do capitalismo: a de nos impedir de acreditar que outro mundo possa existir, e a de nos fazer acreditar que fora do capitalismo só há miséria, desolação e morte, que não há nada vivo. Fazem-nos acreditar que nos relacionamos com uma realidade quando temos informações prévias sobre ela, que nos relacionamos com os corpos – inclusive os nossos – quando temos informações sobre eles, sua saúde, seu equilíbrio, sua beleza (comercial), sua sociabilidade, em suma, sua imagem. Passar para o outro lado do limite é, talvez, não poder acreditar nas imagens, mas ir ver no lugar o que se passa.

---

6. Giorgio Agamben, *Nudités*, Paris: Rivages poche, 2009, p. 33.

# O homem-máquina
## O amor na era digital
Francisco Bosco

A era digital a que alude o título deste ensaio deve ser compreendida como a inflexão mais recente de uma mutação decisiva do século XX: a tecnologia de produção de imagens. A partir dos anos 1950, as imagens começaram a ser produzidas em escala industrial e com difusão planetária. É à articulação dessa possibilidade técnica com a lógica do capitalismo que se deve a emergência do que Debord chamou de sociedade do espetáculo. Esse conceito não designa apenas uma mera hegemonia da linguagem visual, mas uma relação social mediada por imagens, sob a lógica do capital.

Aqui é preciso evocar tanto a luta por reconhecimento hegeliana quanto o conceito lacaniano de imaginário. Para Hegel, como se sabe, é constitutiva da experiência humana a luta por obtenção de reconhecimento pelo outro, sem a qual não acedemos a uma certeza objetiva quanto a nossa própria existência. Lacan demonstrou, por sua vez, que o registro da formação do eu, bem como de sua sustentação fundamental, é a imagem.

Acresça-se a esse caldo o esvaziamento do espaço público a partir da década de 1970 – com a transformação do capitalismo em capitalismo de consumo e a resturação do enrijecimento das estruturas políticas do mundo – e a retração, desse modo, do lugar da experiência subjetiva para o próprio eu (em detrimento das atuações de sentido coletivo), fenômeno bem estudado por Cristopher Lasch em seu *Cultura do narcisismo*.

Tudo articulado, temos a emergência do espetáculo como uma mundialmente onipresente instância de reconhecimento, feita da matéria-prima mesma do narcisismo, numa época de retração do espírito público e triunfo da lógica do capital. Essa equação resulta na expressão precisa cunhada por Elizabeth Badinter, *capitalismo do eu*.

É essa a hipótese histórica de fundo que orienta a desconfiança sugerida ao longo deste ensaio: a de que o culto contemporâneo ao eu, ao princípio da identidade, configura uma antinomia fundamental relativamente à experiência do amor, que é constitutivamente, como quer que se a proponha, uma experiência radical da alteridade. Esse culto ao eu encontra vasto alimento nessa inflexão recente da tecnologia de produção de imagens que é o espaço digital, com suas novas possibilidades de socialização, agravando assim a dita antinomia. Porque o espaço digital faz parte de uma cultura mais abrangente do capitalismo e do narcisismo é que o chamo de era digital, na verdade uma era que começa, como disse, com a articulação entre produção industrial de imagens e lógica do capital.

Tudo isso, contudo, não é simples ou homogêneo, nem tampouco o fenômeno se encontra aqui estudado em maior profundidade. Sobretudo os encaminhamentos finais do ensaio não passam de meros tateamentos feitos nesse ponto obscuro que se situa bem embaixo da lâmpada ofuscante do contemporâneo. No fim das contas, meu objetivo foi o de mobilizar informações históricas, perspectivas teóricas e algumas interpretações críticas suficientes para abrir a questão, de modo a oferecer subsídios importantes para que ela possa ser mais bem pensada.

★ ★ ★

Não foi por acaso, já se observou, que Platão colocou na boca de Aristófanes o discurso instaurador do mito do amor como unidade perdida. Bufão e difamador de Sócrates, o autor de *As nuvens*, enquanto personagem de *O banquete*, cumpre a função de deslegitimar essa perspectiva por ser ele a encampá-la num livro que pretende ter no discurso de Sócrates o seu apogeu teórico (seguido de uma igualmente pretensa homenagem ao mestre de Platão; refiro-me ao "barraco" de Alcibíades, uma curiosa mistura de hagiografia e escândalo, que viria a ser deslida por Lacan[1] e mobilizada justo contra a ideia de eros segundo Sócrates/Diotima).

A Antiguidade greco-romana não poderia ver com bons olhos a ideia do amor como uma dependência radical, ontológica mesmo, do outro.

---

1. Jacques Lacan, *O seminário, Livro 8: A transferência*, Rio de Janeiro: Zahar, 2010.

Não apenas na Grécia clássica, com seu ideal de medida, inexiste o seu elogio. Também não encontramos antes personagens nas tragédias que encarnem e encenem propriamente uma relação amorosa: Fedra se consome numa paixão solitária; Medeia, num ciúme solitário; "Egisto e Clitemnestra", como observa Octavio Paz, "são unidos pelo crime, não pelo amor[2]". Já no período helenístico, nenhuma das vertentes filosóficas prescreve o amor aristofânico, amor-paixão, como receita em suas economias do melhor viver. Epicuro via no amor uma ameaça à serenidade da alma. Tampouco os escritores lhe faziam o elogio. Menandro, o comediante, referia-se ao amor como uma doença. Plutarco se lhe referia em termos semelhantes, dizendo que os apaixonados devem ser perdoados, como se estivessem enfermos. Em suma, é de todo provável que o próprio Platão concordaria com o juízo proferido por Michel Houellebecq, segundo o qual *O banquete* é "o livro maldito entre todos", por ter legado à humanidade a ideia de uma "incurável nostalgia"[3].

Pois o eros platônico, isto é, aquele de Sócrates/Diotima, como se sabe, nada tem a ver com isso. Não será ocioso repisar aqui uma das noções mais conhecidas – e menos afeitas à sensibilidade moderna – da cultura ocidental, pois sua retomada preparará uma pergunta decisiva para o desenvolvimento da argumentação. Transcrevamos, assim, um trecho definidor da metáfora da escada do amor:

> Essa é a forma correta de abordar ou ser iniciado nos mistérios do amor, começar com exemplos da beleza nesse mundo, e usá-los como degraus para ascender continuamente rumo a seu objetivo, a beleza absoluta, de uma instância da beleza física a duas instâncias, e de duas a todas, e então da beleza física à beleza moral, e da beleza moral à beleza do conhecimento, até que do conhecimento de diversos tipos chega-se ao supremo conhecimento, cujo único objetivo é aquela beleza absoluta, e se sabe finalmente o que é essa beleza absoluta[4].

---

2. Octavio Paz, *The Double Flame: Essays on Love and Eroticism*, London: the Harvil Press, s.d., Kindle edition, cap. 2. [Tradução minha para todas as citações.]
3. *Apud* Aude Lancelin; Marie Lemonnier, *Os filósofos e o amor: amar, de Sócrates a Simone de Beauvoir*, Lisboa: Tinta-da-China, 2010, p. 29.
4. Platão, *The Symposium*, London: Penguin Books, s.d., p. 94. [Tradução minha.]

Como se pode ler, nesse percurso ascencional, o outro é apenas um "exemplo da beleza nesse mundo", destituído portanto de singularidade, de que o amante se serve para cumprir sua trajetória rumo à "beleza absoluta", o céu das ideias platônico, lugar da verdade. Esse processo ilustra o que Lacan chama de *função metonímica do desejo*, isto é, um movimento que se encaminha para algo que está além de todos os objetos, através desse objetos, "rumo a uma perspectiva sem limite[5]".

O outro, no eros platônico, é portanto meramente um instrumento, um objeto de que se serve o *érastès*, o amante, em seu percurso ascencional. Daí Octavio Paz se perguntar: "será que é mesmo do amor que trata o discurso de Sócrates/Diotima?[6]". O ensaísta mexicano compara o amante platônico aos libertinos de Sade, suas imagens invertidas. Pois tanto em um como nos outros a experiência em jogo é marcada por uma flagrante assimetria, uma hierarquia, um desequilíbrio constitutivo e fundamental. O *érastès* filósofo platônico "sobe" em cima de seus *érôménoï*, seus amados, usa-os como degraus de uma escada cujo objetivo não é compartilhado. De modo análogo, os libertinos de Sade se servem dos outros como meros objetos de seu prazer (sabemos que essa anulação do caráter de sujeito dos outros deixa-os à mercê de uma violência sem limites): "Para o libertino, a relação erótica ideal significa poder absoluto sobre o objeto sexual, e uma igualmente absoluta indiferença quanto a seu destino; enquanto o objeto sexual é totalmente complacente com os desejos e caprichos de seu mestre. Daí que os libertinos de Sade demandam a perfeita obediência de suas vítimas[7]".

A comparação entre o amante platônico e o Dolmancé dos romances sadianos pode ser estendida, retrospectivamente, para outro personagem célebre da literatura ocidental: Don Juan, consagrado pelas obras de Molière e Mozart, um precursor, certamente menos esclarecido e radical, dos libertinos do XVIII (sua profissão de fé ateísta está distante da sofisticação argumentativa dos personagens sadianos, e ainda mais de suas consequências práticas), e cujo perfeito correlato histórico é Casanova, o homem de 122 mulheres, veneziano representante de uma aristocracia já desprovida do heroísmo feudal, e em cujo imaginário o Don

---

5. J. Lacan, *op. cit.*, p. 166.
6. Octavio Paz, *op. cit.*, cap. 2.
7. *Ibidem*.

Juan da ficção exerceu grande influência. "Lendo certas passagens de *O banquete*", observa Octavio Paz, "é impossível não pensar, a despeito da sublimidade dos conceitos, em um Don Juan filosófico[8]." Nessa espécie de imagem invertida, o movimento do sedutor blasfemo é descendente e termina no inferno, enquanto o do amante platônico é ascencional e mira o céu das ideias perfeitas.

Em todos esses casos o traço comum é o da relação instrumental com o outro, uma objetificação esclarecida. À sua própria pergunta, Octavio Paz responde que não se trata, aí, de amor – e sim de erotismo. Na conhecida tipologia de *A dupla chama*, Paz diferencia sexo, erotismo e amor. O primeiro registro sendo o mais vasto e primordial, confundindo-se com a própria origem da vida de todos os seres de reprodução sexuada. Já o erotismo é definido como uma prática exclusivamente humana, uma experiência simbólica, irredutível portanto à finalidade reprodutiva ou ao mecanismo instintivo da atividade sexual. O erotismo, assim, está para o sexo como a poesia para a linguagem cotidiana: ambos se desviam de suas finalidades "naturais" (a reprodução e a comunicação). No erotismo, a finalidade do sexo é o próprio prazer – e, evidentemente, sendo sua instância o simbólico, a imaginação, pode até mesmo prescindir do sexo ou de qualquer efetivação física para se realizar. Finalmente, o amor abrange o erotismo (não há aquele sem este), mas se diferencia dele precisamente pelo estatuto do outro em seu interior. Enquanto o erotismo é primeiramente uma experiência individual (posso desenvolver uma situação erótica com alguém sem que essa pessoa sequer tenha consciência disso – em sonhos, devaneios ou masturbações, por exemplo), o amor é constitutiva e necessariamente uma relação, no sentido estrito da palavra, isto é, que exige a participação ativa do outro. Justamente, para tanto é preciso que esse outro não seja um mero objeto, e sim um indivíduo livre, cuja liberdade se efetive na relação. Numa palavra, no amor, o outro é um *sujeito*.

Minha proposta aqui será retomar marcos fundamentais da história do amor no Ocidente sob essa perspectiva do outro. Por meio dela será possível compreender a emergência histórica de diversas concepções do amor, procurar deslindar a trama complexa entre amor, paixão, erotismo e sexo – e finalmente lançar luz sobre as transformações recentes dessas

---

8. *Ibidem*.

experiências no contexto do capitalismo avançado e, mais especificamente, a partir das possibilidades abertas pelas tecnologias de comunicação do espaço digital.

\* \* \*

Sob a perspectiva do outro, podemos identificar a princípio três registros, que se interseccionam, mas não se confundem: o erotismo, a paixão e o amor. No erotismo, o outro é um objeto; na paixão, é a própria cisão entre objeto e sujeito que se dissolve em uma fusão imaginária (outro e eu são Um, imaginariamente); no amor, o outro é um sujeito. Expliquemos e problematizemos essa tipologia.

É oportuno começar pela questão sempre embaraçosa do começo: quando surgiu o amor no Ocidente? A própria formulação da pergunta já é inquietante, na medida em que sugere uma origem histórica. Ora, o senso comum costuma perceber o amor como um sentimento universal e natural, presente em todas as épocas e culturas. Essa seria, segundo o psicanalista Jurandir Freire Costa, a principal das afirmações que "sustentam o credo amoroso dominante[9]". Mas será mesmo assim? Acreditar na universalidade e naturalidade do amor implica acreditar que há um denominador comum sentimental entre todas as formas em que essa experiência emocional se realizou e se compreendeu ao longo da história. E, contudo, em poucas páginas já pudemos constatar que, por exemplo, até no interior de uma mesma época, de uma mesma cultura, de um mesmo livro há experiências radicalmente diferentes, como as do eros segundo Aristófanes e segundo Sócrates/Diotima, abrigadas sob o mesmo nome.

Nesse momento não precisamos ir muito mais longe para prosseguir o argumento. A língua grega tem palavras diferentes para descrever essas experiências emocionais que, mais tarde, passariam a ser designadas, em outras línguas do Ocidente, pelo mesmo nome (em português, amor). Eros, conforme já vimos, mas também *ágape*. Se eros designa sempre uma relação com um outro específico (ainda que instrumentalizável), ágape é o termo que designa o amor ao próximo. Se eros é o termo que designa experiências diversas para a cultura grega antiga, ágape é o

---

9. Jurandir Freire Costa, *Sem fraude nem favor: estudos sobre o amor romântico*, Rio de Janeiro: Rocco, 1998, p. 13.

termo da língua grega que viria a designar uma experiência da cultura do cristianismo, cultura profundamente diversa da grega. Aqui não cabe entrar em detalhes, mas é evidente a diferença entre a fusão aristofânica, a ascensão solitária do amante filosófico platônico e o amor ao próximo cristão. Nesse último não há fusão, nem solidão, e sim comunhão. A experiência do amor ao próximo decorre da doutrina cristã – fundamentalmente diversa da perspectiva das religiões pagãs – segundo a qual o filho de Deus desceu até os homens. A encarnação como que legitima a humanidade, torna as criaturas iguais (em relação a Deus) e igualmente dignas de serem amadas, por Deus e uns aos outros: "amarás a teu próximo como a ti mesmo". Diferentemente, assim, de religiões pagãs – o maniqueísmo, por exemplo – para as quais não há mediação possível entre o dia e a noite, o transcendental e o imanente. Nessas, a matéria é depreciada, logo também os homens, que não são dignos de amor e devem procurar uma fusão com a transcendência, com Deus ou o Ser universal (no caso do budismo).

Desse modo, o mandamento do amor ao próximo, ágape, é uma experiência afetiva *indissociável* de uma crença cognitiva. E isso é extensivo, evidentemente, a todas as experiências afetivas, emocionais que viríamos a abrigar sob o nome de amor. Em outras palavras, "o amor foi inventado como o fogo, a roda, o casamento, a medicina, o fabrico do pão, a arte erótica chinesa[10]" etc. "Nenhum de seus constituintes afetivos, cognitivos ou conativos é fixo por natureza." A palavra *amor* tem um estatuto análogo ao da palavra *arte*: uma espécie de anacronismo semântico. Assim como a palavra *amor*, *arte* reúne, nesse único significante, experiências históricas e culturais radicalmente diversas, a ponto de ser muito difícil (a meu ver impossível) identificar um mesmo denominador comum, uma linha, mesmo que tênue, inquebrantável, que ligue as pinturas rupestres, os mausoléus egípcios, a estatuária clássica, os mosaicos bizantinos, a perspectiva renascentista, as maças de Cézanne, os *ready-made* de Duchamp, os desvios situacionistas e as *performances* de Marina Abramović. Da mesma forma que, quando olhamos para uma pintura rupestre e chamamos aquilo de arte, estamos efetivando um anacronismo, isto é, pensando uma prática antiga, cujo sentido só poderia se revelar a partir

---

10. *Ibidem*, p. 12, para essa citação e a seguinte.

da compreensão da cultura em que ela foi produzida, sob critérios modernos – quando dizemos que o amor é universal "estamos dizendo que sabemos reconhecer em experiências emocionais passadas semelhanças ou identidades com experiências amorosas presentes[11]". Entretanto, prossegue Jurandir Freire Costa:

> A capacidade para reconhecer semelhanças ou diferenças em fatos afastados no tempo e no espaço é ensinada e aprendida como qualquer outra. Quem nos ensina que o amor de Helena por Páris, de Romeu por Julieta, de Cleópatra por Marco Antonio, de Tristão por Isolda é igual ao amor que sentimos já selecionou previamente, nos fatos passados, o que deve ser identificado com os traços relevantes dos amores atuais.

Em suma, não existe, propriamente, *o amor*, enquanto um sentimento com características estáveis atravessando todas as épocas e culturas. Talvez possamos falar, como propõe Octavio Paz, de um sentimento que, "em sua forma mais simples e imediata", qual seja, "a atração passional que sentimos em relação a uma pessoa entre tantas", pertence "a todos os tempos e lugares", e de que "a existência de uma imensa literatura cujo tema central é o amor" seria evidência conclusiva[12]. Ainda assim, é evidente, para o olhar de um historiador, que esse sentimento assume diversas formas ao longo da história. Talvez seja ociosa a questão sobre o haver um mínimo denominador comum a partir do qual possamos falar de um sentimento universal, como quer Paz. O importante é compreender as diferenças das experiências emocionais que, em diversas épocas e culturas, encontram-se hoje abrigadas sob o nome de amor. É essa compreensão que nos permitirá pensar a experiência emocional do amor tal como a vivemos contemporaneamente.

Retomemos então a pergunta, agora em condições melhores para lidar com ela: quando surgiu o amor no Ocidente? Conforme se depreende da argumentação acima, para começar a respondê-la precisamos definir que amor, isto é, que experiência emocional estamos procurando. Como parece ser de consenso entre os historiadores do amor, o espaço e tem-

---

11. *Ibidem*, p. 13, para essa citação e a seguinte.
12. Octavio Paz, *op. cit.*, cap. 2.

po histórico-cultural em que se configura uma experiência emocional, cognitiva e estética que reúne alguns traços fundamentais do que hoje compreendemos como amor foi a região da Provença, atual Sul da França, durante os séculos XI a XIII. Foi aí que surgiu a cultura da *cortezia*, uma ética, uma estética e um sentimento que viria a passar para a história do Ocidente como o acontecimento do amor cortês. Terá sido esse o momento inaugural em que o suposto sentimento amoroso universal assumiu uma determinada forma, configurou-se como uma espécie de cultura e transmitiu-se pela história, chegando até nós em alguns de seus traços decisivos. São esses: a relação dual, envolvendo indivíduos livres e singulares; a valorização das emoções intensas e desmesuradas, constitutivamente produtoras de sofrimento; a aceitação e mesmo valorização de sentimentos vis e irracionais, como o ciúme; e o elogio da paixão em detrimento do equilíbrio, da ordem e dos benefícios materiais característicos do casamento.

Antes, contudo, de adentrarmos as questões do amor cortês, permaneçamos ainda um pouco mais na Antiguidade, pois é aí que, segundo a perspectiva de Octavio Paz, podemos encontrar uma pré-história do amor (tomando, portanto, como referência o amor como o conhecemos desde a Provença). Já vimos que uma experiência emocional reunindo os traços descritos acima é radicalmente diferente das experiências vividas pela Antiguidade grega e pelo cristianismo. Sob vários aspectos e por diversas razões. O ideal clássico jamais poderia admitir a valorização de emoções desmesuradas, comprometedoras da autonomia do indivíduo, que o deixam à mercê do outro. Nem tampouco sentimentos vis, como o ciúme, que antes testemunham uma prática que vai contra o aperfeiçoamento do indivíduo, sua busca pelo bom, belo e justo. Já o ágape cristão é primordialmente um amor ao próximo, *caritas*, diferente da ideia de uma relação estritamente dual. E, claro, para o cristianismo a institucionalização sagrada da experiência amorosa é o casamento, que repudia a paixão, suas rupturas, violências, desequilíbrios e ilusões. Assim, podemos até encontrar esparsamente, na Grécia clássica, manifestações do amor tal como o passaríamos a reconhecer a partir do século XI, mas são manifestações ou difusas ou, embora já claramente formuladas, não valorizadas e sedimentadas culturalmente (como o discurso de Aristófanes em *O banquete*).

É somente, para Octavio Paz, no período helenístico que encontramos em maior quantidade e melhor definição documentos que testemunham experiências emocionais mais próximas ao que reconhecemos como amor. Poetas como Teócrito, Calímaco e Safo, escritores como Apuleio e Longus criaram obras onde se podem verificar a intensidade passional, as ambivalências emocionais e a experiência psicológica características do amor como o reconhecemos.

Assim, por exemplo, no poema "A feiticeira", de Teócrito, escrito no primeiro quarto do século III a.C., "é a primeira vez que aparece na literatura – e ainda mais descrito com tal violência e força – um dos grandes mistérios humanos: o inextricável entrançamento de ódio e amor, desprezo e desejo[13]". O poema põe em cena uma mulher, Simaeta – que, dado importante, não pertence à aristocracia –, preparando um filtro para trazer de volta o homem que ela ama, e enquanto isso repensa a história desse amor e o examina. Diversos afetos, de alegria e tristeza, são evocados. Como observa Octavio Paz, "o amor de Simaeta é feito de persistentes desejo, desespero, raiva, desamparo. Estamos muito distantes de Platão".

Outro exemplo é a narrativa "Eros e Psique", que consta na coletânea de histórias *O asno de ouro*, de Apuleio. Nela, um deus, Eros, se apaixona por uma mortal, Psique. A tradição identifica na narrativa a influência direta das ideias platônicas: Psique, graças ao amor por Eros, eleva-se progressivamente até a imortalidade. Temos aí, com efeito, a teoria das reminiscências que descreve a ideia de alma para Platão. A alma (*psiquê*, em grego) seria originalmente uma entidade celestial, que eventualmente cai na Terra, encarna nos humanos, mas carrega em si a nostalgia do céu das ideias perfeitas, para o qual o amor (*éros*) é uma chance de retorno. Paz, entretanto, observa que se trata de uma transformação inesperada do platonismo. Não apenas porque a narrativa é uma história de amor realista (em vez de uma aventura filosófica solitária), mas sobretudo porque há nela uma novidade: um deus se apaixona pela *alma* de um mortal, ou seja, pela totalidade de sua pessoa. Essa novidade encerra o traço decisivo da experiência amorosa – lá onde ela se distingue do erotismo – para o ensaísta mexicano: o amor é uma relação dual entre pessoas livres, que se relacionam com a totalidade do outro, logo enquanto sujeitos. Por isso o amor não poderia ter surgido

---

13. *Ibidem*, cap. 3, para essa citação e a seguinte.

na Grécia clássica ou em outra cultura da Antiguidade. Houve um fator social decisivo que propiciou seu acontecimento:

> O poema de Teócrito não poderia ter sido escrito na Atenas de Platão. Não somente por causa da misoginia ateniense, mas pela situação da mulher na Grécia clássica. No período Alexandrino, que tem mais de uma semelhança com o nosso, uma revolução invisível tem lugar: as mulheres, antes trancadas no *gynaeceum*, saem para o ar livre e aparecem na superfície da sociedade. [...] Essa mudança não foi limitada à aristocracia, mas se estendeu à imensa e fervilhante população de comerciantes, artesãos, pequenos proprietários, trabalhadores, e todas aquelas pessoas em grandes cidades que viveram e vivem ainda com muito pouco dinheiro[14].

A mudança do estatuto social das mulheres é o fator que propiciou o acontecimento da relação de amor. Como se sabe, na Grécia de Péricles, democrática, os homens livres tinham na política seu ideal superior. A vida pública era o valor maior (vida *privada*, como guarda o significado da palavra, era uma experiência limitada). Daí seus maiores filósofos terem se dedicado à política. No período helenístico, se por um lado as tiranias causaram uma retração da vida pública – e por isso mesmo conduziram os filósofos a se dedicarem à questão ética do melhor viver – por outro, em consequência do imperialismo alexandrino, o período deu origem a cidades de caráter cosmopolita, com os efeitos típicos de desprovincianização dos costumes provocados pelos cruzamentos culturais:

> Período helenístico – a transformação da cidade da Antiguidade. A *polis*, fechada sobre si mesma e ciumenta de sua autonomia, abriu-se para o exterior. As grandes cidades se tornaram genuínas cosmópolis por meio do intercâmbio entre pessoas, ideias, costumes e crenças. [...] Essa grande criação civilizatória foi alançada em meio às guerras e tiranias que marcam o período. A novidade mais dramática terá sido o surgimento, nas novas cidades, de uma mulher mais livre[15].

---

14. *Ibidem*. O *gynaeceum* era uma parte da casa destinada às mulheres, um espaço mais distante das áreas de sociabilidade, próximas à rua.
15. *Ibidem*.

É, portanto, nas grandes cidades da Antiguidade helenística, como Alexandria e Roma, que o objeto erótico foi começando a se transformar em sujeito.

* * *

A relação erótico-emocional entre dois sujeitos, dois indivíduos livres e no exercício de sua liberdade, pode se efetivar de diversas maneiras. No casamento cristão, por exemplo, o que se busca é a serenidade, a duração, a fidelidade. Já vimos que o sentimento da paixão não era estranho à Antiguidade greco-romana, mas nunca fora valorizado por ela. Ou ainda, mesmo que louvado por poetas, esse sentimento não se inscrevera ainda em "uma doutrina do amor, um conjunto de ideias, práticas e comportamentos incorporados e compartilhados por uma coletividade[16]". É isso o que acontece a partir do século XI, na Provença. Primeiro em *langue d'oc*, depois difundindo-se por outras regiões e línguas, alguns traços essenciais do amor cortês avançaram séculos adentro, configurando o núcleo básico ao qual remonta o credo amoroso moderno. Entre esses traços essenciais, talvez o mais decisivo seja a valorização da paixão.

Como o tema do amor cortês é tão complexo e controverso quanto repisado, e nos interessam mais os seus efeitos para a história do amor por vir do que analisar o fenômeno em si mesmo, procurando esclarecê-lo em detalhes, apenas indiquemos suas coordenadas principais[17].

A primeira delas é sociológica. Algumas características da sociedade feudal daquela região foram determinantes para o surgimento do amor cortês: a) no século XII o casamento havia se tornado para os senhores um puro e simples meio de enriquecimento e anexação de terras oferecidas em dote ou prometidas em herança. O casamento era um negócio entre famílias nobres, uma operação comercial que excluía a liberdade de decisão dos envolvidos e anulava a dimensão sentimental da união; b) como observa Octavio Paz, o surgimento do amor cortês teria sido impossível sem uma mudança no estatuto das mulheres. As mulheres da aristocracia, em particular, gozaram de uma liberdade maior do que tiveram as suas

---

16. *Ibidem*, cap. 4.
17. Sobre o fenômeno do amor cortês, sigo principalmente a leitura de Denis de Rougemont em seu *História do amor no Ocidente*, São Paulo: Ediouro, 2003.

avós durante a Idade das Trevas. Diversas circunstâncias favoreceram esse desenvolvimento. Entre elas, o fato de que o cristianismo havia dotado as mulheres de uma dignidade desconhecida nos dias do paganismo; c) num mundo constantemente em guerra, guerra às vezes em terras distantes, as longas ausências eram frequentes, e os senhores feudais tinham que deixar o governo de seus reinos às suas esposas. A fidelidade conjugal não era rigorosa, e exemplos de relações extraconjugais abundam; e d) a prática do casamento como relação comercial punha em jogo o futuro da casa. Isso obrigava à prudência, prolongava a mocidade do primogênito e deixava os outros eventuais filhos homens em uma situação de exclusão: "casar um filho era sempre amputar o patrimônio para estabelecer o novo esposo e garantir o dote, isto é, as arras esponsalícias de sua mulher". Assim, como observa Jurandir Freire Costa, "é dessa massa dos sem-herança que vão surgir os cavaleiros. O problema da privação de terras e bens é o problema que a sociedade de cortesia vai tentar enfrentar com a cultura cavalheiresca e com o amor cortês[18]".

Sociedade refinada de corte, mulheres livres, casamentos comerciais, maridos distantes, jovens cavalheiros excluídos do arranjo – eis o caldo social de onde surgirá uma erótica (*fin'amors* é como os trovadores se referiam ao "movimento") e uma estética sofisticadas, vazadas em poemas e canções, cuja ética afirma de forma veemente o valor do laço sentimental em detrimento do casamento. Com efeito, entre as regras do Código do Amor encontrado num manuscrito do século XII, o primeiro preceito é: "A alegação de casamento não é uma desculpa válida contra o amor[19]". O casamento, portanto, se opõe ao amor. Embora haja alguns pontos controversos na interpretação da experiência amorosa do amor cortês, é inequívoco que se trata da afirmação de um sentimento intenso, exaltado, em suma, passional. Algumas das outras regras desse manuscrito não deixam dúvida: "Toda pessoa que ama empalidece diante do amado", "Quem está tomado por pensamentos de amor come e dorme menos", "Uma pessoa que ama é ocupada pela imagem do amado assiduamente e sem interrupção". O elogio da paixão encontraria sua forma mais consolidada e fecunda numa derivação do amor cortês provençal:

---

18. Jurandir Freire Costa, *op. cit.*, p. 44.
19. *Ibidem*, p. 47, para essa citação e as seguintes.

o romance de Tristão e Isolda, assimilação da *cortezia* pelas lendas celtas, cujas primeiras versões (não há um original do romance) começaram a circular pelo Norte da Europa no século XII, rapidamente se irradiou pelo continente e ganhou uma versão "definitiva" no século XIX, que acabou traduzida para todas as línguas do Ocidente, influenciando a literatura e a cultura em geral durante esse processo e chegando até nós como, repito, o núcleo básico do amor-paixão romântico.

A segunda importante coordenada do surgimento do amor cortês é sua origem religiosa. Aqui parece valer a pena um pequeno excurso. É bastante conhecida – e controversa – a tese de Denis de Rougemont, segundo a qual há uma ligação estreita entre o amor cortês e o catarismo, que é uma das heresias gnósticas surgidas no primeiro milênio do cristianismo. Os cátaros (do grego *catharoi*, puros), como os gnósticos em geral, descendem da religião dualista, como a doutrina de Maní (de onde vem o maniqueísmo). O dualismo estabelece a existência absolutamente heterogênea do Bem e do Mal, isto é, de dois mundos e duas criações. O argumento é simples, e essa simplicidade – lógica, até – explica o sucesso com que se alastrou rapidamente: se Deus é bom, não pode ser o criador de tudo o que há de imperfeito ou abjeto. Para o dualismo, "Deus é amor, mas o mundo é mau. Por conseguinte, Deus não poderia ser o autor do mundo, de suas trevas e do pecado que nos encerra[20]".

Para as religiões orientais, como as filiadas ao princípio do dualismo, toda matéria é degradada, é má, não é criação de Deus. "A que aspira a ascese oriental?", pergunta Rougemont. "À negação da diversidade, à absorção de todos no Uno, à fusão total com o deus, ou, se não existir deus, como no budismo, com o Ser Uno universal[21]." É nesse passo que Rougemont faz sua articulação. Diferentemente do que se passa no cristianismo – em que a encarnação dignifica o homem, ou seja, torna-o digno de ser amado – o amor no contexto das religiões orientais deve transcender a matéria:

> Eros deseja a união, a fusão essencial do indivíduo no deus. O indivíduo separado – esse erro doloroso – deve elevar-se até se perder na

---

20. Denis de Rougemont, *op. cit.*
21. *Ibidem*, p. 94.

divina perfeição. Que o homem não se ligue às criaturas, pois elas não têm qualquer excelência e, como seres particulares, representam apenas defeitos do ser. Não temos, portanto, próximo. E a exaltação do amor será ao mesmo tempo sua ascese, a via que conduz para além da vida[22].

Rougemont vê nos temas da renúncia, da distância, da idealização e do sofrimento, presentes nos documentos do amor cortês, a influência fundamental do catarismo (a heresia cátara e o amor cortês se desenvolvem simultaneamente no tempo – século XII – e no espaço – Sul da França). Interpretando o fenômeno por essa chave, afirma que ele "se opõe à 'satisfação' do amor[23]". Define a poesia dos trovadores como uma "exaltação do amor infeliz". Enxerga "uma preferência pelo que entrava a paixão, pelo que impede a 'felicidade' dos amantes, os separa e martiriza". Em suma, para Rougemont o amor cortês instaura a experiência de uma paixão, mais do que idealizada ou sublimada, devotada à transcendência. Por isso, para ele, o romance de Tristão e Isolda é o mito definitivo do amor cortês: nas impossibilidades sucessivas da estabilização da união entre os amantes, em seu sofrimento atroz, em sua morte final, Rougemont vê a verdade última do amor cortês (o dualismo cátaro tende à recusa absoluta da matéria). A laicização progressiva do mito nos séculos seguintes, passando por Petrarca, Romeu e Julieta (a grande tragédia do amor cortês), Rousseau etc., até chegar ao cinema hollywoodiano, é para Rougemont a degeneração do elogio da paixão, sua versão cada vez mais mundana e vulgar.

Porquanto foge ao nosso interesse imediato, cabe apenas, primeiro, observar que Rougemont fala a partir de uma defesa do cristianismo e do casamento cristão (as páginas finais de sua *História do amor no Ocidente*, em que exerce essa defesa de forma explícita, são das melhores do livro), isto é, valores opostos aos do amor-paixão, que portanto ele deprecia. E, depois, observar que muitos intérpretes importantes do amor cortês e da história do amor em geral não ratificam a sua perspectiva. Octavio Paz,

---

22. *Ibidem*.
23. *Ibidem*, pp. 48-9, para essa citação e as seguintes.

por exemplo, a desconstrói sob diversos aspectos, tanto com argumentos sociológicos[24], quanto religiosos[25] e literários[26].

Essa breve – e a um tempo longa – exposição do amor cortês foi necessária para destacarmos a questão da *fusão* na experiência da paixão. Se o erotismo designa uma relação em que o outro se revela um objeto; e se o amor designa uma relação em que o outro se apresenta como sujeito – na paixão o outro é imaginariamente anulado, os amantes se fundem no Um imaginário. A paixão é uma supressão do objeto – mas também do sujeito. Ela é, nos termos de Bataille, um violento ataque, talvez o mais violento ataque à *descontinuidade* dos seres humanos:

> A paixão venturosa acarreta uma desordem tão violenta que a felicidade em questão, antes de ser uma felicidade cujo gozo é possível, é tão grande que é comparável ao seu oposto, o sofrimento. Sua essência é a substituição de uma descontinuidade persistente por uma continuidade maravilhosa entre dois seres. Mas essa continuidade é sobretudo sensível na angústia, na medida em que ela é inacessível, na medida em que ela é busca na impotência e na agitação. [...] A paixão nos engaja assim no sofrimento, uma vez que ela é no fundo a procura de um impossível[27].

Daí que, assim como o amor cortês, outro fenômeno precursor do amor romântico moderno foi a experiência dos místicos cristãos, como São João da Cruz e Santa Teresa D'Ávila. Esses, em vez de procurarem a fusão com o outro, ser humano e descontínuo, procuraram a fusão com

---

24. "Se lermos os textos, verificaremos que não há ambiguidade: a consumação do amor era a realização carnal completa. Era uma poesia cavalheiresca, escrita por nobres e endereçada a damas de sua própria classe. Mas então apareceram poetas profissionais. Muitos deles não pertenciam à aristocracia e ganhavam suas vidas dos seus poemas, alguns vagando de castelo em castelo, outros gozando da proteção de um grande senhor ou de uma mulher de linhagem nobre. A convenção poética que na origem tornara o senhor em vassalo de sua dama deixou de ser uma convenção e passou a refletir a nova realidade social: os poetas eram quase sempre hierarquicamente inferiores às damas para as quais compunham seus poemas. Era natural que o idealismo dos poemas se acentuasse." Octavio Paz, *op. cit.*, cap. 4.
25. "O amor cortês louvava as relações extraconjugais, desde que não fossem inspiradas por mero desejo sexual e fossem santificadas pelo amor. O crente cátaro condenava o amor, mesmo em sua forma mais pura, porque ele enlaçava a alma à matéria." *Ibidem*.
26. "Os poetas não o chamavam amor cortês; eles usavam outra expressão: *fin'amors*, isto é, amor purificado, refinado. Um amor que não tinha como objetivo o prazer carnal ou a reprodução." *Ibidem*. Paz observa ainda que há um gênero de poemas corteses chamado *alba*, que, como o nome sugere, são escritos após a realização sexual.
27. George Bataille, *O erotismo*, Porto Alegre: L&PM, 1987, p. 19.

Deus, com a continuidade por definição. Com efeito, como observa Bataille, "o que a experiência mística revela é uma ausência de objeto" que "introduz em nós o sentimento da continuidade"[28]. Para o cristianismo, a unidade com Deus é impossível na Terra, mas "essa união impossível, entrevista aqui e ali em momentos extáticos, era o mote para a criação de um vocabulário em tudo similar ao do 'amor infeliz' no gênero do amor cortês[29]" (a infelicidade, note-se, não é portanto desejo de morte, como quer Rougemont, mas consequência do desejo impossível de fusão). Que o diga Santa Teresa:

> Já não pode, Deus meu, esta vossa serva suportar tantas aflições como as que lhe vêm de ver-se sem Vós. Se tem que viver, não quer descanso nessa vida nem se vós o derdes. Quereria já esta alma ver-se livre. Comer mata-a. Dormir a angustia. Vê que se passa o tempo de sua vida em passá-la em regalos e que nada pode regalá-la fora de Vós. Parece que vive contra a sua natureza, uma vez que já não quereria viver em si, mas em Vós[30].

★ ★ ★

Qualquer questão pode ser pensada em qualquer escala. Pode-se tratar do amor, nossa questão, em um aforismo como em um tratado – com consequências e possibilidades diferentes, é claro. Aqui, a escala é orientada desta maneira: é preciso apresentar o mínimo de história necessária para abrir a questão. A questão, no caso, são os modos do outro no erotismo, na paixão e no amor. Esses modos do outro me pareceram um caminho oportuno para se pensar os impasses do amor no mundo contemporâneo e as práticas com que se tem lhe respondido.

O fenômeno do amor cortês foi seminal para o Ocidente. A valorização da paixão como a suprema aventura psicoemocional de um sujeito se difundiria história adentro e chegaria até nós como um dos valores mais fortes da nossa cultura. Entretanto, esse percurso, evidentemente, não é simples nem tampouco linear. Ele se desenvolve numa linhagem que passa por Dante, Petrarca, os célebres amantes de Verona, Rousseau, o

---

28. *Idem*, p. 22.
29. Jurandir Freire Costa, *op. cit.*, p. 56.
30. Santa Teresa D'Ávila, *Livro da vida*, São Paulo: Penguim/Companhia das Letras, 2010, p. 150.

Werther, a ressurreição wagneriana do *Tristão e Isolda*, o romantismo em geral, os romances do século XIX, o cinema hollywoodiano, as telenovelas, as canções populares. Ele convive ainda com uma contralinhagem, que passa pela *gauloiserie* (um gênero literário licencioso contemporâneo aos trovadores da *langue d'oc*), por Boccaccio, pelo Don Juan, pelo materialismo blasfemo do século XVIII (Sade, Laclos, os libertinos), por romancistas como D. H. Lawrence e Henry Miller, desembocando em toda a valorização contemporânea do sexo, do erotismo, da materialidade, das sensações, do individualismo etc. Isso para ficar apenas nos limites muito estreitos e simplificados de nossa escala.

Seguindo o critério de parar apenas em determinados marcos decisivos, é relevante mencionar Rousseau. Talvez seja em sua obra que se encontre o ponto de articulação mais acabado entre os traços do amor cortês e o que viria a ser o amor romântico tal como o conhecemos. Basicamente, Rousseau promove a conciliação entre algumas características até então dispersas e inconciliáveis. Como vimos, para o platonismo o amor era o caminho para o Bem supremo – mas tanto o sexo, considerado em si mesmo, era depreciado, quanto o eram os sentimentos intensos, desmedidos e ambivalentes. Para o cristianismo, o amor, pelo casamento, se harmonizava com o interesse social (garantindo a ordem e a reprodução dos seres), mas o sexo era apenas tolerado como um mal menor, e a paixão era preterida à serenidade, fidelidade e duração do casal. Para o amor cortês, a paixão era o valor supremo, o sexo era aceito, desde que refinado por uma erótica sofisticada, o casamento era o inimigo maior. Já para Rousseau, "o sexo pode ser convertido em força útil, posta a serviço da felicidade do sujeito e da sociedade[31]". O filósofo francês imagina "a drenagem da sexualidade para a construção da sociedade justa como a harmoniosa conjunção entre sexo, amor e casamento, na unidade da família conjugal". Uma vez que homens e mulheres têm uma atração recíproca natural, "trata-se de tirar partido dessa inclinação para criar filhos, organizar a família e criar, em seu interior, o sentimento da cidadania". Numa palavra, Rousseau conciliou o sexo, a paixão e o casamento; a matéria, a transcendência subjetiva e o bem social. Pensou o amor como "a dobradiça entre o empirismo das sensações e o idealismo do amor

---

31. Jurandir Freire Costa, *op. cit*., pp. 68-9 para essa citação e as seguintes.

ao outro". Criou, em suma, "operadores conceituais que permitiram a conversão de elementos até então rebeldes a qualquer tentativa de conciliação". Como observa Rougemont: "a propósito de *A nova Heloísa*, seria fácil retomar toda a nossa exegese de Tristão", com a diferença decisiva de que "Rousseau culmina no casamento"[32].

É com essa equação, montada no século XVIII, que fundamentalmente ainda temos que lidar. O problema é que ela foi montada a partir do contexto cultural daquele século, a partir da abertura de suas possibilidades (é impossível, por exemplo, pensar uma tal atitude diante do sexo em um momento anterior à instauração da modernidade) e como uma tentativa de responder a seus desafios. Não importa aqui analisar até que ponto essa experiência foi bem-sucedida no próprio século XVIII, e sim pensar até que ponto ela corresponde aos traços culturais fundamentais do século XXI e, consequentemente, se permanece uma equação adequada para tentar resolver nossos próprios problemas.

★ ★ ★

A experiência do amor contemporâneo se revela como uma série de antinomias: paixão *x* casamento, monogamia *x* desejo, sentimento *x* sensação, alteridade *x* egoísmo, "liberdade" *x* família – são as mais evidentes. Algumas delas são constitutivas da ideia de amor romântico, desde o seu surgimento (no século XVIII), como a impossibilidade de conciliar, no tempo, os valores da paixão e do casamento (basta pensar em todos os grandes romances de adultério do XIX). Esses valores andaram separados por muitos séculos antes da modernidade, como vimos. A experiência do amor cortês afirmava a paixão contra o casamento. Não havia dúvidas a esse respeito. Já o cristianismo afirma o casamento contra a paixão. Não é de modo algum na intensidade emocional de tipo passional que o casamento cristão encontra seu fundamento (no duplo sentido, de fundação e apoio). Esse fundamento está, no limite, na filiação do homem e da mulher envolvidos à doutrina cristã. É ela quem dá um suporte transcendental, exterior (logo, imune às diferenças do casal e as dificuldades delas decorrentes), ao juramento que consagra a união. Ser fiel ao outro, no casamento, é ser fiel a Deus. Quebrá-lo é quebrar a fidelidade a Deus.

---

32. Denis de Rougemont, *op. cit.*, p. 295.

O estabelecimento dessa gravidade – transcendental, repito – é o grande trunfo da manutenção do casamento cristão. Ocorre que a instituição casamento atravessou a história, como um valor, com maior força do que a própria instituição Igreja católica. Ora, desprotegido do juramento, o casamento na época moderna se expõe a tentações, riscos, infelicidades, aporias e rupturas.

Por isso essa antinomia básica permanece irredutível, desde a sua formação, na era moderna. É ela, como nota Rougemont, que está sem dúvida na origem da invenção da figura do *happy end*, essa espécie de operação recalcante do entretenimento: o casal que, vencidos os obstáculos, internos ou externos, típicos do momento do encontro e da paixão, enfim se une e estabiliza sua união, é envolto por um coração e desaparece num beijo, a que se seguem a palavra fim e os créditos do filme. Em outras palavras, a narrativa termina no momento em que a relação amorosa, propriamente, iria começar. É preciso que o filme acabe antes que a antinomia paixão *x* casamento se forme. Como a muitas de nossas antinomias psíquicas, o recalque dá alívio imediato a essa grande antinomia cultural. Mas todo recalcado retorna – atrás das telas.

Quanto às outras antinomias da série acima, podemos considerar que elas se formaram progressivamente, à medida que a vida contemporânea foi adquirindo certos traços culturais dominantes. Assim, a inflexão do capitalismo em capitalismo de consumo favorece a lógica do desejo – que é a da substituição, da série infinita – e não a da monogamia (que é a lógica do *bem*, por assim dizer, *de uso durável*). A era do sentimento (os leitores dos romances do século xix sabem exatamente do que estou falando) deu lugar a uma era das sensações: a interioridade psicológica e sentimental, com sua densidade característica, foi se transformando num mundo cada vez mais materialista, que valoriza o efêmero, a leveza, o descompromisso, o gozo. A experiência radical da alteridade exigida pela relação amorosa, esse ponto talvez seja o mais descompassado: se, por um lado, o século xx, com todas as suas conquistas de igualdade de direitos (no campo dos gêneros, principalmente), tornou a relação amorosa muito mais próxima de se realizar como uma relação entre iguais, isto é, desierarquizada, por outro lado parece ser também um consenso que o egoísmo foi se estabelecendo como a regra do laço social. Ora, essa convivência entre uma exigência profunda de aceitação da alteridade e uma intensificação do narcisismo, da identidade e do individualismo não tem como ser pacífica. Finalmente, se por um lado vivemos a era da infância, em que os filhos são valorizados como o maior bem emocional que um sujeito pode ter, por outro a cultura afirma igualmente o valor da liberdade, entendida como mobilidade, indeterminação, descompromisso.

Como se trata de valores culturais contraditórios, ninguém está, em alguma medida (a variar de acordo com características subjetivas, sociais, religiosas, econômicas etc.), imune a essas tensões. São elas o pano de fundo a partir do qual se exercem as práticas sexuais, eróticas e amorosas no espaço digital.

★ ★ ★

Desde pelo menos as duas últimas décadas, surgiram no espaço digital inúmeros *sites* e APPS que têm o objetivo de propiciar *matchs* entre pessoas que, em geral, não se conhecem fisicamente. Esses *sites* e APPS podem ter o objetivo estrito de propiciar relações duráveis, compromissadas, casamentos, ou encontros de natureza mais efêmera, meramente sexual. Entre os primeiros, um dos maiores do mundo é o eHarmony.

Fundado em 2000 por um psicólogo americano que atuava como conselheiro de casais, o eHarmony, sediado em Los Angeles, atua em 150 países, declara ter hoje mais de 33 milhões de membros e afirma que, por meio de seu *site*, mais de quinhentas pessoas se casam todos os dias, apenas nos Estados Unidos. O "diferencial" da empresa está no algoritmo desenvolvido por ela, baseado na crença, por seu psicólogo fundador, de que a identificação de características pessoais permite associar os indivíduos, por um princípio de compatibilidade, e produzir relacionamentos mais satisfatórios e bem-sucedidos. Numa palavra, o princípio orientador do *site* é o de que "opostos se atraem, depois se atacam" (*"opposites attract, then attack"*). Tentemos pensar o que o sucesso desse *site* – e de outros análogos – pode revelar enquanto sintoma social, bem como pensar sua pertinência teórica e suas possibilidades e limitações práticas.

Alain Badiou começa seu livro *Elogio do amor* contando que ficara impressionado com uma publicidade de um *site* de encontros francês, chamado Meetic. Os *slogans* de sua campanha publicitária eram frases como essas: "Obtenha o amor sem o acaso", "Pode-se amar sem se apaixonar" (*On peut être amoureux sans tomber amoureux*), "Você pode amar sem sofrer" etc. Essas frases convergem para o que Badiou chama de *concepção securitária do amor*[33]. Como se pode perceber, trata-se de uma estratégia semelhante àquela dos casamentos arranjados em sociedades pré-modernas, só que ela não é proposta "em nome da ordem familial por pais déspotas, e sim em nome de uma segurança pessoal, por um arranjo prévio que evita todo acaso, todo encontro, e finalmente toda a poesia existencial, em nome da categoria fundamental da ausência de riscos[34]".

É preciso, portanto, primeiro compreender de que risco se trata, o que esses cibercasamentos arranjados querem evitar; em seguida, procurar entender por que essa estratégia subjetiva tem conquistado tantos adeptos; e, finalmente, fazer a sua crítica, isto é, apresentar as suas possibilidades e limitações.

Comecemos por essa frase: "Obtenha o amor sem o acaso". Eis um *slogan* um tanto enigmático; por que, afinal, o acaso seria indesejável no encontro amoroso? Badiou, nesse pequeno livro, estabelece quase que uma brevíssima teoria do amor, descrevendo sua estrutura e dinâmica. Para ele, uma relação amorosa se desenvolve em etapas distintas. A primeira delas é o encontro, a que ele atribui o estatuto de acontecimento, isto é, de algo que emerge de forma insuspeitada, com força de desestabilização. Estamos aqui diante do momento inaugural da paixão. Já vimos que a paixão é tradicionalmente compreendida como um estado de fusão. Mas é preciso tanto entender o que significa essa metáfora, quanto identificar um movimento simultâneo, porém de sentido inverso, no interior desse mesmo estado.

Aqui devemos chamar Freud em nosso socorro. O sentimento de fusão, no estado passional, é um fenômeno imaginário. Ele é uma espécie de locupletação psíquica, em termos de economia libidinal e narcísica. Da perspectiva da economia libidinal, estar apaixonado significa investir uma enorme massa de energia libidinal (a paixão é uma alteração drástica na distribuição da libido) num único objeto. Ser correspondido significa, por sua vez, receber de volta todo esse investimento. Assim, se, num primeiro momento, ocorre "um empobrecimento do ego em relação à libido em

---

33. Alain Badiou, *Éloge de l'amour*, Paris: Flammarion, 2009, p. 14. [Tradução minha.]
34. *Ibidem*, p. 15.

favor do objeto amoroso[35]", em seguida, possuir o objeto amado enriquece-o mais uma vez. A recompensa sendo proporcional ao investimento (daí, portanto, um primeiro e óbvio risco da paixão: o de empobrecer radicalmente seu ego, sem a garantia de recuperar o investimento).

Além disso, e de maneira mais singular (pois a recompensa do investimento libidinal pode ser encontrada de outras maneiras, com outros objetos), a paixão correspondida representa um estado intenso de felicidade narcisista. Entendamos. Para Freud, há dois paradigmas de escolha objetal amorosa: ou bem se ama a mãe, ou se ama a si mesmo. No primeiro caso, chamado por ele de *escolha objetal de ligação*, o sujeito buscará o objeto que reproduza as condições do narcisismo primário da criança que ele foi, ou seja, vai eleger como objeto de amor alguém em quem ele identifique os traços essenciais do cuidado materno (ou paterno; em suma, parental). No segundo caso, o sujeito buscará o objeto no qual ele identifique traços fundamentais de seu *eu ideal*. O eu ideal é a imagem de si que o sujeito gostaria de ter, gostaria que os outros tivessem, e se esforça para atingir. Diferentemente do que se pode pensar a princípio, a vida moral não é puro altruísmo; ela oferece gratificações no interior do próprio sistema psíquico. Em outras palavras: toda vez que o eu age à altura do eu ideal, ele encontra uma satisfação narcísica (e a recíproca é verdadeira: toda vez que age em desacordo com o eu ideal, se dá uma ferida narcísica).

Segundo esse paradigma, a paixão correspondida é uma tremenda dopamina narcísica. Na escolha objetal de ligação, o sujeito reencontra a satisfação de seu narcisismo primário, sendo amado por alguém que o trata como sua mãe: um amor sem arestas, todo feito de cuidados, e onde o desejo do outro é extremamente previsível. Na escolha objetal narcisista, ao apaixonar-se o sujeito dá ao objeto amado uma perigosíssima procuração, que confere a esse último o direito de proferir a verdade sobre sua autoimagem. Se o sujeito vê no outro o seu próprio eu ideal, isso significa que, sendo a paixão correspondida, estará confirmando o eu ideal do sujeito apaixonado. É como ser amado intensamente pelo seu próprio eu ideal. Ou seja, é tornar-se, sem sombra de dúvida, o seu ideal. Nesse estado, portanto, desaparece a *décalage* habitual entre o eu

---

35. Sigmund Freud, "Sobre o narcisismo: uma introdução", in: Sigmund Freud, *Edição standard brasileira das obras psicológicas completas de Sigmund Freud*, vol. XIV, São Paulo: Imago, 2006, p. 95.

e o eu ideal, que produz sofrimento. Eu e eu ideal estão perfeitamente alinhados. É isso o sentimento de fusão – e é por isso que a paixão tem uma tendência a sair do mundo, a permanecer nesse circuito fechado de investimento libidinal, em que a realidade exterior, com seus objetos hostis, não pode ameaçar a plenitude da gratificação psíquica.

Por outro lado, e ao mesmo tempo, a completude imaginária pode conviver com uma disjunção radical, produzida pelas diferenças subjetivas dos dois indivíduos apaixonados. Cada sujeito é uma totalidade muito mais complexa do que os traços eleitos pelo amante como o espelho de seu eu ideal. Assim, à fusão imaginária pode corresponder uma dificuldade extrema de alinhar, numa vida em comum – isto é, numa relação – todo o conjunto de gostos, hábitos, valores, idiossincrasias, sintomas, preferências sexuais etc., um conjunto que abrange desde aspectos conscientes e superficiais (logo mais passíveis de serem voluntariamente modificados) a outros inconscientes e frutos de identificações primitivas (dificilmente modificáveis).

Compreendemos então o *slogan* "Obtenha o amor sem o acaso". É o acaso que torna o encontro uma roleta imponderável no que concerne a todo o campo das características do outro que ultrapassam aquelas que, inconscientemente, foram objeto da escolha amorosa. E daí, consequentemente, o sucesso de um *site* como o eHarmony: trata-se de garantir, via algoritmo, que a relação não produza um choque de alteridade, difícil demais de lidar. A operação, entretanto, apresenta uma importante lacuna e uma ainda mais importante perda potencial, uma perda de natureza existencial. Quanto à primeira, refiro-me a que o questionário enviado aos candidatos a um encontro no eHarmony – que serve de base para os cálculos do algoritmo – só pode contemplar, por definição, o campo dos valores, preferências e características conscientes. Toda a lógica do inconsciente passa batida por ele, e ela é decisiva tanto da perspectiva do sujeito (do amante) quanto do objeto (do amado). Ou seja, o candidato que responde às perguntas nunca poderá senão dar uma ideia superficial de si; seus sintomas, ambiguidades, fantasias, tudo isso escapará a si mesmo e, logo, ao outro que o poderá escolher. Da mesma maneira, o que nos faz escolher um objeto amoroso tem uma dimensão que geralmente não identificamos, ou só o conseguimos fazer retrospectivamente. Em suma, o algoritmo não sabe calcular o inconsciente, de modo que muitas variáveis importantes ficam fora da equação final. Por isso Badiou comenta que, a seus ouvidos, as promessas do casamento securitário soam como aquela promessa do Exército americano de uma "guerra sem mortes[36]". O eHarmony não é a panaceia universal do cibercasamento arranjado (diga-se ainda de passagem que os casamentos tradicionais tinham sobre sua versão digital a vantagem de contarem com uma ordem social que funcionava como um suporte do outro).

Benéfico no que tange à atenuação do choque de alteridade numa eventual relação amorosa, o algoritmo implica, tendencialmente (só não digo constitutivamente porque a ausência da lógica do inconsciente pode fazer aparecer essa dimensão de forma inesperada), o que podemos chamar de uma perda existencial. Refiro-me, justamente, ao choque de alteridade. O encontro com um outro radicalmente diferente, com um outro que se revela muito maior e mais complexo do que a dimensão de espelhamento de nossa escolha objetal (narcísica ou de ligação), esse encontro pode produzir um enriquecimento e uma transformação inigualáveis de nossa subjetividade. Pois pode acabar por demonstrar que entre nosso eu ideal – na sua versão encarnada pelo outro – e nosso eu efetivo há uma diferença abissal. Estar então à altura do outro, isto é, à altura de si, de seu eu ideal, pode ser uma aventura imensamente sofrida – e imensamente engrandecedora.

O que Badiou chama de *ameaça securitária*[37] ao amor responde, portanto, a esses dois problemas: o risco da disjunção (o choque de alteridade) produzida por um encontro regido pelo acaso e entregue à lógica do inconsciente; e o risco da paixão não correspondida ("Você pode amar sem se apaixonar"), e até mesmo o risco da paixão correspondida. Pois se, em um caso, o ego perde totalmente o seu investimento libidinal, ficando miserável até que seja capaz de retirar esse investimento (é o trabalho do luto), no outro a recompensa geral não é capaz de evitar inesperadas derrubadas das ações, que são experimentadas como feridas narcísicas, embora breves, exasperantes.

Tudo somado, o mundo da paixão é um mundo em que o eu se encontra radicalmente desprotegido, à mercê do outro, de quem sua sorte

---

36. Alain Badiou, *op. cit.*, p. 16.
37. *Ibidem*, p. 15.

passa a depender como em quase nenhuma outra experiência psíquica. Ora, se há um lugar comum nas mais diversas teorias sociais das últimas décadas, desde os anos 1970-80 – e que a realidade cultural não cessa de comprovar – é que vivemos numa época narcisista. Como observa Jurandir Freire Costa, "é certamente plausível descrever a economia psíquica dos sujeitos modernos como sendo narcísica[38]". Da cultura do narcisismo, de Lasch, ao capitalismo do eu, de Badinter; das evasões de privacidade das subcelebridades ao fenômeno dos paus de *selfie* – eis uma interpretação dificilmente questionável. Não há como conciliar sem tensões o valor romântico ainda vigente do amor com uma cultura cada vez mais devotada ao culto do eu. No caso desses *sites* de encontro amoroso, o saldo é uma solução de compromisso, ou seja, o sucesso do eHarmony e seu algoritmo se revela uma tentativa de conciliação entre o valor do amor e a segurança identitária: uma experiência de alteridade protegida por *guardrails* identitários. Aqui, é a paixão, com seus traços arriscados de dependência do outro, que é sacrificada. Mas o amor, digo, a relação amorosa, compreendida como uma construção que não se confunde com a fusão passional, também é uma forma profunda de desafio ao culto do eu. Outras práticas contemporâneas no espaço digital respondem a esse desafio recusando-o veementemente.

★ ★ ★

Voltemos a Badiou para aprofundarmos o esclarecimento da tipologia que vem servindo como *leitmotiv* dessa narrativa teórica: os modos do outro nos registros do erotismo, da paixão e do amor. É possível dizer que na experiência humana não há sexo sem erotismo, uma vez que o desejo é sempre mediado pelo simbólico. Como veremos adiante, entretanto, talvez seja possível falar em um esvaziamento da dimensão imaginária, simbólica, que quase reduz o erotismo ao puro sexo. Já vimos que, no erotismo, o outro se apresenta ao modo do objeto. Cabe ainda compreender em que termos.

Evoquemos a famigerada frase de Lacan: "Não existe relação sexual". O que ela significa? Que "na sexualidade, em grande parte, cada um está na sua, por assim dizer. Há a mediação do corpo do outro,

---

[38]. Jurandir Freire Costa, *op. cit.*, p. 136.

claro, mas no fim das contas o gozo será sempre o seu gozo. O sexual não reúne, ele separa[39]". No sexo, o que acontece são confirmações imaginárias (é isso o *frisson* da conquista), que portanto reenviam o sujeito ao seu próprio eu. Diferentemente da imagem icônica dos corpos nus entrelaçados, não há *penetração*, no sentido de acessar a alteridade. O sexo, ao menos o sexo fora do contexto amoroso, é sempre 1 + 1; não chega a formar a experiência do Um, nem a experiência do 2. O sexo é uma relação imaginária entre duas identidades que não se transformam por essa relação, por isso ele é 1 + 1.

Já a experiência amorosa é definida por Badiou como a construção de um mundo a partir da diferença. É o que ele chama de *cena do Dois*. "Que o mundo possa ser reencontrado e experimentado de outro modo que por uma consciência solitária, eis aquilo de que todo amor nos dá provas[40]." A experiência amorosa surge da sobrevivência da cena passional do Um, que deverá dar lugar, por um processo de abertura da identidade à alteridade, do eu ao outro, à cena do Dois. Se Lacan foi capaz de falar do amor como "a mais profunda, mais radical e mais misteriosa relação entre os sujeitos[41]", esses atributos se devem a que em nenhuma outra relação ocorre uma tamanha abertura da identidade à diferença, do eu ao outro.

Insistamos então que, além do traço dominante do narcisismo na cultura contemporânea, há um outro fator que concorre contra a afirmação dessa experiência. Refiro-me ao processo de conquistas de direitos durante o século XX, sobretudo a partir dos anos 1960, e notadamente no campo dos gêneros, que tornou o outro dotado de uma alteridade muito mais efetiva. Trocando em miúdos – e para ficar apenas no exemplo da relação de poder tradicionalmente mais assimétrica, a heterossexual –, era mais fácil para um homem lidar com uma mulher cujos papéis de gênero eram bem definidos e esvaziavam sua liberdade efetiva, e com ela seu potencial de alteridade. Hoje, nesse começo de século XXI, o outro é radicalmente outro, dotado de desejos, idiossincrasias, fantasias, valores etc. que se afirmam em pé de igualdade hierárquica no interior de uma relação. Em suma, no momento histórico em que as subjetividades são

---

39. Alain Badiou, *op. cit.*, p. 23.
40. *Ibidem*, p. 40.
41. J. Lacan, *op. cit.*, p. 211.

atravessadas por um culto ao eu, o outro se apresenta como uma alteridade radical. A conta não fecha.

Daí, talvez, certas recusas veementes à intimidade, ou seja, a qualquer vislumbre de relação amorosa. É o que vemos em *Shame*. O filme é a anatomia de um sintoma contemporâneo (como em Freud, o estudo do exagero serve para elucidar a normalidade). A experiência da sexualidade de seu protagonista é destituída de toda subjetividade, de toda interioridade. O sexo está por toda parte: em *outdoors*, na televisão, em *sites* de pornografia, no ambiente de trabalho. A moral culpada por gozar, de apenas algumas décadas atrás (até as primeiras do século XX), deu lugar a um imperativo permanente de gozo que se culpa por não gozar. O interdito, que inflava a fantasia, deu lugar a uma permissividade que a esvazia (como diria o anjo pornográfico: "Toda nudez será castigada"). A alteridade é recusada, e até o objeto é reduzido à sua objetificação máxima. Nesse contexto, o que ameaça é a intimidade. A única mulher que denuncia ao protagonista seu sintoma é aquela que, se aproximando de sua intimidade, o faz broxar. Ele broxa, portanto, não por falta de envolvimento subjetivo, mas pelo insuportável de sua aparição. É salvo por uma prostituta: o sexo pago, desobrigado de subjetividade, recoloca-o em campo familiar.

Entretanto, como sustenta Lacan, o sexo é meramente narcísico. Ao gozar, o sujeito reencontra o seu próprio eu. É esse o vazio constitutivo da experiência sexual. Ele advém do envio repetido do sujeito à sua própria identidade. E daí também a sua tendência à repetição sucessiva: como se fosse mobilizado pela esperança de encontrar alguma alteridade, algo que transcendesse o seu eu. Esse vazio subjetivo da mera experiência sexual, suspeito, acaba reenviando os sujeitos à possibilidade do amor.

★ ★ ★

Tendo cumprido todo um percurso histórico e teórico, e tendo ainda avançado na compreensão de traços dominantes das subjetividades contemporâneas – constitutivamente reforçados pelo espaço digital, fundado que está na lógica da imagem, logo, próximo ao imaginário e ao narcisismo – podemos finalmente chegar ao centro de nossa proposta de investigação. Esse centro pode ser formulado de maneira simples: "A tecnologia da comunicação do século XXI é uma ajuda ou um impedimento para relações seguras?[42]". Em outras palavras, as práticas no espaço digital afirmam ou recusam o amor?

Uma primeira resposta, um pouco enganosa, é a de que o espaço digital potencializará a tendência já contida nas diferentes subjetividades. Ou seja, os sujeitos que, segundo a *attachment theory*[43], têm um perfil de relacionamentos seguros – isto é, desejam a ligação, se entregam ao outro e procuram a mesma entrega etc. –, se servirão do espaço digital para intensificar essa tendência. Já aqueles designados com um perfil de relacionamentos inseguros – que se incomodam com a excessiva intimidade, que afirmam uma maior autonomia na relação etc. – o utilizarão segundo esse fim. O primeiro, portanto, "se apoiará na tecnologia para se sentir mais proximamente conectado todo o tempo, enquanto o último se sente tranquilizado pela distância que a tecnologia propicia[44]". Assim, um serviço de encontros virtuais do Reino Unido alega que atualmente "uma em quatro relações começam *on-line*[45]", enquanto um artigo publicado no *New York Daily News* afirma que "um terço dos casais americanos se conhece *on-line*" (converge para o mesmo sentido o fenômeno dos *sites* de encontros amorosos, como já vimos). Por outro lado, "todos os dias existem aparentemente 68 milhões de buscas por pornografia na internet e mais de 4 milhões de *sites* pornográficos, que são parte de uma imensa indústria cujos lucros superaram aqueles de Hollywood e da indústria da música[46]".

Essas quantificações por si sós não nos permitem chegar a conclusões quanto a tendências de recusa ao amor em nome de experiências mais protegidas da alteridade, com seus riscos e dificuldades (e grandes recompensas). Mas talvez seja possível sustentar que, tendo como pano de fundo uma cultura narcísica – e sendo parte fundamental dela –, o espaço digital concorre sobretudo para aprofundá-la, e, logo, testemunha práticas cada vez mais avessas à experiência da diferença. Basicamente, o espaço

---

42. Linda Cundy (org.), *Love in the Age of the Internet: Attachment in the Digital Era*, London: Karnac Books, Kindle edition, cap. 1. [Tradução minha.]
43. A *attachment theory* (teoria do apego), fundada pelo psiquiatra e psicanalista John Bowlby, é a teoria que descreve certos aspectos, a curto e longo termo, de relacionamentos entre humanos e entre outros primatas.
44. Linda Cundy, *op. cit.*, cap. 1.
45. *Ibidem* para essa citação e a seguinte.
46. *Ibidem*, cap. 2.

digital oferece possibilidades nunca vistas no sentido de propiciar uma vida rica para os que querem permanecer no registro da sua identidade. Tomemos o caso da pornografia, por exemplo. A pornografia digital não é apenas uma mera extensão e expansão da pornografia "real". "Acessibilidade, anonimato e baixo custo são os seus maiores motores. *On-line* e se sentindo invisíveis, as pessoas não precisam verbalizar seus desejos para outros que poderiam julgar suas escolhas ou preferências[47]." Isto é, o meio altera a experiência; no caso, cria condições que tendem a estimulá-la. Com efeito, alguns psicoterapeutas trazem relatos de pacientes cuja vida sexual é exclusivamente feita de pornografia *on-line*. Muitos deles só se excitam sexualmente com imagens, não com pessoas reais. Aqui, não são apenas a intimidade e a relação amorosa que são recusadas, mas mesmo a forma mais elementar de alteridade, o contato direto com o outro, que obriga a reconhecê-lo como um sujeito livre, no exercício de seu desejo.

Há um ponto em que as novas tecnologias digitais são particularmente perigosas ao amor: refiro-me aos cuidados parentais com bebês e crianças pequenas. Os *smartphones* permitem que, por exemplo, uma mãe realize tarefas com seu bebê fazendo outras coisas ao mesmo tempo. Assim, há mães que amamentam enviando mensagens pelo WhatsApp, pais que dão almoço aos filhos checando o Facebook, em suma, todo um conjunto de atividades que é realizado de forma a reduzir as tarefas à sua dimensão instrumental, alienando-as da atenção, da troca psíquica, do afeto. Essas práticas, aparentemente inofensivas – e progressivamente habituais – podem ser muito nocivas a bebês e crianças pequenas ainda no início de seu desenvolvimento psíquico e emocional. Tanto da perspectiva lacaniana quanto da winnicottiana, o desenvolvimento dos bebês está ligado à sua interação com o outro cuidador. Para Winnicott, "a experiência de ser carregado com segurança e manipulado com prazer leva a que o bebê tenha um corpo, que venha a habitar sua própria pele[48]". O desempenho atencioso dos aspectos ligados à fase do colo são essenciais para que ocorra a integração entre o psíquico e o corporal pelo bebê. Em termos lacanianos, se o que forma a autoimagem do eu é o olhar do outro, um olhar disperso, cindido, tende a produzir

---

47. *Ibidem.*
48. *Apud* Linda Cundy, *op. cit.*, cap. 1.

no bebê uma autoimagem igualmente dispersa, com efeitos danosos a seu desenvolvimento.

O uso de *gadgets* eletrônicos por cuidadores na primeira infância tem ainda uma outra dimensão grave. Christoph Türcke tem mostrado que o que a psiquiatria chama de transtorno de déficit de atenção e hiperatividade (TDAH) deve ser considerado não uma patologia, uma anormalidade, mas apenas a manifestação em um grau mais intenso de uma transformação da percepção humana que atinge a todos nós, em alguma medida. Essa transformação decorre da sobrecarga de estímulos sensoriais cada vez mais excitantes, que fragmentam nossa percepção e vão tornando cada vez mais difícil o desenvolvimento das capacidades de elaboração, sedimentação psíquica, concentração, espera. Nosso cotidiano foi dominado por esses estímulos, sobretudo visuais, que apagaram as fronteiras entre o espaço profissional e o doméstico, o trabalho e o lazer. Toda a vida contemporânea transcorre sob um bombardeio de estímulos sensoriais vindos de múltiplas telas, de todos os tamanhos. É essa a cultura do TDAH. Todos estamos expostos a ela, mas os bebês e crianças, uma vez que ainda não desenvolveram suas capacidades de elaboração, sedimentação, concentração, espera e até mesmo imaginação, são os mais prejudicados. São eles os candidatos favoritos a manifestações intensas de TDAH. É preciso compreender que, se eles manifestam incapacidade crônica de atenção, "a atenção que eles não são capazes de dar foi antes retirada deles mesmos[49]". Prossegue Türcke:

> [...] não se sabe qual será o efeito na criança de mães que telefonam durante a amamentação ou de pais que checam *e-mails* constantemente enquanto brincam com seus filhos. [...] Muitas vezes, crianças com TDAH não têm lesões manifestas nem sofrem de falta de cuidado ou ausência excessiva dos pais – no entanto, elas devem ter sofrido algum tipo de privação vital, caso contrário não haveria agitação motora contínua, uma busca constante por algo que ainda não adotou a forma de um objeto perdido. Só mais tarde, quando os envolvidos coletivamente passam a rodear máquinas de imagem como insetos ao redor da luz, fica evidente de onde vem a agitação. Muito antes de conseguirem

---

49. Christoph Türcke, "Cultura do déficit de atenção", *Revista Serrote*, n. 19, Instituto Moreira Salles, 2015.

perceber máquinas de imagem como objetos, a tela como coisa, eles vivenciaram o poder de seu brilho em absorver a atenção: como privação. E é preciso repetir essa privação para ultrapassá-la. Ela abranda o desejo dessas crianças retrocedendo ao ponto em que ela se originou. E, assim, essas crianças procuram tranquilidade nas máquinas, as mesmas que foram os agitadores cintilantes de sua tenra infância[50].

Finalmente, o uso de *smartphones* e afins por pais durante a primeira infância pode lesar os bebês também no nível bioquímico. Determinados hormônios, como a oxitocina, têm natureza relacional e são estimulados pelo contato amoroso, pele a pele. Segundo estudos científicos, a oxitocina aumenta a imunidade e protege contra a ansiedade e a depressão[51].

De volta ao amor sexual, e já nos aproximando do fim desse percurso, é oportuno olhar para o Japão, onde as possibilidades do espaço digital são desenvolvidas da forma mais avançada. É possível que, em alguma medida, resguardadas as suas características socioculturais específicas, a sociedade japonesa antecipe tendências a serem percorridas pelos países do Ocidente (se é que ainda faz sentido falar de Ocidente, como se houvesse o seu outro).

Pois bem, o Japão vem apresentando evidências sociais nítidas de recusa a relações amorosas, e mesmo sexuais. Como revelou uma reportagem do jornal inglês *The Guardian*, "os japoneses abaixo de 40 anos parecem estar perdendo o interesse em relações convencionais. Milhões nem sequer estão tendo encontros, e números cada vez maiores não se importam com sexo[52]". Uma pesquisa de 2011, conta a reportagem, descobriu que 61% dos homens e 49% das mulheres solteiras não estavam em nenhum tipo de relação amorosa. Outro estudo revelou que um terço das pessoas abaixo de 30 anos nunca tiveram um encontro. Uma terceira pesquisa, encomendada pelo governo japonês, concluiu que 45% das mulheres entre 16 e 24 anos não se interessavam por ou desprezavam o contato sexual. Mais de um quarto dos homens sentiam o mesmo. Diante

---

50. *Ibidem*.
51. Linda Cundy, *op. cit.*, cap. 1.
52. Abigail Haworth, "Why have young people in Japan stopped having sex?", *The Guardian*, disponível em: <https://www.theguardian.com/world/2013/oct/20/young-people-japan-stopped-having-sex>, acesso em: mar. 2017.

desse quadro, uma sexóloga japonesa afirmou que o país experimenta "uma fuga da intimidade humana[53]".

Há uma série de fatores sociais especificamente japoneses que contribuem para isso. O país é um dos piores do mundo no *ranking* de igualdade de gênero. O casamento, e sobretudo a maternidade, praticamente decreta o fim da carreira profissional das mulheres. Quanto aos homens, o papel de provedor não lhes é atraente: o emprego está cada vez mais inseguro (a economia japonesa está praticamente estagnada há duas décadas), e, num país de território pequeno, as moradias são excessivamente caras, não sendo muitos os que podem bancar apartamentos para todos os seus familiares e cuidar dos gastos relativos a eles.

É assim que as relações amorosas vão se tornando progressivamente recusadas. "O Japão pode se tornar um povo pioneiro onde indivíduos que nunca se casam existem em número significativo[54]." Essa ausência dá lugar a outras formas de relação, como o sexo casual, o afastamento radical da interação com o outro, por meio de pornografia *on-line* – ou o mero desinteresse até pelo sexo.

É aqui que o desenvolvimento avançado do espaço digital assume o protagonismo. Muitos jovens japoneses têm se afastado de qualquer tipo de contato, mesmo social, com o outro. Esse comportamento se manifesta da forma mais radical nos *hikikomoris*, adolescentes que se tornam eremitas em seus próprios quartos, de onde não saem, às vezes por anos, não tendo contato direto nem mesmo com seus pais (que lhes passam comida pela porta). Nessa espécie de ciber-retiro, os jovens ficam jogando em seus computadores e se relacionando com outros cibereremitas em *chats on-line*.

Talvez seja possível dizer que o tipo sociológico do *hikikomori* é como certas patologias para Freud, ou o TDAH para Türcke: apenas a maneira mais intensa de traços que existem em toda cultura.

---

53. *Ibidem*.
54. *Ibidem*.

# Civilização e barbárie
## Nós, os bárbaros
Newton Bignotto

Em uma urna funerária romana exposta no Palazzo Massimo em Roma, está gravada em baixo-relevo a cena de uma batalha entre os soldados romanos e um exército de bárbaros. Os primeiros ocupam a parte de cima da urna e estão vestidos com uniformes elegantes, espadas e instrumentos de guerra. Na parte de baixo estão os bárbaros, com olhos esgazeados e postura desorganizada. Em uma das cenas, um soldado segura a mão já desarmada de um inimigo e levanta seu rosto como a procurar o segredo de um povo inferior, que, ainda assim, havia tentado desafiar os conquistadores. Essa cena, longe de representar algo especial na cultura romana do século III, fazia parte de uma representação corrente do mundo e da posição ocupada pelos romanos. Ela integrava a ação de busca pela identidade de um império que ambicionava por uma posição que fosse eterna. Para isso, era preciso olhar profundamente os olhos dos inimigos, para talvez descobrir a própria essência do ser romano e daquilo que o negava e ameaçava sua existência. De alguma maneira, continuamos a olhar dentro dos olhos do diferente para afirmarmos nossa identidade e expurgarmos nossos medos. Da Antiguidade até hoje foram muitos os momentos em que precisamos nomear os bárbaros, para podermos encontrar nosso próprio nome.

★ ★ ★

Uma das primeiras vezes em que a palavra *bárbaro* foi empregada na literatura ocidental foi na *Ilíada* de Homero. Ao descrever os exércitos que combatem, o poeta fala dos "carianos", conduzidos por Nastés, que tinham "a voz bárbara"[1]. Essa primeira alusão a um povo com uma fala difícil de ser decifrada ainda não implicava a separação radical entre os combatentes, mas fornece uma pista para o que virá depois. Como mostra Jean-François Mattéi: "A linha de separação entre a barbárie e a civilização passa menos entre os povos da Europa e da Ásia e mais entre os que dominam a língua e aqueles que não conseguem dominá-la[2]". O que já se encena, nesse primeiro momento, é a necessidade de se estabelecer entre os povos uma distância capaz de significar não apenas uma diferença de costumes e de história, mas uma diferença radical, que implica possibilidades diferentes de desenvolvimento e mesmo de identidades incompatíveis.

Como mostra Catherine Peschanski, o processo de afastamento entre gregos e bárbaros foi paulatino, mas resultou na criação de uma tópica que estaria destinada a durar séculos[3]. Para a historiadora, aos olhos dos escritores gregos da Antiguidade, a diferença entre gregos e bárbaros não se deveu a um vício de origem desses. Ao contrário, não é incomum encontrar em autores como Heródoto e Hesíodo referências elogiosas às obras de povos como os egípcios e mesmo a afirmação de que os gregos haviam aprendido algo com outros povos, e que isso havia sido decisivo para seu desenvolvimento. O problema é que esses povos haviam permanecido parados no tempo. Para eles a história não ocorreu, "o tempo congelou[4]". Essa é a visão que ganha força já em Tucídides e que serviria de base para uma concepção a respeito da natureza do bárbaro que acabaria por ser dominante no Ocidente. Para o historiador grego, os bárbaros serão pouco a pouco associados com a figura do inimigo[5]. Essa guinada foi essencial, pois criou a ideia de uma diferença que não pode ser anulada e se transforma em uma peça-chave da construção da identidade dos gregos e, mais tarde, de outros povos ocidentais.

Para pensar a natureza do mundo helênico tornou-se importante desvendar a natureza do que parecia ser seu oposto. "Os bárbaros – afirma

---

1. Homero, *L'Iliade*, Paris: Garnier-Flammarion, 1965, v. 867, p. 59.
2. Jean-François Mattéi, "Barbarie", *in*: Michela Marzano (ed.), *Dictionnaire de la violence*, Paris: PUF, 2011, p. 130.
3. Catherine Peschanski, "Os bárbaros em confronto com o tempo", *in*: Barbara Cassin; Nicole Loraux; Catherine Peschanski, *Gregos, bárbaros, estrangeiros*, Rio de Janeiro: Editora 34, 1993, pp. 56-74.
4. *Ibidem*, p. 63.
5. *Ibidem*, p. 65

Peschanski – são frequentemente apresentados como povos belicosos, até mesmo cruéis[6]." Ao mesmo tempo, alguns autores afirmam que a belicosidade dos bárbaros se funda em sua fraqueza, não apenas espiritual, mas também física. Por isso, era tão comum mostrar o corpo nu e desfigurado dos guerreiros bárbaros derrotados, para que ficasse claro para os soldados gregos, mas também para a população em geral, qual era a natureza dos inimigos vencidos[7]. Esses seres, que pareciam cada vez mais distantes no tempo, se caracterizavam também pela desordem. Incapazes de se organizar para a batalha, acabavam por se comportar como covardes no momento dos combates. Ao lado dos exércitos que se mostravam disciplinados, os bárbaros expressavam o caos em sua formação guerreira e a falsidade natural dos povos que não evoluíram ao longo dos séculos[8]. Como afirma Claude Mossé de maneira resumida, referindo-se ao bárbaro: "O que o distingue inicialmente dos gregos é sua submissão a um poder despótico, aquele do rei, enquanto o grego é um homem livre. Em seguida é sua desmesura, sua *hybris*, oposta ao sentido da ordem, própria do grego[9]".

A operação de separar os povos entre bárbaros e civilizados seria completada pelos romanos, que radicalizaram e estabeleceram de forma definitiva a separação entre os dois mundos. Lutando para manter um império que não cessava de se expandir e, ao mesmo tempo, sentindo-se ameaçados por verdadeiras hordas, que resistiam aos conquistadores, os romanos reproduziam a representação grega do mundo, mesmo que, aos olhos dos gregos dominados, o ato de civilizar, que muitas vezes era o resultado da conquista empreendida pelos romanos, fosse na verdade um ato de helenização dos povos. Como mostra Paul Veyne: "Helenizar e civilizar são a mesma coisa, pois que a civilização grega é a civilização por excelência. Os dois sentidos da palavra 'bárbaro' convergem aqui: o bárbaro, sendo um não civilizado, quando Roma o civiliza, ela o heleniza, uma vez que o bárbaro é um não grego; civilizado ele se torna grego[10]".

---

6. *Ibidem*, pp. 67-8.
7. *Ibidem*, p. 68.
8. *Ibidem*, p. 69.
9. Claude Mossé, *Dictionnaire de la civilisation grecque*, Paris: Éditions Complexe, 1998, p. 89.
10. Paul Veyne, *L'Empire gréco-romain*, Paris: Éditions du Seuil, 2005, p. 243.

Pouco importa que a ideia que os gregos tinham deles mesmos durante a ocupação e dominação romanas fosse ingênua e produzisse poucos resultados práticos ao longo dos séculos. Os romanos herdaram a tópica da divisão do mundo entre civilizados e bárbaros e a transmitiram para as sociedades ocidentais que lhes sucederam, sobretudo para as sociedades cristãs. Se a imagem que eles tinham dos outros povos era muito parecida com aquela forjada pelos gregos, a ela eles acrescentaram a distância geográfica. Distantes no tempo, segundo os gregos, os bárbaros também deveriam ser mantidos distantes no espaço. O ato da conquista era assim, ao mesmo tempo, um produto da força e organização superior de seus exércitos contra povos submetidos à *hybris*, e também o resultado de uma cultura mais elevada que, no limite, conduzia a uma redução da violência, apanágio dos povos não civilizados.

Para nossos propósitos interessa notar que separar o mundo entre civilizados (gregos ou romanos) e bárbaros (o inimigo exterior) é antes de tudo uma operação de criação da identidade interior de um povo. Como observa Peschanski no curso de suas análises, nos textos gregos, "na maioria das vezes, enfim, os bárbaros são apenas um nome"[11]. Ou seja, mesmo que nossa referência sejam os autores da Antiguidade, historiadores ou outros, aprendemos relativamente pouco sobre os povos que não são gregos, pois ao "civilizado" interessa pouco saber como se comportam os outros e quais são seus costumes e saberes. Ao grego, como aos povos que ao longo da história iriam se servir da tópica referida, a presença no horizonte da consciência de um outro, por vezes radicalmente situado nos confins do que se considera como humano, serve para forjar uma imagem do ser civilizado, que está sempre em oposição frontal a uma identidade que só se diz no negativo. Nesse sentido, não se trata de um esforço de comparação que, ao colocar em contato os diferentes, ajuda a criar a identidade dos dois lados. Na lógica da exclusão do bárbaro do mundo grego, tudo se passa como se apenas um dos lados tivesse direito a uma identidade, a uma imagem que se pode refletir e transmitir. Os que se situam do outro lado são apenas negatividades que se esfumaçam num horizonte distante e inacessível. Existem bárbaros, mas não existe conhecimento verdadeiro sobre eles. Ou melhor, tudo o que de interessante se

---

11. Catherine Peschanski, *op. cit.*, p. 70.

pode saber deles serve apenas na medida em que ajuda na compreensão do ser do civilizado. Com esse procedimento, a diferença se torna incomensurável, pois não se pode comparar o que se situa num horizonte temporal e espacial diferente, e a identidade é única, pois apenas um dos polos pode ser visitado pela razão.

Para resumir numa imagem essa abordagem da questão que nos interessa, poderíamos recorrer à figura de um círculo que se fecha ao mesmo tempo em que expulsa para longe o que lhe parece diferente e incongruente com a identidade que pretende dar de si mesmo. Nessa operação de distanciamento, que isola o outro no tempo, tudo se passa como se o mundo existente no final das raias que se distribuem a partir do centro do corpo político não pudesse ter nenhum contato com o mundo do qual partem as vias que levam ao desconhecido. O primeiro é o mundo do *lógos* e de suas realizações. O segundo, o mundo do silêncio confuso de uma linguagem que nem parece humana.

## O QUE APRENDEMOS COM OS ANTIGOS

À luz dessa imagem vale a pena retornar por um instante ao mundo antigo e interrogar um tempo que de alguma maneira também viveu o fracasso da divisão do mundo entre duas metades antagônicas. Analisando a obra de Heródoto, François Hartog afirmou que "sem gregos, nada de bárbaros[12]". Essa afirmação decorre do fato de que, segundo ele, Heródoto tomava a separação entre gregos e bárbaros como algo natural sobre o que não cabia se interrogar. Ao mesmo tempo, no entanto, o historiador grego admitia não apenas que se podia aprender com os chamados bárbaros, mas que eles possuíam ideias que normalmente eram associadas aos gregos. Hartog dá o exemplo do debate entre Otanes, Megabizo e Dario sobre qual forma política deveria ser adotada depois que haviam derrotado o poder dos magos. Para ele, esse debate é a confirmação de que os bárbaros tinham acesso à razão e à especulação. Ora, como afirma Heródoto, Otanes profere "um discurso que alguns gregos não acreditarão ter sido de fato pronunciado, mas que de fato o foi[13]". A estranheza

---

12. François Hartog, *O espelho de Heródoto*, Belo Horizonte: Editora da UFMG, 1999, p. 326.
13. Heródoto, *L'enquête*, Paris: Gallimard, 1985, Livre III, 80, p. 313.

está em que Otanes diz explicitamente que o poder deveria ser entregue ao povo persa, para que ele pudesse governar a si mesmo. Na sequência do discurso, Otanes faz a crítica da tirania de uma forma muito próxima daquela que se tornaria a marca do pensamento grego. Falando do tirano que se opõe ao "regime dos iguais" (*isonomia*), ele diz: "Ele odeia de forma ciumenta ter de ver, dia após dia, viver as pessoas de bem; só os piores sem-vergonha lhe interessam. Ele adora acolher a calúnia[14]". Essa descrição é muito próxima daquela que os gregos faziam do tirano, e é por isso que Hartog afirma que, do ponto de vista de Heródoto, Otanes "fala grego[15]". Do ponto de vista da civilização grega, os bárbaros só sabem viver sob um governo despótico, que tem os traços da tirania.

Pouco importa, no fundo, se a fala de Otanes é verdadeira, como pretende Heródoto. O importante é que ele acredita que a fronteira entre gregos e persas (bárbaros) é porosa e que a língua na qual a civilização se expressa extravasa para outros territórios, tornando-os parte da humanidade que é capaz de falar a língua da razão. Curiosamente, essa percepção seria deixada de lado por um bom número de escritores gregos e dos que os sucederam, para os quais importa antes de tudo marcar uma diferença que não pode ser reduzida. Tudo se passa como se, na luta pela identidade da cultura grega e, mais tarde, romana, fosse essencial manter fechadas as fronteiras entre civilizados e bárbaros, para que o rosto dos primeiros não aparecesse contaminado pelo olhar desvairado dos segundos.

Radicalizando a constatação de Hartog de que não há bárbaros sem gregos, num sentido que talvez nos distancie da intenção original de seus propósitos, acreditamos ser uma via fecunda usar da tópica civilização e barbárie como de um lugar do qual se pode compreender alguns aspectos importantes tanto das civilizações antigas quanto das nossas atuais. Essa estratégia de análise nos conduz a deixar de lado a investigação da barbárie dos povos distantes e desconhecidos, para nos concentrar em nossa própria barbárie. Dizendo de outra forma, partimos do pressuposto de que aprendemos mais sobre nós mesmos quando falamos dos bárbaros do que sobre aqueles que nomeamos dessa maneira. Retomando o olhar

---

14. *Ibidem.*
15. François Hartog, *op. cit.*, p. 329.

de Heródoto, interessa abrir as fronteiras para que possamos nos compreender em toda a nossa miséria.

Um exemplo do que estamos pretendemos dizer quando operamos a inversão da tópica nos foi dado por Nicole Loraux em um texto consagrado à tragédia grega. A autora lembra que Frinício foi multado pela cidade porque sua peça *A captura de Mileto* teria levado os ouvintes às lágrimas, quando se deram conta da extensão e do significado da derrota dos gregos[16]. Ao contrário, a representação de *Os persas* de Ésquilo teve uma outra recepção. Como afirma a historiadora: "Se *Os Persas* foram, ao contrário, um grande êxito, é que, diz-se, a situação aí era inversa, tendo os gregos, e muito especialmente Atenas, triunfado dos bárbaros. Assim, costuma-se afirmar que só os infortúnios de outrem podem prestar-se a uma encenação trágica, sobretudo quando o outro é bárbaro e foi Atenas que o venceu[17]". Loraux aposta, no entanto, que, mesmo com o regozijo dos cidadãos atenienses em ver a derrota dos bárbaros, a tristeza de ver o olhar dos derrotados não é sem efeito sobre os que venceram. "Algo que chamarei de *o humano*: o sentimento, embora confuso em cada um, de que é irrevogavelmente tocado por outrem[18]." É nessa brecha de humanidade que pretendemos nos infiltrar para usar a imagem do bárbaro como algo que reflete nossa própria imagem. Para isso, vamos sistematizar alguns traços que aparecem mais ou menos dispersos em um grande número de fontes do passado para depois compormos nosso próprio retrato: aquele de uma civilização que não consegue fugir de seu ódio ao outro e da procura intensa do próprio rosto.

Seguindo as sugestões de Jean-François Mattéi, gostaríamos agora, antes de seguirmos nosso caminho argumentativo, de resumidamente destacar três traços sobre os quais falamos e que são atribuídos aos bárbaros. Eles podem nos ajudar a traçar o perfil de nossa civilização técnica atual. Esses traços não compõem um quadro completo da figura do bárbaro, mas permitem visualizar a brecha pela qual olhamos nosso próprio tempo e que foi aberta pelos próprios gregos quando concederam a palavra aos bárbaros, ainda que de forma limitada. O primeiro traço que

---

16. Nicole Loraux, "A tragédia grega e o humano", in: Adauto Novaes (org.), *Ética*, São Paulo: Companhia das Letras, 2002, p. 19.
17. *Ibidem*.
18. *Ibidem*, p. 20.

gostaríamos de recordar e que é atribuído aos bárbaros é sua condição servil. Assim, afirma o estudioso: "Mas há um ponto sobre o qual ele não transige: a submissão servil da barbárie. O que distingue o bárbaro do grego é a dependência do homem de seu caos interior, que afeta o déspota assim como seus súditos e lhes interdita o acesso à liberdade[19]". Prisioneiro de sua incapacidade de aceder plenamente ao *lógos*, o bárbaro é capaz de operar com ferramentas e mesmo de ter uma vida religiosa, mas não pode ser livre. Ele é escravo por sua origem e aí deve permanecer.

Nessa condição, o segundo traço que deve ser remarcado é o fato de que seu acesso parcial à razão faz com que ele não consiga estabelecer relações de igualdade nem viver plenamente em sociedades livres. Por isso, desde Heródoto, a tirania era considerada como o regime por excelência dos bárbaros. Isso se deve a um retardo no tempo, mas, sobretudo, ao fato de que um povo bárbaro é também aquele no qual as pessoas são prisioneiras de seu próprio caos interior. Com isso, o regime do senhor da casa, o *despotés*, é o melhor para controlar uma população que não consegue fugir da própria desmesura.

O último traço do qual vamos lançar mão que compõe a figura do bárbaro é a *hybris*. Caótico interiormente, ele torna o mundo à sua volta caótico e violento. Por isso afirma Mattéi: "Se compreendemos por barbárie as forças caóticas que ameaçam a ordem da cidade no desencadeamento das pulsões de violência, reconheceremos o esforço constante da civilização em reduzir as manifestações da barbárie[20]". O resultado de um caos invasivo só pode ser a violência e seu cortejo de males. Uma sociedade civilizada deveria ser aquela na qual os níveis de violência tendem a desaparecer ou se restringir a esferas limitadas da vida em comum. Apenas aqueles que cedem à *hybris* contaminam o corpo político, impedindo-o de viver apenas segundo a razão.

À luz das três características sintéticas que definem a barbárie, resta-nos perguntar por nossa própria civilização, assumindo que nenhum povo nomeia a si mesmo como bárbaro e que essa designação é sempre a criação de um negativo capaz de fazer luzir o retrato dos que acreditam serem os filhos do progresso e da razão. Se não podemos, no espaço de um texto,

---

19. Jean-François Mattéi, *op. cit.*, p. 131.
20. *Ibidem*, p. 134.

apresentar um painel completo de quais seriam as principais características do que nomeamos barbárie e seu contrário, resta-nos perguntar se os progressos inegáveis da ciência e da técnica nos libertaram do território de sombras no qual pareciam habitar os povos bárbaros da Antiguidade até os dias mais recentes. Para abordar essa questão, vamos assumir que o nível de violência de uma sociedade, tanto interno quanto externo, é um parâmetro razoável para tentar entender sua identidade mais profunda. Se evidentemente esse não pode ser o único indicador do estado de um agrupamento humano, é razoável supor que o fato de que os gregos associavam a barbárie à crueldade, à violência e ao despotismo pode ser uma indicação de um caminho analítico para julgarmos a nós mesmos. A pergunta que fica é se, de fato, a fronteira continua a existir, como sonhavam os antigos, e se, mesmo supondo que algum dia ela teve um sentido, ainda podemos separar bárbaros e civilizados de forma radical num tempo de domínio da técnica e da ciência e de existência de uma sociedade planetária que vincula por seus atos, cada vez mais, um número imenso de países em sua dinâmica de destruição de si mesmos. Nossa suspeita decorre do fato de que, se em vários setores da vida nas sociedades ditas civilizadas o nível de violência se reduziu ao longo dos séculos, estamos muito longe de poder afirmar que ela deixou de fazer parte do cotidiano das pessoas, ou mesmo que deixou de ser o meio por excelência para reduzir ao silêncio os que ameaçam a tranquilidade de nossa imagem de seres civilizados.

## OS MODERNOS E A CIVILIZAÇÃO

Na verdade, a tópica da civilização e da barbárie, longe de ter permanecido fechada nos horizontes mentais da Antiguidade, ou mesmo do cristianismo medieval, foi um dos pilares sobre o qual se ergueu a modernidade ocidental. Starobinski, em um texto dedicado à história moderna do termo *civilização*, observa que a ressurgência do vocábulo no século XVIII se deu ao mesmo tempo em que o desenvolvimento das ciências, as novas descobertas e a afirmação do domínio europeu sobre várias partes do planeta se tornou um fato[21]. Fazendo uma leitura da ressurgência do

---

21. Jean Starobinski, "Le mot civilisation", in: J. Starobinski et al., *Le Temps de la réflexion*, Paris: Gallimard, 1983, IV.

termo a partir de fontes como os dicionários da época, o autor nos expõe um percurso que está longe de ser importante apenas para os linguistas. Referindo-se ao fato de que na França o marquês de Mirabeau foi um dos primeiros a recuperar o termo para as línguas modernas e deu início a um recurso que vai galvanizar a atenção de pensadores como Condorcet ou, mais tarde, Benjamin Constant, o historiador afirma: "Reconhecida como um valor, a civilização constituiu uma norma político-moral: ela é o critério que permite julgar e condenar a não civilização, a barbárie. Por outro lado, utilizada para designar a organização presente nas sociedades europeias, a palavra civilização não é mais do que um termo sintético que designa um fato coletivo, que julgamos apelando para outros critérios[22]".

Decorre dessas afirmações que a nomeação do civilizado e do bárbaro é uma operação de busca da identidade, que precisa de um polo negativo para poder funcionar, tal como acontecera na Antiguidade. Tudo se passa como se o início de uma época de domínio da razão – e a modernidade foi pródiga em pensar a si mesma como uma nova época na qual as características mais terríveis da história humana, como a violência, a intolerância e a ignorância, seriam varridas para sempre das instituições humanas – devesse ao mesmo tempo nomear claramente o que devia ser recusado, ainda que ao preço da exclusão de uma parte importante da humanidade.

Ao final do texto citado, Starobinski comenta um conto de Borges (*História do guerreiro e da cativa*) no qual o autor coloca em cena a figura de um "bárbaro" e a de uma inglesa. O primeiro, encantado com as belezas de Ravena, mudara de lado ao participar do cerco da cidade; a segunda, um jovem bem-educada, raptada por "selvagens da América Latina", acaba por se converter aos seus costumes e se tornar um deles. Para terminar, Borges afirma: "As histórias que contei são talvez uma só história. A face e o reverso da medalha são, por Deus, idênticos". O comentador se mostra surpreso com essa conclusão, pois, de alguma maneira, ela coloca em xeque a separação sobre a qual se ergueu uma parte importante de nossa civilização e que desde a Antiguidade exigiu o traçado de uma fronteira. Mas, sensível ao gênio do escritor, ele mesmo conclui, referindo-se ao escrito borgiano: "A oposição da civilização e da barbárie se resolve em

---

22. *Ibidem*, pp. 4-47.

um quietismo desesperado. Isso não o conduz a renegar a civilização, mas a reconhecer que ela é inseparável de seu inverso[23]".

A dúvida quanto à própria identidade do civilizado se dá em um contexto no qual o bárbaro não está mais separado por uma barreira temporal, mas sim geográfica. Como observa Marcelo Jasmin:

> Afinal, o que distinguiu o moderno conceito de progresso de outras formas de consciência da melhoria ou do desenvolvimento humanos foi justamente a crença na consciência e na permanência do avanço da humanidade que se ancorava na suposição da existência de um motor imóvel que a fazia mover-se numa dada direção, que não só a trazia do passado ao presente, mas também continuaria a promover a sua caminhada em direção a um futuro luminoso[24].

Se para os gregos, como vimos, os bárbaros eram aqueles que haviam permanecido parados no tempo, na modernidade eles passam a ser aqueles que, no interior de um processo inelutável em direção a formas avançadas de civilização, estavam em descompasso com a evolução dos saberes. Nasce dessa constatação a ideia presente nos movimentos de colonização de que uma das missões dos povos civilizados é a de levar "luzes" para os que se demoraram no passado. Há evidentemente aqui não apenas a percepção de que há um atraso nos povos bárbaros, que deve ser reduzido, mas também de que as novas ferramentas fornecidas pelo progresso da técnica são as mais adequadas para executar essa tarefa. A posição de retardo no tempo é, aos olhos dos colonizadores, uma justificativa suficiente para a empresa de transformar vastos territórios ao redor do mundo em laboratório de propagação da razão.

Ainda no século XVIII, alguns pensadores, como Condorcet, desconfiaram do caráter dessa missão civilizatória. Em seu livro *Esboço de um quadro histórico dos progressos do espírito humano,* ele adota a ideia do progresso, fazendo dela o centro de sua interpretação da marcha da história. Ao discorrer sobre a décima época, ele se permite dizer: "Chegará então esse momento no qual o Sol só iluminará sobre a Terra povos livres, que

---

23. *Ibidem*, p. 51.
24. Marcelo Jasmin, "A moderna experiência do progresso", in: Adauto Novaes (org.), *Elogio à preguiça*, São Paulo: Edições Sesc São Paulo, 2012, p. 457.

reconhecerão como mestre somente a razão[25]". Mas, olhando para seu tempo, o pensador sabe que o que ele espera para o futuro estava longe de descrever o que acontecia nas terras conquistadas pelos europeus. Diz ele:

> Percorram a história de nossas empresas, de nossos estabelecimentos na África ou na Ásia e vocês verão nossos monopólios de comércio, nossas traições, nosso desprezo sanguinário pelos homens de outra cor ou de uma outra crença, a insolência de nossas usurpações, o extravagante proselitismo ou as intrigas de nossos padres destruir esse sentimento de respeito e consideração que a superioridade de nossas luzes e as vantagens de nosso comércio tinham obtido inicialmente[26].

O "último dos iluministas" seria ele mesmo tragado pelo vórtice do terror que se abateu sobre a França e que custaria a vida de milhares de pessoas[27]. A violência exercida contra outros povos era também empregada para resolver problemas de política interna. O povo civilizador estava longe de ser capaz de resolver suas diferenças apenas pelo recurso à razão. Condorcet não viveu tempo suficiente para ver que o que ele enxergava em seu tempo seria a marca do período colonial em toda a sua duração. Violência, escárnio, mentira e preconceito estiveram no centro da viagem que tantos povos europeus fizeram aos confins do que acreditavam ser seu outro. O fracasso da "nova era da razão" foi tamanho que podemos nos perguntar se ainda vale a pena recorrer à tópica da civilização e da barbárie para compreender nosso tempo.

Na modernidade que vê no desenrolar da história um movimento que porta nele mesmo um sentido, expresso pela razão nas muitas filosofias da história forjadas pela esperança de que havíamos entrado em uma época de progresso contínuo da civilização, a velha imagem do bárbaro vivendo nos confins da Terra não serve mais. Agora é preciso pensar numa linha do tempo que afeta de forma diferente o espaço. Por isso, ao mesmo tempo em que se radicaliza a ideia de que é possível "helenizar" todos os povos, é preciso estar seguro de que isso só ocorrerá numa longa linha temporal

---

25. Condorcet, *Esquisse d'un tableau historique des progrès de l'esprit humain*, Paris: Garnier-Flammarion, 1988, p. 271.
26. *Ibidem*, p. 268.
27. Patrice Gueniffey, *La politique de la Terreur*, Paris: Gallimard, 2000.

se o processo for conduzido pelos que agora manejam a nova razão das ciências modernas. O bárbaro ainda não tem a palavra plena, mas poderá um dia tê-la se até lá aceitar as violências que contra ele são praticadas em nome da civilização. Liberto de um tempo pensado como um círculo, ele é de novo afastado do centro por uma linha na qual ocupa sempre o último lugar na pretensa "evolução" que deverá um dia suprimir a violência que continua a reger a relação entre povos e culturas diferentes.

## A *HYBRIS* DO NOSSO TEMPO

Como já sublinhou Francis Wolff, a barbárie, como a civilização, se diz de muitas maneiras. Segundo o filósofo, a civilização se associa à ideia de civilidade e polidez, ao progresso das ciências e a "tudo aquilo que, nos costumes, em especial nas relações com outros homens e outras sociedades, parece humano, realmente humano – [...] em oposição ao que se supõe natural ou bestial, a uma violência vista como primitiva ou arcaica, a uma luta impiedosa pela vida[28]". A barbárie como seu oposto é o lugar da negação dos traços positivos da humanidade para se constituir como o lugar da exacerbação do inumano. Alguns escritores contemporâneos, na esteira talvez dos sonhos alimentados pelos iluministas do século XVIII, imaginaram que haveria uma linha de progressão dos costumes, que implicaria uma redução contínua dos comportamentos grosseiros e agressivos e um processo contínuo de troca dos elementos das pulsões primitivas presentes nos atos mais desmedidos por costumes mais doces e regulados. Talvez o maior pensador a seguir essa via tenha sido Norbert Elias, que em seu livro hoje clássico persegue o caminho que liga o nascimento do Estado moderno ao processo de abrandamento dos costumes. Mesmo ele, no entanto, depois de uma longa análise desse processo de "civilização" afirma:

> Só quando essas tensões entre e dentro de Estados forem dominadas é que poderemos esperar tornar-mo-nos realmente mais civilizados. No presente, muitas das regras de conduta e sentimentos implantados em

---

28. Francis Wolff, "Quem é bárbaro?", *in*: Adauto Novaes (org.), *Civilização e barbárie*, São Paulo: Companhia das Letras, 2004, p. 23.

nós como parte integral da consciência, do superego individual, são resquício de aspirações ao poder e ao *status* de grupos tradicionais e não têm outra função que a de reforçar suas chances de obter poder e manter a superioridade de *status*[29].

Crueldade, violência generalizada, ausência de linguagem, adoção de regimes políticos despóticos, esses são alguns dos traços que desde a Antiguidade definem a barbárie, como já vimos. Esses são os traços que definem muitas das experiências de vida em comum na contemporaneidade. Para refletir sobre essa proximidade entre a imagem do bárbaro e nosso próprio tempo, vamos partir de um relato que, de maneira direta e clara, nos coloca diante de uma apresentação sintética das profundas contradições que atravessam um tempo em mutação, mas que conserva em si mesmo os traços mais profundos de um estado de violência que teima em não se afastar de nossas vidas.

O relato do qual vamos nos servir foi recolhido por Ilya Ehrenbourg e Vassili Grossman, que, ao final da Segunda Guerra Mundial, elaboraram um documento contendo o testemunho das vítimas, em sua maioria judeus, que sofreram com a violência desmedida dos conquistadores alemães do Leste Europeu. O conjunto desses documentos recebeu o nome de *Livro negro* e deveria ter servido à acusação no julgamento de Nuremberg, mas acabou não podendo ser usado pois Stálin considerou que ele dava ênfase excessiva à morte da população judaica e que isso não era prioridade para o Estado soviético. Vamos reproduzir o texto em sua integridade para depois refletirmos sobre seu conteúdo.

Lioubov Mikhaïlovna Langman, ginecologista, vivia em Sorotchistsy. Era amada pela população e pelas camponesas, que a esconderam muito tempo dos alemães. Sua filha de 11 anos vivia com ela. Um dia, enquanto Langman estava no vilarejo de Mikhaïlovka, uma parteira veio ao seu encontro para lhe dizer que a mulher do estaroste estava tendo um parto difícil. Langman explicou à parteira o que deveria fazer, mas o estado da parturiente piorava a cada momento. Fiel ao seu dever, Langman foi à casa do estaroste e salvou a mãe e a filha. Depois disso, o estaroste informou

---

29. Norbert Elias, *O processo civilizador: formação do Estado e civilização*, vol. 2, Rio de Janeiro: Jorge Zahar, 1993, p. 273.

aos alemães que havia uma judia em sua casa. Os alemães levaram a mulher e a criança para executá-las. Inicialmente Langman implorou: "Não matem a criança", mas em seguida cerrou a criança contra o peito e disse: "Atirem! Não quero que ela viva com vocês". Mãe e filha foram mortas[30].

Num primeiro olhar, somos levados a identificar na figura do chefe da comunidade e dos soldados alemães os bárbaros, e na figura das vítimas, as pessoas civilizadas. Essa identificação é possível porque nos servimos dos termos como metáforas e designamos como bárbaros os que se servem da violência de forma desmedida. Nesse sentido, não resta dúvida de que o emprego da metáfora é adequado. Mas será que ela nos livra do significado inteiro do acontecimento?

Em primeiro lugar, podemos de fato identificar a médica ginecologista como a encarnação de alguns dos traços mais salientes do que acreditamos que deveria ser a civilização: solidariedade, compaixão, saber científico que se sobrepõe mesmo aos saberes tradicionais da parteira, senso de dever. Do outro lado, a traição, o desrespeito pelo outro, o preconceito e a violência. Se nosso desafio fosse estabelecer um quadro de valores morais capaz de dar conta da situação narrada, sem dúvida encontraríamos nos termos sugeridos um indicativo interessante de como julgar o ocorrido. Ocorre que esse seria um ponto de vista parcial, que esconderia parte do verdadeiro drama que se desenrola por trás da morte da mãe e de sua filha.

A postura do estaroste está longe de ser uma exceção durante a invasão do Leste Europeu pelas tropas nazistas. Mesmo depois de terminada a guerra, sobreviventes do Holocausto foram massacrados quando retornaram para suas antigas casas na Polônia[31]. Mas o caso das camponesas que protegeram até então a médica e sua filha também não foi mera exceção. Muitos judeus foram salvos pelo sentimento de piedade e de solidariedade de pessoas que corriam riscos elevados para se manterem fiéis a seus princípios. O que ressalta do comportamento abominável do estaroste não é o caráter de um povo bárbaro, mas sim o caráter criminoso de um homem incapaz de reger sua vida pelos valores que supostamente regulam a civilização à qual ele pretende pertencer. Em um mesmo espaço e tempo

---

30. Ilya Ehrenbourg; Vassili Grossman, *Le Livre noir*, Paris: Actes Sud, 1995, p. 100.
31. A esse respeito, cf. Jan T. Gross, *La Peur: L'Antisémitisme en Pologne après Auschwitz*, Paris: Calmann-Lévy, 2006.

encontramos as duas faces da tópica que estamos analisando entrelaçadas. O divisor de águas parece ser o recurso à violência e à crueldade, sem que possamos atribuir isso à essência de uma sociedade ou de um povo.

Do lado dos alemães, a eliminação pura e simples de dois seres inocentes não colocava problema algum para o exército que executava no Leste Europeu uma guerra total pela construção de um império da raça superior. A eliminação da "vida judaica" era apenas um passo na afirmação da civilização da raça superior. No limite, no interior do credo nazista, não se tratava nem mesmo de eliminação de dois seres humanos, pois os judeus ocupavam na hierarquia dos seres vivos o mesmo lugar das bactérias, muito abaixo de quase todas as formas de vida, aí incluídos os animais em geral[32]. Essa mesma suposta civilização fora capaz de forjar obras de alta cultura e uma ideologia baseada na ideia insensata da superioridade de uma determinada raça.

Por fim, Langman reflete o sentimento de muitos de nós quando confrontados com situações como as que foram descritas: vale a pena viver numa pretensa civilização que gera comportamentos tão abjetos? É claro que não podemos generalizar a resposta dada pela mãe aos soldados sem cair em uma forma extrema de niilismo, mas é possível aprender com ela. Se o humano pode significar o elevar-se aos céus por suas realizações artísticas e outras, pode ao mesmo tempo e no mesmo lugar gerar o que há de mais desprezível, a ponto de nos fazer duvidar da possibilidade de vivermos juntos sem a presença constante da violência.

A radicalidade da cena que estamos analisando pode nos levar a crer que se trata de um exemplo raro e vinculado a um momento histórico específico do século xx. O interesse da narrativa da morte da médica reside no fato de refletir uma possibilidade do humano que não pode ser localizada em apenas um momento da história. Quando vemos que 60 mil pessoas são mortas por ano no Brasil de forma violenta, o destino de imigrantes que se jogam ao mar tentando salvar suas vidas, as muitas guerras civis que devastam várias partes do planeta, somos levados a concluir que estamos muito longe de poder traçar com nitidez uma fronteira entre o mundo civilizado e o mundo dos bárbaros. É claro que podemos simplesmente dizer que a presença da violência nas sociedades humanas é

---

32. Johann Chapoutot, *La Loi du sang: Penser et agir en nazi*, Paris: Gallimard, 2014, p. 43.

algo do qual não podemos nos livrar. Mas essa naturalização da violência, longe de resolver o problema da fronteira entre a civilização e a barbárie, apenas o relega ao passado das noções que um dia estruturaram nossa maneira de pensar nossa condição.

★ ★ ★

Como sugeriu Borges em seu ensaio, o bárbaro e o civilizado são um único e mesmo personagem. A barbárie só pode ser nomeada lá onde também se nomeia a civilização. Se ainda podemos falar de uma fronteira, ela se situa no interior de nosso tempo e de cada sociedade que recorre a essa separação, e não nos confins de um território iluminado pela razão com o qual sonhava Condorcet. Para dizer de outra maneira: não existe uma civilização em estado puro, como não há bárbaros senão como o outro de um povo que se vê como civilizado. Se, como quer Wolff, podemos diferenciar entre comportamentos bárbaros e civilizados[33], isso se deve, a nosso ver, ao fato de que toda barbárie é o fruto de uma ação e de uma nomeação e não pode ser descrita apenas apontando-se para a particularidade do ator que a pratica. Se o que interessa de forma prioritária ao filósofo francês é a recusa do relativismo cultural e a possibilidade de apontarmos para a diferença entre práticas sociais, que não são todas iguais, para nós, o que interessa é que a tópica da civilização e da barbárie seja usada como uma ferramenta para a elucidação da condição do homem contemporâneo em uma época de mutações. Voltando à fórmula de Hartog, segundo a qual "sem gregos, nada de bárbaros", podemos dizer que ela deve ser desdobrada para elucidar nosso tempo na fórmula "sem bárbaros, nada de gregos". Nesse sentido, a tópica não serve para descrever nem mesmo a diferença entre povos, mesmo que ela exista de fato e possa ser estudada por outras vias, pois descreve um processo circular e interior a cada sociedade que quer varrer para fora de si a imagem de violência, crueldade e limitação. O bárbaro, sendo um ente negativo e abstrato, não serve para produzir a condição de pluralidade que, segundo Arendt, funda a relação política entre diferentes no interior do corpo político. Ao contrário, a operação de nomeação dos bárbaros é uma experiência de anulação da diferença interior, o processo

---

33. Francis Wolff, *op. cit.*, p. 43.

de busca de uma unidade absoluta que, no lugar de abrir a sociedade para o reconhecimento das diferenças e do conflito, a fecha na busca de uma identidade unitária que, ao atribuir os traços negativos dos bárbaros a todos os diferentes, acaba por servir de justificativa para todas as violências praticadas em nome da razão.

Em nosso tempo, a *mônada* social se vê cada vez mais ameaçada pela presença dos bárbaros no interior mesmo do território que gostaria de demarcar apenas para os eleitos da raça, da história ou da razão. A imagem de um círculo que se fechava para deixar fora o diferente e para expulsá-lo para longe não contenta mais os que pretendem criar uma identidade pura num mundo diverso. Por isso, as fronteiras são agora interiores e criam as condições para que fenômenos como o racismo, a homofobia, a violência contra as mulheres e tantas outras formas de violência não apenas sobrevivam no interior das sociedades que se veem como civilizadas, mas determinam o comportamento de grupos cada vez mais fechados em suas ideologias do extermínio e da exclusão.

* * *

Os soldados da urna funerária exposta no Palazzo Massimo olham com curiosidade para os que massacram, mas não conseguem perceber que estão olhando para um espelho, pois simplesmente não existe nenhum povo na Terra que se representaria como os guerreiros que estão sendo derrotados na cena à qual aludimos. Para que a tópica do civilizado e do bárbaro possa nos ensinar algo sobre nossa condição talvez seja necessário colocar-nos no lugar dos que são massacrados, para reconhecer que também estamos em uma posição especular em relação aos vencedores. Podemos talvez continuar a sonhar e a esperar por dias melhores se, ao contrário do que fizemos até hoje na cultura ocidental, reconhecermos que somos nós os bárbaros.

No museu Cernuschi em Paris, dedicado à arte dos povos do Oriente, há várias estatuetas de terracota representando bárbaros (*yeman de*) de épocas diversas da arte chinesa. Há figuras de guerreiros bárbaros produzidas durante a dinastia dos Sui (581-618) que lembram guerreiros ocidentais, figuras de comerciantes de outras paragens da Terra e mesmo simples cavalariços da época da dinastia dos Tang (618-907). Esse foi o período de fortalecimento do poder central chinês, marcado não apenas pela expansão das fronteiras do império, mas também por sua organização interna segundo os preceitos de Confúcio. Trata-se de um período de grande prosperidade da civilização chinesa e de reforço de sua autoimagem como Império do Meio. Nesses termos, Confúcio e seus discípulos e continuadores contribuíram em muito para o processo de consolidação da identidade dos chineses enquanto povo destinado a grandes feitos e capazes de organizar sua vida de forma racional. Para o filósofo Xun Zi (310-235 a.C.), os bárbaros, como em Homero, falavam uma língua difícil de ser compreendida, semelhante a gritos de crianças, e adotavam comportamentos bizarros e pouco racionais[34]. Vários outros pensadores próximos da tradição confucionista se expressaram da mesma maneira. Meng Zi afirma sem ambiguidade que a conquista dos povos bárbaros pelos exércitos chineses é algo benéfico para eles, assim como os impérios coloniais ocidentais acreditavam no século XVIII[35].

Diante do fato inequívoco da existência da tópica civilização e barbárie em várias épocas e culturas, talvez valha a pena voltar nosso olhar para um belo texto de Lévi-Strauss que, depois da Segunda Guerra Mundial, procurou servir-se das armas da antropologia para combater os efeitos devastadores que a crença na superioridade de raças e culturas pode provocar na história. Em um primeiro momento, ele reconhece que a experiência da diversidade é natural aos homens e faz parte da história dos mais diversos povos, na medida mesma em que buscar compreender-se é algo constituidor de todas as culturas. Nessa linha de raciocínio, Lévi-Strauss constata:

> E, no entanto, parece que a diversidade das culturas raramente surgiu aos homens tal como é: um fenômeno natural, resultante das relações diretas ou indiretas entre as sociedades; sempre se viu nela, pelo contrário, uma espécie de monstruosidade ou de escândalo; nestas matérias, o progresso do conhecimento não consistiu tanto em dissipar esta ilusão em proveito de uma visão mais exata como em aceitá-la ou em encontrar o meio de a ela se resignar[36].

---

34. Xun Zi, *in:* Charles Le Blanc; Rémi Mathieu (eds.), *Philosophes confucianistes*, Paris: Gallimard, 2009, p. 695 (I, 2); p. 1.249 (XXVII, 330).
35. Meng Zi, *in:* Charles Le Blanc; Rémi Mathieu (eds.), *op. cit.*, p. 566 (VII, B-4).
36. Claude Lévi-Strauss. *Raça e história*, São Paulo: Editora Abril, 1980, p. 53.

A operação de constituição da própria identidade passa pelo reconhecimento das diferenças. Até aí não há nada de nocivo. O problema surge quando no interior mesmo dessa operação identitária nos recusamos a ver, ao lado do que nos separa, o que nos aproxima de outras culturas, e, ainda pior, quando acreditamos que a desqualificação do outro e até sua eliminação são parte necessária da construção de nosso olhar sobre nós mesmos. Não há nada demais em reconhecer no comportamento de povos diferentes traços de violência e crueldade que recusamos e criticamos, desde que estejamos dispostos a admitir que somos nós mesmos capazes de atos tão repreensíveis e violentos. Nomear a barbárie é nomear antes de tudo nós mesmos e nossos defeitos e vícios mais terríveis. Que eles também se encontram em outros povos, não muda em nada o fato de que a barbárie é antes de tudo interior. Diante da recrudescência de fenômenos como o racismo, a discriminação cultural, o abandono de populações inteiras à própria miséria, é fundamental lembrarmos os resultados nefastos que acompanharam a crença na superioridade de raças e culturas e que são parte de nossa identidade civilizacional tanto quanto as obras de arte maravilhosas que tantas culturas foram capazes de criar. Nesse sentido, vale concluir com Lévi-Strauss quando ele afirma: "Recusando a humanidade àqueles que surgem como os mais 'selvagens' ou 'bárbaros' dos seus representantes, mais não fazemos que copiar-lhes suas atitudes típicas. O bárbaro é em primeiro lugar o homem que crê na barbárie[37]".

---

37. *Ibidem*, p. 54.

# Muito além do espetáculo
## A mutação do capitalismo (ou simplesmente e = k$^j$)[1]
Eugênio Bucci

> *Falo dessa* mutação capital, *também ela, que confere ao discurso do mestre seu estilo capitalista.*
>
> JACQUES LACAN

Escalado para falar sobre o ciclo de 2004, que se chamou *Muito além do espetáculo*, eu começo por duas perguntas, que me acompanham desde aquele seminário de 12 anos atrás: (1) estaríamos nós muito além do espetáculo ou (2) estaríamos ainda aquém da sua superação?

Respondo *sim* às duas indagações. Estamos muito além do espetáculo porque este, tal como foi identificado nos anos 1960 por Guy Debord, já se transformou e já revolucionou suas entranhas e suas antenas muitas vezes desde então, transformando também a própria humanidade, ao menos um pouco.

E estamos *aquém* da sua superação. Vivemos dentro de uma espécie de baleia, parecida com aquela que aprisionou o velho Gepeto, pai do Pinóquio. A diferença é que nossa baleia, agora, é supertecnológica, uma baleia digital, virtual e pisca-piscante, sabedora dos destinos do mundo

---

[1]. Para a formulação da presente conferência, foi de grande valia a leitura do trabalho da pesquisadora Carolina Molena, da Faculdade de Filosofia, Ciências e Letras da USP de Ribeirão Preto, do qual fui examinador em sua banca de qualificação para doutorado, em setembro de 2016. As notas de Carolina sobre os discursos de Lacan me ajudaram a explicar melhor esse conceito nas notas que se seguem neste texto. Agradeço ao professor de Latim da USP, Pablo Schwartz Frydman, pelo apoio na pesquisa sobre um detalhe da origem latina da palavra *espetáculo*. Quanto ao sentido da expressão matemática entre parênteses, ela será explicada, e mal, lá para o final deste texto.

sem do mundo nada saber. Não a subestimemos. Nós, humanos, estamos mais ameaçados de extinção do que esse monstro que nos contém, e que dispõe da aparelhagem para sobreviver à nossa forma biológica atual.

A instauração da ordem do espetáculo é uma saga anti-humanista que, para ser narrada, recruta seres mitológicos em novas roupagens para reluzir na ficção científica a que desavisadamente chamamos de realidade. O humanismo aí é coadjuvante ou simplesmente perdedor. Com as mutações que avançam mais e mais, começando a ser percebidas com mais nitidez já na virada dos anos 60 para os 70 do século passado, a perspectiva da dissolução do humano, do pós-humano ou do transumano sobe ao palco.

Não por acaso, a minha epígrafe é uma frase em que o psicanalista Jacques Lacan fala de mutação, termo que viria a ocupar um lugar central nas preocupações de Adauto Novaes ao montar os seus ciclos de conferências mais recentes. Vamos reler Lacan: "Falo dessa mutação capital, também ela, que confere ao discurso do mestre seu estilo capitalista[2]".

Para mim, o espetáculo nada mais fez do que realizar radicalmente o *discurso do capitalista*, como Lacan nomeou depois essa *mutação capital*[3]. O discurso do capitalista bagunça por inteiro o esquema de discursos que o próprio Lacan tinha concebido antes, e que deveria dar conta das possibilidades discursivas postas naquele tempo.

Antes de relembrar quais são os quatro discursos de Lacan, não custa frisar o peso que tem, para ele, essa palavra, *discurso*. Não se trata de algo banal ou corriqueiro, como um modo de falar, uma escola de oratória ou um conjunto retórico de perorações. Na prosa lacaniana, o discurso encerra uma força maior que atua sobre a vida cotidiana com uma efetividade massacrante. O discurso, "na ordem da linguagem [...], atua como relação social", ele diz[4]. Isso significa que o discurso exerce uma força estrutural capaz de disciplinar as palavras que serão faladas pelos falantes, como se fosse uma usina subterrânea e invisível gerando os signos que se põem em movimento depois, pela boca dos falantes.

---

2. J. Lacan, *O seminário, livro 17: o avesso da psicanálise*, Rio de Janeiro: Jorge Zahar, 1992, p. 178.
3. Depois de *O avesso da psicanálise*, na Conferência de Milão, em 1972, ele expõe melhor o discurso do capitalista. Um ano adiante, numa entrevista que faz em 1973 para a televisão, ele também se refere a esse discurso. Essa "aula" de Lacan, exibida em horário nobre da TV francesa, ainda que incompreensível para os telespectadores, foi publicada no livro *Televisão* (Rio de Janeiro: Jorge Zahar, 1993).
4. J. Lacan, *Du discourse psycanalytique*, Milão: Salamandra, 1978, p. 11.

Para Lacan, "toda determinação de sujeito, portanto de pensamento, depende do discurso[5]".

Quando sintetizou seus quatro discursos, todos os quatro muito bem estruturados, Lacan estava falando, pois, de um ordenamento de sujeitos, mais do que um ordenamento de palavras.

Passemos então aos seus quatro discursos. São eles o discurso do mestre, o discurso da histérica, o discurso do analista e o discurso da universidade (ou do universitário). Não nos esqueçamos de que três deles correspondem a três atividades que já tinham sido antes definidas por Freud: governar, ensinar e analisar. O discurso do mestre corresponderia ao ofício de governar. O discurso do analista, ao de analisar. O discurso da universidade, ao de ensinar. Aí, por sua própria conta, a esses três ofícios freudianos, Lacan acrescentou um quarto, o *fazer desejar*, que veio a ser o discurso da histérica[6].

Com essas quatro funções, quais sejam, governar, ensinar, analisar e fazer desejar, estariam contempladas as possibilidades discursivas. Eram quatro e, sendo quatro, já estavam de bom tamanho. Um pouco mais tarde, Lacan atentou para essa mutação capital, que deu ao discurso do mestre o seu estilo capitalista e, nessa transformação, desordenou convulsivamente os discursos anteriores.

No discurso do capitalista, quem assume o lugar de *agente*, quer dizer, de enunciador primeiro, é o Sujeito. É preciso, neste ponto, levar em conta que Lacan não entende o Sujeito como senhor de si, como um ator consciente, mas como um *sujeito do inconsciente*, aquele que não sabe bem de si. Tomando as rédeas do discurso do capitalista, esse Sujeito do Inconsciente faz um estrago geral.

O sujeito do inconsciente é figura nuclear no capitalismo. No espetáculo, que, segundo Debord, como logo veremos, é um modo de produção que brota do ventre do capitalismo e o reconfigura em cada milímetro de sua externalidade, o inconsciente faz as vezes de instância máxima, irrecorrível, num frenesi caótico e turbulento, numa anarquia da produção elevada ao extremo[7].

---

5. Idem, *O seminário, livro 17: o avesso da psicanálise*, op. cit., p. 161.
6. Ibidem, p. 183-4.
7. Anárquico e permanentemente desordenado e desarranjado, nos termos em que Karl Marx e Friedrich Engels descreveram o capitalismo, ainda muito jovens, em 1848, no *Manifesto comunista*: "A burguesia

Quem nos apresentou o inconsciente, bem o sabemos, não foi Lacan, mas Sigmund Freud, portador da má notícia de que o ego – ou o *eu* – não passava de uma ilusão de consciência. "O ego, ele não é senhor nem mesmo em sua própria casa", afirmou Freud. Só o que pode o ego é "contentar-se com escassas informações acerca do que acontece inconscientemente em sua mente[8]". Em outro momento, Freud diagnosticou: "Os pensamentos emergem de súbito, sem que se saiba de onde vêm, nem se possa fazer algo para afastá-los. Esses estranhos hóspedes [*na casa do ego*] parecem até ser mais poderosos do que os pensamentos que estão sob o comando do ego[9]". Como ensinava minha antiga professora, Jeanne Marie Machado de Freitas, o inconsciente é, por definição, "a negação desse sujeito completo, imaginário[10]".

Foi só depois, levando adiante o que Freud dizia, que Lacan inventou a categoria do sujeito e alçou o conceito de inconsciente a voos menos retilíneos. Mostrou que o sujeito é na verdade o sujeito do inconsciente, a negação do sujeito completo, quer dizer, imaginariamente completo. É também um *sujeito dividido*. Nada mais lógico. No dizer dos linguistas e também dos freudianos do nosso tempo, a linguagem é o tecido em que o sujeito se constitui, o que significa que o sujeito (qualquer ser humano que se comunique com os demais) só adquire existência em relação aos seus pares, em relação aos outros, quando recebe um nome na linguagem e quando fala (bem ou mal, não importa). Logo, o sujeito só adquire existência quando está inscrito na linguagem, onde ele se vê como terceira pessoa, a terceira pessoa de si mesmo, e, nessa medida, vendo-se a si mesmo como terceira pessoa, divide-se.

só pode existir com a condição de revolucionar incessantemente os instrumentos de produção, por conseguinte, as relações de produção e, com isso, todas as relações sociais. [...] Essa subversão contínua da produção, esse abalo constante de todo o sistema social, essa agitação permanente e essa falta de segurança distinguem a época burguesa de todas as precedentes. Dissolvem-se todas as relações sociais antigas e cristalizadas, com seu cortejo de concepções e de ideias secularmente veneradas, as relações que as substituem tornam-se antiquadas antes mesmo de ossificar-se. Tudo que é sólido desmancha no ar". Cf. Daniel Aarão Reis Filho (org.), *O Manifesto Comunista 150 anos depois: Karl Marx, Friedrich Engels*, Rio de Janeiro/São Paulo: Contraponto/Fundação Perseu Abramo, 1998, p. 11.) Vemos nessa passagem que a chamada anarquia da produção é inseparável do modo de produção capitalista (o que se mantém na sociedade do espetáculo). Vemos também que o mito da revolução é um mito burguês, algo como mudar tudo para que nada mude, sobre o que Guy Debord falará também em *A sociedade do espetáculo*.

8. Sigmund Freud, "Conferência XVIII: Fixação em traumas – o inconsciente", in: Sigmund Freud, *Obras psicológicas completas*, vol. 16, Rio de Janeiro: Imago, 1996, p. 292.

9. Idem, "Uma dificuldade no caminho da psicanálise", in: Sigmund Freud, *op. cit.*, vol. 12, p. 151.

10. Jeanne Marie Machado de Freitas, *Comunicação e psicanálise*, São Paulo: Escuta, 1992, p. 84.

Como o sujeito só *é* quando se torna um ente de linguagem (e um agente de linguagem), ele se acha desde sempre subjugado pela linguagem ou, como prefiro dizer, *sujeitado pela linguagem*[11]. Subjugado e sujeitado, ele é sujeito dividido entre a representação e o corpo, entre o que fala e o *registro do gozo* (registro intraduzível na linguagem), numa cisão que se esconde no inconsciente. Na teoria psicanalítica, essa cisão, além de dividir, barra o sujeito, daí por que ele também é chamado de *sujeito barrado* – barrado pelo significante (da linguagem).

Ocorre que esta não é uma conferência sobre a psicanálise, campo sobre o qual não tenho autorização para semear ou para colher; não tenho o "passe" para inquirir o inconsciente. O objeto de minha fala é o espetáculo. Se faço uma parada mais demorada por esses domínios, isso se deve à semelhança direta entre a ideia psicanalítica do discurso do capitalista e o modo como o espetáculo ordena a linguagem e dela toma posse, tendo em sua "comissão de frente" esse sujeito do inconsciente em apoteose crescente. Por essa razão, penso ser legítimo e necessário invocar noções da psicanálise para problematizar pontos escuros no que a baleia tecnológica ostenta como soluções ofuscantes.

Dada a configuração do discurso do capitalista, o sujeito do inconsciente assume a posição de agente sem encontrar aí quaisquer barreiras, contenções ou contraforças. Ordenando a cadeia de significantes, o sujeito do inconsciente passa a ordenar a produção, na forma de objetos, de signos, de sentidos culturais, de imagens, de mercadorias e, principalmente, na forma de tudo isso junto e de uma vez só. Em retorno, no esquema imaginado por Lacan, a produção bombardeia o sujeito por meio da incessante oferta de objetos, mercadorias e imagens (mercadorias projetadas em imagens e imagens que são, elas mesmas, mercadorias). Esses objetos o assaltam no olhar. Os objetos gerados pelo inconsciente – que são os objetos do qual o inconsciente se ressente, dos quais tem falta – voltam a ele na forma de uma sedução exterior, sem medida e sem controle. Com isso, o discurso do capitalista avança desgarrado, delirante, obcecado pela acumulação sem limites e pela oferta de gozo irrestrito,

---

[11]. Ver J. Lacan, *O seminário, livro 17: o avesso da psicanálise*, op. cit., p. 69: "Quando digo *emprego da linguagem*, não quero dizer que a empreguemos. Nós é que somos seus empregados. A linguagem nos emprega. É por aí que aquilo goza".

em volume, intensidade e densidade crescentes, à beira de uma explosão sempre adiada[12].

12. Para o caso de o leitor sentir a necessidade de uma ideia menos apressada sobre o que representou a mutação capital que transformou o discurso do mestre em discurso do capitalista, esta nota talvez ajude. Seu único propósito é fornecer as pistas iniciais de uma conceituação que, para maiores aprofundamentos, requer uma complexa garimpagem numa bibliografia um tanto hostil. Tentarei fazer isso sem abrir demasiadas concessões ao linguajar iniciático de Jacques Lacan e de seus discípulos, um dialeto quase indecifrável, inclusive para eles mesmos. O objetivo desta nota de rodapé é fornecer esclarecimentos meramente preliminares. Não se pretende, aqui, dar conta da teoria lacaniana do discurso.

Os quatro discursos de Lacan são expostos em *O seminário, livro 17: o avesso da psicanálise*. São as quatro variações possíveis (ele as chama de *permutações*) de uma estrutura geral que é bem esquemática. Qualquer discurso, de acordo com Lacan, estaria posto conforme o arranjo ordenado de quatro funções: a função do *agente* (o que faz as vezes de primeiro enunciador do discurso), a função do *outro* (aquele a quem se dirige o discurso, mas que também o reproduz, o organiza e influencia o *agente*), a função da *produção* (o que o discurso fabrica, o que ele gera como atividade produtiva) e a função da *verdade* (sobre a qual o agente finca raízes). Lacan dispôs essas quatro funções numa fórmula (ele chamava suas representações gráficas de *matemas*), como numa simples regra de três que conhecemos nas aulas de matemática:

$$\frac{\text{agente}}{\text{verdade}} \quad \frac{\text{outro}}{\text{produção}}$$

A partir dessa estrutura geral, o psicanalista francês criou seus quatro discursos. Em cada um dos quatro, cada uma das quatro funções é exercida em um elemento diferente (que também são quatro no total). Esses quatro elementos (ou quatro *personagens*, se quisermos) são os seguintes: o $S_1$, o $S_2$, o objeto pequeno *a* e o $, Em cada um dos quatro discursos, o $S_1$, o $S_2$, o objeto pequeno *a* e o $ ocupam sucessivamente as funções de agente, de outro, de produção e de verdade.

Antes de detalharmos cada discurso, tratemos de apresentar melhor cada um desses quatro elementos (ou os *personagens*).

O $S_1$ é o significante um, ou significante primeiro. É chamado ainda de significante-mestre, o mestre, ou o senhor. Para que nós leigos entendamos, digo que o $S_1$ costuma ser associado ao *pai*, ou ao *nome do pai* (e ao *falo*). O $S_1$ é o $S_1$ porque ordena o resto. Tem forças para estabelecer a cisão entre o tabu e o totem, entre o que é interditado e o que é autorizado. O $S_1$ estabelece o marco inicial para a cadeia de significantes que se segue a ele.

A essa cadeia de significantes (que se segue ao $S_1$) dá-se o nome de significante dois, ou simplesmente $S_2$. "Um significante $S_1$ representa um significante $S_2$ recalcado e $S_2$ o substitui", lemos no *Dicionário enciclopédico de psicanálise: o legado de Freud e Lacan*, editado por Pierre Kaufann (Rio de Janeiro: Jorge Zahar, 1996, p. 473). Poderíamos dizer, de modo um tanto aproximativo, que em $S_2$ está a face visível do significante: a cultura, a língua que se fala, o texto da lei, além das formas diversas de trabalho e de socialização, pois é o $S_2$ quem leva à *produção* (produção de sentido e também de objetos). Tanto assim que Lacan associa o $S_2$ ao *saber*, no sentido que se refere ao *saber fazer* (é o saber fazer do escravo, o que produz o que o Senhor ordena que seja produzido).

O terceiro elemento, Lacan o chamou de objeto pequeno *a*', ou, simplesmente, um *a* minúsculo. Esse *a* vem de *autre* ("outro" em francês). Trata-se do objeto – algo próximo do que normalmente é chamado, na linguagem cotidiana, de objeto do desejo. Quando o sujeito deseja (e ele deseja o tempo todo), e a esse pequeno objeto *a* que ele deseja – e ele o deseja porque lhe falta exatamente esse *a*. O sujeito, aquele a quem falta, sai então em busca de substitutos para o *a* que lhe falta. O substituto pode ser o salto de um sapato vermelho de mulher, pode ser um automóvel, pode ser uma faixa de presidente da República. O sujeito devora esses substitutos (substitutos do objeto pequeno *a*) e depois joga fora o

Para resumir o que temos até aqui, sintetizo em cinco pontos as marcas que para mim são definidoras dessa mutação capital e de como ela se manifesta no discurso do capitalista.

bagaço – que, por sua vez, servirá de objeto pequeno *a* para outro sujeito. O sujeito é capaz de matar para se apropriar do seu objeto pequeno *a*. É capaz de morrer se não encontrar seus substitutos. Apenas não sabe disso.

Chegamos então ao quarto figurante da fila, o sujeito, aquele que deseja sem saber bem o que deseja. Já vimos que o sujeito se constitui na linguagem. Vimos também que o sujeito é *barrado* na linguagem. Ele é o sujeito dividido, o sujeito barrado (barrado, em termos mais precisos, pelo $S_1$) ou o sujeito do inconsciente. (Há marcações diferentes para esses conceitos, mas aqui, para fins do raciocínio de identificar o sujeito do inconsciente como o agente do espetáculo, podemos agrupá-los num polo só.) Para simbolizá-lo, assim como simbolizou $S_1$ e $S_2$, Lacan escolheu um sinal parecido com um cifrão: o *s*, de sujeito, com uma barra vertical que o cruza de alto a baixo: $.

Barrado, $ vai perambular pelo mundo, pela floresta da linguagem, pelo oceano da linguagem, pelo deserto da linguagem, pelo vácuo linguagem, como um ser errante. Ele anda por aí como um significante partido a se mostrar para outros significantes partidos (outros sujeitos, outros objetos, outras mercadorias, categorias que se superpõem).

Pois bem. Apresentados os elementos (ou personagens), chegamos aos quatro discursos. No primeiro, o discurso do mestre, quem tem a iniciativa, quem fica no lugar de agente, é o $S_1$. No lugar do outro está o $S_2$, o que indica que o significante um desencadeia o significante dois. Abaixo do significante um, na função de verdade, fica o sujeito dividido, o $. Abaixo do $S_2$, o *a*, no lugar da produção. A impressão que fica é a de que, no discurso do mestre, as coisas parecem estar numa espécie de ordem natural. O agente primeiro, o ordenador de tudo o mais, é exatamente o $S_1$, o significante primeiro.

Depois do discurso do mestre, que é o primeiro da lista, Lacan promove um giro em sentido horário que faz com que os quatro elementos andem um quarto de volta (como se percorressem 15 minutos no relógio). Cada um deles caminha uma casa adiante (sempre em sentido horário). Então, girando os quatro elementos num intervalo de um quarto de volta, temos o segundo discurso, chamado por Lacan de discurso da histérica. Nesse segundo, a função de iniciar o vetor discursivo não cabe mais ao $S_1$, mas ao sujeito dividido, aquele que não sabe de si e mal sabe do próprio desejo. Um detalhe especialmente perturbador no discurso da histérica é que o desejo da histérica se dirige ao significante um (que vai para o lugar do outro), como a dizer que tudo o que a histérica deseja é um mestre que lhe diga o que fazer. (Cf. J. Lacan, *O seminário, livro 17: o avesso da psicanálise*, op. cit., p. 136.)

No terceiro discurso (mais um quarto de volta), que é o discurso do analista, o objeto pequeno *a*, sobe para a primeira posição e se dirige ao sujeito dividido (que vai para a posição logo à direita, reservada para o outro). Com isso, o discurso do analista realizaria a utopia da clínica psicanalítica: deixar o objeto (que vai para o lugar do agente) acionar o discurso para que o sujeito aprenda um pouco sobre o seu próprio desejo. Por fim, o quarto discurso é o discurso da universidade, em que o significante dois detém a primazia do discurso (fica no lugar do agente). O protagonista, agora, é o sujeito da ciência, a primazia científica.

Foi depois de expor esses quatro que Lacan pressentiu a mutação capital, que poria em marcha o discurso do capitalista. No discurso do capitalista acontece uma confusão, uma bagunça, uma inversão absurda. Relembremos que os quatro elementos se sucedem em funções diferentes, mas a ordem entre eles não se altera, como numa fila circular, como crianças brincando de roda. A fila é sempre igual: à frente do $S_1$ vai sempre o o $S_2$; à frente deste, o objeto pequeno *a* e, por fim, o $. Só o que muda é a posição de cada um nas quatro casinhas da matriz do discurso. É aí que a mutação capital que gera o discurso do capitalista subverte a ordem entre eles, fazendo com que o $, que deveria estar sempre, em fila, atrás do $S_1$, ultrapasse o $S_1$, sem aviso, sem nada. Essa mínima alteração vira o esquema de pernas para o ar. Como no discurso da histérica, no discurso do capitalista é o $ quem vai para a posição de agente. Agora, porém, ele ultrapassou o $S_1$, que fica abaixo do $, como se fosse cavalgado por $. É aí que tudo, absolutamente tudo, se complica de vez.

1) Os objetos assediam o sujeito, que mal sabe de si e, não obstante, deseja e age como o grande sabedor do mundo, como se governasse o mundo.
2) O sujeito do inconsciente comanda o discurso do capitalista, com a ilusão essencial de ter acesso pleno ao gozo das coisas e das imagens.
3) A ordem do imaginário avança sobre a ordem do simbólico, de tal forma que onde havia a interdição passa a haver o seu oposto, ou seja, onde o superego ordenava "não goza!", o mesmo superego, agora mutante, determina "goza!"[13].
4) No sujeito do inconsciente, dentro do discurso do capitalista, o sentido do olhar preside os demais sentidos; é pelos olhos que ele come, bebe e devora o que mira sem enxergar.
5) O olhar é o ponto para o qual convergem todos os objetos produzidos, uma vez que existem como imagem. Olhando, o sujeito lhes empresta sentido. O olhar adquire função ativa na produção capitalista.

★ ★ ★

Agora, os pontos de contato entre discurso do capitalista e espetáculo talvez se deem a ver com mais definição. O que temos nos cinco pontos arrolados acima não é simplesmente uma lista de características do discurso do capitalista, mas uma definição bastante exata do espetáculo. Posso dizer que o discurso do capitalista de Lacan *define* o espetáculo. Ou, de modo menos categórico, posso postular que o espetáculo *realiza a fórmula lacaniana do discurso do capitalista*. Tudo nele é produção e circulação de mercadorias – como imagens – em prol da acumulação de capital. Tudo nele é mercado e trabalho. Acabou-se o que estava fora da linha de montagem e fora do mercado.

O espetáculo inaugura uma forma mutante de capitalismo na qual a fronteira entre lazer e trabalho é abolida, pois o lazer é abolido, subsis-

---

13. Ver J. Lacan, *O seminário, livro 20: mais, ainda*, Rio de Janeiro: Jorge Zahar, 1982, p. 11: "Nada força ninguém a gozar, senão o supereu. O supereu é o imperativo do gozo – Goza!". Ver também J.-A. Miller, "Sobre Kant com Sade", *in:* J.-A. Miller, *Lacan elucidado*, Rio de Janeiro: Jorge Zahar, p. 169; e Maria Rita Kehl, "Imaginar e pensar", *in:* Adauto Novaes (org.), *Rede imaginária*, São Paulo: Companhia das Letras/Secretaria Municipal da Cultura, 1991, pp. 60-72, p. 66: "Aqui vale lembrar que o superego para Lacan não é apenas aquele que exige: 'não goza!' [*o superego de Freud, ou seja, o que representa a ordem baseada na repressão*], mas simultaneamente o que nos impõe: 'goza!'. [...] A norma que rege o código da rede imaginária não é outra que o imperativo do gozo, e neste caso o discurso televisivo, revestido da autoridade de código social, exige a mesma coisa: o gozo, a plenitude, a locupletação".

tindo apenas como ilusão imaginária. No espetáculo, a diversão, mais do que um prolongamento do trabalho, como diriam Adorno e Horkheimer[14], *é o próprio trabalho*. Sem exagero, é na diversão que se concentra a mais intensa atividade laboral do espetáculo. Consumir, trajar uma grife, adornar-se com um rótulo é trabalhar para fabricar o valor da marca da mercadoria. Olhar para a imagem da mercadoria é fabricar na imagem da mercadoria o seu significado socialmente compartilhado, dotado de valor de troca, que integra e constitui a própria mercadoria. No espetáculo, como no discurso do capitalista, a jornada de trabalho prossegue nas atividades de consumo e de entretenimento: estas não compram valor, não o consomem exatamente, mas acima de tudo *fabricam valor*. É assim que o olhar, antes uma faculdade orgânica, a aparelhagem necessária para o chamado *gozo escópico*, vira trabalho.

Lacan chegou a mencionar algo acerca do culto ao trabalho – "Jamais se honrou tanto o trabalho, desde que a humanidade existe[15]" – mas ele não se detém sobre essa mutação particular, a que transmutou o olhar em trabalho. O próprio inventor do conceito de espetáculo, Guy Debord, também não falou do olhar como trabalho. Seu livro *A sociedade do espetáculo*[16] foi lançado na França em 1967, na mesma época, portanto, em que Lacan pensava sobre seus discursos e sobre o capitalismo associado à noção de gozo (*valor de gozo*[17], *utilização de gozo*[18]), mas Debord não menciona a tese de que o olhar passou a funcionar como trabalho. Essa tese, eu mesmo só fui desenvolvê-la mais tarde[19], conforme pude registrar, entre outras pistas, que o capital remunera o olhar nos mesmo moldes de precificação com que remunera o trabalho fungível: pelo tempo de exposição da mensagem ao olho comprado no mercado.

14. Theodor W. Adorno; Max Horkheimer, "A indústria cultural: o esclarecimento como mistificação das massas", *in:* Theodor W. Adorno; Max Horkheimer, *Dialética do esclarecimento*, Rio de Janeiro: Jorge Zahar, 1985 p. 128.
15. J. Lacan, *O seminário, livro 17: o avesso da psicanálise, op. cit..*, p. 178.
16. Guy Debord, *A sociedade do espetáculo*, Rio de Janeiro: Contraponto, 1997.
17. Consultar as transcrições do Seminário 14 de Jacques Lacan, intitulado *A lJacques Lacan, in* (1966-1967), sessão de 12 de abril de 1967 e sessão de 19 de abril do mesmo ano. Sobre esse conceito, *valor de gozo*, ver tambozoril do mesmo ano. S-Alain Miller: "conciliar o valor de verdade com o valor de gozo é o problema do ensino de Lacan". Essa passagem está em J-A Miller, *Silet: os paradoxos da pulsão, de Freud a Lacan*, Rio de Janeiro: Jorge Zahar, 2005, p. 52.
18. J. Lacan, *O seminário, livro 7: a ética da psicanálise*, Rio de Janeiro: Jorge Zahar, 1988, p. 279.
19. Em minha tese de doutorado, "Televisão objeto: a crítica e suas questões de método", sob orientação de Dulcília Buitoni, defendida na ECA-USP, em 2002.

Mas que olhar é esse que vira trabalho? De que olhar se trata? Seria ele a faculdade de ver com o dispositivo óptico de que a natureza nos dotou, simplesmente isso? Ou seria a instância iluminada pelos holofotes do imaginário, a instância onde todas as cenas têm lugar, onde os seres humanos buscam se instalar como seres olhados, além de seres *olhantes*?

Adauto Novaes organizou um ciclo inteiro chamado *O olhar*, em 1987. O livro com as conferências foi publicado em 1988 pela Companhia das Letras, lá se vão quase 30 anos. E hoje, em 2016, neste nosso ciclo, João Carlos Salles profere uma conferência específica sobre o olhar. Eu, incumbido do tema do espetáculo, não vou mudar de escaninho, não vou mudar de assunto. Faço apenas uma concisa menção ao olhar para localizar o fio pelo qual ele se converteu em trabalho industrialmente organizado e industrialmente explorado.

O trabalho do olhar não poderia ser chamado de um trabalho braçal – mas quase. Não há propriamente uma potência física no ato orgânico de olhar – mas quase. Os gregos antigos acreditavam na teoria do raio visual, que afirmava que o olhar geraria uma estranha luz que ia se depositar sobre o objeto visto. A claridade que as pupilas projetavam seria personalíssima, tanto que, asseguravam esses gregos, duas pessoas olhando a mesma coisa jamais veriam coisas idênticas. O olho de cada um influenciaria, pelo menos em parte, a imagem vista. Aristóteles, certa vez, escreveu que o raio visual das mulheres menstruadas deixava nos espelhos uma névoa cor de sangue[20]. Não se pense que essas ideias sumiram na tal poeira do tempo. Ainda hoje, quando nos resignamos diante da força do "mau-olhado", somos adeptos inadvertidos de resquícios da teoria do raio visual.

Agora, a essa altura, dizer que o olhar é trabalho não significa reabilitar a velha teoria. Dizer que olhar é trabalhar não quer dizer que o olhar deposita matéria sobre os objetos. São coisas distintas. Também não foi nessa perspectiva, a de reabilitar a teoria do raio visual, que Merleau--Ponty falou "do céu percebido ou sentido, subtendido por meu olhar que o percorre e o habita, meio de uma certa vibração vital que meu corpo adota[21]". Não foi com essa intenção que ele contou "do investimento do

---

20. Arkan Simaan; Joëlle Fontaine, *A imagem do mundo – dos babilônios a Newton*, São Paulo: Companhia das Letras, 2003, p. 88.
21. Maurice Merleau-Ponty, *Fenomenologia da percepção*, Rio de Janeiro: Livraria Freitas Bastos, 1971, p. 290.

objeto por meu olhar que o penetra, o anima[22]". E, no entanto, ele escreveu, com todas as letras, que o olhar *habita* o céu e *anima* (verbo que tem o sentido de "dar alma a") os objetos.

Logo, mesmo sem aderir à teoria do raio visual, tomo a companhia de Merleau-Ponty para afirmar que existe uma força constitutiva no olhar. O olhar constitui objetos na exata medida em que tece o sentido das imagens conforme as põe em foco. É assim que o olhar anima os objetos, penetra-os e habita-os. Não que, ao constituí-los como objetos olhados, o olhar os constitua fisicamente, ou, de outro lado, os constitua metaforicamente: ele os constitui no plano da *linguagem*. Estamos então lidando com objetos constituídos na linguagem – como os sujeitos.

Com o advento do espetáculo, o olhar começa a agir sobre a construção da linguagem numa escala que não estava posta antes, cimentando, ao longo de jornadas ininterruptas, as imagens a seu sentido na vasta tela do imaginário. Assim como uma palavra só adquire existência quando se torna uma palavra falada pelos falantes e cai nas tramas da língua, uma imagem só adquire existência quando é *olhada pelos olhantes*, inscrevendo-se na trama imaginária. O olhar não funciona apenas como a dupla janela aberta na cabeça dos consumidores para que as mensagens entrem ali e promovam os efeitos pretendidos pelos anunciantes de mercadorias, mas funciona, antes, como parte ativa – mais que receptiva – na atividade fabril do espetáculo. É diante dos olhos do público, dos olhos da sociedade, ou, melhor dizendo, é diante do olhar social que, numa ourivesaria meticulosa, a fixação dos sentidos das imagens é costurada no imaginário.

Longe dos olhos da humanidade, nenhuma imagem do espetáculo poderá adquirir seu sentido imaginário. Os olhos das massas precisam ser comprados, por minutos, ou por horas a fio, exatamente como se compra a força de trabalho (aí a analogia é válida), para que, diante deles, e pela ação deles, sejam processados os liames entre significante visual e seu significado imaginário. Sem o olhar, o processo não se consuma. O espetáculo traz a mutação capital do olhar, que se converte na força material (e mesmo força produtiva) do repertório visual e semântico do imaginário (imaginário social), a vasta língua "falada" pelos nossos olhos. Com um detalhe fatal: o espetáculo é ordenado pelo sujeito do inconsciente na

---

22. *Ibidem*, pp. 356-7.

condição de agente original do discurso e na condição de operador da linguagem.

É o caso de registrar que Lacan já percebia, nos anos 50 do século passado, na contramão do senso comum vigente, que o olhar era ato de linguagem, muito mais que um dispositivo de captação da "realidade". Quando todos diziam que o fotógrafo trazia a "realidade" para dentro da câmera e a carimbava sobre o suporte químico, Lacan redarguiu com uma ideia inusual: o fotógrafo é um operário da linguagem e seu equipamento pertence à sua subjetividade (e à "subjetividade" do discurso para o qual ele trabalha). O equipamento do fotógrafo habitaria a ordem da linguagem. E tinha razão.

"Talvez a câmera fotográfica não seja mais que um aparato subjetivo", disse Lacan, "que habita o mesmo território do sujeito, quer dizer, o da linguagem[23]". Hoje, podemos ir mais longe: olhar é projetar, na tela imaginária, os sentidos para as imagens que lá transitam como significantes vazios[24].

Não é só. Se promoveu uma mutação capital do olhar, o espetáculo teve que promover, por desdobramento automático e por necessidade, a mutação do estatuto da imagem. O que é mutante no olhar, é mutante igualmente na imagem. A parte mais facilmente identificável na mutação da imagem repousa na maneira como ela foi retirada do domínio da arte, onde se encontrava desde o Renascimento, para ser entregue à indústria, num deslocamento que a transformou no carro-chefe do capitalismo refeito em espetáculo.

Francis Wolff, em sua conferência do ciclo *Muito além do espetáculo*, de 2004, apontou essa transição. Ele conta que, no século xiv, a imagem foi dominada pela arte, da qual se separou mais tarde, no século xx, em proveito da indústria capitalista. Até o século xiv, as imagens eram "transparentes", ou seja, conectavam diretamente os olhos do espectador à

---

23. J. Lacan, *O seminário, livro 1: os escritos técnicos de Freud*, Rio de Janeiro: Jorge Zahar, 1996, p. 125.
24. A origem etimológica de *espetáculo* ilumina um pouco essa acepção da palavra. Ela vem do latim *spectaculum*, que significa "vista, algo para se observar visualmente", de *spectare*, ligado a *specere*, que quer dizer "ver", do indo-europeu *spek-* ("observar"). O sufixo *-culum* costuma estar anexado a raízes verbais, conotando uma ideia de instrumentalidade (raiz verbal + ferramenta para...). Assim *spectaculum* seria algum objeto apropriado para ser olhado, como *habitaculum*, algo apropriado para habitar, e *cubiculum*, um quarto para deitar (do latim *cubare*). Gosto de entender, a partir daí, que a palavra traz em sua carga genética o sentido de designar um atrator universal de olhar, que toma o olhar como uma ação – quase como trabalho.

figura representada na imagem – um santo católico, de preferência. Naquele tempo, o fiel olhava uma tela mas não via a tela: via o santo. A pintura tinha o dom de ficar invisível (por isso, transparente). No século XVI (a datação deve ser lida por nós como um marco aproximado, apenas para realçar aí a mutação), as imagens começam a "se mostrar elas mesmas". Este é, segundo Wolf, o "momento em que as imagens se tornam artísticas, ou, se preferirmos, o momento em que a arte se apoderou da imagens[25]". A partir daí, o espectador olha para a pintura e vê, na tela, a pintura, além da coisa, quando esta existe. A arte da pintura escapa da transparência e se torna visível. Rouba a cena.

Mais adiante, já no século XX, segundo Francis Wolf, as imagens então aderem à indústria de "técnicas automáticas de reprodução, à pura reprodução mecanizada, à representação pela representação: fotografia, cinema, televisão, tevê em cores, imagens digitais, e sobretudo imagens por todo lado, de tudo, vindas de todo lado, imagens para todos[26]".

Ao que ele mesmo acrescenta:

> E acabamos nos encontrando, *mutatis mutandis*, na mesma situação que a de antes da época da arte, quando as imagens eram feitas de maneira estereotipada, com o único intuito de representar, com a mesma consequência, a transparência das imagens e a ilusão imaginária. [...] Pois as imagens estão uma vez mais abandonadas a si mesmas, a seu próprio poder de representar, e criam a ilusão fundamental de *não representar*, de não ser imagens fabricadas, de ser o simples reflexo, transparente, daquilo que elas mostram, de emanar diretamente, imediatamente, daquilo que elas representam, de ser puro produto direto da realidade, como outrora acreditávamos que emanavam diretamente os deuses que representavam[27].

Confeccionadas industrialmente, as imagens simulam sempre um quê de artísticas, como se ainda fossem arte, mas voltam a ser "transparentes", pois ocultam sua materialidade que, hoje, carrega o peso do padrão tecno-

---

25. Francis Wolff, "Por trás do espetáculo: o poder das imagens", in: Adauto Novaes (org.), *Muito além do espetáculo*, São Paulo: Editora Senac, 2005, p. 39.
26. *Ibidem*, p. 43.
27. *Ibidem*.

lógico e da relação social. Industrialmente, as imagens ganham ingresso no sistema de significações e de sentidos. O ponto é que esse sistema, ainda que pareça apenas um ambiente inocentemente visual, compõe um sistema linguístico, cujo funcionamento o emparelha ao funcionamento da linguagem. Para a sua confecção plástica, as imagens requisitam tipos diversos de trabalho mecânico ou intelectual, eletrônico ou manual, mas, para a sua significação, servem-se quase que exclusivamente do trabalho do olhar, ou do olhar como trabalho. É aí, na confecção de sua significação, que a indústria capitalista da imagem incide com mais ênfase.

(Neste ponto, tenho uma oportunidade, eu diria rara, de mostrar por que a expressão *pós-modernidade*, ao menos em certas ocasiões, deveria ser relativizada. O presente concentrado adensa o moderno, numa modernidade superconcentrada ou, em uma palavra, numa supermodernidade, como diria Marc Augé[28]. Na mesma medida, não vivemos uma era pós-industrial, mas *superindustrial*. As relações de produção tipicamente industriais não mais se limitam ao chão de fábrica, às lavouras mecanizadas e aos galpões em que se montam automóveis ou se fundem panelas, mas alcançam os estúdios de televisão, as empresas de telemarketing, os cosméticos, o turismo, os medicamentos, o comércio como um todo – que, sob a aparência de difusão de mercadorias, põe a máquina de distribuição a serviço de uma usina global de sintetização das imagens da mercadoria –, assim como alcançam a publicidade e mais aquilo tudo que uma ideologia específica tem o hábito de nomear de "setor de serviços". Tudo isso é superindústria, a superindústria do entretenimento: mais que pós-modernidade, supermodernidade.)

A captura da imagem pela indústria a converte em mercadoria. O espetáculo pode ser entendido, assim, como o modo de produção capitalista no qual a forma dominante da mercadoria é sua forma de imagem. O corpo da mercadoria transfere sua materialidade para a imagem. O que antes se chamava de *corpo* da mercadoria – o calçado e o couro no calçado, o líquido do refrigerante e seu vasilhame, o grão de café, o petróleo em barril, a fuselagem do automóvel e seu motor – ganha agora a função de suporte para a imagem da mercadoria, conjugação de

---

28. Marc Augé, *Não-lugares: introdução a uma antropologia da supermodernidade*, Campinas: Papirus, 1994, p. 33.

sua marca, seu logotipo e os significados a ela associados (conjugação fabricada pelo olhar).

O espetáculo é o capitalismo que aprendeu a fabricar apenas imagem – mas não *qualquer* imagem. O espetáculo é o capitalismo que se especializou em fabricar *exclusivamente* a imagem que atua com o substituto do objeto pequeno *a* de que falou Lacan, o objeto *a* artificial, o que eleva a velha categoria do fetiche da mercadoria a uma altitude que não poderia ter sido imaginada por Marx. O espetáculo pode ser definido como o capitalismo convertido, enfim, em fábrica totalizante do fetiche da mercadoria. Puro fetiche.

Para falar um pouco mais do fetiche, volto a outra palestra original do nosso ciclo de 2004. Agora, lanço mão de Rodrigo Duarte. Ele observou que o fetiche de Marx já vinha alterado, mesmo antes do advento do espetáculo anotado por Guy Debord, pela dinâmica da *indústria* cultural descrita por Adorno e Horkheimer, que data dos anos 40 do século passado. Diz Rodrigo Duarte:

> Os autores da *Dialética do esclarecimento* [livro em que se encontra o ensaio "Indústria cultural"] compreenderam que, no caso da indústria cultural – coisa que, a rigor, na época de Marx não existia – tornar-se-ia necessário acrescentar algo a essa descrição marxiana do *fetichismo*, já que nesse tipo de produto o caráter de *aparência* inerente à mercadoria em geral é como que reforçado[29].

Essas imagens compõem um *texto*, um texto visual com um arremedo de sintaxe que põe em movimento uma cadeia de significantes visuais. Mais que um conjunto de imagens, o que temos aí é um sistema de significantes visuais articulados entre si, gerando sentidos múltiplos. Rodrigo Duarte tem a presença de citar também aí os dois pensadores de Frankfurt, Adorno e Horkheimer, quando eles escrevem que "a dialética revela, antes, toda imagem como escrita[30]". Essa escrita, eu acrescento, é impressa na página em branco do olhar social.

---

29. Rodrigo Duarte, "Valores e interesses na era das imagens", *in:* Adauto Novaes (org.), *op. cit.*, p. 108.
30. *Apud* Rodrigo Duarte, p. 112.

Ao chegarmos a esse ponto, constatamos que a mutação capital a que aludiu Jacques Lacan incide sobre três esferas distintas, mas inseparáveis:

- a esfera do olhar (que passa a funcionar como trabalho),
- a esfera da imagem (que deixa de pertencer aos domínios da arte para ser incorporada pela indústria),
- e, finalmente, a esfera do fetiche (que ocupa, na forma da imagem da mercadoria, a totalidade da vida social).

Mutação. O uso que Lacan fez dessa palavra na virada da década de 1960 para a década de 1970 prenuncia a ideia com a qual Adauto Novaes iria trabalhar mais tarde, orientando a produção intelectual de todos nós, no Brasil do século XXI. É interessante retomarmos a forma como Adauto conceitua mutação. Passo a citá-lo:

> Antes, podíamos recorrer ao termo *crise* para designar aquilo que pedia transformação. As crises – pôr em crítica – são constituídas de múltiplas concepções que se rivalizam e que dão valor dialógico às sociedades. Por isso, elas apontavam mudanças ocultas no interior de um mesmo processo. *Já as mutações são passagens de um estado das coisas a outro*. As transformações são contínuas nas coisas e em nós mesmos. Mas só percebemos as mutações se produzimos, através da percepção e do pensamento, um encontro entre as transformações das coisas com as transformações de nós mesmos.

Foi esse o sentido de mutação que o espetáculo nos trouxe: uma contínua e acelerada transformação das coisas (a indústria, as imagens, os discursos e, enfim, o capitalismo) e de nós mesmos (o nosso modo biológico de olhar, reduzido a um modo cultural e industrial de trabalhar com o olhar). Eis por que eu posso arrolar, entre as mutações de que tanto vem nos falando Adauto Novaes, mais esta: o espetáculo.

★ ★ ★

Se pensarmos então o espetáculo como um ente impulsionado pelo fluxo das mutações, ficarão mais acessíveis e mais vivas as teses aforísticas que Guy Debord lançou há 49 anos em sua obra-prima, *A sociedade do espetáculo*[31]. Debord não fala em superindústria nem em imaginário superindustrial, termos que para mim sempre soaram mais próprios. Ele também não define o olhar como trabalho, o que já destaquei aqui, assim como não identifica as mutações pelas quais a imagem passou. Seus apontamentos, entretanto, seguem na ordem do dia, talvez mais do que nunca.

"Tudo o que era vivido diretamente tornou-se uma representação", ele diz[32]. "O espetáculo não é um conjunto de imagens, mas uma relação social entre pessoas, mediada por imagens[33]."

Não se trata de imagens quaisquer e de quaisquer representações. No espetáculo, prevalecem as imagens industriais – ou industrializadas, sob o império da tecnociência – que representam, em última instância, como já veremos, o próprio capital.

Vale um paralelo entre o conceito de espetáculo e o conceito de indústria cultural de Adorno e Horkheimer. A indústria *cultural* surge como uma indústria ao lado de outras indústrias e *em linha* com elas. A indústria cultural se emparelha com a indústria automobilística, com a indústria do petróleo, a dos cosméticos, a farmacêutica e assim por diante. Em relação ao patamar anterior da cultura, marcado pelo trabalho autoral, pessoal, artesanal e intelectual da figura do artista, que existia como ente insubstituível, a indústria cultural introduz o trabalho fungível. A obra de arte perde a sua aura, enquanto a mercadoria ganha sua aura sintética. Assim como se fabricam sabonetes, aspirinas, pneus, fabricam-se também canções de *rock*, filmes, além de galãs de cinema, candidatos a prefeito e "artistas plásticos" que são *popstars*. Isso é indústria cultural.

O espetáculo não é isso ou, no mínimo, não é *apenas* isso. É uma outra ordem de mundo, um estágio mutante em que todas as indústrias e todos os mercados convergem para um centro único. A indústria farmacêutica, a automobilística, a bélica, assim como a guerra, a política, a ciência, o terrorismo e as religiões, tudo converge para o espetáculo. A escala é outra, completamente outra.

A relação social é engolida pelo espetáculo. "Não é possível fazer uma oposição abstrata entre o espetáculo e a atividade social efetiva",

---

31. Os próximos parágrafos desta conferência passam a se valer de trechos da minha tese de doutorado, "Televisão objeto: a crítica e suas questões de método".
32. Guy Debord, *A sociedade do espetáculo*, op. cit., p. 13.
33. *Ibidem*, p. 14.

afirma Debord, pois "a realidade vivida é materialmente invadida pela contemplação do espetáculo e retoma em si a ordem espetacular à qual adere de forma positiva[34]". Uma mulher que se despe diante do espelho está acionando as engrenagens imaginárias da indústria do espetáculo. Uma criança sonhando antes de dormir com o parque de diversões para o domingo também está. Um homem, quando amarra os sapatos, move a indústria. O adolescente que mata outro para tomar-lhe um par de tênis também. É providencial lembrar que, no capítulo VI da *Poética* de Aristóteles, o termo *ópsis*, traduzido comumente como espetáculo ou encenação, é aquilo que "contém tudo: carácter, enredo, elocução, canto e pensamento, de modo igual", sendo essas partes, caráter, enredo, elocução, canto e pensamento, os demais componentes estéticos da tragédia[35]. Assim como na *Poética*, em que as partes da tragédia convergiam para o espetáculo, também agora, na sociedade do espetáculo, as indústrias, as atividades econômicas, toda a vida social converge para o espetáculo, isto é, o espetáculo é a parte que contém as demais.

Mais ainda, as representações se confundem com o que representam. O capital coincide com sua representação. Debord é cortante: "O espetáculo é o *capital* em tal grau de acumulação que se torna imagem[36]". (A expressão matemática que criei para o título deste artigo seria a expressão da tese de Debord: $e = k^i$, onde $i$ é imagem.)

"O capital já não é o centro invisível que dirige o modo de produção", continua o autor, "sua acumulação o estende até a periferia sob a forma de objetos sensíveis. Toda a extensão da sociedade é o seu retrato[37]". A mesma visibilidade opressora define a mercadoria no espetáculo: "é o momento em que a mercadoria *ocupou totalmente* a vida social. Não apenas a relação com a mercadoria é visível, mas não se consegue ver nada além dela: o mundo que se vê é o seu mundo[38]".

E isso basta ao espetáculo, assim como basta ao sujeito do inconsciente. Debord diz que o espetáculo "não deseja chegar a nada que não seja

---

34. *Ibidem*, p. 15.
35. A esse respeito, ver o esclarecedor artigo de Greice Ferreira Drumond Kibuuka, "A *ópsis* na poesia dramática segundo a *Poética* de Aristóteles", *Anais de Filosofia Clássica*, vol. 2, nº 3, 2008, pp. 60-72. Disponível em: <http://afc.ifcs.ufrj.br/2008/GREICE.pdf>, acesso em março de 2017.
36. Guy Debord, *op. cit.*, p. 25. (Grifo do autor.)
37. *Ibidem*, p. 34.
38. *Ibidem*, p. 30. (Grifo do autor.)

ele mesmo[39]". O espetáculo não é uma ordenação rígida – nem suportaria tal ordenação. Ao contrário, para estar sempre lá, como primeiro, ele sempre muda.

Em outro momento, o autor ecoa a passagem do *Manifesto comunista* que já citei aqui ("A burguesia só pode existir com a condição de revolucionar incessantemente os instrumentos de produção"): "O que o espetáculo oferece como perpétuo é fundado na mudança, e deve mudar com sua base. O espetáculo é absolutamente dogmático e, ao mesmo tempo, não pode chegar a nenhum dogma sólido. Para ele, nada para; este é seu estado natural e, no entanto, o mais contrário à sua propensão[40]".

Exatamente como o capital, posto que ele *é* o capital, o espetáculo é o significante que se basta a si mesmo, capaz de significar sozinho, capaz de gerar seu próprio significado.

"A produção capitalista unificou o espaço", escreve Debord, "que já não é limitado por sociedades externas[41]." O pensador flagra igualmente a suspensão do tempo: "O espetáculo, como organização social da paralisia da história e da memória, do abandono da história que se erige sobre a base do tempo histórico, é *a falsa consciência do tempo*[42]".

★ ★ ★

Aqui eu faço ainda uma pausa, antes de concluir. Faço uma pausa para estranhar esta expressão: "falsa consciência". Como? Falsa consciência? O que é isso?

Foi no século XIX que ela ganhou o sentido em que Debord a emprega, designando um autoengano ou um entendimento falsificado que o sujeito teria sobre sua própria condição de classe, ou de sua condição política. Engels lança mão dessa mesma expressão numa carta de 1893: "A ideologia é um processo operado pelo assim chamado pensador de maneira consciente, com uma falsa consciência, portanto. Os reais intentos que o impulsionam lhe são mantidos desconhecidos. De outro modo, não se tratará, de modo algum, de um processo ideológico[43]".

---

39. *Ibidem*, p. 17.
40. *Ibidem*, p. 47.
41. *Ibidem*, p. 111.
42. *Ibidem*, p. 108.
43. *Apud* Joseph Gabel, *A falsa consciência*, Lisboa: Guimarães, 1979.

Que Debord associe o entendimento de ideologia a essa pressuposição de uma consciência "falsa", francamente, desaponta. Por acaso, depois de Freud, e depois de Lacan, poderíamos acreditar em algo como uma falsa consciência? Acaso existe alguma consciência verdadeira? Se não há uma consciência detentora da verdade, como apontar uma consciência que seja mais falsa que as outras?

De passagem, apenas de passagem, valeria recuperar um breve ensaio que acabou praticamente descartado das bibliotecas dos novos marxistas, que o acusam de ter sido exageradamente "estruturalista" e esquemático. Falo de *Aparelhos ideológicos de Estado*, de Louis Althusser, lançado naquela mesma época em que Debord diagnosticava o espetáculo. Esse livrinho de Althusser foi publicado também em Paris, no ano de 1970, três anos após *A sociedade do espetáculo*. Há nele uma passagem muito menos primária acerca da ideologia, que serve de contraponto à formulação acusatória, um tanto moralista, do parceiro de Karl Marx. Eis o que diz Althusser: "A ideologia é uma 'representação' da relação imaginária dos indivíduos com suas condições reais de existência[44]".

A ideia da representação de um vínculo que já é, de saída, uma relação imaginária, abre campo para que se pense o inconsciente e a ideologia de maneira articulada. Ainda que menos primitiva, a abordagem de Althusser contém problemas suplementares. Mas o que interessa aqui não são os problemas suplementares, e sim a constatação de que a ideologia é da ordem da representação, *da linguagem*, e, sempre, onde há representação, há ideologia. Não há sujeito histórico sem ideologia. E aí é que está: não se pode dizer dessa representação que ela seja falsa ou verdadeira. Ela é apenas isto: representação. A ideologia, se quiserem um conceito, é o cimento que cola o significante no significado, de tal sorte que o cimento ideológico resulta inseparável a vida da linguagem e da vida na linguagem. E isso para ficarmos apenas em Althusser.

Não é só no entendimento de ideologia que o texto de *A sociedade do espetáculo* incorre em anacronismo. Debord também parece imaginar que

---

44. Louis Althusser, *Aparelhos ideológicos de Estado: nota sobre os aparelhos ideológicos de Estado (AIE)*, Rio de Janeiro: Graal, 1985, p. 85. Ironia adicional: foi Althusser quem ajudou Lacan, naquele ponto de mutação entre os anos 1960 e 1970, a encontrar abrigo na École Normale Supérieure, a Normale Sup, de onde surgiriam os famosos seminários. O fato é lembrado no documentário *Rendez vous chez Lacan*, de Gérard Miller, de 2011.

a tática bolchevique da revolução de outubro, na Rússia, daria conta de dissolver a gigantesca impostura de imagens montada pelo capitalismo especializado na fabricação e no culto das imagens[45]. Além de tudo, ele considera o inconsciente uma deformação. Expressamente.

"O espetáculo é a conservação da *inconsciência* na mudança prática das condições de existência[46]." O inconsciente continua sendo, em Debord como em boa parte dos representantes do marxismo determinista, um estado de letargia, de adormecimento, uma "falta de consciência". A ideologia, "falsa consciência", é vista como "deformação" da "realidade". Não surpreende que, em pelo menos uma passagem, Debord deixe passar uma sutil sugestão de equivalência entre as noções de *eu* e *sujeito*, coisa que Lacan cuidaria de sepultar[47]. Por fim, melancolicamente, Debord indica que a revolução para superar o espetáculo só poderá vir de uma vitória da consciência sobre a inconsciência.

Eis o seu libelo:

> A consciência do desejo e o desejo da consciência são o mesmo projeto que, sob a forma negativa, quer a abolição das classes, isto é, que os trabalhadores tenham a posse direta de todos os momentos de sua atividade. Seu *contrário* é a sociedade do espetáculo, na qual a mercadoria contempla a si mesma no mundo que ela criou[48].

Sim, de fato, é como mercadoria que o homem olha para a mercadoria, mas não há como esperar que a consciência do desejo vá abolir as classes. A consciência do desejo apenas abre uma via para que o sujeito saiba de si, o que implica que, em lugar de opor-se ao inconsciente, a consciência pode quando muito admiti-lo.

Outro exemplo do mesmo anacronismo:

> Nem o indivíduo isolado nem a multidão atomizada e sujeita à manipulação podem realizar essa "missão histórica de instaurar a verdade

---

45. Retomo aqui algumas observações que fiz na minha conferência no seminário *Muito além do espetáculo*, em 2004.
46. Guy Debord, *op. cit.*, p. 21. (Grifo nosso.)
47. *Ibidem*, p. 35 (tese 52).
48. *Ibidem*, p. 35.

no mundo", tarefa que cabe, ainda e sempre, à classe que é capaz de ser a dissolução de todas as classes ao resumir todo o poder na forma desalienante da democracia realizada, o Conselho, no qual a teoria prática controla a si mesma e vê sua ação[49].

A única via que Debord vislumbra é a dos conselhos operários, ou seja, os sovietes, em carne, osso e macacão. Nesse ponto, enfim, ele errou.

Mais um dos conferencistas do ciclo *Muito além do espetáculo*, o terceiro que cito aqui, Anselm Jappe, também toca nisso. Mas, agora, cito Anselm Jappe não na sua conferência de 2004, mas num artigo anterior, que escreveu para a *Folha de S.Paulo*. Ele diz que Debord "teve de admitir", nos *Comentários*, "que o domínio espetacular conseguiu se aperfeiçoar e vencer todos os seus adversários[50]". É desconcertante, efetivamente, mas Debord, com suas soluções *à la* proletariado soviético, chega muito perto de negar seu próprio diagnóstico, como se não se desse conta das mutações que sepultaram em definitivo as táticas leninistas por perda de objeto que se transmutara.

Enfim, também na herança de Debord, ainda estamos muito aquém da superação do espetáculo.

Mas, feito esse registro necessário, volto a enaltecê-lo. No saldo final, não tenho dúvidas, *A sociedade do espetáculo* tem a força de um depoimento de quem viu de frente a cara do capital como quem respira o hálito do demônio, olhando-o nos olhos, mas não logrou decifrar os mecanismos pelos quais a cara do capital tornou-se o que ela é. Que ele viu o bicho, isso ele viu. E, mesmo estando dentro da baleia tecnológica, soube descrevê-lo. Não encontrou a superação, mas deixou pistas. Apenas não soube como vencê-lo.

E daí?

---

49. *Ibidem*, p. 141. Ver também a tese 116, sobre o sujeito proletário e "sua consciência igual à organização prática", e a tese 117, ambas na p. 83.
50. Anselm Jappe, "A arte de desmascarar", *Caderno Mais!, Folha de S.Paulo*, 17 ago. 1997, p. 4.

# O silêncio dos intelectuais
## Os intelectuais, entre o silêncio e a irrelevância
Marcelo Coelho

Este volume, assim como o ciclo de conferências que o originou, marca os trinta anos da atuação de Adauto Novaes em favor da ampliação do debate intelectual dentro e fora das universidades. Desde as primeiras séries de conferências organizadas na década de 1980, levantando temas inusitados para a época – como "O desejo", "Os sentidos da paixão", ou "O olhar" –, poucos contribuíram tanto como Adauto Novaes para, digamos assim, tirar os intelectuais do seu silêncio.

O presente livro tem, portanto, um aspecto retrospectivo, com cada autor sendo convidado a revisitar um dos assuntos a que, em anos passados, Adauto Novaes dedicou uma série inteira de palestras. Coube-me, precisamente, o tema do "Silêncio dos intelectuais", título de um ciclo realizado em 2005, ano do centenário de Sartre.

Divido minha intervenção em três partes. A primeira consiste em retomar as questões que estavam em jogo quando o ciclo foi feito, em 2005. A segunda dedica-se a atualizar brevemente o diagnóstico que se fazia naquele momento, enquanto a terceira parte tenta sugerir atitudes possíveis para os intelectuais hoje.

1

Em 2005, estavam em pauta discussões de natureza muito distinta. Em primeiro lugar, a memória de Sartre colocava em questão, como ainda hoje, as transformações ocorridas no papel e no prestígio dos intelectuais, desde os anos 1940-1960, quando o autor de *O ser e o nada* estava no auge de sua influência. Não parece haver intelectuais da mesma estatura nos dias de hoje, dizia-se. Cabia verificar por quê.

Em segundo lugar, o ciclo se relacionava com uma forte preocupação da parte de Adauto Novaes, que só veio a acentuar-se desde então. Para Novaes, vivemos num período que não pode ser mais considerado como de uma simples *crise* – política, econômica, cultural –, uma vez que quem fala em crise pensa em *superação*, distinguindo alguma perspectiva de futuro. Seria o caso, em seu modo de ver, de falar não em crise apenas, mas sim de um período de *mutação*, em que o avanço tecnológico parece acelerar-se sem que nenhuma nova concepção de mundo, nenhum horizonte de pensamento, nenhuma ideia de futuro esteja sendo formulada. O *silêncio dos intelectuais* corresponderia, assim, a uma espécie de domínio absoluto da materialidade tecnológica, que se impõe sobre o corpo, o comportamento, a moral e a sociedade humanos, sem que nenhuma atividade do espírito dê conta do que ocorre.

Em terceiro lugar, o tema sofreu uma coincidência infeliz naquele ano. Dava-se a primeira grande revelação dos deslizes éticos do PT: naquela época, a confissão (hoje banal) de que o partido recorrera a expedientes de caixa dois em suas despesas de campanha provocava lágrimas em muitos militantes. A perplexidade diante das práticas petistas teria produzido, naqueles tempos, um "silêncio" por parte dos intelectuais próximos ao partido, os quais, até pouco tempo antes, insistiam especialmente no efeito de diferenciação que o projeto do PT poderia trazer sobre a ética pública e o modo de fazer política no país.

Minha participação naquele ciclo se concentrou na análise do pensamento do francês Julien Benda, autor de um clássico sobre o tema, intitulado *A traição dos intelectuais,* de 1926. Minha ideia era contestar a visão que normalmente se tem desse autor. A saber, a de que seria um defensor do não engajamento, uma espécie de "anti-Sartre", um adepto da torre de marfim, defensor da concepção de que não cabe aos intelectuais misturar-se com disputas políticas, mantendo-se apenas como cultores de ideais abstratos. O próprio Sartre critica Julien Benda com base nesse tipo de interpretação, que a meu ver não se sustenta[1].

---

1. Ver Adauto Novaes (org.), *O silêncio dos intelectuais*, São Paulo: Companhia das Letras, 2006, pp. 99-ss. As críticas de Sartre a Benda estão em Jean-Paul Sartre, *Que é a literatura?*, São Paulo: Ática, 1989, pp. 188-94.

O que Julien Benda chama de traição dos intelectuais não é a participação do intelectual no debate público; ele próprio foi um reconhecido e veemente adversário do antissemitismo e do militarismo, durante o caso Dreyfus. Sustentei que, para Benda, a traição dos intelectuais consiste na atitude de colocar o pensamento a serviço da razão de Estado; na atitude de agir como propagandista e ideólogo em benefício daqueles que defendem o uso da força, e não do pensamento, do debate, da persuasão, para se sustentarem no poder. Eram os intelectuais de direita, principalmente os abertamente fascistas, que para Julien Benda traíam sua função ao fazer o elogio da guerra, da intimidação, da força bruta, abandonando o primado da razão e do pensamento, e subordinando a busca da verdade à consecução de objetivos nacionais e partidários.

Naturalmente, também na esquerda predominou, e predomina, a ideia de que falar a verdade pode ser contraproducente para a "causa", e que por uma questão de tática política, isto é, por razões de Estado, é preciso silenciar, mentir, distorcer os fatos. Grandes intelectuais, como o próprio Sartre, recaíram mais de uma vez nesse tipo de traição, em nome do que eu considero uma ideia equivocada de engajamento. O engajamento é necessário, como ocorreu no caso Dreyfus, quando princípios básicos como verdade e justiça estão em jogo. O engajamento é uma farsa quando o intelectual se reduz a obedecer a raciocínios de tática política.

## 2

Dito isso, faço uma atualização breve daqueles três problemas que cercavam a questão do silêncio dos intelectuais há pouco mais de dez anos. Em primeiro lugar, num plano muito factual, não há propriamente silêncio dos intelectuais no cenário contemporâneo.

No Brasil, o grau de exacerbação das discussões políticas se mostra extremamente intenso, e não encontramos os defensores do PT e de Lula tão perplexos como estavam em 2005. Ao contrário, o *impeachment* suscitou uma rápida produção de textos, e mesmo livros, discutindo todo o processo[2]; temos várias mostras de intervenção intelectual, ou *de* intelec-

---

2. Cf., por exemplo, Jessé Souza, *A radiografia do golpe*, São Paulo: Casa da Palavra/ Leya, 2016; Hebe Mattos; Tânia Bessone; Beatriz Mamigonian (orgs.) *Historiadores pela democracia*, São Paulo: Alameda, 2016; Renato Rovai (org.), *Golpe 16*, São Paulo: Publisher Brasil, 2016.

tuais, por mais partidárias que me pareçam ser por momentos. No campo oposto, mais do que nunca a direita está intelectualmente produtiva, publicando textos e divulgando obras de seus mestres, através de editoras e revistas. O debate assume tom pobre e caricato em alguns casos, mas ninguém precisa esperar que intelectuais sejam sempre inteligentes; estamos apenas notando que não estão em silêncio.

No ambiente internacional, certamente seria difícil encontrar, agora ou em qualquer época, uma figura como a de Sartre – ao mesmo tempo filósofo, romancista, dramaturgo, ensaísta e polemista. Teríamos de retornar a Voltaire para apontar alguém de sua estatura, e sempre se poderá dizer que "não existem mais intelectuais" se adotarmos Sartre como modelo. Em diversos campos, todavia, figuras cujas opiniões são respeitadas e ouvidas têm-se mostrado prontas a intervir no debate público, com diferentes graus, é claro, de qualidade. De Noam Chomsky a Perry Anderson, de Slavoj Žižek a Peter Sloterdijk, de Giorgio Agamben a Jürgen Habermas e Joseph Ratzinger, de J. M. Coetzee a George Steiner, de Mario Vargas Llosa a Alain Badiou, de Michel Serres ao onipresente Zygmunt Bauman, a lista é extensa.

A menção a tantos nomes não dissipa, contudo, a impressão de que algo ainda está faltando. É possível apontar várias carências, vários problemas estruturais que vão diminuindo o impacto, a relevância e o papel de intelectuais como esses hoje em dia.

Em primeiro lugar, deu-se com a internet, e com o declínio dos antigos meios de comunicação de massa e da palavra impressa, uma crescente fragmentação do espaço público. Ao lado de clássicas discussões e temas que ainda mobilizam a grande maioria da sociedade e da opinião pública, como eleições, crises políticas, declarações de guerra, referendos populares ou qualquer outro evento de grande impacto, crescem os focos de interesse particularizado, capazes de suscitar manifestações pela internet entre tribos específicas, mas sem alcançar aquele campo próprio das inquietações intelectuais propriamente ditas, que em tese incidiriam de forma mais direta nas questões universais da humanidade. Também do lado do público, e não somente em função da desagregação dos próprios órgãos gerais de informação e debate, o tempo e a atenção que se gastam em torno da vida íntima, das relações pessoais, dos planos de consumo, da gastronomia e da busca de parceiros sexuais parecem comparativamente maiores do que os dedicados a problemas gerais.

Associado a esse fenômeno, tem ocorrido, ademais, algo que poderíamos chamar de uma privatização do circuito das ideias: intelectuais e filósofos são chamados a intervir, não numa esfera comum de discussão, mas em eventos fechados, muitas vezes financiados por empresas, para as quais funcionam, conforme o caso, como mestres de autoajuda sofisticada, como provedores de entretenimento ilustrado, ou como ratificadores de opinião. Surgem figuras paralelas à do intelectual clássico, como por exemplo o palestrante de luxo e o formador de opinião[3], para nada dizer, nos países desenvolvidos, do consultor especializado a serviço de *think tanks* de direita ou, menos frequentemente, de esquerda moderada.

Naturalmente, nada disso impede que o intelectual continue intervindo no espaço público mais amplo; a permanência desse espaço é, de resto, crucial para que se obtenha a visibilidade necessária a uma posterior contratação por instituições privadas.

Seria de indagar, de resto, se o antigo "espaço público" burguês não era, afinal de contas, o efeito residual de uma atividade que, se não privada, sempre foi restrita – a dos *salons* do Iluminismo, e a das universidades posteriormente.

Seja como for, o intelectual dispunha, antes do século XXI, de um palco unificado para sua atuação. Os grandes jornais, as pequenas revistas, e mesmo o rádio e a TV, em países como França e Inglaterra, não se esfacelavam numa miríade de *sites* e páginas pessoais na internet. As disputas políticas da Guerra Fria ou dos tempos da Internacional Socialista não empolgavam apenas o público leitor – certamente mais restrito, numericamente, do que agora – mas largas parcelas da população hoje menos interessadas em qualquer coisa que não seja seu conforto pessoal.

Essa privatização do espaço público se vê acompanhada, ademais, do fenômeno paralelo de uma hiperampliação desse mesmo espaço. Surge o que poderíamos chamar de *intelectual globalizado* – algo diferente do que conhecíamos antes como intelectual de fama internacional. Por maior que fosse a influência de um Sartre ou de um Bertrand Russell no cenário

---

3. Sobre esse último tema, cf. meu artigo "Crença e opinião", in: Adauto Novaes (org.), *A invenção das crenças*, São Paulo: Edições Sesc São Paulo, 2011.

mundial, é inegável que suas referências, seus adversários, sua tradição de pensamento se davam dentro de limites nacionais. Um caso como o da condenação de Dreyfus caracterizava-se por ser eminentemente francês, e só a partir desse dado passaria a ganhar conotação e relevância universais. Atualmente, vê-se a presença de intelectuais globalizados, em especial vencedores do Prêmio Nobel, como Vargas Llosa ou J. M. Coetzee, opinando sobre questões contemporâneas de um ponto de vista, por assim dizer, imediatamente "universal", um pouco "para todos e para ninguém", se quisermos abusar da frase nietzschiana; alguma banalidade será, sem dúvida, o preço de tal situação.

Soma-se a isso o visível declínio – e nisso os próprios intelectuais têm parcela de culpa – de conceitos como verdade, universalidade, ou interesse público. A hegemonia das chamadas *políticas da identidade*, ao lado de um visível desprestígio do universal e das grandes teorias, têm feito do relativismo uma espécie de vício profissional da maioria dos intelectuais, conduzindo-os talvez aos umbrais da autofagia. Para voltar a um tema caro ao organizador deste volume, a cientificação do próprio saber psicológico, moral e humanístico, com o impressionante prestígio das teorias neodarwinianas da natureza humana, impôs como que uma colonização das ciências humanas pela ciência experimental, corroendo no mínimo a autossuficiência do homem de letras clássico nos debates gerais.

Nesses últimos problemas está colocado, de qualquer modo, um desafio que sempre foi permanente para todo filósofo, todo intelectual, todo escritor, poeta, homem de letras ou pensador "não especializado". Trata-se de recorrer à crítica, aos instrumentos clássicos do humanismo, à literatura, para valorizar aquilo que é da ordem não só da experiência humana imediata, mas também da ordem do sentido, do significado da vida. Questões como essas continuam e sempre continuarão colocadas, qualquer que seja o progresso científico e a possibilidade que se tenha de controlar para o bem ou para o mal o comportamento humano. Nada faz crer que tais temas deixem de ter interesse – embora a anestesia psicológica imposta pela indústria do entretenimento, e a degradação das soluções apresentadas pela literatura de espiritualidade e de autoajuda, sejam fatores como sempre poderosos.

## 3

Qualquer menção ao silêncio dos intelectuais não poderia deixar de citar um episódio histórico especialmente admirável, protagonizado pelo pensador espanhol de origem basca Miguel de Unamuno, em pleno fragor da Guerra Civil. Corrijo a omissão que cometi no meu texto anterior sobre o tema, rememorando o famoso discurso que fez na Universidade de Salamanca, há oitenta anos.

Unamuno já estava no fim da vida quando eclodiu o levante de Francisco Franco contra o regime constitucional republicano na Espanha; ao contrário de muitos outros intelectuais, tomou partido a favor das forças direitistas. Considerava que os militares rebelados contra a república de esquerda representavam a luta da "civilização contra a tirania". Não tinha ideia, sem dúvida, do grau de radicalismo com que se pretendia esmagar todo tipo de organização sindical e todos os movimentos pela reforma agrária e pela separação entre Igreja e Estado. Como reitor da Universidade de Salamanca, recebeu os generais fascistas numa cerimônia oficial, no dia 12 de outubro de 1936. Um dos generais, Millán-Astray, perdera um braço nas guerras coloniais contra o Marrocos, em 1924, e, dois anos depois, um olho – ganhando com isso a alcunha de "El Glorioso Mutilado". Seu discurso naquela ocasião pôs-se a invectivar, com característica brutalidade, a Catalunha e o País Basco, focos de resistência à investida de Franco. Tratava-se, diz o general, de "dois cânceres no corpo da nação". "O fascismo, que trará a saúde à Espanha, saberá como exterminar ambos, cortando na carne viva e saudável como um cirurgião decidido, livre de sentimentalismos falsos." Em seguida, alguém no público pronunciou o famoso brado de guerra de Millán-Astray, *"Viva la muerte!"*.

Miguel de Unamuno respondeu em termos que merecem citação mais extensa.

> Vocês estão esperando minhas palavras. Conhecem me bem, e sabem que sou incapaz de permanecer em silêncio. Por vezes, ficar calado equivale a mentir, porque o silêncio pode ser interpretado como aquiescência [...]. Eu mesmo, como todos sabem, nasci em Bilbao [no país basco] e o bispo de Salamanca [que estava ao seu lado], queira

ou não queira, é catalão, nasceu em Barcelona. Mas agora acabo de ouvir o necrófilo e insensato grito de "viva a morte", e eu, que passei a vida elaborando paradoxos que suscitavam a ira dos que não os entendiam, devo dizer-lhes, como especialista na matéria, que esse paradoxo me parece ridículo e repelente. O general Millán-Astray é um inválido. Não é preciso que baixemos a voz para dizer isso. É um inválido de guerra. Cervantes também o foi. Mas desgraçadamente temos na Espanha mutilados em excesso, e, se Deus não nos ajudar, teremos muitíssimos mais. Atormenta-me pensar que o general Millán-Astray possa ditar as normas da psicologia das massas. De um mutilado a quem falta a grandeza espiritual de Cervantes é de esperar que encontre um alívio terrível vendo como se multiplicam os mutilados à sua volta.

Segundo alguns relatos, o público reagiu a esse discurso com mais gritos: "Morte à inteligência, viva a morte". Unamuno prosseguiu, com típica altivez: "Este é o templo da inteligência, e eu sou seu sumo sacerdote. Vocês estão profanando seu sagrado recinto. Vencerão, porque possuem força bruta de sobra. Mas não convencerão. Para convencer é preciso persuadir, e para persuadir precisarão de algo que lhes falta: a razão e o direito no combate. Inútil pedir-lhes que pensem, e que pensem na Espanha. Tenho dito". Retirou-se da sala, sendo em seguida condenado à prisão domiciliar; morreria no final daquele ano[4].

Eis um caso em que, com grande coragem, um intelectual se recusou ao silêncio. Seria, como ele próprio diz, uma forma de cumplicidade. Dois aspectos merecem destaque nessa recusa de Unamuno a manter silêncio. O primeiro é que, como vimos, Unamuno nada tinha de "engajado", nem nutria alguma solidariedade especial pelas classes oprimidas, pelo grande contingente dos "sem-voz", dos que não são representados. De resto, naquele momento os oprimidos e os sem-voz estavam plenamente ativos, com fuzis na mão, criando conselhos revolucionários e modelos de autogestão.

---

4. Para a narrativa desse episódio da Guerra Civil Espanhola, cf. Hugh Thomas, *The Spanish Civil War*, Harmondsworth: Penguin Books, 1965, pp. 442-4.

Se Unamuno mostra inconformidade diante do *"Viva la muerte!"* e da promessa de esmagar catalães e bascos, é porque, sobretudo, sente-se imbuído de um papel específico: o de representante da razão. Aquele discurso e as ações dos fascistas eram sintomas de um completo enlouquecimento coletivo. Evidentemente, um intelectual pode fazer muito pouco em situações como essas, exceto a de testemunhar sua própria humanidade, a capacidade que alguém tenha de não enlouquecer com os demais. É o que fizeram Montaigne, em meio às conflagrações religiosas na França de seu tempo, ou Bertrand Russell, durante a Primeira Guerra Mundial[5].

Um segundo aspecto nessa recusa ao silêncio nos leva a considerações talvez menos idealizantes do que as que acabo de fazer. Repetindo a frase de Unamuno, "por vezes, ficar calado equivale a mentir, porque o silêncio pode ser interpretado como aquiescência". Para entender bem a questão do silêncio dos intelectuais, é necessário definir melhor em que situações concretas o silêncio é aquiescência.

Será que ficar calado sempre equivale a consentir? Acredito que não. Para que o silêncio seja interpretado como consentimento, é preciso, no mínimo, que cumpra uma condição – a da presença física do intelectual no momento em que algo foi dito, a de algum sinal implícito, mas inconfundível, de que em princípio concorda com o que acontece. Não é o silêncio, em si, que equivale ao consentimento. A concordância se pressupunha, estava implícita, no ato de presença de Unamuno naquela cerimônia. Por estar presente, ele "consentia". Se se mantivesse calado, estaria continuando a consentir; por isso mesmo, não podia ficar calado.

Muito diferente é a expectativa, comum nos dias de hoje, de que o intelectual se pronuncie a respeito de *qualquer questão*. Se não fez uma declaração condenando a violência chinesa no Tibete, seu silêncio é considerado culpado; se condena abusos contra os negros cometidos pela polícia americana, haverá quem o critique por silenciar a respeito de outros abusos ocorridos em Cuba. Se critica o partido A, sempre existirá quem o condene por manifestar uma atitude seletiva, isto é, de não ter também criticado o partido B pela mesma razão. Não apenas na Guerra Fria esse

---

5. Cabe mencionar, no espírito retrospectivo que orienta este volume, minha contribuição "A guerra mecânica", *in*: Adauto Novaes (org.), *Fontes passionais da violência*, São Paulo: Edições Sesc São Paulo, 2015.

tipo de armadilha se faz contra os intelectuais. É certo que, entre os anos de 1945 e 1989, não faltaram exemplos de intelectuais que, criticando o capitalismo, silenciaram quanto aos crimes de Stalin – ou vice-versa: especialistas em criticar a falta de democracia na União Soviética que fizeram vista grossa aos crimes de Pinochet. Tornou-se muito fácil, hoje em dia, apontar omissões desse tipo. A simples omissão não significa, entretanto, apoio explícito a ditaduras – como de fato aconteceu, infelizmente, com nomes célebres na esquerda, como Sartre em relação à União Soviética, em determinada época, e à China, em outra, e como Foucault nos primeiros tempos da revolução iraniana.

Entre o apoio a uma ditadura e o simples silêncio há, contudo, um conjunto de diferenças inegáveis, que ainda hoje se insiste em apagar. Cria-se uma espécie de totalitarismo contra os intelectuais, numa exigência de que "confessem", de que "admitam", de que "digam" o que não querem dizer. Desse modo, para nos atermos a um exemplo atual, quem critica os *black blocs* pode ser facilmente acusado de estar do lado da polícia militar, e vice-versa.

Chegamos com isso a uma dificuldade em toda a questão do engajamento do intelectual. O número de causas, de protestos, de críticas em que um intelectual pode engajar-se no mundo haverá de ser imenso – e sabemos de que modo Sartre, no final da vida, assinava todo tipo de manifesto, sem se preocupar muito com o que ele estava apoiando. O paradoxo é que a famosa "responsabilidade" dos intelectuais se transforma dialeticamente em seu contrário: torna-se pura irresponsabilidade – quando, por exemplo, nossa antipatia por um regime autoritário se traduz em ignorância perante a barbárie dos que pretendem derrubá-lo. Melhor o silêncio, pois o silêncio não significa sempre um consentimento.

Nossa mera existência no mundo não equivale a participar, em silêncio, de uma cerimônia como a da Universidade de Salamanca. A presença de Unamuno ali tinha significado. Minha simples presença no mundo, não.

A obrigação de pronunciar-se sobre tudo não está colocada, nem pode estar colocada, para um intelectual – por maior que seja sua fama no plano internacional.

Nada mais errôneo, a meu ver, do que o velho tema sartriano de que não tomar partido já é, por si, uma tomada de partido. Sim, mas a favor de quem? Contra quem? A favor de gregos e troianos, talvez. Contra ambos, mais provavelmente. Ou também impotência diante da necessidade de resolver determinado antagonismo.

Mas o intelectual – repete-se – tem de se pronunciar. Surge aqui outro tema, paralelo ao do engajamento, no pensamento de Sartre. A saber, a ideia de que o intelectual é aquele que se mete onde não é chamado. Vê-se bem a diferença entre essa atitude e a de Unamuno, que rompe o silêncio porque implicitamente convocado a rompê-lo, pelo simples motivo de que estava, de fato, num lugar que o chamava a fazê-lo.

Foi num sentido muito preciso que Jean-Paul Sartre se referiu ao intelectual como aquele que se mete onde não é chamado. Em suas conferências no Japão em 1965, ele apontava a contradição existente entre o saber particular, técnico, especializado, o de um estudioso ou cientista, e a ideologia de uma classe – a classe burguesa – que não podia se acomodar a valores como a verdade e o interesse universal. Desse modo, surgia para Sartre a alternativa: ou o especialista se conforma à busca da verdade em seu campo específico de atuação – e, restringindo-se a isso, orgulha-se de não ser um intelectual – ou nota o particularismo de sua ideologia, deixando o papel de simples "agente do saber prático" para se transformar num intelectual, aquele "que se mete *no que é de sua conta* (em exterioridade: princípios que guiam sua vida, e interioridade: seu lugar vivido na sociedade) e de quem os outros dizem que *se mete no que não é de sua conta*[6]". Sartre dá o exemplo de um físico nuclear, que pode muito bem restringir-se à sua atividade científica e pode também assinar um manifesto contra a bomba atômica: passaria a assumir, neste último caso, o papel de intelectual.

Será? Em que medida o técnico "engajado" pode ser chamado de intelectual? A tomada de posição política sem dúvida incorpora uma atenção a valores e a visões das quais, em sua atividade cotidiana, o cientista está excluído. Sem dúvida, um especialista em física pode alertar sobre os riscos de confronto nuclear com um grau de informação, com uma autoridade e um detalhamento maiores do que os do cidadão comum. Mas do ponto de vista moral, filosófico e político sua opinião não é necessariamente mais refinada, complexa, original e interessante do que

---

6. Jean-Paul Sarte, *Em defesa dos intelectuais*, São Paulo: Ática, 1994, p. 29.

a de qualquer outro. Nesse campo de indagações, a autoridade real do saber técnico se transforma em autoridade postiça. O físico pode ser tão ingênuo, equivocado e simplista quanto qualquer outro.

O pressuposto de Sartre, em 1965, era o de que uma crítica mais ampla ao sistema social – e aos modos com que pode empregar o saber científico – trazia consigo um diagnóstico teórico mais sólido, mais amplo e mais verdadeiro do que a defesa ideológica do *status quo*, a qual impunha ao técnico a atitude de não se meter onde não era chamado. O mero fato de se preocupar com o que "não é de sua conta" carregaria, portanto, uma atitude intelectual – a de notar que sua atividade não é isolada de um conjunto, e que esse conjunto não visa ao interesse universal, sendo fundado nas falsas reivindicações de que o burguês é o homem, e de que a classe dominante é o equivalente de toda a humanidade. O técnico, o especialista, é assim sempre "silencioso"; quem "fala", nesse sentido mais amplo, já se torna automaticamente "intelectual", incorporando automaticamente esse ponto de vista mais amplo.

Verifica-se, em tempos mais recentes, uma perfeita inversão desse modelo sartriano. Mantém-se, por certo, a ideia de que o intelectual "se mete onde não é chamado". Todavia, não está mais claro o pressuposto de que determinada crítica – à fabricação de bombas atômicas, por exemplo – acarreta por si só a condenação de todo o sistema social. A *universalidade* não está dada automaticamente pela adesão à nova classe *universal* do proletariado. Não se traduz imediatamente em crítica ao capitalismo monopolista, por exemplo, a defesa de reservas indígenas ou do casamento homoafetivo.

As lutas sociais se particularizaram – e o intelectual que se engaja nelas, muitas vezes, se vê presa de uma fragilidade. "Mete-se onde não é chamado", sem ser capaz entretanto de remeter a questão em debate para o campo mais geral da crítica ideológica em que poderia triunfar. Não é incomum que opine sobre assuntos eminentemente técnicos, sem dispor da segurança que o antigo acesso ao "interesse geral da humanidade" podia propiciar.

Ao mesmo tempo, ocorre com frequência uma situação em que escritores, artistas ou filósofos prestam sustentação a causas humanitárias e consensuais – o que é louvável, evidentemente –, mas sem ter como acrescentar novos ângulos ao que já foi dito. Entre a generalidade meritória e a falsa competência, como recuperar a credibilidade do discurso intelectual *stricto sensu*? Talvez o papel do intelectual, agora como antes, seja o de "ligar os pontos", sem se impor como porta-voz da universalidade, mas sempre aspirando a uma visão mais articulada sobre o mundo.

Se esta é, digamos assim, uma definição satisfatória do que pode ser o *esforço, a atividade intelectual*, cabe entretanto acrescentar que não se esgota assim a *função pública* do intelectual.

Nisso o papel de Sartre no pós-guerra ganha, novamente, importância exemplar. Não se tratava, na França de 1945, de simplesmente condenar o nazismo, de assumir tal ou tal posição a favor ou contra de que escritores colaboracionistas fossem condenados à morte, ou de propor o socialismo. Como escritor, tanto quanto filósofo, a exposição de suas ideias e posicionamentos políticos tinha também uma função expressiva, representativa de seu tempo, e não apenas de sua opção particular nos antagonismos em que se debatia a sociedade francesa.

A esse respeito, um recente livro de Patrick Baert sobre a atuação de Sartre logo após a ocupação, apesar de defectivo em inúmeros aspectos, pode trazer sugestões interessantes[7]. Os artigos de Sartre publicados por volta de 1945 visavam sobretudo descrever e analisar *o que se sentiu, o que se pensou e o que não se disse* naquele momento, sem necessariamente pontificar sobre o que estava certo e errado, do ponto de vista ético ou intelectual, nas escolhas que se impuseram durante a invasão nazista.

Vale a pena citar uma longa passagem de "Paris sous l'occupation" [Paris sob a ocupação], artigo de Sartre escrito em 1945.

> É preciso que nos livremos das imagens maniqueístas. Não, os alemães não percorriam as ruas de revólver em punho; não, eles não forçavam os civis a lhes dar passagem, a sair da calçada quando eles caminhavam; no metrô, ofereciam seu lugar às velhinhas, se encantavam com as crianças e lhes acariciavam o rosto; tinham recebido a ordem de ser corretos, e eles se mostravam assim, com timidez e aplicação, por disciplina; chegavam a manifestar uma boa vontade ingênua que terminava

---

7. Patrick Baert, *The Existentialist Moment: The Rise of Sartre as a Public Intelectual*, Malden: The Polity Press, 2015.

sem função. E não se imagine, por parte dos franceses, algum olhar que os esmagasse de desprezo. Sem dúvida, a imensa maioria da população se absteve de qualquer contato com o exército alemão. Mas não se pode esquecer que a ocupação foi *cotidiana* [...].

Durante quatro anos, vivíamos – e os alemães viviam também, no meio de nós, submersos, afogados, na vida unânime da grande cidade. [Havia] um aspecto totalmente inofensivo naqueles soldados passeando na rua. A multidão se abria e se fechava sobre seus uniformes, cujo verde desbotado fazia uma mancha pálida e modesta, quase que esperada, no meio das vestimentas escuras dos civis. E depois, as mesmas necessidades cotidianas nos faziam relar neles [...].

Sem dúvida nós os teríamos matado sem piedade, se a ordem fosse dada; sem dúvida mantínhamos a memória de nossa raiva e de nosso rancor; mas esses sentimentos tinham adquirido uma forma algo abstrata e com o passar do tempo tinha-se estabelecido uma espécie de solidariedade envergonhada e indefinível entre os parisienses e essa tropa tão semelhante, no fundo, à dos soldados franceses. Uma solidariedade que não se deixava acompanhar de nenhuma simpatia, que era feita basicamente de um acostumar-se biológico. No começo, doía tê-los sob nossas vistas, e depois, pouco a pouco, desaprendemos de vê-los; eles ganharam um caráter institucional.

O que acabava por torná-los inofensivos era sua ignorância de nosso idioma. Ouvi mil vezes, no café, parisienses conversando livremente sobre política a dois passos de um alemão solitário, numa mesa, com os olhos perdidos, à frente de um copo de limonada. Eles nos pareciam mais móveis do que homens.

Quando eles nos paravam, com extrema educação, para nos perguntar sobre uma rua – para a maioria de nós essa era a única ocasião de falar com eles – nós nos sentíamos mais incomodados do que raivosos; na verdade, não estávamos sendo *naturais*. Rememorávamos a palavra de ordem que havíamos adotado definitivamente: nunca lhes dirigir a palavra. Mas, ao mesmo tempo, diante daqueles soldados perdidos, o antigo hábito do préstimo humanista despertava, uma outra palavra de ordem que remontava à nossa infância – e que nos impunha a não deixar um homem em dificuldades. Assim, decidíamos conforme o humor da ocasião, dizíamos "não sei" ou "pegue a segunda esquina à esquerda", e, nos dois casos, afastávamo-nos descontentes com nós mesmos[8].

O que Sartre procura, num trecho como esse, é enxergar uma dificuldade, tratar dela honestamente, e distinguir entre o que há de hipócrita e de honesto numa atitude humana. A famosa questão sartriana da má-fé – assim como toda a questão da ideologia e da mentira – exige não apenas uma visão analítica, científica do que se está estudando, mas, na medida em que é contemporânea e se endereça a outros leitores na mesma situação que nós, se mostra uma questão de *consciência*.

Por isso mesmo, a confiança estreita numa universalidade a ser obtida pelo método sociológico ou pela perspectiva universal dos interesses do proletariado não é a melhor resposta para o problema da função do intelectual – que, mesmo nos melhores tempos do marxismo, se confundiria então com a de um cientista social. A universalidade possível não surge de um cientificismo, embora não dispense a separação entre verdade e mentira. Surge da verdade com que podemos encarar a nós mesmos, e do modo, verdadeiro ou não, com que nos dirigimos a nossos semelhantes.

Pode parecer estranho aproximar dois pensadores tão diferentes quanto Sartre e Ralph Waldo Emerson, mas há um discurso desse pensador americano escrito em 1837, intitulado "The American Scholar" [O erudito americano], que representa a meu ver uma formulação memorável do papel do intelectual – que Sartre, falando da ocupação alemã em Paris, parece ter cumprido. Com esse trecho encerro minhas considerações.

> Um instinto existe, e é firme, de dizer a nosso irmão o que pensamos. Aquele que vai fundo nos segredos de sua própria mente mergulhou nos segredos de todas as mentes. O poeta que, em completa solidão, relembra seus pensamentos espontâneos, e os registra, descobre que registrou aquilo que os homens na cidade populosa consideraram também verdadeiro para eles. O orador imagina, inicialmente, que

---

8. J.-P. Sartre, "Paris sous l'occupation", in: J-P. Sartre, *Situations III*, Paris: Gallimard, pp. 17-9. [Tradução minha.]

são inadequadas as confissões que faz com franqueza, até perceber que vem complementar aqueles que o escutam – que eles bebem suas palavras porque satisfazem, para eles, a natureza que eles próprios têm; quanto mais se aprofunda em seus pressentimentos mais privados e secretos, percebe que são, para seu espanto, os mais aceitáveis, os mais públicos, os mais universalmente verdadeiros. As pessoas se felicitam com isso; a melhor parte de cada pessoa reflete: tal música é a minha, esse sou eu[9].

---

9. R. W. Emerson, "The American Scholar", *in:* George B. de Huszar (org.), *The Intellectuals: A Controversial Portrait*, Glencoe: The Free Press, 1960, p. 135.

# Congresso internacional do medo
## Pânico e terror sagrado: sobre algumas figuras do medo[1]
Jean-Pierre Dupuy

> *A Al-Qaeda ou o Estado Islâmico sabem que jamais poderão vencer uma nação tão forte como a América, então eles tentam aterrorizar, esperando que o medo nos colocará uns contra os outros.*
> BARACK OBAMA, 11 de setembro de 2016

### ANATOMIA DE UM ATO TERRORISTA

Quando Adauto Novaes me pediu para tratar do tema do medo, imediatamente pensei em apresentar a face positiva do medo, que nos faz dizer que às vezes "o medo pode ser bom conselheiro". Por várias vezes expus no ciclo *Mutações* meus trabalhos sobre as catástrofes que põem em perigo até mesmo a continuação da aventura humana, como a questão da mudança climática, a ameaça nuclear ou os riscos ligados às tecnologias avançadas. De acordo com o filósofo alemão Hans Jonas, é apostando no medo que deveríamos experimentar, mas que não experimentamos diante das catástrofes anunciadas que eu procurei uma solução. Demonstrei que a razão pode e deve nutrir-se do medo, mas não de qualquer medo: não esse que nos cobre de pavor e nos impede de pensar e de agir, mas, ao contrário, o medo simulado, intelectualizado, imaginado, que nos mostra o que é importante para nós, aquilo a que somos apegados, que corremos o risco de perder e que temos o dever de conservar.

Mas fiz essa escolha antes da série de atentados terroristas cometidos em nome do islã que golpearam cruelmente meu país. A França não é

---

1. Tradução de Ana Maria Szapiro.

certamente a única parte atingida do mundo, mas é, ao que parece, um alvo de escolha para organizações terroristas como a Al-Qaeda e o Estado Islâmico, por ao menos duas razões: porque é o país que, devido ao seu passado colonial, tem a maior população muçulmana da Europa e porque é um país que faz uma separação absoluta, sob o nome de *laicidade*, entre a esfera pública e a religião, uma verdadeira provocação para o islã, que recusa tal distinção.

Duas séries de acontecimentos particularmente atrozes atraíram a atenção do mundo inteiro. Na noite de 13 de novembro de 2015, três comandos distintos operando em nome do Estado Islâmico executaram, em paralelo, uma série de fuziladas e de ataques suicidas em Paris e arredores. Perto do Stade de France, em Saint-Denis, importante estádio de futebol onde acontecia a partida entre França e Alemanha à qual o presidente da República assistia, três terroristas se suicidaram explodindo uma bomba. Pouco mais tarde, no 11º Distrito, um dos novos lugares "da moda" da capital, três outros terroristas metralharam os terraços de cafés e restaurantes frequentados principalmente por jovens. Ao mesmo tempo aconteceu o ataque mais espetacular e mais mortífero: na casa noturna Bataclan, onde 1.500 pessoas assistiam ao concerto do grupo de *rock* americano Eagles of Death Metal, outros três jihadistas atiraram ao acaso contra a multidão, provocando um pânico indescritível. O balanço dessa noite foi de 130 mortos e 413 pessoas hospitalizadas.

No dia 14 de julho de 2016, dia da festa nacional, um caminhão em alta velocidade avançou sobre a multidão que acompanhava a tradicional queima de fogos de artifício no Mediterrâneo, na famosa Promenade des Anglais, em Nice, atropelando e matando 86 pessoas (balanço até essa data) e ferindo 458. Novamente seguiu-se um pânico ensandecido. Uma vez mais o Estado Islâmico reivindicou a carnificina.

Nos dois casos, a cena dos massacres foi construída de modo a criar um sentimento generalizado de medo, sentimento que se exacerba pela difusão constantemente repetida das imagens na mídia e nas redes sociais. Dois vídeos disponíveis na internet dão uma pequena ideia do que foram esses momentos de pânico[2]. No vídeo do Bataclan, vemos sobreviventes

---

2. "Attentat à Nice de 14 juillet 2016", disponível em: <https://youtu.be/wG75LhluPaQ>, e "Tragedy Bataclan Theatre Paris", disponível em: https://youtu.be/nCSx0YrcgNM. Acesso em: mar. 2017.

da carnificina arrastando cadáveres para uma rua situada atrás do prédio. Nas imagens de Nice vemos a inacreditável chegada do caminhão branco – toda a circulação de carros, é claro, estava proibida –, sua aceleração ao se aproximar da multidão e, depois, mais nada... Em seguida, o pânico na Promenade des Anglais e nas ruas de Nice.

A França não é, evidentemente, o único alvo do terrorismo islâmico. Apenas nos dois últimos anos foram atingidos muitas vezes os seguintes países: Alemanha, Inglaterra, Dinamarca e Estados Unidos, isso para falar do mundo ocidental. Mas os atentados mais frequentes e mais terríveis atingem o próprio mundo muçulmano: Tunísia, Líbia, Egito, Arábia Saudita, Líbano, Iraque, Síria, Turquia, Somália, Chade, Mali, Nigéria, Quênia, Camarões, Iêmen, Paquistão, Afeganistão e Bangladesh.

Pareceu-me que o medo, o medo nu, o pavor bruto que esses atos despertam era um tema, não mais importante, porém mais imediato do que aquele que eu inicialmente previra tratar.

O que me interessa aqui é o elo que se pode traçar entre esses atos terroristas cometidos em nome de uma religião – isto que eu denomino *terror sagrado* – e o fenômeno social muito particular que denominamos pânico. Vou tentar mostrar que essa questão, que pode parecer excessivamente obscura e de interesse limitado à primeira vista, vai nos conduzir a uma discussão antropológica fundamental.

Os atos terroristas que considero implicam uma "encenação" bem precisa, no sentido teatral do termo. Um homem sozinho, ou às vezes um pequeno grupo, toma por alvo uma multidão anônima, dispara ao acaso com uma Kalachnikov ou lança seu veículo a toda a velocidade contra tudo que estiver no seu caminho, ou ainda se explode com um cinturão de explosivos no meio de uma reunião, de um café ou de um mercado[3].

Essas diversas técnicas de carnificina apresentam traços em comum. Primeiro, as vítimas não se tornam individualmente alvos; é o acaso que as "escolhe", se pudermos dizer assim, à maneira de um tsunami que, também ele, de modo algum se interessa pela identidade daqueles que ele leva à morte e daqueles a quem poupa. Esse traço distingue fortemente tais desastres dos atos do terrorismo político que escolhe suas vítimas.

3. No momento em que escrevo estas linhas, 20 de agosto de 2016, soubemos que um menino de 12 anos explodiu-se no meio de um casamento na cidade turca de Gazantiep, perto da fronteira síria. Gesto atroz que fez uns cinquenta mortos, um deles o terrorista, e uma centena de feridos.

No dia 7 de janeiro de 2015, os dois irmãos assassinos que mataram doze pessoas, entre elas nove jornalistas na sede do jornal satírico *Charlie Hebdo*, sabiam exatamente quem queriam atingir, pois anunciaram um a um o nome de suas vítimas antes de abatê-las. Do mesmo modo, o terrorismo anarquista dos anos 1970 e 1980 na Alemanha, com o grupo Baader-Meinhof, e na Itália, com as Brigadas Vermelhas, praticavam, sobretudo, assassinatos seletivos.

Em segundo lugar, no final, o terrorista morre e sabe disso quando comete seu ato, seja porque o suicídio é a arma de seu crime, seja porque ele não tem nenhuma chance de escapar. De fato, dos autores dos quatro maiores atentados que atingiram a França em 2015 e em 2016 – os três que acabo de mencionar e aos quais se deve acrescentar o padre que foi degolado quando celebrava a missa numa igreja na Normandia, no dia 26 de julho de 2016 – somente um ainda está vivo.

Em terceiro lugar, enfim, e este é o traço aparentemente mais evidente, porém mais problemático, esses atentados são praticados em nome de uma religião: o islã[4]. É nesse ponto que se concentra o debate na Europa e, em particular, na França. Ouvimos principalmente e, às vezes, violentamente, o confronto entre duas posições extremas em torno de uma noção vaga: a islamofobia. Na extrema esquerda, toda a espécie de causas do tipo sociológico, econômico, político e geopolítico, e até mesmo psicológico ou psiquiátrico, já foi citada para explicar esses atos insólitos. Explicar não é justificar, mas a linha que separa as duas noções às vezes é vaga. Não foi preciso nem uma semana depois do 11 de setembro de 2001 para que o natural viés de antiamericanismo de certa esquerda francesa levantasse a cabeça e se recusasse a condenar os criminosos com a justificativa de que eles sacrificaram suas vidas. Foi impressionante ver que, a partir desse momento, a palavra *vítima* começou a ser utilizada não para designar os infelizes ocupantes das torres, mas os próprios terroristas, considerados então duplamente vítimas: da injustiça do mundo e da necessidade de se tornarem mártires. Aqueles que se opõem a esse tipo de interpretação são qualificados de islamofóbicos.

---

4. Os dois primeiros traços podem se apresentar na ausência do terceiro. É o caso dos assassinatos que acontecem muito regularmente nas escolas ou em outros lugares públicos dos Estados Unidos. Pensamos também no massacre cometido pelo norueguês Anders Behring Breivik, no dia 22 de julho de 2011.

No outro extremo, em particular no seio da direita católica, explicam--nos que há alguma coisa de intrinsecamente violento nas crenças e nas práticas do islã. Sua teologia sacrificial, sua recusa em separar a política da religião, sua ambição em estabelecer um califado universal na Terra tornariam o islã fundamentalmente incompatível com a democracia.

Parece impossível encontrar um espaço de concordância entre essas duas posições que dividem cada vez mais a sociedade francesa sempre que um novo atentado criminoso acontece. Entretanto, gostaria de propor um meio de aproximá-las. Não há nenhuma dúvida de que estamos diante de assassinatos coletivos da pior espécie e que o apelo a Deus e à religião é um disfarce. Também não se pode negar que os terroristas se sacrificam, no sentido de que executam seu gesto com plena consciência de que vão morrer, ainda que com o objetivo de causar a morte de um grande número de pessoas. Sob influência do cristianismo, associamos espontaneamente autossacrifício e sacrifício à divindade. A leitura tradicional e sacrificial do cristianismo é a de que o Cristo salva os homens quando aceita o martírio da cruz, oferecendo esse sacrifício de si mesmo ao seu Pai, o que é o sacrifício supremo. Recuamos de pavor diante da ideia de assimilar o assassino louco da Promenade des Anglais a uma figura crística. E, entretanto, aí está uma interessante pista de pesquisa que vai nos guiar.

Sem esperar, digo de imediato que a chave se encontra na distinção entre religião e sagrado. O sagrado são essas "formas elementares da vida religiosa" que o fundador da sociologia francesa, Émile Durkheim, estudou no seu livro do mesmo nome (1912) e que a antropologia religiosa analisou distinguindo três dimensões: primeiro, os rituais, o mais primitivo deles sendo o sacrifício humano; em seguida, os mitos, as narrativas que ligam a sociedade às suas origens imaginárias; e os interditos, que fixam os limites da ação humana. Se admitirmos, de acordo com toda uma tradição de pensamento que tem seu ponto de partida na sociologia de Max Weber, que o judaísmo e, em seguida, o cristianismo são responsáveis pelo *desencantamento do mundo*, quer dizer, por sua dessacralização, vemos que é fundamental não confundir o religioso e o sagrado.

Etimologicamente, sacrifício é aquilo que torna sagrado. Ora, o judaísmo e o cristianismo dizem: Deus não quer sacrifícios. E o que diz o islã? Ele se origina no religioso ou no sagrado? Não vou opinar sobre isso.

Em compensação, vou me pronunciar sobre o que são esses atos que combinam autossacrifício e assassinato coletivo, cometidos em nome do islã.

As palavras têm sua sabedoria. O sagrado – *sacer*, em latim – é profundamente ambivalente: é ao mesmo tempo aquilo que se venera e aquilo que se teme. Ele protege e destrói. Em francês e em português, utilizo a expressão com duas palavras: *terror sagrado*. Traduzo desse modo uma só palavra inglesa, *awe*, que combina os dois aspectos contraditórios do sagrado, como se pode ver com os dois adjetivos que ela engendrou: *awful*, aquilo que é horrível, e *awesome*, aquilo que é magnífico. Notemos que existe a mesma ambivalência em inglês com a palavra *terror*, que dá ao mesmo tempo *terrible*, ou seja, terrível, e *terrific*, que quer dizer excepcional, fantástico, esplêndido, impressionante.

Vou abordar agora o outro termo que está no título desta apresentação: o pânico.

## O PÂNICO: ENTRE MITO E CIÊNCIA

O pânico, como o nome indica, é um medo coletivo[5], e esse medo remete a um mito grego, o do deus Pã. Pã, deus dos pastores, mantinha seus rebanhos na terra da felicidade calma, a Arcádia. Como o sagrado, ele reunia traços contraditórios. Era meio homem, meio cabra, ao mesmo tempo monstro e sedutor, virtuoso da flauta e insaciável amador de ninfas. Podia aparecer subitamente detrás de um bosque e inspirar um terror súbito: o pânico. Como escreve Philippe Borgeaud nas suas belas *Recherches sur le dieu Pan* [Pesquisas sobre o deus Pã]: "Herdeiro direto da noite original, o árcade tem o privilégio de poder, a todo momento, reviver seu nascimento para a humanidade. Ele está, culturalmente, no limiar. Um passo adiante, ei-lo absolutamente grego e até mesmo, o que é importante aos olhos da história, democrata; um passo atrás, eis que se torna novamente selvagem. Esta posição liminar dá a ele um certo prestígio[6]". E Maurice Olender comenta: "A Arcádia mostra então este centro nevrálgico de onde pode, a qualquer momento, ressurgir a selvageria contida no interior da cidade. Daí a 'terra de Pã' evocar essa fragili-

---

5. Sem dúvida, sob a influência do inglês, a palavra *pânico*, em francês como em português, veio a significar também uma angústia individual, razão por que falamos, por exemplo, em *crise de pânico*.
6. Philippe Borgeaud, *Recherches sur le dieu Pan*, Genève: Institut suisse de Rome, 1979.

dade inerente às instituições humanas, essa precariedade de toda ordem política dos usos e das convenções que ela coloca em funcionamento[7]".

Os gregos faziam de Pã a causa presente-ausente de tudo aquilo que, aparentemente, não tem causa; a razão do que é sem razão – em particular, dessas totalizações paradoxais em que uma coletividade de pacíficos subitamente se transforma em horda selvagem. Não acreditamos mais nos deuses – ao menos, nas nossas explicações científicas. Por quem substituímos Pã?

Apesar de sua importância teórica, o pânico é um fenômeno que as ciências humanas e sociais estudaram pouco. Duas dentre elas – dentre as mais importantes e influentes – não puderam evitar o problema que traz o pânico: uma delas é a economia política, porque os mercados financeiros são periodicamente abalados por pânicos que arriscam destruí-los. A outra é a psicologia das massas. Mas o pânico, como Pã, parece confundir todas as pistas. As categorias analíticas que o pensamento racional multiplica de modo a dominar melhor o real dividindo-o, tornam-se inúteis: o pânico as indiferencia do mesmo modo que confunde as diferenças sociais. Com relação às tipologias clássicas, o pânico, como Pã, é um monstro: ele parece que resulta de tipos os mais opostos.

No pânico, a sociedade se desagrega, se decompõe, se pulveriza. Entretanto, e como a própria palavra indica, o pânico é também totalização, constituição de um todo. De um lado, aparece como a formação de um novo ser de natureza coletiva, quase um sujeito, dotado de autonomia, de personalidade, de vontade, de desejos próprios mesmo, transcendendo as consciências individuais, e cuja marcha cega em direção à catástrofe nada parece capaz de deter. De outro lado, o pânico se apresenta como um processo de individualização violento no qual tudo aquilo que faz do indivíduo um ser social com seu estatuto, com suas relações e seus papéis, ligado aos outros por múltiplos laços de conflitos e de cooperação socialmente regulados, tudo isso se rompe, é aniquilado. Lá um processo de desindividualização extremo, aqui um processo de dessocialização não menos radical[8].

---

7. Maurice Olender, "Análise da obra de P. Borgeaud: *Recherches sur le dieu Pan*", *Le Nouvel Observateur*, 25 septembre 1982.
8. A todo mito corresponde um ritual. O ritual do pânico é, por excelência, o Carnaval. Como bem mostrou Roberto da Matta no seu livro *Carnavais, malandros e heróis* (1979), o Carnaval pode ser triplamente

O mito nos diz que o pânico é um mal que vem do exterior. Ele nomeia o culpado: Pã. Essa imputação, entretanto, carrega uma ambiguidade. A exterioridade e a desumanidade de Pã não são firmemente estabelecidas. Pã é uma criatura liminar, situada nas fronteiras. Seu próprio nome pode levar-nos a pensar que ele é um substituto de toda a comunidade: um bode expiatório, de algum modo. O projeto de procurar o pânico nas situações de catástrofe é o equivalente moderno do mito. Nada vale mais do que um "bom terremoto", podemos pensar, para desencadear a epidemia do terror. A exterioridade do mal e sua rapidez bem valem a súbita aparição de Pã. Entretanto, os especialistas não estão de acordo: em situação de catástrofe, o pânico é extremamente raro. Coisa interessante, os fatos mostram que ele tem tanto mais chances de se produzir quanto mais a exterioridade do mal for mais duvidosa. Significativo a esse respeito é a comparação quanto ao modo pelo qual um estádio reage segundo a perturbação venha de fora ou brote do seu seio. Por ocasião do terremoto de São Francisco em outubro de 1989, uma multidão considerável, amontoada no estádio Candlestick Park, se preparava para ver uma partida importante de beisebol entre Oakland e São Francisco. Os violentos abalos que causaram o colapso, não longe dali, da ponte que ligava as duas cidades, não produziram o menor pânico. Que contraste com os numerosos exemplos de massas se atropelando, se esmagando contra as grades, ou as saídas de um estádio por ocasião da debandada provocada pela febre da competição que, nas arquibancadas, faz eco à violência simbólica da partida. Estou pensando em particular no pânico do estádio do Heysel, em Bruxelas, no dia 29 de maio do ano 1985. Trinta e nove pessoas morreram esmagadas e 450 saíram feridas.

O pânico é um nó de paradoxos. Encontramos esses paradoxos no coração da teoria do pânico que, ainda hoje, tem força: a que Freud elaborou no centro da sua *Psicologia das massas* publicada em 1921[9]. Nessa obra, a multidão está do lado da ordem, e o pânico, do lado da desordem. A

---

considerado como um ritual de pânico: primeiro, porque mimetiza o pânico, colocando em cena a individualização radical da sociedade; em seguida, porque é uma festa da totalidade social; e, finalmente; porque descende das lupercais, as festas romanas de inverno que celebravam Luperco, o equivalente latino de Pã. Da Matta descreve o Carnaval como um "processo violento de individualização", afirmando simultaneamente que é um dos momentos no qual o brasileiro sente mais profundamente o peso e a força da totalidade social.

9. S. Freud, *Massenpsychologie und Ich-Analysis*, Wien: Internationaler Psychoanalytischer Verlag, 1921.

multidão é o modelo de toda ordem social. Mas essa multidão, que Freud chama de artificial, está construída em torno de e na pessoa de um chefe. As duas multidões que Freud considera são a Igreja e o Exército. Quanto ao pânico, ele é a decomposição dessa ordem. Freud, entretanto, é o primeiro a falar de paradoxo a propósito dessa oposição excessivamente forte entre ordem e desordem. É pena que seus discípulos tenham antes preferido sacralizar esse paradoxo a tentar resolvê-lo, quer dizer, fazê-lo desaparecer. Quanto a mim, proponho um método para conseguir isso.

Para Freud, a massa se caracteriza principalmente por três dimensões.

Em primeiro lugar, seu princípio de coesão, de natureza libidinal ou erótica. Para que uma coleção de indivíduos se torne *massa*, é preciso que uma força por excelência antissocial seja vencida: o egoísmo, o "narcisismo". É o que se observa na multidão, afirma Freud: "se a vantagem pessoal constitui quase o único móvel da ação no indivíduo isolado, esse fator só raramente determina o comportamento das multidões".

Nas multidões é frequente ver os indivíduos sacrificarem seu interesse pessoal e seu amor de si em nome de um interesse coletivo que os supera. "Tal restrição do narcisismo só pode resultar de um único fator: do apego libidinal a outras pessoas. O egoísmo só encontra um limite no amor pelos outros, o amor pelos objetos." É então "Eros, que assegura a unidade e a coesão de tudo o que existe no mundo", que dá à massa sua consistência.

Segunda dimensão, o ponto focal desses apegos libidinais é a pessoa do chefe. Para cada um dos membros da multidão, o *ideal do eu* é substituído por um *mesmo* objeto libidinal externo, o líder, o chefe, de maneira que todos se identificam uns com os outros. Sim, existem multidões sem chefe, reconhece Freud, mas aquelas que o têm talvez sejam "as mais primitivas e as mais perfeitas". Na história da psicologia das massas, marcada pelas obras de Le Bon, Tarde e Freud, observa-se um deslocamento dos centros de interesse, da reunião espontânea e passageira para a multidão artificial e, em paralelo, da massa para seu líder. Em Freud a multidão não é mais o produto anárquico da decomposição social; ao contrário, é, graças ao chefe, o arquétipo de toda formação social duradoura. O chefe é o operador da totalização do coletivo, é seu *ponto fixo*.

Enfim, terceira dimensão, a dialética da identificação e da libido explica por que a multidão é o suporte por excelência de fenômenos de contágio. Freud evoca este *contágio afetivo* que faz com que a "carga afetiva dos indivíduos se intensifique por indução recíproca: encontramo-nos como que levados e obrigados a imitar os outros, a nos colocarmos em união com os outros".

Ora, dois paradoxos estão no coração dessa teoria.

Há, primeiro, a figura do chefe, esse umbigo da massa. O fundador da psicossociologia francesa, Serge Moscovici, define esse caráter paradoxal nos seguintes termos:

> As multidões são compostas, em princípio, por indivíduos que, para delas participar, venceram suas tendências antissociais ou sacrificaram seu amor de si. Entretanto, no centro das multidões se encontra um personagem que é o único que conservou essas tendências e que até as possui exageradas. Por um efeito estranho – que, entretanto, pode ser explicado – do laço que as une, as massas não estão dispostas a reconhecer que renunciaram a algo que o líder preserva intacto e que se torna seu ponto de atração: justamente o amor de si [...]. Todos os líderes simbolizam esse paradoxo da presença de um indivíduo antissocial no cume da sociedade. Porque a qualquer um a quem falte narcisismo falta também poder[10].

Em suma, as massas amam seu chefe, e o chefe ama a si mesmo. A multidão permanece unida graças a um elemento singular que lhe escapa.

O segundo paradoxo é o do pânico. Freud caracteriza o pânico muito simplesmente: é o que acontece a uma multidão quando ela perde seu ponto fixo, quer dizer, seu chefe. É a um verdadeiro retorno com força do narcisismo, do amor de si e dos interesses egoístas que assistimos então, "cada um se preocupando apenas consigo mesmo, sem nenhum cuidado com os outros". Cada um "tem, então, a sensação de se encontrar sozinho diante do perigo". Freud insiste: "Está fora de dúvida que o pânico significa a desagregação da multidão e que tem como consequência o desaparecimento de todo laço entre os seus membros". Privada do centro regulador, composição anárquica de átomos que somente enxergam sua vantagem privada, o pânico aparece como a negação da multidão. E, no entanto,

---

10. Serge Moscovici, *L'Age des foules*, Paris: Fayard, 1981.

reconhece Freud – evidentemente nós todos sabemos –, é nesse momento preciso em que desapareceu tudo aquilo que faz com que a multidão seja a multidão – o chefe, os laços afetivos –, é nesse momento que a multidão nos parece mais multidão. Chegamos assim a "esse resultado paradoxal em que a alma coletiva se dissolve no exato momento em que manifesta sua propriedade mais característica e por meio desta manifestação[11]".

O princípio geral da solução que proponho consiste em renunciar à separação brutal entre multidões espontâneas e multidões artificiais, entre massas anárquicas e massas construídas em torno de seu líder. É preciso sair do paradigma do *ponto fixo exógeno*, programa e produtor da multidão, para considerar o paradigma do *ponto fixo endógeno, produzido pela multidão quando ela se imagina ser produzida por ele*.

Tratar o chefe como um ponto fixo endógeno é afirmar que não são suas qualidades intrínsecas (seu pretendido narcisismo ou, na versão de Max Weber, seu *carisma*) que lhe asseguram sua posição central, mas sim o processo pelo qual o sistema-multidão se fecha sobre si mesmo. O narcisismo é apenas uma ilusão, o que existe é apenas *pseudonarcisismo*, no sentido de que alguém só pode amar a si mesmo na medida em que os outros o amam. No pseudonarcisismo, se o chefe pode amar a si mesmo, é porque ele imita o amor que os outros têm por ele. Inversamente, os outros o amam porque eles imitam o amor que o chefe tem por si mesmo.

O pseudonarcisismo é produzido por aquilo mesmo que ele produz: o amor dos outros. Vemos aqui como a substituição da oposição libido/narcisismo por um único princípio *mimético* faz emergir a distinção entre o chefe e a massa. A singularidade do chefe não se sustenta nas suas características individuais intrínsecas; ela não é uma causa, é um efeito. É assim que eu resolvo o paradoxo do chefe.

Dizer que o chefe (o poder) é um ponto fixo endógeno, é dizer que o coletivo humano tem como ponto de referência *exterior* algo que provém, de fato, dele mesmo, pela composição das ações interdependentes dos seus membros. Ora, o mesmo mecanismo de autoexteriorização ou de autotranscendência opera no pânico. Este não se opõe à multidão da qual, entretanto, ele se origina apenas se considerarmos a multidão do modo artificialista de Freud. Numa visão sistêmica, a decomposição da

---

11. S. Freud, *op. cit.*

multidão no pânico não coloca nenhum problema lógico, porque ela simplesmente se acompanha da substituição de uma forma de ponto fixo endógeno por outra.

No pânico, quando o líder foge, emerge no seu lugar um outro representante da coletividade, aparentemente transcendente aos seus membros. Não é nada mais do que o próprio movimento coletivo que se separa, toma distância e autonomia com relação aos movimentos individuais, sem entretanto deixar de ser a simples composição de ações e reações individuais. É um efeito do sistema. Como Durkheim bem percebeu, a totalidade social apresenta nesses momentos de "efervescência" todos os traços que os homens atribuem à divindade: exterioridade, transcendência, imprevisibilidade, inacessibilidade[12]. No seu grande livro *Massa e poder*, Elias Canetti observa por seu lado que "a massa precisa de uma direção", de um objetivo que lhe seja dado "fora de cada indivíduo", "idêntico para todos": pouco importa o que seja, desde que "ainda não tenha sido alcançado"[13]. Na fuga do pânico, é exatamente o que o processo de totalização realiza, sozinho.

Concluo esta sessão sobre a multidão e o pânico sublinhando que, contrariamente às aparências, nós não deixamos a questão do religioso e do sagrado. Toda teoria que se diz científica, logo não religiosa, sobre o religioso e sua presença universal nas sociedades humanas, necessariamente reencontra a figura da autotranscendência. Ela deve dizer que os homens criam os deuses que, eles acreditam, os criaram. A exterioridade que atribuem ao sagrado, foram eles mesmos que a engendraram. Ora, como acabamos de ver, o pânico é resultado de um fenômeno análogo de autoexteriorização. Os gregos tinham razão de atribuí-lo à ação de uma divindade.

**INTERLÚDIO**

Antes de tratar da terceira parte, quero fazer menção a um curto extrato do primeiro filme que o diretor austríaco Fritz Lang realizou quando chegou aos Estados Unidos. Estamos em 1936, e Lang já era famoso por

---

12. Émile Durkheim, *Les Formes élémentaires de la vie religieuse*, Paris: PUF, 1979 (orig. 1912). [Edição brasileira: *As formas elementares da vida religiosa*. São Paulo: Martins Fontes, 2003.]
13. Elias Canetti, *Masse et puissance*, Paris: Gallimard, 1966.

obras primas como *Metrópolis* e *M, o vampiro de Dusseldorf*. Seu sucesso foi tal que Goebbels, o ministro da propaganda nazista, lhe propôs que assumisse a direção do cinema alemão, apesar de sua ascendência judaica. Lang preferiu fugir na mesma noite para Paris, de onde partiu depois para Hollywood.

O filme a que me refiro se intitula *Fúria*[14]. Trata da vingança, primeiro coletiva, depois individual. Mostra uma fúria coletiva que termina num linchamento. A ação se passa nos Estados Unidos, mas é preciso ter em mente que Lang pensa também na Alemanha e naquilo a que ele assistiu com a ascensão do nazismo.

O extrato para o qual desejo chamar a atenção está no fim da primeira parte. Não direi nada a respeito da segunda para não estragar o prazer daqueles que não conhecem o filme e teriam vontade de vê-lo. A segunda parte introduz um efeito surpreendente que faz refletir muito. Vou dizer o mínimo do que é preciso saber para compreender o extrato.

Joe Wilson, magnificamente interpretado pelo grande Spencer Tracy, é o americano médio típico, segundo Hollywood, honesto e trabalhador. É apaixonado por Katherine, mas não podem se casar por falta de dinheiro. Decidem então se separar durante um ano. Ele abre um posto de gasolina com seus dois irmãos, enquanto ela volta ao Oeste americano para retomar sua profissão de professora. O fim do ano se aproxima, e Joe inicia uma viagem de carro que vai levá-lo ao encontro de sua noiva. Logo na entrada de uma cidadezinha denominada Strand, a via foi fechada pelo auxiliar do xerife. Aconteceu um sequestro. Alguns indícios fazem com que as suspeitas recaiam sobre Joe, que é colocado em prisão preventiva na cadeia de Strand. Indiscrições desencadeiam rapidamente um rumor de que Joe é o sequestrador procurado. Forma-se uma multidão que se dirige para a prisão, diante da qual está o xerife, o representante da lei.

A ligação entre o extrato e os temas da minha conferência se encontra primeiro no mecanismo de constituição da multidão. Ele se opera aqui em torno da pessoa não do chefe, mas da vítima expiatória, o bode expiatório. Mas é sobretudo a expressão de terror sagrado (*awe*) que aparece nas faces. Toda a força do expressionismo alemão que Lang dominava

---

14. Título original: *Fury*, Estados Unidos, Metro-Goldwin-Mayer, 1936, 92'. Disponível em: <http://cinemalivre.net/filme_furia_1936.php>, acesso em: ago. 2016.

perfeitamente está aqui colocada a serviço de uma ideia que já podemos encontrar em Durkheim: a multidão assassina está na origem do sagrado. Cada um de seus membros vive uma experiência extraordinária, na qual se misturam o gozo da raiva, o sentimento de participar de algo maior do que cada um de si e o medo que causa esse exercício de onipotência.

## O SAGRADO ESTÁ DE VOLTA, MAS COMO SIMULACRO

Nesta última parte volto às interrogações da primeira. Que ligação pode-se estabelecer entre os atentados terroristas e o islã, em nome do qual esses atentados são cometidos? O fato de que os assassinos paguem por seus crimes com suas vidas faz disso um sacrifício no sentido religioso do termo? Eles derramam sangue dos outros e o seu próprio para servir, para honrar uma divindade? E, enfim, qual é a relação entre esse terror sagrado e o pânico?

Talvez vocês se lembrem da horrível imolação de dois soldados israelenses por uma multidão descontrolada num posto de polícia de Ramallah, nos territórios ocupados por Israel, fato que marcou tragicamente o conflito no Oriente Médio no outono de 2000. A foto abominável que percorreu todo o planeta, aquelas mãos manchadas do sangue derramado para não se sabe qual deus vingador, aquele corpo jogado, desarticulado, desmembrado do qual se arrancaram os pedaços, tudo isso evocava com uma força inacreditável os ritos mais sangrentos do sagrado primitivo. Os fanáticos de Ramallah evidentemente não tinham a menor ideia de que reproduziam os atos do *diasparagmos,* ritual próprio do culto dionisíaco, que consistia em matar a vítima por desmembramento para então devorá-la. O homem que pôs as mãos no sangue de sua vítima não tinha nenhuma ideia de que reencontrava o gesto do sacerdote asteca no topo de sua pirâmide. Os ecos religiosos estavam bem presentes, mas seria odioso ou ridículo dizer que remetiam às religiões dos protagonistas, o islã e o judaísmo. O eco é enganador e é preciso inverter sua fonte e sua destinação aparentes. O que vem em primeiro lugar, esse verdadeiro universal da violência fundadora, é a dinâmica espontânea da multidão perseguidora, como o linchamento que vemos no filme *Fúria.* É sobre essa base que o religioso vai prosseguir em seguida no seu trabalho de interpretação, de simbolização e de ritualização.

Esta é, em todo caso, a tese do antropólogo francês René Girard que apresentei no ciclo *Mutações* no ano de 2010 e que alguns de vocês talvez ainda se lembrem. Segundo Girard, o sagrado primitivo não é outra coisa senão a violência dos homens expulsa, exteriorizada, coisificada. No paroxismo de uma crise, quando a fúria assassina destrói o sistema das diferenças que constitui a ordem social, quando todos estão em guerra contra todos, o caráter contagiante da violência provoca um deslocamento catastrófico, fazendo convergir todo o ódio para um membro arbitrário da coletividade. Sua morte restitui brutalmente a paz. Disso resulta o sagrado nos seus três componentes constitutivos. Os mitos primeiro: a interpretação do acontecimento fundador faz da vítima um ser sobrenatural, capaz de ao mesmo tempo introduzir a desordem e criar a ordem. Os ritos, em seguida: estes, sempre no início sacrificiais, mimetizam em um primeiro momento a decomposição violenta do grupo para melhor encenar o restabelecimento da ordem pela morte de uma vítima de substituição. Por fim, o sistema dos interditos e das obrigações, cuja finalidade é impedir que se desencadeiem os conflitos que incendiaram a coletividade numa primeira vez. Compreende-se por que o rito faz o oposto dos interditos: antes ele deve representar a transgressão dos interditos com a desordem que resulta disso, para aí então reproduzir o mecanismo sacrificial que restabelece a paz.

O sagrado é fundamentalmente ambivalente: faz obstáculo à violência por meio da violência. Isso fica claro no caso do gesto sacrificial que restaura a ordem: é apenas um assassinato a mais, mesmo que se apresente como o último.

O cristianismo destrói o sistema sacrificial revelando que a vítima, que chamamos desde então de bode expiatório, é inocente. Mas esse dom que é a revelação é uma armadilha, já que retira dos homens a única proteção que tinham contra sua própria violência. A máquina de fabricação do sagrado é irremediavelmente avariada, estragada, já que repousa na crença da culpabilidade da vítima. A violência tem, assim, cada vez mais dificuldade em se autotranscender e se autolimitar no e pelo sagrado. Ela agora tem o campo livre. Assim se explicam estas palavras enigmáticas de Cristo que Mateus (10, 34-36), nos traz: "Não acrediteis que eu vim trazer a paz sobre a terra: eu não vim trazer a paz, mas a espada".

Entre 1930 e 1934, aconteceram mais de sessenta linchamentos públicos nos Estados Unidos, e *Fúria* se baseia em um deles. O filme mostra bem esse furor sagrado que captura os protagonistas mas não chega à sacralização da vítima. É que o cristianismo passou por ali, seguido de sua secularização sob a forma particular da instituição judiciária, aqui representada pelo xerife.

À luz dessa análise, a abjeta encenação dos atentados terroristas cometidos em nome do islã pode ser assim analisada. Desmistificada pela revelação cristã, hoje a violência pura não pode ter a aparência do sagrado para se justificar, a não ser tomando emprestados os costumes de uma religião estabelecida, no caso, o islã. Isso é tão absurdo e tão lamentável quanto o são os simulacros de casamento católico que os grandes hotéis do Japão organizam. Falsos padres contratados por agências especializadas agem exatamente como faria um padre autêntico nessa cerimônia, rezando as mesmas preces, executando os mesmos gestos (com exceção, entretanto, da eucaristia, essa conexão entre a religião e o sacrifício). Dizem que 60% dos casamentos realizados no Japão são desse tipo, e que, frequentemente, os recém-casados nem sabem que o celebrante não é um padre verdadeiro.

Referi-me a esses crimes odiáveis como absurdos. Isso pode chocar algumas pessoas. Mas o que estou fazendo é tão somente seguir o modelo daquilo que podemos denominar, sejamos ou não cristãos, a grande sabedoria do papa atual, Francisco. Como ele reagiu ao assassinato do padre Hamel, decapitado por dois jovens que se diziam islâmicos na sua igreja na Normandia, quando celebrava a eucaristia no dia 26 de julho de 2016? Muitos membros eminentes da Igreja francesa viram no velho padre um mártir que deu sua vida para sua fé, como se esse crime horrível marcasse o início de uma guerra de religiões. O papa simplesmente disse que era um ato absurdo, louco, causado pelo ódio. Mas era tudo o que o papa tinha a dizer, questionaram muitos cristãos, indignados com esse minimalismo?

O Evangelho de João (15, 25) faz dizer o Cristo: *"Ἐμίσησάν με δωρεάν"*, que se traduz frequentemente por "eles me odiaram sem causa". É um erro. É preciso dizer "eles me odiaram sem razão". A palavra grega, *dorean*, se refere à gratuidade do dom e, mais precisamente, ao dom que Deus dá aos homens, amando-os sem razão. Essa violência gratuita tem certamente causas, e numerosos são os estudos que as analisam, como eu disse desde o início. Mas, no caso dos crimes de que falamos aqui, não há nada que se pareça com um início de razão: nada que supere a imbecilidade assassina. Isso é o que o papa Francisco queria apontar.

Uma melhor tradução ainda seria "contra a razão", esta razão sendo o conhecimento do mecanismo do bode expiatório. Formulo então minha hipótese: tudo se passa como se assistíssemos hoje a uma revanche desse mecanismo contra a revelação, essa revelação que o privou de sua produtividade.

Proponho um pouco de geometria. Imaginemos dois cones partilhando o mesmo eixo horizontal e o mesmo ápice. Aquele da direita é como o reflexo no espelho daquele da esquerda, mas é um reflexo monstruoso, como no quadro de Picasso *Jovem diante do espelho* (1932), o reflexo transformando a virgem em prostituta.

O cone da esquerda representa o mecanismo vitimário de todos contra um, o linchamento primordial, como em *Fúria*. Sua base é a multidão indiferenciada pelo contágio da violência. Todos os ódios convergem para o ápice que é a vítima, uma vítima que é sacralizada. Esse mesmo ápice se torna o sujeito no cone da direita, sujeito no duplo sentido da palavra: aquele "subjugado" (*sub-jacere*), quer dizer, que ainda é a vítima mas também o sujeito da metafísica moderna, ou melhor, é a sua caricatura, o

A revanche do mecanismo vitimário

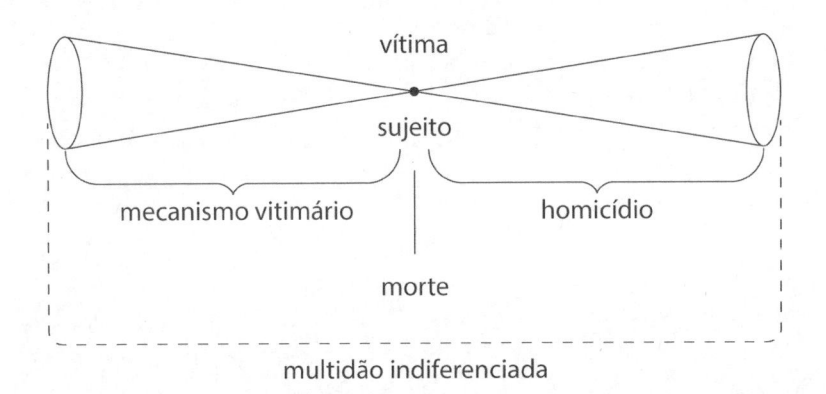

assassino que atira ao acaso na multidão indiferenciada, indiferenciação desta vez resultante da indiferença do assassino com relação à identidade de suas vítimas. Seu sentimento de onipotência pode lhe dar o sentimento de que é Deus, ainda que isso dure dez segundos. Passamos por simetria do "todos contra um" ao "um contra todos". Essa simetria em espelho é a marca da vingança. A ambivalência do ápice comum aos dois cones reflete a dualidade da noção de autossacrifício: de um lado, o paradigma do mecanismo do bode expiatório, culminando para os cristãos na Paixão de Cristo na cruz; do outro lado, seu reflexo abominável na morte autoinfligida dos terroristas.

Essa multidão indiferenciada que encontramos na base dos dois cones é, de um lado, a multidão que lincha e, de outro, a multidão em pânico. Encontramos aqui a chave da relação entre o terror sagrado e o pânico.

Em conclusão, podemos dizer o seguinte: se os atentados cometidos em nome do islã provocam esse terror sagrado, não é a religião, que lhes serve de pretexto, a sua causa. É que, através da encenação, eles evocam e despertam os antigos medos associados ao mais primitivo sagrado.

# O esquecimento da política
## A obediência e o esquecimento do político[1]
Frédéric Gros

Matt Damon causou sensação ao ler em 31 de janeiro de 2012, por ocasião de uma *performance* cultural *(The People Speak, Live)*, um trecho de um discurso pronunciado mais de quarenta anos antes por Howard Zinn, reconhecido teórico da desobediência civil e autor de uma famosa contra-história dos Estados Unidos[2]. Cumpre dizer que o texto é de um vigor singular:

> Nosso problema não é a desobediência civil. O problema é a obediência civil. Nosso problema é o número incalculável de pessoas que obedeceram às ordens de seus dirigentes e partiram em guerra pelo mundo inteiro, e que essa obediência tenha resultado em milhões de mortos [...]. Nosso problema é que as pessoas, em toda parte do mundo, são submetidas à pobreza, à fome, à estupidez, à guerra e à crueldade. Nosso problema é que as pessoas obedecem e que as prisões estão repletas de pequenos delinquentes, enquanto os grandes bandidos dirigem o país[3].

Retomarei de Howard Zinn uma intuição central. Só se coloca corretamente o problema da desobediência ao se reinterrogar a ideia de

---

1. Tradução de Paulo Neves.
2. Howard Zinn, *A People's History of the United States: 1492-present*, New York: Harper & Row, 1980.
3. The People Speak. Howard Zinn, Chris Moore e Anthony Arnove. Estados Unidos: History Channel, 2009. 113 minutos. DVD, inglês, colorido. Para a fala de Matt Damon, cf. https://www.youtube.com/watch?v=vCzSMSxVKJU, acesso em mar: 2017.

obediência: o problema de seus estilos éticos, de suas raízes psíquicas, de suas questões políticas etc. A ciência política pode perfeitamente analisar as formas objetivas do poder: problema da separação entre o legislativo, o executivo, o judiciário; problema da independência dos contrapoderes (os meios de comunicação, as religiões etc.); problema da consistência da soberania estatal (a burocracia, as grandes escolas etc.); problema da estratificação social etc. O que regularmente é deixado de lado, *esquecido* pela ciência política, é a articulação do sujeito ao poder, é a costura ética desde a qual um indivíduo obedece às leis que são elaboradas por uma elite dirigente. É somente ela que permite compreender por que é tão difícil desobedecer e, ao mesmo tempo, por que a obediência constitui nesse ponto o *enigma capital*. Esquecer de colocar o problema da obediência é esquecer a política enquanto ela cria experiência para o sujeito.

Ora, a filosofia política, de Platão a Kant, nos habituou, certamente em excesso, a só pensar o problema da obediência sob a forma de uma alternativa: obediência racional ou irracional, passiva ou ativa, coerção ou consentimento... Ou a obediência seria um ato da razão esclarecida, uma expressão de liberdade, uma manifestação voluntária, ou seria o resultado de uma coerção, o produto de uma relação de forças desfavorável. Caberia, ao contrário, empregar uma estilística diversificada da obediência, apresentar formas que não se reduzam a esse dualismo, maneiras múltiplas de obedecer a si mesmo. Gostaria de apresentar aqui um quadrilátero da obediência para poder escapar ao dualismo clássico e mostrar como a diversificação das formas da obediência permite uma compreensão maior do político.

Pode-se conservar, pois apesar de tudo ela permanece estruturante, a divisão do ativo e do passivo para esboçar, pelo menos, dois conjuntos: um abrangeria formas de obediência nas quais a liberdade pessoal é sacrificada, outros que, ao contrário, a exaltam ou, de qualquer maneira, a supõem. No primeiro conjunto devemos distinguir pelo menos dois estilos de obediência que podem ser entendidos, num primeiro momento, como pré-políticos: a submissão (econômica) e o conformismo (social).

Por submissão entende-se uma forma de obediência na qual uma relação de forças poderosa obriga uma vontade a curvar-se ao jugo de um outro. É a obediência do escravo que é a propriedade do seu mestre e que Aristóteles caracteriza no início da *Política* (o escravo, ele diz, é a "propriedade (*ktêma*) de um outro[4]"), a do servo medieval obrigado para sobreviver a trabalhar como um condenado nas terras do seu senhor, a do operário da modernidade industrial, superexplorado, submetido ao ritmo assustador das máquinas em troca de um salário miserável, a do pequeno empregado que aceita humilhações para não ser despedido. Todas essas figuras descrevem uma obediência forçada: obedece-se para sobreviver e se é prisioneiro de uma relação de forças totalmente desigual. A obediência tem então como razão principal apenas a impossibilidade de desobedecer. Obedece-se porque o custo da desobediência seria certamente muito elevado: da humilhação à morte, da degradação social ao sofrimento físico. Essa relação de forças faz valer o poder exorbitante de um outro que reina, impõe verticalmente sua vontade, dá ordens sem apelação e decididamente *aliena*.

O conformismo faz aparecer claramente outra coisa: um alinhamento horizontal das vontades. Não é o poder do mestre que se faz então valer, na singularidade de seus caprichos, na ostensiva manifestação de sua força, mas o poder surdo e sorrateiro, lateral e arrebatador, do social: *os outros*. É o *todo mundo* que não é ninguém em particular, mas obriga *cada um* a conformar-se; esse anônimo *a gente* não tem necessariamente resistências a romper; cada um encontra aí o elemento de uma segurança anônima, o calor úmido e apaziguante do rebanho.

A capacidade de obrigação do conformismo foi trazida à luz experimentalmente por Solomon Asch nos início dos anos 1950. Mas a medida dessa capacidade foi avaliada bem mais cedo; ela é contemporânea do nascimento mesmo da sociologia que, na coerção do conformismo, verifica a efetividade da consistência das normais sociais. Na maneira de vestir, de comer, de "fazer sociedade" com os outros, de reagir às emoções e mesmo de pensar, uma vontade anônima se faz ouvir, atravessa os lábios, inerva os músculos, paralisa ou põe em movimento. Ser conformista é obedecer, mas encontrando na obediência sobretudo um refúgio contra a solidão, uma barreira contra a exposição. Trata-se principalmente de fazer e dizer *como os outros*, de seguir docilmente o movimento geral a fim de proteger-se, ou, ainda, porque é difícil autorizar-se a ser si-mesmo, a ser diferente. No fundo, a educação (o que Kant e depois Foucault chamarão

---

[4]. Aristóteles, *Politique*, livre I, chap. 4.

de *disciplina*[5]) representa bem essa aprendizagem, essa incorporação da norma social, o achatamento das existências.

Esses dois estilos de obediência têm em comum, evidentemente, uma certa passividade: passividade na submissão vertical ou no alinhamento horizontal. A coerção não é a mesma aqui e lá. Mais dura na submissão, ela oferece, no entanto, mais possibilidades de resistência. A menos que seja *resignado*, o submisso não aceita sua condição, ele denuncia no seu íntimo, com seus companheiros de infortúnio, a injustiça e o escândalo. Pode preparar sua revanche em segredo, por menos que consiga organizar-se com os outros submissos.

Mais branda no conformismo, a coerção corre o risco, no entanto, de uma "robotização" difusa das atitudes: o eu se dissolve numa monotonia geral e não pode mais sequer conceber que obedece, já que não opõe resistência a seguir o movimento geral. Ele o acompanha, ao contrário. Certamente esses dois estilos de obediência têm em comum, como foi dito, serem pré-políticos: sujeição econômica ao mestre ou servilismo social. O indivíduo político, o cidadão e o sujeito democrático como tais, tão logo são pensados em sua essência, recusam considerar-se escravos ou autômatos: eles obedecem às leis *de outro modo*, precisamente a partir de uma adesão interior.

Mas não seria uma pura petição de princípio o apolitismo da submissão econômica e do conformismo social? Lembremos que o conformismo e a submissão foram apontados, pelo pensamento crítico, como fontes de inquietude para as democracias modernas. Pode-se assim dizer, de maneira muito geral, que o marxismo[6], após as conquistas teóricas das filosofias do contrato social, fez o seguinte diagnóstico:

> Vocês nos falam, com *tremolos* na voz, de repúblicas onde o bem comum é o fio condutor das leis, onde a vontade geral governa. Ora, quanto a mim vejo leis inspiradas e votadas por uma elite político-econômica para sua utilidade, seu lucro, seus interesses, e sujeitos políticos sem outra escolha, afinal, senão submeter-se, a menos que sofram a pressão

---

5. No caso de Kant, pensamos em suas *Reflexões sobre a educação* (elaboradas ao longo dos anos 1770 e 1780 e retomadas de maneira póstuma sob a forma de "tratado" em 1803), e, no de Michel Foucault, em *Vigiar e punir* (1975).
6. Pelo menos desde o texto de Marx ,de 1843, sobre a questão judaica.

judiciária ou policial. E não é o sistema eleitoral dos "representantes do povo" que poderia mudar as coisas; isso é somente uma cortina de fumaça que mal dissimula o jogo cínico da minoria dos proprietários[7].

O que chamam de democracia, portanto, é apenas uma tirania de fato, isto é, a imposição pela violência do interesse do mais forte e a exploração da massa desorganizada dos fracos. A obediência política decorre claramente, "em última instância", da submissão econômica. Por outro lado, a chamada *French Theory* (Foucault, Deleuze etc.), todo o pensamento crítico dos anos 1970, tentou, penso eu, um ataque à evidência democrática a partir do conformismo, fazendo valer outra coisa: a ideia de que nossas sociedades liberais e modernas, industriais e de consumo de massa, *produziram* indivíduos "iguais", isto é, com comportamentos padronizados, o que reforça, por seu desejo indefinido de normatização, o sistema. Os indivíduos consomem o político, obedecem às leis como autômatos. É esse conformismo enlouquecido, esse gregarismo dos desejos que faz surgir um totalitarismo democrático.

Diante desse primeiro conjunto, desenha-se o dispositivo de uma obediência ativa que se proclamaria, ela, autêntica e resolutamente política, através de pelo menos dois conceitos: o de *consentimento* e o de *obrigação*. Tomarei o termo consentimento num sentido um pouco preciso e determinado, tal como ele funciona nas grandes teorias do contrato social, em Hobbes, Locke, Rousseau...[8]. No sentido mais corrente, o consentimento designa um movimento voluntário, uma expressão de liberdade: consente-se apenas *livremente*. Poderíamos acrescentar pelo menos duas outras dimensões. A de pontualidade, em primeiro lugar: o consentimento é geralmente concebido a propósito de um ato determinado, uma sequência precisa. Estava-se consentindo no momento de fazer isso ou de aceitar aquilo? A segunda dimensão é a de aceitação antecipada de um sistema de dependência. No fundo, consentir é sempre consentir a um outro, a uma vontade terceira. Consentir é assinar livremente, na pontualidade de um instante, minha dependência a um outro. Modelo de uma alienação

---

7. Reflexão do autor [N.E.].
8. Pensamos evidentemente no *Leviatã* de Hobbes (1651), no *Segundo tratado sobre o governo civil* de Locke (1690) e no *Contrato social* de Rousseau (1762).

voluntária: exprimo minha liberdade pela intensidade desse instante no qual, simultaneamente, renuncio a ela.

Os filósofos do contrato vão encontrar no consentimento aquilo em que fundar a obediência política do cidadão, ao acrescentar dois elementos que especificam o consentimento no contrato social. Em primeiro lugar, sua retroatividade: trata-se de dizer que esse consentimento se deduz da vida cidadã – ou mesmo, mais simplesmente, social. Ele sempre já aconteceu, é transcendental, é suposto pela própria vida em sociedade dos indivíduos: se eles vivem, comem, vão à escola, trabalham, votam etc., é que consentiram. Em segundo lugar, sua unanimidade: é um consentimento que se sustenta pelo consentimento simultâneo e total de todos os outros. Consinto na medida em que todos consentem ao mesmo tempo que eu. Finalmente, trata-se de dizer: quando obedeço aos decretos da cidade, quando me submeto às leis votadas por uma maioria de deputados que representam o povo, essa obediência não é nem a do escravo nem a do autômato: ela é o prolongamento, o eco, a *reativação* de um consentimento primeiro, irredutível e totalmente livre. De tal modo que numa república, *por definição*, se obedece sempre livremente às leis.

Modelo ideal, realidade política palpável, cortina de fumaça? Certamente é possível dizer que, historicamente, foi esse modelo do contrato que nos fez entrar na modernidade política republicana. Ou melhor, ele nos fez sair do teológico-político medieval: a ordem política não é mais sustentada por Deus, mas pela comunidade imanente dos homens. Ele nos fez sair também do naturalismo antigo: a ordem política não é a expressão de uma dinâmica animal de agrupamento, com suas determinações intrínsecas, mas depende de uma escolha compartilhada e voluntária. É dessa maneira, na maioria das vezes, que o pacto republicano se autojustifica, se autossacraliza.

Ao mesmo tempo, deve-se entender claramente o quanto o consentimento aferrolha a obediência do sujeito e deslegitima *a priori* a desobediência política. Consentir ao contrato (ou melhor, ter consentido desde sempre ao contrato) é obrigar-se *de antemão* a obedecer às leis contanto que sejam regularmente estabelecidas. No fundo, aos cidadãos tentados a desobedecer porque achariam essa ou aquela lei decididamente muito injusta, vai se opor indefinidamente o pequeno discurso do pacto originário: "Mas, afinal, é um pouco tarde para desobedecer. Vocês disseram 'sim' uma primeira vez, ou melhor, desde sempre. Disseram sim e devem obedecer às leis, não porque lhes sejam impostas como uma coerção exterior, mas porque livremente aceitaram de antemão, todos juntos, obedecer. Sua desobediência só pode criar anarquia e violência. Ela se arrisca a nos fazer recair na desordem primeira, na guerra originária. Ela é irresponsável".

Mas não devemos esquecer que esse modelo do consentimento pode propor uma verdadeira possibilidade de resistência, com uma condição[9]: que esse consentimento coletivo que se supõe, também aí, como *transcendental do político*, seja pensado como não comportando nele a obediência ao soberano constituído por esse pacto (quer esse soberano seja o Estado de Hobbes ou a vontade geral de Rousseau), mas, de maneira bem mais simples, como tendo por objeto a vontade de viver junto, a *promessa social* – promessa não de construir uma unidade indivisível, mas de tecer pelo menos uma pluralidade harmoniosa. Somente então os movimentos de desobediência civil podem ser vistos como a reativação do contrato social; caberia até mesmo dizer que o "contrato social" só existe, em sua concretude intempestiva, na realidade dos movimentos de desobediência civil, e que fora disso não são mais, de fato, que uma ficção reguladora, uma fábula justificadora, um puro produto da razão.

Pode-se falar, para terminar, de um último estilo de obediência que chamarei de *obrigação*. A obrigação seria uma obediência voluntária, uma maneira de mandar a si mesmo obedecer. A dependência ao outro não seria então, como no caso do consentimento, um ato pontual de alienação livre, mas suporia a retroalimentação de uma relação a si que governa a si mesma. Podemos citar amplamente, para fazer ouvir a força desse modelo de obediência, as declarações de Aristóteles no livro III da *Política*:

> Louva-se o fato de ser capaz tanto de governar quanto de ser governado, e parece que, de certa maneira, a excelência de um bom cidadão consiste tanto em ser capaz de bem mandar quanto de bem obedecer [ ] Existe um certo poder em virtude do qual se comandam pessoas do mesmo gênero que a gente, isto é, livres. Este é o que chamamos o poder político; o governante aprende a governar sendo ele mesmo

---

9. Retomo aqui as intuições que Hanna Arendt desenvolve em seu artigo "Da desobediência civil" (1971).

governado, assim como se aprende a comandar a cavalaria obedecendo na cavalaria, a comandar no exército obedecendo no exército, e isso tanto para uma brigada quanto para um batalhão; eis por que se diz, com razão, que não se comanda bem se não se obedeceu bem. Esses dois estatutos, de governante e de governado, têm excelências diferentes, mas o bom cidadão deve saber e poder obedecer e comandar, e a excelência própria de um cidadão é conhecer o governo dos homens livres nos dois sentidos[10].

O que Aristóteles evoca aqui já é um princípio de reversibilidade que constitui claramente o segredo ético da cidadania grega. Em democracia, ele parece dizer, só se obedece como sujeito político quando se poderia ser também aquele que comanda. A maior parte das magistraturas é sorteada, e assim a divisão governante/governado é *aleatória*, frágil, dependente das distribuições móveis dos poderes. Ela é uma fachada hierárquica funcional que esconde mal a igualdade primeira, insuperável, entre cidadãos livres. A obediência política, diz Aristóteles, é obedecer a um igual. Não há diferença estatutária válida que fixaria a separação entre as elites (competências e habilidades profissionais) e o povo representado; não há cisão insuperável, supostamente estruturadora, entre dirigentes e dirigidos, da qual se esperariam efeitos de ordem e de coesão. É antes essa flutuação que dá à obediência política um estilo único: "obedeço-te enquanto és meu igual; e eu também poderia estar em teu lugar". Mas essa reversibilidade do comando e da obediência não deve ser compreendida como distribuição acidental, que faria do outro que me comanda um igual apenas porque ele ocuparia seu posto *por acaso*. É preciso interiorizá-la, compreendê-la como dialética interna do comando e da obediência, retroalimentação da relação a si que governa a si mesma.

Aristóteles lembra a esse respeito uma expressão proverbial cuja origem remonta ao sábio Sólon: "Diz-se, com razão, que não se pode comandar bem se não se obedeceu bem". Contudo, não há equivalência dialética dos dois termos, que trocariam suas virtudes para formar o perfeito cidadão: espírito de iniciativa cruzado com humildade respeitosa... Não, o que predomina é a estrutura de comando. Trata-se antes de dizer:

---

10. Aristóteles, *op. cit.*, livre III, chap. 4.

na obediência que chamaremos "política", eu me obrigo; ou seja, ao obedecer, comando a mim mesmo obedecer. E então me obrigo também a examinar, avaliar e julgar aquilo a que me obrigo, pois ao obedecer exprimo uma concordância com o que me pedem para fazer. Só se obedece bem fazendo valer, no núcleo mesmo da obediência, uma capacidade de comandar a si mesmo que obriga. Só se obedece bem se a obediência é voluntária. A obrigação, portanto, é lúcida, refletida, voluntária, responsabilizadora. Sou eu que me obrigo, e me obrigo, por definição, *livremente*.

Com a ideia de obrigação ética afastamo-nos do modelo do consentimento, pelo menos em sua versão republicana e soberanista dura. A obrigação não é instituinte de um outro ao qual obedecer. Ela não institui nem um Estado securitário (Hobbes) que exige minha obediência incondicional às leis em nome da ordem pública, nem uma vontade geral (Rousseau) que perpetuamente requer que eu sacrifique meu interesse e minhas convicções a uma *utilidade comum* decidida sem e fora de mim. A obrigação ética não constrói uma comunidade de renúncia (ao consentidor não resta senão obedecer indefinidamente). Ela cria solidariedades ativas – em nome do que La Boétie chama *a amizade*[II] – a partir da instauração de um governo de si. Obrigo-me a obedecer a um outro que é meu igual conservando minha plena independência, já que obedeço, segundo a expressão muito feliz em francês, *"de mon propre chef"*: mesmo quando obedeço a um outro, sou eu que continuo o chefe.

Trata-se de dizer: obedecer, no caso do que chamo obrigação ética, é sempre e em primeiro lugar comandar a si mesmo obedecer, o que remete a uma estruturação agonística da relação de si a si. Cada um, como cidadão, deve estabelecer de si a si uma relação de comando. Trata-se de fazer reinar *a ordem* em si, e não há constituição política autêntica senão apoiando-se, enraizando-se nessa política de si mesmo. Essa ordem não é somente comando, injunção, controle. É também harmonia, concordância. O que Platão designa em sua *República* como justiça – a ordenação interior da alma, o respeito às hierarquias interiores (o superior, em si, comanda o inferior), a aristocracia das capacidades do sujeito – corresponde à equivalência entre comandar a si mesmo e obedecer-se, a fim de estruturar sua própria dignidade de sujeito político. De tal modo que o preço

---

II. É o final do seu *Discurso sobre a servidão voluntária* (1576).

a pagar por uma obediência insuportável a um outro – quando se trata de executar comandos contrários a seus princípios, de cumprir ordens que se desaprova – seria no fundo uma desobediência a si que acarreta a desarmonia interior, o autodesprezo, a destruição da amizade consigo mesmo que é, no fundo, o que nos torna *vivíveis* para nós mesmos.

O que chamo aqui de obrigação, construída amplamente a partir de Aristóteles e de sua definição da cidadania, é, portanto, um estilo de obediência que contém imediatamente, diretamente, estruturalmente a possibilidade de desobedecer ao outro. É assim que ela constitui o transcendental ético do político. Quando a ciência política esquece de colocar o problema da obediência, ela produz um esquecimento do próprio político, um esquecimento da política como experiência. Fazer a experiência ética do político é fazer a experiência, enquanto sujeito político, de que minha obediência não é senão o reverso de minha desobediência, e não seu outro.

## Novas configurações do mundo
## O que fazer nas mutações?
Luiz Alberto Oliveira

> *Tudo o que sabemos, isto é, tudo o que podemos, passou hoje a se opor a tudo o que somos.*
>
> PAUL VALÉRY

Esta é uma celebração dos trinta anos de atividades da Artepensamento, capitaneada pela extraordinária pessoa de Adauto Novaes. Em particular, trata-se de reencontrar o primeiro momento do ciclo *Mutações*, que daria lugar ao volume denominado *Novas configurações de mundo*. É evidentemente uma tarefa impossível abordar em profundidade uma obra com tantas e tão densas contribuições de tantos articulistas notáveis; ao invés de uma resenha demasiado superficial, procuraremos mapear as transformações experimentadas ao longo dos dez anos já transcorridos desde a realização do evento por um conteúdo específico, referente ao texto "Sobre caos e novos paradigmas".

Foi no âmbito das discussões preparatórias para este ciclo, levadas a cabo em reunião prévia dos palestrantes na histórica e aprazível Tiradentes, em Minas Gerais, que pela primeira vez se esboçou um diagnóstico do estado de coisas da civilização contemporânea que iria, mais à frente, balizar toda a série de palestras sobre as *Mutações*. Esse diagnóstico partia da constatação da obsolescência, da caducidade, do par complementar de conceitos crise/revolução, e apontava para a consequente proposição de um outro par de conceitos, mutação/refundação, que poderia vir a substituí-lo como elemento efetivo para dar conta da complexidade atual.

Ou seja, de maneira muito esquemática: ao examinar a dinâmica histórica das sociedades em termos de períodos de estabilidade e de turbulência, costumamos identificar reiteradas situações de crispação a que chamamos crises. Um fundamento, social, econômico, ou cultural, se instabiliza e sofre uma fissura, que eventualmente se amplia até alcançar um certo limiar, muitas vezes difícil de discernir com precisão, a partir do qual a dinâmica coletiva como um todo principia a se tornar irregular. O estado de crise assinalaria exatamente essa fratura, essa conjuntura de desbalanço global do dinamismo social. A sociedade, ou um dado setor seu, precisa reconstituir-se, recompor seu fundamento, para de algum modo recuperar a estabilidade indispensável para perseguir seu percurso histórico. Trata-se então de sanar essa fratura, de reconstituir o fundamento cindido para que se retome a boa dinâmica, reequilibrada, do corpo social. Em princípio, o empreendimento de sanar a fratura pode ser realizado através de reformas, de maior ou menor alcance, ou então, quando a tensão no sistema atinge um paroxismo, pode ser necessário produzir uma revolução para que o desarranjo demasiadamente agudo dos fundamentos seja superado e se reconstitua o tecido social anteriormente rompido, novamente viabilizando na sociedade um estado de coisas funcional.

É interessante recordar, neste ponto, que o termo *revolução* sofreu uma curiosa inversão em seu sentido a partir do século XVI. O entendimento que hoje compartilhamos, de que revolução designa uma descontinuidade, um processo abrupto que vem dar conta do desequilíbrio intenso de um sistema social cujo fundamento se estilhaçou, adveio de fato das tremendas consequências que teve a publicação de uma obra seminal: *Sobre a revolução das órbitas celestes*, de Nicolau Copérnico. O título dizia respeito ao movimento regular, uniforme, e assim bem pouco "revolucionário", que as esferas (as órbitas) em que se achavam engastados os planetas ou astros errantes desempenhavam em torno da Terra, no cosmos geocêntrico de Ptolomeu que vigorou por toda a Idade Média. Para descrever certos aspectos desses movimentos, porém, cálculos muito complicados, exigindo a inserção de esferas em esferas (os chamados epiciclos), tinham de ser realizados. Copérnico concluiu que esses cálculos poderiam ser muito simplificados se supuséssemos que o Sol, e não a Terra, estivesse no centro comum dos movimentos celestes. Foi esse tratamento de caráter eminentemente técnico que apresentou em seu trabalho; contudo, ciente, ao que tudo indica, das implicações teológicas que a retirada da Terra do centro da ordem cósmica global iria acarretar, evitou publicá-lo em vida, e foi apenas pela intervenção de Andreas Osiander que finalmente a obra veio à luz, em 1543.

Esse foi o modesto início de um dos maiores e mais profundos deslocamentos culturais de toda a história do pensamento: ao influenciar decisivamente os propositores seguintes da concepção heliocêntrica, como Galileu Galilei e Giordano Bruno, o livro de Copérnico motivou a deposição do sistema de mundo ptolomaico, que tinha raízes na antiga associação entre elementos da cosmologia helênica e da astronomia babilônia, e a consequente instalação do moderno universo heliocêntrico. Ao resultar, no dizer de Alexandre Koyré, da transição de um mundo fechado a um universo infinito, a cosmovisão moderna implicou a mencionada inversão do significado de revolução: de movimento regular, periódico, monótono, para processo disruptivo, turbulento, espasmódico. Assim, os movimentos sociais que no século XVIII sacudiram as velhas estruturas feudais vieram a adquirir a denominação de revoluções – o que certamente surpreenderia o próprio Copérnico.

Retomando os elementos do diagnóstico: o par conceitual crise/revolução, ou instabilização/reestabilização de um fundamento, estaria em nossos dias oferecendo sinais abundantes de superação, isto é, de obsolescência. A razão para tal esgotamento tem muitas dimensões possíveis de análise e exploração, mas quiçá podem todas elas ser convergidas rumo a um fato essencial: em nossa contemporaneidade ultraglobalizada, mega-acelerada, hiperconectada, a crise – a fissura, a fenda pela qual se infiltra a alteridade – expandiu-se a ponto de recobrir o próprio fundamento sobre o qual ela mesma se instalaria. Ora, se a fratura superpõe-se, assimila-se, identifica-se ao próprio território que cinde, nada resta que não a hiância, o puro abismo. Se a lacuna não tem borda, ou melhor, se suas bordas coincidem com as do território que a abriga, não há exterioridade remanescente ao sistema em crise, o entorno que o envolve é o vazio mesmo de sua medula. Se somente o estado de crise não está em crise, ainda fará sentido pensar na recomposição ou reconstituição desse fundamento tão pulverizado? Será esta uma diretriz que ainda caberia considerar, em meio às fortes tensões infundidas no mundo de hoje?

Examinemos por um momento um dos principais fatores que levaram a esse estado crítico universalizado: o advento, a partir da Revolução Industrial do século XVIII, de uma nova força de moldagem da realidade, de grande abrangência, constituída pelo conjunto integrado de conceitos, protocolos e operações, baseados nos avanços contínuos do conhecimento científico, que passaram a ser usados para coordenar as ações técnicas e que hoje chamamos de tecnociência. Em grau crescente, especialmente a partir da segunda metade do século XX, as práticas tecnocientíficas generalizaram-se a ponto de se distribuírem por todo o globo e tomarem como objeto de intervenção todo tipo de sistema material, inclusive os organismos, inclusive os indivíduos humanos. Esse elemento motriz de todos os tipos de atividade produtiva englobou por inteiro o seu domínio de suporte, ou seja, todo o território geográfico, toda a constelação de ecossistemas, todos os espaços de comunicação e cognição. Perante o novo alcance e a nova intensidade que as forças produtivas vieram a lograr, Paul Valéry já advertia: a velocidade atual das transformações é tamanha que o olho do espírito não pode mais seguir as leis e concentrar-se em algo que se conserve; no seio do turbilhão incrivelmente diverso dos fatos, o pensamento não consegue mais fixar-se em um fundamento sólido, que proporcione o sentido de permanência e estabilidade pelo qual ansiava.

A amplitude dos movimentos tecnocientíficos que marcam nossa época, assim, retira do espírito sua mais rara habilidade, a de isolar, no fluxo de tudo, um diagrama, um princípio de repouso e composição que lhe institui uma base estável a partir da qual o próprio espírito, e a sociedade que ele anima, poderão compreender a si mesmos. Como observou Valéry, a humanidade se acha em risco de perder suas duas maiores invenções, o passado e o futuro. Se, de fato, a atualidade se vê embebida na abundância dessa lacuna, se o estado de crise se acha assimilado ao próprio fundamento sobre o qual se instalara, talvez não seja mais o caso de buscar-se entender esta atualidade – e seus potenciais desdobramentos futuros – a partir do manejo de noções e práticas pertinentes ao plexo crise/revolução, mas sim empreender a exploração dos caminhos conceituais que se podem vislumbrar sob uma perspectiva renovada: a da díade mutação/refundação. Para além do momento crítico, a declinação imprevista, rumo a outras possibilidades; para além do já constituído, o processo de (re)constituição.

O elemento mais decisivo que deve ser trazido à análise para principiarmos o exame dessa proposta é o entendimento inovador acerca da ação de uma casualidade produtiva, instituinte, ou seja, de uma indeterminação que assinala não somente ruptura, mas também articulação, e que por conveniência podemos denominar *errância*. De fato, se invocamos da biologia evolucionária o conceito de *mutação*, é precisamente para reconhecer a potência instauradora de uma deriva essencial, de um repetido desviar-se cuja efetividade faz da vida um campo de extraordinárias invenções. Todavia, é necessário antes de tudo aclarar o sentido do termo: para nós, *errar* costuma significar iludir-se, tomar o enganoso em lugar do verossímil. A noção clássica de erro aponta sem dúvida para um aspecto de uma ilusão elevada ao infinito. Pode-se seguramente argumentar que a invenção crucial para o estabelecimento do sistema de pensamento chamado Ocidente foi exatamente o erro, isto é, a capacidade de se conceber um dizer que não recobrisse parcela alguma do mundo e que, portanto, tivesse a potência vertiginosa de veicular o nada. Outros sistemas culturais, outras vias de civilização, não incorporaram esse operador de falseamento supremo; neles, não vigora a oposição entre a plenitude do verídico e seu recíproco, a ilimitação do erro.

Mas, para os navegadores, o termo *errar* tem um sentido bem diferente, que nada tem a ver com vazio, ou ilusão, ou engano, e sim com uma incerteza inerente ao ato de navegar. Num veleiro, o piloto verifica na biruta de onde sopra o vento, afere na bússola o rumo que pretende seguir e ajusta a disposição das velas de acordo com essa composição de direções. Durante a rota, porém, ocorrem correntes marinhas que impelem o barco a derivar, a afastar-se do percurso pretendido. O piloto logo trata de recompor a disposição das velas e o ângulo do timão de modo a levar em conta a nova forçante e, assim, redirecionar a embarcação em novo trajeto rumo ao porto desejado. Para o navegador, portanto, o errar é um componente inerente ao próprio afazer de navegar. Isto é, a rigor *não se pode navegar sem errar*. E essa deriva inevitável tem decerto uma positividade, pois é ocasião de encontrar o inesperado e, ao mesmo tempo, meio de renovar a rota.

Do errar como falta absoluta, como obstáculo último para a atividade do pensamento, como queria Platão, passamos para o errar como declinação intrínseca, como variância indeterminante que é, no entanto, sempre incubadora de novas possibilidades. Ora, à diferença do conceito de crise, o conceito de mutação, tal como o recolhemos da biologia, engloba precisamente esse caráter de uma errância positiva, produtiva. Ao assimilar de maneira inescapável a imprevisibilidade dos acasos microscópicos, o ajuste implicado pelo próprio desvio faz com que a mutação possa ser a fonte de atributos originais, imprevistos, que vêm então a se inserir em uma série autenticamente criativa de reiterações diferenciais: a evolução.

Procuremos esclarecer exatamente o que significa esse traslado de campos de aplicação do conceito de mutação, da biologia para a investigação sobre os estados de coisa da civilização. A vida corresponde a certo tipo de sistema material que tem uma característica muito clara: a vida, sobretudo, repete. Vamos iniciar nosso exame a partir da unidade básica de qualquer organismo, a célula. Um organismo unicelular, por exemplo, tem tipicamente a escala de um mícron, equivalente a tomar-se um fio de cabelo e dividir em cem partes. Essa minúscula estrutura possui, na verdade, mais componentes do que um Boeing 747, densamente compactados e submetidos a incessante agitação. Nela ocorrem, de fato, descargas elétricas proporcionalmente mais fortes que os relâmpagos das mais poderosas tempestades atlânticas, ondas de choque supersônicas, turbilhões várias vezes mais intensos que os tufões e furacões que vemos na atmosfera. E, no entanto, mesmo contendo em si esse caos, essa célula é capaz não só de manter-se funcional, realizando atividades essenciais como nutrir-se e preservar-se, como tem também o poder de replicar-se. Ou seja, trata-se de uma fábrica, de dimensões microscópicas, em que não apenas há equipamentos capazes de produzir componentes para a própria fábrica, de modo a mantê-la operando, mas também um organograma, um plano de produção, que visa dar lugar à construção de uma nova fábrica. Podemos representar esse plano de produção imaginando um manual de instruções para regular a produção do papel, da tinta e da prensa necessários para a instalação de um parque gráfico com o objetivo de... reimprimir o próprio manual. A célula viva, assim, fabrica de modo ordenado componentes para os equipamentos que tomarão parte no funcionamento da própria fábrica; eventualmente, porém, esses equipamentos fabricados irão recombinar-se, destacar-se e passar a fazer parte de uma outra fábrica. Onde havia uma célula, eis duas.

Esse "manual de instruções", escrito em "desoxirribonuclês", uma linguagem bioquímica que hoje sabemos ler (e escrever), é o genoma de tal organismo. Contém a prescrição de como essa fábrica celular irá produzir seus próprios componentes, como serão seus modos de operação, isto é, seus intercâmbios com o meio, e também a sequência de passos necessária para que a célula se rearranje globalmente de modo a repetir-se, a dar lugar a um duplo ou cópia dela mesma. Aqui ocorre algo extraordinário: o genoma gerencia o funcionamento da usina celular, mas seu objetivo, em última instância, é reescrever-se. Ora, os caracteres bioquímicos da escritura genômica, essencialmente cadeias de DNA e RNA, são frágeis, ou seja, são combinados e dissociados com facilidade. Pouca energia é requerida tanto para fazer quanto para desfazer as ligações químicas pelas quais o conteúdo informativo do genoma se estrutura.

Vejamos um exemplo ilustrativo da questão em tela, mas por contraste: o caso da lama. Temos um fluido, a água, em que se encontram dispersos grânulos sólidos de diferentes tamanhos, em geral compostos por argila dissolvida, ou areia. Examinemos uma dada poça de lama seca, admitindo, por simplicidade, apenas três classes de grânulos, definidas pelo tamanho médio dos componentes. Nesse caso, observamos sem dificuldade a presença de uma hierarquia arquitetônica bem pronunciada: as partículas maiores se distribuem com certa regularidade, sendo os interstícios entre elas ocupados por partículas intermediárias, e entre estas se acham dispostas as partículas menores. A razão para essa disposição remete simplesmente ao fato de que, quando a poça se sedimentou, os grânulos médios circularam nos intervalos entre os grânulos maiores e, da mesma maneira, os menores se infiltraram entre os médios. Súbito, temos uma enxurrada, a chuva forte rapidamente desfaz a poça, dissolvendo seus elementos e lançando-os na torrente. A chuva passa, as poças d'água começam a secar sobre o solo, e o que acontece? A mesma arquitetura de sedimentação irá se repetir nas poças de lama agora em formação, porque o mesmo mecanismo de distribuição dos grânulos irá mais uma vez selecioná-los de acordo com o tamanho de cada um. Ou seja: a lama repete, a lama replica sua organização arquitetônica geração após geração, mas seguramente a lama não é viva, porque carece exatamente de variação entre as gerações, isto é, carece de mutação.

A unidade informativa da lama, correspondente ao DNA que forma o genoma biológico, são os diminutos cristais de silicatos que se distinguem tão somente pelo tamanho. Ora, sendo cristais, esses grânulos são internamente rígidos, suas estruturas permanecem essencialmente inalteradas ao longo da sucessão de gerações – no máximo, podem se desbastar aos poucos, progressivamente mudando de classe, de maiores para médios para menores. Para Cairns-Smith, há indícios de associação entre a repetição físico-química de arquiteturas das lamas e a replicação bioquímica dos organismos: para ele, a vida imitou a capacidade da lama de refazer continuamente o plano global de organização de seus elementos informativos, mas incorporando a propriedade original, e crucial, de que essas unidades informativas, agora, podem exibir variância interna, porque são formadas por cadeias frágeis. A potência evolutiva da vida, por conseguinte, advém diretamente dessa fragilidade fundamental.

No caso dos organismos, portanto, durante o processo de replicação do indivíduo, e da correspondente "reimpressão" do "manual de instruções", alterações desse "texto" podem ocorrer sem maior dificuldade. Essas modificações têm origem, usualmente, na ação de efeitos ambientais em escala molecular, abrangendo desde a presença de reagentes químicos até a incidência de raios cósmicos. As variações resultantes do genoma podem ser calamitosas, ou seja, inviabilizarem a continuidade do processo reprodutivo, levando à extinção da linhagem orgânica; ou podem ser irrelevantes para a continuidade da série de reimpressões, o que levará ao surgimento de uma descendência dotada de caracteres distintos daqueles do indivíduo matriz – uma "edição revista" do manual original. Os desvios na replicação do genoma – as mutações – são, por conseguinte, fatores indutores de diferença bem no seio dos mecanismos de reprodução que caracterizam, como vimos, os seres vivos. A taxa de inovações, isto é, de variação de formatos e capacidades, que o incessante jogo entre replicação orgânica e mutação genômica irá engendrar é incrivelmente acelerada com relação aos ritmos dos processos físico-químicos, climáticos geológicos etc., que servem de suporte para os sistemas biológicos.

Ou seja, a aparição da vida trouxe à cena cósmica um tipo extraordinário de sistema material: uma matéria organizada dotada do poder tanto de repetir quanto de variar sua própria organização, sua forma. Pelo entrelaçamento de replicação e mutação, isto é, de repetição e diferença, ao longo de sua história, a vida passou a pôr em contato fenômenos em dimensões até então abismalmente remotas: as escalas e durações infinitesimais dos processos bioquímicos moleculares, tipicamente da ordem do bilionésimo de metro e do bilionésimo de segundo, tornam-se engrenadas, no jogo evolutivo, com os macrorritmos das grandes mudanças ambientais planetárias, os períodos de dezenas de milhares de anos das variações do clima atmosférico, de milhões de anos dos processos geológicos e tectônicos da Terra, de centenas de milhões de anos das transformações astrofísicas do Sol. É no âmbito dessa inusitada conexão de dimensões tão díspares, de fato, que as variantes, os diferentes formatos de espécies produzidas pelas mutações, vão ser postas à prova: será a adaptação às circunstâncias cambiantes do ambiente, que, segundo a teoria da seleção natural de Darwin e Wallace, determinará a capacidade maior ou menor de cada espécie de deixar descendência e, portanto, definirá as variedades que irão prosperar ou definhar.

O papel essencial que as mutações das espécies irão cumprir é exatamente o de oferecer um leque de configurações orgânicas, algumas muito similares, outras já bem distintas, para serem discriminadas pela instância macrocausal das transformações ambientais. Numa dada circunstância, ter um tamanho grande pode ser valioso para os membros de uma espécie, mas se o seu território se reduz – por exemplo, quando uma ilha se destaca, em virtude de processos tectônicos, do continente a que pertencia – será conveniente, em vista da redução concomitante de recursos, que o tamanho dos indivíduos se reduza. Dependendo da reconfiguração do contexto, o presente formato e as atuais capacidades de tal espécie receberão uma confirmação, uma positivação dessas formas, ou não, segundo a habilidade que seus membros exibirem, nas novas circunstâncias, de reproduzir-se. As mutações permitem conectar a indeterminação dos acidentes microscópicos sucedidos durante a replicação genômica às variações igualmente imprevisíveis, mas de ordem causal inteiramente diferente, das mudanças das características dos ambientes. A mutação diz respeito, assim, a uma potência inerente de deriva, a uma errância eficaz e criativa que, do mais profundo horizonte da vida, vem acrescentar ao universo um repertório até então desconhecido de perseverança e de diversidade.

Podemos enfim retomar a discussão de nossa proposta de diagnóstico da atualidade, sugerida pelo círculo de Tiradentes nos já longínquos idos de 2007: em nossa civilização globalizada, isto é, em que vigora uma coordenação das atividades econômicas de abrangência planetária, em inúmeros, se não em todos, os aspectos relevantes para a descrição do estado de coisas vigente, sociais, afetivos, políticos, econômicos, demográficos, biológicos, psicológicos etc., encontramos todo um arsenal largamente distribuído de errâncias e derivas. Onde quer que o olho do espírito procure algo de estável e constante para aí se concentrar, depara-se somente com deriva, fluxo e incerteza. Tal como o navegante no mar, não se pode deixar de levar em conta o desvio recorrente, a declinação inevitável. Assim, o imprevisível torna-se o referente duradouro; devemos, se desejarmos apreender os dinamismos correntes do sistema civilização, incorporar o imprevisível a nossas previsões. Perante tais capitais acumulados de incerteza, pareceria que todo esse sistema ruma a uma reestruturação de grande porte, correspondente ao estabelecimento de uma nova variedade de civilização. À mutação, enquanto conceito que exprime esse vasto reservatório de errâncias, vem associar-se a fundação, enquanto processo de instauração de uma nova substância, de um novo fundamento.

Como podemos esboçar uma análise do mundo contemporâneo segundo essas diretrizes? É bem conhecida a classificação para o grau de desenvolvimento de uma civilização qualquer, desde que dotada de um certo acervo de conhecimento tecnocientífico, conforme a magnitude dos recursos energéticos que fosse capaz de manipular, sugerida por Nikolai Kardashev nos anos 1960 e mais tarde refinada por Carl Sagan (observemos de passagem que eram tempos de Guerra Fria, e o contato entre cientistas americanos e soviéticos era simplesmente proibido; o gesto de cooperação entre os dois grandes cientistas teve profundo significado ético e político). Em resumo, civilizações do tipo I empregariam integralmente os recursos de um planeta, do tipo II os de uma estrela, e do tipo III os de uma galáxia (a razão do aumento da capacidade de manejo de energia entre cada tipo seria da ordem de 10 bilhões). Sagan estimou, um pouco mais tarde, que à atual civilização humana na Terra corresponderia um valor em torno de 0,7 nesta escala, ou seja, que a humanidade estaria no caminho de tornar-se, em breve, uma civilização do tipo I.

Mas qual seria o cabedal tecnocientífico que uma dada civilização necessitaria ter desenvolvido para poder aspirar a essa, digamos, graduação? O aspecto decisivo dessa caminhada rumo à autonomia energética em escala planetária, como assinalam os autores, seria dispor do controle técnico, cientificamente embasado, dos muitos tipos de fluxos energéticos em princípio disponíveis (iluminação solar, fontes geotérmicas, marés, biocombustíveis, fissão e fusão nucleares, combustíveis fósseis etc.). Ora, os fatores físicos, biológicos e culturais implicados no estabelecimento e florescimento de tal civilização, até que lograsse alcançar o estágio de desenvolvimento técnico em que um controle tão amplo, profundo e variado se tornasse possível, envolveriam fenômenos de duração muito distinta – no caso da Terra, como vimos, a evolução da vida e a emergência do pensamento exigiram centenas de milhões de anos para os processos astrofísicos, dezenas de milhões para os tectônicos e geológicos, milhões para os bioecológicos, dezenas de milhares para os climáticos, milhares para os culturais. Já no substrato material em que se apoiariam todas essas amplas transformações – ou seja, os processos físicos, químicos, biológicos e termodinâmicos em escalas nucleares, atômicas, moleculares e mecânicas – vigorariam grandezas que são, comparativamente, extremamente tênues e diminutas. Assim, nossa suposta civilização deveria tanto reconhecer a vigência de transformações amplas e lentas – como a tectônica de placas ou a evolução darwiniana – quanto mostrar-se apta a explorar o domínio intenso e frenético dos constituintes microscópicos das estruturas materiais.

Em consequência, parece inevitável que o conhecimento e o domínio técnico sobre tão variados aspectos do mundo natural, numa dimensão tão ampla, irá implicar que os participantes dessa civilização planetarizada se tornem, coletiva e cumulativamente, agentes globais de modificação ambiental, bem como tenham adquirido, em paralelo, a habilidade de produzir novos tipos de materiais, inexistentes até então, e mesmo de intervir em sua própria constituição orgânica. Ou seja, seus membros teriam adquirido a capacidade de atuar – e, portanto, de modificar – tanto na composição e estrutura deles mesmos, quanto nas circunstâncias do ambiente natural de que a própria civilização até então dependia.

Parece assim razoável conjecturar que, num estágio de crescente iminência de passagem à titularidade do tipo I, a entrada em cena desses dois tipos de autoafecção – o dobramento interno da ação técnica sobre seu próprio produtor e operador; o dobramento externo da ação técnica sobre os fluxos constituintes do próprio contexto ambiental – acarretaria uma vasta, profunda e acelerada reformatação dos fundamentos mesmos sobre os quais tal sistema civilização até então se lastreava. Transformações simultâneas de tal calibre e em tal variedade exigiriam que todos os recursos cognitivos à disposição fossem empregados para encarar-se o sem-número de indeterminações que pareceriam eclodir por todos os lados, em todos os níveis, do bacteriano ao atmosférico. Pesquisadores e pensadores precisariam reconhecer a necessidade de novos conceitos e posturas que estivessem à altura da intensidade do processo global de mudanças. Pois estaria em curso, em vista da disseminação de tantas errâncias, um processo mutagênico imbricado em uma reconfiguração de mundo de tão grande porte que, para todos os fins práticos, seria talvez impossível distingui-lo de uma refundação.

Desdobremos ainda uma vez esse exercício especulativo. Uma dada espécie dificilmente logrará constituir uma civilização do tipo I se permanecer restrita a apenas uma ou outra fonte de energia; é importante que domine todo o espectro possível de fontes energéticas. Esse domínio permitirá, ou mais certamente, demandará, que suas atividades de produção espraiem-se e abranjam o planeta como um todo. Mas o uso de tantas fontes de energia, em uma escala planetária, implicará uma transformação também de alcance global: doravante, as ações produtivas dessa civilização, tomadas em seu conjunto, serão elas mesmas uma força de moldagem do estado de coisas do planeta mesmo. Essa civilização, ao ultrapassar esse limiar, necessariamente não viverá como seus ancestrais viveram. Não se tratará mais de uma espécie atuando de maneira pontual sobre seu hábitat local para sobreviver, em um planeta pronto e dado, essencialmente indiferente a ela. As ações que decidir empreender, na escala que agora lhe é própria, a planetária, incidirão sobre seu ambiente de origem e sobre tudo que até então lhe fora exterioridade natural. Ao moldar seu mundo, essa espécie obrigatoriamente remodelará a si mesma.

Por outro lado, o domínio da estrutura e composição microscópicas dos sistemas materiais, necessário para que se faça uso, por exemplo, de fontes químicas de energia – isto é, de reações moleculares, da fotossíntese à ignição –, parece inseparável de um crescente poder de intervir e manipular os componentes básicos dessas substâncias (o mesmo argumento valerá, é claro, para as escalas atômica e nuclear). Com efeito, o conhecimento requerido para operar com eficiência sobre os modos de organização básicos das substâncias materiais é decerto suficiente para ensejar a produção de artefatos dotados de arquiteturas e propriedades de caráter inteiramente artificial, quem sabe inspirados em sistemas naturais de formação análoga, mas podendo exibir uma sofisticação funcional cada vez maior. Um tal poder de gerar objetos técnicos de complexidade crescente tenderá a infundir-lhes capacidades complementares, e portanto similares às da espécie portadora – afinal, utensílios servem para ser usados, e útil é não somente o que estende meus movimentos, mas também o que responde às minhas percepção e cognição. Artefatos que incrementam e substituem a força corporal, bem como projetam e ampliam os sentidos e suplementam e intensificam a atividade cognitiva, devem ser correlatos diretos do surgimento de novas formações materiais. Diminuirá assim, e provavelmente numa taxa cada vez mais acelerada, a distinção entre seres naturais e artificiais, entre *naturatos* e artefatos.

Essa perspectiva não foi explicitada claramente por Kardashev e Sagan, mas não é impossível que tivessem já intuído que os sucessivos avanços no desenvolvimento de sistemas artificiais tenderiam a aproximá-los, gradual mas inexoravelmente, dos modos de funcionamento dos seres vivos. As sondas robóticas que hoje percorrem as planícies de Marte incorporam padrões de comportamento autônomo que lhes conferem uma capacidade de enfrentar problemas – um nível de "inteligência", vamos chamar assim – comparável à de um camundongo. Qualquer um que tenha tentado pegar um camundongo compreenderá de imediato a alta sofisticação desses artefatos. Mas se os objetos técnicos vão adquirindo habilidades motoras, perceptivas e cognitivas em ritmo crescente, aproximando-se progressivamente do estatuto funcional dos organismos, essa diretriz de transformação implica que, cedo ou tarde, a própria espécie se tornará suscetível de intervenção técnica. Restará cabalmente diluída a fronteira, antes tão nítida, que existia entre o operador das tecnologias e os artefatos que ele produzia e manipulava. Ao remodelar a si mesma, essa espécie moldará obrigatoriamente seu mundo.

Em conclusão, tanto pelo viés do alcance global do conjunto de suas atividades, quanto pelo viés da manipulação microscópica dos elementos e estruturas básicas de todo tipo de formação material, em particular dos organismos, ainda mais em particular de si mesma, nossa conjectural espécie aspirante a graduar-se como civilização do tipo I, seja ela composta por lagostins roxos de Cassiopeia ou por *Homo sapiens* terrenos, no curso de sua ascensão se deparará com duas variedades distintas, mas inseparáveis de errâncias: a da transformação de seu ambiente, na dimensão da abrangência; e a da intervenção sobre si mesma, na dimensão da imanência. Se seguimos as indicações de Kardashev e Sagan, esse é o entendimento indispensável para que o patamar civilizacional do tipo I seja eventualmente alcançado, e será na forma de lidar com essa indeterminação duplamente autoefetuada que essa espécie encontrará o crivo de seu sucesso.

A perspectiva de que a civilização humana possa estar se aproximando desse estágio de refundação, a partir das mutações que se manifestariam na atualidade em toda a gama de aspectos de nossa existência, permite vislumbrar desafios e potencialidades extraordinários. Por exemplo, recentemente a equipe do geneticista Craig Venter, que foi um dos pioneiros da decodificação do genoma humano, construiu um genoma bacteriano efetivo, a partir do manejo de blocos de elementos moleculares. Um genoma simplificado, decerto, mas que, quando inserido em uma célula cujo núcleo original havia sido extraído, foi capaz de dirigir o metabolismo celular e, em seguida, fazer a nova bactéria reproduzir-se. Ainda mais notável, porém, é o fato de Venter e sua equipe terem acrescentado ao genoma artificial um trecho não funcional que correspondia, numa tradução para o "desoxirribonuclês", a um verso de Tennyson. Há, doravante, um fragmento de Tennyson repercutindo pelo universo afora, multiplicado a cada vez que a bactéria artificializada se replica. Borges comentou, em uma de suas páginas inesquecíveis, que as palavras são mais duradouras que os mármores; seria curioso saber sua opinião sobre esse pergaminho bacteriano, escrito com DNA, reimpresso infinitamente.

Por outro lado, principia a se difundir cada vez mais amplamente a compreensão sobre a amplitude e intensidade dos fatores de transformação ambiental associados à atividade humana na atualidade. Todo organismo, para manter-se, precisa obter insumos de seu entorno, convertê-los em nutrientes, empregar esses nutrientes em seu metabolismo e, finalmente, eliminar os resíduos desse processo. Uma sociedade tecnicamente sofisticada, de modo análogo, irá explorar recursos de seu meio, converter esses recursos em bens e serviços pela ação do trabalho, distribuir – com maior ou menor equanimidade – esses bens e utilidades pelo corpo social e, então, descartar os resíduos acumulados em cada etapa do processo. No caso da civilização global contemporânea, porém, o modo de funcionamento do sistema produtivo como um todo não é ecologicamente viável. Se desdobramos as variedades de fluxos e dinamismos incorporados em um ecossistema complexo, isso significa, na verdade, que a atividade do sistema econômico globalizado de hoje não é física, química, biológica ou termodinamicamente viável. O volume de recursos consumidos, a quantidade de rejeitos produzidos e a brutal e iníqua disparidade no usufruto dos bens produzidos fazem a configuração dinâmica desse sistema parecer perigosamente próxima do limiar de uma desestabilização em cadeia.

Consideremos um único exemplo: as mudanças climáticas. Não há mais dúvidas hoje, na comunidade científica, de que alterações dos padrões do clima planetário estão em curso e que a atividade humana tomada em conjunto é a principal forçante dessa mudança. Se há vinte anos ainda podia haver dúvidas, hoje não há mais. A evidência mais clara dessa transformação são os cada vez mais frequentes eventos meteorológicos extremos, ocorrendo precisamente como os modelos descritivos das mudanças climáticas preveem. Ou seja, em uma dada região verificamos, por exemplo, um lento acréscimo da quantidade anual de chuva com relação ao perfil histórico de precipitação registrado, mas agora essa quantidade se distribui segundo padrões extremados: estiagens longas e intensas sucedidas por enchentes torrenciais. O deslocamento com respeito às médias históricas de precipitação é pequeno, mas a conjuntura de se viver sob a alternância de secas inclementes e inundações devastadoras é muito diferente. É plausível imaginar uma situação na qual três anos consecutivos de fortes monções em Bangladesh acabem por desabrigar algumas dezenas de milhões (sim, esta seria a escala) de pessoas. Serão obrigadas a abandonar seus lares à beira-mar, perante o constante e reiterado flagelo de tufões, tempestades e enchentes. Forçadas a migrar, se espalharão pelo interior muito pobre do país e eventualmente chegarão às fronteiras dos países vizinhos. Essas multidões de flagelados climáticos serão admitidas, por exemplo, na Índia – que já possui 1,4 bilhão de habitantes, e armas nucleares?

Os problemas que hoje começam a se apresentar, em função dessa capacidade adquirida pelo sistema econômico de operar em um âmbito autenticamente planetário, terão de ser abordados segundo uma perspectiva radicalmente inovadora. Os efeitos decorrentes da atividade humana global têm também caráter global: mudanças climáticas, alterações da biodiversidade, modificação da composição química da atmosfera, alterações nos padrões de sedimentação das bacias hidrográficas, entre outros, não são acontecimentos meramente locais, de uma só região, ou nação, ou coletividade. As causas que os determinam são históricas e têm consequências planetárias. Desde 1750, por exemplo, foi iniciado um incêndio incessante, em contínua expansão, nas câmaras de combustão dos motores a explosão. Esse incêndio inumerável faz uso de energia solar antiga, envelopada em carbono, na forma de combustíveis fósseis como carvão e petróleo. Queimamos o antigo Sol fossilizado para extrair essa energia e despejamos seu envoltório – principalmente dióxido de carbono e metano, gases de efeito estufa – na atmosfera. O efeito acumulado dessa queima interminável é a mudança cada vez mais significativa das condições ambientais. Despejamos fora o resíduo indesejado, mas já não há mais fora.

Esses indícios parecem apontar para uma situação civilizacional extraordinária e sem precedentes. Há um motor sistêmico que, desde a Revolução Industrial, impulsiona a capacidade humana global de intervenção sobre o mundo natural e sobre a sociedade mesma: o capitalismo. Não é necessário ter alguma pretensão de estabelecer uma definição perfeita e cabal do que é o capitalismo para reconhecer que, no mundo de hoje, são as relações capitalistas que regem nossas intervenções, tomadas em conjunto, sobre nosso hábitat global. E ao longo de seu percurso de sucessivas revoluções – mercantil, industrial, tecnológica, financeira, cibernética – o capitalismo foi extraordinariamente bem-sucedido em dissolver as separações entre as regiões e nações, promovendo as bases de um sistema econômico interligado. Todos os países hoje compartilham o mesmo calendário gregoriano, a mesma divisão do dia em horas, minutos e segundos, e os mesmos algarismos indo-arábicos. Um conjectural antropólogo extraterrestre que tirasse um cochilo de um século se surpreenderia, ao acordar, com a súbita passagem de um mundo culturalmente fragmentado e multifacetado para outro exibindo esses claros sinais de unificação.

Em paralelo, portanto, com a exponenciação do poder de transformação do ambiente natural pela atividade econômica, o capitalismo transmutou – o termo é propositado – o próprio elemento básico da sociedade moderna: o indivíduo cidadão. Em paralelo a uma série contínua de aperfeiçoamentos tecnológicos com vistas à produção sempre mais numerosa de bens, extraindo para isso volumes crescentes de matérias-primas, o capitalismo promoveu também uma reforma cultural pela linearização do cidadão individual, doravante convertido em consumidor. O cidadão é definido por certo estatuto político, mas o consumidor é tão somente uma unidade econômica linear, composta por boca, pança e ânus. E o capitalismo global instituiu para os 7,5 bilhões de habitantes do mundo hoje, numa inversão radical, um novo perfil de pertencimento ao coletivo: é pelo consumo que se ascende à cidadania; quem não lograr consumir não é, a rigor, um sujeito pleno. A atual exponenciação do *quantum* de desigualdade implícito nessa inversão foi recentemente ilustrada à perfeição por um relatório espantoso da Oxfam: os três indivíduos mais ricos detêm mais recursos que os 3 bilhões de pessoas mais pobres.

Processos de autointervenção de tal calibre, para o exterior e para o interior do sistema civilização, implicam claramente um dinamismo subjacente de caráter não linear: causas minúsculas podem levar, por reiteração, acumulação e repercussão, a grandes consequências. A tensão generalizada e multivariada que identificamos na presente configuração desse sistema indica que um novo estágio de coisas se avizinha: ao planetarizar-se, o capitalismo finitizou-se. Isto é, após séculos de expansão geográfica muito bem-sucedida, o capitalismo triunfou em recobrir todo o seu domínio de operação e em embeber-se profundamente em seus próprios realizadores. Exatamente por esse sucesso, depara-se agora com um desafio de outra ordem: seu confronto doravante não se dará com os valores do trabalho, ou da ética, ou mesmo das religiões; a todos esses oponentes o capitalismo dobrou, a todos ele assimilou. Pois o capital é o solvente supremo: tudo o que toca, converte em capital. Ao alcançar a escala do planeta e da humanidade, porém, o capitalismo depara-se com uma nova alteridade: a das leis inflexíveis da física, da química, da termodinâmica, da biologia, da ecologia. O capitalismo, que sempre buscou a expansão no espaço, terá agora que procurar perdurar no tempo. Ao imbricar-se na dinâmica do sistema Terra em suas dimensões material, vital e cognitiva, coloca-se para o capitalismo o problema de sustentar-se, ou seja, de continuar a operar sem acarretar a própria derrocada desse seu novo corpo planetário. Contudo, o problema de durar, de estender-se no tempo, é de natureza, modalidade e grau muito distintos do desafio de expandir-se, de estender-se no espaço. Ao capitalismo só interessava a velocidade, no aumento da produção, na rapidez da obsolescência, no tamanho dos mercados; mas terá agora a necessidade de incorporar valores de permanência, de resiliência, de reutilização. Ao que parece, a civilização capitalista, se almejar chegar a estabelecer-se como do tipo I, terá que mudar a sua natureza. Ou poderá se esfacelar no caminho.

Examinemos mais detalhadamente alguns aspectos do problema. Até aqui, o sistema capital tinha como diretriz a superabundância, ou seja, era conforme a seus objetivos a produção de um sem-número de artigos supérfluos, perfeitamente dispensáveis no plano das necessidades, mas absolutamente convenientes no plano dos desejos. Só que, agora, o novo limite se impõe: para produzir é necessário cuidar. Por exemplo: os oceanos deverão ser a nova fronteira para a obtenção de alimentos, especialmente proteínas; cultivaremos os oceanos como já fazemos com as várzeas e savanas. A razão é que não haverá mais terras aráveis disponíveis para garantir a alimentação dos cerca de 10 bilhões de habitantes previstos para o mundo em 2050. Mas os oceanógrafos nos advertem de que já foram identificados mais de quatrocentos desertos em alto-mar, locais em que, devido à ação humana, toda a vida desapareceu. Os plásticos de todos os tipos que têm sido há décadas despejados nos oceanos nunca desaparecem; em virtude da fragmentação mecânica causada pelas ondas, são reduzidos a partículas microscópicas que se agregam formando uma autêntica sopa flutuante, em que organismo algum pode prosperar. Parece claro, então, que há uma incompatibilidade irredutível aqui: ou bem se cultivam ou bem se poluem os oceanos.

Outro desafio – o da substituição, na escala necessária, dos combustíveis fósseis por fontes renováveis de energia – exigirá, provavelmente, uma variedade de ações coordenadas conforme um planejamento comum, uma vez que a integração dessas fontes em uma rede comum parece ser indispensável para que uma boa eficiência seja garantida ao sistema como um todo. Essa escolha é crítica: se for mantido o consumo de combustíveis fósseis nas atuais taxas, a tendência é cristalizar-se ao cabo do presente século um cenário de mudanças climáticas das mais intensas; não é impossível que suceda um aumento da temperatura global de ordem de quatro graus, ou até mais. Nesse caso, poderá instalar-se um processo de savanização irreversível da floresta tropical amazônica, ou seja, em pouco mais de três gerações, a Amazônia desaparecerá. O lucro imediato, a espoliação do trabalho, a exploração dos recursos naturais e a acumulação financista, que até agora serviram como diretrizes inquestionáveis para a "ética" capitalista, terão de ser suplementados por valores de jaez totalmente distinto. A questão então é: o capitalismo, até aqui o mais flexível e adaptável dos sistemas econômicos, poderá mudar sua natureza? Ainda mais: conseguirá ser, ele mesmo, o autopromotor dessa mudança? A grande mutação ocorrerá, e prosperará?

Diferentes cenários possíveis de futuro podem ser considerados aqui. Para o climatologista britânico James Lovelock, por exemplo, já contratamos uma mudança climática de tal intensidade que conflitos, guerras e carestias de grande porte ocorrerão por toda parte. Essa extrema turbulência levará no fim do século a uma redução brutal do contingente humano para cerca de 500 milhões de pessoas, ou seja, $1/14$ do que é hoje, sobrevivendo em um planeta muito castigado. Teremos retornado um milênio, pois 500 milhões de habitantes era a população do mundo no ano 1000. Já para o australiano Paul Gilding, ex-presidente do Greenpeace, uma transformação em larga escala de todo o parque produtivo contemporâneo é possível e factível num prazo curto. Há, diz ele, até mesmo um precedente histórico claro, ocorrido quando os Estados Unidos, que eram na ocasião a maior potência econômica e industrial de todo o mundo, entraram na Segunda Grande Guerra, em 1942. Em três meses todo o parque automobilístico foi convertido para produzir exclusivamente jipes e tanques. Navios de carga que demoravam três meses para serem aparelhados passaram a ser lançados ao mar no ritmo de um por dia. Assim, afirma Gilding, os efeitos mais nefastos associados a mudanças climáticas intensas poderiam ser ainda evitados, e a transição para uma economia globalmente sustentável poderia ser alcançada sem um período de grandes catástrofes.

Podemos talvez aduzir algumas pistas acerca dos possíveis caminhos que hoje começam a se desdobrar deste presente tão denso de potencialidades. Os estudiosos da cultura nos dizem que, para nos constituirmos como humanos, não basta possuirmos corpo e metabolismo de *Homo sapiens*; é indispensável que entre nós vigore um regime de trocas simbólicas, mediadas pela palavra, para que verdadeiramente nos tornemos membros de uma coletividade humana, de uma sociedade. Essa habilidade simbólica, esse poder de intercomunicar, de fato, permitiu que ao longo de nosso desenvolvimento cultural engendrássemos um repertório cada vez mais vasto de objetos técnicos, cada vez mais distribuídos e capacitados. Hoje, todavia, dispomos de um arsenal de artefatos que atuam precisamente nessa dimensão constitutiva de nossa segunda natureza, a de seres culturais: a comunicação. Em pouco mais de uma geração, três quartos da humanidade passou a portar e empregar um aparelho móvel de telecomunicação, isto é, um celular. Há hoje em dia, de fato, mais *chips* de celular do que seres humanos! O fato decisivo é que nesse prazo muito curto individualizamos o uso de um veículo portátil de transmitir informação; nossos sistemas nervosos passaram a compatilhar operações cognitivas de alta complexidade com esses dispositivos; nossos hábitats comuns se converteram, efetivamente, em redes sociotécnicas compreendendo tanto pessoas quanto artefatos.

Na imensa maioria dos terrenos podemos hoje em dia nos conectar a fluxos de informação de abrangência global. Em nossas casas comuns, as cidades, nas quais mais da metade de todos nós vivemos, podemos testemunhar sem nenhum atraso significativo eventos que estão sucedendo em qualquer outro local. O mundo cabe em cada casa; meu parceiro de conversa fiada reside nos antípodas e é, no entanto, como um vizinho. Elementos culturais de todas as épocas e procedências se amalgamam de maneira inédita; línguas, costumes, culinárias, filosofias, artes de todas as origens fazem agora parte, em maior ou menor grau, do acervo cultural de todas as cidades, de todas as populações. Existem, pela primeira vez, as bases materiais para uma cultura humana verdadeiramente cosmopolita. Ao abolirem as distâncias, eliminando pela instantaneidade da transmissão eletrônica e pela rapidez dos transportes a demora do contato entre diferentes lugares, os modernos meios de comunicação permitiram uma experiência transfiguradora: a humanidade, esta geração da humanidade, pôde se dar conta de sua incrível diversidade. Podemos hoje todos compreender, a partir da experiência, que a humanidade é feita de muitas humanidades. Há, de fato, algo que é igual para todos nós: somos todos diferentes.

Hoje também nos damos conta de que, pela primeira vez, mais da metade da humanidade é letrada, isto é, aprendeu a ler e escrever em alguma língua, e pode usufruir não só da herança cultural de seu povo como, na verdade, do legado comum de todos os nossos ancestrais. Dessa metade, mais da metade são mulheres. Se recordarmos que no começo do século xx, pouco mais de cem anos atrás, o número de mulheres alfabetizadas em todo o mundo não passava de um traço, podemos compreender a imensa transformação psicossocial que está atualmente em curso. Essa generalização de uma capacidade cognitiva tão crucial representa uma potência verdadeiramente mutagênica para nossa civilização. Se vivemos de fato tempos de mutação, em que essa errância positiva adornará de imprevistos nosso cotidiano, nossas vidas e práticas, nossos pensamentos e afetos, tudo o que nos constiui enquanto pessoas, cidadãos, seres humanos entrará em situação de deriva, de declinação. Se esse caudal de incertezas faz deslizar os limites que anteriormente definiam o que é ser um indivíduo, e mesmo o que é ser um terreno, a proposta de diagnóstico elaborada em 2007 sobre as mutações poderá dar lugar a uma série de reflexões muito necessárias, pelas quais possamos vir a adquirir uma nova visão dos destinos que nos próximos anos nos caberá construir, para nós mesmos e para a vida na Terra. Devemos nos transmutar nos meios para conectar o passado com o futuro; nos constituirmos em pontes entre o que fomos e o que viremos a ser. Podemos quem sabe tomar como inspiração as palavras de um grande visionário, Richard Buckminster Fuller:

> Hoje, a competição é obsoleta, a guerra é desnecessária. Temos os meios de fazer toda a humanidade ter um nível de qualidade de vida superior ao de qualquer outro momento da história. Tudo que é necessário fazer é deslocar o foco da tecnologia, do armamento para o vivamento (*Critical Path*, 1981).

# Vida vício virtude
## Para além da sexualidade: Foucault e a liberdade como autopertencimento
Vladimir Safatle

> *O dandismo, que é uma instituição para além das leis, tem leis rigorosas às quais todos seus sujeitos estão estritamente submetidos.*
>
> CHARLES BAUDELAIRE

### SEXUALIDADE COMO DISCIPLINA

Em um dado momento do século XX, a filosofia começou a se preocupar com sexo. Uma preocupação inserida em estratégias de redimensionamento do que entendemos por política. Pois tudo se passava como se algo de fundamental em nossa experiência política e em suas expectativas de emancipação social só pudesse ser pensado se voltássemos nossos olhos ao sexual. De fato, há uma dimensão de acontecimento na experiência do sexual que esperou o século XX para ser reconhecida em sua extensão. É ela que, de formas distintas, está presente nos pensamentos de Marcuse, Bataille, Freud, Lacan, Reich, Lyotard e, principalmente, Michel Foucault.

Vem de Foucault a estratégia de abordar o problema político do sexual a partir do esforço em compor uma *genealogia da sexualidade*. Esse esforço ainda nos é decisivo, ainda marca de maneira consistente nossa forma de pensar as potencialidades imanentes ao campo do sexual. Levemos também em conta que, para além de sua dimensão propriamente crítica, as estratégias de Foucault apontarão para um horizonte propositivo no qual uma ética renovada poderia emergir e cuja configuração gostaria de discutir ao final.

Foucault quer mostrar que falar sobre sexo a partir da perspectiva de alguém que é sujeito de uma sexualidade específica, que vê sua identidade definida a partir da sexualidade que lhe é própria, é sujeitar-se a discursos sociais que procuram legitimar formas diversas de intervenção. Uma genealogia da sexualidade procurará, pois, entender como tais discursos foram formados, como eles demonstram a natureza produtiva de um poder capaz de produzir individualidades. Isso nos permitirá pensar o poder não apenas como um modo de coerção imposto que nos coage de fora, mas principalmente como maneira de produzir formas de vida, de moldar nossos desejos, sejam nossos desejos de normas, sejam nossos desejos de transgressões. Assim, sexo será um acontecimento a ser pensado pela filosofia na medida em que explicita uma nova modalidade de poder que paulatinamente ganhou hegemonia no interior das formas de vida no Ocidente[1].

A respeito dessa nova forma de poder, lembremos de início que sexualidade é, principalmente, um termo utilizado para designar uma qualidade individualizadora. Normalmente dizemos: "tenho a minha sexualidade", como quem tem um modo de ser que pretensamente expressa uma individualidade a ser reconhecida. De modo sintomático, não dizemos, por exemplo: "tenho meu erotismo". Ao centrar suas reflexões sobre o aparecimento da "sexualidade", Foucault aproveitava essa qualidade individualizadora para mostrar como certo regime de organização, de classificação e de descrição da vida sexual sistematizado no interior do discurso médico, ou seja, sistematizado a partir da distinção ontológica entre normal e patológico, foi fundamental na constituição dos indivíduos modernos[2]. Se sexualidade é aquilo produzido por um discurso de aspirações científicas, seja vindo normalmente da psiquiatria, da psicologia, seja vindo da medicina, então sua normatividade será, entre outras coisas, fortemente regulada a partir de padrões estritos de normalidade.

A compreensão dessa experiência social própria aos indivíduos modernos será importante para responder a uma questão propriamente po-

1. Pois: "O sexo não é uma inscrição biológica primeira, mas o elemento que permite sistematizar os afetos e as intensidades do corpo. Ele impõe a esse mesmo corpo a estrutura de uma subjetividade atravessada por uma hermenêutica do desejo e constrói nossa identidade como esse segredo que é preciso dizer" (Arianna Sforzini, *Michel Foucault: une pensée du corps*, Paris: PUF, 2014, p. 67).
2. Para esse ponto, ver, principalmente, Ian Hacking, *Historical Ontology*, Cambridge: Harvard University Press, 2004; e Arnold Davidson, *The Emergence of Sexuality*, Cambridge: Harvard University Press, 2004.

lítica, a saber: ter uma sexualidade seria expressão de uma liberação do meu corpo em relação às pretensas amarras repressivas do poder? A sociedade ocidental teria assumido a importância da sexualidade na definição das individualidades a partir do momento em que o poder teria perdido suas amarras repressivas? Ou a sexualidade seria uma forma insidiosa de sujeição que demonstraria como a natureza do poder não é exatamente *repressiva*, como se estivesse a reprimir uma natureza sexual, uma energia libidinal primeira e selvagem, mas *produtiva,* como se ele produzisse os sujeitos nos quais o poder opera? Ou seja, ao dar importância decisiva a tais perguntas, Foucault apenas era fiel a sua afirmação de que: "o que me interessa é muito mais a moral do que a política ou, em todo caso, a política como uma ética[3]". Não a política como atividade que se submete a princípios morais gerais, mas a política como *éthos,* como aquilo cujo campo real são as construções de modos singulares de ser. Daí a importância de compreender o sentido do que está em jogo na sexualidade.

A partir desse problema da produção da individualidade, Foucault defendia que a sexualidade era um modo de assujeitamento a estruturas do poder disciplinar. A hipótese do poder disciplinar fora desenvolvida para mostrar como devíamos compreender o poder presente de maneira hegemônica nas sociedades modernas. Diferente do poder soberano, hegemônico em sociedades pré-modernas, o poder disciplinar tinha um conjunto de características próprias. Primeiro, ele não era um poder que vinha de um centro no qual encontrávamos a vontade do soberano. Antes, era desprovido de centro e disseminado por parecer vir de todos os lugares, operar em várias instâncias e níveis; um poder horizontal. Por não ter centro, ele apareceria como impessoal, como não exercido em nome de alguém, mas em nome de "saberes" que fundamentam sua legitimidade na força irresistível do que se coloca como discurso científico ou prática social necessária. Um poder de estruturas que submetem todos, como o poder que se exerce nos hospitais, nas escolas, nas prisões, nas empresas, na burocracia estatal.

Segundo ponto, esse poder era individualizador. Através do seu exercício, individualidades eram constituídas, o que nos levava a uma fórmula

---

3. Michel Foucault, *Dits et écrits II,* Paris: Gallimard, p. 1405. [Ed. bras.: *Ditos e escritos,* vol. 2, Rio de Janeiro: Forense Universitária, 2013.]

importante: ser indivíduo é sujeitar-se a um conjunto de disciplinas que legislam sobre meu modo de organizar o tempo, de hierarquizar meus desejos e vontade, de regular minhas paixões, de proibir e desqualificar certos pensamentos, de determinar minha identidade e interesses.

Tal poder disciplinar era composto de uma anátomo-política dos corpos e de uma biopolítica das populações, ou seja, ele visava regular os corpos e seus regimes de desejos e afetos, assim como regular os fenômenos populacionais de crescimento, de saúde social e de reprodução de costumes. Por isso, a sexualidade podia aparecer como um dispositivo central do poder disciplinar, já que dizia respeito tanto à experiência dos corpos quanto a questões de gestão populacional (como aquelas questões ligadas à análise da taxa de natalidade, à idade do casamento, aos nascimentos legítimos e ilegítimos, à precocidade e à frequência das relações sexuais, ao efeito do celibato e das interdições, à incidência de práticas contraceptivas). Nesse sentido, a reflexão filosófica sobre a sexualidade expunha a maneira com que determinado regime de poder teria produzido um acontecimento maior, a saber, a transformação disciplinar da vida.

Foucault procurou mostrar como essa transformação disciplinar da vida foi o resultado da sobreposição de vários discursos, como o discurso científico, o jurídico-moral e o religioso. A esse respeito, ele era sensível à maneira com que os saberes científicos que fundamentam práticas disciplinares nos levavam a "falar de sexo". A fala ouvida pelas ciências da sexualidade não era apenas quantificadora, ela também era exaustiva. Este era seu ponto central: a ciência da sexualidade produzida no Ocidente nos levou a falar de sexo de forma tal a procurar, através dessa fala, a linha de partilha entre o normal e o patológico, a exaurir tal fala no interior de um sistema classificatório capaz de escutar cada fantasia, capaz de incitar confissões e, com isso, nos levar a nos inscrever no interior de uma gramática, escolher histórias possíveis, controlando assim toda produção possível de identidades.

Por isso, se Foucault se voltava contra a *hipótese repressiva*, que vincula a força política da sexualidade à revolta contra a repressão da pretensa naturalidade de nossa energia libidinal, era por perceber como nenhuma sociedade falou tanto de sexo quanto a nossa. Mais do que sociedades repressivas, as nossas foram sociedades marcadas por uma peculiar incitação à constituição do sexo como discurso. Pois nessa vontade de falar, ou antes, nessa vontade de saber tudo sobre sexo, encontrávamos a incitação a acreditar que falar sobre sexo seria a condição para nossa liberação e emancipação. Nada mais falso, dirá Foucault.

Mas ficamos aqui com uma questão maior. Pois se somos todos indivíduos constituídos no interior de sociedades disciplinares, de onde vem o mal-estar que sentimos no interior da vida social e que nos leva à crítica do que nos tornamos? De onde vem o mal-estar com esse regime de fala que constitui nossa sexualidade, assim como a esperança de outra forma de relação entre discurso, verdade e sexo? Pois Foucault vincula a força crítica ao desvelamento desses "momentos nos quais nossas identificações parecem de uma contingência e de uma violência das quais não tínhamos consciência". Por isso, "a experiência subjetivante do pensamento crítico nascerá desses momentos nos quais não se trata mais de nos 'descobrir', mas de 'ultrapassar o limite' em direção a uma identidade nova e improvável[4]". Ou seja, se há crítica social, para Foucault, é porque nossas identidades aparecem, em certos momentos, como dotadas de uma violência da qual não tínhamos consciência. Mas por que elas aparecem assim?

Como não podemos fazer apelo a algum nível de experiência que resistiria à sua codificação integral pela administração dos corpos e regulação das populações (saída adotada, por exemplo, por Deleuze ao falar de um corpo sem órgãos, por Freud ao falar de um corpo pulsional, por Bataille ao trazer a biologia para fundamentar sua teoria do dispêndio e da parte maldita, entre tantos outros), como o campo biológico não tem para Foucault uma normatividade ontologicamente própria, mesmo que suplementada pela normatividade social (como em Canguilhem e seu vitalismo), como Foucault também não quer apelar a uma fundamentação ontológica para o mal-estar que sentimos na vida social presente (fazendo, por exemplo, uma ontologia do ser em chave heideggeriana), então só podemos encontrar o fundamento da crítica social na história. Nem ontologia, nem reflexão sobre a natureza, mas o recurso a uma dimensão materialista propriamente histórica.

Aqui, a estratégia se complexifica. Pois, para tanto, faz-se necessário ser possível mostrar como podemos ter acesso a experiências históricas

---

4. *Apud* John Rachjman, *Érotique de la vérité: Foucault, Lacan et la question de l'éthique*, Paris: PUF, p. 22. [Ed. bras.: *Eros e verdade: Foucault, Lacan e a questão da ética*, Rio de Janeiro: Zahar, 1994.]

outras do que as nossas. Ter acesso não apenas no sentido de saber de sua existência, desvelar a prova documental da ocorrência, mas de compreender seu sentido e permitir que a partilha desse sentido tenha a força transformadora capaz de reconfigurar nossas experiências presentes. Foucault não aceita uma orientação teleológica e finalista para sua reflexão histórica, como se estivéssemos no interior de uma marcha do progresso em direção a um *télos*. Por isso, ele precisa explicar como poderíamos recorrer à história para reorientar o presente. Nesse sentido, não basta saber que outras épocas produziram outros modos de relação a si através do desejo, não basta construir aquilo que Foucault chamou um dia de *história do homem do desejo*. Maneira de falar de uma história das técnicas de si, técnicas através das quais, por meio de formas de autogoverno e de cuidado de si, nos transformamos em sujeitos reconhecidos.

Se essa história quer servir de fundamento para a crítica do presente, Foucault precisa mostrar como seu sentido nos é acessível, como o uso dos prazeres e o cultivo de si que determina a especificidade de momentos perdidos dessa história encontram lugar como potencialidade latente do presente. Pois a genealogia não é apenas a reconstituição do processo histórico de formação do que aparece a nós como necessário. Ela é a recuperação das alternativas que permaneceram esquecidas no interior da formação de campos hegemônicos. Se assim não fosse, a genealogia não poderia aspirar consolidar-se como um pensamento crítico. Tendo isto em vista e seguindo uma estratégia que não deixa de nos remeter a Bataille, Foucault distinguirá a sexualidade dos modernos do erotismo das sociedades pré-modernas. Ou seja, haveria ao menos duas formas de falar de sexo, e esta vinculada ao erotismo poderia permitir ao sexual encontrar sua força política. Há que saber abandonar os esteios identitários da sexualidade e encontrar as dimensões do erotismo inexploradas pela modernidade. Dimensões estas que poderiam nos fornecer a potência de produzir formas de vida distantes dos limites do indivíduo moderno.

De fato, o esquema é profundamente batailliano, mas as peças não são as mesmas. Bataille faz uma certa antropologia das sociedades nas quais o sagrado e o erotismo aparecem como fatos sociais totais, insistindo que eles produzem experiências de fusão que teriam o valor de expor a natureza ontológica do ser como continuidade e de fornecer as bases normativas para a crítica das sociedades capitalistas do trabalho[5]. Tal continuidade teria a força de construir um espaço comum no qual a coesão nasce da indistinção e da abertura ao que me é completamente heterônomo, fazendo assim com que as determinações individualizadoras da pessoa entrem em colapso.

Não há nada disso em Foucault, nem recurso ao sagrado, nem ontologia da continuidade. Antes, o erotismo que lhe interessa encontrará seu paradigma nas modalidades de usos dos prazeres nas sociedades grega e romana. Mas, para transformar tal erotismo em fundamento para a crítica da estrutura disciplinar da sexualidade dos modernos, é necessário que algo de sua lógica esteja, de uma maneira ou de outra, presente entre nós, prestes a novamente emergir dentro do nosso universo da sociedade dos indivíduos.

## BAUDELAIRE E OS GREGOS

A esse respeito, lembremos como o conceito foucaultiano de *era histórica* baseava-se no primado de epistemes que definiam o padrão geral de racionalidade dos discursos científicos de uma época. Assim, por exemplo, a modernidade baseava-se no primado de uma episteme específica caracterizada, entre outras coisas, pelo pensar representativo e pela duplicação empírico-transcendental do sujeito, pela constituição de um conjunto de saberes que tomam o que condiciona o homem (na dimensão do trabalho, do desejo e da linguagem) como objeto da ciência. No entanto, não há época que não seja polarizada pela tensão entre discursos que se submetem à episteme hegemônica e aqueles que a ela não se submetem. Esta é apenas a aplicação de uma ideia importante de Foucault a respeito do fenômeno do poder, a saber:

---

5. Lembremos, por exemplo, de uma afirmação como: "O que está em jogo no erotismo é sempre uma dissolução das formas constituídas. Repito-o: dessas formas de vida social, regular, que fundam a ordem descontínua das individualidades definidas que somos [...]. Trata-se de introduzir, no interior de um mundo fundado sobre a descontinuidade, toda a continuidade que esse mundo é capaz [...]. A própria paixão feliz acarreta uma desordem tão violenta que a felicidade de que se trata, antes de ser uma felicidade de que seja possível gozar, é tão grande que se compara a seu contrário, ao sofrimento" (Georges Bataille, *O erotismo*, Belo Horizonte: Autêntica, pp. 42-3).

Se não houvesse resistência, não haveria relações de poder. Pois tudo seria simplesmente uma questão de obediência. Desde o momento em que o indivíduo está em situação de não fazer o que ele quer, ele deve utilizar relações de poder. A resistência vem, pois, primeiro, e permanece superior a todas as forças do processo, obriga, sob seu efeito, à mudança nas relações de força. Considero, pois, o termo "resistência" como a palavra mais importante, a palavra-chave dessa dinâmica[6].

Essa resistência que aparece no nível individual, aparece também no nível estrutural da circulação e produção de discursos. Por isso, é importante lembrar que a episteme moderna fora sempre acompanhada de uma espécie de contraepisteme, um contradiscurso no interior do qual se aloja aquilo que terá força crítica em relação à estrutura de saberes e experiências do presente. No caso da modernidade, tal contraepisteme seria representada principalmente pela literatura[7]. Nesse sentido, a literatura aparece como a latência de possibilidades de pensamento e forma de vida que não encontram lugar no interior dos regimes de saberes e poderes próprios à nossa época.

Assim, para a estratégia genealógica de Foucault funcionar, é necessário que experiências históricas identificadas como portadoras de força crítica em relação ao presente estejam, à sua maneira, ainda em estado de reverberação no interior do paradigma literário modernista. Pois se a literatura é a contraepisteme fundamental da era moderna, então toda experiência crítica da modernidade deverá, à sua maneira, encontrar seu modelo nas produções literárias. E isso Foucault fará através de uma reflexão sobre o conceito baudelairiano de modernidade.

O que de fato interessa a Foucault é a maneira com que Baudelaire vincula tal experiência a uma certa estilização de si, à definição dos regimes de uma forma possível de vida. Por isso, o que realmente lhe interessa são as defesas baudelairianas do dandismo, que o filósofo francês compreende como uma forma possível de desdobramento das expectativas modernas de autonomia, mas que não passa pela compreensão da

---

6. M. Foucault, op. cit., p. 1560.
7. Tomo a liberdade de remeter a Vladimir Safatle, "Literatura como contraepisteme: o lugar da experiência literária em Michel Foucault", in: Salma Muchail; Márcio Fonseca, *O mesmo e o outro: cinquenta anos de* A história da loucura, Belo Horizonte: Autêntica, 2012.

autonomia a partir da internalização da forma jurídica da lei pela consciência moral. O dandismo, essa "instituição para além das leis[8]", permite compreender a vida como um trabalho singular sobre si a partir das leis de uma estética. Um ascetismo (no sentido de ascese que nos submete a uma prova) que faz do corpo, do comportamento, dos sentimentos e das paixões uma obra de arte. Em suma, "uma ginástica própria a fortalecer a vontade e disciplinar a alma[9]". Daí por que "O homem moderno não é aquele que parte à descoberta de si mesmo, de seus segredos e de sua verdade escondida; ele é esse que procura inventar-se a si mesmo. Essa modernidade não libera o homem em seu ser próprio; ela o restringe à tarefa de elaborar a si[10]".

Notemos nesse caso que o dandismo aparece como a capacidade não apenas de produzir obras de arte, mas de fazer da vida o exercício de uma produção estética. O que é uma maneira peculiar de realizar o projeto modernista de "superação da arte na práxis da vida[11]", como afirmará Peter Bürger a respeito do projeto das vanguardas. Peculiar porque não é uma abertura a uma comunidade por vir baseada na emergência de uma nova sensibilidade estética; não há algo como uma comunidade de dândis. Antes, o dandismo nos fornece a expressão da possibilidade de novos campos da agência individual.

Ao generalizar um dispositivo modernista para fora do campo da produção de objetos, Foucault pode levar a modernidade a não aparecer apenas como tempo de um sujeito que só pode relacionar-se a si através de uma verdade interior a ser extraída por uma vontade de saber que se aloja em discursos científicos que posteriormente prescreverão práticas disciplinares. Vontade hermenêutica de descoberta, de revelação de segredos e de verdades escondidas. Nas mãos da experiência disruptiva da vanguarda literária, ela aparece como trabalho consciente de elaboração de si através de uma *singularização* que encontra nas linguagens literárias que portam em si mesmo seu próprio código seu ponto natural de chegada. Lembrem, a esse respeito, do que Foucault dirá sobre Mallarmé, outro autor fundamental para seu conceito de modernidade estética:

---

8. Charles Baudelaire, *Critique d'art, suivi de critique musicale*, Paris: Gallimard, 2012, p. 369.
9. *Ibidem*, p. 371.
10. M. Foucault, *op. cit.*, p. 1390.
11. Peter Bürger, *Teoria da vanguarda*, São Paulo: Cosac e Naify, 2008, p. 18.

Antes de Mallarmé, escrever consistia em estabelecer sua palavra no interior de uma língua dada, de maneira que a obra de linguagem seria da mesma natureza que qualquer outra linguagem, aos signos aproximados da retórica, do sujeito ou das imagens. No final do século XIX (na época do descobrimento da psicanálise ou quase), a literatura se transformou em uma palavra que inscrevia nela seu próprio princípio de decifração ou, em todo caso, ela supunha, sob cada uma de suas frases, sob cada uma de suas palavras, o poder de modificar soberanamente os valores e as significações da língua à qual, apesar de tudo, ela pertencia; ela suspendia o reino da língua em um gesto atual de escritura[12].

Esse poder de modificar soberanamente os valores e as significações da língua, essa palavra que inscreve nela seu próprio princípio de decifração pode ser vista como a expressão mais bem-acabada desse "homem moderno que procura inventar-se a si mesmo" tão bem descrito pelo desejo baudelairiano de modernidade. Ou seja, creio que isso deixa claro como *a autonomia estética fornece, a Foucault, o paradigma de crítica à autonomia moral e de construção de novos modos de relação a si.*

Nesse sentido, a autonomia estética, em sua capacidade de singularização e suas temáticas de autolegislação, é o paradigma por excelência da experiência política, ao menos para Foucault, ganhando paulatinamente prevalência sobre uma certa *estilização da transgressão* que parecia animar Foucault nos anos 1960, em especial através das discussões sobre Sade e sobre a relação entre literatura e loucura (Nerval, Roussel, entre outros)[13]. Tal problema da singularização ganha essa importância principalmente se aceitarmos que: "Não há outro ponto, primeiro e último, de resistência ao poder político do que a relação de si a si[14]". Maneira de defender que

---

12. M. Foucault, *op. cit.*, p. 447.
13. A esse respeito, ver principalmente Ernani Chaves, "Corações a nu: coragem da verdade, arte moderna e cinismo em Baudelaire, segundo Foucault", *Viso – Cadernos de estética aplicada*, n° 11, jan-jun 2012. É provável que uma das razões dessa secundarização da temática da transgressão tenha a ver com os desdobramentos de maio de 1968, ao menos segundo a ótica de Foucault. Se nos fiarmos em Didier Eribon (*Michel Foucault*, São Paulo: Companhia das Letras, 1994), uma das razões do distanciamento entre Deleuze e Foucault estaria ligada a interpretações distintas da guinada de maio de 1968 em direção à ação direta. É possível que tal horizonte tenha influenciado a procura de Foucault por um modelo de transformação que não seja mais a estetização violenta de uma ação transgressora.
14. M. Foucault, *L'herméneutique du sujet*, Paris: Gallimard/Seuil, p. 241. [Ed. bras.: *A hermenêutica do sujeito*, São Paulo: WMF Martins Fontes, 2010.]

a invenção de novas formas de relação de si a si é a condição para toda resistência ao poder político. Assim, o passo inusitado de Foucault consistirá em dizer que a experiência da modernidade estética foi capaz de reverberar uma experiência histórica que lhe é aparentemente estranha, a saber, o erotismo dos gregos. Do ponto de vista estratégico, haveria uma peculiar linha de continuidade entre modernidade literária e as práticas de cuidado de si greco-romanas[15].

## SER SOBERANO DE SI MESMO

Nesse sentido, lembremos como Foucault compreende a especificidade histórica da experiência grega referente à relação dos sujeitos aos prazeres. Trata-se de

> uma maneira de viver cujo valor moral não está vinculado à sua conformidade a um código de comportamento, nem a um trabalho de purificação, mas a certas formas, ou melhor, a certos princípios formais gerais no uso dos prazeres, na distribuição que deles fazemos, nos limites que observamos, na hierarquia que respeitamos[16].

Tal como a experiência literária moderna, os gregos desconheceriam a conformidade a um código geral, a determinação das condutas através de códigos gerais que definem a norma dos atos, descrevendo exaustivamente o proibido e o permitido, como se toda a criação no campo dos prazeres estivesse esgotada e normatizada. Por isso, ao invés de interdições e tabus, a moral dos gregos se preocuparia com as intensidades e com a maneira de definir os melhores momentos, circunstâncias, idades para o uso dos prazeres. Mesmo as práticas de abstinência não seriam justificadas a partir da desqualificação dos prazeres, mas como um exercício, uma prática de fortalecimento de si. Seu verdadeiro propósito é: "fazer

---

15. Foucault precisará que não se trata exatamente de retornar à ética greco-romana: "Mas nós sabemos que é possível fazer uma pesquisa em ética, construir uma nova ética, dar lugar ao que chamaria de imaginação ética, sem referência alguma à religião, à lei e à ciência. É por tal razão que a análise da ética greco-romana como *estética* da existência pode ter interesse" (M. Foucault, *Qu'est-ce que la critique? Suivi de La culture de soi*, Paris: Vrin, 2015, p. 143).
16. M. Foucault, *Histoire de la séxualité II*, Paris: Gallimard, p. 120. [Ed. bras.: *História da sexualidade*, vol. 2, São Paulo: Paz e Terra, 2014.]

da vida uma obra de arte[17]". Daí a definição de tal erotismo como uma arte da existência composta por "práticas refletidas e voluntárias através das quais os homens não apenas fixam para si mesmos regras de conduta, mas procuram se transformar, modificar-se em seu ser singular e fazer de suas vidas uma obra que porta certos valores estéticos e responde a certos critérios de estilo[18]".

O que há de estético nessa maneira de pensar o uso dos prazeres é o tratar a vida como uma obra que se submete não apenas a valores estéticos, como harmonia, equilíbrio e simetria, mas também e principalmente a critérios estéticos de produção, como a ideia de que a ação não é expressão imediata de si, mas relação agonística e singular com materiais (impulsos, inclinações) com os quais devemos negociar, que devem ser conformados sem serem totalmente negados. Essa ideia da *singularidade* dos modos de relação a impulsos e inclinações é o que aproxima tais práticas de uma estilística individualizadora ligada ao cálculo do momento, da situação, do contexto, e as afasta da normatividade do direito. É nesse ponto que Foucault pode agir como quem aproxima a moralidade greco-romana e a estilística de si presente no dândi moderno.

Tal estética greco-romana de si nos explica por que a virtude principal no uso dos prazeres é a temperança. A imoralidade nos prazeres do sexo não é ligada a objetos proibidos ou a práticas sexuais impossíveis. Ela é sempre da ordem do exagero, do excesso e da passividade. Pois a atividade sexual "porta em si uma força, uma *energeia* que é, por ela mesma, dirigida ao excesso [...] a questão moral consistirá em saber como afrontar tal força, como dominá-la assegurando uma economia conveniente[19]". O sexo é o mais violento de todos os prazeres, mais custoso do que a maioria das atividades físicas e sempre referindo-se ao jogo da vida e da morte. No ato sexual, o sujeito pode ser levado passivamente pelos mecanismos do corpo e pelos movimentos da alma. De onde se segue a necessidade de ele restabelecer seu domínio, exercendo sobre os prazeres "um domínio suficientemente completo para não se deixar nunca levar-se pela violência[20]"

---

17. Idem, *Qu'est-ce que la critique? Suivi de La culture de soi*, op. cit., p. 154
18. *Ibidem*, p. 18.
19. *Ibidem*, p. 69.
20. *Ibidem*, p. 93.

do desejo. Por isso, o sexo é o lugar privilegiado para a formação ética do sujeito.

A insistência neste tópico é compreensível se lembrarmos como, para os gregos, a liberdade estará profundamente associada ao domínio que os indivíduos serão capazes de exercer sobre si mesmos[21]. Nesse contexto, a temperança aparece como modo de elaboração a si em direção à virilidade, já que a ausência de temperança diria respeito à passividade e (construção misógina clássica) à feminilidade: "o que constitui, aos olhos dos gregos, negatividade ética por excelência, não é evidentemente amar os dois sexos, nem é preferir seu sexo ao outro, é ser passivo em relação aos prazeres[22]". Nesse sentido, a verdade em relação ao sexo não é uma questão de conhecimento, de classificação exaustiva e de descrição minuciosa, mas de instauração do indivíduo como sujeito caracterizado pela temperança. A verdade está ligada não à certeza, mas à beleza. Por isso, é possível dizer que o critério de verdade é mais estético do que epistêmico. Trata-se de "estilizar uma liberdade[23]".

Nesse contexto, aparece um peculiar conceito de soberania, vinculado à leitura que Foucault faz dos estoicos e de sua *askesis*, assim como à sua crítica ao cuidado de si tal como aparece no *Alcebíades*, referido a Platão. Foucault recusa essa submissão do cuidado de si, tal como vemos no *Alcebíades*, à condição de prolegômeno para o aprendizado do governo da cidade e à condição de exercício ligado a uma metafísica da alma.

---

21. Que um leitor de Nietzsche, como Foucault, tenha chegado a tal configuração da ética como trabalho de si não nos deveria estranhar completamente. Pois há que lembrar de colocações de Nietzsche como: "No fundo é a mesma força ativa, que age grandiosamente naqueles organizadores e artistas da violência e constrói Estados, que aqui, interiormente, em escala menor e mais mesquinha, dirigida para trás, no 'labirinto do peito', como diz Goethe, cria a má consciência e constrói ideais negativos, é aquele mesmo instinto de liberdade (na minha linguagem, a vontade de poder): somente que a matéria na qual se extravasa a natureza conformadora e violentadora dessa força é aqui o homem mesmo, o seu velho Eu animal – e não, como naquele fenômeno maior e mais evidente, o outro homem, outros homens. Essa oculta violentação de si mesmo, essa crueldade de artista, esse deleite em dar uma forma, como a uma matéria difícil, recalcitrante, sofrente, em se impor a ferro e fogo uma vontade, uma crítica, uma contradição, um desprezo, um Não, esse inquietante e horrendamente prazeroso trabalho de uma alma voluntariamente cindida, que a si mesma faz sofrer, essa 'má consciência' ativa também fez afinal – já se percebe –, como verdadeiro ventre de acontecimentos ideais e imaginosos, vir à luz uma profusão de beleza e afirmação nova e surpreendente, e talvez mesmo a própria beleza" (Friedrich Nietzsche, *Genealogia da moral*, São Paulo: Companhia das Letras, 2006, p. 76).
22. M. Foucault, Qu'est-ce que la critique? Suivi de La culture de soi, *op. cit.*, p. 116.
23. Ibidem, p. 29.

Alcebíades deve governar a si mesmo para poder governar os outros; seu exercício de cuidado de si é por isso submetido a uma práxis gestionária.

No entanto, contrariamente a tal posição, há uma "autonomia" do cuidado de si nos estoicos que claramente interessa a Foucault e que já aparece em outro diálogo de Platão, *Laques*[24]. Tal autonomia permite o cultivo de uma "soberania do indivíduo sobre si mesmo" que aparece como horizonte ético ligado exclusivamente à capacidade de estilizar a liberdade, de compreender que a liberdade se realiza como afirmação da dimensão estética da existência. Esse caminho nos levaria a uma "história da estilística da existência, uma história da vida como beleza possível[25]". Por outro lado, tal soberania de si forneceria um horizonte do uso dos prazeres que nos levaria a "um gozo sem desejo e sem transtorno [*trouble*][26]". Soberania que nos livra do fantasma do excesso, que permite o aparecimento da liberdade como regulação singular dos corpos sem transtornos, que é intensificação do cuidado a si.

A força política desse processo se encontra em uma aposta nas possibilidades de singularização. Atualizado, ele nos permitirá, por exemplo, abandonar o discurso da sexualidade, deixar de ter uma sexualidade fortemente identitária regulada entre o normal e o patológico, para praticar um erotismo sem identidades previamente definidas, capaz de produzir formas inesperadas de relação, preocupado apenas em agenciar o jogo de forças que nos configura, fornecendo aos jogos de força sua mobilidade imanente. O que não poderia ser diferente para alguém, como Foucault, para quem as relações de poder nunca foram exatamente o problema, mas sim a degradação do poder em formas de coerção, degradação esta vinculada à supressão da dinâmica móbil das forças, isto em uma chave tipicamente nietzschiana.

Mas há que perguntar sobre o que devemos entender por soberania nesse contexto e que, a meu ver, está pressuposto no horizonte do pensamento de Foucault. Notemos inicialmente como, expulsa da condição de qualidade de quem detém o poder do Estado, a soberania aparece aqui como uma qualidade que pode ser exercida por todo sujeito em emanci-

---

24. A esse respeito, ver M. Foucault, Qu'est-ce que la critique? Suivi de La culture de soi, *op. cit.*, p. 140.
25. *Idem, Le courage de la vérité*, Paris: Gallimard/Seuil, 2009, p. 149. [Ed. bras.: *A coragem da verdade*, São Paulo: WMF Martins Fontes, 2011.]
26. *Idem, Histoire de la séxualité III*, Paris: Gallimard, p. 94 ou ainda p. 316.

pação, como já encontrávamos em Bataille[27]. Quando falar sobre a vida dos cínicos, Foucault mais uma vez sublinhará seu caráter de soberania, de "vida soberana". Nesse momento, ele não deixará de salientar algumas de suas características maiores:

> Na filosofia antiga a vida soberana é geralmente uma vida que tende à instauração de uma relação a si que é da ordem do gozo, nos dois sentidos da palavra: ao mesmo tempo como possessão e como prazer. A vida soberana é uma vida em possessão de si mesma, vida na qual nenhum fragmento, nenhum elemento escapa ao exercício de seu poder e de sua soberania sobre si. Ser soberano é acima de tudo ser seu, pertencer-se a si mesmo[28].

## AUTOPERTENCIMENTO

Notemos a incidência fundamental da temática da liberdade como possessão de si, como autopertencimento no interior do projeto de Michel Foucault, isso graças à construção das relações de gozo-possessão e de gozo-prazer. Muito haveria a ser dito a respeito desse ponto, mas gostaria de me restringir a indicar um foco de tensão desse projeto. Pois tais temáticas da possessão de si e do prazer como orientação da conduta podem parecer à primeira vista procurar reconstruir um conceito de indivíduo que, em vários pontos, recuperaria temas da individualidade liberal. Não foram poucos os comentadores que aludiram a uma espécie de guinada liberal no pensamento tardio de Foucault[29]. No entanto, essa leitura é equivocada.

De fato, há indicações textuais que poderiam parecer nos levar a tal caminho. Por exemplo, lembremos, inicialmente, como Foucault compreende claramente o contexto histórico no qual sua ideia de soberania aparece. As transformações políticas do mundo greco-romano e a paulatina decadência da estrutura institucional do mundo romano levaram a um fortalecimento da dimensão individual:

---

27. Ver Georges Bataille, "La souveranéité", in: G. Bataille, *Oeuvres complètes*, tome VIII, Paris: Gallimard, 1976.
28. M. Foucault, *Le courage de la vérité, op. cit.*, p. 245.
29. Ver, por exemplo, Isabelle Garo, *Foucault, Deleuze, Althusser et Marx: la politique dans la philosophie*, Paris: Démopolis, 2011 ; ou Geoffroy de Lagasnerie, *A última lição de Foucault*, São Paulo: Três Estrelas, 2013.

No espaço político no qual a estrutura política da cidade e as leis das quais ela se dotou certamente perderam sua importância, ainda que não tenham desaparecido, e no qual os elementos decisivos estão cada vez mais nas mãos dos homens, em suas decisões, na maneira com que eles desempenham sua autoridade, na sabedoria que manifestam no jogo de equilíbrios e transações, parece que a arte de se governar advém de um fator político determinante[30].

Ou seja, o colapso da noção de *poder comum* apareceria enquanto condição para a consolidação da soberania como governo de si. O que poderia parecer uma saída de compressão do laço social a partir de uma perspectiva individualista. Dada a impossibilidade de um espaço comum geral, nos restaria a estilização de dimensões relacionais restritas. Levando em conta que Foucault desenvolve esse aspecto de sua teoria no início dos anos 1980, no momento da retração final dos horizontes de transformação global (as últimas revoluções populares ocorrem no final dos anos 1990) e emergência de lutas localizadas de reconhecimento que darão a tônica das ações políticas no interior da consolidação de sociedades multiculturais, a tentação é grande de construir um amálgama.

Notemos, porém, como tal conceito de soberania de si é recuperado não apenas como resistência a toda e qualquer forma de poder estatal, mas principalmente como crítica aos regimes de individualização que o próprio poder estatal é capaz de produzir. Ou seja, a crítica não é feita através da contraposição liberal entre poder estatal e liberdade individual. Ela é feita através do reconhecimento da solidariedade profunda entre indivíduo e aparelhos disciplinares que convergem para o Estado. Uma solidariedade que o discurso liberal tenta sistematicamente não tematizar. Daí uma afirmação esclarecedora como:

---

30. M. Foucault, *Histoire de la séxualité III*, op. cit., p. 123. O que não significa que o cuidado de si seja uma mera resposta à desagregação da estrutura política da cidade. Como o próprio Foucault dirá: "Foi dito às vezes que a cultura de si na sociedade greco-romana estava ligada à degradação das velhas estruturas políticas e sociais [...]. Minha hipótese, no entanto, é de que esses processos históricos, se eles realmente ocorreram, conseguiram produzir certas modificações na cultura de si, mas não são eles mesmos a razão do grande valor atribuído ao cuidado de si" (M. Foucault, *Qu'est-ce que la critique? Suivi de La culture de soi*, op. cit., p. 88).

Não creio que devamos considerar o "Estado moderno" como uma entidade que se desenvolveu a despeito dos indivíduos, ignorando quem eles são e até suas existências, mas, ao contrário, como uma estrutura muito elaborada, na qual os indivíduos podem ser integrados a uma condição: que forneçamos a essa individualidade em forma nova que a submetamos a um conjunto de mecanismos específicos[31].

Sendo o Estado compreendido como um modo genérico de individualização, com formas e mecanismos específicos juridicamente totalizados, já que ele fornece o quadro institucional necessário para as outras instituições sociais operarem, não haveria outra tarefa política do que "nos liberar do Estado e do tipo de individualização que a ele se vincula[32]" a fim de promover novas formas de subjetividade ou, ainda, de "criar um novo direito relacional que permitiria a todos os tipos possíveis de relação existirem e não serem impedidos, bloqueados ou anulados por instituições relacionais empobrecedoras[33]". Não encontraremos proposições liberais que caminhem no sentido dessa decomposição das determinações dos indivíduos e dessa deposição da regulação biopolítica do Estado através da afirmação de uma plasticidade do direito contra as próprias instituições, em especial contra a família e o Estado.

Mas há um ponto que merece maior problematização. Tal criatividade é compreendida por Foucault a partir da temática do redimensionamento do espaço dos prazeres. Liberados das amarras jurídicas de nossa identidade estatal, poderíamos nos abrir à construção contínua de novos espaços de prazeres. A esse respeito, dirá Foucault: "devemos trabalhar não exatamente para a liberação de nossos desejos, mas permitir que nós mesmos sejamos infinitamente mais suscetíveis aos prazeres[34]". Ou ainda quando ele afirma que deveríamos inventar, com o corpo, um erotismo não disciplinar[35]. Foucault chega a dar como exemplo a dissociação entre prazer e sexo própria da ritualização das formas de prazer nas subcul-

---

31. Idem, Dits et écrits II, op. cit., p. 1049.
32. Ibidem, p. 1051.
33. Ibidem, p. 1129.
34. Ibidem, p. 984. Ou ainda: "Contra o dispositivo da sexualidade, o ponto de apoio do contra-ataque não deve ser o sexo-desejo, mas o corpo e os prazeres" (M. Foucault, Histoire de la séxualité I, Paris: Gallimard, 1976, p. 208).
35. A esse respeito, ver Phillipe Sabot, "Foucault, Sade e as luzes", Redisco, vol. 2, n° 2, 2013, pp. 111-21.

turas s/m, seguindo uma via aberta por Deleuze em seu estudo sobre o masoquismo[36]. Nesse sentido, apareceria aqui uma via para uma "sexualização outra do corpo", assim como o uso do que Foucault chama de "boas drogas" poderia abrir o espaço a uma dessexualização do prazer[37]. Em todos esses casos, temos reconfigurações da experiência sensível, reconfigurações de suas velocidades, intensidades e dinâmicas através de práticas muitas vezes relacionais que aparecem como condição para a emancipação em relação a formas de repetição de formas hegemônicas de vida. A ideia pressuposta parece apontar para uma dimensão propriamente sensível da experiência que só pode ser modificada através da própria sensibilidade e que teria a força de reinstaurar formas renovadas de laços sociais, mesmo que laços inicialmente restritos.

## O PRAZER E O FORA

Isso talvez nos explique uma das razões para a recorrência de um *tópos* várias vezes sublinhado por Foucault: haveria uma desvalorização do prazer que é constante entre nós, principalmente devido ao impacto social da literatura psicanalítica. Por isso, seríamos a civilização na qual o problema do desejo teria sobrepujado a temática do uso dos prazeres. Isso significa: uma civilização para a qual a *decifração de si* sobrepujou esse cuidado de si que nos abre ao trabalho de cultivo das intensidades e da produção dos prazeres. Daí por que conheceríamos de forma tão evidente a hegemonia das *scientia sexualis* sobre a *ars erotica*. Daí também por que as estratégias do "conhece-te a ti mesmo" (*gnôthi seauton*) foram capazes de sobrepujar a injunção "ocupe-te de ti mesmo" (*epimeleia heautou*).

Não é difícil perceber como Foucault compreende tal decifração do desejo enquanto técnica fundamental de constituição de um sujeito submetido às estruturas de regimes de objetividade próprios a saberes de forte teor disciplinar. A decifração do desejo seria, na verdade, estratégia de submissão do sexual a um *fazer falar* que aparece como conformação da experiência a uma gramática da sexualidade fortemente representacional

---

36. Ver Gilles Deleuze, *Présentation de Sacher-Masoch*, Paris: Minuit, 1965. [Ed. bras.: *Apresentação de Sacher-Masoch*, Rio de Janeiro: Taurus, 1983.]
37. Ver Sophie Mendelsohn, "Foucault avec Lacan: le sujet en acte", *Filozofski Vestnik*, vol. 31, nº 2, 2010, p. 147.

e normativa. Disso a psicanálise não estaria livre. Ao contrário, ela seria atualmente um dos mais claros representantes e um dos alvos implícitos mais importantes do pensamento foucaultiano.

No entanto, é sintomático que Foucault insista na distinção entre prazer e desejo, pensando seguramente em Lacan, a quem deve ser creditada a introdução dessa estratégia de desqualificação dos prazeres nos discursos contemporâneos de emancipação em circulação no pensamento francês da segunda metade do século xx. No entanto, há que lembrar como Lacan não contrapõe exatamente as estruturas fantasmáticas do princípio do prazer ao desejo. Sua contraposição mais fundamental é entre prazer e gozo. Na verdade, isso demonstra como o real embate de Foucault está em outro lugar. Pois não é a redução do sexual a uma hermenêutica do desejo e de sua decifração que realmente coloca problemas aqui, mas a irredutibilidade entre prazer e gozo, um conceito e uma problemática que Lacan toma, em larga medida, emprestado de Bataille, autor cujas relações de Foucault são mais ambíguas do que alguns estariam dispostos a aceitar.

Talvez a melhor maneira de colocar a questão seja perguntar-se se a estratégia de reconfiguração da experiência sensível através do cultivo e uso dos prazeres pode ter, de fato, forte potência na atual política de transformação, como apostava Foucault no início dos anos 1980. Nesse sentido, há um ponto que deve ser explorado. Pois a temática do cuidado de si e do uso dos prazeres pressupõe a possibilidade de *reconstituição de relações de autopertencimento*, tão presentes na análise foucaultiana dos estoicos e dos cínicos[38]. O que não poderia ser diferente, já que *o prazer é o índice fundamental do pertencimento de si, do estar sob a jurisdição de si mesmo em uma confirmação de sua própria potência*. Dissociado da relação com a lei, o que a temática da transgressão assim como a problemática do desejo parecem incapazes de fazer, o uso dos prazeres poderia aparecer como uma heterotopia não mais socialmente restrita à dimensão da anormalidade, mas à dimensão de uma autoprodução de si singular.

---

[38]. Dentre vários exemplos, quando Foucault fala de Sêneca: "Esta relação é pensada normalmente sob o modelo jurídico da possessão: se está 'a si', se é 'seu' (*suum fieri, suum esse* são expressão que aparecem constantemente em Sêneca), só dependemos de nós mesmos; se é *sui juris*, exerce-se sobre si um poder que nada limita ou ameaça, detém-se a *potestas sui*" (M. Foucault, *Histoire de la séxualité* III, *op. cit.*, p. 90).

Pode parecer estranho que um conceito de liberdade como autopertencimento apareça nas mãos de um filósofo que se notabilizou por pensar o fora (*penser le dehors*). Como lembra Deleuze, a respeito de Foucault: "O apelo ao lado de fora é um tema constante em Foucault e significa que pensar não é o exercício inato de uma faculdade, mas deve suceder ao pensamento. Pensar não depende de uma bela interioridade a reunir o visível e o enunciável, mas se dá sob a intrusão de um lado de fora que aprofunda o intervalo e força, desmembra o interior[39]".

Mas há que lembrar que a temática do fora é, em larga medida, dependente de uma defesa da transgressão que Foucault relativizará com o passar do tempo ou que, ao menos, terá que conviver com o problema da instauração de uma dimensão de relação a si que se funda na possibilidade de se pertencer a si mesmo, constituindo um circuito de imanência instaurada, ou ainda constituindo um "poder de se afetar a si mesmo[40]". Ou seja, poder que não sai de si mesmo, que é a instauração de um espaço no qual a força se dobra sobre si mesma, sendo sua própria causa e efeito.

No entanto, no caso de Foucault, não há como deixar de notar que vemos a emergência de uma *ipse* vinculada à dimensão das práticas e do cultivo dos prazeres, *ipse* que é resultado de uma subjetivação que determina o nome para a constituição de procedimentos de imanência. Se essa subjetivação é um *cultivo*, se é um *cuidado*, é porque instaura um espaço no qual não se pensa mais o si sob a forma do conflito e do descentramento. Subjetivação na qual a *ipse* se funda sobre o espaço possível de uma decisão ou mesmo, se quisermos, de um projeto voluntário e refletido, o que nos permite nos perguntar que tipo de agência voluntária é esta, o que ela implica, se não exigiria estruturas da subjetividade que o próprio Foucault gostaria de recusar.

No entanto, se é verdade, como dirá Balibar, que Foucault procura constituir uma "ética da ultrapassagem de uma individualidade normal e normalizada através de uma 'sobreindividualidade' que a supera (como

---

39. G. Deleuze, *Foucault*, São Paulo: Brasiliense, 1990, p. 94.
40. *Ibidem*, p. 108. Foucault, de fato, compreende esse poder de se afetar a si mesmo dentro de uma chave nietzschiana que reverbera a temática do *amor fati*. Basta lembrar de afirmações como: "esta soberania [cínica] se manifesta na felicidade deste que aceita seu destino e não conhece, por consequência, nenhuma falta, nenhum remorso e nenhum medo. Tudo o que é dureza de existência, tudo o que é privação e frustração, tudo isso se retorna em um exercício positivo da soberania de si sobre si" (M. Foucault, *Le courage de la vérite, op. cit.*, p. 282).

Nietzsche falava do 'sobre-humano' que superava o humano)⁴¹", então há que reconhecer que ela se desdobra a partir das possibilidades de fazer valer formas de autopertencimento que não sejam imediatamente compreendidas como internalização de relações de propriedade, tão próprias do indivíduo moderno ao qual Foucault não cessa de criticar. Pois não poderia se tratar de procurar uma reinstauração contemporânea da noção de liberdade como afirmação da propriedade de si, pois há que levar em conta (e Foucault nunca foi insensível a este ponto) como as relações de propriedade e sua racionalidade imanente são a forma disciplinar por excelência das sociedades capitalistas, seja através da generalização da forma-mercadoria, seja através da generalização da forma-empresa. Ou seja, *é a afirmação de uma singular individualidade não liberal que anima o trabalho de Foucault,* em especial em sua última fase.

Aqui, a questão central pode enfim se apresentar: é possível, nas condições históricas que são as nossas, afirmar o projeto de uma ética fundamentada na noção de liberdade como autopertencimento, sem com isso sermos reconduzidos ao princípio liberal da liberdade como propriedade de si? Essa questão é, a meu ver, decisiva para discutir a atualidade possível das estratégias de Michel Foucault. O que nada tem a ver com a acusação equivocada de um certo liberalismo do filósofo francês, mas com a reflexão sobre a possibilidade ou não de realizar, nas condições históricas atuais, um conceito de liberdade como autopertencimento que tenha forte potencial emancipatório e crítico em relação às dinâmicas reificadas do capitalismo contemporâneo⁴². É certo que Foucault assumiu essa possibilidade, nos deixando a questão de saber se ela é a melhor estratégia conceitual para pensar o problema da liberdade no interior de nossa condição histórica. Pois poderíamos dizer que, com a consolidação hegemônica das formas de liberdade como propriedade de si, na esteira da generalização das relações de propriedade nas sociedades capitalistas, todas as formas outras de autopertencimento ficam impossibilitadas, obri-

---

41. Étienne Balibar, "L'Anti-Marx de Foucault", in. Christian Laval et al., *Marx et Foucault: Lectures, usages, confrontations,* Paris: La Decouverte, 2015.
42. Lembraria, inclusive, como toda a tradição marxista que pensa a superação da alienação sob a forma da apropriação possessiva do trabalho pelo proletariado ou mesmo como constituição da consciência histórica de classe, não escapa do horizonte da emancipação como autopertencimento. A esse respeito, remeto ao capítulo v de Vladimir Safatle, *O circuito dos afetos: corpos políticos, desamparo e o fim do indivíduo,* Belo Horizonte: Autêntica, 2016.

gando o pensamento a determinar as possibilidades da liberdade a partir de outras estratégias.

## ESTÉTICA DOS PRAZERES, ESTÉTICA DO GOZO

Para finalizar, notemos como esse problema se complexifica para Foucault, já que ele não tem conceitos para uma ação heterônoma, mas no entanto não redutível à reiteração de condições de submissão e servidão. Ação que me retira da condição de autopertencimento, embora não me leve à resignação de uma situação da submissão de minha vontade à vontade de um outro. Essa era, no seu sentido mais forte, a função ética do conceito de gozo em Lacan, assim como do conceito psicanalítico de pulsão[43]. Por isso, podemos dizer que estes são *conceitos sem ipse*, capazes de produzir no máximo uma "subjetivação acéfala[44]", ou seja, uma subjetivação que é a descrição de processos de implicação com o que me destitui e me despossui de minha individualidade, pois radicalmente submetida a processos inconscientes.

Contrariamente à discussão de Foucault sobre gozo e vida soberana, o conceito de gozo em Lacan não é caracterizado pela disposição jurídica da possessão e do uso. Daí por que Lacan falará não de singularizações, mas de *destituição subjetiva* como horizonte de emancipação. E há que notar a maneira sintomática com que a noção de inconsciente desaparece da reflexão ética final de Foucault. Mesmo que ela ocupasse um papel central em sua arqueologia, encontrávamos lá um inconsciente de normas, regras e leis de *As palavras e as coisas* classicamente estruturalista e, por isso, pouco afeito à reflexão sobre as relações entre gozo e sujeito que ganharão prevalência no pensamento lacaniano sobre o inconsciente em sua fase tardia.

No entanto, é certo que para Foucault o conceito de pulsão seria uma construção dependente da naturalização das relações do desejo e da submissão da experiência do prazer à expressão de uma substância não tematizada enquanto tal (como seria o caso da libido como energia

---

43. Sobre esse ponto, ver principalmente Jacques Lacan, *Le séminaire VII; L'Ethique de la psychanalyse*, Paris: Seuil, 1986. [Ed. bras.: *O seminário, livro 7: ética da psicanálise*, Rio de Janeiro: Zahar, 1988.]
44. Jacques Lacan, *Le séminaire XI; Les quatre concepts fondamentaux de la psychanalyse*, Paris: Seuil, p. 169. [Ed. bras.: *O seminário, livro 11: os quatro conceitos fundamentais da psicanálise*, Rio de Janeiro: Zahar, 1985.]

psíquica), enquanto o conceito de gozo, nesse contexto, seria indissociável de sua condição de transgressão (já que ele ressoa sua matriz batailliana, da qual Foucault procura se afastar por não acreditar mais que ela poderia ser politicamente produtiva). Isso significaria necessariamente perpetuar a ação na referência à lei, mesmo que a uma lei negada. Por não ter à sua disposição elaborações conceituais que abrissem o debate sobre a liberdade à afirmação de modalidades de heteronomia desprovidas de servidão, Foucault precisará realizar a difícil tarefa de sustentar a força emancipatória do autopertencimento em condições históricas, como a nossa, adversas a tanto.

Notemos ainda que estamos, na verdade, diante de duas formas de constituir as bases de uma estilística da existência. Foucault compreende que a melhor maneira de criticar a *substancialização da psique* que parece atravessar momentos decisivos do pensamento ocidental criando a ilusão substancial do sujeito moderno (ainda pretensamente presente em práticas clínicas como a psicologia, a psiquiatria e a psicanálise) e o desconhecimento da produtividade das relações de poder, é através da recuperação da *ipse* como uma experiência estética, objeto de práticas que são "um cuidado de beleza, de brilho [*éclat*] e perfeição, um trabalho contínuo e continuamente renovado de dar forma[45]". Uma estética de si que fora esquecida pela temática da estética das coisas e das palavras.

Nesse sentido, o prazer não aparece como um conceito econômico (a economia utilitarista do cálculo de maximização do prazer e do afastamento do desprazer), muito menos como um conceito funcional (ligado às astúcias das funções de reprodução biológica), mas como um conceito estético, talvez o mais importante de todos os conceitos estéticos. Mas deveríamos nos perguntar que regime estético Foucault tem em vista, qual sua especificidade. Ou seja, que tipo de estética os prazeres, tal como compreendidos por Foucault, são capazes de fundar?

Essa é uma questão relevante porque a contraposição à noção de gozo deve ser compreendida, nesse contexto, como a contraposição a outro conceito estético. Pois, de fato, não seria difícil mostrar as matrizes estéticas do conceito de gozo de Bataille a Lacan, assim como mostrar

---

45. M. Foucault, *Le courage de la vérité, op. cit.*, p. 150.

seus desdobramentos contemporâneos[46]. Através dele, o julgamento de beleza talvez seja sobrepujado pelas temáticas ligadas a uma estética do sublime presente no coração de certas estratégias de reconstrução do conceito de sujeito. Algo aparentemente ausente do horizonte do pensamento de Foucault. Sempre vale a pena salientar, essas decisões estéticas têm consequências morais, assim como consequências a respeito do que entendemos por agência emancipada.

É nesse ponto sobre as configurações da agência emancipada a partir do desdobramento de uma estilística da existência que o recurso final de Foucault aos cínicos ganha importância e mostra algumas dificuldades inerentes ao seu projeto. Foucault insiste em que o cinismo antigo estaria vinculado à relação entre instauração de formas de vida e dizer da verdade (*parresia*), ou seja, "a vida como escândalo da verdade ou o estilo de vida, a forma de vida como lugar de emergência da verdade[47]". Emergência da enunciação da verdade como condição da afirmação de uma liberdade como autopertencimento. No entanto, o dizer da verdade como escândalo implica a discussão sobre formas de crítica, formas estas que parecem se organizar a partir de dinâmicas de desvelamento. Isso leva Foucault a afirmar, por exemplo, que a arte moderna seria "o veículo do cinismo", já que: "É a ideia de que a própria arte, quer se trate de literatura, de pintura, de música, deve estabelecer uma relação ao real que não é mais da ordem da ornamentação, da ordem da imitação, mas da ordem do desnudamento, do desmascaramento, da escavação, da redução violenta ao elementar da existência[48]".

Há que avaliar a hipótese de essa compreensão da forma estética como desnudamento, de essa compreensão da crítica como desvelamento ser uma recaída inesperada em uma certa hipótese repressiva por exigir a figura de um poder que vela, que mascara, poder que instaura uma realidade capaz de impedir à vida bruta emergir. Não é certo que esse regime de poder seja o nosso, pois ele pressupõe um modo de funcionamento da ideologia como falsa consciência a ser desvelada em sua inverdade que não responde às coordenadas históricas de nossa experiência social.

---

46. Ver, por exemplo, Hal Foster, *The Return of the Real*, Cambridge: MIT Press, 1995, e *Bad New Days: Art, Criticism, Emergency*, London: Verso, 2015.
47. M. Foucault, *Le courage de la vérité*, op. cit., p. 166.
48. Ibidem, p. 173.

Por outro lado, a crítica cínica era feita em nome de um naturalismo que inexiste e não pode existir no pensamento de Foucault, ao menos sem provocar uma tensão no interior de seu próprio projeto[49]. Tal naturalismo que, no caso do cinismo grego, visava inclusive naturalizar a relação entre palavras e essência (lembremos da teoria de Antístenes sobre o *lógos* próprio a cada coisa)[50], fornece o fundamento para uma expectativa de agência emancipada. Foucault mesmo lembra da vida cínica como "vida correta que deve ser indexada à natureza[51]". Mas é o colapso desse naturalismo, a melancolia de sua impossibilidade, que será responsável pela interversão histórica do cinismo, de força crítica a modelo de conservação de realidades sociais em crise aberta de legitimidade, como é o caso no cinismo moderno (que se lembre aqui, por exemplo, de *O sobrinho de Rameau*). As decepções sociais produzidas pela consciência de um naturalismo impossível de ser realizado *como fundamento de orientação da agência individual* levam ao colapso de toda ideia efetiva de transformação. Esse é um problema com o qual Foucault precisa se confrontar.

---

49. É tendo em vista um problema semelhante de recurso não tematizado a certo naturalismo que leva Judith Butler a criticar a leitura de Foucault a respeito do caso Herculine Barbin. Ver J. Butler, *Gender Trouble: Feminism and the Subversion of Identity*, New York: Routledge, 1999.
50. Tomo a liberdade de remeter a V. Safatle, *Cinismo e falência da crítica*, São Paulo: Boitempo, 2008, pp. 156-7.
51. M. Foucault, *Le courage de la vérité, op. cit.*, p. 244.

# A condição humana
Pedro Duarte

É possível que só cheguemos a questionar alguma coisa quando ela está em perigo. É aí que ela perde sua antiga transparência óbvia, exigindo a nossa atenção, tornando-se uma questão. Nesse momento, a coisa deixa de ser apenas tema ou assunto. Ganha o caráter de problema, de algo que é interrogado. Esse processo pode, ainda, dar "uma nova beleza ao que está desaparecendo", como escreveu certa vez Walter Benjamin[1]. Isso explica que, ao publicar *A condição humana* em 1958, Hannah Arendt tenha anteposto um prefácio que avisa: seu objeto de estudo está em perigo. Sua análise da condição humana começa com a constatação de que contemporaneamente ela é ameaçada por uma "rebelião" contra a existência tal como nos foi dada, a ser trocada por algo produzido por nós mesmos[2]. Mutação: através da ciência, nossa época substituiria a condição da existência humana na Terra – um dom gratuito do ponto de vista secular ou uma dádiva do ponto de vista religioso – por uma condição fabricada.

O desejo de sair da Terra, o anseio por nascimentos em proveta e ainda a vontade de viver além de cem anos são três sintomas históricos apresentados por Hannah Arendt de que está em curso uma mutação da condição humana, e que seu sentido é trocar o que nos foi dado por algo que nós fabricaríamos. Em todos esses acontecimentos, a vida se tornaria cada vez mais artificial: não um fruto da natureza, mas o resultado do

---

1. Walter Benjamin, "O narrador", in: Walter Benjamin, *Magia e técnica, arte e política*, São Paulo: Brasiliense, 1994, p. 201.
2. Hannah Arendt, *A condição humana*, Rio de Janeiro: Forense Universitária, 1999, p. 10.

trabalho do próprio homem. Estaríamos substituindo a vida natural por um mundo artificial, cortando os laços que nos unem ao que, sem ser humano, condiciona o humano. Não fabricamos a Terra, o nascimento ou a morte, mas todos definiram nossa existência até hoje.

Eis por que, aonde quer que o homem vá, agora ele encontra apenas a si mesmo. É que a natureza, como algo diferente de nós, tem sido permutada por objetos, feitos por nós. Em breve, talvez tenhamos plantas e animais produzidos pelo homem. Isso tira da natureza sua alteridade. Ela vira objeto: complemento homogêneo de nós, sujeitos. Subsiste somente colonizada pela ciência. Hannah Arendt gostava de citar uma frase do físico Werner Heisenberg, ao afirmar que o homem moderno, na investigação da natureza, achava apenas a si próprio[3], nunca um outro de si. Em sentido ontológico, acabamos com a natureza desde que tiramos a alteridade do seu ser, isto é, antes de começarmos a destruí-la empiricamente ameaçando a condição humana no que muitos hoje chamam de antropoceno. Deixamos de ver a natureza para manipular objetos.

Podemos estar, portanto, num momento de transformação irrevogável da condição humana. É a partir dessa ameaça que a questionamos. Não se trata, porém, de contrapor a tal ameaça uma suposta estabilidade permanente do ser da humanidade. Pelo contrário. Hannah Arendt admite que é parte da condição humana mudar. Por isso, a distingue da natureza humana: esta se refere a uma essência eterna e fixa que nos definiria, enquanto aquela se refere a elementos históricos que situam a nossa existência[4]. Nossa condição pode até ser alterada e continuarem a existir humanos, mas a nossa natureza, se alterada, significaria o fim dos seres humanos. Só que, para Hannah Arendt, essa natureza – buscada tantas vezes por filósofos na tradição – simplesmente não existe. Ela pretende só descrever fenomenologicamente os condicionamentos conhecidos dos seres humanos pela história – que podem transformar-se no decorrer do tempo sem que, devido a isso, deixem de existir seres humanos em outras novas condições (ainda que o objetivo final do seu estudo, claro, fosse compreender a mudança específica da nossa época em sua radicalidade própria).

---

3. *Ibidem*, p. 274.
4. *Ibidem*, p. 18.

Eu gostaria de sugerir, contudo, algo além. Parece-me que a ameaça que paira sobre a condição humana tal como apresentada por Hannah Arendt não é no sentido de uma transformação, mas de uma abolição. Nossa revolta contra a existência como nos foi dada, que queremos trocar por outra, agora produzida por nós mesmos, ameaça acabar com a nossa condição humana. Não pretendo dar um tom apocalíptico a essa afirmação. Não se trata disso. Pretendo apenas precisar melhor a radicalidade da mutação que me parece estar em jogo. Nessa troca do dado pelo fabricado, da vida pelo mundo, da natureza pelo artifício, a motivação fundamental é superar toda e qualquer condição que ainda subsista para o humano. Se aquilo que nos condiciona puder ser fabricado por nós, não há mais necessidade de existir independentemente de nós e, portanto, não nos condicionaria mais. Pois a Terra como morada necessária, o nascimento como início imprevisto ou a morte como fim indeterminado eram condicionantes da vida humana. Se pudéssemos dispensá-los, então alcançaríamos uma vida – se é que ainda faria sentido chamá-la assim, pois talvez seu significado passasse a ser totalmente outro – livre de toda condição e limite. Superaríamos a dependência de instâncias exteriores a nós, como a natureza, tornando-nos autossuficientes, pois capazes de fabricar a sustentação de nossas vidas autonomamente.

Nisso, o projeto da ciência moderna enraíza-se no sonho metafísico que, desde Platão, orientara as pretensões filosóficas e religiosas no Ocidente. Sim, a ciência – que em seus métodos desgarra-se de postulados ontológicos e mesmo teológicos – devolve ao homem moderno e ao seu mundo desencantado aquela velha expectativa de vencer sua própria finitude (evidentemente, a despeito do que pensam cientistas, tantas vezes mais sóbrios acerca dos limites da ciência do que vários de nós). Pois finitude não é só morrer, é estar condicionado: pelo fim e pelo começo, pela morte e pelo nascimento. Finitude não é só acabar, mas estar situado, lançado no mundo, morando na Terra. Vencer a morte, portanto, é superar a existência de condições para a vida humana. Quando pretendemos transcender a Terra, o nascimento e a morte, o que procuramos é ultrapassar a finitude condicionada, a condição finita. Isso que agora a ciência nos promete, então, era já o que Platão, num certo sentido, também buscara, ao afirmar que a mortalidade corporal dos seres humanos era só uma aparência fugidia, pois a verdade de nossa condição seria a alma imortal. Tanto assim que, no *Mênon*, a imortalidade da alma está atrelada a seu conhecimento de todas as coisas, sem limites ou condicionamentos[5]. Nossa alma saberia de tudo, e o que chamamos de conhecimento no mundo seria só o reconhecimento da razão encarnada no corpo daquilo que a alma contemplara antes no mundo das ideias eternas.

Na origem da cultura ocidental, a filosofia foi tão determinada por essa tentativa de vencer a morte que, no *Fédon*, Platão chegou mesmo a resumir sua função nesse sentido. Os filósofos não temem a morte pois, pelo pensamento, já se exercitam naquilo que a transcende: a eternidade à qual a alma tem acesso[6]. Filosofar é se exercitar para morrer. Longe de uma excrescência passageira da Antiguidade grega, anunciada entre os séculos V e IV a.C. e depois abandonada, a sentença de Platão acompanha a tradição filosófica e volta, explicitamente, no início da era moderna, quando Michel de Montaigne, nos seus ensaios, retoma Cícero para escrever que "o estudo e a contemplação retiram a nossa alma para fora de nós e ocupam-na longe do corpo, o que", completa, "é um aprendizado e representação da morte"[7]. Já estamos em 1572, no Renascimento. Permanece, contudo, a doutrina metafísica – para a qual o condicionamento do ser humano reside na ilusória mortalidade de seu corpo sensível, enquanto a imortalidade verdadeira da alma suprassensível fica livre de toda e qualquer condição.

Mesmo a filosofia imanente de Espinosa, em toda sua potência, continua presa ao princípio metafísico de participação da humanidade na eternidade. Na sua *Ética*, ele escreve que a mente ou alma humana "não pode ser inteiramente destruída juntamente com o corpo: dela permanece algo, que é eterno[8]". Trata-se, novamente, de postular que parte do humano é livre da finitude inscrita no seu corpo. Os exemplos podem se multiplicar. De Platão até Schopenhauer, ou seja, por cerca de dois milênios e meio, a filosofia ocidental buscou definir os seres humanos sem que eles estivessem subordinados à sua mortalidade. Daí o reincidente apelo a seu oposto: a eternidade, que se tornou o valor número um de nossa tradição – emblematicamente representado, especialmente na

---

5. Platão, *Mênon*, Rio de Janeiro: Editora PUC-Rio/Loyola, 2001, p. 51 (81c).
6. Platão, *Fédon*, Rio de Janeiro: Edições de Ouro, s/d, p. 91 (67e).
7. Michel de Montaigne, *Ensaios*, São Paulo: Martins Fontes, 2002, p. 120 (XX).
8. Baruch de Spinoza, *Ética*, parte V, Belo Horizonte: Autêntica, 2007, p. 391 (proposição 23).

Idade Média, por Deus (vide Santo Agostinho ou São Tomás), mas que mesmo na era moderna também qualificou a subjetividade transcendental de Kant, a despeito de seu criticismo, e o espírito absoluto de Hegel, a despeito de seu historicismo. E, até em Schopenhauer, a moral de caráter budista abriria as portas para uma fuga dos condicionamentos humanos. Transcender, superar, ultrapassar, fugir da condição humana, ou seja, da finitude: eis a marca metafísica da tradição do Ocidente que ainda se percebe, hoje, na expectativa que depositamos na ciência e no que, muitas vezes, gostaríamos que ela fizesse em nós e por nós.

Só no fim do século XIX, com o pensamento de Nietzsche, nossa tradição filosófica acolheria o caráter condicionado do humano, o que exigiu justamente o abandono da doutrina metafísica que separava corpo e alma. Em *Assim falou Zaratustra*, o protagonista avisa a seu amigo funâmbulo, após sua queda: "a tua alma estará morta ainda mais depressa do que o teu corpo[9]". Não há uma alma que, imortal, sobrevive ao corpo. Nada em nós transcenderia a finitude que nos constitui e nos condiciona do nascimento à morte na Terra. "Permanecei fiéis à Terra[10]", bradava Zaratustra. Toda a conhecida e violenta crítica de Nietzsche à cultura cristã, na qual ele enxergava a continuação do platonismo grego, pode ser entendida como crítica precisamente à esperança metafísica de escapar aos condicionamentos da vida humana finita, que era então sempre desvalorizada e desqualificada, porque comparada com outra melhor: ideal embora não real. Permanecer fiel à Terra é, por essa perspectiva, permanecer fiel à humanidade condicionada, na contramão de uma história que começa com Platão, passa por São Paulo e atravessa a ciência da época moderna.

Recordando entretanto, junto com Hannah Arendt, que o lançamento do primeiro satélite no espaço em 1957 foi divulgado nos jornais como "um passo para libertar o homem de sua prisão na Terra", a verdade é que nem os filósofos com seu horror ao limite que o corpo impunha à alma, nem os cristãos com sua melancolia no mundo que chamaram de "vale de lágrimas" conceberam a Terra de fato como uma prisão de que precisavam sair, seja para a Lua, para Marte ou para qualquer outro planeta[11]. Nós é que, através do conhecimento da ciência e da operação da

---

9. Friedrich Nietzsche, *Assim falou Zaratustra*, Rio de Janeiro: Civilização Brasileira, 2000, p. 43.
10. *Ibidem*, p. 36.
11. Hannah Arendt, *op. cit.*, p. 10.

tecnologia, passamos a pensar assim. Elevamos então o sonho metafísico, que, na melhor das hipóteses, podia ser alcançado pelo pensamento e pela fé, a uma possibilidade, em princípio, concreta da nossa história: eliminar os condicionamentos que nos limitam. Nesse sentido é que trocar as condições da vida tal como conhecemos por outras que nós mesmos produziríamos não é só uma mutação nessas condições, e sim a tentativa de se livrar delas, ou seja, de burlar a própria finitude constitutiva do humano até hoje.

Parece-me, enfim, que a mutação pela qual tentamos eliminar tudo que nos condiciona é, ao mesmo tempo, velha e nova, antiga e recente. Nela, há um enraizamento histórico arcaico. É a sanha trágica de se aproximar dos deuses. É a ficção mitológica de acesso a um mundo dos mortos. É a razão filosófica que se quer supratemporal. É a promessa teológica de eternidade. É a redenção no tribunal da história da humanidade futura. Nenhuma superação das condições humanas, porém, ousou até hoje fazê-la na prática concreta de nossas vidas. Eis onde o arcaico revela, então, a sua face nova e surpreendente. Transcender a condição humana não exige mais a coragem do herói, a paixão do amante, a fé do devoto, o pensamento do filósofo, a evolução coletiva da humanidade. Exige tecnologia científica, como aquela à qual recorreu a escritora chinesa Du Hong, em 2015[12], ao congelar o seu cérebro na esperança de que, no futuro, a ciência possa trazê-lo de volta à vida. Em suma, a transcendência contemporânea não é um movimento para outro mundo: divino, ideal, futuro. Como diz a empresa russa KrioRus, que oferece o serviço de congelamento, "a maioria das pessoas que vive hoje em dia tem a possibilidade de alcançar a imortalidade física[13]". O antigo sonho metafísico torna-se realidade física, e a finitude seria vencida sem que a transcendência, no sentido tradicional, ocorresse. Resta saber, contudo, o que pensariam e fariam esses seres futuros desprovidos de condição.

★ ★ ★

---

12. CuriosityFlux, "Chinesa congela cérebro para voltar à vida dentro de 50 anos", disponível em: <http://www.curiosityflux.com/2015/09/chinesa-congela-cerebro-para-voltar-a-vida-dentro-de-50-anos.html>, acesso em: março de 2017.

13. Portal Terra, "Empresa russa congela cérebros para ressurreição", disponível em: <http://noticias.terra.com.br/ciencia/interna/0,,OI1009355-EI238,00.html>, acesso em: março de 2017.

Nossa dificuldade está em que tudo o que fazemos tem sentido a partir da finitude. Os conceitos de Hannah Arendt para descrever nossas atividades humanas – labor, trabalho e ação – têm a ver com a mortalidade. Labor é esforço biológico do corpo, energia natural desprendida para manter a vida. Trabalho é produção de coisas duráveis, construção artificial do mundo. E ação é o aparecimento na pluralidade de seres humanos com a revelação de quem se é no discurso político. Laboramos ao comer, trabalhamos ao fabricar objetos e agimos quando falamos entre nós em público. Em cada uma dessas atividades, respondemos à mortalidade. O labor assegura a sobrevivência do indivíduo, da espécie. O trabalho empresta à futilidade efêmera da vida uma surpreendente durabilidade temporal, atestada em sua máxima potência pelas obras de arte. E a ação funda e preserva corpos políticos a partir dos quais se faz a história. São três formas de lidar com a mortalidade da condição humana. Nenhum aspecto da *vita activa* – labor, trabalho e ação – tem sentido fora desse quadro[14]. Seres imortais fariam obras de arte? Comeriam? Interagiriam politicamente? Talvez nada disso tivesse mais qualquer sentido sem o pano de fundo da finitude.

Sem dúvida, a relevância da finitude para a condição humana foi uma herança, no pensamento de Hannah Arendt, da filosofia de Martin Heidegger, a quem ela intencionava dedicar o seu livro homônimo. Numa carta de 1960, ela contara ao antigo mestre e amor de uma vida que, se as coisas entre os dois – e ela sublinhava que *entre* não é um eu e nem um você – tivessem seguido trilhos corretos, teria dedicado a obra a ele, pois *A condição humana* é o resultado dos primeiros dias junto a Heidegger na década de 1920 – "deve assim quase tudo a você em todos os aspectos". Os trilhos errantes da história dos dois levou até uma situação em que a dedicatória ficou "impossível", mas ela queria "dizer ao menos o fato nu e cru"[15]. E o fato nu e cru é revelador, pois na década de 1920 Heidegger trabalhava no que seria sua primeira grande obra, *Ser e tempo*. Nela, a morte é a principal condição humana: a efemeridade da existência, o trânsito da nossa presença, a finitude da vida. O filósofo alemão fizera a mais detalhada descrição fenomenológica da relação do homem com a morte. Hannah Arendt, por

---

14. Hannah Arendt, *op. cit.*, pp. 16-7.
15. *Idem, in:* Ursula Ludz (org.), *Hannah Arendt – Martin Heidegger: correspondência 1925/1975*, Rio de Janeiro: Relume Dumará, 2001, p. 108.

sua vez, a toma como condição de tudo que é nossa *vita activa*, reavivando a antiga sabedoria trágica grega pré-filosófica, já expressa por Sófocles.

> Há muitas maravilhas, mas nenhuma
> é tão maravilhosa quanto o homem.
> Ele atravessa, ousado, o mar grisalho,
> impulsionado pelo vento sul
> tempestuoso, indiferente às vagas
> enormes na iminência de abismá-lo;
> e exaure a terra eterna, infatigável,
> deusa suprema, abrindo-a com o arado
> em sua ida e volta, ano após ano,
> auxiliado pela espécie equina.
> Ele captura a grei das aves lépidas
> e as gerações dos animais selvagens;
> e prende a fauna dos profundos mares
> nas redes envolventes que produz,
> homem de engenho e arte inesgotáveis.
> Com suas armadilhas ele prende
> a besta agreste nos caminhos íngremes;
> e doma o potro de abundante crina,
> pondo-lhe na cerviz o mesmo jugo
> que amansa o fero touro das montanhas.
> Soube aprender sozinho a usar a fala
> e o pensamento mais veloz que o vento
> e as leis que disciplinam as cidades,
> e a proteger-se das nevascas gélidas,
> duras de suportar a céu aberto,
> e das adversas chuvas fustigantes;
> ocorrem-lhe recursos para tudo
> e nada o surpreende sem amparo;
> somente contra a morte clamará
> em vão por um socorro, embora saiba
> fugir até de males intratáveis[16]

---

16. Sófocles, "Antígona", in: Sófocles, *Trilogia tebana*, Rio de Janeiro: Zahar, 2006, p. 215.

Nos famosos versos do coro de *Antígona*, a enumeração impressionante diz respeito ao labor, ao trabalho e à ação dos seres humanos, isto é, à sua vida, ao seu mundo e à sua política. Transformando a natureza e a tomando para seu auxílio, os homens parecem tudo poder. Nada os limitaria na sua existência. Só que os muitos versos dedicados a tudo que o homem pode têm o efeito de uma escalada que precisamente por sua altura revela, do topo da montanha a que se chega, um abismo lá embaixo no chão. Pois os poucos versos seguintes tomam sua força justamente dos anteriores. É após acompanhá-los e subir então a uma sequência de feitos humanos que caímos: subitamente, nos é lembrada a nossa condição – que é a morte. É o limite do ser que, de resto, pareceria destinado ao ilimitado. Para tudo o mais tem recursos, menos contra isso. O ditado popular diz que "nesta vida há remédio para tudo, menos para a morte".

Tanto na obra de Hannah Arendt quanto na de Heidegger, encontramos comentários sobre o coro de *Antígona*, e ambos chamam a atenção para a morte. Para ela, importava explicitar que aí os seres humanos se distinguem do restante da natureza. Em *Entre o passado e o futuro*, de 1961, ela observaria que é "isso a mortalidade: mover-se ao longo de uma linha retilínea em um universo onde tudo, se é que se move, se move em uma ordem cíclica[17]". Certamente, a dívida com Heidegger aparecia aí, já que ele defendia, desde *Ser e tempo*, que plantas e animais, por exemplo, deixam de viver, mas não morrem[18]. Pois a morte não é só o momento futuro que nos aguarda quando acabamos – como os animais. Se assim fosse, a morte seria só o limite externo da condição humana, quando, na verdade, é sua definição interna. Ela o é pois está no presente, e não no futuro. É presente a cada segundo. "Frente à morte o homem não se sente numa aporia sem saída apenas quando tem de morrer, mas constantemente", diz Heidegger em 1935, no curso de *Introdução à metafísica*, e conclui: "enquanto o homem é, encontra-se na aporia da morte"[19]. Importa menos então a morte em si do que nossa relação com ela na existência. Pois a morte em si nem é: quando ela seria, aí somos nós que deixamos de ser. Ninguém experimenta a própria morte, mas todos experimentam uma

---

17. Hannah Arendt, *Entre o passado e o futuro*, São Paulo: Perspectiva, 1997, p. 71.
18. Martin Heidegger, *Ser e tempo*, parte II, Petrópolis: Vozes, 1998, p. 28.
19. Idem, *Introdução à metafísica*, Rio de Janeiro: Tempo Brasileiro, 1978, p. 180.

relação com ela: a possibilidade que, a cada instante, ameaça nosso ser a deixar de ser. O que pode dar-se a qualquer hora.

Como escreveu Samuel Beckett, "a morte não nos pede um dia livre[20]". O fim, portanto, é uma possibilidade presente, e não apenas futura. Por um lado, a morte é certa. Por outro, é indeterminada. Todos sabemos que vamos morrer, mas nenhum de nós sabe quando. Isso é o que caracteriza nossa relação com a morte, segundo Heidegger[21]. Por isso, ela nunca fica guardada em data futura, é antes o que coloca sobre cada instante o perigo de que seja o último. Por isso, a mortalidade condiciona os seres humanos – não acaba com eles. E condiciona sem lhes dar qualquer completude. Não sabemos quando vamos morrer e, por isso, a morte não é conclusão nem totalização. "Caso chegue a conquistá-la, o ganho se converterá pura e simplesmente em perda do ser-no-mundo[22]." Nesse sentido, a impossibilidade de alcançar a totalidade da condição humana não se deve a um defeito de nossa capacidade cognitiva. Deve-se à constituição dessa condição, segundo a qual, enquanto vivemos, há sempre ainda um "ainda não". Quando ele deixa de haver, é porque nós mesmos deixamos de haver.

Nunca somos velhos demais para deixarmos de nascer de novo, pois há sempre um "ainda não" que permite, mesmo em idade avançada, que façamos algo diferente do que fazíamos antes, algo novo. Isso testemunha precisamente que o caráter indeterminado da morte, mesmo que ela seja certa, abre o espaço de liberdade para a criação de algo singular a cada instante. Tome-se, como exemplo, o caso de Beethoven. No fim de sua vida, o que encontramos não é um fechamento totalizante da trajetória consagrada. Não é o coroamento final que dá fecho de ouro a tudo que foi feito antes. Surdo e velho, Beethoven, contudo, ainda tinha seu "ainda não" aberto, podendo mudar, ao invés de apenas atestar a conclusão evolutiva de sua carreira. O filósofo Theodor W. Adorno chamou de estilo tardio esse momento da obra do músico. "Tocada pela morte, a mão do mestre libera as massas de material a que costumava dar forma", dizia Adorno, "os rasgos e fissuras, testemunhos da finita impotência do eu confrontado

---

20. Samuel Beckett, *Proust*, São Paulo: Cosac e Naify, 2003, p. 15.
21. Martin Heidegger, *Ser e tempo*, op. cit., p. 49.
22. *Ibidem*, p. 16.

com o ser, são suas últimas obras[23]". Não há totalização possível para o artista que, após tudo, ainda começa. Pois a condição humana é aberta.

Sem nenhum demérito para os artistas que aparentemente atingiram o coroamento no fim de suas obras, como Rembrandt, Matisse, Bach ou Wagner, o ponto é que aí somos induzidos a uma interpretação progressiva da trajetória que chega ao ápice na velhice. Somos tentados a projetar uma falsa totalização sobre elas. Casos como o de Beethoven, ou do dramaturgo Samuel Beckett, do poeta Konstantínos Kavafis, do escritor Jean Genet, do pianista Glenn Gould, do cineasta Luchino Visconti e outros são bastante diferentes. São "obras tardias que não são feitas de harmonia e resolução, mas de intransigência, dificuldade e contradição em aberto[24]", como afirma o ensaísta Edward Said ao retomar a ideia de Adorno na pequena joia que é seu livrinho intitulado *Estilo tardio*. Nas cinco últimas sonatas para piano, na *Nona sinfonia*, na *Missa solemnis*, nos seis últimos quartetos de cordas ou nas 17 bagatelas para piano, Beethoven renuncia à comunicação social que fundara nas obras anteriores, entrando em contradição com ela. Há uma espécie de exílio episódico, uma descontinuidade com o que veio antes. Segundo a tese de Adorno, se há alguma maturidade aí, é diferente daquela das frutas, pois essas obras não são redondas ou perfeitas, e sim ásperas, muitas vezes até devastadas. São "destituídas de doçura, amargas, eriçadas", por isso "não se oferecem ao mero deleite"[25].

Encontramos na filosofia de Heidegger, a despeito da distância enorme que o separa de Adorno, a mesma comparação entre o tempo do ser humano e o tempo dos frutos naturais. Nossa presença no mundo nunca se completa, pois esse acontecimento seria o mesmo pelo qual deixamos de ser. No caso do fruto, o amadurecimento o completa, ele finda quando alcança essa totalidade. O caso da nossa presença é bem diferente. "Mesmo a presença 'incompleta' finda", diz Heidegger[26]. Isso é o que o estilo tardio de que falamos explicita, pois denota que a fase final da vida de um artista não significa necessariamente que ele ali encontre o coroamento de todo desenvolvimento pregresso. Mesmo porque, a morte é indeter-

---

23. Theodor Adorno, "Late Style in Beethoven", in: Theodor Adorno, *Essays on Music*, Los Angeles/London: University of California Press, 2002, p. 566.
24. Edward W. Said, *Estilo tardio*, São Paulo: Companhia das Letras, 2009, p. 27.
25. Theodor Adorno, *op. cit.*, p. 564.
26. Martin Heidegger, *op. cit.*, p. 25.

minada, sobrevém sempre de repente. Tão cedo se vive, já se é velho o suficiente para morrer, reza um ditado citado pelo próprio Heidegger. Como sempre ainda há um "ainda não", tudo permanece aberto. Nada se fecha. Num sentido decisivo, nossa presença no mundo é permanentemente imatura, mas não porque algo falta como se fosse uma carência, e sim porque nosso ser continua aberto. Nietzsche caracteriza a existência como "um *imperfectum* que nunca pode ser acabado[27]". É que a finitude jamais deixa coincidir a existência ainda sendo com a morte. É sempre: ou ela, ou eu. Nunca os dois. Interdita-se o belo acabamento final, pois o ser que o ganharia já deixou de ser.

Esse é o cerne do que Heidegger chamou, em *Ser e tempo*, de disposição afetiva da angústia. Ela diz respeito a nosso próprio estar no mundo, à abertura que jaz no existir, a essa imaturidade ou incompletude que a finitude implica[28]. Novamente, não é a morte como mero fim futuro que angustia, mas a condição humana mortal que nos define no presente. Por isso, aí estranhamos o mundo todo, como se a familiaridade habitual submergisse no nada. Pois a angústia, ao contrário do medo, não tem objeto, não tem uma coisa específica com a qual se angustie: o tubarão no mar, o criminoso na calçada. O temor tem sua referência a algo no mundo, do qual podemos nos defender. Já a angústia, não. Não temos o que fazer, pois não há objeto particular a nos ameaçar, como ocorre no medo. É o ser como possibilidade aberta de ser que angustia. É a descoberta de que o ser está sendo, no gerúndio, que não é substancial, definido e definitivo. Como diria Heidegger já em 1929, ficamos "sem apoio[29]" metafísico, mas este *sem* – este nada – é a revelação do fundo sem fundo da condição humana. É como um abismo no qual, porém, "caímos para o alto[30]".

Nesse contexto, a tentativa de vencer a morte não está apenas na busca de prolongar a nossa vida para além dos cem anos, como dizia Hannah Arendt, mas especialmente na fuga contemporânea constante da angústia. Pois adiar o momento da morte ainda é uma forma de objetivá-la

---

27. Friedrich Nietzsche, *Segunda consideração intempestiva: da utilidade e desvantagem da história para a vida*, Rio de Janeiro: Relume Dumará, 2003, p. 8.
28. Martin Heidegger, *op. cit.*, parte I, p. 251.
29. Idem, "Que é metafísica?", in: Martin Heidegger, *Conferências e escritos filosóficos*, São Paulo: Abril Cultural, 1979, p. 39.
30. Idem, *A caminho da linguagem*, Petrópolis/Bragança Paulista: Vozes/Editora Universitária São Francisco, 2003, p. 10.

como algo adiante de nós no futuro, enquanto eliminar a angústia pretende abstrair a finitude presente, ou seja, o sentido de possibilidade sempre aberta da condição humana. Quando nos angustiamos, é interrompida nossa relação segura com o mundo: o sentido das coisas e das pessoas fica em suspenso. É aí que podemos nos apropriar da abertura de nossa condição indefinida. Evitamos, entretanto, esse momento de angústia através de duas estratégias: a primeira é a medicalização de todo caso de angústia – que deve ser aniquilado imediatamente para que o sujeito volte a funcionar normalmente em meio às coisas do mundo e esquecido do nada que está no fundo sem fundo da sua condição; a segunda é a transformação de toda angústia em medo – dando um objeto e algo a fazer diante do que não se deixa objetivar e não se resolve pragmaticamente. Na primeira estratégia, tomamos indiscriminadamente os inúmeros remédios ao nosso dispor, como se a angústia fosse necessariamente uma patologia. Na segunda, vamos desde arrumar livros na estante a fazer guerras, como se a angústia fosse solucionada com medidas concretas diante de algo determinado. Tudo para fugir da morte.

Frise-se bem, contudo: não se trata de fugir da morte, e sim da condição mortal do homem. Essa condição é que torna possível inclusive a vida humana ser aberta e indefinida, ou seja, uma vida diferente daquela das simples coisas, cuja essência é fechada e imutável. Somos aqueles que, sendo, colocam em jogo seu próprio ser. Nas palavras do poeta Octavio Paz, "o homem é um ser que não é mas que está sendo, um ser que nunca acaba de ser", em resumo, "é um ser de desejos tanto quanto um desejo de ser"[31]. Não somos sequer um ser, primeiro, e temos desejos, depois, já que essa concepção supõe o sujeito como substância ou plataforma anterior, prévia, *a priori*. Somos puro desejo de ser. O que pode causar angústia. Mas é, ao mesmo tempo, o que nos abre e nos lança ao mundo. Então, se "viver é ir para diante, avançar para o desconhecido e esse avançar é um ir ao encontro de nós mesmos", então "viver é enfrentar a morte", escreveu Paz. Desde que nascemos, estamos simultaneamente vivendo e morrendo. Não há distinção entre um e outro. Eis a nossa condição humana.

★ ★ ★

---

31. Octavio Paz, *O arco a lira*, Rio de Janeiro: Nova Fronteira, 1982, p. 165.

Encontramos assim na finitude do tempo, decretada pela mortalidade, o recurso da vida que exige permanecer no espanto por ela suscitado. Na relação com a morte é que despertamos para o sentido finito da condição humana, que dá a ela a sua graça. Foi o que, por exemplo, percebeu Sigmund Freud a partir do horizonte psicanalítico. Num ensaio de 1916, ele conta que, em passeio com um amigo poeta no verão, percebeu que o companheiro permanecia taciturno, sem experimentar alguma alegria diante da rica paisagem. O problema? É que o poeta ficava perturbado pela consciência de que tudo aquilo seria extinto no inverno. Tudo lhe parecia despojado de valor pela transitoriedade. No entanto, Freud discorda do amigo, que chama de pessimista. Opõe-se a ele e afirma que, ao contrário, a transitoriedade valoriza a beleza, dada a sua raridade no tempo, pois "a limitação da possibilidade de fruição aumenta a sua preciosidade[32]". O desaparecer da beleza do rosto e do corpo humanos no curso de nossa vida tira seu encanto da brevidade, comenta Freud, assim como, se existir uma flor que floresça apenas uma noite, ela não parecerá menos formosa por isso. Pode-se, assim, perceber que a finitude e a mortalidade não decretam nenhuma tristeza psicológica, pelo contrário, podem ser mesmo a chave de toda alegria.

O grande romancista alemão Thomas Mann, nesse mesmo tom, escreveu um elogio da transitoriedade. Também ele desmistifica a suposta tristeza que tingiria a transitoriedade, que é a "alma do ser, é o que confere valor, dignidade e interesse à vida, pois a transitoriedade produz o tempo[33]". Logo a alma, que Platão e os cristãos consideravam eterna, torna-se aqui o tempo, que só existe na transitoriedade mortal, porque na eternidade não há tempo. "Onde não há passado, começo e fim, nascimento e morte, não há tempo – e a atemporalidade é o nada estático", diz Thomas Mann, "tão boa e tão ruim quanto este, quanto o absolutamente desinteressante[34]". Se concordarmos com o escritor, a filosofia que buscara a eternidade – um outro nome para atemporalidade – concluía no nada estático. Pois a alma da existência está na sua transitoriedade mortal, que

---

32. Sigmund Freud, "A transitoriedade", in: Sigmund Freud, *Introdução ao narcisismo: ensaios de metapsicologia e outros textos (1914-1916)*, São Paulo: Companhia das Letras, 2010, p. 186.
33. Thomas Mann, "Elogio da transitoriedade", in: Thomas Mann, *Travessia marítima com Dom Quixote*, Rio de Janeiro: Jorge Zahar, 2014, p. 158.
34. Ibidem.

por sua vez é também o que permite o nascimento. Só no tempo há nascer e há morrer. Na eternidade, nada se cria, pois tudo é: sempre. Nada vem a ser. Só o tempo permite a criação pela qual cada instante conta, cada segundo importa. Nossa finitude é tanto morrer quanto nascer, findar quanto começar.

Voltando a Hannah Arendt, isso explica que ela, embora admitindo que a mortalidade definia a condição humana, enfatize que a natalidade também. São dois lados da mesma moeda. Pois a condição humana é tempo, trânsito. Logo, a mortalidade é apenas o avesso da natalidade. Por consequência, a *vita activa* é tão atrelada a uma quanto a outra. Não faria sentido falar em labor, trabalho e ação, se deixássemos de depender do nascimento. Laboramos e trabalhamos a fim de preservar a Terra e produzir o mundo, em vista de recém-chegados que surgem a cada geração. Não obstante, comparada ao labor e ao trabalho, a ação é muito mais "intimamente relacionada com a condição humana da natalidade; o novo começo inerente a cada nascimento pode fazer-se sentir no mundo", diz ainda Hannah Arendt, "somente porque o recém-chegado possui a capacidade de iniciar algo novo"[35]. Enquanto o labor é ciclicamente repetitivo e a produção é previsivelmente planejada, a ação é surpreendentemente nova. Nós comemos toda hora para sustentar a vida e prevemos o trabalho para fabricar quaisquer objetos. Já aparecer em atos e palavras no âmbito público pode ocorrer uma só vez e sem preparação. Por ações e por discursos diante dos outros, junto a eles, é que surge o novo, já enraizado na natalidade que está na origem da condição humana. Cada nascimento é uma possibilidade de um novo começo que se faria sentir no mundo porque nunca se sabe ainda quem é o recém-chegado.

No entanto, também aqui aparece aquela revolta contemporânea contra a existência humana como nos foi dada. Hannah Arendt falava de provetas, mas já imaginava, a rigor, que o problema estava em que poderíamos manipular as cargas genéticas a ponto de planejar a produção de seres humanos: qual será a cor dos olhos, a altura, a propensão a doenças, a força e assim por diante. Está em jogo aí a tentativa – simétrica àquela de acabar com a angústia e estender a vida – de apagar a condição humana como possibilidade aberta e imprevisível. Pretendemos prever o que era

---

35. Hannah Arendt, *A condição humana*, op. cit., p. 17.

originalmente surpresa. Nessa busca por seres humanos superiores, como dizia Hannah Arendt, trata-se a natalidade como se fosse um processo de fabricação, de trabalho que gera um produto. Só que aqui o produto não o é, pois ser humano não é coisa. Não é um *que*. É um *quem*. Eis o que está sob ameaça na substituição da condição humana tal como nos foi dada por outra, produzida por nós mesmos: a radical imprevisibilidade que – a cada nascimento mas também a cada ação – vem ao mundo.

Não se trata somente, então, de controlar através da ciência o fenômeno do nascimento, tecnicamente. Trata-se de diminuir a imprevisibilidade da ação humana, vinculada à natalidade como possibilidade de começar. No cotidiano, o curso da existência costuma seguir automaticamente. Na sociedade, tal curso é reforçado pela transformação da ação imprevisível em mero comportamento previsível. Não por acaso, Hannah Arendt considerava a natalidade a categoria central do pensamento político, enquanto a morte seria a categoria central do pensamento metafísico. É que a política – que não se reduz ao jogo partidário – tem em seu centro justamente o aparecer dos seres humanos através de atos e palavras em meio à pluralidade pública. Não é gerenciamento e administração, que são outras formas de eliminar a imprevisibilidade dos seres humanos – só que não incidindo sobre o nascimento em si, mas nas ações e portanto, de novo, na capacidade que teríamos de começar algo novo. É que, para Hannah Arendt, a faculdade de agir se radica ontologicamente no nascimento: uma e outro são formas que os seres humanos têm de começar[36]. Política é, para ela, dar início. Será que nós, hoje, ainda temos capacidade para tal? Fica a pergunta que exige vincular a nossa *vita activa* à natalidade que define a condição humana.

Enfim, cabe destacar que, embora Hannah Arendt atrele labor, trabalho e ação tanto à mortalidade quanto ao nascimento, este seria mais relevante do que aquela. Não se trata exatamente de uma hierarquia, mas de uma ênfase teórica, que nos lança mais para a política do que para a metafísica, que nos faz passar da mortalidade ao nascimento. Se *A condição humana* devia quase tudo a Heidegger, não se tratava então apenas daquilo com que se contava vindo de *Ser e tempo*, mas também de uma resposta ao que lá foi deixado impensado por seu autor, como questão a

---

36. *Ibidem*, p. 259.

se levantar. Pois "os homens, embora devam morrer, não nascem para morrer, mas para começar[37]", escreveu Hannah Arendt. E ela mesma, involuntariamente, ilustrou esse princípio ao falecer. No dia, receberia amigos para jantar. Mas, até eles chegarem, trabalhara na máquina de escrever em um novo livro. Depois da refeição, quando tomava um café, teve um acesso de tosse, caiu e perdeu a consciência. Na máquina datilográfica, estavam tanto um fim quanto um início: um livro terminado e a epígrafe de um novo. No dia 4 de dezembro de 1975, Hannah Arendt morreu começando.

---

37. *Ibidem*, p. 258.

# A experiência do pensamento
# A sociedade à prova da promessa: as aporias do estrangeiro
Olgária Matos

### A ORIGEM, O ESTRANHO, A PROMESSA

O "Navio de Teseu" é a conhecida lenda da Grécia antiga sobre o herói que partira de Atenas para combater o Minotauro[1]. Quando de seu retorno e em sua homenagem, os cidadãos conservaram a embarcação com tal cuidado e atenção que iam substituindo as peças gastas por outras, conforme surgissem danificações. Assim, o navio conservou, durante muitos séculos, um esplendor de novo, do qual não restara, no entanto, nenhuma peça original. Tal episódio foi utilizado na história da filosofia para figurar o que, na incessante mudança, pode permanecer o mesmo apesar das transformações. Isto não quer dizer que não há identidade ou que há alguma identidade, como já o observava Platão no *Teeteto* quando ironizava os sofistas para os quais "tudo está em incessante mudança".

---

1. Lembre-se que o Minotauro é um monstro aterrorizador porque sem identidade definida, nem homem, nem touro, simultaneamente homem e animal. Nesse âmbito, Adorno e Horkheimer observaram que o mundo dos seres metamórficos é sem *conceito*, e o do homem requer o princípio de identidade porque a indeterminação das coisas e o inexplicável ameaçam o homem em seus fins de sobrevivência e autoconservação. Assim, mito e ciência têm uma raiz comum no medo do desconhecido, do amorfo, do indiferenciado: "a transformação das pessoas em animais como castigo é um tema constante dos contos infantis de todas as nações. Estar encantado no corpo de um animal equivale a uma condenação. Para as crianças e os diferentes povos, a ideia de semelhantes metamorfoses é imediatamente compreensível e familiar. Também a crença na transmigração das almas, nas mais antigas culturas, considera a figura animal como um castigo e um tormento. A muda ferocidade no olhar do tigre dá testemunho do mesmo horror que as pessoas receavam nessa transformação. Todo animal recorda uma desgraça infinita ocorrida em tempos primitivos". Max Horkheimer; Theodor Adorno, *Dialética do esclarecimento*, Rio de Janeiro: Zahar, 1985, pp. 230-1.

Nessa linhagem, Plutarco argumentava que, se assim fosse, "quem fez um empréstimo ontem não deve mais nada hoje", pois se tornou "outro", ou, "se somos convidados para um jantar amanhã, iremos como 'não convidados', pois nossos anfitriões terão se tornado outros"², com isso compreendendo que o mobilismo total é incompatível com a vida social.

Não se trata aqui da identidade como origem, sempre idêntica a si mesma, pois a origem é, desde o início, imediatamente heterogênea:

> O mais matinal da *Frühe* [matinal, precoce], em sua melhor promessa, teria em verdade um outro nascimento e uma outra essência, heterogênea na origem de todos os testamentos, de todas as promessas, de todos os acontecimentos, de todas as leis e marcas que são nossa própria memória. Heterogênea na origem: isto tem ao mesmo tempo e de uma só vez três sentidos: 1. heterogêneo desde a origem, originariamente heterogêneo; 2. heterogêneo em relação ao que se denomina origem, algo diferente da origem e irredutível a ela; 3. heterogêneo [...] porque está e muito embora esteja na origem [...], eis a forma lógica da tensão que faz vibrar todo este pensamento³.

Isso significa que a origem não coincide consigo mesma, que toda experiência originária contém um retardamento: "Tudo se passa como se eu estivesse sempre atrasado com respeito à origem, [...] como se tudo já tivesse desaparecido. Toda experiência nunca é pontual, não está nunca na hora certa, ou, como diz Derrida citando Hamlet, o tempo está 'fora dos gonzos'⁴". O si-mesmo se constitui na duração e, assim, a consciência é sempre excedida pela heteronomia do tempo: "O eu não é um ser que permanece sempre o mesmo, mas o ser cuja existência consiste em reencontrar sua identidade através de tudo o que lhe ocorre⁵". Porque a identidade é de natureza *espiritual*, Gilles Hanus refere-se ao débito de-

---

2. Cf. Platão, *Teeteto*, Belém: Editora da UFPA, 2001, parágrafo 152 2 ss; Plutarco, *Dialogues pythiques*, Paris: Flammarion, 2006; Guy Soury, "Le Problème de la providence et le *de sera numinis vindicta* de Plutarque", in: *Revue des Études Grecques*, vol. 58, n° 274, 1945, pp. 171-2. Cf. Michel de Montaigne, *Ensaios*, São Paulo: Abril Cultural, 1973, livro II, cap. XII.
3. Jacques Derrida, *De l'Esprit: Heidegger et la question*, Paris: Galilée, 1997, pp. 176-7. [Ed. bras.: *Do espírito: Heidegger e a questão*, Campinas: Papirus, 1990.]
4. Cf. Leonard Lawlor, "Jacques Derrida", *Stanford Encyclopaedia of Philosophy*, disponível em : <http://plato.stanford.edu/entries/derrida/>, acesso em: abril de 2017.
5. Cf. Emmanuel Lévinas, *Totalité et infini: essai sur l'extériorité*, Paris: Livre de Poche, pp. 12 e 25.

clarado de Derrida com respeito a Lévinas em suas reflexões sobre *lógos*, identidade e tempo:

> a razão [o *lógos*] é uma força unificadora, é a capacidade de colocar as coisas em uma relação. Ao um, o outro acrescenta o múltiplo, o que difere; se não houvesse o outro, só haveria o mesmo, o *lógos* apreendendo o ponto em que se cruzam; comunicá-los não é perder nem a identidade, nem a diferença, mas torná-las relativas; ligado ao outro, o um não é mais propriamente um; relativo ao um, o outro não é absolutamente outro, não é senão o outro do um. O *lógos* filosófico admite a diferença sem a suprimir, mas colocando-a em um todo superior, isto é, o diferente vem a ser o distinto; a in-intimidade [o estranhamento] só é momentânea, é o lapso de tempo que separa a experiência da novidade de sua integração em um quadro coerente[6].

Babelizando a origem, Derrida expõe sua crítica ao princípio de identidade, a desconstrução que se aproxima da análise que, etimologicamente, significa *desfazer*, um sinônimo virtual de *des-construir* que, como a dialética platônica, é crítica das oposições irredutíveis consideradas, no *Timeu*, "má divisão", pois esta não se mantém ante a análise, a decomposições e reconfigurações. Assim, o estrangeiro, aquele que não é originário de um lugar, só difere do autóctone porque este o habita por uma residência mais antiga.

Eis por que Derrida desconstrói a ideia de razão tal como apresentada na *História da loucura na época clássica,* em que Foucault atribui a Descartes a exclusão da loucura da "cidadela bem fortificada da razão", pelos excessos de uma imaginação desregrada que assombra o *cogito* sonolento e noturno. Com efeito, se a razão diz o claro e distinto, e a loucura, o obscuro e confuso, a razão só poderia ser racional se idêntica a si mesma. Para Derrida, diversamente, a loucura é uma das possibilidades do pensamento racional, é a extravagância que questiona a substancialidade do sujeito:

---

6. Gilles Hanus indica o débito declarado de Derrida com respeito a Lévinas e às questões do uno e do múltiplo na palestra "L'in-intimité. Réflexions sur l'étrangété", proferida em 14/8/2015 no ciclo *Banquet d'été* promovido pela La Maison du Banquet et des générations – Centre de rencontres et d'études autour du livre et de la pensée (Lagrasse), disponível em: <https://www.youtube.com/watch?v=qAN-2JrBEE4>, acesso em: 29/03/2017

a audácia hiperbólica do *cogito* cartesiano, sua louca audácia – que talvez já não compreendemos muito bem como audácia porque, à diferença dos contemporâneos de Descartes, estamos demasiado confiantes, demasiado rendidos a seu esquema mais que a sua experiência aguda – consiste em voltar ao ponto originário que não pertence mais ao par razão e des-razão, a sua oposição ou alternativa [...]. Pois não há alguma dúvida de que, para Descartes, é somente Deus quem protege contra a loucura [Deus, em sua infinita perfeição, não se engana e garante que as verdades matemáticas permanecerão verdadeiras quer se esteja acordado, sonhando ou alucinando] à qual o *cogito*, em sua instância própria, não poderia senão abrir-se da maneira mais hospitaleira. [...] A leitura de Foucault me parece forte e iluminadora [...] [no momento] mais álgido do *cogito*, em que a razão e a loucura ainda não se tinham separado, quando tomar o partido do *cogito* não é tomar o partido da razão como ordem racional, nem o da desordem e da loucura, mas recuperar a fonte a partir da qual podem determinar-se e dizer-se razão e loucura[7].

Rompendo com as hierarquias das oposições conceituais de razão e des-razão, nomeando a ambas simultaneamente, a diferença se desvincula da simples oposição, indicando o limiar de compartilhamento entre o eu e o eu como um outro, diversamente da dialética especulativa de negações e superações.

Nesse sentido, Derrida se refere a palavras que guardam sentidos discordantes, como *pharmakon*[8], remédio e veneno; *suplemento*[9], ao mesmo tempo o que acrescenta e o que substitui; *khora*[10], oscilando lugar e não lugar, o que dá forma mas não tem forma (forma amorfa), espaça-

---

7. Jacques Derrida, "Cogito et histoire de la folie", in: J. Derrida, *L'Écriture et la différence*, Paris: Seuil, 1967, pp. 90-1. [Ed. bras.: *A escritura e a diferença*, São Paulo: Perspectiva, 2009.] É Descartes também quem, na terceira "Meditação metafísica", indica um além do "penso, logo existo", pois, se a consciência produz ideias que, como criação humana, são factícias, a de infinito e de um Deus infinito escapam ao poder constituinte do sujeito, manifestando uma ruptura na consciência – diz-se ruptura e não um recalque no inconsciente, porque ela é o despertar do sono dogmático de a consciência ser uma unidade homogênea.
8. Cf. J. Derrida, *A farmácia de Platão*, São Paulo: Iluminuras, 2005.
9. *Idem*, *Gramatologia*, São Paulo: Perspectiva, 2013.
10. Cf. Olgária Matos, "Utopia e ponto de fuga: fronteira e espaço sideral", in: Adauto Novaes (org.), *Mutações: o novo espírito utópico*, São Paulo: Edições Sesc São Paulo, 2016.

mento, espaço e tempo[11]. No *Timeu*, Derrida salienta que o espaço é um *dépaysement*, está "fora dos gonzos": "a *khora* é anacrônica, é a anacronia no ser, ou melhor, a anacronia do ser. Ela anacronisa o ser[12]". E ainda a palavra latina *finis*, simultaneamente limite e território. Não por acaso, as análises de Derrida reconduzem ao ensaio "O sentido antitético das palavras primitivas", em que Freud, baseando-se na obra do filólogo Karl Abel, indica como, em muitas línguas – o egípcio antigo, o sânscrito, o árabe e o latim –, os opostos são designados pela mesma palavra. Citando Abel, Freud anota:

> na língua egípcia, esta relíquia única do mundo primordial, encontra-se um certo número de palavras com dois sentidos, sendo um exatamente o contrário do outro [...], a palavra *forte*, significando tanto forte quanto fraco; a palavra *luz* servindo tanto para designar a luz quanto a escuridão, um morador de Munique chamando *cerveja* a cerveja, enquanto um outro empregaria o mesmo termo para falar da água [...]. Diante desses casos e muitos outros semelhantes, com acepção antagônica, não se pode duvidar que, em *uma* língua, existiram numerosas palavras designando, simultaneamente, uma coisa e seu contrário[13].

Assim também o *Unheimliche*[14], no qual *heimlich* é, ao mesmo tempo, o familiar e o estranho, o prefixo *Un*, como negação, não evocando uma distinção originária entre duas naturezas dissonantes, desde o início contrárias, mas que resultaria de um processo inconsciente que confere ao que é familiar, quando ele se apresenta novamente, uma aparência inversa. O não familiar não o é simplesmente por não ser familiar, mas por não o ser mais: "a inquietante estranheza é uma variante particular do sinistro que remonta àquilo que há muito é conhecido, há muito tempo familiar[15]". Enquanto familiar "encoberto", o *Unheimliche* se manifesta como uma

---

11. Cf. J. Derrida, *Positions: Scène, actes, figures de la dissémination*, Paris: Minuit, 1972.
12. *Idem*, *Khora*, Paris: Galilée, 1993, p. 25.
13. Sigmund Freud, "Des sens opposés dans les mots primitifs", in: S. Freud, *Essays de psychanalyse appliquée*, Paris: Gallimard, 1971, p. 10; cf. também a carta de Freud a Ferenczi de 22 de outubro de 1909, *apud* Jean-Baptiste Brenet, *Averroes*, Paris: Les Belles Lettres, 2015, p. 15.
14. Cf. em particular, Jacques Derrida, *Spectres de Marx*, Paris: Galilée, 1993. [Ed. bras.: *Espectros de Marx*, Rio de Janeiro: Relume Dumará, 1994.]
15. Sigmund Freud, "L'inquietante étrangeté", in: S. Freud, *Essays de psychanalyse appliquée*, op. cit., p. 23.

especificação do *heimlich* que, não sendo oposição, é sua derivação, uma vez que não apenas o *Unheimliche* foi familiar, mas, por o ter sido, reverte a angústia em inquietante estranheza[16].

Da mesma forma, sentidos contraditórios se encontram na palavra *hospitalidade*, cujo radical *hos* encontra-se em *hospes, hostis* e *hóstia* – anfitrião, inimigo e o animal sacrificado como oferenda ritual. *Hôte*, em francês, significa tanto o anfitrião quanto o hóspede, como também a palavra alemã *Gast*, de tal maneira que anfitrião, hóspede e inimigo compõem um campo comum, sem uma clara distinção entre hóspede e anfitrião, acolhimento e rejeição, o hóspede podendo, por um excesso de proximidade, ameaçar o anfitrião fazendo dele um refém[17]. Por isso, Derrida escreve:

> Acolher [...], mas [...] na angústia e no desejo de excluir o estrangeiro, convidá-lo sem o aceitar, hospitalidade doméstica que acolhe sem acolher [...] um estrangeiro que já se encontra [dentro da casa] [.....], a proximidade absoluta de um estranho cuja [...] potência [é] [...] indecidível [...], uma a-identidade que ocupa, invisivelmente e *sem fazer nada*, lugares que não são finalmente nem os nossos nem os seus[18].

Como conhecido e estranho, o outro, sem identidade definida, provoca o sentimento de um temor que faz tremer. Anota Derrida:

> o tremor, pelo menos como sinal ou sintoma, [o] é [de] algo que já ocorreu; [é] o evento que faz alguém tremer [e] é o presságio de [algo que] continua a ameaçar. Sugere que a violência vai irromper novamente, que algum trauma insiste em se repetir [...]. Frequentemente não conhecemos nem reconhecemos a origem [...] do que está acontecendo conosco. Trememos com a estranha repetição que liga um passado irrefutável (um choque foi sentido, algum trauma já nos afetou) a um

---

16. Freud considera como fenômenos derivados das experiências do *Unheimliche* o animismo, a magia, a feitiçaria, as forças ocultas, a onipotência do pensamento, a repetição inconsciente, o retorno dos mortos. Cf. S. Freud, "O estranho"; "Um distúrbio da memória na Acrópole", *in:* S. Freud, *Edição Standard Brasileira das Obras Psicológicas Completas*, Rio de Janeiro: Imago, vol. XVII, 1976.
17. Emmanuel Lévinas, referindo-se ao Livro de Isaías, parafraseia o capítulo 58 que trata da hospitalidade a pobres e escravos que devem ser libertos, escrevendo que, enquanto os convidamos a fazer como se estivessem em casa, já estamos temerosos de que sujem nosso tapete. Cf. L. Ghidini, *Dialogo com Emmanuel Lévinas*, Brescia: Morcelliana, 1987, p. 103.
18. J. Derrida, *Spectres de Marx, op. cit.*, p. 273.

futuro que não pode ser antecipado, [e sc] antecipado [é] imprevisível [...], aproximado como não aproximável. Tremo diante do que excede meu ver e meu saber, embora diga respeito à minha parte mais íntima[19].

O tremor provém do sentimento do misterioso e desconcertante que se encontra em todas as variações da vida anímica, normais e patológicas, como as experiências de desrealizações dos traumas e do luto, quando o mais familiar parece irreal e o cotidiano se torna inexplicavelmente insólito; presente também nas despersonalizações e abalos da identidade, em que cada um se confronta com a falta de domínio de si, em um horizonte de risco e medo: "na despersonalização, o homem aparece a si mesmo como um estrangeiro por não poder mais ser apreendido em uma perspectiva de autorreconhecimento[20]".

Despersonalizações, desrealizações e estranhamento referem-se a fantasmas que, como aparições, mesclam realidade e sobrerrealidade. O estranho é fantasmal como as sombras platônicas, identidades flutuantes e incertas, assombrações que são movimento de ir e vir, para além das delimitações dos corpos vivos, em uma extraterritorialidade que suscita conjurações, defesas e estratégias de enfrentamento contra o que nos assusta: "[o espectro] é fugidio e inexpugnável, ele vem do passado, [é] um chamamento, um despertar, uma dívida e talvez puro imaginário. Em todo caso, um objeto que perturba o pensamento, que torna frágil qualquer 'objetualidade' das coisas tranquilizadoras[21]". Sem identidade definível, o espectro é paradoxal:

[ele] é o devir-corpo, uma certa forma fenomenal e carnal do espírito. Ele torna-se alguma "coisa" difícil de ser nomeada: nem alma nem corpo, um e outro. Pois a carne e a fenomenalidade, eis o que dá ao espírito sua aparição espectral, mas desaparece logo na aparição, na própria

---

19. Idem, "Donner la mort", in: J. Derrida, *L'Éthique du don. Jacques Derrida et la pensée du don*, Paris: Métalié, 1992.
20. G. Hanus, *op. cit.*
21. Guy Petitdemange, "De la hantise: le Marx de Derrida", *Cités*, n° 30, 2007, p. 22. Quando recebemos o estrangeiro estranhando-o, nós o fazemos reconhecendo que também ele nos estranha, mas logo se esquece sua condição e o outro passa a nos perturbar quando se aproxima demais de nós, ameaçando meu espaço em minha casa. Cf. L. Ghidini, *op. cit.*; e J. Derrida; Anne Dufourmantelle, *De l'hospitalité*, Paris: Calmman-Lévy, 1997. [Ed. bras.: Da hospitalidade, São Paulo: Escuta, 2008.]

vinda do *revenant* ou no retorno do espectro. Há algo do desaparecido na própria aparição [...] como reaparição do desaparecido. O espírito [*Geist*], o espectro [*Gespenst*], não são a mesma coisa [...]; mas, sobre o que têm em comum, não se sabe o que *é*, o que é presentemente. [...] Não se o *sabe*: não por ignorância, mas porque este não objeto, este presente não presente, este estar-aí de um ausente ou de um desaparecido não provém mais do saber[22].

Razão pela qual no inimigo, declarado ou alucinado, receado ou rechaçado, projetam-se os fantasmas da comunidade, de seus temores e fobias identitárias:

de fato, a identificação do inimigo alimenta e fortalece um pacto de fidelidade entre os que se reconhecem – multiplicam-se as reivindicações de origem, de raízes comuns, até mesmo de consanguinidade –, [o que] se transforma em negação e subestima de tudo o que, no seio da comunidade, é considerado individual e particular. O que se diferencia é por si só suspeito [...]. O fantasma da traição agita desde o início o sono dos irmãos prometidos[23].

Quanto ao inimigo pessoal, o meu inimigo, ao contrário do inimigo comum ao grupo, ele não representa a singularidade, mas a enfatiza na figura do duplo, de um próximo ou irmão. Nas palavras de Freud: "o duplo é uma formação que pertence aos tempos primitivos, ultrapassados, da vida psíquica [...]; tornou-se uma imagem de pavor da mesma maneira que os deuses tornam-se demônios depois de sua religião ter ruído[24]". Duplo, sósia ou estranho, eles ameaçam nossa identidade, como se viessem roubar nossa alma e nosso destino, a proximidade tornando-se ameaçadora quando se desfazem os laços da familiaridade, da confiança e da amizade. Refletindo sobre o sentido político da fraternidade, Derrida observa: "nunca houve nada de *natural* na figura do irmão, cujos traços muitas vezes foram calcados no rosto do amigo – ou do inimigo, do ir-

---

22. J. Derrida, *Spectres de Marx*, op. cit., p. 25.
23. Sandro Tarter, *Evento e ospitalità: Lévinas, Derrida e la questione straniera*, Assisi: Cittadella, 2004, p. 234.
24. S. Freud, "L'inquietante étrangété", *op. cit.*, p. 20.

mão-inimigo[25] [...]. A relação com o irmão implica desde o princípio a ordem do juramento, do crédito, da crença e da fé[26]". De onde a relação entre fraternidade, amizade e política, de um lado, hostilidade, inimizade e guerra, de outro.

Em *Politiques de l'amitié,* Derrida analisa a concepção política de Carl Schmitt, baseada na oposição radical entre amigo e inimigo, diferenciando a hostilidade da simples inimizade. Na oposição schmittiana entre amigo e inimigo, a hostilidade é absoluta – como nos escritos e práticas de Lênin, radicalizadas por Stálin e por Mao Tsé-tung –,é o ideário do irmão-inimigo como na concepção de guerra de classes, de religião ou de raças, em que não há oposição dialética dos termos, tampouco trânsitos, mas alteridade separada e irrecuperável à composição dos contrários. Por isso, para Derrida, o conflito entre amigo e inimigo de Schmitt é, melhor dizendo, confronto de inimigo e inimigo: "'Partir do inimigo' não é o contrário de 'partir do amigo'. [....] Não há espaço, não há lugar [...] [nem] para uma definição ou [nem] para uma distinção – sem a possibilidade real da guerra[27]". Por isso, ao refletir sobre o amigo e o inimigo, já Platão diferenciava gregos e estrangeiros, gregos e bárbaros, o estrangeiro próximo (*xenos* ou *hospis*) – o estrangeiro do *mesmo*, o *alius*, com o qual se pode fazer a paz – e o estrangeiro distante, o *heteros*, a alteridade inconciliável, o distante mais que distante, com o qual a paz é impossível, pois é o estrangeiro mais que estrangeiro, o inimigo mais que inimigo[28]: "se o mais que estrangeiro não me reconhece como estrangeiro, ele não me reconhece [nem mesmo] como inimigo, ele só me percebe como mais que inimigo, como obstáculo a sua sobrevivência[29]". Pois, se há os *philoi*, aqueles a quem se está vinculado por laços de proximidade e afeição – uma vez que *philoi*

25. Derrida refere-se a Caim e Abel, podendo-se supor que, mortalmente ferido, Abel não pôde nem mesmo olhar para trás, nem saber que foi um consanguíneo que lhe preparou a cilada, sem o direito a uma só palavra, sem a qual não há reconhecimento e reciprocidade.
26. J. Derrida, *Politiques de l'amitié,* Paris: Galilée, pp. 183-4.
27. *Ibidem*, p. 175.
28. Para os gregos, o estrangeiro-estranho é o bárbaro hostil que invade a Grécia, de quem se espera que não venha, fazendo-se de tudo para que não venha, pois os gregos não se sentem obrigados a acolhê-lo amavelmente. Mesmo assim, há bárbaros com os quais os gregos estabelecem uma relação de ambivalência, de admiração e rejeição, como os persas, os egípcios e os citas.
29. Cf. Jean-Claude Milner, "Les noms de l'étranger", palestra proferida em 10/8/2015 no ciclo *Banquet d'été* promovido pela La Maison du Banquet et des générations – Centre de rencontres et d'ètudes autour du livre et de la pensée (Lagrasse), disponível em:<https://www.youtube.com/watch?v=4D-gYbvzt3PQ>, acesso em: abril de 2017

é, originariamente, um pronome possessivo que significa "os meus" –, também há o *xenos*, o estrangeiro-hóspede que se recebe como se fosse dos "meus" (ainda que por um tempo limitado), e aqueles que não se acolhem, os bárbaros, com os quais se pode estar em paz ou em guerra. Refletindo sobre o estrangeiro em Platão, Henri Joly observa:

> Quer se trate do diferendo entre gregos e bárbaros ou de uma "gigantomaquia", como no *Sofista,* entre uranianos e ctonianos, isto é, de uma antinomia entre as Ideias e os corpos, o ser e o movimento, cada caso verifica que *uma discriminação não representa uma divisão* e que a linguagem comum deve ser revista em proveito de uma nova linguagem. Esta nova linguagem, dialética, [...] é uma linguagem analítica que só poderia ser falada por um outro: a linguagem do estrangeiro[30].

Nesse sentido, a dialética e a desconstrução revelam não a polissemia das palavras, mas disseminações que desfazem distinções extremas, figurando a vanidade da maior parte dos conflitos, porque o mais das vezes a violência começa por opiniões cabais.

Porque a identidade não se dissolve na diferença, tampouco o diferente no idêntico, Derrida, francês nascido na Argélia, respondia, sobre sua nacionalidade – se judeu, argelino ou francês –, dizendo ser europeu *"de part en part"* (atravessado por algo mas que não concerne a totalidade de um ser) e *"à part entière"* (sem restrição, totalmente):

> Eu sou europeu, sou sem dúvida um intelectual europeu, gosto sempre de lembrar [...]. Mas não sou, nem me sinto *de part en part* [não me sinto totalmente europeu, só em parte] [...]. O pertencimento *à part entière* [sem restrição] e o *de part en part* [não completamente] deveriam ser incompatíveis. Minha identidade cultural, aquela em nome da qual eu falo, não é somente europeia, não é idêntica a si mesma. [...] Se, para concluir, eu declarasse que me sinto europeu entre outras coisas, seria com isso, nesta mesma declaração, mais ou menos europeu? Ambos, sem dúvida[31].

---

30. Henri Joly, *La question des étrangers,* Paris: Vrin, 1993, pp. 63-4.
31. J. Derrida, *L'Autre cap*, Paris : Minuit, 1991, p. 80.

Ao mesmo tempo no centro e na margem, francês e estrangeiro, Derrida recusa todo pertencimento na forma do próprio, impaciente com toda identificação gregária e todo militantismo identitário em geral:

> Derrida, nascido na Argélia, nela passou sua infância e adolescência. Enfrentou todas as tentações do refúgio comunitário e militante. Ele conta, no *Cartão-postal*, como (durante a ocupação alemã na França e as leis racistas de Vichy a partir de 1940) foi excluído da escola pública [francesa], no dia de seu ingresso no ginásio, pelos dispositivos políticos antijudaicos e como os professores excluídos do ensino público pelas mesmas razões haviam criado um liceu paralelo para os alunos judeus em Argel, que ele nunca quis frequentar. Depois, houve a independência da Argélia [em 1962], particularmente difícil para uma família nela instalada há muitas décadas. Derrida poderia ter-se acomodado no comunitarismo judaico, ou no *pied-noir* (como eram designados os franceses nascidos na Argélia), ou, ao contrário, no militantismo anticolonialista. Se não fez nada disso é por sofrer tanto com o aprisionamento comunitário quanto com a exclusão, apoiando a independência ao mesmo tempo que confessa sua "nostalgéria"; mais uma vez não está nem bem dentro, nem fora, noções simultaneamente topográficas, lógicas e políticas[32].

Criticando os enraizamentos, Derrida considera, no entanto, também a necessidade de pertencimento. Por isso, ele se diz, ao mesmo tempo e sem restrição, europeu, mas não totalmente europeu, seu pertencimento assombrado pelo fantasma do estrangeiro: "ser franco-magrebino [...] não é algo a mais, ou um acréscimo ou uma riqueza de identidades [...]. Isto revelaria, melhor dizendo, uma perturbação na identidade[33]".

É essa identidade antitética, constituída por diferentes genealogias, nosso "romance de formação", a memória e a identidade que nos fazem herdeiros, que marcam nossa responsabilidade com a filiação e com a transmissão:

---

32. Yves Charles Zarka, "Le Souvenir vorace et vociférent, *Cités*, n° 30, 2007, p. 13.
33. J. Derrida, *Le monolinguisme de l'autre ou la prothèse d'origine*, Paris: Galilée, 1996, p. 32. [Ed. bras.: *O monolinguismo do outro ou a prótese de origem*, Belo Horizonte: Chão da Feira, 2016.]

a herança é aquilo de que não podemos nos apropriar, o que me cabe e de que tenho a responsabilidade, o que me toca em herança, mas sobre o que não tenho um direito absoluto. Herdo algo que devo também transmitir. Quer se estranhe ou não, não há um direito de propriedade sobre uma herança. Eis o paradoxo. [...] Responsável de mim diante do outro, eu sou primeiramente e também responsável pelo outro diante do outro[34].

A herança designa uma responsabilidade e uma dívida que garantem a projeção de si mesmo na promessa, o que permite a confiança em uma palavra empenhada, *a priori* de toda ação coletiva, com a qual se tornam possíveis empreendimentos comuns e um *porvir* que – diferentemente do futuro já delineado que prolonga um passado, ainda que o altere – é abertura a uma diferença que se projeta para o inesperado: "O que seria o porvir se a decisão fosse programável e se a outra, a incerteza, a *certeza instável,* se a insegurança do 'talvez', não fosse suspensa na abertura do que advém diretamente no evento?[35]". A promessa antecipa um futuro, comportando sendo sempre o risco de não ser mantida: "Prometer algo a si mesmo ou a outros, é exprimir sua vontade de não mudar de vontade. No que eu prometi, eu me engajei, eu o quererei ainda e sempre enquanto não for realizado[36]".

Uma promessa é, originariamente, promessa de manter, em qualquer circunstância, a palavra empenhada. Como *memória da vontade*, a promessa transforma a dimensão temporal em história, mas em um outro registro que não o dos cronômetros. Como escreve Derrida: "o pensamento da promessa ou do prometer [...] abre [...] no 'presente' [...] um futuro não saturável, a antecipação de um porvir que nada poderia fechar[37]". Porque o futuro é indeterminado e a realização de uma promessa sempre incerta, o que une quem promete àquele a quem promete é um vínculo ético que cria um *nós* baseado na confiança, anterior esta a qualquer *laço*

---

34. Idem, "Cette 'vérité folle': le juste mot d'amitié'", in: J. Derrida, *Politiques de l'amitié, op. cit.*, pp. 87-8. Cf. também J. Derrida; Bernard Stiegler, *Ecografie della televisione,* Milano: Raffaello Cortina, 1997, p. 124.
35. Idem, *Politiques de l'amitié, op. cit.*, pp. 46-7.
36. Marc Crépon; Marc de Launay, "Avant-propos", in: Marc Crépon; Marc de Launay (eds.), *La philosophie au risque de la promesse,* Paris : Bayard, 2004, p. 19.
37. J. Derrida, "Avances", in: Serge Margel, *Le tombeau du dieu artisan*, Paris: Minuit, 1995, p. 40.

*social* e, simultaneamente, sua condição[38]. Enigma da promessa: "embora oferecendo alguma verificação, o futuro não pode ser confirmado, nem desmentido. Isso porque, não obstante minha atenção e pontualidade, o encontro marcado com o outro falha; e, mesmo chegando adiantado, estou inevitavelmente e sempre atrasado. É desse atraso irrecuperável que deriva [...] a própria diacronia do tempo[39]". Do passado ao futuro há o *entre* que os põe em movimento, que faz passar de um ao outro e que proíbe tomá-los como entidades distintas, pois entre eles há o fantasma que perpassa as fronteiras, os *revenants* de todas as guerras, extermínios, violências e opressão.

Porque o futuro é contingente, o passado também o é, e entre eles se inscreve a promessa de um porvir que não tem o *status* da presença – porque ele é questão de chegar e não de partir, de repetição e não de inauguração –, para criar a comunidade que virá. Repetição e retorno do que foi *uma primeira vez* significa que a historicidade não é só a possibilidade de sua transmissão, mas também de seu nascimento, porque o que foi jamais voltará como tal; ele virá como "evento" em um horizonte de espera, sem previsão: "sem esta desolação – se propriamente se pudesse *contar* com aquele que vem – a esperança só seria o cálculo de um programa[40]". Porque nada pode ser garantido com certeza, o tempo é sempre experimentado como já passado ou ainda por vir: "Repetição e *primeira vez* mas também repetição e *última vez*, pois a singularidade de toda *primeira vez* faz dela também uma *última vez*[41]".

---

[38]. A promessa se inscreve primeiramente na dimensão não política da existência, como o noivado, que é uma promessa de casamento – de que a palavra francesa *fiançailles* preserva a "fé" e a "confiança". No registro do direito, fala-se em "promessa de compra e venda", que não é a venda realizada e que pode ser revista em certas condições. O direito implica um contrato que não é mantido, mas respeitado; ele obriga com a força de lei, enquanto uma promessa é o que obriga a si mesmo. Buscando a etimologia de *fides*, Cícero a identifica no imperativo da tradição do *flat quod dictum est*, "que seja feito o que foi dito". Já para Santo Agostinho, *fides* é fé. A etimologia, não conhecida com precisão, se aproxima, no entanto, da *pistis* grega. Mas *foedus* – tratado – e *fides* – crença no que foi dito – têm a mesma origem. Cf. J.P Vernant, *As origens do pensamento grego*, São Paulo: Difel, 2002.

[39]. Sandro Tarter, *op. cit.*, p. 71.

[40]. J. Derrida, *Spectres de Marx, op. cit.*, p. 267.

[41]. *Ibidem*, p. 31.

## PROMESSA, O DIFÍCIL JURAMENTO

Ato de fé, então, a promessa excede sua realização, possuindo uma relação com o voto[42] no sentido da espera do que parece impossível, uma oferenda que envolve também o juramento. Este apoia, garante, reforça e soleniza uma promessa, um pacto, um engajamento, uma declaração. Benveniste[43] observa ser ele um rito oral, podendo ser completado por um gesto cerimonial que institui a relação entre a palavra pronunciada e a potência invocada, entre quem jura e o domínio do sagrado:

> O juramento é um operador antropogenético pelo qual o ser vivo, que se descobre falante, decidiu responder por suas palavras [...]. Algo como uma linguagem humana não pôde aparecer senão no momento em que o ser vivo que se encontrou cooriginariamente exposto à possibilidade da verdade quanto da mentira, engajou-se em responder sobre a vida de suas palavras, a testemunhar por elas[44].

Os helenistas enfatizam como o Ocidente herdou da Grécia a centralidade do juramento[45], juramento sempre feito tendo uma testemunha, Deus ou um objeto sacralizado: "define-se a promessa como um ato que estabelece uma relação dual entre um enunciador e um destinatário, enquanto o juramento instaura uma relação triangular entre um enunciador, um destinatário do engajamento e uma divindade garantidora do enunciado[46]". Pois, se a promessa é uma palavra de homem a homem e porque as palavras se desmancham no ar, no juramento ela é dada a um terceiro, a Deus, que jamais poderia ser enganado: "a sinceridade perfeita no momento do compromisso, como fidelidade a um engajamento

---

42. Sobre a história da palavra voto em suas raízes grega e latina, cf. C. Spicq, *Lexique théologique du Nouveau Testament*, Paris: Éditions du Cerf, 1991.
43. Émile Benveniste, *Dictionnaire des institutions indo-européennes*, Paris: Minuit.
44. Giorgio Agamben, *Le sacrement du langage: Archéologie du serment*, Paris : Vrin, 2009, pp. 107 e 109.
45. Cf. Alan Sommerstein et al., *Oath and Swearing in Ancient Greece,* Indiana: University of Notre Dame, 2014. A tradição filosófica atesta a onipresença do juramento na cidade grega, tanto na vida política, como na religiosa, na judiciária e na comercial. Cf. Alan Sommerstein et al., *The Oath in Archaic and Classical Greece*, Exeter: Bristol Phoenix Press, 2011.
46. Cf. Mireille Lignereux, *Promesses et serments dans quelques textes d'ancien français (XIIe et XIIIe siècles)*, thèse sous la direction de Michèle Perret, Université de Paris-Nanterre, 2001.

feito diante de Deus, é necessária para que o juramento seja autêntico e verdadeiro[47]". É assim que, na Grécia, os efebos prestavam juramento:

> Não desonrarei as armas sagradas que eu trago comigo, não abandonarei meu companheiro de combate; lutarei pela defesa do culto dos deuses e da cidade e transmitirei aos mais jovens uma pátria não mais diminuída, mas maior e poderosa, em toda a medida de minhas forças e com a ajuda de todos. Obedecerei aos magistrados, às leis estabelecidas, às que forem instituídas; se alguém quiser derrubá-las, eu me oporei com todas as minhas forças e com a ajuda de todos. Venerarei o culto a meus pais. Tomo por testemunhas deste juramento Aglauros, Hestia, Enyó, Enyalios, Ares, Atena Areia, Zeus, Thalló, Auxó, Hegemonés, Héracles, as Fronteiras da pátria, o Trigo, a Cevada, as Vinhas, as Oliveiras, as Figueiras[48].

Ato verbal, sem ele as relações sociais não se estabeleceriam, mas, simultaneamente, o juramento se deve justamente à imperfeição dos homens que não podem com frequência cumpri-lo e pelo que são punidos[49]. Nesse sentido, é exemplar o episódio da renúncia de Aquiles à luta na *Ilíada*, jurando não mais responder ao comando do rei Agamemnon:

> eu proclamo e faço um juramento, juro sobre este cetro, que de agora em diante não produzirá mais nem folhas nem ramos, que nunca mais verdejará depois que, separado do tronco nas montanhas, o ferro o despojou de seu caule; por este cetro que hoje seguram em suas mãos os juízes da Grécia, encarregados por Júpiter de fazer respeitar as leis; terrível juramento, pois espero que um dia todos os aqueus hão de

---

47. Raymond-Théodore Troplong, *De l'influence du Christianisme sur le droit civil des romains*, Paris: Victor Lecou, 1836.
48. Licurgo, *Contre Léocrate*, Paris: Les Belles Lettres, 2010, v. 77, 2; cf. Pierre Vidal-Naquet, *Le chasseur noir*, Paris: La Découverte, 1972.
49. Juramento, *serment*, no antigo francês se diz *sairement*, procedente da tradição oral do latim clássico *sacramentum*, derivado de *sacrare* – consagrar a uma divindade; *sacrare*, por sua vez, procede de *sacer* – antigo *sacros*, o *sacrum* designando o que pertence ao mundo divino, oposto ao profano, isto é, ao que está colocado fora do templo, o que é próprio à vida comum. A passagem do profano ao sacro se faz por meio de ritos, *sacer* sendo o contrário do *religiosus*, referindo-se ao que não pode ser tocado sem macular ou ser maculado, de onde o duplo sentido de sagrado e maldito. O culpado destinado aos deuses dos ínferos é *sacer*, e por isso seu sentido de criminoso. A dimensão sagrada faz pesar sobre a obrigação contratada pelo juramento uma força de constrangimento bem superior à da promessa.

desejar a presença de Aquiles e que você [Agamemnon], apesar de sua dor, não poderá socorrer, quando tombarem expirando sob os golpes do homicida Heitor. Então, em fúria, você rasgará o peito por ter ultrajado o mais valoroso dos gregos[50].

Como apoio ao juramento, Aquiles evoca em testemunho seu espectro refletido nas águas do Styx, imagem sacralizante, depositária da terrível potência que o juramento desperta em caso de perjúrio, incidindo sobre aquele que descumpre a palavra dada, expondo-se ao castigo de um poder vingador. Não por acaso, na *Teogonia*, Hesíodo coloca *horkos* (a divindade do juramento) entre os sinistros filhos da Noite, o pior dos flagelos para quem o viola, que "persegue transgressões de homens e de deuses e jamais repousa da terrível cólera até que seu olhar maligno recaia em quem erra[51]". Operação simbólica, o *horkos* antecipa magicamente a sorte prometida ao perjuro[52], fazendo transparecer o poder do engajamento pronunciado.

O juramento introduz nos costumes – e em todas as partes em que ele impõe seus efeitos de constrangimento – uma garantia de segurança: "de início, juramento de fé de um homem a outro, do súdito ao príncipe, do esposo à esposa, nem todos são observados, mas um grande passo foi dado para o estabelecimento de uma ordem moral que só a lei não tinha como conseguir[53]". Quem respeita o juramento é alguém de palavra, uma vez que ele não se fundamenta em nenhum documento escrito como prova do engajamento feito, e diante do qual todo escrito é supérfluo[54]. Porque o juramento é domínio do sagrado, ele subsidiará o jurídico, uma

---

50. Homero, *Ilíada*, verso 225-ss.
51. Hesíodo, *Teogonia*, São Paulo: Iluminuras, 2003, p. 94.
52. No pacto homérico entre aqueus e troianos, figuras de cera são atiradas ao fogo, enquanto os combatentes pronunciam: "se eu faltar ao juramento, que igualmente meu cérebro também derreta" (Émile Benveniste, "L'Expression de serment dans la Grèce Ancienne", *Revue de l'histoire des réligions*, vol. 134, nº 1, 1947, pp. 81-94). Benveniste não adota a etimologia que os antigos atribuíam a *horkos* como fechamento, mas que tem esse sentido, na medida em que, pelo juramento, "fecha-se" de alguma forma os comportamentos futuros, a liberdade ficando assim restringida e "fechada" no que se jurou.
53. Na tradição cristã, quem cometesse um perjúrio deveria cumprir sete anos de penitência, sendo-lhe vedado jurar no futuro. Cf. R. Fossier, *La société médievale,* Paris: Armand Colin, 1991, pp. 63-4. Também Cyrille Vogel analisa o papel da Igreja na instauração do juramento como componente regulador da sociedade face à corrupção do corpo político romano e, em particular, dos cônsules. Cf. C. Vogel, *Le pécheur et la pénitence au Moyen Âge,* Paris: Éditions du Cerf, 1969.
54. Cf. R.-T. Troplong, *op. cit.*

vez que, pronunciado, instaura um estado de direito, cria deveres como também os concede, tendo valor de lei[55].

Promessa e juramento[56] constituíram, para o Ocidente, a herança da civilização grega, formada pela fusão de tradições nórdicas e do Oriente que, depois de os exércitos romanos terem aniquilado a Grécia no século III a.C, renasceram no século XII, entre os cátaros. Refletindo sobre sua destruição por Simon de Monfort, chefe da Cruzada contra os albigenses que os perseguia como "heréticos", Simone Weil se refere aos valores da cidade de Toulouse, em que as ideias de cátaros e católicos não se chocavam mas circulavam livremente:

> [...] as ideias não são feitas para lutar. [Nessa região], católicos e cátaros, em vez de formarem grupos distintos, estavam tão bem misturados, que o choque de um terror inaudito não os pôde dissociar, [tendo a região alcançado] [...] esse grau de liberdade espiritual [...] por reunirem as riquezas espirituais de todas as partes do mundo, [congregadas] nas palavras "Prix" e "Parage", às vezes "Prix" e "Merci". Estas palavras, que hoje não têm equivalente, designam valores cavalheirescos que [se exercem] sem nenhuma distinção de classe [...]. O que [os cátaros] queriam salvar à custa de suas vidas, era "Joie" [alegria] e "Parage" [autoridade legítima, confiança] [...]. O espírito cavalheiresco fornecia o fator de coesão que o espírito cívico e não contém [...], [prix, parage e merci. Significando uma "obediência" por respeito e delicadeza] [...]. Nada mais comovente no poema do que o momento em que a cidade livre de Avignon se submete voluntariamente ao conde de Toulouse vencido, despojado de suas terras, sem nenhum recurso, quase reduzido à mendicância [...]. Enumeram os direitos senhoriais que se comprometiam a cumprir e depois que todos prestaram juramento, dizem ao conde: 'senhor legítimo e amado/ [...]/ daremos nossos bens/ para

---

55. Juramento e promessa, que dizem respeito ao *dever ser*, fixam ou postulam o que é permitido e o que não o é em um campo definido. Cf. Jean-Joseph Thonissen, *L'Organisation judiciaire; le droit pénal et la procedure pénale de la loi salique*, Paris: Imprimérie Nationale, 1882, que analisa a lei sálica como o código germânico mais antigo, sendo "uma manifestação das ideias jurídicas de um período de transição entre o reino da violência desordenada e o advento do regime legal" (Prefácio, p. 11).
56. Aproximam-se promessa e juramento, apesar de a promessa ser menos constrangedora que o juramento. Também se diferenciam temporalmente; um juramento pode ser feito tendo em vista o passado ou o futuro, a promessa só diz respeito ao futuro.

que recobreis vossa terra [...]. Essa generosidade mostra a que ponto o espírito cavalheiresco havia impregnado toda a população das cidades [...]. Já nas regiões de onde vinham os vencedores desta guerra, tudo era diferente; aí havia, não união, mas luta entre o espírito feudal e o espírito das cidades. Uma barreira moral separava nobres e plebeus. Daí devia resultar, uma vez enfraquecido o poder dos nobres [...], a subida de uma classe totalmente ignorante dos valores cavalheirescos; um regime no qual a obediência era coisa comprada [política do favor] e vendida [...], uma obediência despojada de todo sentimento de dever[57].

Nesse sentido, dever e dívida vinculam pessoas e povos, como laço estruturante, questionando toda crise antigenealógica que se designa como um ato autofundador, pois a dívida reenvia a nossa história ao núcleo em que se começa por receber, para poder dar depois, sentimento de reconhecimento e gratidão:

> A dívida não é simplesmente um fato econômico (*debitum, o que eu devo*) ou social (*obligatio*, uma relação de obrigação), mas uma realidade antropológica fundamental que designa a situação primeira do homem em relação ao outro e ao tempo. A dívida é, com efeito, indissociável da questão das origens. Perguntar-se com Santo Agostinho "O que é que temos que não tenhamos recebido de vós?" é reconhecer que o homem não pode sozinho tornar-se criador de si mesmo [...]. Esta dependência estrutural pode ser fonte de alienação, mas igualmente dar lugar à confiança (o crédito, o dom) e ao apoio (a responsabilidade e a solidariedade). O tratamento antropológico permite distinguir uma vertente negativa da dívida, fonte de alienação e culpabilidade, e uma vertente positiva no coração do processo de reconhecimento e de transmissão[58].

A dívida faz de nós herdeiros, guardando a memória de suas origens. Esta não é unitária, mas feita de rastros que não são nem passagem entre presença e ausência, nem a presença da ausência, nem uma dialética

---

57. Simone Weil, "A agonia de uma civilização vista através de um poema épico", *in:* S. Weil, *A condição operária e outros estudos sobre a opressão*, Rio de Janeiro: Paz e Terra, 1996, pp. 269-73.
58. Nathalie Sarthou-Lajus, *Éloge de la dette*, Paris: PUF, 2012, pp. 10-1.

entre presença e ausência. O rastro é originário e não originário, é a não origem da origem: "é a origem absoluta do sentido em geral [...]. Ele é a *différance*[59] que abre o aparecer e a significação[60]".

A modernidade, em virtude do rompimento das heranças culturais, investe melancolicamente o tempo da origem, idealizado em pertencimentos identitários produzidos para operarem como tais, mas que constituem uma memória *sem experiência*. A dívida com o passado, diferentemente, é uma homenagem àqueles que nos precederam, cuidaram de nós e nos transmitiram um bem, experiências, valores e filiações. Porque a dívida necessita da memória, ela, originariamente, se liga à confiança, permitindo o nascimento do *homem responsável*, aquele acredita no outro e com quem podemos contar. Por isso, Nietzsche associou dívida e faculdade de prometer à memória, ambas fundadas em uma confiança incondicional e na sinceridade da palavra empenhada[61].

Em meio a descontinuidades e rupturas, a dívida e a promessa constituem puro dom. Derrida observa:

> Para haver dom, é preciso não somente que o donatário ou o doador não perceba o dom como tal, que ele não tenha nem consciência, nem memória [...]; é preciso também que o esqueça no próprio instante e que esse esquecimento seja tão radical que ultrapasse até mesmo a categoria psicanalítica do esquecimento [...]. Falamos pois aqui de um esquecimento absoluto, de um esquecimento que dispensa [...], que desvincula absolutamente, infinitamente mais que a desculpa, o perdão ou a absolvição. [...] O dom é a condição do esquecimento [...]. Por condição não entendemos "condição de possibilidade", sistema de premissas ou até mesmo de causas. [...] Não se trata, pois, de condições no sentido em que se colocam condições (pois esquecimento e dom, se os há, são neste sentido incondicionais), mas no sentido em

---

59. *Différance* designa uma diferença na qual se inscreve o tempo, a diferença e o diferir. Cf. Jacques Derridá, *L'Écriture et la différence*, op. cit.
60. J. Derrida, *De la grammatologie*, Paris: Minuit, 1967, p. 95.
61. Na *Genealogia da moral* (São Paulo: Cia das Letras, 1987), Nietzsche reconstitui a gênese do sentimento de dívida a partir da memória que permitiu o nascimento do homem responsável. Sua perversão advém quando a dívida se torna ilimitada, interiorizando-se como sentimento de uma infinita culpabilidade. Se a memória é a base do juramento, Don Juan é incapaz de manter uma promessa porque não guarda a memória do juramento.

que o esquecimento estaria na condição do dom e o dom na condição do esquecimento, poder-se-ia dizer[62].

O doar como pura gratuidade e no anonimato subverte a ordem da motivação, pois quem recebe o dom retribui com o reconhecimento da gratuidade do dom. Como no evangelho de São Mateus: "Quando fizerdes obras de bem, que vossa mão esquerda não saiba o que a direita faz, para que a vossa beneficência permaneça em segredo[63]". Totalmente estranho ao horizonte da economia e dos juízos teóricos, o dom, a dívida e a promessa são um *para além do princípio de realidade*, um *para além do princípio de razão*, um incondicionado que escapa ao controle do evento que ele produz:

> O dom seria o que não obedece ao princípio de razão: ele é, ele deve ser sem razão, sem por quê, sem fundamento. [...] O dom não procede nem mesmo da razão prática. Ele deve permanecer estranho à moral, à vontade e, talvez, à liberdade, pelo menos a essa liberdade que se associa à vontade de um sujeito. [...] É um dever além do dever. Se se dá porque é preciso dar, não se dá mais[64].

Pode-se dar com generosidade, mas não *por generosidade*.

A promessa é paradoxal, é um dom do tempo, é doar o tempo com a palavra que promete e, assim, só pode ser promessa se continuar a sê-lo:

> [...] a língua ou a palavra promete, se promete, mas também ela se desdiz, ela se desfaz e se desarranja, sai dos trilhos ou delira, se deteriora, se corrompe imediatamente e mesmo essencialmente. Ela não pode não prometer; a partir do momento em que ela fala, é promessa, mas não pode não falhar – e isto se vincula à estrutura da promessa, como ao evento que ela não obstante institui. O *Verwesen* [corrupção] é uma *Versprechen* [promessa como um *Ver*, um "lapso" da palavra][65].

---

62. J. Derrida, *Donner le temps*, Paris: Galilée, 1991, pp. 29-32.
63. Mateus, 6,3, *apud* João Leonel, *Mateus, o evangelho*, São Paulo: Paulus, 2013.
64. J. Derrida, *Donner le temps*, op. cit., pp. 197-8.
65. Ibidem, p. 146.

Quer dizer, essa promessa não promete, não põe nada adiante, ela fala: "Esta *Sprache* [fala] *verspricht* [promete "desfigurando" a palavra][66]". A promessa promete mais, mais coisas, mais próxima de uma abertura para o porvir. Em latim, *pro-mittere* é a capacidade de se projetar, de se colocar adiante como *o mesmo* no futuro que, tornado presente, daria a reconhecer *o mesmo* naquele que, no passado, prometeu: "Fundacional em Derrida é este 'como' [que significa] que não há conhecimento enquanto tal, nenhuma verdade enquanto tal, nenhuma percepção enquanto tal. Fé, perjúrio e linguagem já estão na própria origem[67]".

Assim, quando se trata de uma promessa, a palavra não quer dizer muita coisa, não podendo ser o que ela promete, mantendo uma relação com a crença e com a espera, com ou sem esperança, mas em confiança. Nesse horizonte,

> [...] toda falta, todo crime, tudo que houvesse a perdoar ou a pedir para ser perdoado é ou supõe algum perjúrio; toda falta, todo mal é antes de tudo um perjúrio, a saber, um descumprimento de alguma promessa (implícita ou explícita), o descumprimento de algum engajamento, de alguma responsabilidade diante de uma lei que se jurou respeitar [...]. O perdão concerne sempre a um perjúrio – e devemos perguntar o que é então um perjúrio, uma abdicação, uma abjuração, um descumprimento da fé jurada, do juramento, da conjuração etc. E o que é jurar, fazer um juramento, dar sua palavra. [...]. O perjúrio não é um acidente, um acontecimento que sobrevém ou não a uma promessa ou a um juramento prévio. O perjúrio já está antecipadamente inscrito, como seu destino, sua fatalidade, sua destinação inexpiável, na estrutura da promessa e do juramento, na palavra de honra, na justiça, no desejo de justiça (o que os gregos mais que pressentiram)[68].

Não por acaso, um dos aforismos antigos advertia ser a "promessa, causa de ruína[69]". Nessa tradição, Jesus, no Sermão da Montanha, proclama. "Eu vos digo que de maneira nenhuma jureis; nem pelo céu, porque

---

66. *Ibidem*, p. 145.
67. Leonard Lawlor, *op. cit.*
68. J. Derrida, *Pardonner: l'impardonable et l'imprescriptible*, Paris: L'Herne, 2004, pp. 87-8.
69. Teógnis *apud* Victor Brochard, *Les sceptiques grecs*, Paris: Imprimerie Nationale, 1987,

é o trono de Deus; nem pela terra, nem por Jerusalém, que é a cidade do grande Rei. Que vossa palavra seja sim ou não, o que passa disto vem do demônio[70]". Que se pense, pois, no sacrifício de Ifigênia e nas exigências da deusa Ártemis a Agamemnon: "se desejais ventos favoráveis para retomar a esposa de vosso irmão dos troianos, deveis me dar o que tendes de mais precioso[71]". Coberta de carinhos, quando criança nos braços paternos, sua primogênita é o preço a pagar – o que fará Lucrécio escrever em seu poema *Da natureza das coisas*: "A tão grandes males pode a religião persuadir[72]", pois Ifigênia oferecida em sacrifício será vingada por sua mãe Clitemnestra, que assassina Agamemnon quando este retorna de Troia. Por isso, é preciso, por vezes, não cumprir uma promessa, em vez de cometer abomináveis crimes, pois, como escreveu Platão, "é arriscado formular votos quando falta a prudência, pois acontece o contrário do que se desejaria[73]". Um princípio de prudência recomenda observar "exceções" legítimas, referidas a um domínio moral superior, porque uma promessa pode se tornar imoral segundo mudanças nas circunstâncias e no tempo.

### A PROMESSA QUE PROMETE E NÃO PROMETE

Embora juramento e promessa sejam considerados, na tradição, meios para a virtude, eles revelam, no entanto, uma aporia, pois a virtude requer constância mas, ao mesmo tempo, liberdade de fazer ou de não fazer[74]. Tal circunstância se expressou, na modernidade, no *double bind* de Descartes quanto à valorização e à desvalorização da promessa. Assim, na terceira parte do *Discurso do método*, a primeira máxima de conduta a ser adotada enquanto não se alcançou uma verdade definitiva para a moral postula a firmeza nas decisões, mas também possibilidade de mudar de ideia: "a primeira [máxima] era a de obedecer às leis e aos costumes de meu país, retendo constantemente a religião em que Deus me concedeu

---

70. Mateus, 5,33-7, *apud* João Leonel, *Mateus, o evangelho*, São Paulo: Paulus, 2013.
71. Eurípides, *Ifigênia em Áulis*, São Paulo: Zahar, 1993, versos 89-93.
72. Lucrécio, *Da natureza das Coisas*, trad. Agostinho da Silva, ed. Abril Cultural, 1980, p. 101.
73. Platão, *Les lois*, Paris: Les Belles Lettres, 1975, 688b. Cf. também Cícero, *Dos deveres*, livro III, São Paulo: Saraiva, 1985, cap. XXV.
74. Cf. Aristóteles, *Metafísica*, livro IX, e as noções de potência (*dynamis*) e ato (*energeia*), cada potência sendo do "potência de ser e de não ser", de fazer ou não fazer. E Giorgio Agamben observa: "Na potência, a sensação é anestesia, o pensamento não pensamento, a obra, inoperosidade" (G. Agamben, *Le feu et le récit*, **Paris:** Payot & Rivages, 2015.

a graça de ser instruído desde a infância, e governando-me, em tudo o mais, segundo as opiniões mais moderadas e as mais distanciadas do excesso[75]". Trata-se, aqui, de uma teoria da resolução, da "firme e constante resolução", fundamento da crítica à irresolução e à inconstância, próprias aos "espíritos fracos". Em carta a Mersenne, citando as *Metamorfoses* de Ovídio, Descartes anota: "as palavras *video meliora probaque, deteriora sequor* [vejo o melhor e o aprovo, mas sigo o pior] só serve aos espíritos fracos[76]". E, quando considera o elã da alegria e seus bons eflúvios, Descartes anota: "Ouso até mesmo crer que a alegria interior tem uma certa força secreta para tornar a fortuna mais favorável. Não gostaria de escrever isto a pessoas que tivessem o espírito fraco, com medo de induzi-las a alguma superstição[77]". Além disso, os espíritos fracos frequentemente se arrependem de coisas que fizeram sem saber com certeza se são prejudiciais, ao contrário das almas fortes que não se afligem porque são bem conduzidas pela razão. Nas *Paixões da alma*, Descartes escreve à princesa Elisabeth: "não tenho outro assunto, para vos entreter, a não ser falar dos meios que a filosofia nos fornece para adquirir esta soberana felicidade, que as almas vulgares esperam em vão da fortuna e que só poderíamos ter por nós mesmos[78]". Ainda em carta à princesa, analisando *Sobre a vida beata* de Sêneca, Descartes reitera a fidelidade a si ou ao outro, explicando-a pelo fato de que "não nos seria possível subsistir sozinhos, pois somos uma das partes do universo, e mais particularmente ainda, uma das partes desta terra, uma das partes deste Estado, desta sociedade, desta família, à qual somos unidos pela morada, pelo juramento, pelo nascimento[79]". Quem diz juramento, diz promessa, de modo que a fidelidade a uma promessa é o paradigma da virtude[80], como o afirma Descartes em carta a Chanut, referindo-se ao amor de Páris e de Helena; mesmo se indulgente com esse amor trágico, Descartes julga por fim que "os maiores e mais funestos desastres podem ser como a mistura de um amor mal temperado[81]". Esse

---

75. René Descartes, *Discurso do método*, São Paulo: Abril Cultural, 1973, p. 49.
76. Idem, *Oeuvres complètes*, publiées par Charles Adam et Paul Tannery, tome I, Paris: Vrin, 1996, p. 366.
77. *Ibidem*, tome IV, p. 529.
78. *Ibidem*, tome IV, p. 252.
79. Idem, "Lettre à Elisabeth", 15 septembre 1645, in: R. Descartes, *Oeuvres complètes*, op. cit., tome VI, p. 293.
80. Em sua correspondência, Descartes volta diversas vezes a essa questão, como em carta a Huygens de agosto de 1640, em que trata de sua fidelidade em questões de desejo e de estima, como a que devota à ama de sua infância.
81. R. Descartes, "Lettre à Chanut", 1 février 1647, in: R. Descartes, *Oeuvres complètes*, op. cit., tome IV, p. 617.

amor desregrado era antes de tudo um amor "infiel", a fidelidade sendo um valor supremo, até mesmo para com amigos que são hostis. Com respeito a suas controvérsias com Roberval e Fermat, em carta declara que a fidelidade "é uma virtude que deve ser acalentada mais que qualquer outra"[82].

Ao mesmo tempo, porém, ainda na primeira máxima, Descartes desconfia das promessas pelas quais cerceamos parte de nossa liberdade:

> [...] não que eu desaprovasse as leis que, para remediar a inconstância dos espíritos fracos, permitem, quando se alimenta algum bom propósito, ou mesmo para a segurança no comércio [...], que se façam votos ou contratos que obriguem a perseverar neles; mas porque não via no mundo nada que permanecesse sempre no mesmo estado e porque, no meu caso particular, como prometia a mim mesmo aperfeiçoar cada vez mais meus juízos, e de modo algum torná-los piores, pensaria cometer grande falta contra o bom-senso se, pelo fato de ter aprovado então alguma coisa, me sentisse obrigado a tomá-la como boa depois, quando deixasse talvez de sê-lo, ou quando eu cessasse de considerá-la como tal[83].

Descartes chega mesmo a assimilar a promessa às imposturas e artifícios de alquimistas, astrólogos e feiticeiros[84].

Porque a vida moral oscila entre a inconstância e a irresolução, de um lado, entre a obstinação e a tenacidade, de outro, entre viver sem regras, abstendo-se de promessas, e viver prendendo-se resolutamente àquelas que nos fizemos, este *entre* dois percalços significa ou manter uma liberdade absoluta, que de direito permite a qualquer momento mudar de comportamento, sem se prender a promessa alguma – o que no limite a torna inútil – ou então Descartes afirma a virtude como uma fidelidade a uma regra de vida, a virtude não consistindo na natureza do caminho escolhido, mas em não mudar de direção, o que é permitido na primeira máxima e recusado na segunda:

---

82. Idem, "Lettre à l'inconnu", in: R. Descartes, *Oeuvres complètes, op. cit.*, tome II, p. 12.
83. Idem, *Discurso do método, op. cit.*, parte III, p. 50.
84. *Ibidem*, parte I.

Minha segunda máxima consistia em ser o mais firme e resoluto possível em minhas ações, e em não seguir menos constantemente do que se fossem muito seguras as opiniões mais duvidosas, sempre que eu me tivesse decidido a tanto. Imitando nisso os viajantes que, vendo-se extraviados em uma floresta, não devem errar volteando ora para um lado, ora para outro, nem menos ainda deter-se em um sítio, mas caminhar sempre o mais reto possível para um mesmo lado, e não mudá-lo por fracas razões[85].

Não mudar de rumo por fracas razões, porém, significa admitir fazê-lo por razões que não o fossem: "colocado diante do problema da fidelidade e da inconstância, Descartes valorizará a fidelidade às decisões quando tomadas, sem no entanto poder valorizar as próprias decisões, porque outras, no início, eram possíveis[86]".

Com efeito, promessas, votos e contratos destinam-se a "espíritos fracos", pois os espíritos fortes não farão nem promessas, nem votos, nem contrato sem, no entanto, serem irresolutos, pois se mantêm em suas firmes resoluções sem promessas, sem contratos, sem votos, sendo o simples fato de prometer em si mesmo suspeito, a começar pela dimensão do tempo que aliena quem promete e da própria impossibilidade de cumprimento do que se prometeu. Em carta à princesa Elisabeth, Descartes escreve: "[É preciso] ainda considerar que há um longo caminho para se chegar das promessas a seu efeito[87]". E a Mersenne: "não ouvi mais falar daquele inglês que lhe disseram prometer mais que o razoável para secar os pântanos de seu país[88]". Há, assim, em Descartes, um *double bind,* o de valorização das promessas como constância e resolução e sua desvalorização como fraqueza e impostura. Descartes, como Bartleby de Melville, "preferiria não". Com efeito, a resposta de Bartleby ao notário, *"I would prefer not to"*, é uma resposta em suspenso entre o sim e o não, instituindo uma zona de indiscernibilidade e de indeterminação entre o que se

---

85. *Ibidem*, p. 50.
86. Charles Ramond, "Pourquoi Descartes se défiait-il des promesses?", *Analytica*, vol. 3, n. 2, Rio de Janeiro: UFRJ, 2009, p. 40. Cf. Alain Boyer, *Chose promise: étude sur la promesse à partir de Hobbes et de quelques autres*, Paris: PUF, 2014, pp. 111-ss.
87. R. Descartes, "Lettre à Elisabeth", 22 février 1649, in: R. Descartes, *Oeuvres complètes, op. cit.*, tome V, p. 284.
88. Idem, "Lettre à Mersenne, 11 mars 1640, in: R. Descartes, *Oeuvres* complètes, *op cit*.

prefere ou não, enunciado que é um quase sim e um quase não, nem afirmação nem negação[89]: "como Ulisses, antes de se prender ao mastro do navio para ouvir sem riscos o canto das sereias, havia ordenado a seus marinheiros não obedecer se depois desse ordens de soltá-lo, o viajante cartesiano perdido na floresta só poderia sair dela se ordenasse a suas pernas não mais obedecer à sua vontade, embora a vontade ordene[90]".

### CONCLUSÃO DERRIDIANA: A HIPÉRBOLE MESSIÂNICA

Porque uma promessa deve e não deve ser mantida, Derrida escreve: "[A promessa] deve ser sempre, simultaneamente, infinita e finita em seu princípio: infinita porque ela deve poder se lançar *além de todo programa possível*, pois se se promete apenas o calculável e o certo não se promete mais nada; finita, porque se se promete o infinito, não se promete mais nada de apresentável e portanto não se promete mais[91]". Uma promessa é uma obrigação que se refere ao possível: "Para ser promessa, é preciso que seja mantida sem a segurança de sê-lo; deve poder ser descumprida, possivelmente insustentável para permanecer o que ela terá sido, a saber, uma promessa. [...]. A estrutura da promessa torna assim precária a diferença entre o finito e o infinito[92]". Dado o rompimento com a linearidade temporal, uma promessa não comporta nada de planejado ou de predição; sempre uma margem de incerteza existe na antecipação, mesmo havendo nela algum cálculo do que foi ou poderia ser prometido[93].

Esquecer uma promessa é trair a memória, mas esse "esquecimento" também questiona o registro tão somente intelectual do pensamento, no sentido em que Nietzsche observa: "Pode-se prometer atos, mas não

---

89. No que se refere à personagem de Bartleby, Giorgio Agamben escreve: "Bartleby não consente, nem tampouco recusa, e nada lhe é mais estranho do que o *pathos* heroico da negação" (G. Agamben, *Bartleby ou la création*, Paris: Circé, 1998, p. 44).
90. Charles Ramond, *op. cit.*, pp. 39-40. Nesse sentido, Alain Boyer anota a respeito de Descartes: "Parece-me que o que Descartes quer dizer é que ele recusa todo engajamento que obrigue a nunca mudar de opinião, aconteça o que acontecer, na conquista da verdade, [...] seja porque o mundo muda o tempo todo, seja porque ele mesmo mudou de ideia e progrediu" (A. Boyer, *op. cit.*, p. 113).
91. J. Derrida, "Avances", *op. cit.*, p. 26.
92. *Ibidem*.
93. Tal imprevisibilidade pode transformar-se em risco ético, quando se confunde ser e dever ser, quando, por usura, se converte uma promessa em programa político, em promessa de salvação religiosa, de revolução, de novos tempos, promessa do homem novo, com seus fantasmas, expurgos, perseguições e violenta repressão.

sentimentos, pois estes são involuntários. Neste sentido, não se pode prometer amar[94]. Eis assim que, para Derrida, a promessa é hiperbólica como a justiça, o perdão, a hospitalidade. Ela é puro dom que não espera retribuição: "[A hospitalidade] não é o direito, ela é aquilo que excede e funda os direitos do homem, não é nem mesmo a justiça distributiva, nem tampouco no sentido tradicional do termo 'o respeito do outro' como *sujeito humano*; é a experiência do outro como outro, o fato que deixo o outro ser outro, o que supõe um dom sem restituição, sem reapropriação e sem jurisdição[95]". Política da amizade, a hospitalidade é amizade mais que amizade, uma *phylia* sem *oikeiotes*, uma amizade sem "lar designável", sem a recusa daquele que não se considera "da família", que não se assemelha a nós. Derrida escreve:

> "Não sou da família" quer dizer em geral: não me defino com base em meu pertencimento à família, à sociedade civil, ao Estado; não me defino a partir das formas elementares do parentesco, mas, mais que isso, quando se diz "não sou da famíla", não se descreve simplesmente um fato, um modo de ser, se diz "não quero ser da família". "Não sou da família" é um performativo, um empenho que além de reivindicar a inassimilabilidade diz também que o desejo de pertencer a uma comunidade qualquer, o próprio desejo de pertencimento, pressupõe que não se pertença [a ela][96].

Porque a hospitalidade é sempre mais (e menos) que hospitalidade, ela comporta sua própria excedência, como a tenda de Abraão ao lado do carvalho em Manre, na Terra Santa, aberta em seus quatro lados, para que o visitante inesperado pudesse entrar de qualquer parte que chegasse, porque a arquitetura da hospitalidade não teme os ventos, nela a paz é oferecida antes de qualquer chegada: "Hospitalidade sem condições é aquela que se deixa atravessar por aquilo que vem e de quem vem, do que chega ou de quem chega, do *outro por vir*; uma certa renúncia incondicional à

---

94. Friedrich Nietzsche, "História dos sentimentos morais", in: F. Nietzsche, *Humano, demasiado humano*, São Paulo: Cia. das Letras, 2005.
95. J. Derrida, *L'Éthique du don, op. cit.*, p. 178.
96. Sandro Tarter, *op. cit*. J. Derrida, *Politiques de l'amitié, op cit*.

soberania é requerida *a priori*[97]". E nas palavras do poeta Edmond Jabès ao estrangeiro: "'Entra' – dizia –. Este lugar está todo a sua disposição'. Se você é meu amigo, entre em minha casa sem bater à porta. Se você ignora quem sou, deve saber que eu contava os dias que faltavam para sua chegada. Você, meu irmão de eleição, vulnerável estrangeiro[98]". Esse lugar de hospitalidade contém a ideia da *khora* como um lugar outro, sem localização, sem época, um outro *ter lugar*, um espaçamento que dá lugar sem dar nada: "sem pertencer, sem fazer parte, sem ser parte, essa localização daria lugar[99]". Essa atopia, nem dentro, nem fora do lugar, é a constituição de um espaço *quase* transcendental, o "quase" indicando a indecidibilidade, a aporia. A hospitalidade como uma promessa refere-se, pois, ao "por vir" que não indica nem pertencimento nem não pertencimento, nem sua realização nem sua não realização. Ela é a promessa que abriga uma justiça para além do direito, que não comporta nem cálculo nem aplicabilidade, pois os momentos cruciais de decisão entre o justo e o injusto nunca poderiam ser assegurados por uma regra; além disso, "uma decisão justa é sempre requerida imediatamente", porque a justiça não espera, não permite o compasso de espera. E, como decisão tomada, ela é contingente, necessita ser sempre renovada.

Promessa e hospitalidade, como confiança incondicional em um horizonte de incertezas, são imoderadas, sem justa medida:

> No interior da hospitalidade absoluta, improvável e necessária, que não pede ao outro traduzir-se para nós, [...] que o deixa ser como outro, [se encontra] a justiça, nada mais que isso, porque acolhe o apelo único [...] [de quem] não fala nossa língua, não conhece nossas regras [...]. É nesse excesso, nesse passo além e sem volta, sem restituição, sem reapropriação e sem jurisdição, sem nem ao menos espera de gratidão, [que] está a [...] justiça, o seu ser *devida e, ao mesmo tempo, seu ultrapassar a pura e simples prestação de contas* com respeito ao oferecimento e ao dom[100].

---

97. J. Derrida, *Voyous*, Paris: Galilée, 2003, p. 13.
98. Edmond Jabès, *Le livre de l'hospitalité*, Paris: Gallimard, 1991.
99. J. Derrida, *Khôra*, Paris: Galilée, pp. 14-5.
100. Sandro Tarter, *op. cit.*, p. 90. Dom e perdão não são concedidos mediante um pedido, pois em ambos não há nenhuma espera de reconhecimento. Dom e *pardon* se aproximam, uma vez que perdão é, etimologicamente, "per-dom", "por-dom", através do dom, para além do próprio dom. É apaziguamento

Porque a promessa é dom do tempo, os valores de uma civilização medem-se, por fim, por sua capacidade de espera e pela qualidade dessa esperança: "o acolhimento desse dom [da promessa, da hospitalidade] como tal é imediatamente compaixão pela humanidade, amor pelo estrangeiro [...]. A terra rejeitará o anfitrião incapaz de hospitalidade[101]".

A hospitalidade é o *inquietante* do evento único e inesperado, que se abre ao *arrivant*, ao estranho que chega sem ter avisado e que pode ser *o por vir*, o "Messias": "não esqueçais a hospitalidade, por meio dela, de fato, alguns, sem o saberem, hospedaram anjos[102]".

---

por esquecimento da ofensa, esquecimento, não psicológico, mas ético e metafísico. Cf. J. Derrida, "Fé e saber", *in:* J. Derrida; Gianni Vattimo, *A religião*, São Paulo: Estação Liberdade, 2004.
101. J. Derrida, *L'Éthique du don, op. cit.*
102. Hebreus,13,2, *Bíblia de Jerusalém*, São Paulo: Paulus, 1981.

# A invenção das crenças
## Processo e antropologia da crença[1]
Renato Lessa

*Para Fernando Gil, em memória, em saudade.*

*[...] um sistema infinito [...] de experiências possíveis.*
EDMOND HUSSERL

No vasto continente de temas tratados nestes últimos trinta anos, através de ciclos de conferências e, em tempos mais recentes, pela série dedicada ao tema das mutações, iniciativas concebidas e dirigidas por Adauto Novaes, o tema da crença parece-me revestido de especial relevância. Em praticamente todas as reflexões reunidas no correr daquela *longa duração*, e para além dos assuntos específicos por elas considerados, encontra-se o registro de inúmeras apostas e expectativas. Cada um dos autores/conferencistas mobilizados deixou marcas opiniáticas fortes, por meio das quais a expressão de crenças foi legionária. Afinal, durante todo o tempo e por dever de ofício, refletimos a respeito de crenças alheias, no incontornável compasso significativo marcado pela métrica de nossas próprias crenças.

1. O título evoca o de um livro concebido e organizado por Fernando Gil, Pierre Livet e João Pina Cabral, *O processo da crença* (Lisboa: Gradiva, 2004). Livro que reuniu ensaios apresentados em um colóquio, realizado, em 2002, na Fundação Gulbenkian, em Lisboa, partida para um programa de colaboração entre vários de seus participantes. Para dizê-lo do modo mais direto possível, o presente texto exige o agradecimento póstumo a Fernando Gil (1937-2006), que me trouxe para o tema da crença, entre tantos outros assuntos. Agradeço, ainda, pelas valiosas oportunidades de discussão com os filósofos portugueses Maria Filómena Molder, António Marques, Paulo Tunhas e Rui Bertrand Romão.

Em resumo, nada de estranho: por toda a parte e em todas as direções o engenho da crença poliniza a experiência dos humanos, sem negar abrigo aos que creem em nada crer. Um antigo preceito cabalístico sustenta que "a verdade não veio nua ao mundo, mas revestida com imagens e nomes[2]". *Imagens* e *nomes* são, por definição, modos da crença: é esta que os move e configura os quadros de referência nos quais ambos fazem sentido. Por essa via, aprendemos que a adequação – ou inadequação – entre nomes e coisas dá-se pelas relações entre nomes e nomes, entre imagens e imagens.

Ainda que o termo *crença* tenha ficado um tanto confinado ao domínio e ao léxico das persuasões religiosas e/ou políticas, a palavra liga-se de um modo muito mais fundo aos mecanismos em parte insondáveis que nos atam ao mundo. Em outros termos, não há como preencher a demanda do *sentido do mundo* sem a operação de cariz drummondiano de um *sentimento do mundo*, invólucro maior da complexidade de nossas crenças e expectativas. Uma *antropologia da crença*, tal como inscrita no título deste ensaio, deriva de modo inevitável de uma crença precisa: a de que, para além da variedade dos atos de crer, sempre afetados por mutações e inércias presentes na inscrição histórica dos humanos, *há ali algo de humanamente inerente*, a indicar a presença e a força de uma dimensão invariável. Uma *antropologia da crença* – e não uma *etnografia das crenças* – tem como interesse cognitivo a investigação a respeito desse ato preciso, belamente inscrito na proposição de Michel de Montaigne de que *o homem é um animal que crê*.

Com efeito, se levarmos a sério – e não como *boutade* filosófica – a proposição de David Hume, inscrita no primeiro volume de seu *Tratado da natureza humana* (1739), de que *nossa existência como humanos não nos permite parar de respirar, julgar e sentir*, o tema da crença adquire forte dimensão antropológica, posto que fixado em nossa constituição básica. Para David Hume, um dos componentes centrais do terceiro aspecto indicado – *sentir* (mescla de *sentimento* e *sensação*) – é a presença nos humanos de um *senso de pregnância com a experiência do mundo*, cujo operador é a *crença*, tanto fixada na retaguarda do hábito quanto nos atos de imaginação e invenção.

2. Richard Zimler, *O último cabalista de Lisboa*, São Paulo: Companhia da Letras, 1999, p. 60.

Que as formas de descrever a experiência, assim como as crenças, sejam diversas, isto não elimina a precedência de um vínculo que sugere a força de crenças de natureza mais abissal. Em tal medida tectônica, a crença não está sustentada por – e depositada sobre – ideias ou formas de pensamento acessíveis de maneira direta pelo raciocínio e articuladas pela linguagem de modo manipulável e consciente. Ao contrário, o que o filósofo escocês procurou estabelecer foi a ligadura entre crença e o que designou como "um ato de natureza mais sensível que cogitativa". Longe de enfraquecer o vínculo com a experiência da vida, a crença, como atributo natural, forneceria aos humanos, segundo Hume, um recurso mais estável do que os que poderiam ser proporcionados por "atos de pensamento", por natureza diversos, contraditórios e, no limite, excludentes e reciprocamente refutativos[3].

Se à intuição humiana acrescentarmos a ideia, desenvolvida no século XIX pelo filósofo e psicólogo Alexander Bain – em seu instigante livro *As emoções e a vontade*, de 1856 –, de que *a crença é, antes de tudo, uma disposição para a ação*, o traço antropológico ali indicado abre-se a um nexo necessário com os temas da *vontade* e da *ação*[4]. Ao imaginarmos os humanos como *animais ativos*, há que considerar, segundo Bain, o tema da crença como um de seus atributos fulcrais, presente na *disposição para a ação* (vontade). Crenças, no entanto, são mais do que mapas cognitivos e práticos orientados para a ação, afetados por disputas simbólicas de toda sorte. Elas podem ser concebidas como *sedes das sensações mais fundas de certeza*. É no abrigo da crença – e não no cotejamento com a materialidade das coisas – que as sensações epistêmicas de verdade são usufruídas. Sensações – ou intuições – que dizem respeito às *relações entre o sujeito e o seu próprio saber*, em um espaço de interioridade distinto daquele que se estabelece *entre o referido saber e seus objetos exteriores. Crer na verdade*, neste preciso sentido, é uma condição necessária para que o sujeito a vivencie como tal, como caução necessária à convicção.

Neste ensaio, pretendo retomar alguns dos argumentos que desenvolvi, ao longo dos ciclos de conferências organizados por Adauto Novaes. Em praticamente todas as conferências que proferi e ensaios que escrevi

---

3. Ver David Hume, *A Treatise of Human Nature*, especialmente a seção intitulada "Of Scepticism with Regard to Reason" (Part IV, "Of the Sceptical and Other Systems of Philosophy", Book I).
4. Alexander Bain, *The Emotions and the Will*, London: Longmans Green, and Co., 1875.

no contexto dos ciclos, o tema da crença esteve presente. A evocação dos trinta anos do empreendimento parece-me boa altura para pôr em relevo – sem pretensão de sistematização – os fragmentos depositados em um tanto errático trajeto. Em particular, procederei à exumação de algumas intuições apresentadas nos ensaios "Crença, descrença de si e evidência", publicado no volume *Mutações: a invenção das crenças*, em 2011, e "Da crença e da filosofia política", publicado no volume *Mutações: a experiência do pensamento*, em 2010. Farei uso, ainda, do ensaio "Ceticismo, crença e filosofia política", publicado no livro *O processo da crença*, concebido por Fernando Gil e por ele editado, em companhia de Pierre Livet e João Pina Cabral[5]. Em termos mais precisos, pretendo fixar e reunir o que julgo terem sido os passos fundamentais de meus argumentos a respeito do tema das crenças, que acabaram por me conduzir à ideia de uma *antropologia da crença*. Penso ser adequado fazê-lo nesta oportunidade, já que foi durante a série concebida e organizada por Adauto Novaes que os termos de minha reflexão ganharam expressão. Os passos que menciono serão compostos pela consideração das relações entre *ceticismo e crença*, entre *crença e filosofia política* e entre *crença e evidência*, seguidas de uma referência à *dimensão antropológica da crença*.

## CETICISMO E CRENÇA

Uma das mais corriqueiras formas de apresentação do ceticismo, enquanto modalidade de filosofia, exibe-o sustentado na seguinte questão: em que condições é-nos dado crer em – ou, o que dá no mesmo, sustentar a veracidade de – uma proposição, seja ela lógica ou existencial? A retaguarda da pergunta sustenta-se na longa história filosófica do ceticismo, iniciada na Antiguidade e presente na Modernidade, como uma de suas (contra)vertentes filosóficas principais. Ao longo da história de seus argumentos, os céticos, em suas diferentes vertentes, têm sido representados como ocupantes do lugar de um *operador de dúvida sistemática*. Há, a des-

---

5. Ver, respectivamente, Renato Lessa, "Crença, descrença de si, evidência", *in:* Adauto Novaes (org.), *Mutações: a invenção das crenças*, São Paulo: Edições Sesc São Paulo, 2011; "Da crença e da filosofia política", *in:* Adauto Novaes, *Mutações: a experiência do pensamento*, São Paulo: Edições Sesc São Paulo, 2010; e "Ceticismo, crença e filosofia política", *in:* Fernando Gil; Pierre Livet; João Pina Cabral (orgs.), *O processo da crença*, op. cit., pp. 29-49.

peito disso, uma relação particular entre a tradição do ceticismo filosófico e o tema da crença.

Interação especial e, sobretudo, complexa. Afinal, uma tradição filosófica que propõe em suas origens, no século III anterior à Era Comum, a suspensão do juízo – seja ele positivo ou negativo – a respeito que qualquer proposição que se pretenda verdadeira – e qual crença não o pretende? – acabou por abrigar um modo filosófico de valorização da crença como dimensão antropológica e constitutiva da ontologia do social. Da *suspeita* ao *reconhecimento*, cabe indicar, a seguir, os movimentos fundamentais que fixaram um modo cético de representar o tema da crença[6].

## Da suspeita

A primeira formulação cética a respeito das crenças, formulada na própria origem histórica dessa tradição, sustentou a possibilidade e a superioridade existencial de uma *vida sem crenças*. Diante da infindável querela humana a respeito da veracidade de dogmas e crenças, Sexto Empírico – nossa principal fonte de acesso aos textos e discussões do antigo ceticismo grego – apresentou como traço distintivo da disposição filosófica cética a prática da *epoché* – *suspensão do juízo* ou, simplesmente, *suspensão*. Tal atitude decorre do reconhecimento da vigência de um desacordo insuperável naquilo que podemos designar como o *campo da certeza dogmática*. Um campo cuja expressão pictórica magistral pode ser encontrada, na Modernidade, no afresco de Rafael Sanzio (século XVI), *A escola de Atenas*, no qual um conjunto disperso de filósofos é representado, cada qual com características próprias que revelam suas crenças filosóficas particulares e petrificadas, com o espaço central ocupado pela representação da mãe de todas as querelas, protagonizada por Platão e Aristóteles.

---

6. Na sumária apresentação, feita a seguir, a respeito das relações entre crença e ceticismo, retomo os argumentos e formulações por mim desenvolvidos em *Veneno pirrônico: ensaios sobre o ceticismo* (Rio de Janeiro: Francisco Alves, 2000), especialmente o capítulo "*Vox Sextus*: dimensões da sociabilidade em um mundo possível cético", pp. 113-69; "Cepticismo, crenças e filosofia política", *in:* Fernando Gil; Pierre Livet; João Pina Cabral, *op. cit.*, "Montaigne's and Bayle's Variations: The Philosophical Form of Skepticism in Politics", *in:* José R. Maia Neto; Gianni Paganini; John Christian Laursen (eds.), *Skepticism in Modern Age: Building on the Work of Richard Popkin*, Leiden: Brill, 2009, pp. 211-28; e "La fabbrica delle credenze: Lo scetticismo come filosofia del mondo umano", IRIDE: *Filosofia e Discusione Pubblica*, anno XXI, n. 55, settembre-dicembre 2008, pp. 689-703.

Rafael Sanzio, *A escola de Atenas* (1509-1510). Stanza della Segnatura, Vaticano.

Tal como se pode ver na imagem, as figuras dos dois pensadores – Platão composto a partir da fisionomia de Leonardo da Vinci – encenam uma funda disputa filosófico-ontológica: Platão, com a ajuda axilar do *Timeu*, aponta para os céus, enquanto Aristóteles, acompanhado de sua *Ética*, estende a palma de sua mão esquerda na direção do chão. Mais do que uma apresentação pictórica, a obra parece sustentar-se em um conjunto preciso de perguntas: Qual o fundamento de todas as coisas? Por onde começar a pensá-las? Onde, a morada do Ser? A obra fixa, ainda, em cores e imagens, com perícia e sem nenhuma inocência, os limites de uma querela insolúvel: aquela na qual os contendores nem sequer reconhecem a legitimidade de uma terceira parte, capaz de exercer juízo imparcial diante do que se disputa. Na verdade, não há solução satisfatória para as partes envolvidas, a ser proporcionada por intervenções arbitrais. Qualquer intervenção dessa natureza constituir-se-á, de modo necessário, como parte da querela, e não como sua solução ou sequer apaziguamento.

Coube aos céticos gregos a iniciativa da reflexão sistemática a respeito de cenários daquela natureza. Dada a natureza da divergência – protagonizada por sujeitos dotados de certeza inegociável com relação a suas verdades privadas e sectárias –, a *epoché* (suspensão) apresenta-se como modo especificamente cético de obtenção de felicidade, entendida como não perturbação (*ataraxia*). Vale dizer, pelo afastamento da perturbação, de cariz dogmático, inerente à obsessão de descobrir a métrica capaz de resolver todas as querelas e de distinguir assim erro e verdade. Uma forma de felicidade, a dos céticos, cuja passagem ao ato dar-se-ia na disposição de proporcionar aos portadores de dogmas uma cura pela palavra, de sua patológica obsessão em revelar a natureza última das coisas.

Que não se tome a atitude cética como inapetência filosófica ou opção pela atitude mais fácil. Ao contrário, o exercício da suspensão exige a observação do cenário no qual se dá a disputa entre sistemas de crenças, o que inclui a escuta do que cada um deles sustenta. É necessário que os argumentos em liça sejam examinados e ponderados, para que se obtenha como resultado o reconhecimento de que são equipolentes, ou seja, equivalem-se em suas pretensões de verdade. Com efeito, a inércia dogmática da compulsão à repetição de suas próprias certezas aproxima-se muito mais da posição menos trabalhosa, já que as principais questões apresentam-se como supostamente resolvidas. Por não professar doutrina a respeito da natureza última das coisas, os céticos não tinham o que opor aos diferentes sistemas que se apresentavam como doutrinariamente infalíveis. O que a eles ressaltava era a fisionomia de um grande desacordo, presente tanto nas doutrinas filosóficas como nas crenças em geral.

Não que não houvesse critério, por parte dos céticos, a respeito de como lidar com os assuntos da vida. O mundo dos fenômenos que nos envolvem e que compõem nossa experiência comum, segundo Sexto Empírico, constitui o critério cético por excelência[7]. A *regra doutrinária* dos céticos, se assim podemos dizer, prescreveu uma adesão ao mundo tal como nos aparece em comum, além da fixação em uma forma de vida, em conformidade com as regras ordinárias ali vigentes. Tal adesão, no entanto, é *adoxástos* – isto é, não derivada de doutrinas e opiniões. Ela, ao

---

7. Cf. Sextus Empiricus, *Outlines of Pyrrhonism*, Cambridge/London: Harvard University Press/William Heinemann, 1976, I, pp. 21-4. Daqui em diante HP.

contrário, funda-se no sentimento e na afecção involuntária[8]. A decisão de considerar a vida ordinária (*bíos*) como critério decorre da própria atitude cética com relação à querela insolúvel entre dogmas e crenças – a *diaphonía*. Em tal atitude, está inscrita a definição cética clássica de crença. De modo esquemático, ela pode ser descrita pela seguinte sequência:

1. o conflito entre dogmas e crenças é constituído por diferentes proposições a respeito da realidade última e não evidente (*ádelon*) das coisas;
2. é impossível decidir que proposição envolvida na disputa é capaz de revelar tal realidade; tal possibilidade dependeria de um acesso humano direto a entidades não evidentes, para que sua efetividade pudesse ser cotejada com as diferentes proposições que sustentam poder descrevê-la tal como são;
3. nesse sentido, a equipolência é o que resulta do confronto dos dogmas e das crenças: todos são igualmente plausíveis, mas não podem ser todos verdadeiros ao mesmo tempo;
4. a equipolência conduz à suspensão (*epoché*);
5. *epoché* é o meio de obtenção de *ataraxia* – ou estado de quietude ou ausência de perturbação (*taraché*) –, a forma cética da felicidade (*eudaimonia*).

Se *epoché* significa suspensão das crenças, o ideal pirrônico de uma vida boa parece ter sido o de uma vida sem crenças e sem dogmas. Por sua vez, *ataraxia* significa proteção com relação à disputa filosófica e dogmática. No entanto, mesmo em um estado de *ataraxia* completa, o cético é afetado por um outro tipo de *taraché*: a perturbação proveniente de *bíos*, a vida ordinária, ou dos *common affairs of life*, os assuntos corriqueiros da vida, para adotarmos a letra humana. O modo de vida cético, nas palavras iniciais da mais conhecida obra de Sexto Empírico – as *Hipotiposes pirronianas* –, é constituído por quatro referências: seguir as normas da natureza, o impulso das paixões, as regras e hábitos ordinários e os recursos da *téchne*. O *kriterion* de verdade dos céticos é, portanto, constituído pelo mundo das aparências, que preenche os contornos da vida comum: em meio à variedade fenomênica da vida ordinária, circunscrita pelas paixões,

---

8. Cf. HP I, p. 22.

pela natureza, pelos hábitos e pela *téchne*, o cético crê ser possível viver entre outros seres humanos sem sustentar nenhuma crença ou dogma[9].

O desejo dos primeiros céticos pirrônicos de não dar assentimento a crenças está bem gravado no célebre comentário feito por David Hume, muitos séculos depois, em sua *Investigação sobre o entendimento humano*:

> Um estoico ou um epicureu desenvolvem princípios que não devem ser duráveis, mas que têm efeito sobre a conduta e os costumes. Mas um pirrônico não pode esperar que sua filosofia tenha uma influência constante sobre o espírito ou, se ela tivesse, que esta influência fosse benéfica para a sociedade. Pelo contrário, deve reconhecer, se quiser admitir alguma coisa, que toda a humanidade pereceria se seus princípios prevalecessem universal e constantemente. Todo discurso e toda ação cessariam imediatamente, e os homens ficariam em total letargia, até que as necessidades da natureza, não sendo satisfeitas, pusessem fim à sua miserável existência. Em verdade, não se deve temer demasiadamente um evento tão fatal. A natureza sempre é mais forte que os princípios[10].

Que o mais importante dos filósofos céticos modernos – e dos filósofos modernos *tout court* – tenha, no século XVIII, feito reparo tão severo aos argumentos originários da tradição à qual, de algum modo, pertence, isto sugere a presença de uma funda mutação, no campo do ceticismo, a respeito do significado e do papel das crenças na atividade prática e reflexiva dos humanos. Na verdade, tal variação de argumentos – entre a *recusa* e o *reconhecimento* da dignidade da crença – já estava presente no âmbito da reflexão desenvolvida pelos primeiros céticos, os mesmos que sustentaram o ideal de uma vida sem crenças. Em termos mais diretos, é possível reconhecer dois argumentos distintos sobre a crença, no universo do primeiro ceticismo: a *crença enquanto expressão de assentimentos dogmáticos* e a *crença como componente da ontologia do social*.

---

9. Cf. HP, I, p. 23.
10. David Hume, *Investigação acerca do entendimento humano*, São Paulo: Companhia Editora Nacional/Edusp, 1972, p. 124.

## Do reconhecimento

A abordagem desenvolvida por David Hume a respeito do tema da crença, e sua inerência ao entendimento e ao comportamento humanos, liga-se, na verdade, a uma das vertentes já postas no debate cético originário. *Nel mezzo del cammin*, entre o antigo mundo grego e a Escócia do século XVIII, as reflexões de Michel de Montaigne (século XVI) e Pierre Bayle (século XVII) indicaram inflexão assemelhada[11]. Não é desprovido de interesse acompanhar a transição da ideia original – e talvez do ideal – de *uma vida sem crenças* para a proposição do cético escocês de que *a vida é impossível sem crenças*. Temos, contudo, sinais de um paradoxo: como foi possível que uma mesma tradição intelectual – a do ceticismo – produzisse respostas tão díspares a respeito de uma questão de tamanha substância? Filosofia surgida a partir do reconhecimento da grande querela que habita o continente da filosofia dogmática, o ceticismo não deixou de abrigar as suas próprias disputas. Uma delas – talvez a maior de todas – tem a ver exatamente com o tema da relação entre ceticismo e crença, e pode ser formulada a partir de uma pergunta: pode o cético viver de modo genuíno seu próprio ceticismo? Pergunta presente no debate recente, a partir de um importante artigo de Myles Burnyeat: "Can the skeptic live his skepticism?"[12].

Sem percorrer os meandros dessa querela particular, pretendo sugerir que o argumento cético mais relevante para considerar o tema da crença indica o inelutável dos atos de crer, a despeito da defesa clássica de uma forma de vida "adoxática", sem opiniões e crenças. Tal sugestão

---

11. Ver, em especial, as seguintes referências incontornáveis: Giannni Paganini, *Analise della fede e critica della ragione nella filosofia di Pierre Baylle*, Firenze: Franco Angeli, 1980; e Fréderic Brahami, *Le travail du scepticisme: Montaigne, Bayle et Hume*, Paris: PUF, 2001.
12. Além do texto de Burnyeat, publicado em Myles Burnyaet (ed.), *The Skeptical Tradition* (Berkeley/Los Angeles/London: University of California Press, 1983), outros textos são relevantes para a discussão em curso. Em particular, Michael Frede, "The Skeptic's Beliefs", in: Michael Frede, *Essays in Ancient Philosophy*; Michael Frede, "The Skeptic's Two Kinds of Assents and the Question of the Possibility of Knowledge", in: Richard Rorty; J. B. Schneewind (eds.), *Philosophy in History*, Cambridge: Cambridge University Press, 1984; Myles Burnyeat, "The Skeptic in His Place and Time", in: Richard Rorty; J. B. Schneewind (eds.), *op. cit.*; Jonathan Barnes, "The Beliefs of a Pyrrhonist", *Proceedings of the Cambridge Philolophical Society* 28 (1982); Julia Annas, "Doing Without Objective Values", in: M. Schofield; G. Striker (eds.), *Norms of Nature: Studies in Hellenistic Ethics*, Cambridge: Cambridge University Press, 1986. Eu mesmo tratei do tema em "Vox Sextus: dimensões da sociabilidade em um mundo possível cético", in: Renato Lessa, *Veneno pirrônico: ensaios sobre o ceticismo, op. cit.*

implica a consideração de um outro modo cético de definir e lidar com as crenças.

O tratamento alternativo pode ser encontrado em um conjunto de argumentos – os Dez Modos de Enesidemo –, desenvolvidos pelo pensador cético antigo de mesmo nome e glosados na obra de Sexto Empírico, concebida no século III e já aqui referida, os *Esboços do pirronismo* (*Hipotiposes pirronianas*). Os Dez Modos, ou argumentos, formam um conjunto de situações tipificadas segundo um modelo comum, nas quais a suspensão do juízo aparece como necessária. Em todos os modos apresenta-se o mesmo problema filosófico, qual seja, o da relatividade de nossas percepções e juízos, sustentada por uma diversidade de circunstâncias que os afetam. A depender de uma determinada circunstância em que nos encontramos, nosso juízo inclina-nos a sustentar uma proposição, digamos, X a respeito do caso em questão; uma vez alterada a circunstância, e diante do mesmo caso posto sob nosso juízo, somos conduzidos a validar a proposição Y, de direção inversa. E já que não temos como decidir acerca da melhor circunstância de observação sobre o caso, a suspensão do juízo se impõe, a respeito das proposições apresentadas[13].

A estrutura lógica comum dos Dez Modos foi formalizada da seguinte maneira por Julia Annas e Jonathan Barnes[14]: (i) $x$ parece ser $F$ em $S$; (ii) $x$ parece ser $F^*$ em $S^*$; (iii) não temos como preferir $S$ a $S^*$ ou vice-versa; (iv) não temos como afirmar e nem como negar que $x$ seja realmente $F$ ou $F^*$.

Sendo que $x$ é um fenômeno qualquer; $F$ e $F^*$ são os modos pelos quais $x$ aparece ou significa ao observador; $S$ e $S^*$ são as circunstâncias nas quais $x$ aparece, respectivamente, como $F$ ou $F^*$.

Para os fins desta análise, importa considerar o décimo argumento do decálogo de Enesidemo. O assim chamado 10º Modo de Enesidemo, utilizado no século XVI por Michel de Montaigne, em sua *Apologia de Raymond Sebond*, pode ser considerado como o *argumento antietnocêntrico do ceticismo*. De acordo com sua formulação, há entre as sociedades humanas uma ampla variedade de formas de vida, baseadas em diferentes

---

13. Uma excelente reencenação cinematográfica do cenário de indecidibilidade descrito pode ser encontrada no filme *12 homens e uma sentença*, de Sidney Lumet, no qual um corpo de jurados vê-se envolvido em longa pugna em torno dos critérios necessários para condenar um acusado. O filme vale como iniciação brilhante ao ceticismo filosófico e moral.
14. Cf. Julia Annas; Jonathan Barnes, *The Modes of Scepticism: Ancient Text and Modern Interpretations*, Cambridge: Cambridge University Press, 1985.

hábitos, leis, dogmas e crenças lendárias (*mitiké písteis*). É de notar que, em gritante oposição ao espírito etnocêntrico coevo de Heródoto – para quem os egípcios negavam em todas as suas práticas sociais as regras básicas da humanidade –, Enesidemo apresenta seu argumento como uma forma de veto a qualquer juízo intercultural[15]: cada uma das formas de vida humanas aparece como "verdadeira" em seus próprios termos; nenhuma delas poderia ser tomada como critério para a refutação de outras formas de vida[16].

No argumento de Enesidemo, *písteis* e *dogmata* – crenças e dogmas – aparecem como componentes ordinários e necessários da vida social, e não como modos patológicos da cognição dogmática. Trata-se de forças operativas, definidoras de padrões de sociabilidade: os motivos das ações humanas derivam de um repertório posto por valores e determinações inscritos no campo da crença e do dogma. Crer em uma divindade comum ou em uma regra moral, por exemplo, afeta de modo decisivo a forma da sociabilidade. Nesse sentido, e contrariando a letra da disposição cética original – o ideal de uma vida sem crenças –, tudo indica ser impossível não possuir crenças, mesmo para um cético. Mas, qualquer que seja o padrão de apego que um cético mantém com as crenças ordinárias, uma questão mais importante subsiste: qual a diferença entre os dois tipos de *dogmata* mencionados acima?

Em um sentido, digamos, técnico, não há distinção entre dogmas e crenças que o cético evita na arena filosófica e os que ele reconhece no domínio da *bíos*: em ambos os casos, trata-se de *assentimentos com valor de verdade a proposições não evidentes*. A distinção parece residir antes no modo pelo qual dogmas e crenças são produzidos, e não em suas características intrínsecas como tipos de assentimento: se derivam da busca idiótica por entidades não evidentes, voltada para fixar uma forma não ordinária de verdade, devem ser alvos preferenciais da inspeção crítica cética; se são produtos seculares do tempo e da história – portanto, sacramentados pelo uso e pela repetição –, é imperativo reconhecer que sem eles a vida é impossível: eles constituem o núcleo normativo das formas de vida.

---

15. A respeito das atitudes gregas ordinárias diante da diferença cultural e civilizatória, ver o excelente livro de Arnaldo Momigliano, Os limites da helenização: a interação cultural das civilizações grega, romana, céltica, judaica e persa, Rio de Janeiro: Jorge Zahar, 1991.
16. HP, I, pp. 145-63.

O hálito do argumento de Enesidemo a respeito das crenças pode ser sentido nos *Ensaios* de Michel de Montaigne, um dos principais móveis e expoentes da *crise pyrrhoniènne* aberta nos séculos XVI e XVII[17]. À percepção de que as crenças são componentes compulsórios da vida social, Montaigne acrescenta um novo aspecto, ausente das fabulações céticas originais: a crença religiosa é apresentada como indemonstrável em termos racionais, já que repousa exclusivamente sobre a fé, proposição de sabor heterodoxo para ouvidos escolásticos. O fideísmo, na verdade, foi um tema central na literatura cética, de Montaigne a Pierre Bayle, tendo estado, ainda, presente entre os libertinos eruditos do século XVII[18].

Graças a David Hume, a forma filosófica do fideísmo recebe uma versão fortemente secularizada no século XVIII. Com efeito, a equivalência entre crença e oxigênio – claramente estabelecida por Hume no paralelismo que propõe entre os atos de julgar e de respirar, no primeiro volume do *Tratado* – indica, a meu juízo, a força de um operador que pouco deve ao calmo e ponderado escrutínio da razão. De modo ainda mais forte, a opção por uma vida sem crenças, de acordo com Hume, é uma impossibilidade psicológica: não nos é dado, simplesmente, deixar de crer. O limite, se calhar, é sustentar a crença de que nada cremos. Tal inclinação, contudo, consiste na abertura de um caminho real para a *melancolia filosófica e o delírio*. Essa última expressão descreve, em notação humiana, o estado de espírito do filósofo contaminado pela *false Philosophy*, isto é, pela busca de fundamentação racional e de uma forma de linguagem intocados pelos hábitos cognitivos e expressivos da vida comum, habitados e movidos pela crença.

A crença, como força disseminada no plano da vida comum, apresentaria dois componentes essenciais, e como tal fixados nos argumentos

---

17. Para tal crise, a obra incontornável ainda é o clássico livro de Richard Popkin, *História do ceticismo, de Erasmo a Spinoza*, Rio de Janeiro: Francisco Alves, 2000; e o clássico de Terence Penelhum, *God and Skepticism: A Study on Skeptism and Fideism*, Dordrecht: Reidel Publishing Company, 1983.
18. Sobre o fideísmo cético, a bibliografia é considerável. Ver, especialmente, Sergio Cardoso, "On Skeptical Fideism in Montaigne's *Apology for Raymond Sebond*", in: José Raimundo Maia Neto; Gianni Paganini; John Laursen (orgs.), *Skepticism in the Modern Age: Building on the Work of Richard Popkin*, Leiden: Brill, 2009, pp. 71-103; Rui Bertrand Romão, *A "Apologia" na balança: a reinvenção do pirronismo na Apologia de Raimundo Sabunde*, Lisboa: Imprensa Nacional/Casa da Moeda, 2007. Blaise Pascal, no século XVII, com maior brilho e intensidade representou a defesa da perspectiva fideísta. A propósito, ver o excelente livro de José Raimundo Maia Neto, *The Christianization of Pyhrronism: Skepticism and Faith in Pascal, Kierkgaard and Shestov*, Dordrecht: Kluwer, 1995.

humianos: (i) a presença da crença é condição necessária para a sociabilidade; (ii) a história é o campo de ocorrência das crenças, vale dizer, a circunstância na qual elas são definidas e se cristalizam.

Mais do que isso, no entanto, as crenças estão dispostas em uma teia complexa baseada em algumas *crenças naturais* essenciais. O conteúdo de algumas crenças pode transformar-se com o tempo e com os usos, mas parece haver características fixas que constituem as crenças naturais essenciais. Esse ponto, tal como já indicado, será considerado no correr deste ensaio. Antes, porém, cabe explorar uma hipótese possível a respeito do processo de invenção de crenças.

## CRENÇA, SOCIABILIDADE E FILOSOFIA POLÍTICA

### Da crença e de sua fixação na vida social (uma fábula aristotélica)

Muitos fatores podem ser identificados como fontes das crenças que habitam nossa experiência ordinária. Um dos modos mais clássicos e engenhosos de descrever o trabalho da crença sobre as ações humanas pode ser encontrado na teoria dos *entimemas*, desenvolvida por Aristóteles em algumas de suas obras centrais. Vale a pena um rápida inspeção nos argumentos aristotélicos a respeito, já que demonstram o interesse antigo de compreender os modos pelos quais crenças – como imagens de mundos fixadas em lugares-comuns – são produzidas e tornadas efetivas na configuração da experiência humana.

Um bom ponto de partida para tal pode ser encontrado na obra *Analíticos posteriores*, na qual Aristóteles afirma que todo ensinamento e aprendizado intelectuais têm por base algum conhecimento já existente. A antecedência do já conhecido impor-se-ia a qualquer forma de argumento, seja ele de natureza indutiva ou dedutiva, "pois os dois tipos produzem seus ensinamentos através daquilo que já temos consciência, o primeiro toma como base de suas premissas homens que as apreendem, o segundo provando o universal através da clareza do particular[19]".

---

19. No original, "for both produce their teaching through what we are already aware of, the former getting their premises as from men who grasp them, the latter proving the universal through the particular's being clear". Aristóteles, "Posterior Analytics", 71a5-8, in: *The Complete Works of Aristotle*, ed. Jonathan Barnes, Princeton: Princeton University Press, 1985.

O que vigora para os argumentos lógicos, vale para os argumentos retóricos, aqueles que incidem sobre assuntos práticos, morais e políticos: de qualquer modo, o que já é conhecido de antemão manifesta-se na argumentação, seja através de exemplos – modalidade retórica indutiva –, seja por entimemas – modalidade retórica dedutiva. Os entimemas, assim como os exemplos, são apresentados como procedimentos usuais da vida cotidiana. No entanto, na experiência humana ordinária haveria nítida preferência pelos modos de argumentação baseados em exemplos, em detrimento daqueles derivados de entimemas. As razões para tal inclinação devem-se tanto a características desses modos de argumentação como a traços ordinários da conduta humana. As dificuldades do entimema são explicadas por Aristóteles do seguinte modo: "entimemas são provas baseadas em princípios gerais, com os quais estamos menos familiarizados do que com o particular[20]". No caso dos exemplos, as inclinações humanas naturais facilitariam a sua eficiência para fins de argumentação, já que "conferimos maior credibilidade à evidência apoiada por muitas testemunhas, sendo que exemplos e histórias apresentam evidência, enquanto provas e testemunhos podem ser facilmente obtidos. Além disso, *apraz aos homens saber de coisas assemelhadas, e os exemplos e as histórias apresentam semelhanças*[21]" (ênfase minha).

Na passagem citada, emerge com clareza uma representação da natureza indutivista e analógica do conhecimento ordinário. A preferência por exemplos manifestaria uma opção pelo *mesmo*, pela repetição. Se imaginarmos um primado absoluto do exemplo como modalidade de cognição, o quadro configuraria uma situação tanto liminar como curiosa: exemplos passariam a ser tomados como referências diante das quais os humanos estabeleceriam relações puramente analógicas. Dada a fragmentação da experiência cotidiana, haveria uma outra ordem exemplar como recurso de orientação, igualmente fragmentada, cujas conexões

---

20. No original, "enthymemes are proofs based on generalities, with we are less familiar than with the particular". Aristotle, *Problems*, 916a26-30, in: Jonathan Barnes (Ed.), *The Complete Works of Aristotle*, Vol. 2, Princeton: Princeton University Press, 1984. Embora a passagem, e outras mencionadas a seguir, desse texto sejam consistentes com o trecho já citado dos *Analíticos posteriores* e com outros da *Retórica*, é importante ter em mente que os *Problemas* são, como nota Jonathan Barnes, uma das partes do *corpus aristotellicum* cuja autenticidade tem sido seriamente posta em dúvida.
21. No original, "we attach more credence to any evidence which is supported by several witnesses, and examples and stories resemble evidence, and proofs by witnesses are easily obtained. Further, *men live like to hear of similarities, and examples and stories display similarities*" Ibidem, 916a30-34.

com o mundo factual dar-se-iam de modo biunívoco: a cada particular factual corresponderia um particular exemplar – um exemplo a ser imitado ou evitado. Tal seria a constituição epistemológica de um mundo absolutamente exemplarista.

O mundo revelado por outra obra de Aristóteles, a *Retórica*, excede os limites da analogia e do exemplarismo, como formas de fixação de verdades e de orientações para a vida. Nesse novo âmbito, Aristóteles trata dos modos de persuasão, entendida esta como um tipo de demonstração que tem como executor um orador, a proceder através de entimemas, para o estagirita a mais efetiva forma de persuasão[22]. Os entimemas são *modos de argumentação* dotados de finalidades práticas. Em outra passagem da *Retórica*, Aristóteles indica de modo mais preciso a propriedade central dos entimemas: trata-se do modo de aplicação de *lugares-comuns* genéricos a situações particulares, por meio de demonstrações. Em outros termos, os objetos apropriados das deduções retóricas são as coisas a respeito das quais dizemos que os lugares-comuns se aplicam. Vale dizer, situações de fato que exigem decisão ou escolha, para as quais a orientação normativa dos lugares-comuns opera como recurso cognitivo. Na letra aristotélica, os lugares-comuns aplicam-se igualmente a questões ligadas à conduta correta, à ciência natural, à política e "a muitas disciplinas que diferem em espécie[23]".

Os lugares-comuns constituem as premissas maiores para o raciocínio dedutivo inscrito na lógica dos entimemas. Com efeito, a eficácia para fins práticos do uso do entimema depende da utilização apropriada do lugar-comum que lhe serve de premissa. Em passagem subsequente, Aristóteles afirma que as premissas dos entimemas são *máximas*. A máxima, por sua vez, é definida do seguinte modo:

> A máxima é uma afirmação geral que, certamente, não se aplica a casos particulares, como, por exemplo, não referir que tipo de pessoa é Ifícrates, mas a universais [...] só as que envolvem ações e que podem ser escolhidas ou rejeitadas em ordem a uma determinada ação[24].

---

22. Cf. Aristotle, *Rethoric*, 1355a13, in: ibidem.
23. *Ibidem*, 1358a10-14.
24. No original, "It is a statement: not about a particular fact, such as the character of Ifícrates, but of a general kind [...] only about questions of practical conduct, courses to be chosen or avoided". *Ibidem*, 1394a21-26, p. 208.

Alguns pontos devem ser fixados para o bom entendimento do que "fazem" os entimemas. Trata-se, antes de tudo, de operadores dedutivos fundamentais para a argumentação e para a persuasão, por meio dos quais máximas ou lugares-comuns revestem simbólica e normativamente os fatos dispersos da vida. Como não poderia deixar de ser, sua área de incidência é a dos assuntos práticos, ligados à conduta social e à escolha de cursos de ação. Dessa forma, os entimemas podem ser entendidos como procedimentos da vida cotidiana com os quais contamos para enfrentar os dilemas e os imperativos da escolha social.

Aristóteles buscou no texto da tragédia *Medeia*, de Eurípedes, um exemplo para mostrar o modo de operação de um entimema. Na referência, distingo o que seria a máxima do entimema e sua conclusão.

Máxima:
"Nunca deve o homem, que por natureza é sensato,
Ensinar seus filhos a ser demasiadamente sábios."

Conclusão:
"Isso os torna preguiçosos, e faz com que colham
A inveja hostil dos cidadãos."[25]

No exemplo, resulta claro que o conteúdo da máxima é preenchido por uma crença genérica – qual seja, a de que a transmissão da sabedoria dos pais para seus filhos deve se dar de modo parcimonioso e equilibrado –, que, se não observada, produz cenário não virtuoso. Pela sequência retirada de Eurípedes, a *crença-lugar-comum* exibe força persuasiva pela ostensão dos efeitos possíveis de sua não observância. Com base no exemplo, é possível sustentar que a lógica dos entimemas é um dos operadores centrais da dispersão das crenças: por seu intermédio, crenças fixam-se nas escolhas sociais e tornam-se *hábitos de ação* e não apenas vagas proposições gerais.

No livro II da *Retórica*, Aristóteles, depois de enumerar extensa listagem de lugares-comuns, estabelece que as premissas dos entimemas de-

---

25. No original, Máxima: "Never should any man whose wits are sound / Have his sons taught more wisdom than their fellows." Conclusão: "It makes them idle; and there with they earn / Ill-will and jealously throughout the city." Cf. Eurípedes, *Medeia*, apud Aristotle, *Rethoric*, 1394a29-35, op. cit.

rivam de três fontes principais: (i) juízes ou aqueles que gozam de reputação[26]; (ii) pertinentes a maior parte das vezes; (iii) premissas necessárias[27].

Entimemas possuem, ainda, presença privilegiada em argumentos produzidos em contextos políticos[28]. Sua produtividade pode ser conectada à experiência coletiva vivida por uma comunidade política possível, como algo equivalente aos significados que viriam a ser atribuídos, no século XVIII, por David Hume ao *hábito* e por Edmond Burke à *tradição*.

Entre os 28 lugares-comuns adequados à construção de entimemas *probativos* (positivos, e não refutativos), considerados por Aristóteles no livro II da *Retórica*, um em particular diz respeito a uma dimensão claramente política. Trata-se dos lugares-comuns baseados em *ideias correlatas*, apresentados do seguinte modo:

> Se praticar uma ação bela e justamente pertence a um dos termos, o cumpri-la pertence a outro; e se uma pessoa tem o direito de dar ordens, a outra tem-no de as cumprir; por exemplo, o que disse Diomedonte, o coletor de impostos: "se para vós não é vergonhoso vender, também para nós não é vergonhoso comprar"[29].

Os pares *deu/recebeu* e *certo exigir obediência/certo obedecer à exigência*, simétricos e inversos, podem ser percebidos como núcleos de entimemas destinados a estabelecer obrigações políticas. Vale dizer que tal lugar-comum pode ser tomado como núcleo de *crenças de reciprocidade*. Isso permite derivar que os entimemas incidem sobre a constituição tanto de hierarquias políticas como de modos de associação. Apresentam-se, portanto, como mecanismos fundamentais de instituição de ordem e de previsibilidade.

A ordem social, nos termos da *Retórica*, é produzida através da argumentação. Esta, por sua vez, é construída tendo como lastro uma estrutura significativa, composta por miríades de crenças, que se atualiza através

---

26. No original, "(i) judges or those whose authority they (os homens) recognize." *Ibidem*, 1395b34, p. 214.
27. No original, "(ii) what happens for the most part; (iii) as well as upon what necessarily happens" *Ibidem*, 1396ba1, p. 214.
28. Cf. *Ibidem*, 1396ba5.
29. "If it is true that one man gave noble or just treatment to another, you argue that the other must receive noble or just treatment; or that where it is right to command obedience, it must have been right to obey the command." *Ibidem*, 1397a23-26, p. 217.

de exemplos e entimemas. Através dos entimemas, a ordem dos humanos produz-se e reproduz-se por meio de permanente conexão entre máximas geradas pelo passado e dilemas e decisões impostos pelo presente. Se a história da humanidade, tal como queria Jorge Luis Borges, é a história de algumas metáforas, é através dos entimemas, que conectam passado e presente e projetam-nos no futuro, que a experiência humana pode ser vista como dotada de historicidade. O sentido e o absurdo do experimento humano resultam dessa infrene produtividade das crenças fixadas em expressões de lugares-comuns.

## Da crença e da filosofia política (uma fábula tocquevilliana)

São muitas as fontes possíveis para a crenças, fixadas nos lugares-comuns que (des)orientam nossa errância pela vida. Tradição e religião, por certo, possuem lugar cativo na fábrica das crenças. Impossível isolar apenas uma dimensão, ou aspecto da atividade humana, como fonte principal da invenção e da disseminação das crenças. A menção à *Retórica* de Aristóteles indicou a presença dos lugares-comuns e dos entimemas como elementos presentes na configuração do espaço político. Tal presença introduz na vida ordinária uma modalidade particular de crença, que diz respeito ao desenho normativo e institucional das comunidades humanas. De modo mais nítido, entre diversas fontes possíveis para o processo da crença, a tradição da filosofia política pode ser percebida como um de seus aspectos nobres, no que diz respeito tanto à invenção e simulação de crenças como à sua disseminação.

A crenças são a um só tempo condições necessárias para a história e resultado da produtividade desta última. A presença da tradição da filosofia política nesse processo de invenção de crenças indica a operação de uma forma de pensamento antecipatório – modalidade específica de efeito alucinatório[30] –, mais do que produto ou efeito de configurações históricas anteriores e "objetivas". Se a ideia de *efeito antecipatório* for levada a sério, as formas de validação da filosofia política deslocam-se de um eixo puramente mimético e referido a contextos supostamente objetivos e devem considerar seu aspecto produtivo, qual seja, o da ca-

---

30. Para a ideia de efeito alucinatório, ver Fernando Gil, *La Conviction*, Paris: Flammarion, 2001.

pacidade de introduzir no mundo crenças e valores potencialmente configuradores de futuros possíveis. Em outros termos, a filosofia política teria como atributo básico não a produção de efeitos de conhecimento, mas sim de atos de crença.

A expressão *filosofia política* neste ensaio, e em outros que escrevi a respeito, pretende designar um campo reflexivo composto por diversas e conflitantes imagens da vida social – do que ela é e do que deverá ser. Em outros termos, trata-se de um modo de suplementação simbólica e imaginária da experiência, fundado em crenças de natureza diversa: antropológicas, ontológicas, políticas, morais, retóricas. Em chave convergente, a filosofia política pode ser percebida como antecâmara da passagem ao ato das crenças de suplementação para a configuração da vida prática, através da ação e da vontade.

De modo menos abstrato, pretendo argumentar em defesa da suposição acima apresentada, utilizando parte da reflexão desenvolvida pelo filósofo político francês Alexis de Tocqueville, em seu clássico e monumental livro *Antigo Regime e a revolução*, se calhar a principal obra de análise histórica e sociológica produzida no século xix, dotada de sensibilidade incomum para aspectos fixados no campo da história intelectual. A meu juízo e em termos mais diretos, trata-se de uma brilhante percepção do papel da filosofia política na conformação de sistemas de crenças e paradigmas de ação social. Com Tocqueville aprendemos que se as ideias e as crenças possuem um contexto histórico que viabiliza o seu aparecer, são elas a definir o contexto da ação humana: os humanos, quando agem, não consultam os fatos, mas sim os seus significados, revelados por seus sistemas de crenças. Tais sistemas possuem imensa relevância, já que fixados na imediaticidade das ações humanas, e não em causas remotas e reconstituídas pela análise histórica *ex post*.

A breve menção ao clássico de Tocqueville tem por objetivo destacar este aspecto preciso: o da produtividade de crenças, inscritas no campo da filosofia política, na configuração da experiência da história. Em termos mais diretos, penso que *O Antigo Regime e a revolução* pode ser considerado obra paradigmática a respeito dos efeitos de decantação da filosofia política – e das crenças que ela inventa e dissemina – sobre a fábrica do social.

No primeiro capítulo do livro iii da obra mencionada, Tocqueville descreve a gênese e as implicações de uma forma de pensamento predominante na França do século XVIII, marcada por forte contraste com os hábitos mentais e práticos dos ingleses[31]. O argumento central foi adequadamente sumarizado pela síntese realizada pelo teórico social Raymond Boudon:

> Em *O Antigo Regime e a revolução*, Tocqueville observa que os intelectuais franceses possuem mentalidade mais abstrata que os ingleses. O pragmatismo dos últimos, notadamente em assuntos políticos, contrasta com os planos abstratos e gerais de reformas propostos pelos franceses. Tocqueville explica tal diferença pela maior distância que os intelectuais franceses mantêm dos assuntos públicos. Essa distância, de acordo com Tocqueville, tem como consequência a pouca atenção dada pelos filósofos franceses às dificuldades práticas de aplicação de seus planos de reforma social. Neste mesmo sentido, torna-se mais fácil para eles manter distância com relação à situação de fato existente e submeter as instituições públicas a uma crítica global e severa[32].

Nos termos do próprio Tocqueville, sua reflexão tem por finalidade descobrir como os "homens de letras" franceses se tornaram, no século XVIII, "de fato os principais homens políticos de seu tempo". O fenômeno aparece aos seus olhos como inusitado, pois embora os intelectuais franceses não tivessem, como os alemães, preferência por um total alheamento da política, eles não se comparavam aos ingleses, vinculados aos negócios ordinários da administração. Entre a filosofia pura dos alemães e o experimentalismo dos ingleses, os filósofos franceses teriam estabelecido uma curiosa agenda especulativa. Nela constavam os seguintes itens principais: *origem das sociedades e suas formas primitivas; direitos primordiais*

---

31. Cf. Alexis de Tocqueville, *O Antigo Regime e a Revolução*, Brasília: Editora da Universidade de Brasília, 1979.
32. No original, "In *The Ancient Régime*, Tocqueville observes that French intellectuals have a more abstract turn of mind than English intellectuals. The pragmatism of the latter, notably in political matters, contrasts with that abstract and general plans of reform proposed by the former. Tocqueville explains this difference by the greater distance of French intellectuals from public affairs. This distance, according to Tocqueville, has the consequence that French philosophers pay little attention to the practical difficulties of applying their plans of social reform. . On that other hand, it is easier for them to distance themselves from the existing situation and to submit public institutions to a severe and global critique." Raymond Boudon, *The Logic of Social Action*, London: Routledge & Kegan Paul, 1979, p. 47.

*dos cidadãos; relações naturais e artificiais dos homens; erros e legitimidade dos costumes e princípios das leis*[33].

A diversidade de respostas dadas pelos filósofos franceses do século XVIII a tais questões, para Tocqueville, não impedia a operação de uma convergência de base: "Pensam todos que convém substituir regras simples e elementares extraídas da razão e da lei natural aos costumes complicados e tradicionais que regem a sociedade de seu tempo[34]". Posta nesses termos, a solução dos filósofos implicava forte crítica à epistemologia da vida ordinária, tradicionalmente marcada pelo costume de conferir validade a entimemas e lugares-comuns, ambos com fundamento na tradição. Para Tocqueville, a resposta dos filósofos teria constituído a filosofia política do século XVIII.

Dada a estrutura nuclear da argumentação dos filósofos, qual teria sido a sua gênese? Por quais processos teriam os filósofos adquirido "noções tão opostas àquelas que ainda serviam de base à sociedade de seu tempo[35]"? Uma das primeiras indicações diz-nos que as "regras simples e elementares da razão" foram geradas pela "contemplação da sociedade". Trata-se de um ponto forte, pois Tocqueville atribui à *contemplação* um caráter completamente distinto daquele conferido à *experimentação*. Enquanto esta implica envolvimento com os assuntos práticos e ordinários, aquela é marcada por uma relação puramente estética e imaginativa com o mundo, a ser configurado segundo padrões derivados de uma perspectiva belamente designada por Arthur Lovejoy como *otherworldliness*[36].

Da pura contemplação, os filósofos teriam derivado a "ideia de igualdade natural das condições". O trajeto de construção dessa premissa geral é descrito por Tocqueville do seguinte modo:

> Vendo tantas instituições irregulares e estranhas, oriundas de outros tempos, que ninguém tentara harmonizar entre si ou acomodar com as novas necessidades e que pareciam eternizar sua existência após terem perdido a sua virtude, os filósofos ficaram desgostosos com tudo que era antigo e com a tradição, o que os levou naturalmente a querer

---

33. Cf. Alexis de Tocqueville, *op. cit.*, p. 135.
34. *Ibidem*.
35. *Ibidem*, p. 136.
36. Cf. Arthur Lovejoy, *The Great Chain of Being*, Cambridge: Harvard University Press, 1942, p. 24.

refazer a sociedade de seu tempo conforme um plano inteiramente novo, que cada um esboçava à única luz da razão[37].

A situação do filósofo aparece afetada por um "afastamento quase infinito da prática", o que resulta em ausência de freio para suas "paixões instintivas": a razão é faculdade perversa, se cultivada por atores sociais disfuncionais, não integrados aos papéis sociais da sociedade tradicional. Ela aqui aparece como nada mais do que uma *paixão instintiva* inimiga da prudência e da tradição.

Mas a gênese da razão enquanto recurso político destrutivo não repousa apenas na capacidade contemplativa e na inutilidade prática dos filósofos. Tocqueville acrescenta uma interessante teoria que conecta as seguintes dimensões: *governo despótico, redução das margens de experimentação social e proliferação de filósofos racionalistas*. "[...] a total ausência de liberdade política fez com que [os filósofos] ignorassem o mundo dos negócios [...]. Faltava-lhes, portanto, este conhecimento superficial que a visão de uma sociedade livre e o eco de tudo que nela se comenta dão até àqueles que menos se preocupam com o governo.[38]"

O despotismo ao reduzir as margens possíveis e legítimas de experimentação teria reduzido o leque de alternativas: ou a obediência pelo medo ou o *delirium* filosófico descrito por David Hume, em seu *Tratado da natureza humana*. A opção dos *homens de letras* teria se orientado pela última alternativa, com a diferença de que na descrição de Tocqueville a melancolia filosófica não aparece como tal, mas sim transmutada em arrogância e princípio ativo. O *delirium* dos filósofos descritos por Tocqueville tem por endereço o espaço público, e sua eficácia é tão maior quanto maiores forem as dimensões da destruição das crenças tradicionais e sua capacidade de disseminar crenças que sustentem a necessidade de reconfiguração social.

Se os filósofos participassem "como outrora do governo dos estados gerais; se se ocupassem ainda diariamente da administração do país nas assembleias de suas províncias", enfim, se não houvesse despotismo, "teriam conservado um certo hábito dos negócios que os teria prevenido

---

37. Alexis de Tocqueville, *op. cit.*, p. 136.
38. *Ibidem*.

contra a teoria pura"[39]. A consistência do contrafactual é dada pela consideração do caso inglês: os ingleses mudaram "gradativamente pela prática o espírito das antigas instituições sem destruí-las". A única liberdade concedida pelo despotismo seria a de "filosofar quase sem coação sobre a origem das sociedades, sobre a natureza básica dos governos e sobre os direitos primordiais do gênero humano[40]".

Os efeitos do racionalismo político e social dos filósofos não ficaram contidos nos limites restritos da República das Letras. Na verdade, tiveram incidência significativa sobre as bases cognitivas da vida comum, com efeitos fortes sobre o comportamento dos atores sociais. Ao analisar os cadernos preparados pelos três estados para a reunião geral de 1789, Tocqueville viu "com uma espécie de temor" que o somatório das demandas feitas significava a exigência da "abolição sistemática e simultânea de todas as leis e todas as práticas em uso no país[41]". Os agentes sociais, tal como os filósofos, foram tomados por uma espécie de fascínio pela "política literária": qualquer interesse afetado pela "prática cotidiana da legislação", ou qualquer descontentamento, passaram a implicar adesão a postulados metafísicos de interpretação da sociedade: "não houve um contribuinte lesado pela desigual distribuição das talhas que não se animasse com a ideia de que todos os homens devem ser iguais[42]".

A adesão à razão como modalidade cognitiva privilegiada desqualifica para Tocqueville os modos tradicionais de argumentação e de reprodução simbólica da sociedade. A esse respeito a passagem a seguir é significativa: "até esqueceram a máxima que seus antepassados exprimiam quatrocentos anos antes, na linguagem ingênua e enérgica daquela época: por requerer franquias e liberdade em demasia acaba-se chegando a uma servidão por demais grande[43]".

A máxima citada é um perfeito lugar-comum, semelhante aos estudados por Aristóteles na *Retórica*. Tocqueville aqui demonstra como a ação política orientada pelas novas modalidades de crença desconsidera a precedência de entimemas tradicionais. Estes passam a ser percebidos

39. *Ibidem*.
40. *Ibidem*, p. 137.
41. *Ibidem*, p. 138.
42. *Ibidem*, p. 137.
43. *Ibidem*, p. 138.

como perpetuadores de situações particulares de irracionalidade e, desta forma, como agentes singulares da desrazão.

Os revolucionários franceses, para Tocqueville, ter-se-iam, ademais, afastado de modo completo de seus equivalentes benévolos, os revolucionários americanos e ingleses. Estes, na verdade, poderiam ser representados como "bons" revolucionários, seguidores de entimemas tradicionais: "Estamos muito longe do respeito dos ingleses e americanos para com os sentimentos da maioria de seus concidadãos. Neles a razão é orgulhosa e segura, mas nunca insolente, e assim levou-os à liberdade ao passo que a nossa [revolução] só inventou novas formas de servidão[44]".

Dá-se, dessa forma, um novo padrão de tratamento dos assuntos públicos, tanto por parte dos filósofos como pelos diferentes agentes sociais: o mais puro dedutivismo, como modo de disseminação de crenças. Seu conteúdo substantivo pode ser apresentado como a combinação das seguintes dimensões: *atração por teorias gerais, sistemas completos de legislação e uma simetria exata das leis; desprezo para com os fatos existentes; confiança na teoria; vontade de refazer a constituição inteira de acordo com as regras da lógica.*

Tais dimensões podem ser percebidas como a prefiguração de um sistema de crenças. Com efeito, o que Tocqueville narra, com evidente aversão, são os efeitos – e a eventual vitória – dessa simulação de crenças sobre as crenças até então ordinárias e tidas como naturais. Creio, enfim, ser este um dos processos que implantam na vida ordinária os *mitiké písteis* do 10º Modo de Enesidemo. Processo pelo qual a filosofia política, em virtude de sua decantação sobre a experiência da vida comum, aparece como, ao menos, coadjutora de um novo sistema de crenças, vale dizer, de uma nova forma de vida.

## CRENÇA E EVIDÊNCIA[45]

Um dos modos de argumentação frequentes na narrativa de Tocqueville consiste na oposição entre duas maneiras de pensar, diferenciadas

---

44. *Ibidem*, p. 197.
45. Neste segmento, utilizo de forma extensa passagens da seção "Evidência, alucinação, experiência do mundo", de meu ensaio "Crença, descrença de si, evidência", *in*: Adauto Novaes (org.), *Mutações: a invenção das crenças*, São Paulo: Edições Sesc São Paulo, 2011, pp. 369-76.

por sua retaguarda nacional: a filosofia metafísica dos franceses *versus* a filosofia prática dos ingleses. Estes teriam sido marcados pelo predomínio do que W. H. Greenleaf, em livro notável, designou como a *teoria política do empirismo*, para a qual o papel da experimentação e o da orientação prática, desde os ensaios de Francis Bacon, aparecem como molas propulsoras para a filosofia pública[46]. Por essa via, é possível vislumbrar uma modalidade de filosofia política na qual opera um sistema de crenças compatível com a premissa maior do primado da experiência. O exemplo francês, aqui trazido pelo crivo crítico de Tocqueville, indica a presença de modalidade simetricamente oposta de filosofia política, para a qual a dimensão da experiência deve estar subordinada à evidência racional. Esta, por sua vez, deriva de uma intuição filosófica que se supõe operar a partir de ideias claras e distintas, anteriores à experiência prática, postas como condição epistemológica necessária para que a própria observação da experiência tenha lugar.

Um modo possível, entre muitos, de considerar a presença da evidência na filosofia política e, por consequência, no processo de fabricação de crenças é a observação do que disse Thomas Jefferson, na Declaração da Independência norte-americana, em 1776: "Consideramos essas verdades autoevidentes: que todos os homens são criados iguais, dotados pelo seu Criador de certos direitos inalienáveis, que entre eles estão a vida, a liberdade e a busca de felicidade[47]".

Independentemente do contexto histórico, é notável no texto de Jefferson a presença de uma *linguagem da evidência*. Ao tomar aqueles valores como autoevidentes – tal como o fizera John Locke cerca de um século antes – Jefferson está a indicar a presença e a força de verdades autovalidadas, a dispensar, portanto, modalidades de confirmação pelas vias da prova, da demonstração e da persuasão.

Tais suposições, por certo, escapam à prova, já que a exigência básica desse modo de fixação da verdade é a possibilidade de um ajuste entre *juízo* e *experiência* – *linguagem e mundo* ou *palavra e coisa* –, pela clara exibição de ambos, como condição de consistência. No limite, para provar

---

46. Cf. W. H. Greenleaf, *Order, Empiricism, and Politics: Two Traditions of English Political Thought*, Oxford. Oxford University Press, 1964.
47. Cf. Julien P. Boyd (ed.), *The Papers of Thomas Jefferson*, vol. 1 (1760-66), Princeton: Princeton University Press, 1950, p. 423.

o argumento de Jefferson, eu teria que testemunhar e dar a ver a todos a ação direta do Criador, para atestar o que dela resultou. Com efeito, o suporte referencial da premissa de Jefferson é a crença na precedência de uma ação generalizada de uma divindade, como condição de existência do mundo. O que seria uma prova, transfigura-se na mobilização de uma crença – existência divina – para sustentar outras crenças – os efeitos da ação de tal divindade sobre a vida dos humanos.

A inaplicabilidade da demonstração, para fixar a verdade do texto de Jefferson, parece-me igualmente óbvia. Uma demonstração dá-se ou não. Tem que ser dotada de uma força tal que, uma vez posta, seus impactos são tais que a imagem de um cenário distinto daquele que ela fixa torna-se impossível. Tomo aqui como exemplo possível uma demonstração geométrica, que ao chegar a termo faz com que enunciados alternativos a respeito do problema examinado tornem-se evidentemente falsos. Jefferson, por certo, pode manifestar sua crença com todo vigor e atribuir a sua origem ao que desejar, mas, em termos rigorosos, *não pode demonstrá-la*. Ele não seria capaz de mostrar que o seu oposto é necessariamente impossível.

Resta-nos o modo de fixação da verdade via argumentação. Essa é a forma disponível e usual de decantação de enunciados políticos e morais. Com efeito, a afirmação de verdades autoevidentes só passa ao ato se esforços de argumentação dela decorrerem. Tal aspecto, porém, diz da relação desse discurso com o mundo para o qual ele se dirige, mas oblitera uma questão grave: como Jefferson *sabe* disso? Em outra linguagem, como passar dos enunciados na terceira pessoa – *há direitos universais* – para o da primeira pessoa – *eu sei que há direitos universais*?

Thomas Jefferson nunca foi filósofo. Escolhi-o como exemplo filosófico exatamente por essa razão. Com ele dá-se uma *passagem possível da evidência para a experiência*, através da apresentação de um sistema de crenças. Vejamos o ponto. Jefferson poderia ter apresentado, com os mesmos propósitos prosélitos, a mesma proposição de modo um tanto deflacionado. A ver, pela seguinte simulação: (i) nós acreditamos que haja um Criador que deu origem aos seres humanos como iguais entre si, e com direito à vida, à felicidade e à liberdade; (ii) nossa revolução tem como pontos programáticos a defesa do direito do povo americano à vida, à felicidade e à liberdade.

Em nenhum dos enunciados vê-se a operação de princípios da evidência. O primeiro deles caracteriza-se pela afirmação de uma crença, com a indicação do caminho de suas consequências, nos termos exatos e já aqui referidos de Alexander Bain, que associa o tema da crença à *intenção, vontade* e *ação*. O segundo enfatiza a dimensão histórica e local do movimento que afirmou aqueles valores. Em ambos os casos não há operadores de universalização.

Pelo contraste, pode se ter uma ideia da potência do pensamento da evidência, mobilizado por operadores de universalização. No texto de Jefferson e no vocabulário dos Direitos do Homem emanados da Revolução Francesa, os operadores são claros: "homem", "qualquer homem", "todos os homens" etc. Há, pois, uma correspondência entre o caráter de verdade necessária revelado pela evidência e seu corolário de universalização prática[48].

Se as operações da crença em contextos de provas, demonstrações e argumentos não se apresentam como especialmente problemáticas, ao contrário parece ser o caso de indagar: qual a natureza das crenças envolvidas no ato de *crer em uma evidência*? Embora gente como Charles Saunders Peirce tenha genialmente desqualificado a questão – ao sustentar que cria em tudo aquilo em que acreditava –, creio ser necessário levá-la a sério.

O tema da evidência ocupou o proscênio filosófico do século XVII. A filosofia praticada naquele século foi marcada pela miragem do espírito sistemático e pela sustentação de evidências capazes de fornecer ao sujeito certeza epistêmica. Descartes e Hobbes foram os principais operadores dessa mutação filosófica, que encontrou nos filósofos céticos uma forte barreira crítica[49].

---

48. É esse o sentido da caracterização feita por Alexis de Tocqueville da Revolução Francesa como revolução religiosa. Ela não era nacional ou resultado de dinâmicas históricas e sociais particulares, mas manifestação de argumentos racionais evidentes e universais. Cf. Alexis de Tocqueville, *op. cit.* Ver, em especial, o capítulo 3 do livro I, pp. 57-9.
49. É certo que tais datações são sempre sujeitas a reparos. É possível, com efeito, detectar sinais de operações de princípios da evidência na filosofia grega – quer pela recusa da *doxa* como critério de verdade, quer pela fixação de primeiros princípios como condição necessária para o conhecimento verdadeiro – e no pensamento medieval – sobretudo nos esforços de Anselmo para a produção de uma prova da existência de Deus que, de forma engenhosa, buscava combinar demonstração e evidência. Trata-se, ainda, de um tema forte nas filosofias de Duns Escoto e Guilherme de Ockham, o primeiro em torno da ideia de *cognitio intuitiva* e o segundo com o tema da *notitia evidens*. Ambos andavam às voltas com

O estatuto da verdade posto pelo princípio da evidência afasta-se dos escolhos da tradição e da revelação, mas, evitando as derivas cética e relativista, exige o preenchimento do sujeito por uma certeza que, quando lhe aparece, o faz sob a forma de algo que dele exige assentimento completo, como um fato de razão. Da mesma forma que marcado pelo tema da evidência, o século XVII foi atravessado por esforços de refutação de tal busca, como pode ser detectado na variante cética que teria, segundo olhares pouco generosos, infestado os espíritos coevos[50].

Uma história da evidência seria, por certo, de grande interesse. Não é o caso de empreendê-la aqui, mas pode ser dito que há uma ordem de argumentos e indagações que deve precedê-la. Diante do enunciado de Jefferson, posso, de modo legítimo, perguntar: *Como vocês sabem disso? O que é isto que vocês veem e que eu não consigo ver?* Há o suposto de uma opacidade, a par de uma incapacidade agnóstica minha de *ver o fundamento*. Uma alternativa apaziguadora poderia dizer: essa visão que não alcanço resulta de uma percepção de coisas que se dão de fato no mundo, e não de caprichos de homens doidos. Tornaram-se possíveis pela prática militante e disciplinada de maior atenção sistemática, quer ao detalhe – uma sensibilidade fenomenológica incomum –, quer à espessura do mundo – uma capacidade de ir ao fundo das coisas e ver lá o que não se revela a olho nu.

No entanto, mais do que atenção mundana – seja na superfície, seja nos abismos; seja topográfica ou tectônica –, o princípio da evidência exige o autopreenchimento do sujeito, pela afirmação de seu acesso privado e solipsista a verdades invisíveis, posto que tão somente evidentes. Trata-se de uma forma ativa de alucinação, capaz de inventar mundos e coisas não existentes.

Fernando Gil, em seu *Tratado da evidência*, afirmou que a evidência é uma alucinação. Trata-se de um "excesso", um "curto-circuito"[51] pelo qual a representação toma o lugar do mundo exterior ao pensamento: "A evidência alucinada permanece o modelo da máxima inteligibilidade, de uma 'inteligibilidade viva' que não deixa margem para dúvidas e que,

---

formas de falar da realidade, sem que para tal fosse necessário sair do espírito. Cf. Fernando Gil, *Tratado da evidência*, Lisboa: Imprensa Nacional/Casa da Moeda, 1996, pp. 170-81.

50. Sobre a crítica cética, ver o excelente livro de Gianni Paganini, *Skepsis: Le débat des modernes sur le scepticisme*, Paris: J. Vrin, 2008, além do clássico e incontornável livro de Richard Popkin, *The High Road to Pyrrhonism*, San Diego: Austin Hill, 1980.
51. Fernando Gil, Tratado da evidência, op. cit., p. 117.

sobretudo, nos conduz a uma crença absoluta na existência e ao contentamento do conhecimento [...] ao preenchimento da expectativa[52]".

A alucinação da evidência traz consigo um operador invisível. O argumento decorre da ideia de Edmond Husserl a respeito do que seria uma *evidência perfeita*. Husserl, em uma nota de sua *Lógica formal e lógica transcendental*, menciona o "caráter regulador, em sentido kantiano, de uma evidência perfeita[53]". Trata-se de pura passagem da evidência ao ato. Fundada em um solipsismo radical, a evidência passa à vida como princípio regulador da experiência. O argumento de Husserl é essencial para o entendimento desse passo da evidência à experiência: "A experiência externa nunca é *a priori* uma experiência que dê a coisa ela própria de maneira perfeita mas, enquanto se escoa numa concordância consequente, ela traz consigo, a título de implicação intencional, a ideia de um sistema infinito [...] de experiências possíveis[54]".

Como bem observou José Reis, em comentário ao *Tratado da evidência*, trata-se, no argumento de Husserl, de "tomar o não dado como presente[55]". Há alguns anos supus e escrevi que a filosofia política caracteriza-se pela imitação de coisas não existentes[56]. Hoje penso saber melhor a respeito do que se imita e dos requisitos epistêmicos envolvidos no empreendimento. Sem os operadores da crença e da alucinação e, sobretudo, sem o recurso à ficção da evidência, o discurso sobre a política jamais poderá considerá-la sob a ótica de um "sistema infinito [...] de experiências possíveis". Em seu lugar, continuaremos imersos em um sistema finito de coisas tal como se mostram.

O rebatimento do tema da evidência sobre a filosofia política é, para dizer o mínimo, significativo. A linguagem dos direitos – tidos como fatos de razão e não como efeitos de acumulações históricas particulares – muito devêm das operações da evidência. Por suas características intrínsecas, a experiência da verdade, proporcionada pela evidência, é de natureza solipsista e não compartilhada. Qualquer esforço que eu venha a fazer

---

52. *Ibidem*, p. 17.
53. Edmond Husserl, *apud* Fernando Gil, *Tratado da evidência*, op. cit., p. 33.
54. Edmond Husserl, *apud* José Reis, "Sobre o *Tratado da Evidência* de Fernando Gil", *Revista Filosófica de Coimbra*, n° 10, 1996, pp. 415-16.
55. *Ibidem*, p. 416.
56. Cf. Renato Lessa, "Por que rir da filosofia política?", in: Renato Lessa, *Agonia, aposta e ceticismo: ensaios de filosofia política*, Belo Horizonte: Editora da UFMG, 2003.

para compartilhar com outrem de algo que advém de uma evidência que acaba de me assaltar implicará praticar algum dos modos anteriormente indicados. É possível, pois, imaginar esforços de persuasão baseados em uma evidencia originária. Mas isso não elide o fato de que, na origem de tudo – e como condição de tudo – ocorre um experimento de intuição filosófica, por definição solipsista.

Crer na verdade de uma intuição, anterior a toda experiência e a operar como condição de consistência epistêmica do sujeito. Tal é a modalidade de crença a ser exigida pelo princípio da evidência, por meio do qual uma experiência originariamente solipsista dá passagem à configuração do espaço público.

### ANTROPOLOGIA DA CRENÇA[57]

Uma antropologia da crença tanto pode indicar a inerência da crença ao âmbito humano quanto sustentar que os atos de crença decorrem de nossa disposição natural – sim, por que não? – de *suplementação simbólica da experiência*. A expressão em itálico é a rigor pleonástica, já que não há experiência a não ser como âmbito de ação simbolicamente suplementada. Em outros termos, toda experiência é a experiência de uma suplementação.

Como passo conclusivo deste ensaio, que já ultrapassa o limite do razoável, creio ser necessário sustentar uma distinção entre os *conteúdos contingentes das crenças* – mutantes tal como a vida o é – daquilo que poderíamos definir como o *ato da crença como condição permanente*. Não se trata de ter como foco exclusivo e primordial mutações nos conteúdos das crenças, mas sim o *próprio ato de crer – o trabalho fundamental da crença –* como marcador de integridade existencial do sujeito. Toda crença implica, de modo mais preciso, uma *experiência com a verdade*. Em outros termos, regimes de crenças estão sempre associados a regimes de verdade. Não nos é dado, simplesmente, *descrer no que acreditamos*, no ato mesmo em que acreditamos. Na chave posta por um de seus *Provérbios do inferno*, o poeta William Blake definiu belamente esse ponto: *Every thing possible to be*

---

57. Neste segmento final, utilizo de forma extensa passagens da seção "Do que não nos é dado descrer", de meu ensaio "Crença, descrença de si, evidência", *in*: Adauto Novaes (org.), *Mutações: a invenção das crenças, op. cit.* pp. 348-57.

*believ'd is an image of truth* ("Qualquer coisa em que seja possível acreditar, é uma imagem da verdade"). O descarte de uma crença depende da intervenção de outra crença, capaz de desfazer as condições experimentais que dão suporte à crença anterior. É esse o mecanismo ordinário de correção de crenças ordinárias. Falemos, agora, de crenças, a um só tempo, não suprimíveis e incorrigíveis. Mas, antes disso e mais uma vez, que fique claro: toda crença pressupõe uma experiência com a verdade.

David Hume, além de constatar a presença indelével da crença em nossos afazeres mais ordinários e a mutabilidade de seus conteúdos, sustentou que nossas crenças estão fundadas em algumas *crenças naturais* essenciais. Não se trata, aqui, de incorrer em essencialismo, mas de indicar que as operações da crença configuram "uma espécie de instinto natural que nenhum raciocínio ou processo do pensamento ou do entendimento é capaz de produzir ou de impedir[58]". Se o conteúdo de algumas de nossas crenças pode ser afetado pelo tempo e pelos usos, há, contudo, atos originários de crença que podem – e devem – ser tomados como *condição necessária para a própria experiência com o mundo*.

Em outros termos, o primeiro conjunto – o das crenças afetáveis pelo tempo – tem seus conteúdos constituídos pela operação de uma tríade composta pelos princípios da *variabilidade,* da *mutabilidade* e da *obsolescência*. Já o segundo – o dos atos originais de crença – parece possuir, digamos, tinturas transcendentais, já que define as condições permanentes e gerais para a configuração de crenças positivas, dotadas de conteúdos normativos e vinculantes. De um modo mais direto, há que distinguir entre crenças cujo conteúdo é afetado pelas circunstâncias históricas, e por minha decisão de a elas aderir, de crenças das quais não me é dado descrer. A crença em um projeto político, por exemplo, é descartável, já a crença de que sou um sujeito é de natureza distinta. Seu descarte produziria consequências diretas e práticas na substância de minha forma de vida.

Três atos de crença, a seguir o argumento de Hume, podem aqui ser incluídos como crenças naturais dotadas desses atributos fundamentais. É mais do que hora de decliná-los:

---

58. David Hume, *Investigação acerca do entendimento humano*, São Paulo: Companhia Editora Nacional, 1972, p. 48.

1. crer na existência contínua de um mundo exterior e independente de nossas percepções: crer em algo independente de mim;
2. crer que as regularidades que ocorreram e ocorrem em nossa experiência passada e presente constituem base confiável para compreender as que ainda ocorrerão;
3. crer na confiabilidade dos nossos sentidos.

O primeiro conjunto diz respeito a *crenças ontológicas*, constitutivas de enunciados que afirmam a existência de algo que de mim independe, posto que fixado em alguma natureza que não resulta da minha vontade e capacidade de representação. Trata-se, de modo direto, de uma *crença no mundo* associada a uma *crença de regularidade*.

O segundo conjunto estabelece *crenças epistemológicas*, ao indicar condições de observação e de formulação de juízos e expectativas a respeito do comportamento presente e futuro do mundo. Regularidades percebidas, assim, formam a base de nossas crenças sobre o modo pelo qual coisas e processos ainda não presentes deverão se constituir. São crenças, portanto, que estabelecem expectativas fiáveis a respeito do que ainda não ocorreu. Em termos belos e precisos, tal como postos por Fernando Gil, trata-se do "conforto da indução do incógnito a partir de acontecimentos já ocorridos[59]". O aspecto central nesse conjunto de crenças é constituído pelas crenças causais, que permitem que a presença humana no mundo seja marcada pela continuada atribuição de sentido à experiência. Um modo fulcral de atribuição de sentidos é da instituição de princípios de causalidade. Trata-se, aqui, de uma *crença no pensamento*, na possibilidade de algum conhecimento a respeito do mundo. Tal crença é o suporte cognitivo e existencial para *crenças de previsibilidade*.

Ambos os conjuntos configuram crenças que podem ser tomadas como *exteriores*, já que gravitam em torno da afirmação da existência de objetos e das condições para sua cognoscibilidade. Tais conjuntos distinguem-se do terceiro, constituído por crenças epistêmicas que dizem respeito à consistência do próprio sujeito que crê, aqui implicado o crer em si. Nesse sentido, crenças interiores (de existência). Em outros

---

59. Fernando Gil, "As inevidências do eu", in: Fernando Gil; Helder Macedo, *Viagens do olhar: retrospecção, visão e profecia no Renascimento português*, Porto: Campo das Letras, 1998, p. 244.

termos, trata-se de uma *crença em si*, marcador necessário da *consistência epistêmica*.

Hume, para além de reconhecer a importância das crenças ordinárias em nossos afazeres, ocupou-se de um estrato de crença anterior à faculdade da ação. Um estrato que não se dá à adesão dos humanos, mas impõe-se como marca de sua condição natural. É como se Hume procurasse responder às seguintes indagações: o que fazem os humanos quando sustentam suas crenças; que tipo de crença é condição de possibilidade para as crenças que dizem possuir?

Tais questões conduzem-no ao tema da *crença do sujeito em si*, vale dizer, em sua consistência interna para dizer coisas sobre o mundo. Em outros termos, trata-se de crenças que evocam o que poderíamos designar como o *modo da primeira pessoa*, que se exprimem por meio de verbos psicológicos: *sentir, pensar* e, fundamentalmente, *crer*[60]. A experiência epistêmica da crença é constituída por atos expressivos, fundados em juízos na primeira pessoa. Juízos sobre o mundo, ao contrário, são expressos no modo da terceira pessoa, mesmo quando manifestam uma crença – tal como em "creio que *x* é o caso". Aqui o juízo da primeira pessoa – "creio" – estabelece a condição de ostensão do juízo na terceira pessoa – "*x* é o caso". A demonstração gramatical indica que juízos na terceira pessoa são marcadores de uma exterioridade cuja possibilidade de experimentação, no entanto, exige a operação da interioridade. É nesse sentido que Wittgenstein dizia que pressupunha a existência de um interior quando pressupunha um ser humano[61].

Juízos na primeira pessoa são expressões de estados psicológicos, expressões de crenças. Crenças epistêmicas são por definição *crenças interiores*, ou *crenças de uma primeira pessoa*; elas agem como condições necessárias para o conhecimento e podem ser definidas como crenças que sustentam a própria possibilidade da crença em objetos externos, que incluem o próprio sujeito quando este pensa sobre si mesmo. Tal dimensão epistêmica opera *antes* da experiência, o que faz com que o sentimento de falha epistêmica seja uma das mais radicais formas de vivência da falibili-

---

60. Cf. António Marques, *O interior: linguagem e mente em Wittgenstein*, Lisboa: Fundação Calouste Gulbenkian, 2003.
61. Cf. Ludwig Wittgenstein, *Últimos escritos sobre a filosofia da psicologia*, II, 84, *apud* António Marques, *op. cit.*, p. 7.

dade humana. Em outros termos, tal falhanço arruína nossas mais fundas e estabelecidas crenças a respeito de nossa identidade pessoal. Ou melhor, a falha epistêmica deriva da aniquilação do sujeito na mente humana.

Mas, que ideia podemos ter de nossas mentes? Se consultado, David Hume diria: não é possível ter uma ideia de mente, já que não há impressão de tal natureza[62]. Com efeito, "aquilo que chamamos uma mente não é senão um feixe ou coleção de diferentes percepções unidas por certas relações, e as quais supomos, embora falsamente, serem dotadas de uma perfeita simplicidade e identidade[63]".

Tais percepções "se sucedem umas às outras com uma rapidez inconcebível, e [...] estão em perpétuo fluxo e movimento[64]". O eu não passa de uma "sucessão de ideias e impressões relacionadas, de que temos uma memória e consciência íntima[65]". E mais: a alma humana não é mais do que "um agregado de diversas faculdades, paixões, sentimentos, ideias, unidos, sem dúvida, numa identidade, ou pessoa, mas ainda assim distintas umas das outras[66]".

No entanto, no que diz respeito à crença de possuirmos uma mente, o próprio Hume assevera: "não há nada de que possamos estar certos se duvidarmos disso[67]". A impossibilidade dessa dúvida conduz-nos à mãe de todas as ficções: "A identidade que atribuímos à mente humana é apenas fictícia, e de um tipo semelhante à que atribuímos a vegetais e corpos animais[68]". Na verdade, "fantasiamos a existência de um princípio de união como suporte dessa simplicidade [da mente] e centro de todas as diferentes partes e qualidades do objeto[69]".

Chegamos, pois, ao fundo do humano: a sustentação tácita de que somos portadores de uma mente. Dela não temos impressões diretas e muito menos ideia clara e distinta, tal como supôs Descartes. Resta a

---

62. Cf. David Hume, *Tratado da natureza humana*, São Paulo: Editora da Unesp/Imprensa Oficial do Estado, 2001, especialmente a seção intitulada "Do Ceticismo quanto à razão" (Parte IV, "Do Ceticismo e outros sistemas filosóficos", Livro I), pp. 213-220.
63. *Ibidem*, p. 240.
64. *Ibidem*, p. 285.
65. *Ibidem*, vol. 2, p. 311.
66. David Hume, "Diálogos sobre a religião natural", *in:* David Hume, *Obras sobre religião*, Lisboa: Fundação Calouste Gulbenkian, 2005, p. 47.
67. *Idem*, *Tratado da natureza humana*, vol. I, *op. cit.*, p. 284.
68. *Ibidem*, p. 291.
69. *Ibidem*, p. 295.

ficção a respeito da sua existência. Em outros termos, resta a crença a respeito da sua presença. E como a crença é passagem para a ação, simulamos em nossas ações no mundo os efeitos de nossas mentes. Damos azo constante, dessa forma, à ficção que as constituiu. Fora desse limite estabelecido pela mais básica das crenças, há tão somente o abismo do desfazimento do sujeito.

Não há, que fique claro, crenças inatas, do ponto de vista de seus conteúdos. Estes são da ordem da contingência e da experiência históricas, o que facilmente se depreende da observação primária da variedade das crenças abrigadas e praticadas pelos humanos. Mas em adição ao reconhecimento desses conteúdos contingentes, é necessário que se diga que o sujeito que os sustenta é, tal como anteriormente fixado na antropologia de Michel de Montaigne e de Pierre Bayle, *um animal que crê*[70]. É essa a sua natureza básica, *foncière*. Na tradição aberta por Montaigne e Bayle, ao falar de uma natureza humana, Hume designa algo que pode ser definido como um *sujeito portador de crenças*.

O sujeito, afetado e constituído pela variedade, possui ademais características genéricas, que são condição de impregnação dos depósitos contingentes do tempo e da experiência. É de tal *natureza humana* que Hume nos fala em seu *Tratado*. Não sendo propriamente uma obra de história, o *Tratado da natureza humana* é um esforço genial para fixar as características naturais e genéricas dos sujeitos inscritos afetados e constituídos pelo curso ordinário das coisas. Tais estratos fundos, vazios de destino e finalidade, dizem respeito à nossa pregnância com as coisas e com os outros. Fixação, pregnância, ação: tudo isso se associa ao incessante trabalho da humana atribuição de sentido à experiência. Ou melhor, ao *trabalho de constituição da experiência como atividade significativa*. Nesse sentido, a filosofia de David Hume é uma *filosofia da crença*, na tradição aberta pelos céticos modernos, com Montaigne e Pierre Bayle.

Com efeito, nada há *para além da natureza humana*, quando observamos o curso do mundo. Os atos de observação e de dizer do que se está a observar, se exigem a suposição de algo que lhes é exterior, ao incidirem sobre o domínio da exterioridade acabam por humanizá-lo, por torná-

---

[70]. Para uma discussão pormenorizada das implicações dessa antropologia, ver Frédéric Brahami, *Le travail du scepticisme*, Paris: PUF, 2001.

-lo significativo. Tal processo implica a operação de processos e estratos constituídos por crenças que, mais do que anteceder a experiência, são sua própria condição de possibilidade. Esse é o domínio da *crença natural*, da crença não afetada pela variedade das circunstâncias, posto que coextensiva à dimensão genérica dos sujeitos e não a suas particularidades.

Há, portanto, uma dimensão, digamos, natural na crença, mesmo que seu rebatimento substantivo – seu aspecto de *conteúdo* e *preenchimento* – provenha da experiência da história. Esta, por sua vez, só é possível enquanto processo de fabricação e decantação de crenças, o modo humano por excelência de pôr-se no mundo. Os humanos, dessa forma, colonizam o mundo governados por suas crenças. Em linguagem evolucionista, são elas que presidem nossos protocolos de adaptação e permanência ao mundo natural e pré-humano. Uma permanência calçada no artifício da cultura – na *invenção da cultura*, como bem pôs o antropólogo Roy Wagner –, que só pode produzir efeitos de fixação e de regramento se sustentada em crenças constitutivas[71].

---

71. Cf. Roy Wagner, *A invenção da cultura*, São Paulo: Cosac & Naify, 2010.

# O futuro não é mais o que era
## Entre o trabalho e o labor: o devir aldeia das cidades
Guilherme Wisnik

**A PÓS-METRÓPOLE**

Será que ainda podemos chamar de cidades as imensas megalópoles tentaculares que se espraiam como supernovas por todos os continentes do planeta, conurbando os territórios existentes? O vertiginoso processo de crescimento da população mundial e das cidades ocorrido a partir da Revolução Industrial, com o advento de novas tecnologias de construção, de antibióticos e de fertilizantes, fez com que no final do século xx uma hipercidade como Tóquio abrigasse, sozinha, a mesma população urbana do planeta Terra de duzentos anos antes[1]. Que impacto isso pode ter sobre a concepção de cidade que temos hoje? Que futuro podemos avistar desde esse inquietante ponto de vista? Parece claro que, do ponto de vista urbano, vivemos um processo de ruptura histórica, isto é, de mutação e quebra de paradigmas.

Lewis Mumford inicia o seu enciclopédico *A cidade na história*, lançado em 1961, com o seguinte questionamento: "Que é a cidade? Como foi que começou a existir? Que processos promove? Que funções desempenha? Que finalidades preenche?". Questões que, diante dos dramáticos impasses colocados pelas cidades naquele momento histórico crucial – o

---

1. Ver Mike Davis, "Planeta de favelas: a involução urbana e o proletariado informal", *in*: Emir Sader (org.), *Contragolpes: seleção de artigos da New Left Review*, São Paulo: Boitempo, 2006, p. 192.

segundo pós-guerra –, culminam na seguinte pergunta: "Existe ainda uma alternativa real a meio caminho entre Necrópolis e Utopia?[2]".

Evidentemente não há respostas seguras para tais perguntas, nem uma definição consensual sobre o que é, afinal, a cidade. Por exemplo, de acordo com a visão de Aristóteles, formulada no século IV a.C., a *pólis* se definia por uma "justa medida" capaz de fazer com que ela não se confundisse nem com a aldeia, por um lado, nem com o império, por outro, garantindo uma ordem na interação entre os cidadãos em prol da boa atividade política. É por isso que, segundo o pensador de Estagira, pode-se apenas chamar de cidade aos agrupamentos humanos cuja extensão não ultrapassem a distância abarcável pelo olhar de uma pessoa, ainda que situada em um promontório[3]. Como se pode perceber, trata-se de um critério de definição que nós, há muito tempo, já desrespeitamos.

Hoje, para Jürgen Habermas, "a forma de vida exigida como suporte e alimento do mundo público a ser recomposto à contracorrente do capitalismo avançado já não pode contar mais com a forma outrora abarcável da cidade. As aglomerações urbanas deixaram de corresponder ao conceito de cidade; nelas predominam as conexões funcionais não configuráveis, sem a visibilidade do lugar público[4]". E, de forma complementar, segundo a visão de Paul Virilio: "Se ontem o arquitetônico podia ser comparado à geologia, à tectônica dos relevos naturais, com as pirâmides, as sinuosidades neogóticas, de agora em diante pode apenas ser comparado às técnicas de ponta, cujas proezas vertiginosas nos exilam do horizonte terrestre[5]".

É diante do quadro de crise conceitual que enfrentamos hoje que muitos teóricos têm empregado o termo *pós-metrópole* para designar os agrupamentos urbanos gigantes e informes que definem o nosso mundo, onde a distância entre os centros e as bordas se expande tanto que atinge um ponto crítico de ruptura[6]. Significativamente, muitos deles são italianos, oriundos de uma tradição cultural que batizou a noção de cidade com a

---

2. Lewis Mumford, *A cidade na história*, São Paulo: Martins Fontes, 1998, p. 9.
3. Aristóteles, *A política*, São Paulo: Martins Fontes, 1998, pp. 87-8.
4. Jürgen Habermas *apud* Otília B. F. Arantes, *O lugar da arquitetura depois dos modernos*, São Paulo: Edusp, 1993, pp. 117-8.
5. Paul Virilio, *O espaço crítico*, Rio de Janeiro: Editora 34, 1993, p. 21.
6. Ver Rem Koolhaas, "A cidade genérica", in: Rem Koolhaas, *Três textos sobre a cidade*, São Paulo: Gustavo Gili, 2016, p. 33.

qual trabalhamos no Ocidente[7]. Para Giulio Carlo Argan, por exemplo, uma transformação profunda se deu no segundo pós-guerra, quando as cidades deixaram de poder ser consideradas espaços delimitados e objetivados em determinados territórios para se configurarem mais como impalpáveis redes de fluxos viários e sistemas de serviços praticamente ilimitados[8]. Não por acaso, esse é o mesmo período histórico em que a arte vive uma profunda crise, explodindo o seu suporte tradicional, rompendo sua autonomia, lançando-se de forma impura e precária no ambiente, e tornando-se passível de ser manipulada pelo público. É por causa dessa relação de espelhamento que, para o grande teórico italiano, a história da arte pode ser lida e contada como história da cidade, e vice-versa.

A propósito, como bem observa Lorenzo Mammì, "a unidade pela qual Argan mede a rede de sentidos instaurada pela obra de arte é a cidade". Assim, contra uma concepção romântica de nação e de povo, mas também contra um universalismo plácido, presente em muitas das utopias modernas, "Argan propõe a cidade como comunidade concreta de pessoas que moram no mesmo espaço, compartilham os mesmos símbolos, veem a mesma paisagem". Portanto, em oposição ao campo, lugar da natureza, a cidade, no Ocidente, é, por excelência, o lugar da história. Por isso, arremata Mammì, "é a partir da cidade que é necessário defender a história como princípio humanístico do fazer social[9]".

Ora, mas é exatamente essa espessura do tempo histórico, aliada ao aspecto modelar e generalizável da arte e da noção de projeto, que se perdem irremediavelmente na segunda metade do século xx, junto com a ideia de cidade como um agrupamento orgânico, razoavelmente unitário e culturalmente coerente. Claramente, é outra a ideia de cidade que temos hoje, quando olhamos imagens aéreas das imensas e impermanentes periferias de Kinshasa, Lagos, São Paulo, México, Daca ou Karachi. Ou, de forma complementar, quando vemos o tecido urbano difuso e esgarçado de Los Angeles, Las Vegas, Houston ou Dallas, por exemplo.

---

7. Ver, por exemplo, Vittorio Gregotti, *Architettura e postmetropoli*, Torino: Einaudi, 2014; e Massimo Cacciari, "A cidade-território (ou a pós-metrópole)", *in:* Massimo Cacciari, *A cidade*, São Paulo: Gustavo Gili, 2010.
8. Giulio Carlo Argan, *História da arte como história da cidade*, São Paulo: Martins Fontes, 1993, p. 215.
9. Lorenzo Mammì, "Prefácio à edição brasileira", *in:* Giulio Carlo Argan, *História da arte italiana*, São Paulo: Cosac Naify, 2003, p. 13.

Assim, voltamos à pergunta inicial: como redefinir as cidades no momento histórico em que o mundo se tornou majoritariamente urbano, e em que o agigantado espaço físico dessas ditas pós-metrópoles vai sendo enormemente multiplicado pelos ciberespaços virtuais? Sem poder responder diretamente a tais questões, proponho retornarmos vários milênios para trás, em busca de uma melhor compreensão da origem histórica das cidades, que possa de alguma maneira iluminar as razões do que possa representar o *ser urbano*, indicando-nos, ao mesmo tempo, o que sobreviveria ainda hoje dessa presumida razão ontológica das cidades.

## DA ALDEIA PARA A CIDADE

Segundo o arqueólogo australiano Vere Gordon Childe, a chamada *selvageria paleolítica*, economia primitiva de coleta e caça, organizava-se em clãs, grupos unidos em torno de ascendências míticas, totêmicas. Se essa economia extremamente débil não tivesse sido superada, nas palavras de Childe, o *Homo sapiens* teria permanecido um animal raro. Contudo, a *revolução econômica* do oitavo milênio antes de Cristo – a domesticação de animais e o cultivo de cereais – solucionou esse impasse evolutivo, criando o sedentarismo agrícola. Inicia-se aí uma nova forma de organização social e mental da humanidade, organizada em mundos fechados em aldeias, dotadas de estruturas simbólicas predominantemente matriarcais[10].

Contudo, esse novo mundo das aldeias – a chamada *barbárie neolítica* – manteve a organização social dos clãs, continuando e amplificando o sistema comunal de divisão dos alimentos com base na posse e exploração coletiva da terra. Para Marx, a comunidade tribal espontânea, vinda das hordas do nomadismo, na medida em que se fixa na forma do comunalismo pela recompensa que pode extrair do esforço coletivo, transforma a terra num prolongamento de sua subjetividade, na *natureza* de sua reprodução, e se objetiva. Assim, o homem é mais do que o nômade que coletava, pois tem uma existência objetiva na propriedade, que antecede o seu trabalho (assim como sua própria pele).

---

10. Ver Gordon Childe, *O que aconteceu na história*, São Paulo: Círculo do Livro, 1942, p. 62.

O homem é, segundo Marx, uma subjetividade que se desdobra em uma objetividade: a terra, sua extensão e precondição inorgânica[11]. E a mediação que garante esse desdobramento é a existência do indivíduo como membro da comunidade, o sentido de pertencimento a esse grupo. Assim, o conceito de propriedade, nessa primeira acepção, significa pertencer a uma tribo, ter uma existência objetiva dentro dela. Dessa forma, para a comunidade espontânea, a relação que o trabalhador estabelece com as condições objetivas de trabalho – a terra – é de propriedade. E a propriedade, vista desta maneira, não é a apropriação estática de uma porção de terra, mas um termo que designa uma relação: é a unidade natural do trabalho com seus pré-requisitos materiais, é a atitude natural do homem de encarar suas condições naturais de produção como lhe pertencendo. No entanto, a propriedade é comunal, portanto, o significado do pertencimento ao todo da comunidade é o sentido que dá ao indivíduo o caráter de *possessor*, de possuidor temporário. A apropriação da terra é condição preliminar do trabalho, e não o seu resultado.

A autossuficiência dos homens neolíticos estava baseada no fato de cultivarem seus alimentos e poderem fabricar todo o seu equipamento social com material conseguido localmente: pedra, osso, madeira, argila etc. "Segue-se disso que a economia neolítica não oferece ao agricultor nenhum estímulo material para produzir mais do que necessita para manter-se com a família[12]". Assim, esse mundo fechado – cada clã é um universo enraizado – fundamentado na autossuficiência, na perpetuação, resolve imensos impasses sociais e culturais, mas cria, ao mesmo tempo, contradições internas que minam sua perenidade. Seu sucesso adaptativo permite maior controle dos processos da vida e, com isso, a liberação de uma série de contingências ligadas exclusivamente à satisfação das necessidades, permitindo um desenvolvimento espiritual que coloca o trabalho como "mais uma das atividades da vida". O consequente crescimento numérico da população força a expansão, que, por sua vez, tem que ser contida para manter a autossuficiência, a não especialização, o comuni-

---

11. A utilização, por Marx, do termo *inorgânico* para a terra pode nos parecer estranha se pensarmos numa concepção estrita de terra, de solo, como natureza, portanto, como fonte de *organicidade*. No entanto, na construção marxista, o termo designa propriedade, relação com a terra, em que a preexistência do solo, em relação ao homem que dele dispõe, se constitui nessa relação como prolongamento objetivo de sua subjetividade orgânica.
12. G. Childe, *op. cit.*, p. 63.

tarismo. Apesar de, como observa Marx, nas formas asiáticas o indivíduo encontrar-se firmemente enraizado, a fragilidade de sua manutenção está na exposição ao contato com os elementos de fora das aldeias, que as colocam, a partir de certa momento, em curto-circuito. Quando os indivíduos de uma comunidade adquirem, pelo contato de comércio, pelas guerras, ou pelo simples pressuposto aberto com o precedente da propriedade divina, ou "real", uma existência separada de sua existência coletiva como comunidade – a propriedade privada –, surgem as condições que permitem ao indivíduo a perda de sua propriedade e, consequentemente, a desintegração do sentido de coletividade que a sustentava.

Uma segunda contradição apontada por Gordon Childe na sociedade neolítica é a fragilidade desse controle sobre a natureza (a aldeia estava ainda completamente exposta aos efeitos das catástrofes naturais), portanto, o caráter ilusório dessa perpetuação na autossuficiência. Dessa maneira, as contradições apontadas só se resolveram historicamente à medida que essa contenção, que esses mecanismos de restrição do crescimento se dissolveram. Isto é, na hora em que os agricultores foram persuadidos a produzir além de suas necessidades, sustentando especialistas desincumbidos da produção para o consumo próprio. Esse momento corresponde à barbárie superior da Idade do Cobre, e está no nó dos pré-requisitos que deram impulso material à chamada ascensão da cidade, ou *revolução urbana*.

A exploração do metal, no caso, primeiramente o cobre, se mostrou extremamente vantajosa para a fabricação de instrumentos – mais potentes e duráveis – e de armas. Dado o poder e a utilidade desse novo material, sua exploração requereu dedicação exclusiva, especialização. E, em virtude da alquimia da transformação metalúrgica, esses novos especialistas aparentaram-se aos primeiros – os mágicos – como "iniciados nos mistérios" da transubstanciação. Contudo, com uma nova característica: já não estavam vinculados a uma base territorial, à perpetuação tectônica do clã (do qual o mágico era a emanação), e portanto eram desgarrados, itinerantes, detentores de um saber que recoloca o princípio paleolítico errante do deslocamento em novas bases, apontando para a natureza da troca[13]. Assim, segundo a visão tecnicista de Childe, pelo uso do metal

---

13. Marx ressalta que a troca é o agente principal que individualiza o homem, destacando-o do grupo de pertencimento. "Torna supérfluo o caráter gregário e o dissolve." Cf. Karl Marx, *Formações econômicas pré-capitalistas*, São Paulo: Paz e Terra, 1981, p. 90.

essa nova classe de metalúrgicos e comerciantes engendra a destruição da autossuficiência neolítica, cortando as bases econômicas do matriarcado. Como o metal tinha de ser buscado longe, abre-se um precedente para o comércio e o deslocamento, engendrando também a submissão pelas armas. Assim, o que permite a ampla produção de excedentes e a intensa transformação social do período é a utilização conjunta das três grandes descobertas: a agricultura, a pecuária e o metal, base para a construção do arado. Um processo de estratificação, de dominação crescente, faz nascer a riqueza, a propriedade pessoal, a hereditariedade e o culto da personalidade.

Nos locais onde as aldeias neolíticas se desenvolveram (as estepes sírias e os planaltos do Irã), seus habitantes "podiam viver sem sentir a necessidade imperiosa de enfrentar a formidável tarefa de reconstruir todo o edifício da barbárie neolítica[14]", observa Childe, enquanto as recompensas oferecidas pela exploração coletiva de um ambiente inicialmente mais difícil, como a Suméria, região lamacenta junto ao delta dos rios Tigre e Eufrates, eram muito maiores. É lá que "as aldeias da Idade do Cobre se transformaram nas cidades da Idade do Bronze[15]".

Ao contrário de alguns nostálgicos da vida prosaica de aldeia, que veem na urbanização o pecado original da civilização, Marx dá a entender, em sua análise, que o movimento de desarraigamento que dá origem às cidades já estava de alguma maneira contido no modelo asiático de autoperpetuação comunal. Segundo ele, a apropriação da terra se dá como precondição anterior ao processo de trabalho. Contudo, Marx acentua que, no caso da maioria das formas asiáticas fundamentais, a apropriação é compatível com o fato de que a "unidade geral mais abrangente" apareça como o proprietário único ou superior, concretizado na figura do rei, enquanto as comunidades propriamente ditas se constituam apenas como possuidoras hereditárias. Como a unidade é também – anota – precondição real da propriedade comum, um pressuposto natural ou divino (e não resultado do trabalho), torna-se perfeitamente possível que apareça como algo separado, superior às numerosas comunidades particulares. Poder e propriedade são pré-requisitos e não resultados do

14. G. Childe, *op. cit.*, p. 93.
15. *Ibidem*, p. 93.

trabalho. Dessa forma, para o indivíduo da comunidade a propriedade, a relação com o corpo objetivo de sua subjetividade, aparece como cessão da unidade maior, o déspota, mediada pela comunidade menor, a aldeia. Assim, a interpretação marxista faz crer na consagração dessa entidade realeza-divindade como uma unidade entre aldeias, apontando, portanto, para uma consolidação simbólica e tributária antes da criação efetiva de cidades, as novas unidades espaciais que desarraigam os clãs estabelecidos em aldeias, em *genos*.

Contudo, Marx cria para o surgimento das cidades uma imagem um tanto ambivalente. Por um lado, se refere ao surgimento delas como se dando ao lado das aldeias, nos pontos privilegiados de comércio, respondendo, portanto, a um ímpeto difusor de comunicação. Mas, por outro lado, dá a entender a ocorrência de uma "evolução" das comunidades na direção de uma centralização espacial unitária, conseguida com as conquistas do trabalho coletivo (como a irrigação, por exemplo) que a centralização do poder proporciona. Para esse novo sistema centralizador – a cidade –, "a área cultivada é parte do seu território", enquanto para o comunalismo primitivo a "aldeia era simples apêndice da terra". Marx destila sua argumentação ao desenvolver a ideia de como a produção de excedentes, o contato através das guerras e a escravização criam o princípio pelo qual os indivíduos se descolam da comunidade, dando origem à propriedade privada e à alienação do trabalho, que constituirão as bases para o futuro capitalismo. A forma asiática, em síntese, representa um modelo que resiste por longo tempo a esse desenvolvimento que a degrada, mantendo o círculo da produção autossustentado na unidade da agricultura com a manufatura artesanal.

Temos assim que esse novo organismo hipercomplexo – a cidade –, que libera forças demenciais que estavam acorrentadas no mundo intrauterino das aldeias, e as controla colocando-as em comunicações novas, inusitadas, está voltado a consolidar-se na expressão de um autoculto personalista. Essa imagem soberana, que se afirma na existência de deuses públicos (geralmente as cidades estavam identificadas por deuses, de cuja autoridade emprestavam sua afirmação potente), de reis absolutos e conquistadores, se conjuga com a realidade físico-geográfico que fez nascer a cidade. Erguer a civilização como uma batalha coletiva que extrai frutos antes impensados da natureza num território aparentemente hostil que, por essa transformação, se mostra generoso e benevolente, qualifica o empreendimento cidade, em sua natureza, como materialização de uma *vontade de potência*, que a realiza e identifica[16]. Assim, a transformação de um mundo de aldeias em um mundo de cidades implica não apenas o aumento do tamanho dos recipientes físicos que as abrigam, mas aponta também, e sobretudo, para uma radical mudança de direção e finalidade, como anota Mumford[17].

## O TRABALHO E O LABOR

Diferentemente da palavra latina *lex* (lei), que designa uma relação formal de deveres e direitos entre uma comunidade de pessoas, a palavra grega *nomos* (lei) se origina de *nemein*, que significa distribuir, possuir e habitar. Isto é, a lei, para os gregos, é um conceito bastante concreto, que equivale a uma espécie de parede ou de muro. Um aglomerado de casas, um povoado, poderia prescindir do *nomos*, como mostra Hannah Arendt, "mas não uma cidade, uma comunidade política[18]".

O termo grego *poiesis*, do qual derivam as palavras latinas poética e poesia, significa fabricação, isto é, produção manual. Então, se para os gregos a *poiesis* é o fazer, os poemas – como todas as obras de arte e, também, os muros da cidade e suas leis, como vimos – são coisas feitas. Ao mesmo tempo, a palavra *tekton*, de onde vem "arquiteto", significa fabricante, alguém que trabalha sobre materiais duros, como pedra ou madeira. Vê-se, portanto, que para os gregos o poeta e o arquiteto estão irmanados e remetidos, em última análise, à figura do artífice, o trabalhador manual. De forma coerente, o termo grego que designa o que entendemos mo-

---

16. Max Weber assinala que, para muitas cidades do Oriente Próximo, a necessidade de regular o curso das águas, portanto, o estabelecimento de uma política hidráulica, deu origem a uma burocracia real voltada para as construções, da qual derivou uma ampla burocratização de toda a administração. Isso possibilitou ao rei tomar em sua própria administração o regime do exército, "oficial", equipado e sustentado pelos armazéns reais. Cf. Max Weber, "La dominación no legítima (tipologia de las ciudades)", *Economia y sociedad*, México: Fondo de Cultura Económica, 1984, p. 974.
17. "Muita coisa da cidade estava latente ou mesmo visivelmente presente na aldeia; contudo, esta existia como o óvulo não fertilizado e não como o embrião em desenvolvimento; na verdade foi preciso que todo um conjunto de cromossomos complementares de um pai viesse desencadear os novos processos de diferenciação e complexo desenvolvimento cultural." Cf. L. Mumford, *op. cit.*, p. 28.
18. Segundo Hannah Arendt, a combinação de lei e de uma espécie de muro é evidente num fragmento de Heráclito: "o povo deve lutar pela lei como por um muro". Ver Hannah Arendt, *A condição humana*, Rio de Janeiro: Forense Universitária, 1995, p. 73 (ver nota 61).

dernamente por arte é *tékhne*, que também significa técnica, definindo a unidade original entre ambas.

A *tékhne*, para os gregos, está na origem da própria condição humana, seguindo uma narrativa mítica que remonta a Hesíodo, em *Os trabalhos e os dias*. Pois representa a capacidade dos homens de prover a sua subsistência e construir o mundo material à sua volta através de um artifício: o fogo que o titã Prometeu roubou de Zeus e lhes deu de presente, permitindo que os homens cozinhassem o próprio alimento e fabricassem peças de cerâmica nas oficinas de Hefesto. A contrapartida lógica a esse gesto transgressivo é o aparecimento de Pandora, a primeira mulher, com a qual Zeus presenteia e ao mesmo tempo castiga os homens, para que passem a reproduzir-se entre si. Assim, a dor do parto e a perecibilidade do alimento representam a condição humana, desde então separada da condição divina.

Pandora, que significa "todos os dons", é, segundo Hesíodo, o "belo mal", pois quando abre a sua caixa de maravilhas espalha dores e males incontáveis pelo mundo[19]. Desse modo, como observa Jean-Pierre Vernant, a constituição simbólica dos homens na Grécia antiga possui um caráter duplo, em que a fecundidade e o trabalho aparecem como funções opostas e complementares. "Toda vantagem tem sua contrapartida, todo bem seu mal. A riqueza implica o trabalho, o nascimento, a morte." Portanto, é "em meio a esse caráter ambivalente da simbologia mítica arcaica que técnica e arte fundem-se na constituição do gênero humano[20]".

Em *A condição humana*, Hannah Arendt postula a existência de três atividades principais para a vida em sociedade: o labor, o trabalho e a ação. O centro da sua discussão, nesse livro, é uma reflexão sobre a erosão da esfera pública no mundo contemporâneo, correspondente à elevação social do âmbito doméstico, com a proliferação da chamada sociedade de consumo. Nesse sentido, se o seu modelo da ação política é fundamentalmente grego, e, portanto, talvez distante demais do nosso mundo, sua caracterização do labor e do trabalho permanece muito viva para se pensar o mundo contemporâneo.

---

19. Richard Sennett, *O artífice*, Rio de Janeiro: Record, 2009, p. 12.
20. Jean-Pierre Vernant, *Mito e pensamento entre os gregos*, São Paulo: Difel, 1973, p. 210.

Segundo o seu modelo teórico, a ação (práxis) é o domínio da política: o lugar da liberdade, do discurso e do conflito de ideias que constituem a esfera pública. No polo oposto, isto é, na dimensão privada, está o labor, a atividade que corresponde ao processo biológico da vida humana, a produção e o consumo de alimentos para a subsistência. Entre eles está o trabalho, a produção de objetos feitos para durar: os artefatos, que constituem o artificialismo da existência humana. O sujeito que constrói simbolicamente esse mundo artificial – representado pela transgressão de Prometeu – é o *homo faber*, que trabalha sobre os materiais duros, em oposição ao *animal laborans*, que se mistura com eles. E se o labor assegura a sobrevivência do indivíduo e da espécie, o trabalho e seu produto, o artefato, emprestam permanência e durabilidade à futilidade da vida mortal, ligadas a uma consciência histórica.

O labor é um processo ininterrupto, em que toda a produção é imediatamente consumida. Já o trabalho, ao contrário, se orienta por uma finalidade clara: acrescentar objetos duráveis ao mundo humano, que, embora possam ser desgastados pelo uso, não são nunca consumidos. Esses objetos, que incluem os edifícios e a própria cidade, constituem a materialidade das relações em sociedade, e não apenas impedem que colidamos uns com os outros, escreve Arendt, mas também impõem uma objetividade à nossa subjetividade instável.

Na sociedade de consumo, contudo, toda essa categorização entra em crise à medida que o labor é alvo de uma promoção social inédita – o que se percebe na própria palavra consumo –, e a esfera privada tende a eclipsar a esfera pública. Só o labor, "com sua inerte fertilidade", assevera a autora, é capaz de produzir a abundância, que precisa ser consumida. Desse modo, promovido a sujeito social aquele que é, por definição, alienado do mundo, o *animal laborans* mina pelo consumo a durabilidade do artefato humano à sua volta, transformando objetos duráveis em mercadorias expostas a taxas de obsolescência simbólica cada vez mais altas.

Parece claro, portanto, à luz desses conceitos, concluir que vivemos hoje o crepúsculo da durabilidade, e que o mundo das cidades vive também o seu ocaso, já que o conceito de cidade, tal qual o viemos postulando, se ergueu por cinco milênios sobre o esforço dessa durabilidade tangível rodeada por muralhas: a criação do artefato humano fora do homem, numa relação de objetivação material e simbólica. Nesse caso podemos demarcar, em amplo espectro, a predominância do labor delimitando os momentos anteriores e posteriores à vigência histórica da cidade: o mundo da aldeia neolítica, por um lado, e a sociedade de consumo pós-metropolitana, por outro. No entanto, falar em ocaso da cidade deve parecer um enorme disparate, na medida em que, objetivamente, as cidades não cessam de crescer. De modo geral, as metrópoles contemporâneas são o resultado de dois fenômenos concorrentes e complementares: o inchaço material, a conurbação, por um lado, e o refluxo da urbanidade, num sentido político e filosófico, por outro. É que a noção de cidade talvez não possa jamais prescindir do seu contraponto: o seu outro, isto é, aquilo que não é cidade.

A palavra *lugar* designa uma localidade onde paramos. É uma pausa no espaço, o que faz do lugar, segundo Massimo Cacciari, algo "análogo ao silêncio de uma partitura", sem o qual não há música. Com efeito, prossegue, "o território pós-metropolitano ignora o silêncio numa partitura; não nos permite parar, 'recolhermo-nos' no habitar. Ou seja, não conhece, não pode conhecer distâncias[21]".

## ALDEIA GLOBAL

Retomando as categorias conceituais de Hannah Arendt, enquanto o labor é a atividade que se esgota em seu próprio consumo, a energia física que produz coisas capazes de manter a sobrevivência dos indivíduos e da espécie, o trabalho constrói objetos duráveis, exteriores, que dão materialidade à existência humana, mediando as nossas relações. Assim, se a figura histórica que melhor encarna o labor (*animal laborans*) é o camponês agricultor, a que encarna o trabalho (*homo faber*) é o artesão, o trabalhador manufatureiro, o operário, o arquiteto ou o artista.

O período de prevalência histórica do labor é o Neolítico, que corresponde à sedentarização do homem em aldeias, cujos habitantes eram agricultores, e não mais caçadores nômades, como no Paleolítico. Associado em geral a um universo de matriarcado estável, pouco hierarquizado e devotado à subsistência, como vimos, o período Neolítico se caracteriza por uma longa estabilidade social – que vai do 10º ao 3º milênio a.C. –,

21. M. Cacciari, *op. cit.*, p. 35.

ancorada na partilha comunal da terra. Visto hoje, esse vasto período da história humana pode ser interpretado como uma fase anterior ao da dominação hierárquica, que caracteriza as sociedades urbanas divididas em classes sociais. Período este cujas características essenciais são de certa forma reencenadas posteriormente na Idade Média, dando a base para a idealização comunitária presente no conceito germânico de *gemeinschaft*.

A chamada revolução urbana, ocorrida na Mesopotâmia por volta de 3.200 a.C., como vimos também, representa o colapso desse mundo estável e igualitário diante de invenções técnicas e culturais que permitiram um grande incremento produtivo pela geração de excedentes e estimularam a urbanização e o comércio. A cidade, a escrita e a moeda transformaram radicalmente o modo de vida em sociedade, inaugurando uma nova fase da humanidade que se estende, de certo modo, até os dias de hoje. Assim, superado o labor como atividade social predominante, à medida que a humanidade deixa de ser refém da própria subsistência, surge o trabalho como exercício de construção de um mundo objetivo e exterior ao homem, materializado nas cidades. O *homo faber*, portanto, não gasta sua energia produzindo alimentos para o consumo imediato, e sim construindo a durabilidade da existência humana, na forma de muralhas, edifícios e objetos de uso continuado.

Com efeito, se o primado do mundo urbano está associado à figura histórica do *homo faber*, hoje um problema categorial se coloca. Pois, com o rápido desenvolvimento da sociedade de consumo desde o fim da Segunda Guerra Mundial, a produção social de valor – desligada do trabalho e da transformação física da matéria, acelerada por taxas de obsolescência cada vez mais altas e tornada abstrata pela especulação financeira – tem sofrido transformações que permitem pensar em um eclipse simultâneo, historicamente falando, tanto do *homo faber*, como sujeito histórico, quanto das cidades, como estruturação física e simbólica. Assim, superado o mundo da durabilidade construído a duras penas pelo *homo faber* em nome de um consumo cada vez mais voraz de tudo, incluindo os recursos não renováveis do planeta, parecemos estar hoje de volta a uma paradoxal vigência histórica do labor como prática social predominante. Quer dizer, 5 mil anos depois do fim do período Neolítico nos reencontramos hoje com a lógica da subsistência pela via do excesso e da superabundância consumista, prática que põe a perder todas as formas de durabilidade cultivadas pelo *éthos* artesanal e urbano. Daí o grande acerto da expressão *aldeia global* cunhada por Marshall McLuhan em 1962[22], que podemos olhar agora, como vimos, sob o prisma de uma era pós-metropolitana.

Tempo cíclico? Eterno retorno? Tragédia revivida como farsa? Ou será que, ao contrário disso, poderíamos enxergar esse retorno simbólico da aldeia como algo capaz de trazer de volta algum comunalismo não hierárquico perdido no fim do período Neolítico e reencenado na Idade Média, antes dos cercamentos[23]? Será que não está aí a base das novas práticas coletivistas e autogestionárias que propõem, hoje, substituir o conceito de *público* pelo de *comum*[24], e que não por acaso se estruturam em ações de pequena escala, sendo muitas delas próprias ao universo da agricultura, como hortas comunitárias? O que é certo, em todo caso, é que não é possível pensar o futuro das cidades no terceiro milênio sem levar em conta a reemergência do labor como uma categoria conceitual que inverte o sentido das coisas. Uma mutação que exige a redefinição de todos os conceitos.

## APROPRIAÇÃO E RECICLAGEM

O diagnóstico sobre a situação atual, seguindo a trilha de Hannah Arendt, é, sem dúvida, sombrio. Richard Sennett, conhecido discípulo da pensadora alemã, tem se dedicado nos últimos anos a escrever uma trilogia dedicada ao *homo faber* – *O artífice* (2008), *Juntos* (2012) e um terceiro livro sobre as cidades, ainda não terminado –, com o objetivo de, valorizando a cultura material, contribuir para a resistência à erosão das coisas e dos valores no maleável mundo de hoje[25].

Com efeito, para concluir de forma inconclusiva este texto, abrindo-o para perguntas novas, gostaria de sugerir que talvez a recuperação simbó-

---

22. Marshall McLuhan, *The Gutenberg galaxy*, Toronto: University of Toronto Press, 1962.
23. Ver, a propósito, Garrett Hardin, "The tragedy of the commons", *Science*, n° 162, 1968, pp. 1243-48.
24. Ver Michael Hardt; Antonio Negri, *Bem-estar comum*, Rio de Janeiro: Record, 2016; e David Harvey, "A criação dos bens comuns urbanos", in: David Harvey, *Cidades rebeldes: do direito à cidade à revolução urbana*, São Paulo: Martins, 2014.
25. Com efeito, Sennett é sensivelmente mais materialista do que Arendt, para quem o mundo da materialidade, das coisas fabricadas, estava sempre sujeito ao domínio da política. Influenciado por ela, Sennett escreve a sua trilogia para, ao mesmo tempo, realizar um acerto de contas com sua mestra.

lica do labor no mundo atual possa ser algo não tão ruim quanto parece. Pois se o mundo do *homo faber* culminou na Revolução Industrial, e na ambição de submeter todo o ambiente do planeta aos desígnios técnicos e produtivistas do homem "civilizado", hoje a posição defendida por muitos grupos que afrontam claramente esse modelo parece ser a afirmação eloquente de um *éthos* laboral e coletivista, agressivamente antiprodutivista, e muitas vezes voltado à mera subsistência. Sobretudo em países como o Brasil, onde nações indígenas permanecem vivendo em aldeias, conservando suas respectivas organizações sociais e simbólicas, a reflexão sobre a atualidade crítica desse modo de vida e de pensamento é algo fundamental. Junto ao exemplo da aldeia encontramos novamente a experiência da terra comunal, em oposição radical à lógica da privatização neoliberal, que dominou as cidades. Desse modelo mais cooperativo e próximo da escala humana depreendemos os nexos mais pessoalizados de relação dentro de uma comunidade, de onde se desdobram práticas importantes de gestão local, como orçamentos participativos e trabalhos por mutirão.

No contexto brasileiro, são importantes exemplos dessa postura crítica através das referências da aldeia e do labor tanto as reivindicações de movimentos sociais como o MST – pregando a concessão de terras para a subsistência familiar –, quanto os lúcidos ataques de Eduardo Viveiros de Castro ao nosso neodesenvolvimentismo recente, baseado no agronegócio, no biodiesel, nas usinas hidrelétricas e na indústria automobilística. Observa ele:

> De minha parte, dane-se o desenvolvimento; dane-se, sobretudo, o tal do "crescimento econômico". Não é por aí. Viva, isso sim, a distribuição de renda, a reforma agrária, a pequena propriedade, a produção de comida em vez de *commodities*, o uso morigerado de energia, o cuidado com as águas. E educação, e saúde para o povo – é claro. Isso é desenvolvimento, ou melhor, é envolvimento; o resto é desenvolvimentismo[26].

Muito a propósito, no comovente filme-documentário *Martírio* (2016), de Vincent Carelli, Ernesto de Carvalho e Tita, sobre a saga dos

---

26. Eduardo Viveiros de Castro, "'Temos que criar um outro conceito de criação", *in*: Renato Sztutman (org.), *Eduardo Viveiros de Castro*, Rio de Janeiro: Beco do Azougue, 2008, p. 172.

Guarani-Kaiowá no Mato Grosso do Sul, vemos como os índios no Brasil têm sido recorrentemente perseguidos por serem vistos – de modo cínico e surreal – como os antagonistas da economia produtiva do país. Em particular, é mostrada no filme a cena de uma convenção de ruralistas em 2013, em que a então senadora Kátia Abreu – depois ministra da Agricultura –, em um discurso inflamado, afirma que "nós", tendo já vencido o MST e o Código Florestal, temos ainda que batalhar contra o último adversário em jogo: a "questão indígena". Pois a família brasileira (no caso, os proprietários de terras), feita de sujeitos de bem, que só querem ajudar o desenvolvimento do país, afirma ela, não aguenta mais tanta violência dos índios. Pois o que "nós" queremos, completa por fim, é apenas "paz para produzir".

Ao mesmo tempo, do ponto de vista da discussão urbana internacional, está claro, hoje, que boa parte da energia de transformação e invenção nas grandes cidades é encontrada não mais – ou não prioritariamente – em seus setores legais e consolidados, e sim em suas áreas impermanentes, informais e informes[27]. São as chamadas *cidades post-it*, ou *cidades makeshift* (cidades temporárias, ou improvisadas)[28], feitas de favelas, mercados ambulantes, ocupações temporárias e apropriações da infraestrutura urbana para fins imprevistos. Nessas cidades, em que movimentos que reclamam o uso dos espaços públicos fervilham, a agenda de discussão e contestação se afasta claramente do paradigma edificante do *homo faber* em direção a estratégias mais ágeis e temporárias de ocupação, reciclagem e apropriação dos espaços e serviços urbanos, bem como de gestão compartilhada desses bens situados na fronteira entre o público e o privado, progressivamente entendidos como "comuns" (*commons*). Cenário em que, do ponto de vista dos "tipos ideais", o arquiteto e o operário tendem a ser eclipsados pelo advogado e pelo ativista, assim como o muro pela lei[29].

---

27. Ver Nelson Brissac Peixoto, "Informe: urbanismo e arte nas megacidades", *in:* Nelson Brissac Peixoto, *Paisagens urbanas*, São Paulo: Editora Senac, 2003.
28. Ver Martí Peran, *Post-it city: ciudades ocasionales*, Barcelona: Centre de Cultura Contemporània de Barcelona, 2008; e Francesca Ferguson, *Make_Shift City: Renegotiating the Urban Commons*, Berlin: Jovis Verlag, 2014.
29. A palavra ativismo provém de ação. Fica sugerido aqui, desde esse ponto de vista, que a primazia histórica do *faber* parece ser atacada, hoje, por uma combinação inquietante – e não prevista por Hannah Arendt – entre novas formas de labor e de ação.

Talvez não haja um caso no mundo mais expressivo acerca do deslocamento contemporâneo do paradigma do trabalho para o do labor do que a cidade de Detroit, em Michigan. Capital da indústria automobilística norte-americana, a cidade da Ford e da Chrysler é hoje um esgarçado conjunto urbano cheio de vazios, nos quais uma população pobre planta legumes para sobreviver. Esvaziada ao longo de décadas tanto pela fuga das classes médias e altas para os condomínios de subúrbio – processo conhecido como *white flight* –, levando com elas a sua alta arrecadação, quanto pela fuga da produção industrial para áreas periféricas do planeta, Detroit perdeu quase dois terços da sua população em cinquenta anos, acumulando uma dívida superior a 20 bilhões de dólares. Com sua situação econômica agravada pela crise hipotecária de 2008, que provocou mais de 100 mil despejos na cidade, a prefeitura de Detroit declarou falência em julho de 2013, sofrendo intervenção estadual. Tendo um terço do seu território abandonado, quase metade da iluminação pública desativada, parques fechados, e alto índice de desemprego e de homicídios, a cidade viu crescerem, por outro lado, hortas comunitárias em seus terrenos vazios: associações de pessoas que passaram a se apropriar desses terrenos para plantar alimentos em pequena escala[30]. Seriam essas práticas novos modelos cooperativos, que apontam alternativas válidas de vida mais comunal na cidade pós-industrial? Ou, ao contrário, formas de regressão a um estágio arcaico de subsistência, resultado de extrema precariedade e miséria?

Mas se, por um lado, as fazendas urbanas de Detroit parecem ser a consequência crítica de um processo de depressão econômica e social, por outro, inúmeros casos pelo mundo – sobretudo no Norte da Europa– demonstram situações exemplares, ainda que pontuais, de reorganização social em torno de práticas sustentáveis que reavivam de forma positiva o labor em contexto urbano, apontando para formas novas de resiliência. Muitos desses casos se encontram em Berlim, cidade onde a alta presença de artistas e imigrantes, combinada a um modesto desempenho econômico, fez nascer o chamado *urbanismo tático*, ou *de guerri-*

---

30. Informações retiradas da pesquisa feita para a exposição "Detroit: ponto morto?", realizada na 10ª Bienal de Arquitetura de São Paulo, em 2013, no Centro Cultural São Paulo. A Bienal teve curadoria geral minha e curadoria adjunta de Ana Luiza Nobre e Ligia Nobre. A exposição referida teve pesquisa de Francesco P. Bosch, Laura Belik e Marina Portolano.

*lha*, que congrega muitos dos processos aqui referidos. Um interessante exemplo é o *Nomadisch Grün*, criado em 2009, em Prinzessinnengärten, em um cruzamento de vias expressas. Trata-se de uma cooperativa de agricultura urbana gerida pelos moradores do entorno e que inclui não apenas a plantação propriamente dita, mas também a criação de equipamentos comerciais e comunitários como café e biblioteca, além de atividades didáticas ligadas à culinária e à consciência ecológica. Outro exemplo digno de nota é o *R-Urban*, em Colombes, subúrbio de Paris. Essa iniciativa de ecourbanismo do Atelier d'Architecture Autogérée, originada em 2011, constitui um sistema de equipamentos que atuam em rede no bairro, criando um ciclo regenerativo de produção e consumo, reciclagem e reuso, dando nova utilidade produtiva e social a terrenos que normalmente seriam usados como estacionamentos ou estariam simplesmente baldios.

Citando Ludwig Wittgenstein, o artista tailandês-argentino Rirkrit Tiravanija repete com frequência a seguinte frase: "não procure o significado, procure o uso". Um dos maiores expoentes da arte chamada de *pós-produção*, Tiravanija realiza trabalhos efêmeros em que o público compartilha com ele uma certa experiência coletiva, como uma refeição em grupo, tal como fez pela primeira vez em *Untitled (free)*, em 1992, em uma galeria de Nova York, onde o trabalho (ou o labor?) consistiu em servir arroz e *curry* tailandês às pessoas, que foram imediatamente consumidos.

Pós-produção, escreve Nicolas Bourriaud, é uma expressão oriunda do mundo dos serviços e da reciclagem, posta em prática pelas figuras gêmeas do DJ e do programador. Pensar a arte nesse registro significa dar forma estética a práticas que se desdobram a partir da apropriação, do *ready-made*, ressignificando o universo das coisas já existentes, ao invés de se lançar à produção (ou fabricação) de objetos novos. Claramente, há aqui uma tentativa crítica de se evitar "a armadilha da reificação" que poderia resultar da produção de objetos, procurando-se, ao invés disso, "romper a lógica do espetáculo", restituindo idealmente aos participantes do trabalho de arte o próprio "mundo como experiência a ser vivida"[31]. Assim, contrapondo-se ao mito construtivista (e materialista) da *faktura*, do "au-

---

31. Nicolas Bourriaud, *Pós-produção: como a arte reprograma o mundo contemporâneo*, São Paulo: Martins, 2009, p. 32.

tor como produtor[32]", os trabalhos de arte identificados à pós-produção incentivam a pirataria, a colagem-remontagem e a ironia, desdobrando contemporaneamente o pressuposto duchampiano de que o consumo também é um modo de produção. Temos aí, inegavelmente, uma bela maneira de se pensar o consumo em uma chave avessa à do consumismo capitalista. Essa é a baliza que sustenta a possibilidade de enxergarmos uma brecha construtiva no drama contemporâneo apontado por Hannah Arendt sessenta anos atrás, sem recair na celebração *hippie*-tecnológica da aldeia global.

---

32. Referência à famosa conferência de Walter Benjamin no Instituto para o Estudo do Fascismo em Paris, em 27 de abril de 1934.

## Fontes passionais da violência
Jorge Coli

A violência é, de imediato, agente e aliada do caos. É preciso uma ordenação do mundo para que tudo ocorra: a passagem do caos à ordem como início primordial é uma figura reiterada nas cosmogonias. No princípio era o caos e depois surge a ordem que faz com que o ser seja.

A ordem pressupõe razão: a ciência é o encontro da razão própria à ordem natural com a razão que é inerente ao espírito humano. Essa é a convicção iluminista. No entanto, o triunfo da razão e da luz foi imediatamente sentido como frágil e efêmero. Francisco Goya, na célebre gravura *O sono da razão produz monstros*, criou um emblema. A razão pressupõe a vigilância contínua e impossível justamente porque ininterrupta. Ou seja, a inércia da ordem conduz ao caos. Para escapar dele é preciso um esforço racional reinstaurador.

Pintores do Renascimento criaram quadros que são, ao mesmo tempo, alegóricos e filosóficos. Botticelli ou Piero di Cosimo representaram Vênus e Marte deitados, um diante do outro. Marte dorme enquanto Vênus vigia. Estamos aqui como que diante de uma gangorra em que Eros – o amor que agrega, harmoniza e fecunda – opõe-se a Anteros – o agente desagregador do retorno ao nada, ou ao caos. Vênus, ou seja, o amor, opõe-se à violência que destrói, desfigura, desordena, mas a completa, alternando-se a Marte. Essas obras implicam uma contínua alternância entre o que conduz ao ser e o que leva ao não ser. Dito de outra maneira: elas sabem que o ser depende do não ser dentro de um devir cíclico. Aquilo que imaginamos como ordem estável é apenas o eixo da

Francisco de Goya, *Capricho nº 43: O sono da razão produz monstros*, 1799.

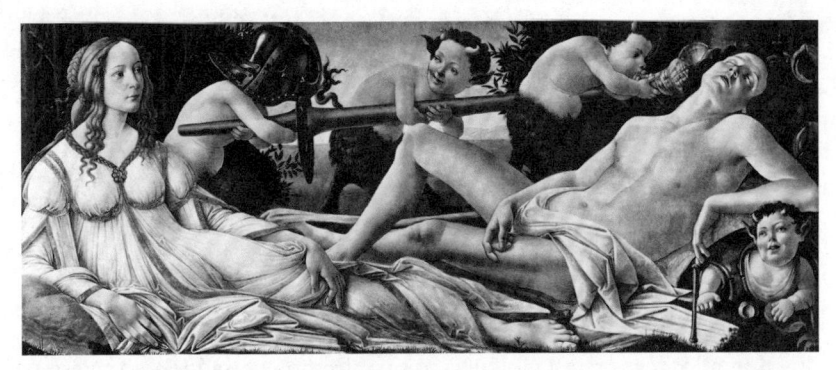

Sandro Botticelli, *Vênus e Marte*, 1483, 69 × 173 cm. National Gallery, Londres.

Piero di Cosimo, *Vênus, Marte e Cupido*, c. 1490, 72 × 182 cm. Staatliche Museen, Berlim.

gangorra. Há um sobe e desce contínuo que nega os processos ideais das determinantes concebidas pelas ordens racionais, em sua presunção de eternidade estática.

Nem a paz nem a violência são perenes e imóveis. Os quadros florentinos o indicam: Vênus é amante de Marte, e no jogo fusional das pulsões, aquilo que é se desdobra em ciclos: o inverno é a estação da desagregação, de Anteros, de Marte, o verão, da fecundidade, de Eros, de Vênus.

Os neoplatônicos florentinos nos indicam: temos que assumir, portanto, a violência necessária para que exista o equilíbrio. Marte desagregador, herdeiro do caos original, torna-se, ele próprio, fecundador. A ordem não existe sem o caos, sem aquilo que pode ser posto em ordem. A difícil consciência de que o modo violento é parte do mundo e do humano repousa sobre a incorporação da violência como dado inevitável. "Ao terror e ao medo ele ordena que atrelem seus corcéis, enquanto de suas cintilantes armas vai se vestindo": assim Homero, no canto xv da *Ilíada*, descreve Marte em sua fúria.

Gostaria de propor alguns aspectos, muito parciais, que permitem perceber setores dentro desse tema, tão vasto.

1) As experiências do medo, do terror e da violência são frequentes no mundo de hoje. Elas estouram em todo o planeta. Violência das guerras, dos atentados terroristas; violência nos naufrágios causados por travessias desesperadas, os mais pobres desejando atingir o eldorado dos países ricos. Violência contínua, *convivencial*, numa sociedade como a nossa: é o demônio solto na sociedade em que vivemos, alimentado pelo tráfico de drogas, munido de armas performantes, poderosas e atuais.

Essas formas, e muitas outras, se dão pela brutalidade, pelo sangue, pela destruição do corpo, desencadeando o terror visual. Elas foram, desde sempre, desde as tragédias gregas aos atuais filmes de horror, fontes ininterruptas para nossas experiências catárticas no campo artístico.

Por meio das artes experimentamos, de modo violento, o medo e o terror. Mas trata-se de uma experiência que exclui os danos verdadeiros que ocorrem na vida de todos os dias. É uma percepção feliz da violência, por assim dizer. Voluptuosa. Da mesma maneira que experimentamos paixões e emoções inatingíveis no campo do real ao qual pertencemos. Isso nos leva também a conjurar os perigos verdadeiros, ou antes, a situá-los numa inconsciência consciente: penso em Baudelaire referindo-se ao bufão e mímico Fancioule ("Une mort héroique", poema em prosa que pertence ao conjunto *Le spleen de Paris*, escrito entre 1855 e 1864): "Fancioule me provava, de maneira peremptória, irrefutável, que a embriaguês da Arte é mais apta do que qualquer outra a velar sobre os terrores do golfo; que o gênio pode representar a comédia na beira do túmulo com uma alegria que impede de ver o túmulo, perdido como está num paraíso excluindo toda ideia de tumba e de destruição". A arte pode impedir de ver o túmulo, mas o pressupõe.

O horror evidente originado pela violência, e figurado pela arte, depende de uma ação direta e clara. O célebre filme de Tobe Hooper, *O massacre da serra elétrica* (1974), é um exemplo que vem de imediato ao espírito:

a serra, que contém em si virtualmente as possibilidades da violência brutal e evidente, é o instrumento dos esquartejamentos abomináveis.

Repulsa, medo, paixões que paralisam as forças racionais da ordem. Aqui chegamos ao vínculo entre os impulsos e a violência evidente. E ao ponto de abordar o segundo painel da violência, menos perceptível.

2) *Ordo ab chao* (a ordem a partir do caos) é um velho lema alquímico, maçônico, cosmogônico. Não preciso insistir aqui na oposição entre os dois.

A ordem é uma imposição: é ela que dispõe o cognoscível, o construído, o reconhecível. O velho poeta inglês John Dryden descreveu em um poema, no fim do século XVII, o surgimento do cosmos:

> Quando a natureza jazia sob átomos discordantes, e não podia levantar sua cabeça, a voz melodiosa foi ouvida do alto: levantai, vós que sois mais do que mortos. E então o frio, o quente, o úmido e o seco saltaram na ordem de suas estações.

Portanto, a ordem, que parecia o avesso da violência, que surgia fecundada por Eros, metamorfoseia-se em imposição, por benigna que seja. Determinar, impor, ordenar: são verbos que pressupõem clara satisfação para o espírito racional. Isso, no entanto, se não houver a resistência do caos.

Nesse caso, a violência torna-se inevitável. É dela que quero falar agora: a violência que se insere por vezes sutilmente, por vezes escancaradamente, no âmago da ordem. Permitam-me analisar mais longamente um caso de ordem violenta no campo da pintura. Trata-se de *Caipira picando fumo*, quadro de Almeida Júnior.

Há uma ordem geométrica na arte de Almeida Júnior. Trata-se de uma intuição exigente e infalível, uma ossatura rigorosa que encontra não leis de equilíbrio, mas de estabilidade, sem as quais, para ele, a pintura não pode existir. A geometria é sua grande aliada. Ela ordena a natureza e os seres. *Caipira picando fumo* é uma obra-chave para a compreensão desses procedimentos.

O caipira pertence, por evidentes razões culturais, ao fragmento de cenário que descobrimos por trás dele. A parede de taipa escalavrada, a porta com rachaduras e tábuas mal ajuntadas, a camisa de algodão, a calça de brim, a ceroula que aparece na altura da canela, o cigarro de palha,

Almeida Júnior, *Caipira picando fumo*, 1893, 202 × 141 cm. Pinacoteca do Estado, São Paulo.

os pés descalços, os restos de milho, o fumo, a faca, tudo se integra na coerência entre o personagem e seu meio. Porém, nenhum desses elementos sugere a citação pitoresca, o complemento destinado a reforçar uma caracterização. Não fazem apenas parte do mundo caipira, porque, em verdade, constroem esse mundo. Basta atentar: a viga, que corta a tela no sentido da largura, é uma forte faixa horizontal, que dá sustentação aos batentes verticais, de mesma espessura: são sólidos como as tramas de um Mondrian criando superfícies retangulares. A esse jogo ortogonal vêm, em reforço, os troncos dos degraus, paralelos à viga; a grade cruzada de pau a pique que se deixa entrever sob o barrote; as tábuas da porta. O caipira, cujos joelhos e cotovelos articulam ângulos em correspondência, quase simétricos, encontra-se diante da junção principal, a do batente com a viga, que ele oculta. Isto é, o personagem cria, visualmente, o ponto central de equilíbrio. Dessa maneira, ele adquire uma presença sólida, inabalável, impondo-se, não como imagem de impacto, mas como imagem de permanência.

 O rigor na composição atinge seu apogeu com um achado, necessário e coerente. Ao picar o fumo, o caipira usa uma faca fina e longa. Ela está no centro do quadro, no meio exato de uma cruz formada pelos antebraços, pela costura da braguilha, pela abertura da camisa no peito, cujo v funciona como uma seta, apontando, de cima para baixo. A faca indica a única transversal do quadro, como uma hélice imóvel, fixada no centro, que é assinalado pela unha do indicador direito ao se juntar à do polegar esquerdo. Ela reforça a estrutura de modo singular e se interpõe entre o espectador e o personagem. Impõe a distância. A faca é utilitária. Não apenas, porém. Ela também é uma arma. Ela se situa no ponto fulcral, no equilíbrio interno ao quadro. Mas não está apenas no eixo interno, como é possível encontrar naquelas gangorras do Renascimento. Ela se dispõe como uma barragem ao espectador.

 No primeiro capítulo de seu livro clássico e admirável, *Homens livres na ordem escravocrata*, Maria Sylvia de Carvalho Franco trata das formas de violência entre os caboclos. Partindo da análise de processos-crime, ela afirma de imediato: a violência não é exceção, mas constitutiva da relação comunitária. É como se os caboclos vivessem sobre a linha de uma fronteira perigosa, fácil e constantemente atravessada. A paz é falsa. Ou, de um modo mais rigorosamente formulado:

a oposição entre pessoas envolvidas, sua expressão em termos de luta e solução por meio da força, irrompe de relações cujo conteúdo de hostilidade e sentido de ruptura se organizam de momento, sem que um estado anterior de tensão tenha contribuído. A agressão ou defesa à mão armada, da qual resultam não raro ferimentos graves ou morte, aparecem com frequência entre pessoas que mantêm relações amistosas e irrompem no curso dessas relações[1].

Maria Sylvia de Carvalho Franco nos fala do desafio, do afrontamento, essas técnicas sociais carregadas de tensões. Elas são o momento heroico de um cotidiano não heroico. Almeida Júnior nunca representa o afrontamento, nem o seu resultado dramático. Pinta o caipira num cotidiano falsamente neutro, no qual as ações de violência estão contidas. Seus quadros articulam fundo e figura, ligando-os ambos para melhor projetar o personagem como imagem forte, regida geometricamente, mas isolada socialmente. Na frente dessa projeção, a faca. Esse poderoso isolamento impôs as imagens dos caipiras de Almeida Júnior na cultura brasileira.

O caminho que tomei para compreender os quadros caipiras de Almeida Júnior encontra uma conclusão surpreendentemente adequada no extremo fim do primeiro capítulo de *Homens livres na ordem escravocrata*. A passagem é longa, mas vale ser transcrita:

> Nestas existências inteiramente pobres, incipientes no domínio da natureza e rudimentares nos ajustamentos humanos, pouco se propõe ao entendimento do homem, senão a sua própria pessoa. É ela que sobressai diretamente, solitária e despojada, por sobre a natureza; ela apenas constitui o sistema de referência através do qual o sujeito consegue perceber-se. Desde que, nas realizações objetivas de seu espírito, quase nulas, dificilmente lograria reconhecer-se, é aquilo que pode fazer de si próprio e de seu semelhante que abre a possibilidade de autoconsciência: sua dimensão de homem chega-lhe, assim, estritamente como subjetividade. Através dessa pura e direta apreensão de si mesmo como pessoa, vinda da irrealização de seus atributos humanos na criação de

---

1. Maria Sylvia de Carvalho Franco, *Homens livres na ordem escravocrata*, São Paulo: IEB, 1969, p. 22.

um mundo exterior, define-se o caráter irredutível das tensões geradas. [...] Em seu mundo vazio de coisas e falto de regulamentação, a capacidade de preservar a própria pessoa contra qualquer violação aparece como única maneira de ser: conservar intocada a independência e ter a coragem necessária para defendê-la são condições de que o caipira não pode abrir mão, sob pena de perder-se[2].

Ao isolar seu caipira, instalando-o para o espectador como pessoa solitária e despojada, representando-o no manejo pacífico de instrumentos que guardam a latência agressiva porque podem se metamorfosear em armas, Almeida Júnior intuiu, com seus meios de pintor, muito do que a socióloga viria, mais tarde, analisar. Expondo de modo tão crucial sua faca, interpondo-a de fato entre si mesmo e o espectador, o caipira protege-se, protege sua autonomia individualizada, protege, pela violência possível, uma identidade. Graças ao rigor da construção pictórica, a violência se inseriu numa ordem prestes a atacar para proteger-se.

★ ★ ★

Nós somos sempre assediados pela desordem caótica e violenta. Mas somos assediados também pela violência da ordem. A ordem enlouquecida é mais fácil de constatar: batalhões marchando para a destruição racional e sistemática, tecnologia a serviço dos mais tremendos aniquilamentos, forças policiais desencadeadas contra civis que se manifestam. Esses exemplos, e tantos outros, são largamente evidenciados pelos meios de comunicação.

Mas há outros, insidiosos como aquele de Almeida Júnior. Tomo um exemplo da atualidade. As Olimpíadas nos mostraram atletas treinados desde a infância, por meio da disciplina mais violenta ao encontro do corpo. Essa ordem disciplinar visa a uma satisfação irracional: o ganho de um irrisório centésimo de segundo. Note-se que esse controle de tempo tão ínfimo só pode ser feito por um meio técnico sofisticado, o cronômetro. A tecnologia, que parece tão neutra, impõe suas exigências violentas.

Os pintores do Renascimento nos ofereceram uma relação humanista dialética entre Eros e Anteros, ordem criadora e violência destruidora.

2. *Ibidem*, p-. 59-60.

Aqueles musculosos atletas – e, neste raciocínio, a dopagem se configura como consequência natural – simbolizam o contrário do humanismo, sacrificando tudo a uma contabilidade fria. É o triunfo da violência inerente, hiperordenada, sobre as faculdades complexas do pensamento.

## Sobre os autores

ADAUTO NOVAES é jornalista e professor. Foi diretor do Centro de Estudos e Pesquisas da Fundação Nacional de Arte, Ministério da Cultura, por vinte anos. Em 2000, fundou a empresa de produção cultural Artepensamento e, desde então, organiza ciclos de conferências que resultam em livros. Pelas Edições Sesc São Paulo publicou: *Ensaios sobre o medo* (em coedição com a editora Senac São Paulo, 2007); *Mutações: ensaios sobre as novas configurações do mundo* (em coedição com a editora Agir, 2008); *Vida vício virtude* (em coedição com a editora Senac São Paulo, 2009); *A condição humana* (em coedição com a editora Agir, 2009); *Mutações: a experiência do pensamento* (2010); *Mutações: a invenção das crenças* (2011); *Mutações: elogio à preguiça* (ganhador do Prêmio Jabuti, 2012), *Mutações: o futuro não é mais o que era* (2013); *Mutações: o silêncio e a prosa do mundo* (2014); *Mutações: fontes passionais da violência* (ganhador do Prêmio Jabuti, 2015) e *Mutações: o novo espírito utópico* (2016).

ANTONIO CICERO é autor, entre outras coisas, dos livros de poemas *Guardar* (1996), *A cidade e os livros* (2002), *O livro de sombras*, em parceria com o artista plástico Luciano Figueiredo (2011), e *Porventura* (2012); e é também autor dos livros de ensaios filosóficos *O mundo desde o fim* (1995), *Finalidades sem fim* (2005) e *Poesia e filosofia* (2012). Além disso, várias entrevistas suas foram reunidas no livro, organizado por Arthur Nogueira, *Encontros: Antonio Cicero* (2013). Organizou o livro de ensaios *Forma e sentido contemporâneo: poesia* (2012) e, em parceria com Waly Salomão, o volume de ensaios *O relativismo enquanto visão do mundo* (1994). Em parceria com Eucanaã Ferraz, organizou a *Nova antologia poética de Vinicius de Moraes* (2003). É também autor de numerosas letras de canções, em parceria com compositores como Marina Lima, Adriana Calcanhotto e João Bosco, entre outros. Em 2012 foi agraciado com o "Prêmio Alceu Amoroso Lima – Poesia e Liberdade". Em 2013 recebeu o Prêmio de Poesia da Academia Brasileira de Letras por seu livro *Porventura*. Em 2017 lançou o livro *Poesia e crítica: ensaios*.

DAVID LAPOUJADE é coordenador de conferências na Universidade Paris 1 (Panthéon-Sorbonne). É editor póstumo de Gilles Deleuze com os livros: *L'Ile déserte* (Éditions de Minuit, 2001) e *Deux Régimes de fous* (Éditions de Minuit, 2003). Escreveu livros sobre o pragmatismo: *William James, empirisme et pragmatisme* (PUF, 1997/2007), *Fictions du pragmatisme, William e Henry James* (Éditions de Minuit, 2008) e *Bergson, puissances du temps* (Éditions de Minuit, 2010). Pelas Edições Sesc São Paulo participou com um ensaio nas obras: *Mutações: o futuro não é mais o que era*; *Mutações: o silêncio e a prosa do mundo*, *Mutações: fontes passionais da violência* e *Mutações: o novo espírito utópico*.

EUGÊNIO BUCCI é professor livre-docente da Escola de Comunicações e Artes (ECA) e assessor sênior do reitor da Universidade de São Paulo (USP). Escreve quinzenalmente na "Página 2" do jornal *O Estado de S. Paulo*. É colunista quinzenal da revista *Época*. Ganhou o Prêmio Luiz Beltrão de Ciências de Comunicação, na categoria Liderança Emergente (2011); Excelência Jornalística 2011, da Sociedade Interamericana de Imprensa (SIP); e o Prêmio Esso de Melhor Contribuição à Imprensa (2013), concedido à *Revista de Jornalismo ESPM*, da qual é diretor de redação. Publicou, entre outros livros e ensaios: *Brasil em tempo de TV* (Boitempo, 1996); *Sobre ética na imprensa* (Companhia das Letras, 2000), *Do B: crônicas críticas para o Caderno B do Jornal do Brasil* (Record, 2003) e *O Estado de Narciso: a comunicação pública a serviço da vaidade particular* (Companhia das Letras, 2015). Pelas Edições Sesc São Paulo participou com ensaios nas obras: *A condição humana* (em coedição com a editora Agir); *Mutações: a experiência do pensamento*; *Mutações: a invenção das crenças*; *Mutações: o silêncio e a prosa do mundo*, *Mutações: fontes passionais da violência* e *Mutações: o novo espírito utópico*.

Francis Wolff é professor de filosofia na École Normale Supérieure, em Paris. Foi professor na Universidade de Paris-Nanterre e na Universidade de São Paulo (USP). É autor de artigos e livros dedicados à filosofia antiga, à filosofia da linguagem e à metafísica contemporânea, entre os quais se destacam: *Socrate* (edição portuguesa: *Sócrates*, Teorema); *Aristote et la politique* (edição brasileira: *Aristóteles e a política*, Discurso Editorial, 1999); *Dire le monde* (edição brasileira: *Dizer o mundo*, Discurso Editorial, 1999); *L'être, l'homme, le disciple* (PUF); *Notre humanité, d'Aristote aux neurosciences* (Fayard). Publicou ensaios em *A crise da razão* (Companhia das Letras, 1996); *O avesso da liberdade* (Companhia das Letras, 2002); *Muito além do espetáculo* (Editora Senac São Paulo, 2004); *Poetas que pensaram o mundo* (Companhia das Letras, 2005); *O silêncio dos intelectuais* (Companhia das Letras, 2006); *O esquecimento da política* (Editora Agir, 2007). Pelas Edições Sesc São Paulo contribuiu para as coletâneas: *Ensaios sobre o medo* (em coedição com a editora Senac São Paulo); *A condição humana* (em coedição com a editora Agir); *Vida vício virtude* (em coedição com a editora Senac São Paulo); *Mutações: a experiência do pensamento; Mutações: elogio à preguiça; Mutações: o futuro não é mais o que era, Mutações: o silêncio e a prosa do mundo* e *Mutações: o novo espírito utópico*.

Francisco Bosco é ensaísta. Autor de *Orfeu de bicicleta: um pai no século XXI* (FOZ, 2015), *Alta ajuda* (FOZ, 2012) *E livre seja este infortúnio* (Azougue, 2010), *Banalogias* (Objetiva, 2007), *Dorival Caymmi* (Publifolha, 2006), *Da amizade* (7 Letras, 2003) e *Antonio Risério* (org., Azougue, 2008). Mestre e doutor em teoria da literatura pela UFRJ. Foi colunista do jornal *O Globo*, de 2010 a 2015. Escreveu um ensaio para os livros *Mutações: elogio à preguiça* (Edições Sesc SP, 2012), *Mutações: o futuro não é mais o que era* (Edições Sesc SP, 2013) e *Mutações: o silêncio e a prosa do mundo* (Edições Sesc SP, 2014). Atualmente é presidente da Funarte.

Franklin Leopoldo e Silva é professor aposentado do Departamento de Filosofia da Universidade de São Paulo USP e professor visitante no Departamento de Filosofia da UFSCAR. Tem diversos livros publicados e pelas Edições Sesc São Paulo publicou ensaios nos livros: *Mutações: ensaios sobre as novas configurações do mundo* (em coedição com a editora Agir); *Vida vício virtude* (em coedição com a editora Senac São Paulo); *A condição humana* (em coedição com a editora Agir); *Mutações: a experiência do pensamento; Mutações: a invenção das crenças; Mutações: elogio à preguiça; Mutações: o futuro não é mais o que era; Mutações: o silêncio e a prosa do mundo, Mutações: fontes passionais da violência* e *Mutações: o novo espírito utópico.*

FRÉDÉRIC GROS é professor da Universidade Paris – Est Créteil (UPEC) e editor dos últimos cursos de Michel Foucault no Collège de France. É autor de livros sobre a história da psiquiatria e filosofia penal. Pelas Edições Sesc São Paulo participou das coletâneas: *Mutações: ensaios sobre as novas configurações do mundo* (em coedição com a editora Agir); *Mutações: a experiência do pensamento; Mutações: a invenção das crenças; Mutações: elogio à preguiça; Mutações: o futuro não é mais o que era; Mutações: o silêncio e a prosa do mundo, Mutações: fontes passionais da violência* e *Mutações: o novo espírito utópico.*

GUILHERME WISNIK é crítico de arte e arquitetura. Doutorou-se pela FAU-USP, onde atualmente é professor. Foi curador da 10ª Bienal de Arquitetura de São Paulo (2013) e do projeto de Arte Pública Margem (2010), pelo Itaú Cultural. É autor de *Lucio Costa* (Cosac Naify, 2001); *Caetano Veloso* (Publifolha, 2005) e *Estado crítico: a deriva nas cidades* (Publifolha, 2009), além de organizador do volume 54 da revista espanhola *2G* (Gustavo Gili, 2010) sobre a obra de Vilanova Artigas. Suas publicações também incluem o ensaio "Modernidade congênita", em *Arquitetura moderna brasileira* (Phaidon, 2004), "Hipóteses acerca da relação entre a obra de Álvaro Siza e o Brasil", em *Álvaro Siza modern redux* (Hatje Cantz, 2008), e "Brasília: a cidade como escultura", em *O desejo da forma* (Berlin Akademie der Künste, 2010). É colaborador do jornal *Folha de S.Paulo*. Pelas Edições Sesc São Paulo participou das coletâneas: *Mutações: elogio à preguiça; Mutações: o futuro não é mais o que era; Mutações: o silêncio e a prosa do mundo, Mutações: fontes passionais da violência* e *Mutações: o novo espírito utópico.*

JEAN-PIERRE DUPUY é professor na École Polytechnique, em Paris e na Universidade de Stanford, na Califónia, da qual é também pesquisador e membro do Programa de Ciência Tecnologia-Sociedade e do Fórum de Sistemas Simbólicos. Pelas Edições Sesc São Paulo participou das coletâneas: *Mutações: ensaios sobre as novas configurações do mundo, A condição humana* (coedições com a editora Agir); *Mutações: a experiência do pensamento; Mutações: a invenção das crenças; Mutações: elogio à preguiça; Mutações: o futuro não é mais o que era; Mutações: o silêncio e a prosa do mundo, Mutações: fontes passionais da violência* e *Mutações: o novo espírito utópico*.

João Carlos Salles é professor do Departamento de Filosofia e, atualmente, reitor da Universidade Federal da Bahia. Foi presidente da Associação Nacional de Pós-Graduação em Filosofia (Anpof) entre 2002 e 2006. Publicou, entre outros, os livros *A gramática das cores em Wittgenstein* (CLE/Unicamp, 2002); *O retrato do vermelho e outros ensaios* (Quarteto, 2006) e *Secos & Molhados* (Quarteto, 2009). Em 2009, teve publicada pela Editora da Unicamp sua tradução das *Anotações sobre as cores de Wittgenstein*, em edição bilíngue do texto restabelecido. Participou das coletâneas *Mutações: a experiência do pensamento; Mutações: a invenção das crenças; Mutações: elogio à preguiça, Mutações: o futuro não é mais o que era* e *Mutações: o novo espírito utópico*.

Jorge Coli é professor titular em história da arte e da cultura da Unicamp. Formou-se em história da arte e da cultura, arqueologia e história do cinema na Universidade de Provença. Doutor em estética pela Universidade de São Paulo (USP), foi professor na França, no Japão e nos Estados Unidos. Foi também colaborador regular do jornal francês *Le Monde*. É autor de *Música Final* (Unicamp, 1998); *A Paixão segundo a ópera* (Perspectiva, 2003); *Ponto de fuga* (Perspectiva, 2004) e *O corpo da liberdade* (Cosac Naify, 2010). Traduziu para o francês *Os sertões*, de Euclides da Cunha, e *Memórias do cárcere*, de Graciliano Ramos. Pelas Edições Sesc, participou de *Ensaios sobre o medo; Mutações: a experiência do pensamento; Mutações: a invenção das crenças; Mutações: elogio à preguiça* e *Mutações: o novo espírito utópico*.

Luiz Alberto Oliveira é físico, doutor em cosmologia, pesquisador do Instituto de Cosmologia, Relatividade e Astrofísica (ICRA), do Centro Brasileiro de Pesquisas Físicas (CBPF/MCT), onde também atua como professor de história e filosofia da ciência. É ainda curador de ciências do Museu do Amanhã e professor convidado da Casa do Saber, no Rio de Janeiro, e do Escritório Oscar Niemeyer. Escreveu ensaios para os livros *Tempo e história, A crise da razão, O avesso da liberdade, O homem-máquina; Ensaios sobre o medo* (Edições Sesc SP/Senac São Paulo, 2007), *Mutações: ensaios sobre as novas configurações do mundo* (Edições Sesc SP/Agir, 2008), *Mutações: a condição humana*, (Edições Sesc SP/Agir, 2009), *Mutações: a experiência do pensamento*, (Edições Sesc SP, 2010), *Mutações: elogio à preguiça* (Edições Sesc SP, 2012; ganhador do Prêmio Jabuti em 2013) e *Mutações: o futuro não é mais o que era* (Edições Sesc SP, 2013).

MARCELO COELHO é mestre em sociologia pela Universidade de São Paulo (USP) e membro do Conselho Editorial da *Folha de S.Paulo*, jornal para o qual contribui regularmente. Escreveu os livros: *Noturno* (Iluminuras, 1992); *Gosto se discute* (Ática, 1994); *A professora de desenho e outras histórias* (Companhia das Letrinhas, 1995); *Trivial variado: crônicas* (Revan, 1997); *Patópolis* (Iluminuras, 2010). Participou de: *A crise da razão* (Companhia das Letras, 1996); *O silêncio dos intelectuais* (Companhia das Letras, 2006); *O esquecimento da política* (Agir, 2007). Pelas Edições Sesc, publicou artigos nas coletâneas: *Ensaios sobre o medo*; *Vida vício virtude*; *Mutações: a invenção das crenças* e *Mutações: fontes passionais da violência*, *Mutações: o novo espírito utópico*.

MARCELO JASMIN é historiador, mestre e doutor em ciência política. É professor no Departamento de História da PUC-Rio, onde leciona disciplinas de Teoria da História, e no Programa de Pós-Graduação em Ciência Política do IESP-UERJ, onde ensina Teoria Política e História do Pensamento Político. Publicou os livros *Alexis de Tocqueville: a historiografia como ciência da política* (Access, 1997/Editora da UFMG, 2005); *Racionalidade e história na teoria política* (Editora da UFMG, 1998); *Modernas tradições: percursos da cultura ocidental (séculos XV-XVII)*, com Berenice Cavalcante, João Masao Kamita e Silvia Patuzzi (Access/Faperj, 2002), e *História dos conceitos: debates e perspectivas*, com João Feres Júnior (PUC-Rio/Loyola/Iuperj, 2006), além de ensaios sobre as relações entre história e teoria política em periódicos e livros, como *Ensaios sobre o medo* (Edições Sesc SP/Editora Senac São Paulo, 2007); *O esquecimento da política* (Agir, 2007); *Mutações: a invenção das crenças* (Edições Sesc SP, 2011); *Mutações: elogio à preguiça* (Edições Sesc SP, 2012); *Mutações: o futuro não é mais o que era* (Edições Sesc SP, 2013), *Mutações: o silêncio e a prosa do mundo* (Edições Sesc SP, 2014), *Mutações: o novo espírito utópico* (Edições Sesc SP, 2016). É pesquisador do CNPq.

Maria Rita Kehl é doutora em psicanálise pela PUC-SP. Integrou o grupo de trabalho da Comissão Nacional da Verdade. Atuante na imprensa brasileira desde 1974 e autora de diversos livros entre eles: *O tempo e o cão* (Boitempo, 2009; Prêmio Jabuti em 2010), *Ressentimento* (Casa do Psicólogo, 2004), *Videologias* (em parceria com Eugenio Bucci, Boitempo, 2004), *Sobre ética e psicanálise* (Companhia das Letras, 2001). Pelas Edições Sesc São Paulo participou das coletâneas: *Ensaios sobre o medo*; *Mutações: ensaios sobre as novas configurações do mundo*; *Vida vício virtude*; *Mutações: a condição humana*; *Mutações: elogio à preguiça*, *Mutações: fontes passionais da violência* e *Mutações: o novo espírito utópico*.

Marilena Chaui é mestre, doutora, livre-docente e titular em Filosofia pela Universidade de São Paulo, onde leciona desde 1967. Especialista em História da Filosofia Moderna e Filosofia Política. Dirige dois grupos de pesquisa (filosofia do século XVII e filosofia política contemporânea). Membro fundador de Association des Amis de Spinoza (Paris) e Asociazione Italiana degli Amici di Spinoza (Milão/Pisa). Doutora Honoris Causa pela Université de Paris VIII e pela Universidad Nacional de Córdoba. Prêmios: APCA (1982) por *Cultura e democracia*; Jabuti (1994) por *Convite à Filosofia*; Sérgio Buarque de Holanda e Jabuti (2000) por *A nervura do real. Imanência e liberdade em Espinosa*.

Newton Bignotto é doutor em filosofia pela École des Hautes Études en Sciences Sociales, Paris, e ensina filosofia política na Universidade Federal de Minas Gerais (UFMG). Publicou: *As aventuras da virtude: as ideias republicanas na França do século XVIII* (Companhia das Letras, 2010); *Republicanismo e realismo: um perfil de Francesco Guicciardini* (Editora da UFMG, 2006); *Maquiavel* (Zahar, 2003); *Origens do republicanismo moderno* (Editora da UFMG, 2001); *O tirano e a cidade* (Discurso Editorial, 1998) e *Maquiavel republicano* (Loyola, 1991). Participou como ensaísta dos livros: *Ética* (Companhia das Letras, 2007); *Tempo e história* (Companhia das Letras, 1992); *A crise da razão* (Companhia das Letras, 1996); *A descoberta do homem e do mundo* (Companhia das Letras, 1998); *O avesso da liberdade* (Companhia das Letras, 2002); *Civilização e barbárie* (Companhia das Letras, 2004); *A crise do Estado-nação* (Civilização Brasileira, 2003); *O silêncio dos intelectuais* (Companhia das Letras, 2006); *O esquecimento da política* (Agir, 2007); *Mutações*:

*ensaios sobre as novas configurações do mundo* (Edições Sesc SP/Agir, 2008); *A condição humana* (Edições Sesc SP/Agir, 2009); *Mutações: a experiência do pensamento* (Edições Sesc SP, 2010); *Mutações: a invenção das crenças* (Edições Sesc SP, 2011); *Mutações: o futuro não é mais o que era* (Edições Sesc SP, 2013) e *Mutações: o silêncio e a prosa do mundo* (Edições Sesc SP, 2014).

OLGÁRIA MATOS é doutora pela École des Hautes Études, Paris, e pelo Departamento de Filosofia da FFLCH-USP. É professora titular do Departamento de Filosofia da USP e da Unifesp. Escreveu: *Rousseau: uma arqueologia da desigualdade* (Editores Associados, 1978); *Os arcanos do inteiramente outro: a Escola de Frankfurt, a melancolia, a revolução* (Brasiliense, 1989); *A Escola de Frankfurt: sombras e luzes do iluminismo* (Moderna, 1993) e *Discretas esperanças: reflexões filosóficas sobre o mundo contemporâneo* (Nova Alexandria, 2006). Colaborou na edição brasileira de *Passagens*, de Walter Benjamin, e prefaciou *Auf klârung na Metrópole – Paris e a Via Láctea*. Pelas Edições Sesc São Paulo participou das coletâneas: *Mutações: ensaios sobre as novas configurações do mundo; Mutações: a experiência do pensamento; Mutações: a invenção das crenças; Mutações: elogio à preguiça; Mutações: o futuro não é mais o que era; Mutações: o silêncio e a prosa do mundo, Mutações: fontes passionais da violência* e *Mutações: o novo espírito utópico*.

OSWALDO GIACOIA JUNIOR é professor do Departamento de Filosofia da Unicamp. Doutor em filosofia com tese sobre a filosofia da cultura de Friedrich Nietzsche pela Universidade Livre de Berlim. Publicou, entre outros livros: *Os labirintos da alma* (Unicamp, 1997); *Nietzsche como psicólogo* (Unisinos, 2004) e *Sonhos e pesadelos da razão esclarecida* (UPF Editora, 2005). Pelas Edições Sesc São Paulo participou com um ensaio nas coletâneas: *Mutações: ensaios sobre as novas configurações do mundo; A condição humana; Mutações: a experiência do pensamento; Mutações: a invenção das crenças; Mutações: elogio à preguiça; Mutações: o futuro não é mais o que era; Mutações: o silêncio e a prosa do mundo, Mutações: fontes passionais da violência* e *Mutações: o novo espírito utópico*.

PASCAL DIBIE é professor de antropologia na Universidade de Paris-Diderot, codiretor do Pôle Pluriformation des Sciences de la Ville e membro do laboratório Urmis. Diretor da coleção Traversées, da Editions Métailié, escreveu os livros: *Ethnologie de la chambre à coucher* (Éditions Métailié, 2000; edição brasileira: *O quarto de dormir,* Globo, 1988); *La Tribu sacrée: ethnologie des prêtres* (B. Grasset, 1993); *La Passion du regard: essai contre les sciences froides* (Éditions Métailié, 1998). Pelas Edições Sesc São Paulo, participou com ensaios nos livros: *A condição humana; Mutações: a invenção das crenças; Mutações: o silêncio e a prosa do mundo, Mutações: fontes passionais da violência* e *Mutações: o novo espírito utópico.*

PEDRO DUARTE é mestre e doutor em filosofia pela PUC-Rio, onde atualmente é professor na graduação, pós-graduação e especialização em arte e filosofia. Ainda como professor, colabora para o mestrado em filosofia da arte na Universidade Federal Fluminense (UFF). Autor do livro *Estio do tempo: romantismo e estética moderna* (Zahar, 2011). Tem diversos artigos publicados em periódicos acadêmicos e na grande mídia com ênfase de pesquisa em estética, filosofia contemporânea, cultura brasileira e história da filosofia. Pelas Edições Sesc São Paulo participou das coletâneas *Mutações: o silêncio e a prosa do mundo, Mutações: fontes passionais da violência* e *Mutações: o novo espírito utópico.*

RENATO LESSA é professor titular de teoria e filosofia política do Departamento de Ciência Política da UFF, no qual é coordenador acadêmico do Laboratório de Estudos Hum(e)anos. É presidente do Instituto Ciência Hoje e Investigador Associado do Instituto de Ciências Sociais, da Universidade de Lisboa, e do Instituto de Filosofia da Linguagem, da Universidade Nova de Lisboa. Dentre os livros e ensaios sobre filosofia política que publicou, destacam-se: *Veneno pirrônico: ensaios sobre o ceticismo* (Francisco Alves, 1997); *Agonia, aposta e ceticismo: ensaios de filosofia política* (Editora da UFMG, 2003); *Ceticismo, crenças e filosofia política* (Gradiva, 2004); *Pensar a Shoah* (Relume Dumará, 2005); *La fabricca delle credenze* (Iride, 2008); *Montaigne's and Bayle's Variations* (Brill, 2009); "The Ways of Scepticism" (*European Journal of Philosophy and Public Debate,* 2009) e *Da interpretação à ciência: por uma história filosófica do conhecimento político no Brasil* (Lua Nova, 2011). Pelas Edições Sesc São Paulo participou das coletâneas: *Mutações: ensaios sobre as novas configurações do mundo; Vida vício virtude; A condição humana; Mutações: a experiência do pensamento; Mutações: a invenção das crenças; Mutações: elogio à pregui-*

ça; *Mutações: o futuro não é mais o que era, Mutações: o silêncio e a prosa do mundo* e *Mutações: o novo espírito utópico.*

VLADIMIR SAFATLE é professor livre-docente do Departamento de Filosofia da USP, professor visitante das Universidades de Paris VII, Paris VIII, Toulouse e Louvain, bolsista de produtividade do CNPq. Autor de: *Fetichismo: colonizar o outro* (Civilização Brasileira, 2010); *La Passion du négatif: Lacan et la dialectique* (Georg Olms, 2010); *Cinismo e falência da crítica* (Boitempo, 2008); *Lacan* (Publifolha, 2007) e *A paixão do negativo: Lacan e a dialética* (Editora Unesp, 2006). Desenvolve pesquisas nas áreas de epistemologia da psicanálise, desdobramentos da tradição dialética hegeliana na filosofia do século XX e filosofia da música. Pelas Edições Sesc São Paulo participou das coletâneas: *A condição humana; Mutações: a experiência do pensamento; Mutações: a invenção das crenças; Mutações: elogio à preguiça; Mutações: o futuro não é mais o que era; Mutações: o silêncio e a prosa do mundo, Mutações: fontes passionais da violência* e *Mutações: o novo espírito utópico.*

# Índice onomástico

**A**
Abel, Karl, 393
Abensour, Miguel, 115
Abirached, Robert, 156, 157
Abramović, Marina, 209
Abreu, Kátia, 472
Adorno, Theodor W, 113, 265, 271, 273, 380, 381, 389
Agamben, Giorgio, 181, 201, 202, 282, 402
Al-Farabi, 154
Alighieri, Dante, 137, 219
Almeida Júnior, José Ferraz de, 481, 482, 484, 485
Althusser, Louis, 276, 359
Anders, Günther, 16, 24, 25, 26
Anderson, Perry, 282
Andrade, Carlos Drummond de, 71
Annas, Julia, 428, 429
Apuleio, 212
Aquino, Tomás de, 140
Arasse, Daniel, 129, 130, 131, 132
Arendt, Hannah, 28, 253, 319, 371, 372, 373, 375, 377, 379, 382, 385, 386, 387, 465, 466, 467, 468, 470, 472, 475
Argan, Giulio Carlo, 459
Aristides, Aelius, 146
Aristóteles, 31, 32, 36, 140, 154, 266, 274, 314, 315, 319, 320, 322, 410, 423, 424, 432, 433, 434, 435, 436, 437, 442, 458, 489
Asch, Solomon, 315
Assmann, Aleida, 121, 122
Averróis, 154
Avicena, 154

**B**
Bacon, Francis, 444
Badinter, Elizabeth, 204, 228
Badiou, Alain, 17, 223, 224, 227, 228, 229, 282
Baert, Patrick, 291
Baffo, Zorzi, 154, 158, 159
Bain, Alexander, 421, 446
Barnes, Jonathan, 428, 429, 432, 433
Bataille, Georges, 218, 219, 345, 349, 350, 351, 359, 363, 367
Baudelaire, Charles, 345, 351, 352, 354, 480
Bauman, Zygmunt, 282
Bayle, Pierre, 423, 428, 431, 454, 495
Beckett, Samuel, 380, 381
Benda, Julien, 280, 281
Benjamin, Walter, 16, 114, 119, 120, 123, 246, 371, 475, 494

Bergson, Henri, 15, 20, 21, 119, 488
Berkeley, George, 74, 428
Bettelheim, Bruno, 87
Bignotto, Newton, 28, 115
Blake, William, 449
Boccaccio, Giovanni, 220
Bonnefoy, Yves, 23
Borgeaud, Philippe, 300, 301
Borges, Jorge Luis, 246, 253, 336, 437
Bornheim, Gerd.115
Botticelli, Sandro, 477, 479
Boudon, Raymond, 439
Bourriaud, Nicolas, 474
Breivik, Anders Behring, 298
Bruno, Giordano, 325
Bürger, Peter, 353
Burnyeat, Myles, 428

**C**

Calímaco, 212
Candido, Antonio, 115
Canetti, Elias, 306
Canguilhem, Georges, 349
Carelli, Vincent, 471
Cassirer, Ernst, 73, 128
Cavaillé, Jean-Pierre, 159
Cézanne, Paul, 209
Chanut, Pierre, 41, 411
Chávez, Hugo, 116
Childe, Vere Gordon, 460, 461, 462, 463
Choderlos de Laclos, Pierre, 157
Chomsky, Noan, 282
Cícero, 127, 374, 401, 410
Cioran, Emil, 164
Clinton, Bill, 116
Coetzee, J, M, 282, 284
Condillac, Étienne Bonnot de, 74
Copérnico, 324, 325
Cosimo, Piero di, 477, 479
Cruz, São João da, 218

**D**

D'Ávila, Santa Teresa, 218, 219
Damon, Matt, 313
Darbo-Pechanski, Catherine, 115
Dario, 241
Darwin, Charles, 183, 331
Debord, Guy, 203, 257, 259, 260, 265, 271, 272, 273, 274, 275, 276, 277, 278
Deleuze, Gilles, 193, 198, 199, 317, 349, 354, 359, 362, 364, 488
Derrida, Jacques, 390, 391, 392, 393, 394, 395, 396, 397, 398, 399, 400, 401, 407, 409, 414, 415, 416, 417
Descartes, René, 20, 41, 95, 102, 391, 392, 410, 411, 412, 413, 414, 446, 453
Dibie, Pascal, 26, 167, 168
Diderot, Denis, 74, 129, 130, 166, 167, 168
Djandoubi, Hamida, 132
Dreyfus, Alfred, 281, 284
Dryden, John, 284, 481
Duarte, Rodrigo, 271
Duchamp, Marcel, 209
Dupuy, Jean-Pierre, 28, 163
Durkheim, Émile, 299, 306, 308

**E**

Ehrenbourg, Ilya, 250, 251
Einstein, Albert, 16
Emerson, Ralph Waldo, 293
Enesidemo, 429, 430, 431
Epicuro, 45, 205
Espinosa, Baruch, 47, 48, 49, 50, 51, 53, 54, 55, 56, 57, 58, 59, 61, 62, 63, 64, 65, 66, 67, 68, 374
Ésquilo, 243
Étiemble, René, 154, 155

**F**

Fénelon, François, 159
Ferguson, Adam, 129, 472
Fermat, Pierre de, 412
Fink, Eugen, 24

Fontenelle, Bernard le Bovier de, 156
Foucault, Michel, 11, 12, 16, 107, 194, 201, 288, 315, 316, 317, 345, 346, 347, 348, 349, 350, 351, 352, 353, 354, 355, 356, 357, 358, 359, 360, 361, 362, 363, 364, 365, 366, 367, 368, 369, 391, 392, 490
Franco, Maria Sylvia de Carvalho, 483, 484
Freire Costa, Jurandir, 208, 210, 215, 219, 220, 228
Freitas, Marie Machado de, 260
Freud, Sigmund, 16, 84, 85, 86, 107, 114, 224, 225, 230, 235, 259, 260, 262, 264, 265, 268, 276, 302, 303, 304, 305, 345, 384, 393, 394, 396
Frinício, 243
Fukuyama, Francis, 116, 119
Fuller, Richard Buckminster, 343

## G

Galilei, Galileu, 325
Gassendi, Pierre, 156
Gauchet, Marcel, 162, 163
Gehlen, Arnold, 182, 183
Genet, Jean, 381
Gil, Fernando, 419, 422, 423, 437, 447, 448, 451
Gilding, Paul, 341
Girard, René, 309
Goebbels, Paul Joseph, 307
Goethe, Johann Wolfgang von, 137, 151, 357
Golde, David W, 196
Gould, Glenn, 381
Goya, Francisco, 477, 478
Granger, Gilles-Gaston, 187
Greenleaf, W, H, 444
Grossman, Vassili, 250, 251
Guattari, Félix, 193
Guillotin, Joseph-Ignace, 131, 132

## H

Habermas, Jürgen, 104, 174, 175, 282, 458,
Hamel, Jacques, 310

Hanus, Gilles, 390, 391, 395
Hartog, François, 241, 242, 253
Hauser, Arnold, 149
Havelock, Eric, 138, 141, 150
Hazard, Paul, 155
Hegel, Georg Wilhelm Friedrich, 16, 18, 22, 26, 95, 96, 98, 103, 164, 181, 375
Heidegger, Martin, 27, 94, 119, 135, 136, 137, 151, 170, 171, 174, 176, 181, 184, 185, 349, 377, 379, 380, 381, 382, 386, 390
Heisenberg, Werner, 170, 172, 372
Heráclito, 187, 465
Heródoto, 127, 145, 238, 241, 242, 243, 244, 430
Hesíodo, 137, 138, 139, 146, 150, 238, 404, 466
Hill, W. E, 80
Hipona, Agostinho de, (Santo Agostinho), 375, 401, 406
Hölderlin, Friedrich, 135, 136, 137
Hölscher, Lucian, 120
Homero, 135, 137, 138, 139, 140, 143, 144, 145, 146, 147, 148, 150, 151, 237, 238, 255, 404, 480
Hong, Du, 376
Honneth, Axel, 103, 104, 105
Hooper, Tobe, 480
Horkheimer, Max, 265, 271, 273, 389
Houellebecq, Michel, 205
Hume, David, 420, 421, 427, 428, 431, 436, 441, 450, 452, 453, 454
Husserl, Edmond, 419, 448

## I

Íbico, 146

## J

Jabès, Edmond, 416
Jasmin, Marcelo, 247
Jefferson, Thomas, 444, 445, 446, 447
Jodorowski, Alejandro, 70, 71, 81
Joly, Henri, 398
Jonas, Hans, 184, 185, 295

## K

Kafka, Franz, 202
Kant, Immanuel, 22, 31, 74, 176, 264, 314, 315, 316, 375, 448
Kardashev, Nikolai, 332, 335, 336
Kavafis, Konstantínos, 381
Kojève, Alexandre, 26, 181
Koselleck, Reinhart, 121, 127, 179
Koyré, Alexandre, 325
Kracauer, Siegfried, 117

## L

La Boétie, Étienne de, 34, 321
Lacan, Jacques, 87, 203, 204, 206, 228, 229, 230, 257, 258, 259, 260, 261, 262, 263, 264, 265, 268, 271, 272, 276, 277, 345, 349, 362, 363, 366, 367, 496
Lang, Fritz, 306, 307
Langman, Lioubov Mikhaïlovna, 250, 251, 252
Lasch, Cristopher, 203, 228
Lawrence, D, H, 220
Le Breton, David, 162
Lebrun, Gérard, 186
Lefort, Claude, 115
Leibniz, Gottfried Wilhelm, 22, 74, 77, 78
Lênin, Vladimir Ilyich Ulyanov, 397
Leopoldo, Franklin, 115
Lestringuant, Frank, 160
Lévinas, Emmanuel, 96, 390, 391, 394
Lévi-Strauss, Claude, 255, 256
Liu-Ling, 155
Llosa, Mario Vargas, 282, 284
Locke, John, 72, 73, 74, 107, 317, 444
Longus, 212
Lopes, José Leite, 115
Loraux, Nicole, 115, 238, 243
Lord, Alfred, 142, 143, 144
Lorenz, Chris, 120, 122, 124
Lotze, Hermann, 16
Lovelock, James, 341
Luís XIV, 117, 118, 155, 156

Lyotard, Jean-François, 174, 345

## M

Mallarmé, Stéphane, 16, 353, 354
Mammì, Lorenzo, 459
Mann, Thomas, 384
Marat, Jean-Paul, 131, 132
Marcuse, Herbert, 345
Marx, Karl, 259, 260, 271, 276, 316, 359, 365, 393, 394, 395, 396, 401, 460, 461, 462, 463, 464
Mattéi, Jean-François, 238, 243, 244
Matos, Olgária, 115, 392
Megabizo, 241
Mello, Fernando Collor de, 116
Merleau-Ponty, Maurice, 13, 14, 95, 266, 267
Mersenne, Marin, 411, 413
Millán-Astray, José, 285, 286
Miller, Henry, 220
Miloševic, Slobodan, 116
Mirabeau, Honoré Gabriel Riqueti de, 246
Moebius, 70, 71, 81
Molière, 206
Molyneux, William, 69, 72, 76, 78, 79
Mondrian, Piet, 483
Monet, Claude, 69
Monfort, Simon de, 405
Montaigne, Michel de, 33, 34, 287, 374, 390, 420, 423, 428, 429, 431, 454, 494
Moore, John, 196
Moscovici, Serge, 304
Mossé, Claude, 239
Mozart, Wolfgang Amadeus, 206
Müller-Lyer, Franz, 79
Mumford, Lewis, 457, 458, 465
Murko, Matija, 142
Musil, Robert, 16, 17, 19, 22, 27

## N

Nerval, Gérard de, 354
Newton, Isaac, 171

Nietzsche, Friedrich, 13, 17, 23, 24, 107, 136, 139, 164, 176, 177, 178, 179, 180, 182, 183, 184, 187, 188, 357, 365, 375, 382, 407, 414, 415, 494
Noël, Bernard, 165
Novaes, Adauto, 11, 12, 30, 84, 106, 115, 136, 153, 154, 167, 169, 243, 247, 249, 258, 264, 266, 269, 271, 272, 279, 280, 283, 287, 295, 323, 392, 419, 421, 422, 443, 449
Nunes, Benedito, 115, 136

**O**

Olender, Maurice, 300, 301
Otanes, 241, 242
Ovídio, 411

**P**

Parry, Milman, 142, 143
Pascal, Blaise, 32, 431
Pascal, Dibie, 26
Paz, Octavio, 205, 206, 207, 210, 211, 212, 214, 217, 218, 383
Peirce, Charles Saunders, 446
Péricles, 213
Peschanski, Catherine, 238, 240
Pessanha, José Américo Motta, 69, 115
Petrarca, 217, 219
Picasso, Pablo, 311
Píndaro, 146
Pinochet, Augusto, 288
Platão, 144, 147, 154, 204, 205, 212, 213, 314, 321, 327, 357, 358, 373, 374, 375, 384, 389, 390, 392, 397, 398, 410, 423, 424
Plutarco, 138, 205, 390
Políbio, 127
Polícrates, 146
Powell, Barry, 143
Proust, Marcel, 16, 380
Ptolomeu, 324

**R**

Ratzinger, Joseph, 282

Reich, William, 345
Reid, Thomas, 74
Reis, José, 448
Renan, Ernest, 154
Rendueles, César, 186, 187
Roberval, Gilles Personne de, 412
Rosnay, Joel de, 163
Rougemont, Denis de, 214, 216, 217, 219, 221, 222
Rousseau, Jean-Jacques, 192, 217, 219, 220, 221, 317, 319, 321, 494
Russell, Bertrand, 283, 287

**S**

Sade, Donatien Alphonse François de, 163, 206, 220, 264, 354, 361
Safo, 146, 212
Sagan, Carl, 332, 335, 336
Said, Edward, 381
Samosata, Luciano de, 148
Sanzio, Rafael, 423, 424
Sarpédon, 146
Sartre, Jean-Paul, 16, 93, 94, 279, 280, 281, 282, 288, 289, 291, 292, 293
Schmitt, Carl, 397
Schöenberg, Arnold, 16
Schopenhauer, Arthur, 374, 375
Sêneca, 363, 411
Sennett, Richard, 466, 470
Serres, Michel, 282
Seurat, Georges, 77
Shakespeare, William, 137
Sloterdijk, Peter, 176, 183, 282
Smith, Adam, 129
Smith, Cairns, 330
Sócrates, 81, 147, 177, 178, 204, 205, 206, 208, 489
Sófocles, 72, 137, 378
Sólon, 320
Sorel, Georges, 114
Sozzini, Fausto, 155
Stalin, Josef, 250, 287, 397

Starobinski, Jean, 166, 167, 245, 246
Steiner, George, 282
Stiegler, Bernard, 161, 163, 164, 165, 400

**T**
Temer, Michel, 90
Temple, William, 156
Tennyson, Alfred, 336
Teócrito, 212, 213
Teógnis, 149, 409
Tita, Ernesto de Carvalho e, 471
Tocqueville, Alexis de, 438, 439, 440, 441, 442, 443, 444, 446, 492
Tracy, Spencer, 307
Traverso, Enzo, 117, 123, 124, 125, 132
Trousson, Raymond, 157
Trump, Donald, 90
Tsé-tung, Mao, 397
Tucídides, 127, 238
Türcke, Christoph, 233, 235

**U**
Unamuno, Miguel de, 285, 286, 287, 288, 289

**V**
Valéry, Paul
Venter, Craig, 336

Veyne, Paul, 239
Virgílio, 137
Virilio, Paul, 458
Visconti, Luchino, 381
Viveiros, Eduardo, 471
Voltaire, 74, 75, 117, 118, 128, 129, 156, 282

**W**
Wallace, Alfred Russel, 331
Weber, Karl Emil Maximilian, 99, 107, 299, 305, 465
Weil, Simone, 405, 406
Wilde, Oscar, 160
Wilson, Joe, 307
Wittgenstein, Ludwig, 13, 16, 26, 69, 70, 72, 78, 79, 452, 474, 491
Wolff, Francis, 28, 249, 253, 268, 269

**Y**
Yan, Wang, 155
Yeltsin, Boris, 116

**Z**
Zi, Meng, 255
Zi, Xun, 255
Zinn, Howard, 313
Žižek, Slavoj, 282

*Fontes* DANTE E UNIVERS | *Papel* PÓLEN SOFT 80 G/M² 
*Impressão* IPSIS GRÁFICA E EDITORA S/A | *Data* AGOSTO 2017